普通高等教育信息与电子技术类系列教材

电网络分析与综合

（修订版）

吴　宁　主编

科学出版社

北　京

内 容 简 介

本书共十章，含电网络分析和电网络综合两大部分。第一至六章主要内容为网络分析，包括：网络元件和网络的基本性质，网络图论与网络方程，网络函数，网络分析的状态变量法，线性网络的信号流图分析法。第七至十章主要内容为网络综合，包括：无源网络综合基础，滤波器逼近方法，电抗梯形滤波器综合，有源滤波器综合基础。

本书可作为电类（电工、电子、通信与信息、自动控制、计算机等）学科有关专业的硕士研究生的教材，亦可供在该学科领域工作的科研和工程技术人员作为继续教育的教材或参考书。

图书在版编目(CIP)数据

电网络分析与综合(修订版)/吴宁主编. —北京：科学出版社，2020.6

ISBN 978-7-03-010848-7

Ⅰ.电… Ⅱ.吴… Ⅲ.①电力网络分析②电力系统—网络综合
Ⅳ.TM711

中国版本图书馆 CIP 数据核字(2002)第 080487 号

责任编辑：孙露露 赵卫江/责任校对：曹锐军
责任印制：吕春珉/封面设计：王 浩

科学出版社 出版
北京东黄城根北街 16 号
邮政编码：100717
http://www.sciencep.com
北京九州迅驰传媒文化有限公司 印刷
科学出版社发行 各地新华书店经销
*

2003 年 3 月第 一 版 开本：787×1092 1/16
2020 年 6 月修 订 版 印张：26 1/2
2021 年 12 月第十四次印刷 字数：614 000

定价：64.00 元

（如有印装质量问题，我社负责调换〈九州迅驰〉）

前　　言

电网络理论是研究电网络(即电路)的基本规律及其分析计算方法的科学,是电工和电子科学与技术的重要理论基础。"网络分析"与"网络综合"是电网络理论包含的两大主要部分。本书共十章,第一至六章主要内容为网络分析,第七至十章主要内容为网络综合。网络分析部分在大学本科电路原理课程的基础上,进一步深入研究电路的基本规律和分析计算方法。其中,第一章(网络元件和网络的基本性质)包含电网络理论的基本概念与基本定义,是全书的理论基础。第二、三、四、五章(网络图论和网络方程、网络函数、网络分析的状态变量法、线性网络的信号流图分析法)介绍现代电网络理论中的几类分析电网络的方法。第六章(灵敏度分析)研究评价电路质量的一个重要性能指标——灵敏度的分析计算方法,为电网络的综合与设计提供必要的工具。在网络综合部分,除介绍网络综合的基础知识、无源滤波器和有源滤波器综合的基本步骤外,侧重研究得到广泛应用的无源滤波器和有源滤波器的综合方法。其中,第七、八章(无源网络综合基础、滤波器逼近方法)的内容是进行电网络综合所必须具备的基础知识。第九章(电抗梯形滤波器综合)对无源 *LC* 梯形滤波器的综合方法做了详细介绍。因为这种滤波器不仅具有优良性能、得到广泛应用,而且在有源 *RC* 滤波器以及 *SC* 滤波器、*SI* 滤波器等现代滤波器设计中,常以其作为原型滤波器。第十章(有源滤波器综合基础)在综述有源滤波器基本知识的基础上,介绍几类常用的高阶有源滤波器综合方法。其中,比较深入地研究了用对无源 *LC* 梯形的运算模拟法综合有源滤波器的方法。

本书覆盖内容较广,可用作电类学科各专业研究生公共专业基础理论课"电网络理论"或"网络分析与网络综合"的教材。也可根据不同需要,单独用本书前面部分或后面部分作为"网络分析"或"网络综合"、"网络综合与滤波器设计基础"课的教材。

本书是为电类(电工、电子、通信与信息、自动控制、计算机等)学科有关专业的硕士研究生编写的教材,亦可供在上述学科领域工作的科研和工程技术人员作为继续教育的教材或参考书。

参加本书编写工作的有:吴宁(第一、三、六、七、八、九、十章),谢品芳(第二、四章),李新(第五章)。全书由吴宁统稿、修改和校定。

重庆大学江泽佳教授对本书进行了仔细审阅并提出宝贵的修改意见,在此致以衷心的感谢。

本书是作者在长期从事研究生培养工作、讲授相关内容研究生课程的基础上编写而成的。从开始编写到教材初稿付印、试用和出版,始终得到重庆大学研究生院、电气工程学院和电工理论与新技术系的关心和支持,在此一并致谢。此外,还要对本书所引用文献、专著的作者表示谢意。本书自出版以来,深受相关专业师生的欢迎,销量持续增长。本次修订主要是对其中的一些错误和疏漏进行修正,以使本书不断完善。

由于作者水平有限,书中可能存在错误和不妥之处,恳请读者批评指正。

作　者

目　　录

第一章　网络元件和网络的基本性质 …… 1

1-1　容许信号偶和基本元件组 …… 1

1-2　电阻元件 …… 3

1-3　电容元件 …… 6

1-4　电感元件 …… 9

1-5　忆阻元件 …… 13

1-6　网络的线性和非线性 …… 15

1-7　网络的时不变性和时变性 …… 20

1-8　网络元件及网络的无源性和有源性 …… 22

1-8-1　电阻元件的无源性和有源性 …… 23

1-8-2　电容元件的无源性和有源性 …… 26

1-8-3　电感元件的无源性和有源性 …… 31

1-8-4　忆阻元件的无源性和有源性 …… 33

1-8-5　无源网络与有源网络 …… 34

1-9　受控元件 …… 37

1-9-1　二端受控元件 …… 37

1-9-2　受控电源 …… 39

1-9-3　运算放大器 …… 41

1-10　阻抗变换器和阻抗逆变器 …… 42

1-10-1　阻抗变换器 …… 42

1-10-2　阻抗逆变器 …… 45

1-11　类型转换器 …… 47

1-12　零器和泛器 …… 49

习题 …… 52

第二章　网络图论和网络方程 …… 54

2-1　网络的图和图论基本术语 …… 54

2-2　图的矩阵表示 …… 57

2-2-1　关联矩阵 …… 57

2-2-2　回路矩阵 …… 59

2-2-3　割集矩阵 …… 60

2-2-4　邻接矩阵 …… 62

2-2-5　矩阵 A、B_f、Q_f 之间的关系 …… 62

2-3　基尔霍夫定律的矩阵形式和支路电压电流关系的矩阵形式 …… 65

2-3-1　基尔霍夫电流定律的矩阵形式 …… 65

2-3-2 基尔霍夫电压定律的矩阵形式 …… 66
2-3-3 一般支路电压电流关系的矩阵表示 …… 67
2-4 直接分析法 …… 69
2-4-1 阻抗矩阵法 …… 69
2-4-2 导纳矩阵法 …… 71
2-5 节点方程、割集方程和回路方程 …… 73
2-5-1 节点方程 …… 73
2-5-2 割集方程 …… 74
2-5-3 回路方程 …… 74
2-6 改进的节点方程 …… 75
2-7 含零泛器电路的节点方程 …… 78
2-8 混合变量方程 …… 82
2-9 撕裂法 …… 86
2-9-1 节点分析 …… 86
2-9-2 混合分析 …… 91
习题 …… 96
第三章 网络函数 …… 99
3-1 网络函数及其极点和零点 …… 99
3-2 多端口网络的网络函数 …… 104
3-3 不定导纳矩阵 …… 106
3-3-1 不定导纳矩阵的定义和特性 …… 106
3-3-2 原始不定导纳矩阵的直接形成 …… 109
3-3-3 $Y_i(s)$随端部处理的变换 …… 113
3-3-4 用不定导纳矩阵分析含运算放大器的有源网络 …… 118
3-4 网络函数的拓扑公式 …… 121
3-4-1 节点导纳行列式 Δ 的拓扑公式 …… 122
3-4-2 节点导纳行列式的对称代数余子式 Δ_{jj} 的拓扑公式 …… 126
3-4-3 节点导纳行列式的不对称代数余子式 Δ_{ij} 的拓扑公式 …… 129
3-4-4 策动点函数和转移函数的拓扑公式 …… 131
3-4-5 二端口网络参数的拓扑公式 …… 134
习题 …… 140
第四章 网络分析的状态变量法 …… 143
4-1 状态变量法的基本概念 …… 143
4-2 网络复杂性的阶数和状态变量的选取 …… 147
4-3 线性非常态网络的状态方程 …… 151
4-4 对不含受控源的线性网络建立状态方程的系统公式法 …… 153
4-5 对含受控源的线性网络建立状态方程的系统公式法 …… 160
4-6 建立状态方程的多端口公式 …… 165
4-7 状态方程的时域解 …… 170

4-7-1 状态方程时域解的形式 …… 171
4-7-2 状态转移矩阵的计算方法 …… 173
习题 …… 185
第五章 线性网络的信号流图分析法 …… 187
5-1 信号流图 …… 187
5-2 信号流图的变换规则 …… 191
5-2-1 同方向并联支路简化规则 …… 191
5-2-2 同方向级联支路简化规则 …… 191
5-2-3 支路移动(节点消去)规则 …… 192
5-2-4 自环消去规则 …… 193
5-2-5 倒向规则 …… 194
5-3 Mason 公式 …… 197
5-4 线性网络的 SFG 分析 …… 200
5-5 状态转移图 …… 204
习题 …… 210
第六章 灵敏度分析 …… 213
6-1 网络的灵敏度 …… 213
6-2 灵敏度恒等式 …… 216
6-3 增量网络法 …… 219
6-4 伴随网络法 …… 226
6-4-1 特勒根定理 …… 226
6-4-2 伴随网络 …… 227
6-4-3 用伴随网络法计算灵敏度 …… 231
6-5 符号网络函数法 …… 241
习题 …… 244
第七章 无源网络综合基础 …… 247
7-1 最小相位函数 …… 248
7-2 希尔伯特变换 …… 250
7-3 正实函数和无源性 …… 252
7-4 电抗函数 …… 259
7-4-1 电抗函数的性质 …… 259
7-4-2 电抗函数的实现 …… 261
7-5 *RC* 函数 …… 267
7-5-1 *RC* 函数的性质 …… 267
7-5-2 *RC* 函数的实现 …… 271
7-6 双线性转移函数和双二次转移函数 …… 276
7-6-1 双线性转移函数 …… 277
7-6-2 双二次转移函数 …… 279
习题 …… 286

第八章　滤波器逼近方法 …… 288
8-1　滤波器的转移函数和特征函数 …… 288
8-2　滤波器的技术条件 …… 290
8-3　逼近函数和逼近类型 …… 292
8-4　巴特沃思逼近 …… 298
8-5　切比雪夫逼近 …… 302
8-6　椭圆逼近 …… 309
8-7　贝塞尔逼近 …… 314
8-8　频带变换 …… 318
8-8-1　低通-高通变换 …… 318
8-8-2　低通-带通变换 …… 321
8-8-3　低通-带阻变换 …… 325
习题 …… 327
第九章　电抗梯形滤波器综合 …… 328
9-1　电抗二端口网络的参数 …… 328
9-2　电抗函数的极点移出和部分极点移出运算 …… 330
9-2-1　四类电抗函数 …… 330
9-2-2　极点移出运算 …… 331
9-2-3　极点的部分移出 …… 336
9-3　双端接载 LC 滤波器 …… 341
9-3-1　转移函数 $H(s)$ …… 341
9-3-2　反射系数与特征函数 …… 343
9-3-3　多项式 $P(s)$、$E(s)$和 $F(s)$ …… 345
9-4　设计阻抗 …… 346
9-5　用十种极点移出运算综合电抗梯形滤波器 …… 349
9-6　网络定标 …… 354
9-7　双端接载 LC 滤波器的灵敏度 …… 356
习题 …… 359
第十章　有源滤波器综合基础 …… 361
10-1　有源滤波器 …… 361
10-2　双二次型有源滤波器 …… 363
10-2-1　负反馈型单运放双二次节 …… 363
10-2-2　正反馈型单运放双二次节 …… 370
10-3　高阶有源滤波器的直接综合法 …… 375
10-4　高阶有源滤波器的级联实现 …… 378
10-5　对 LC 梯形的元件模拟法 …… 381
10-5-1　广义导抗变换器和频变负阻元件 …… 381
10-5-2　电感模拟法 …… 384
10-5-3　布鲁顿变换法 …… 386

10-6 对 LC 梯形的运算模拟法 …… 388
10-6-1 全极点低通滤波器综合 …… 388
10-6-2 具有有限传输零点的低通滤波器综合 …… 393
10-6-3 双积分器环二阶节综合 …… 396
10-6-4 带通滤波器综合 …… 401
10-7 有源滤波器的灵敏度 …… 406
10-7-1 增益-灵敏度积 …… 406
10-7-2 有源滤波器转移函数幅值的灵敏度 …… 407
10-7-3 极点 ω_0 和 Q 的灵敏度 …… 410
习题 …… 412
参考文献 …… 414

第一章　网络元件和网络的基本性质

导　言

本章主要论述网络的基本元件以及网络和网络元件的基本性质。

本书所称“网络”系指电气网络，即电路。实际的电路由电气装置、器件联接而成。在电网络理论中所研究的电路则是实际电路的数学模型，它的基本构造单元是电路元件。每一个电路元件集中地表征电气装置电磁过程某一方面的性能，用反映这一性能的各变量间关系的方程表示。

电网络的基本变量是电流 i、电压 u、电荷 q 和磁通 ϕ（或磁通链 ψ），它们分别对应于电磁场的表征量磁场强度 $\boldsymbol{H}$、电场强度 $\boldsymbol{E}$、电位移 $\boldsymbol{D}$ 和磁感应强度 $\boldsymbol{B}$。用场的观点来考察，实际电路的问题可视为在特定的有限局部空间中的电磁场问题，电路与电磁场的表征量是一一对应且通过下列方程相互联系的：

$$i=\oint_l \boldsymbol{H}\cdot \mathrm{d}\boldsymbol{l},\quad u=\int_l \boldsymbol{E}\cdot \mathrm{d}\boldsymbol{l},\quad q=\oint_s \boldsymbol{D}\cdot \mathrm{d}\boldsymbol{S},\quad \phi=\int_s \boldsymbol{B}\cdot \mathrm{d}\boldsymbol{S}$$

上述电网络的四个基本变量各具有其重要的性质，即电流的连续性；在位场情况下电位的单值性；电荷的守恒性；磁通的连续性。这些性质是电网络理论中一系列重要结论和推论的理论基础。

除了电流、电压、电荷、磁通四个基本变量之外，电网络理论中还有两个重要的变量，电功率 p 和电能量 W，可称为基本复合量，它们由电网络的基本变量按以下关系式确定：

$$p(t)=u(t)i(t),\quad W(t_1,t_2)=\int_{t_1}^{t_2}u(t)i(t)\mathrm{d}t$$

式中 $W(t_1,t_2)$ 为在时间 $[t_1,t_2]$ 内网络（或元件）吸收的电能量（设 u 与 i 参考方向一致）。能量的守恒性是电网络理论中许多重要推理的立论基础之一。

本书全部内容均以集总公设为前提。所谓集总公设，是指假定任一网络变量信号仅是独立变量时间 t 的函数，而与测点的空间坐标无关，即认为电磁波的传播是瞬时完成的。换句话讲，对于以光速传播的电磁波而言，线路的长短和电气装置的大小可以忽略不计。这样，便可将统一电磁过程中的各个方面（电场储能、磁场储能、电能的损耗等）孤立开来，各自分别存在于某一类元件上，而一个电路中各元件的空间位置关系对电路的行为是毫无影响的。符合上述集总公设的电路（或元件）称为集总电路（或集总元件）。

1-1　容许信号偶和基本元件组

图 1-1(a)、(b)中 N 分别表示一个 $(n+1)$ 端元件和一个 n 端口元件。对于多端元件的每个端子或多端口元件的每一端口来说，均有其 i、u、q、ψ 四个基本网络变量。在任一

端子(或端口)k 上,各基本网络变量之间存在着如下两个不依赖于元件性质的关系:

$$u_k(t)=\frac{\mathrm{d}\psi_k(t)}{\mathrm{d}t} \tag{1-1-1}$$

$$i_k(t)=\frac{\mathrm{d}q_k(t)}{\mathrm{d}t} \tag{1-1-2}$$

或表示为

$$\psi_k(t)=\int_{-\infty}^{t}u_k(\tau)\mathrm{d}\tau=\psi_k(t_0)+\int_{t_0}^{t}u_k(\tau)\mathrm{d}\tau \tag{1-1-3}$$

$$q_k(t)=\int_{-\infty}^{t}i_k(\tau)\mathrm{d}\tau=q_k(t_0)+\int_{t_0}^{t}i_k(\tau)\mathrm{d}\tau \tag{1-1-4}$$

因此,(u_k,ψ_k)和(i_k,q_k)两对变量被称为动态相关的网络变量偶。

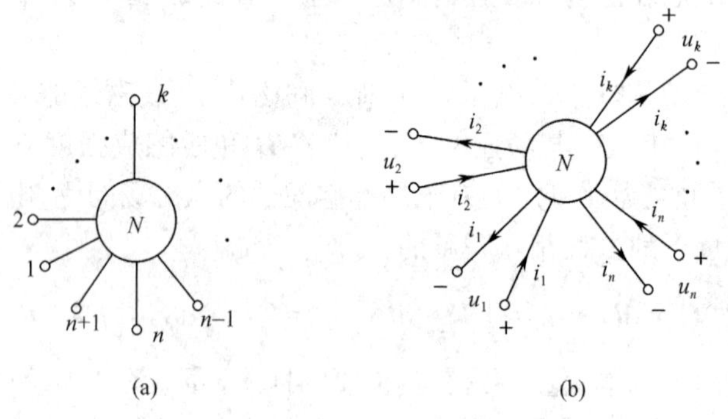

图 1-1

在四个基本网络变量的六种成对组合里,除了上述两种变量偶是动态相关的之外,(u_k,i_k)、(u_k,q_k)、(i_k,ψ_k)和(ψ_k,q_k)这四种组合的二变量之间不存在预先规定的不依赖于元件 N 的关系,它们被称为动态无关的网络变量偶。一般而言,由一对动态无关的网络变量向量构成的向量偶称为动态无关变量向量偶,记为

$$(\boldsymbol{\xi},\boldsymbol{\eta})\in\{(\boldsymbol{u},\boldsymbol{i}),(\boldsymbol{u},\boldsymbol{q}),(\boldsymbol{i},\boldsymbol{\psi}),(\boldsymbol{\psi},\boldsymbol{q})\}$$

在整个时间区间$[t_0,\infty)$里,对 n 端口(或$(n+1)$端)元件 N 观测到的一对动态无关变量向量$(\boldsymbol{\xi}(t),\boldsymbol{\eta}(t))$,称为 N 的容许信号偶(admissible signal pair)。相对于同一起始时间 t_0 测出的 N 的所有容许信号偶$(\boldsymbol{\xi}(\cdot),\boldsymbol{\eta}(\cdot))$的全体叫做 N 的成分关系(constitutive relation)[①]。如果元件 N 的成分关系可以用只包含 $\boldsymbol{\xi}(t)$和 $\boldsymbol{\eta}(t)$的代数方程表示,而不含它们的导数和积分,则称为代数成分关系。反之,如果成分关系不能用 $\boldsymbol{\xi}$ 和 $\boldsymbol{\eta}$ 的代数方程表示,则称为动态成分关系。

每一对动态无关的网络变量向量对应于一种代数成分关系,进而惟一地定义一类网络元件,这就是

$$\boldsymbol{f}_R(\boldsymbol{u},\boldsymbol{i},t)=\mathbf{0}$$

$\boldsymbol{f}_R(\cdot)$为电阻类元件的伏-安关系;

$$\boldsymbol{f}_C(\boldsymbol{u},\boldsymbol{q},t)=\mathbf{0}$$

① constitutive relation 一词在有的书中译为“构造性关系”。

$f_C(\cdot)$为电容类元件的伏-库关系；

$$f_L(\boldsymbol{i},\boldsymbol{\psi},t)=\mathbf{0}$$

$f_L(\cdot)$为电感类元件的安-韦关系；

$$f_M(\boldsymbol{\psi},\boldsymbol{q},t)=\mathbf{0}$$

$f_M(\cdot)$为忆阻类元件的韦-库关系。

以上四类元件形成网络的基本元件组。

图 1-2 所示完备图表示出网络变量向量偶和它们的四种代数成分关系。图中节点变量为四个基本网络变量向量，每一虚线边联接的是一对动态相关的网络变量向量，每一实线边联接的是一对动态无关的网络变量向量，在实线旁标出的是该二变量向量间的代数成分关系以及与之对应的网络元件的符号。下面分别介绍上述四种类型的网络元件。由于任一$(n+1)$端元件可等效于一个 n 端口元件，故以下仅阐述 n 端口元件的定义、性质等，而不再对$(n+1)$端元件一一赘述。

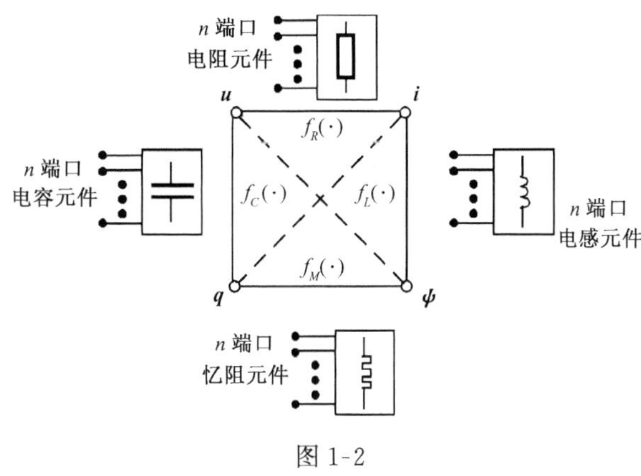

图 1-2

1-2 电 阻 元 件

如果一个 n 端口元件的端口电压向量 $\boldsymbol{u}$ 和端口电流向量 $\boldsymbol{i}$ 之间为代数成分关系：

$$f_R(\boldsymbol{u}(t),\boldsymbol{i}(t),t)=\mathbf{0} \qquad (1\text{-}2\text{-}1)$$

则称该元件为电阻性 n 端口元件，或 n 端口电阻元件。下面侧重研究一端口(二端)电阻元件。

对于图 1-3 所示二端电阻元件，其端电压 u 与电流 i 之间存在代数成分关系：

$$f_R(u(t),i(t),t)=0 \qquad (1\text{-}2\text{-}2)$$

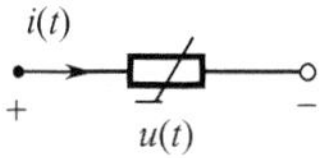

图 1-3

这就表明，在指定时刻 t，电阻元件的特性可以用 i-u 平面上的一条曲线表示。u 与 i 这一对动态无关的网络变量之间的代数成分关系方程(式(1-2-2))被称为二端电阻元件的特性方程。

若电阻电压可用电阻电流的单值函数表示，即

$$u(t)=f(i(t),t) \qquad (1\text{-}2\text{-}3)$$

则称该电阻为流控电阻。图 1-4 中绘出了一个流控电阻的 i-u 曲线。

若电阻电流可用电阻电压的单值函数表示，即

$$i(t) = g(u(t), t) \tag{1-2-4}$$

则称该电阻为压控电阻。图 1-5 中绘出了一个压控电阻的 u-i 曲线。

有一类电阻，其 i-u 特性曲线为严格单调增(或严格单调减)的，称为单调电阻。这种电阻的特性方程既可写为流控形式，又可写为压控形式。例如，PN 结二极管就是单调电阻，其元件特性方程为

$$i(t) = \alpha(e^{\beta u(t)} - 1) \tag{1-2-5}$$

式中 α、β 为正实常数。上式也可写为

$$u(t) = \frac{1}{\beta}\ln\left[\frac{1}{\alpha}i(t) + 1\right] \tag{1-2-6}$$

其 u-i 曲线如图 1-6 所示。一般而言，单调电阻的元件特性方程可写为 $u=f(i,t)$ 和 $i=g(u,t)$ 两种形式，式中 $f(\cdot, t)$ 和 $g(\cdot, t)$ 均为单值函数，且两者互为惟一的反函数。

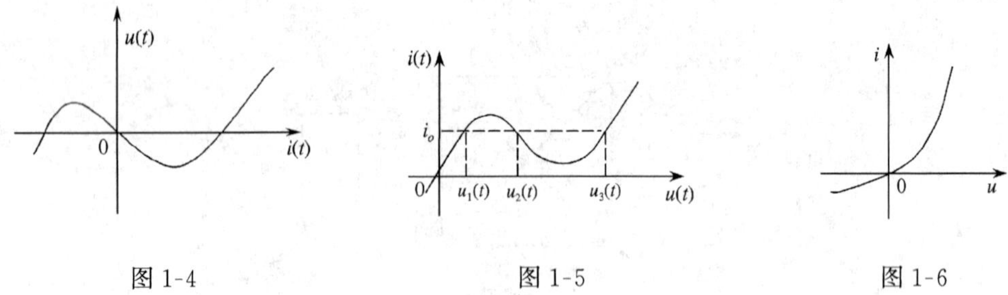

图 1-4　　图 1-5　　图 1-6

如果式(1-2-3)、(1-2-4)中的函数 f、g 不依赖于时间变量 t，即元件特性方程为

$$u(t) = f(i(t)) \tag{1-2-7}$$

和

$$i(t) = g(u(t)) \tag{1-2-8}$$

这种电阻元件称为时不变的，反之则是时变的。

线性电阻是单调电阻中的一种重要的类型，其电压、电流关系函数 $f(\cdot, t)$ 和 $g(\cdot, t)$ 是线性函数(对于所有的 t)。线性电阻元件的特性方程可写为以下形式：

$$u(t) = R(t)i(t) \tag{1-2-9}$$

和

$$i(t) = G(t)u(t) \tag{1-2-10}$$

式中 $R(t)$ 和 $G(t)$ 分别是线性电阻元件于 t 时刻的电阻和电导之值。图 1-7 中的三条过 i-u 平面原点的直线表示一个线性时变电阻于三个指定时刻的特性。

最常见的一类线性电阻是线性时不变电阻，即在式(1-2-9)、(1-2-10)所示元件特性方程中的 $R(t)$、$G(t)$ 是不随 t 改变的常数，其 u-i 方程为

$$u(t)=Ri(t) \tag{1-2-11}$$

和

$$i(t) = Gu(t) \tag{1-2-12}$$

下面研究非线性电阻元件的小信号行为。考察一个时不变流控电阻，其 u-i 关系为

$$u(t)=f(i(t))$$

若输入电流由时变偏置电流 $I(t)$ 和小信号电流 $\delta i(t)$ 两部分组成，即

$$i(t) = I(t) + \delta i(t) \tag{1-2-13}$$

设 $|\delta i(t)|$ 在任何时刻均远小于 $|I(t)|$ 的平均值，则相应的电阻电压也可以表示为

$$u(t) = U(t) + \delta u(t) \tag{1-2-14}$$

式中 $U(t)$ 是仅由偏置电流 $I(t)$ 所产生的电压，$\delta u(t)$ 则是由于电流有微小增量 $\delta i(t)$ 而导致的电压的微小增量，于是有

$$U(t) = f(I(t)) \tag{1-2-15}$$

$$U(t) + \delta u(t) = f(I(t) + \delta i(t)) \tag{1-2-16}$$

用泰勒级数将上式右端在 $I(t)$ 附近展开，则

$$U(t) + \delta u(t) = f(I(t)) + f'(I(t)) \cdot \delta i(t) + \frac{1}{2!}f''(I(t)) \cdot [\delta i(t)]^2 + \cdots \tag{1-2-17}$$

比较式(1-2-17)与(1-2-15)，得

$$\delta u(t) = f'(I(t)) \cdot \delta i(t) + \frac{1}{2!}f''(I(t)) \cdot [\delta i(t)]^2 + \cdots \tag{1-2-18}$$

若函数 $f(\cdot)$ 连续，且因 $\delta i(t)$ 足够小，故可忽略上式中含 $\delta i(t)$ 的二次方项以及各高次方项，于是有

$$\delta u(t) = f'(I(t)) \cdot \delta i(t) \tag{1-2-19}$$

或写为

$$\delta u(t) = R_d(t) \cdot \delta i(t) \tag{1-2-20}$$

式中

$$R_d(t) = f'(I(t)) \tag{1-2-21}$$

称为原非线性电阻元件的小信号等效电阻（又称动态电阻），其值等于非线性函数 $f(\cdot)$ 在 $I(t)$ 处之导数。

例 1-1　在图 1-8 所示电路中，非线性时不变电阻元件特性为

$$u(t) = f(i(t)) = \frac{1}{3}i^3(t) + 2i(t)$$

输入电流由时变偏置电流 $I(t)=\sin\omega t$ 和小信号电流 $\delta i(t)$ 两部分组成。求小信号电压与小信号电流间的关系方程。

解：由式(1-2-21)求小信号等效电阻如下：

$$R_d(t) = \left[\frac{\mathrm{d}}{\mathrm{d}i}\left(\frac{1}{3}i^3(t) + 2i(t)\right)\right]_{i(t)=I(t)} = [i^2(t) + 2]_{i(t)=\sin\omega t} = \sin^2\omega t + 2$$

故小信号电压与小信号电流间的关系方程为

$$\delta u(t) = (\sin^2\omega t + 2)\delta i(t)$$

由上例看出，在时变偏置电源作用下，一个非线性时不变电阻元件的小信号等效电阻是线性时变的，这是一个十分有用的结果。显然，如果希望得到线性时不变的小信号等效电阻，只需将偏置电源换为直流电源即可。

例 1-2　在图 1-9 所示电路中，流控非线性电阻的元件特性为

$$u(t) = f(i(t)) = 3i(t) - 4i^3(t)$$

输入电流为正弦电流 $i(t)=\sin\omega t$。试确定输出电压 $u(t)$ 的波形。

解:输出电压为电阻端电压,即

$$u(t) = 3i(t) - 4i^3(t) = 3\sin\omega t - 4\sin^3\omega t = \sin 3\omega t$$

输出电压 $u(t)$ 也是正弦波形,但与输入电流 $i(t)$ 频率不同,$u(t)$ 的频率等于 $i(t)$ 频率的三倍。可见,例中的流控非线性电阻实为一个变频器。

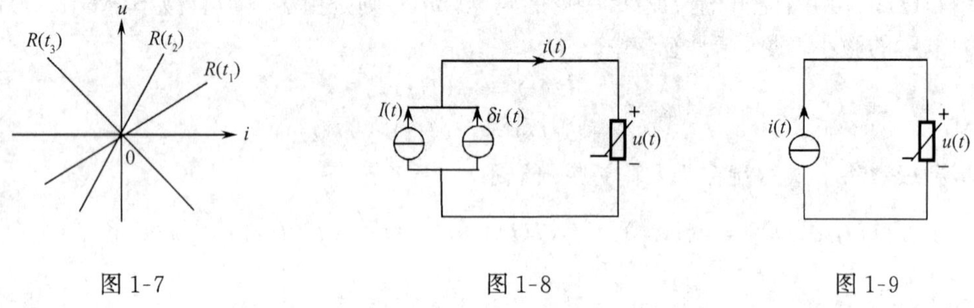

图 1-7　　图 1-8　　图 1-9

通过以上两例可以看出,电阻元件的作用已远不能仅用“将电能转化为热能”来描述。实际上,在现代电子技术中,非线性电阻和线性时变电阻被广泛地应用于整流、变频、调制、限幅等信号处理的许多方面。

最后,在结束本节之前尚需指出,四种理想受控源、理想变压器、回转器和负阻抗变换器等元件都是二端口电阻元件,因为它们的元件特性都是用端口电压向量和端口电流向量间的代数成分关系来表征的。独立电压源与独立电流源的元件特性分别用 u-i 平面上的平行于 i 轴与平行于 u 轴的直线表示,因此,它们均属于非线性电阻元件。

1-3　电 容 元 件

如果一个 n 端口元件的端口电压向量 $\boldsymbol{u}$ 和端口电荷向量 $\boldsymbol{q}$ 之间为代数成分关系:

$$\boldsymbol{f}_C(\boldsymbol{u}(t), \boldsymbol{q}(t), t) = \boldsymbol{0} \qquad (1\text{-}3\text{-}1)$$

则称该元件为电容性 n 端口元件,或 n 端口电容元件。下面侧重研究一端口(二端)电容元件。

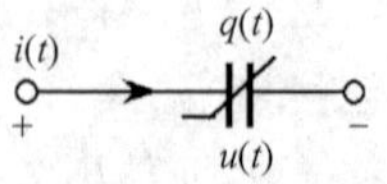

图 1-10

对于图 1-10 所示二端电容元件,其端电压 u 与电荷 q 之间存在代数成分关系:

$$f_C(u(t), q(t), t) = 0 \qquad (1\text{-}3\text{-}2)$$

这就表明,在指定时刻 t,电容元件的特性可以用 u-q 平面上的一条曲线表示。u 与 q 这一对动态无关的网络变量之间的代数成分关系方程(式(1-3-2))被称为二端电容元件的特性方程。

若电容电压可用电容电荷的单值函数表示,即

$$u(t) = h(q(t), t) \qquad (1\text{-}3\text{-}3)$$

则称该电容为荷控电容。

若电容电荷可用电容电压的单值函数表示,即

$$q(t) = f(u(t), t) \qquad (1\text{-}3\text{-}4)$$

则该电容称为压控电容。

一个二端电容元件，如果其元件特性既可写为式(1-3-3)所示的荷控形式，又可表示为式(1-3-4)所示的压控形式，且函数 $h(\cdot,t)$ 与 $f(\cdot,t)$ 互为惟一的反函数，则其 q-u 曲线必定为严格单调增(或严格单调减)的，这种电容称为单调型的。

如果电容元件的 q-u 关系方程不显含时间变量 t，即

$$u(t)=h(q(t)) \tag{1-3-5}$$

$$q(t)=f(u(t)) \tag{1-3-6}$$

这种电容元件称为时不变的。反之，则称为时变的。金属氧化物半导体(MOS)电容器的模型就是时不变的单调型非线性电容元件，其 q-u 曲线如图 1-11 所示。

如果单调电容的电荷与电压关系函数 $h(\cdot,t)$ 和 $f(\cdot,t)$ 是线性函数(对于所有的 $t\geqslant 0$)，则是线性电容元件，其元件特性方程可写为以下形式：

$$q(t)=C(t)\cdot u(t) \tag{1-3-7}$$

式中 $C(t)$ 是线性电容元件于 t 时刻的电容之值。如果 $C(t)$ 是不随时间 t 而改变的常数，即元件特性方程为

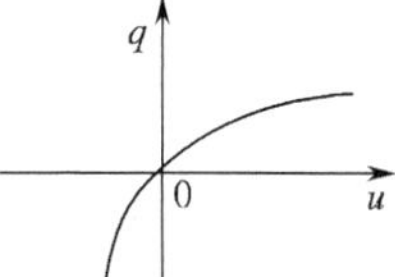

图 1-11

$$q(t)=Cu(t) \tag{1-3-8}$$

则该电容元件是线性时不变的。如不特殊声明，一般电容器的电路模型就是线性时不变电容元件。

对于电网络的四个基本变量 u、i、q、ψ，在网络分析与综合以及工程实践中经常使用的是电压与电流这两个便于检测的变量，可称为常用网络变量。由于电容元件的特性不是由常用网络变量 u、i 关系来定义的，故有必要研究电容元件的电压与电流之间的关系。为了根据电容元件的 q-u 特性得到 u-i 关系方程，应用式(1-1-2)所示关系

$$i(t)=\frac{\mathrm{d}q(t)}{\mathrm{d}t} \tag{1-3-9}$$

于下列几种 q-u 特性的情形。

(1)压控型非线性时变电容。元件特性为

$$q(t)=f(u(t),t)$$

则 u-i 关系方程为

$$i(t)=\frac{\mathrm{d}}{\mathrm{d}t}f(u(t),t)=\frac{\partial f(u,t)}{\partial u}\cdot\frac{\mathrm{d}u}{\mathrm{d}t}+\frac{\partial f(u,t)}{\partial t} \tag{1-3-10}$$

(2)荷控型非线性时变电容。元件特性为

$$u(t)=h(q(t),t)$$

u-i 关系方程为

$$\frac{\mathrm{d}u}{\mathrm{d}t}=\frac{\partial h(q,t)}{\partial q}\cdot i(t)+\frac{\partial h(q,t)}{\partial t} \tag{1-3-11}$$

(3)线性时变电容。由式(1-3-7)的元件特性可得 u-i 关系方程如下：

$$i(t)=C(t)\frac{\mathrm{d}u(t)}{\mathrm{d}t}+u(t)\frac{\mathrm{d}C(t)}{\mathrm{d}t} \tag{1-3-12}$$

(4)线性时不变电容。根据式(1-3-12)得

$$i(t) = C\frac{\mathrm{d}u(t)}{\mathrm{d}t} \tag{1-3-13}$$

例 1-3　在图 1-12 所示电路中，压控非线性时变电容的元件特性为

$$q(t) = f(u(t),t) = (1+0.5\sin t)u^3(t)$$

激励源电压为 $u(t)=\sin\omega t$。求电容电流 $i(t)$。

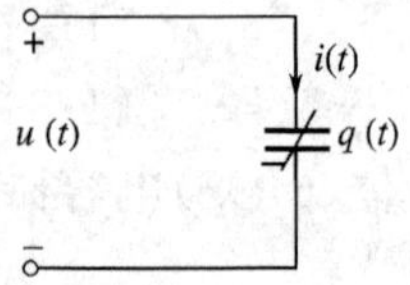

解：由式(1-3-10)可得电容电流

$$i(t) = (1+0.5\sin t)\cdot 3u^2(t)\frac{\mathrm{d}u(t)}{\mathrm{d}t} + 0.5\cos t\cdot u^3(t)$$

$$= 3\omega(1+0.5\sin t)\sin^2\omega t\cos\omega t + 0.5\sin^3\omega t\cos t$$

图 1-12

下面研究非线性电容的小信号行为。考察一个压控电容，其 q-u 关系为

$$q(t) = f(u(t)) \tag{1-3-14}$$

若电源电压 $u(t)$ 由时变偏置 $U(t)$ 和小信号 $\delta u(t)$ 两部分组成，即

$$u(t) = U(t) + \delta u(t) \tag{1-3-15}$$

相应地，电容电荷也可以表示为两部分之和：

$$q(t) = Q(t) + \delta q(t) \tag{1-3-16}$$

式中 $Q(t)$ 为仅由于偏置电压 $U(t)$ 存在而储存的电荷，$\delta q(t)$ 是对应于 $\delta u(t)$ 的小信号电荷。由

$$Q(t) = f(U(t)) \tag{1-3-17}$$

$$Q(t) + \delta q(t) = f(U(t) + \delta u(t)) \tag{1-3-18}$$

并根据 $f(\cdot)$ 连续和 $\delta u(t)$ 足够小的条件，可得小信号电荷与小信号电压之间的关系：

$$\delta q(t) = f'(U(t))\cdot\delta u(t) = C_d(t)\cdot\delta u(t) \tag{1-3-19}$$

式中 $f'(U(t))$ 是非线性函数 $f(\cdot)$ 在 $U(t)$ 处之导数，它是时间 t 的函数。将上式与式(1-3-7)相比较，可以看出，$C_d(t)=f'(U(t))$ 是原非线性电容元件的小信号等效电容，又称动态电容。

从以上研究可得如下结论：在时变偏置电压源作用下，一个非线性时不变电容元件的小信号等效电容是线性时变电容。如果希望得到参数可调的线性时不变小信号等效电容，则偏置电源应采用电压可调的直流电源。以下举例中的电子调谐装置就是基于这一原理的。

例1-4　图 1-13 为一个电子调谐装置的电路，其中非线性时不变电容的 q-u 特性为

$$q = \frac{1}{2}ku^2 \qquad (k\text{ 为正实常数})$$

偏置电源为电压 U_0 可调的直流电压源，信号电压 $u_s(t)$ 相对于 U_0 而言可视为小信号。试求电路对小信号的谐振频率与偏置电压的关系式。

解：在偏置电压 U_0 作用下，非线性电容元件的小信号等效电容为

$$C_d = \frac{\mathrm{d}}{\mathrm{d}u}\left(\frac{1}{2}ku^2\right)\bigg|_{u=U_0} = kU_0$$

电路对小信号的谐振频率：

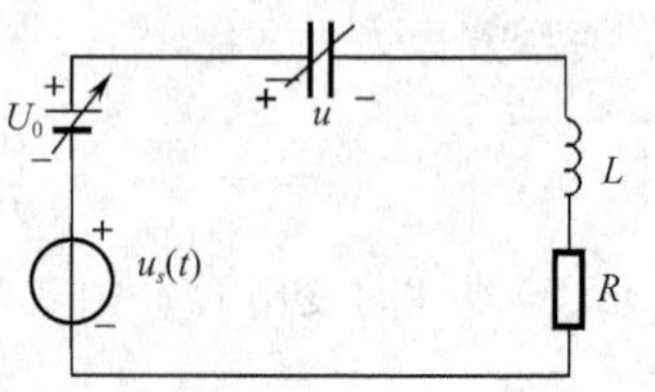

图 1-13

$$f_0 = \frac{1}{2\pi\sqrt{LC_d}} = \frac{1}{2\pi\sqrt{kLU_0}}$$

由上式可知，调节直流偏置电压 U_0 之值，即可达到改变电路的谐振频率的目的。

非线性电容的小信号行为是一个十分有用的特性，在现代通信网络中常用以得到调幅和调频信号以及实现电子可调滤波器，后者是带宽与延迟均为时间函数的滤波器，在这种电路中，就需要用时变电容。

例 1-5 用时变偏置电压 $U(t)=\sin\omega t$ 加于一个压控时不变电容上。为使小信号等效电容随时间变化的规律为

$$C_d(t) = 1 + 0.5\sin^2\omega t$$

试求该压控时不变电容的元件特性 $q=f(u)$。

解：由题意知，

$$C_d(t) = \frac{\mathrm{d}}{\mathrm{d}u}[f(u)]\Big|_{u=U(t)=\sin\omega t} = 1 + 0.5\sin^2\omega t = 1 + 0.5U^2(t)$$

故

$$\frac{\mathrm{d}q}{\mathrm{d}u} = 1 + 0.5u^2$$

由此可得

$$q = f(u) = \int(1+0.5u^2)\mathrm{d}u = u + \frac{1}{6}u^3 + C$$

C 为常数。

1-4 电感元件

如果一个 n 端口元件的端口电流向量 $\boldsymbol{i}$ 和端口磁链向量 $\boldsymbol{\psi}$ 之间为代数成分关系：

$$\boldsymbol{f}_L(\boldsymbol{i}(t), \boldsymbol{\psi}(t), t) = \boldsymbol{0} \tag{1-4-1}$$

则称该元件为电感性 n 端口元件，或 n 端口电感元件。下面侧重研究一端口(二端)电感元件。

对于图 1-14 所示的二端电感元件，其端电流 i 与磁链 ψ 之间存在代数成分关系：

$$f_L(i(t), \psi(t), t) = 0 \tag{1-4-2}$$

这就表明，在指定时刻 t，电感元件的特性可以用 i-ψ 平面上的一条曲线表示。i 与 ψ 这一对动态无关的网络变量之间的代数成分关系方程(式(1-4-2))被称为二端电感元件的特性方程。

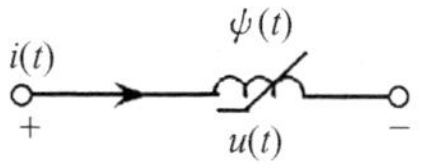

图 1-14

若电感电流可用电感磁链的单值函数表示，即

$$i(t) = h(\psi(t), t) \tag{1-4-3}$$

则称该电感为磁控电感。

若电感磁链可用电感电流的单值函数表示，即

$$\psi(t) = f(i(t), t) \tag{1-4-4}$$

则该电感称为流控电感。

一个二端电感元件，如果其元件特性既可写为式(1-4-3)所示的磁控形式，又可表示

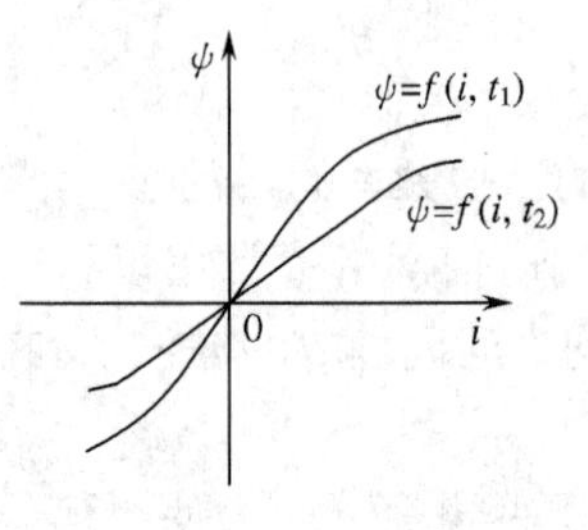

图 1-15

为式(1-4-4)所示的流控形式，且函数 $h(\cdot,t)$ 与 $f(\cdot,t)$ 互为惟一的反函数，则其 ψ-i 曲线必为严格单调增(或严格单调减)的，这种电感称为单调型的。图 1-15 中绘出了一个单调电感在两个不同时刻的 ψ-i 曲线。

如果电感元件的 ψ-i 关系方程不显含时间变量 t，即

$$i(t) = h(\psi(t)) \tag{1-4-5}$$

$$\psi(t) = f(i(t)) \tag{1-4-6}$$

这种电感元件称为时不变的。反之，则称为时变的。一般铁芯线圈在忽略损耗和磁滞影响时的电路模型就是时不变的单调型非线性电感元件，其 ψ-i 曲线如图 1-16 所示。若磁滞影响不可忽略，则铁心线圈在正弦电流激励下的 ψ-i 特性为图 1-17 所示的磁滞回线。

图 1-16　　　　图 1-17

如果单调电感的磁链与电流关系函数 $h(\cdot,t)$ 和 $f(\cdot,t)$ 是线性函数(对于所有的 $t \geqslant 0$)，则该电感是线性电感元件，其元件特性方程可写为以下形式：

$$\psi(t) = L(t) \cdot i(t) \tag{1-4-7}$$

式中 $L(t)$ 是线性电感元件于 t 时刻的电感之值。如果 $L(t)$ 是不随时间 t 而改变的常数，即元件特性方程为

$$\psi(t) = L\,i(t) \tag{1-4-8}$$

则该电感元件是线性时不变的。一般空心线圈的电路模型就是线性时不变的电感元件与电阻元件相串联的电路。

由于电感元件特性不是用常用网络变量电压与电流的关系来定义的，故以下将进一步研究电感元件的电压-电流关系。

为了根据电感元件的 ψ-i 特性得到 u-i 关系方程，应用式(1-1-1)所示关系

$$u(t) = \frac{\mathrm{d}\psi(t)}{\mathrm{d}t} \tag{1-4-9}$$

于下列几种 ψ-i 特性的情形。

(1)流控型非线性时变电感。元件特性为

$$\psi(t) = f(i(t),t) \tag{1-4-10}$$

则有以下的 u-i 关系方程：

$$u(t)=\frac{\mathrm{d}}{\mathrm{d}t}f(i(t),t)=\frac{\partial f(i,t)}{\partial i}\cdot\frac{\mathrm{d}i}{\mathrm{d}t}+\frac{\partial f(i,t)}{\partial t} \tag{1-4-11}$$

例如，设一个非线性电感的 ψ-i 特性为

$$\psi(t) = e^{-t}i^2 + \sin\omega t$$

通以正弦电流 $i(t)=\cos\omega t$，则电感电压为

$$u(t) = 2ie^{-t}\cdot\frac{\mathrm{d}i}{\mathrm{d}t} - e^{-t}i^2 + \omega\cos\omega t = \omega\cos\omega t - e^{-t}(\omega\sin2\omega t + \cos^2\omega t)$$

(2)磁控型非线性时变电感。元件特性为

$$i(t) = h(\psi(t),t)$$

则 u-i 关系方程为

$$\frac{\mathrm{d}i(t)}{\mathrm{d}t} = \frac{\partial h(\psi,t)}{\partial\psi}\cdot u(t) + \frac{\partial h(\psi,t)}{\partial t} \tag{1-4-12}$$

(3)线性时变电感。由式(1-4-7)的元件特性可得 u-i 关系方程：

$$u(t) = L(t)\frac{\mathrm{d}i(t)}{\mathrm{d}t} + i(t)\frac{\mathrm{d}L(t)}{\mathrm{d}t} \tag{1-4-13}$$

(4)线性时不变电感。根据式(1-4-13)得

$$u(t) = L\frac{\mathrm{d}i(t)}{\mathrm{d}t} \tag{1-4-14}$$

下面研究非线性电感的小信号行为。考察一个流控电感，其 ψ-i 关系为

$$\psi(t) = f(i(t)) \tag{1-4-15}$$

若电源电流 $i(t)$由时变偏置 $I(t)$和小信号 $\delta i(t)$两部分组成，即

$$i(t) = I(t) + \delta i(t) \tag{1-4-16}$$

则电感磁链亦可写为两部分之和：

$$\psi(t) = \Psi(t) + \delta\psi(t) \tag{1-4-17}$$

式中 $\Psi(t)$为仅由偏置电流 $I(t)$产生的磁链，而 $\delta\psi(t)$是对应于 $\delta i(t)$的小信号磁链。由

$$\Psi(t) = f(I(t)) \tag{1-4-18}$$

$$\Psi(t) + \delta\psi(t) = f(I(t) + \delta i(t)) \tag{1-4-19}$$

并根据 $f(\cdot)$连续和 $\delta i(t)$足够小的条件，可得小信号磁链与小信号电流间的以下关系：

$$\delta\psi(t) = f'(I(t))\cdot\delta i(t) = L_d(t)\cdot\delta i(t) \tag{1-4-20}$$

式中 $f'(I(t))$是非线性函数 $f(\cdot)$在 $I(t)$处之导数，它是时间 t 的函数。将上式与式(1-4-7)相比较，可以看出，$L_d(t)=f'(I(t))$是原非线性电感元件的小信号等效电感，又称动态电感。

从以上研究可得如下结论：在时变偏置电流源作用下，一个非线性时不变电感元件的小信号等效电感是一个线性时变电感。如果希望得到参数可调的线性时不变小信号等效电感，则偏置电源应采用电流可调直流电源。上面的结论在工程技术中是十分有用的，例如，磁放大器就是基于上述原理的。

研究图 1-18 所示线性耦合电感元件与图 1-19 所示理想变压器，虽然两者的元件符号十分相似，但因它们是由实际变压器经不同程度的抽象而得的电路模型，两者分别属于不同性质的两类元件。

图 1-18 中的耦合电感元件，其元件特性由磁链与电流的如下代数成分关系定义：

$$\begin{bmatrix}\psi_1(t)\\\psi_2(t)\end{bmatrix} = \begin{bmatrix}L_1 & M\\M & L_2\end{bmatrix}\begin{bmatrix}i_1(t)\\i_2(t)\end{bmatrix} \tag{1-4-21}$$

故为二端口电感元件。而图 1-19 中的理想变压器的元件特性,则是由电压与电流的如下代数关系定义的:

$$\begin{bmatrix} u_1(t) \\ i_2(t) \end{bmatrix} = \begin{bmatrix} 0 & n \\ -n & 0 \end{bmatrix} \begin{bmatrix} i_1(t) \\ u_2(t) \end{bmatrix} \tag{1-4-22}$$

根据式(1-2-1)的定义,理想变压器是二端口电阻元件。

从两个元件的端口 u-i 关系来看,如果图 1-18 中的耦合电感元件的耦合系数等于 1,即其元件参数满足关系

$$M = \sqrt{L_1 L_2} \tag{1-4-23}$$

则此全耦合的耦合电感元件等效于在一个变比为 $n=\sqrt{\dfrac{L_1}{L_2}}$ 的理想变压器的输入端口并联以电感 L_1 所构成的二端口网络(图 1-20)。现证明如下。

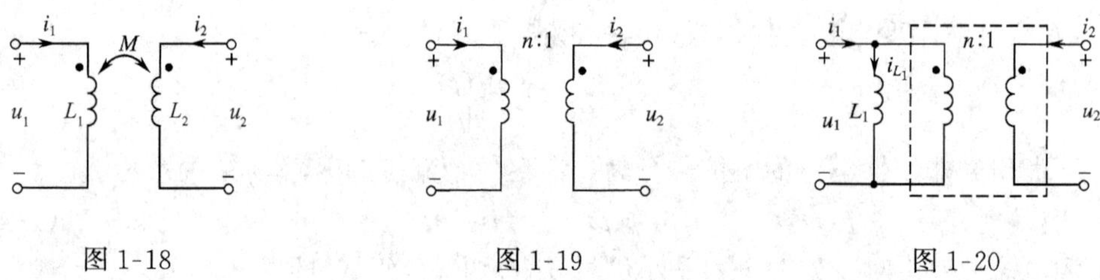

图 1-18　　图 1-19　　图 1-20

首先研究二端口电压的关系。若耦合电感元件的 $M=\sqrt{L_1 L_2}$,则二端口电压比为

$$\frac{u_1}{u_2} = \frac{L_1 \dfrac{\mathrm{d}i_1}{\mathrm{d}t} + \sqrt{L_1 L_2}\dfrac{\mathrm{d}i_2}{\mathrm{d}t}}{\sqrt{L_1 L_2}\dfrac{\mathrm{d}i_1}{\mathrm{d}t} + L_2 \dfrac{\mathrm{d}i_2}{\mathrm{d}t}} = \sqrt{\frac{L_1}{L_2}} \tag{1-4-24}$$

又根据理想变压器的元件特性,可得图 1-20 中二端口网络的二端口电压比:

$$\frac{u_1}{u_2} = n = \sqrt{\frac{L_1}{L_2}} \tag{1-4-25}$$

再研究二端口电流的关系。对耦合电感元件的以下 u-i 关系方程:

$$u_1(t) = L_1 \frac{\mathrm{d}i_1(t)}{\mathrm{d}t} + M\frac{\mathrm{d}i_2(t)}{\mathrm{d}t} \tag{1-4-26}$$

等式两端从 0 到 t 积分,并代入全耦合条件,经整理得

$$i_1(t) = -\sqrt{\frac{L_2}{L_1}} i_2(t) + \frac{1}{L_1}\int_0^t u_1(\tau)\mathrm{d}\tau + \left[i_1(0) + \sqrt{\frac{L_2}{L_1}} i_2(0)\right] \tag{1-4-27}$$

对于图 1-20 所示网络中 L_1 上端节点写 KCL 方程:

$$i_1(t) = \left[\frac{1}{L_1}\int_0^t u_1(\tau)\mathrm{d}\tau + i_{L_1}(0)\right] - \frac{1}{n} i_2(t)$$

将 $i_{L_1}(0)=i_1(0)+\dfrac{1}{n}i_2(0)$ 和 $n=\sqrt{L_1/L_2}$ 的关系代入上式,得

$$i_1(t) = -\sqrt{\frac{L_2}{L_1}} i_2(t) + \frac{1}{L_1}\int_0^t u_1(\tau)\mathrm{d}\tau + \left[i_1(0) + \sqrt{\frac{L_2}{L_1}} i_2(0)\right]$$

由此证明,图 1-18 的耦合电感元件当参数 $M=\sqrt{L_1 L_2}$ 时,其端口 u-i 关系与图1-20

中的二端口网络($n=\sqrt{L_1/L_2}$)的端口 u-i 关系是相同的,即两者是等效的。

1-5 忆阻元件

如果一个 n 端口元件的端口磁链向量$\boldsymbol{\psi}$ 和端口电荷向量$\boldsymbol{q}$ 之间为代数成分关系:

$$f_M(\boldsymbol{\psi}(t),\boldsymbol{q}(t),t)=\mathbf{0} \tag{1-5-1}$$

则称该元件为忆阻性 n 端口元件,或 n 端口忆阻元件(memristor)。下面侧重研究一端口(二端)忆阻元件。

对于图 1-21 所示二端忆阻元件,其磁链 ψ 与电荷 q 之间存在代数成分关系:

$$f_M(\psi(t),q(t),t)=0 \tag{1-5-2}$$

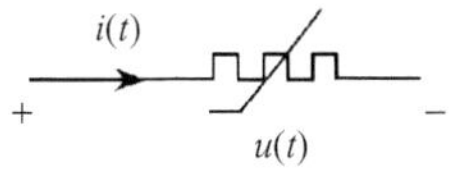

图 1-21

这就表明,在指定时刻 t,忆阻元件的特性可以用 q-ψ 平面上的一条曲线表示。ψ 与 q 这一对动态无关的网络变量之间的代数成分关系方程(式(1-5-2))被称为二端忆阻元件的特性方程。

若忆阻元件的磁链可用其电荷的单值函数表示,即

$$\psi(t)=\Psi(q(t),t) \tag{1-5-3}$$

则称它是荷控忆阻元件。

若忆阻元件的电荷可用其磁链的单值函数表示,即

$$q(t)=Q(\psi(t),t) \tag{1-5-4}$$

则称它是磁控忆阻元件。

单调型忆阻元件的元件特性既可表示为式(1-5-3)所示的荷控形式,也可表示为式(1-5-4)所示的磁控形式。

如果忆阻元件的 ψ-q 关系方程不显含时间变量 t,即

$$\psi(t)=\Psi(q(t)) \tag{1-5-5}$$

$$q(t)=Q(\psi(t)) \tag{1-5-6}$$

这种忆阻元件称为时不变的。反之,则称为时变的。图 1-22 中绘出了一个单调型时不变忆阻元件的 ψ-q 曲线。

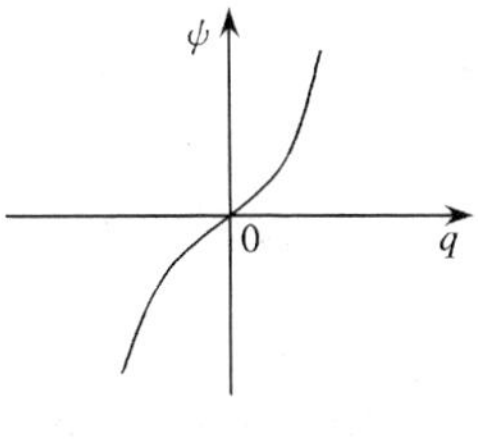

图 1-22

下面将研究忆阻元件的 u-i 关系。

对于荷控时不变忆阻元件,由式(1-5-5)可得元件的端电压为

$$u(t)=\frac{\mathrm{d}\psi}{\mathrm{d}t}=\frac{\mathrm{d}\Psi(q)}{\mathrm{d}q}\cdot\frac{\mathrm{d}q}{\mathrm{d}t}=\frac{\mathrm{d}\Psi(q)}{\mathrm{d}q}\cdot i(t) \tag{1-5-7}$$

定义忆阻 $M(q)$为 Ψ 与 q 两者微增量之比的极限,即

$$M(q)=\frac{\mathrm{d}\Psi(q)}{\mathrm{d}q} \tag{1-5-8}$$

则荷控忆阻元件的 u-i 关系为

$$u(t)=M(q)\cdot i(t) \tag{1-5-9}$$

由式(1-5-9)和(1-5-8)可以看出,忆阻 $M(q)$在忆阻元件 u-i 关系方程中的地位与电阻参数 R 在线性电阻元件 u-i 关系方程中的地位相同,且 $M(q)$也具有电阻的量纲。$M(q)$是

忆阻元件电荷 q 的函数，其值等于 ψ-q 曲线上横坐标为 q 的点处的切线的斜率。又根据电荷与电流的关系：

$$q(t)=\int_{-\infty}^{t} i(\tau)\mathrm{d}\tau$$

可知，忆阻元件在时刻 t 的电荷值决定于从 $-\infty$ 到 t 的所有时刻的电流之值，因而 $M(q)$ 与元件电流的历史情况有关。故把 $M(q)$ 视为一个有记忆作用的电阻参数，由此而命名为忆阻(memristance)。

对于磁控时不变忆阻元件，由式(1-5-6)可得元件的电流为

$$i(t)=\frac{\mathrm{d}q}{\mathrm{d}t}=\frac{\mathrm{d}Q(\psi)}{\mathrm{d}\psi}\cdot\frac{\mathrm{d}\psi}{\mathrm{d}t}=\frac{\mathrm{d}Q(\psi)}{\mathrm{d}\psi}\cdot u(t) \tag{1-5-10}$$

定义忆导为

$$W(\psi)=\frac{\mathrm{d}Q(\psi)}{\mathrm{d}\psi} \tag{1-5-11}$$

则磁控忆阻元件的 u-i 关系为

$$i(t)=W(\psi)\cdot u(t) \tag{1-5-12}$$

由以上两式可知，忆导 $W(\psi)$ 具有电导的量纲，其值与磁链 ψ 有关，又因

$$\psi(t)=\int_{-\infty}^{t} u(\tau)\mathrm{d}\tau$$

故 $W(\psi)$ 与忆阻元件端电压的过去历史情况有关，即 $W(\psi)$ 可视为一个有记忆作用的电导参数，由此而命名为忆导。

对于单调忆阻元件，在 ψ-q 特性曲线上的任一点 (ψ,q) 处，元件 u-i 关系可表示为以下两种形式：

$$u=M(q)i \tag{1-5-13}$$

$$i=W(\psi)u \tag{1-5-14}$$

故

$$W(\psi)=\frac{1}{M(q)} \tag{1-5-15}$$

若忆阻元件的 ψ-q 特性在 q-ψ 平面上用一条直线表示(无论是否过原点)，则由式(1-5-13)与(1-5-14)可知，$M(q)=R$，$W(\psi)=G$，即忆阻和忆导成为不依赖于 q 和 ψ 的常数，即失去了记忆作用，这种忆阻元件实质上已退化为线性电阻元件，因而没有必要研究线性忆阻元件。

忆阻元件是在 20 世纪 70 年代初才引入电路理论的一种新元件，它是继电阻、电感、电容元件之后的第四类基本网络元件。在电路理论中的前三种基本元件都是由实际电网络中的电阻器、电感器和电容器抽象而得的理想化模型，它们用 $(u、i)$、$(i、\psi)$、$(u、q)$ 三对动态无关网络变量的代数成分关系定义。而忆阻元件的提出，则首先是根据另一对动态无关的网络变量 $(\psi、q)$ 的代数成分关系定义，从而实现了电网络理论中基本元件组的完备性。然而，在实际的电网络中，迄今仍难以找出某种简单的器件，其模型就是忆阻元件。根据忆阻元件的特性和电压、电流关系，人们可以用含有源器件的电路来实现它。例如，在第 1-11 节中介绍的类型转换器就可用以进行四种基本元件之间的变换。

库仑电池(E 电池)是能够用忆阻元件作为其模型的一个实际例子。库仑电池由阳极、阴极和电解液三部分组成,如图 1-23 所示。银质容器为阴极,内盛有电解液,纯金制作的阳极浸于电解液中,阳极表面事先已镀有一层银。将阳极与阴极分别接至直流电源正、负极后,银离子由阳极移向阴极,从而产生电流。在开始接通直流电源的阶段,电流较大,直至绝大部分银离子已转移到阴极后,电流变为很小。就 u-i 关系来看,在前一阶段,库仑电池如同一个电阻值很低的线性电阻;而后一阶段则如同一个电阻值很高的线性电阻。其电阻值的改变决定于电解液电流过去的历史情况,换言之,电阻值依赖于因银离子移动而转移的总电荷量,故其电路模型是一个荷控忆阻元件。库仑电池的元件特性如图 1-24 所示。图中 T_0 代表阻值改变的时刻,$q(T_0)$ 为该时刻的电荷值。在 $t<T_0$ 时,忆阻 $M_1(q)$ 之值很小;当 $t\geqslant T_0$ 时,忆阻变为 $M_2(q)$,其值很大。从 0 至 T_0 的这段时间称为库仑电池的延迟时间,它取决于阳极事先镀银的量与工作电流,其范围从几秒到几个月。

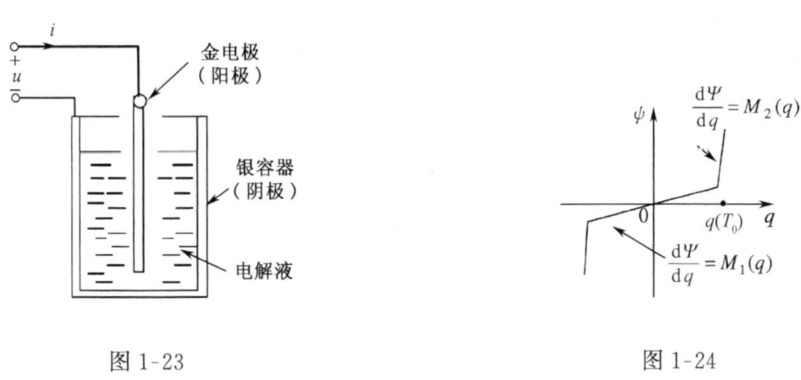

图 1-23　　　　图 1-24

1-6　网络的线性和非线性

以上几节介绍了四种基本网络元件,它们是电网络的主要构成单元。从本节开始的三节中,我们将从几个不同的角度来研究网络及网络元件的性质,这就是:线性与非线性;时不变性与时变性;无源性与有源性。本节首先讨论线性与非线性。

传统的线性网络的定义是:一个网络若仅含线性非源元件和独立源,则称为线性网络。按此定义的线性网络中,所含线性电感的电流和线性电容的电压可具有任意初始值。传统定义是着眼于网络内部的组成元件。

线性网络的另一种定义称为端口型线性(portwise linear)网络。这时将网络看作是放在一个黑盒里,人们仅能从其引出端子(或端口)上的输入与输出之间的关系来研究它的性质。这种着眼于网络外部的端口特性的方法,是本书研究各种网络性质的主要方面。

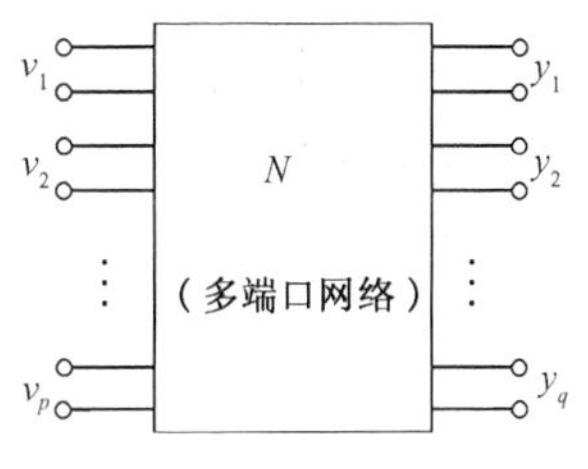

图 1-25

考察图 1-25 中的多端口网络 N,设网络有 p 个输入量,q 个输出量,其输入向量与输出向量分别为

$$\boldsymbol{v} = [v_1 \quad v_2 \quad \cdots \quad v_p]^{\mathrm{T}}$$

$$\boldsymbol{y} = [y_1 \quad y_2 \quad \cdots \quad y_q]^{\mathrm{T}}$$

向量 $\boldsymbol{v}$ 和 $\boldsymbol{y}$ 的元可以是电压、电流,或一部分是电压另一部分是电流。此外,输出量亦可取自输入端口上。只要网络 N 中全部元件均为集总元件,则其输出向量 $\boldsymbol{y}$ 与输入向量 $\boldsymbol{v}$ 之间的关系可用积分微分算子 D 表示,即

$$D(\boldsymbol{v},\boldsymbol{y}) = \boldsymbol{0} \tag{1-6-1}$$

算子 D 是指一组含积分运算和/或微分运算的关系式,式(1-6-1)代表一组输入-输出方程,它们是积分微分方程。满足算子 D 所表示的方程(式(1-6-1))的输入向量 $\boldsymbol{v}$ 与输出向量 $\boldsymbol{y}$,实际上就是网络的容许信号偶。根据网络的构成元件及其联接关系,用 KCL、KVL 和元件 u-i 关系便可以写出网络的输入-输出方程,即可得到相应的积分微分算子 D。但当我们研究网络的端口特性时,则只考察其积分微分算子 D 所反映的输入-输出关系,而不问网络内部的情况。

网络的端口型线性性质包括齐次性与可加性两方面,现讨论如下。

齐次性:若网络的积分微分算子为 D,如果对所有的容许信号偶$(\boldsymbol{v},\boldsymbol{y})$,当

$$D(\boldsymbol{v},\boldsymbol{y}) = \boldsymbol{0}$$

时,必有

$$D(\alpha\boldsymbol{v},\alpha\boldsymbol{y}) = \boldsymbol{0} \tag{1-6-2}$$

则称该网络的输入-输出关系存在齐次性(homogeneity),也称算子 D 具有齐次性。式中 α 为任意标量常数。

齐次性还可以简化表示为:当 $\boldsymbol{v}(t)\rightarrow\boldsymbol{y}(t)$时,有

$$\alpha\boldsymbol{v}(t) \rightarrow \alpha\boldsymbol{y}(t)$$

则算子 D 具有齐次性。

可加性:若网络的积分微分算子为 D,如果对任意的两对容许信号偶$(\boldsymbol{v},\boldsymbol{y})$和$(\hat{\boldsymbol{v}},\hat{\boldsymbol{y}})$,当

$$D(\boldsymbol{v},\boldsymbol{y}) = \boldsymbol{0} \quad 和 \quad D(\hat{\boldsymbol{v}},\hat{\boldsymbol{y}}) = \boldsymbol{0}$$

时,必有

$$D(\boldsymbol{v}+\hat{\boldsymbol{v}},\boldsymbol{y}+\hat{\boldsymbol{y}}) = \boldsymbol{0} \tag{1-6-3}$$

则称该网络的输入-输出关系存在可加性(additivity),也称算子 D 具有可加性。

可加性还可以简化表示为:当 $\boldsymbol{v}(t)\rightarrow\boldsymbol{y}(t)$和 $\hat{\boldsymbol{v}}(t)\rightarrow\hat{\boldsymbol{y}}(t)$时,有

$$\boldsymbol{v}(t)+\hat{\boldsymbol{v}}(t) \rightarrow \boldsymbol{y}(t)+\hat{\boldsymbol{y}}(t)$$

则算子 D 具有可加性。

端口型线性网络的定义是:若一个 n 端口网络的输入-输出关系由积分微分算子 D 确定,当 D 既具有齐次性又具有可加性时,此网络称为端口型线性网络。反之,若算子 D 不具有齐次性和/或可加性,则此网络称为端口型非线性网络。

由式(1-6-2)与(1-6-3)可知,对于端口型线性网络,以下关系一定成立,当

$$D(\boldsymbol{v},\boldsymbol{y}) = \boldsymbol{0} \quad 和 \quad D(\hat{\boldsymbol{v}},\hat{\boldsymbol{y}}) = \boldsymbol{0}$$

时,必有

$$D(\alpha\boldsymbol{v}+\beta\hat{\boldsymbol{v}},\alpha\boldsymbol{y}+\beta\hat{\boldsymbol{y}}) = \boldsymbol{0} \tag{1-6-4}$$

上式表明,积分微分算子 D 满足叠加原理。式中 α、β 为任意两个标量常数。换言之,线

性 n 端口网络的输入-输出关系遵从叠加原理。

例1-6 某网络的输入-输出关系由以下积分微分算子 D 确定

$$D(v,y)=y(t)+2\frac{\mathrm{d}y(t)}{\mathrm{d}t}+10\int_0^t y(\tau)\mathrm{d}\tau-2v(t)-\frac{\mathrm{d}v(t)}{\mathrm{d}t}=0 \qquad (1\text{-}6\text{-}5)$$

且所有的初始条件为零。试判定算子 D 是否具有齐次性、可加性，从而判定该网络是否端口型线性网络。

解：对方程(1-6-5)等号两端同乘以标量常数 α，得

$$\alpha y(t)+2\frac{\mathrm{d}}{\mathrm{d}t}[\alpha y(t)]+10\int_0^t[\alpha y(\tau)]\mathrm{d}\tau-2\alpha v(t)-\alpha\frac{\mathrm{d}v(t)}{\mathrm{d}t}=0$$

上式即

$$D(\alpha v,\alpha y)=0$$

故算子 D 具有齐次性。

又将式(1-6-5)中所有的 $y(t)$ 换为 $\hat{y}(t)$、$v(t)$ 换为 $\hat{v}(t)$，方程仍成立，即

$$D(\hat{v},\hat{y})=\hat{y}(t)+2\frac{\mathrm{d}\hat{y}(t)}{\mathrm{d}t}+10\int_0^t \hat{y}(\tau)\mathrm{d}\tau-2\hat{v}(t)-\frac{\mathrm{d}\hat{v}(t)}{\mathrm{d}t}=0 \qquad (1\text{-}6\text{-}6)$$

将式(1-6-5)与式(1-6-6)相加，有

$$[y(t)+\hat{y}(t)]+2\frac{\mathrm{d}}{\mathrm{d}t}[y(t)+\hat{y}(t)]+10\int_0^t[y(\tau)+\hat{y}(\tau)]\mathrm{d}\tau$$

$$-2[v(t)+\hat{v}(t)]-\frac{\mathrm{d}}{\mathrm{d}t}[v(t)+\hat{v}(t)]=0$$

上式即

$$D(v+\hat{v},y+\hat{y})=0$$

故算子 D 具有可加性。

由此证明了该网络是端口型线性网络。

例1-7 在图 1-26 所示网络中，非线性电阻的元件特性为 $u_R=i^2$，网络的输入为 u_1，输出为 1Ω 电阻端电压 u_2。写出网络的输入-输出方程 $D(v,y)=0$，并判定该网络是否端口型线性网络。(设电容电压初始值为 2V)

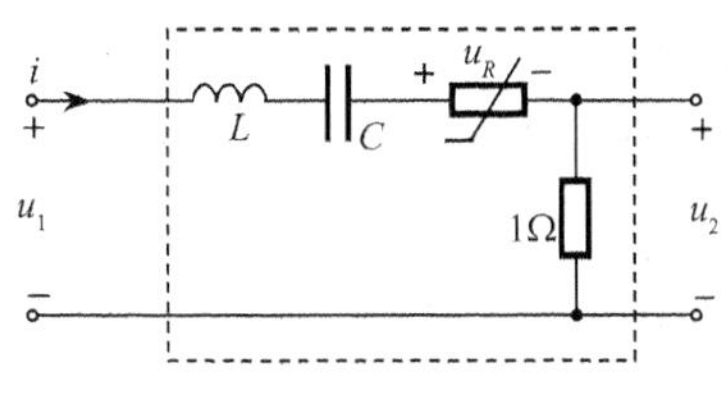

图 1-26

解：由题意知，网络的输入、输出分别为

$$v=u_1$$

$$y=u_2=i$$

根据 KVL 和各元件电压-电流关系，有以下方程：

$$D(v,y)=L\frac{\mathrm{d}y(t)}{\mathrm{d}t}+\frac{1}{C}\int_0^t y(\tau)\mathrm{d}\tau+2+y^2(t)+y(t)-v(t)=0 \qquad (1\text{-}6\text{-}7)$$

上式即网络的输入-输出方程。

为检验算子 D 的齐次性，将式(1-6-7)中的输入换为 $\alpha v(t)$、输出换为 $\alpha y(t)$，有

$$D(\alpha v,\alpha y)=\alpha\left[L\frac{\mathrm{d}y(t)}{\mathrm{d}t}+\frac{1}{C}\int_0^t y(\tau)\mathrm{d}\tau+y(t)-v(t)\right]+2+\alpha^2y^2(t)\neq 0$$

故算子 D 不具有齐次性。

为检验算子 D 的可加性，将式(1-6-7)中的输入换为 $v(t)+\hat{v}(t)$，输出换为 $y(t)+\hat{y}(t)$，有

$$D(v+\hat{v},y+\hat{y})=D(v,y)+D(\hat{u},\hat{y})-2+2y\hat{y}=-2+2y\hat{y}\neq 0$$

故算子 D 不具有可加性。

由此证明了该网络是端口型非线性网络。

在以上两例中，网络的输入-输出关系或为同时满足齐次性与可加性条件，因而网络为端口型线性的；或为两者均不满足，因而网络为端口型非线性的。但应指出，并非所有网络均存在这两种性质的一致关系，下面的一个例子就属于此类情况。

例1-8 图 1-27 表示一全波整流电路，输入电压 u_1，输出电压 u_2。试判定该二端口网络的输入-输出关系是否具有齐次性和可加性。(设二极管为理想情形)

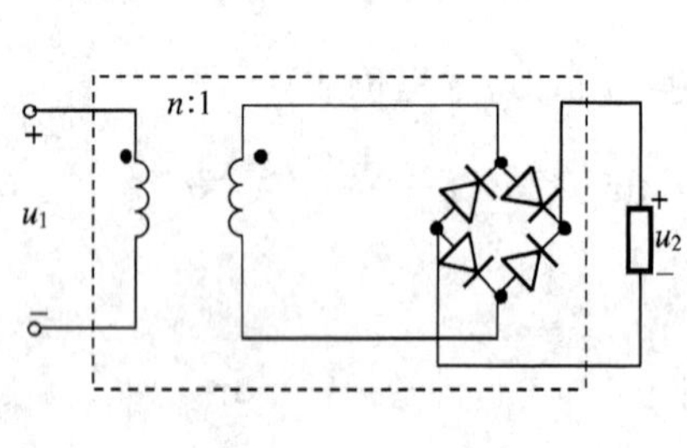

图 1-27

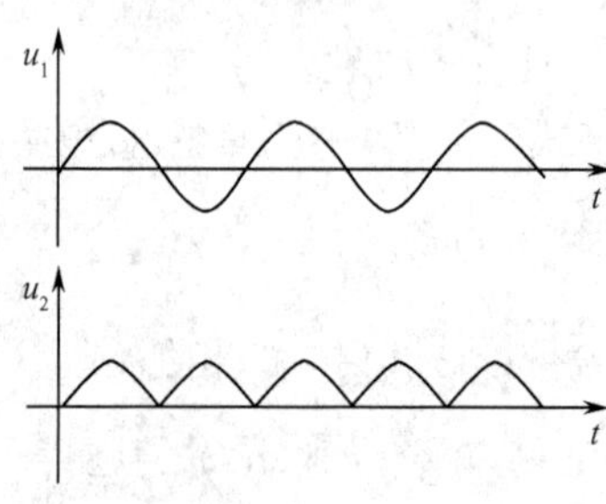

图 1-28

解：(1)判断齐次性。当输入为正弦电压

$$v=u_1=\sin\omega t$$

时，输出 $y=u_2$ 为图 1-28 中的全波整流电压。又若输入为

$$\alpha v=\alpha u_1=\alpha\sin\omega t$$

显然，输出变为 $\alpha y=\alpha u_2$。故网络的输入输出关系具有齐次性。

(2)判断可加性。当输入为正弦电压

$$v=u_1=\sin\omega t$$

时，输出 $y=u_2$ 为图 1-28 中的全波整流电压。而当输入变为

$$\hat{v}=\hat{u}_1=-u_1=\sin(\omega t+\pi)$$

时，输出仍不改变，即 $\hat{y}=\hat{u}_2=u_2$。又设输入为 $u_1+\hat{u}_1$，若网络具有可加性，则这时的输出应为 $u_2+\hat{u}_2=2u_2$。然而，由于

$$u_1+\hat{u}_1=\sin\omega t+\sin(\omega t+\pi)=0$$

故在 $u_1+\hat{u}_1$ 输入作用下的实际输出为零。可见此网络虽具有齐次性，却不具有可加性，故仍然是端口型非线性网络。

以下将研究端口型线性网络与传统的线性网络之间的关系。为此，首先考察以下两个例子。

例1-9 图 1-29 所示的二端口网络以电流 i 为输入，电压 u_C 为输出，试判断它是否为端口型线性网络。设电容电压初始值 $u_C(0)\neq 0$。

解：由电容元件 u-i 关系可得

$$D(v,y) = \frac{1}{C}\int_0^t v(\tau)\mathrm{d}\tau + u_C(0) - y(t) = 0 \tag{1-6-8}$$

将式(1-6-8)中输入、输出均乘以 α,有

$$D(\alpha v, \alpha y) = \alpha\left[\frac{1}{C}\int_0^t v(\tau)\mathrm{d}\tau - y(t)\right] + u_C(0) \neq 0$$

故算子 D 不具有齐次性。

又将式(1-6-8)中输入换为 $v(t)+\hat{v}(t)$,输出换为 $y(t)+\hat{y}(t)$,得

$$D(v+\hat{v}, y+\hat{y}) = D(v,y) + D(\hat{v},\hat{y}) - u_C(0) \neq 0$$

故算子 D 不具有可加性。由此可断定图 1-29 中的二端口网络是端口型非线性网络。

例 1-9 表明,传统的线性网络并不一定是端口型线性网络。在此例中,由于电容电压初始值不为零,在输入-输出方程中出现常数项,因而使输入-输出关系不具有齐次性和可加性。同理可知,若多端口网络中含独立源,则一般说来,它也是端口型非线性网络。

例1-10 在图 1-30 所示的一端口网络中,荷控非线性电容和磁控非线性电感的元件特性分别为

$$u_C = f(q)$$
$$i_L = f(\psi)$$

即两者的非线性函数 $f(\cdot)$是相同的。设 $f(\cdot)$的导数连续,且 q 与 ψ 的初始值为零。试证明此一端口网络为端口型线性网络。

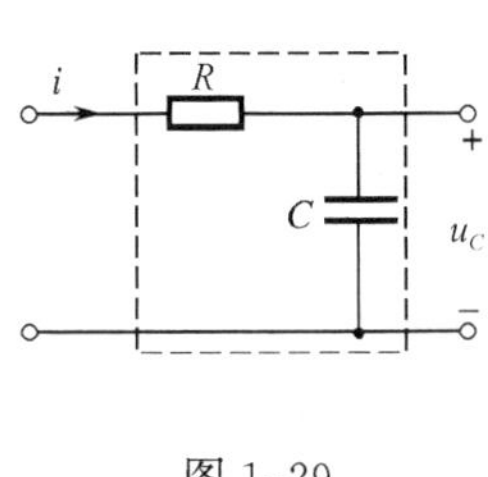

图 1-29

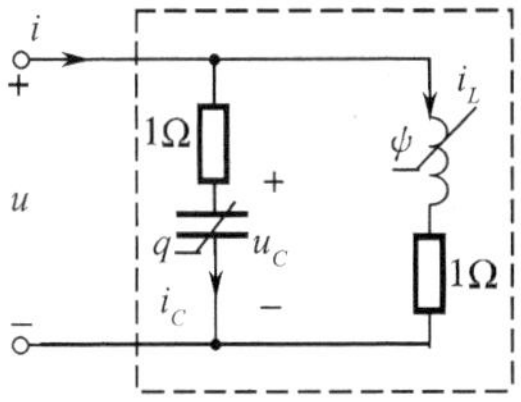

图 1-30

证明:电容电流和电感电压分别有以下关系:

$$i_C(t) = \frac{\mathrm{d}}{\mathrm{d}t}q(t) = \frac{u(t) - u_C(t)}{1} = u(t) - f(q(t))$$

$$u_L(t) = \frac{\mathrm{d}}{\mathrm{d}t}\psi(t) = u(t) - 1 \cdot i_L(t) = u(t) - f(\psi(t))$$

根据以上两式和零值初始条件,可以写出以下两个方程:

$$\dot{q}(t) = u(t) - f(q(t)) \quad q(t_0) = 0 \tag{1-6-9}$$

$$\dot{\psi}(t) = u(t) - f(\psi(t)) \quad \psi(t_0) = 0 \tag{1-6-10}$$

式(1-6-9)与式(1-6-10)分别为关于电荷 q 和磁链 ψ 的一阶微分方程及其初始条件。由于两个方程及其初始条件均相同,且 $f(\cdot)$导数连续,故两个方程必有相同的解,即

$$q(t) = \psi(t) \qquad (\text{对于所有的 } t \geqslant t_0) \tag{1-6-11}$$

于是,端口电流可表示为

$$i(t) = i_C(t) + i_L(t) = u(t) - f(q(t)) + f(\psi(t))$$

即

$$i(t)=u(t) \tag{1-6-12}$$

上式表明，从端口 u-i 关系来看，图 1-30 中的一端口网络等效于阻值为 1Ω 的线性电阻。显然，它是一个端口型线性网络。

从例 1-10 看出，含非线性元件的网络(即按传统定义的非线性网络)，其端口电压电流关系并不一定是非线性的，在某些特殊情况下仍可以是端口型线性网络。

在研究以上两个例子之后，我们可以给出传统的线性网络与端口型线性网络两者统一的条件。这就是：若在传统的线性网络中不含独立源，且所有电容、电感元件的初始储能为零，则该网络必定是端口型线性网络。在两者不一致的情况下，一般不加申明地讲"线性网络"，均指传统的线性网络，而对于网络的端口型线性与非线性，均保留"端口型"三个字以示区别。

1-7　网络的时不变性和时变性

在第 1-2 至 1-5 节中，我们在介绍各类网络元件时曾经指出，若网络元件的特性与时间变量 t 无关，则此元件是时不变的(time invariant)。反之，若元件特性依赖于时间变量 t，则该元件是时变的(time varying)。本节将进一步研究网络的时不变性与时变性。

传统的时不变网络的定义着眼于网络内部的组成元件。这就是：若一个网络中不含任何非源时变网络元件，则称该网络为时不变的。反之，凡含有非源时变网络元件者，则称为时变网络。

网络的端口型时不变性和时变性的研究，着眼于多端口网络端部输入与输出之间的关系。从概念上讲，一个时不变网络的输出波形只决定于该网络的输入波形，不因输入时刻不同而改变。

端口型时不变网络的定义是：如果$(\boldsymbol{v}(t),\boldsymbol{y}(t))$为一个 n 端口网络的任一输入-输出信号偶，将输入改变为 $\hat{\boldsymbol{v}}(t)=\boldsymbol{v}(t-T)$时，输出变为 $\hat{\boldsymbol{y}}(t)$，只要在两种情况下的输入-输出方程具有相同的初始条件，即 $\hat{\boldsymbol{y}}(T)=\boldsymbol{y}(0)$($t=0$ 和 $t=T$ 分别为两种情况的初始时刻)，必定有 $\hat{\boldsymbol{y}}(t)=\boldsymbol{y}(t-T)$(对于所有的 t 和 T)，则此网络称为端口型时不变网络。以上定义也可以用积分微分算子表述为：若一个 n 端口网络的输入-输出关系由积分微分算子 D 确定，设 $t=0$ 时与 $t=T$ 时输入-输出方程有相同的初始条件，当 $D(\boldsymbol{v}(t),\boldsymbol{y}(t))=\boldsymbol{0}$ 时，如果对所有 t 和 T，均有 $D(\boldsymbol{v}(t-T),\boldsymbol{y}(t-T))=\boldsymbol{0}$，则此网络称为端口型时不变网络。反之，若以上关系不能对所有的 t 和 T 均成立，则称为时变网络。

时不变性还可以简化表示为：当 $\boldsymbol{v}(t)\rightarrow\boldsymbol{y}(t)$，必有

$$\boldsymbol{v}(t-T)\rightarrow\boldsymbol{y}(t-T)\qquad(\text{对所有 } t \text{ 和 } T)$$

则网络为端口型时不变网络。

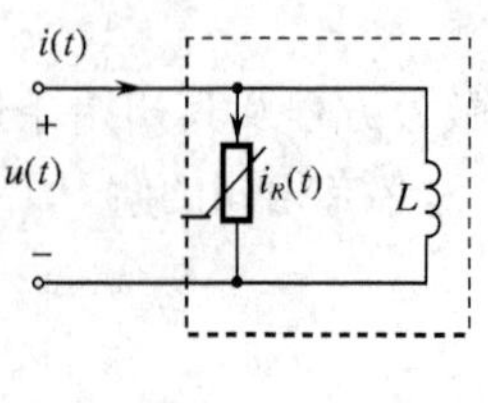

图 1-31

例1-11　图 1-31 所示的一端口网络以端电压 $u(t)$为输入、端电流 $i(t)$为输出，网络中的压控非线性电阻的元件特性为 $i_R(t)=u^3(t)$。试判断此网络是否为端口型时不变网络。

解：设输入电压为 $t=0$ 时开始作用的某一波形，即

$$v(t)=u(t)=f(t)\varepsilon(t) \tag{1-7-1}$$

式中 $\varepsilon(t)$ 为单位阶跃函数。输入波形如图 1-32(a)所示。在 $u(t)$ 作用下的输出电流为

$$y(t)=\begin{cases} v^3(t)+\dfrac{1}{L}\displaystyle\int_0^t v(\tau)\mathrm{d}\tau+I_0 & (t\geqslant 0) \\ 0 & (t<0) \end{cases} \tag{1-7-2}$$

式中 $I_0=i_L(0)$ 为电感电流的初始值。

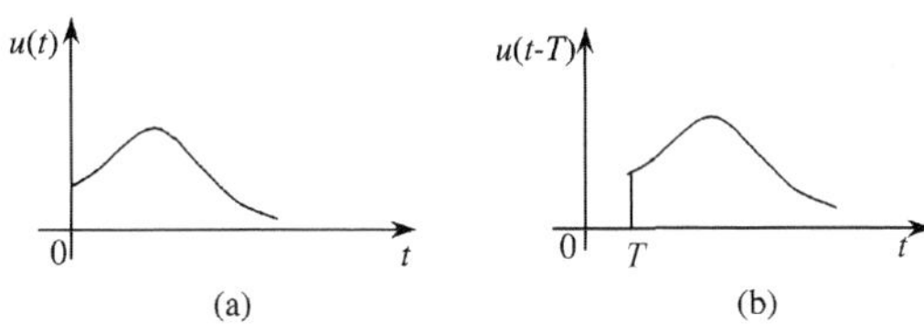

图 1-32

为检验网络的端口型时不变性，设另一输入电压 $\hat{u}(t)$ 为将 $u(t)$ 波形沿时间轴向右平移 T 而得，如图 1-32(b)所示，可表示为

$$\hat{v}(t)=v(t-T)=f(t-T)\varepsilon(t-T) \tag{1-7-3}$$

在 $\hat{v}(t)$ 作用下的输出电流为

$$\hat{y}(t)=\begin{cases} v^3(t-T)+\dfrac{1}{L}\displaystyle\int_T^t v(\tau-T)\mathrm{d}\tau+I_0 & (t\geqslant T) \\ 0 & (t<T) \end{cases} \tag{1-7-4}$$

上式中已假定两种情况下电感电流的初始值相等，即 $\hat{i}_L(T)=i_L(0)=I_0$。对式(1-7-4)中含积分号的一项进行如下的变量置换，令 $\xi=\tau-T$，则输入-输出方程可表示为

$$\hat{y}(t)=\begin{cases} v^3(t-T)+\dfrac{1}{L}\displaystyle\int_0^{t-T} v(\xi)\mathrm{d}\xi+I_0 & (t-T\geqslant 0) \\ 0 & (t-T<0) \end{cases} \tag{1-7-5}$$

将上式与式(1-7-2)相比较，得

$$\hat{y}(t)=y(t-T)$$

由此证明，图 1-31 中的网络为端口型时不变网络。

例 1-12 在图 1-31 所示的一端口网络中，若将电阻元件换为特性是 $i_R(t)=u^3(t)+\sin t$ 的非线性时变电阻，再判断此网络是否为端口型时不变网络。

解：在输入 $v(t)=f(t)\varepsilon(t)$ 作用下的输出为

$$y(t)=\begin{cases} v^3(t)+\sin t+\dfrac{1}{L}\displaystyle\int_0^t v(\tau)\mathrm{d}\tau+I_0 & (t\geqslant 0) \\ 0 & (t<0) \end{cases} \tag{1-7-6}$$

在输入 $\hat{v}(t)=v(t-T)$ 作用下的输出为

$$\hat{y}(t)=\begin{cases} v^3(t-T)+\sin t+\dfrac{1}{L}\displaystyle\int_T^t v(\tau-T)\mathrm{d}\tau+I_0 & (t\geqslant T) \\ 0 & (t<T) \end{cases} \tag{1-7-7}$$

上式可改写为

$$\hat{y}(t)=\begin{cases}v^3(t-T)+\sin t+\dfrac{1}{L}\displaystyle\int_0^{t-T}v(\xi)\mathrm{d}\xi+I_0 & (t-T\geqslant 0)\\ 0 & (t-T<0)\end{cases} \tag{1-7-8}$$

比较式(1-7-8)与(1-7-6),可以看出:

$$\hat{y}(t)\neq y(t-T)$$

从而说明了此网络是端口型时变网络。

在以上两例中,不含时变网络元件的网络是端口型时不变网络;含时变网络元件的网络是端口型时变网络。然而,后一结论并非对所有网络均成立。

例 1-13 在图 1-33 所示的一端口网络中,线性时变电容和线性时变电感随时间的变化规律为

$$C(t)=L(t)=\sin t \qquad (\text{对于所有 } t) \tag{1-7-9}$$

试判断此网络是否端口型时变网络。

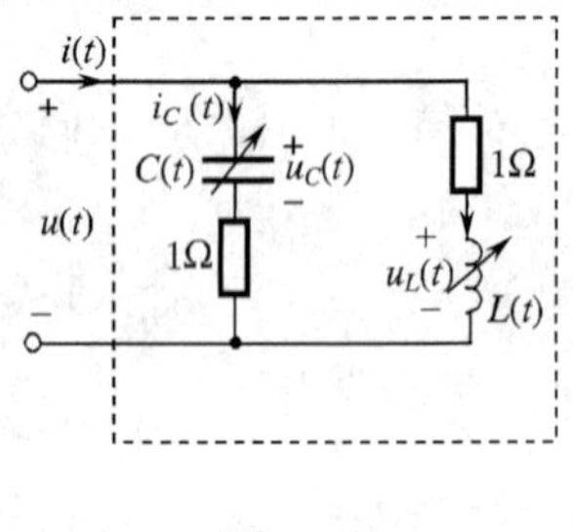

图 1-33

解:根据线性时变电容和电感的元件特性和 KVL,电容电流和电感电压可表示为

$$i_C(t)=\frac{\mathrm{d}q(t)}{\mathrm{d}t}=\frac{u(t)-u_C(t)}{1}=u(t)-\frac{q(t)}{C(t)}$$

$$u_L(t)=\frac{\mathrm{d}\psi(t)}{\mathrm{d}t}=u(t)-1\cdot i_L(t)=u(t)-\frac{\psi(t)}{L(t)}$$

将式(1-7-9)代入,并设 q 与 ψ 初始值为零,从而得以下方程:

$$\dot{q}(t)=u(t)-\frac{1}{\sin t}q(t) \qquad q(t_0)=0 \tag{1-7-10}$$

$$\dot{\psi}(t)=u(t)-\frac{1}{\sin t}\psi(t) \qquad \psi(t_0)=0 \tag{1-7-11}$$

式(1-7-10)与式(1-7-11)分别为关于电荷 q 和磁链 ψ 的一阶微分方程及其初始条件。可以看出,两个方程必有相同的解,即

$$q(t)=\psi(t)$$

于是,端电压可表示为

$$u(t)=u_C(t)+1\cdot[i(t)-i_L(t)]=\frac{q(t)}{C(t)}+i(t)-\frac{\psi(t)}{L(t)}=i(t)$$

上式表明,从端口 u-i 关系来看,图 1-33 中的一端口网络等效于阻值为 1Ω 的线性时不变电阻。由此证明了该网络不是端口型时变网络。

在研究以上几个例子之后,我们可以给出传统的时不变网络与端口型时不变网络之间的关系。这就是:传统的时不变网络,如果其中不含时变独立源,则它必定是端口型时不变网络。然而,端口型时不变网络却不一定是传统的时不变网络。

1-8 网络元件及网络的无源性和有源性

网络的无源性和有源性是与能量的传递与转换密切相关的,由于能量问题在科学技术和工程实际中的重要地位,网络及其元件的无源性和有源性,是电网络理论的一个十分

重要的概念。

网络的基本构造单元是网络元件。在本节中,首先讨论四种基本二端网络元件的无源性和有源性,然后进一步研究无源网络与有源网络。

一个二端网络元件实际上就是一个最简单的一端口网络。故以下关于二端网络元件的无源性和有源性定义,均适用于一端口网络的端口型无源性和有源性,而不再一一赘述。

二端网络元件的无源性与有源性定义:若 $W(t_0)$ 为二端元件于 t_0 时刻储存的能量,$W(t_0,t)$ 为在 t_0 至 t 时间内从电源传送至二端元件的能量,即

$$W(t_0,t)=\int_{t_0}^{t}u(\tau)i(\tau)\mathrm{d}\tau \qquad (1\text{-}8\text{-}1)$$

式中 u、i 为该元件的端电压和电流。如果对所有的初始时刻 $t_0>-\infty$,对所有的 $t\geqslant t_0$,以及对所有的容许信号偶(u,i),均有

$$W(t_0)+W(t_0,t)\geqslant 0 \qquad (1\text{-}8\text{-}2)$$

成立,则该二端元件是无源的(passive)。反之,如果对某些初始时刻 t_0,对某些 $t\geqslant t_0$,以及对某些容许信号偶(u,i),有

$$W(t_0)+W(t_0,t)<0 \qquad (1\text{-}8\text{-}3)$$

则该二端元件是有源的(active)。

以上定义表明,二端元件的无源性,要求元件在 t_0 时之储能与从 t_0 至 t 时间内由电源吸收能量之和非负。换言之,元件在任一时间区间$[t_0,\ t]$中,经其二端传送至电路其他部分的能量不大于它在 t_0 时的储能。

应当注意,在上述定义中关于“无源性”和“有源性”的提法的区别。无源元件的条件要求在“所有的”情况下式(1-8-2)均成立;而有源元件的条件则仅要求在“某些”情况下满足式(1-8-3)的关系。这就是说,只要存在某一种情况(某一 t_0,或某一 $t\geqslant t_0$,或某一容许信号偶(u,i)),使式(1-8-3)得到满足,该二端元件就是有源元件。

1-8-1 电阻元件的无源性和有源性

电阻元件不可能储存能量,故对于所有的 t_0,储能 $W(t_0)=0$。因而二端电阻元件的无源性定义为:如果对所有的 $t_0>-\infty$,对所有的 $t>t_0$,对所有的容许信号偶(u,i),均有

$$W(t_0,t)=\int_{t_0}^{t}u(\tau)i(\tau)\mathrm{d}\tau\geqslant 0 \qquad (1\text{-}8\text{-}4)$$

成立,该二端电阻元件称为无源的。

反之,若对于某些 $t_0>-\infty$,对某些 $t>t_0$,对某些容许信号偶(u,i),有

$$W(t_0,t)=\int_{t_0}^{t}u(\tau)i(\tau)\mathrm{d}\tau<0 \qquad (1\text{-}8\text{-}5)$$

则该二端电阻元件称为有源的。

以上定义表明,无源电阻在任何情况下都只能消耗能量,而有源电阻在某些情况下则能对与其联接的其他电路部分提供能量。

就一般非线性时变电阻而言,当且仅当其特性曲线在所有时间 t 均位于 i-u 平面的第一和第三象限,该电阻元件是无源的。否则,只要在某一时刻的特性曲线的某一部分位于

i-u 平面的第二或第四象限，该电阻元件就是有源的。上述关于电阻元件的无源性的充分必要条件，很容易根据其定义得到证明。因为，若特性曲线位于第一、第三象限，则$u(t)\cdot i(t)\geqslant 0$，即 $W(t_0,t)\geqslant 0$，这就证明了充分性。又若在时间区间$(t_1,t_1+\Delta t)$，特性曲线的一段位于第二或第四象限，在这段曲线上，$u(t)\cdot i(t)<0$。无论这段曲线如何短，也无论 Δt 如何小，我们选取此段曲线上的(u,i)信号偶，必定有

$$W(t_1,t_1+\Delta t)=\int_{t_1}^{t_1+\Delta t}u(\tau)i(\tau)\mathrm{d}\tau<0$$

因而该电阻不是无源的，由此证明了条件的必要性。应当指出，无源性条件中所说的第一、第三象限，应理解为包含坐标轴在内的闭区间，这可以从式(1-8-4)中的符号“大于或等于”看出。

对于线性时变电阻，其元件特性为

$$u(t)=R(t)\cdot i(t)$$

如果对于所有的 t，均有

$$R(t)\geqslant 0 \tag{1-8-6}$$

该线性时变电阻是无源电阻。否则为有源电阻。

显然，对于阻值为 R 的线性时不变电阻，其无源性的充分必要条件是电阻值 R 非负。反之，任何负值参数的电阻均为有源电阻。

独立电压源的特性为 i-u 平面上的平行于 i 轴的直线，独立电流源的特性为 i-u 平面上的平行于 u 轴的直线，这些直线的一部分位于第二(或第四)象限，故为有源电阻元件。

在网络分析中，有时把开路和短路各视为一个支路，其支路特性分别为

$$i(t)=0 \qquad (开路)$$

$$u(t)=0 \qquad (断路)$$

在 i-u 平面上，开路用与 u 坐标轴重合的直线表示，短路用与 i 坐标轴重合的直线表示，故它们均属于二端无源元件。

图 1-34 为半导体二极管的特性曲线，图 1-35 为理想二极管的特性曲线。前者位于 u-i 平面的第一、三象限，后者的元件特性为

$$i=0 \qquad (对所有的\ u<0)$$

$$u=0 \qquad (对所有的\ i>0)$$

故其特性由开路线($u<0$)和短路线($i>0$)两段构成。从特性曲线看出，半导体二极管和理想二极管是二端无源元件。

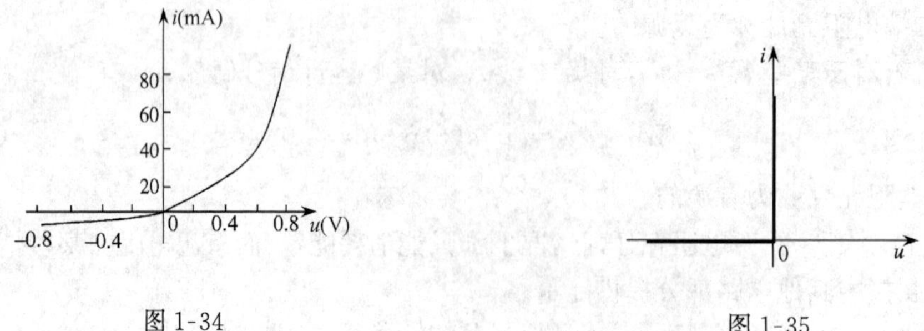

图 1-34　　图 1-35

图 1-36(a)、(b)分别为隧道二极管的元件符号和特性曲线，显然，隧道二极管是二端无源电阻元件。图 1-37(a)是由隧道二极管与直流电压源串联而成的一端口电阻网络，图 1-37(b)为该一端口网络的端口 u-i 特性曲线。此特性曲线一部分位于第二象限，故它是一个一端口有源网络。

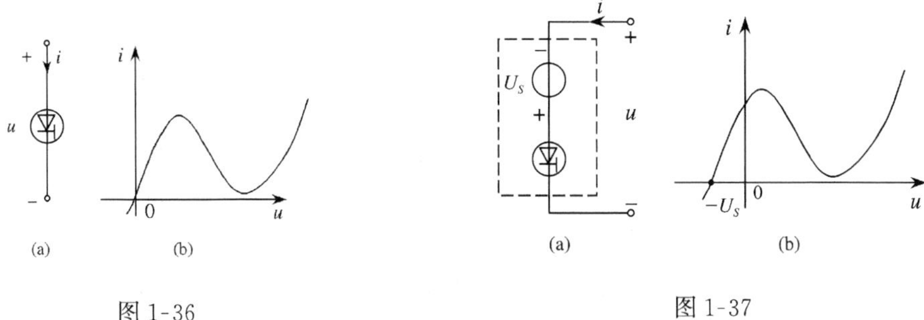

图 1-36　　　　图 1-37

例1-14　在图 1-38(a)的电路中，隧道二极管的元件特性 $i=g(u)$，如图 1-36(b)所示。直流偏置电压 U_S，时变小信号电源电压 $\delta u_S(t)$，$|\delta u_S(t)| \ll U_S$(对所有的 t)。此外，回路中还串联有一个线性时不变电阻 R_S。适当调节 R_S 之值，此电路可起到放大器的作用，现分析如下。

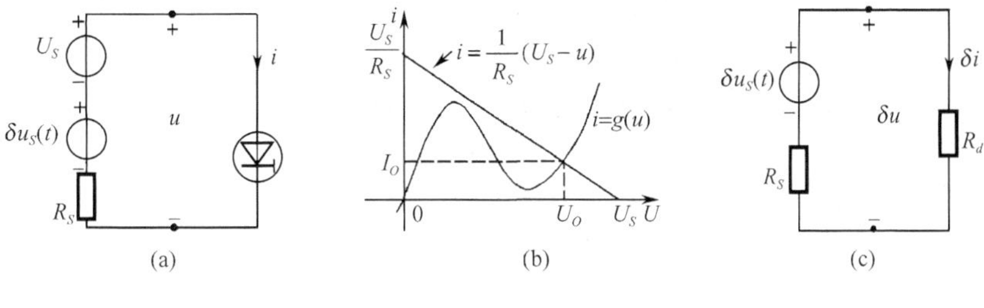

图 1-38

首先，令小信号 $\delta u_S(t)=0$，确定电路在直流偏置作用下的解，即电路的工作点。由 KCL、KVL 及元件特性，可写出以下两个方程：

$$i = \frac{1}{R_S}(U_S - u) \tag{1-8-7}$$

$$i = g(u) \tag{1-8-8}$$

为用图解法求以上非线性方程组的解，在 u-i 平面上，分别绘出式(1-8-7)、式(1-8-8)所对应的直线和曲线，如图 1-38(b)所示，二线交点坐标(U_O, I_O)即为方程组的解。适当选取偏置电压 U_S 和电阻 R_S 之值，可使工作点位于隧道二极管特性曲线的下降段，在该点处曲线的斜率为负，即 $R_d<0$。根据小信号分析法，图 1-38(a)电路的小信号等效电路如图 1-38(c)所示。图中小信号等效电阻 R_d 之值等于隧道二极管特性曲线在工作点处斜率的倒数，即

$$R_d = \frac{1}{G_d} = \frac{1}{\left.\frac{\mathrm{d}g}{\mathrm{d}u}\right|_{u=U_O}} \tag{1-8-9}$$

由串联电阻分压关系，可求得隧道二极管上输出的小信号电压

$$\delta u = \frac{R_d}{R_S + R_d}\delta u_S$$

考虑到 $R_d<0$，将上式改写为

$$\delta u = \frac{R_d}{R_S - |R_d|}\delta u_S \tag{1-8-10}$$

式(1-8-10)为小信号输出电压与输入电压间的关系式。如果 $R_d=-10\text{k}\Omega$，$R_S=11\text{k}\Omega$，则

$$|\delta u| = 10|\delta u_S|$$

即输出电压为输入电压的10倍，由此说明了该电路对小信号而言，起到了电压放大的作用。同理可说明其功率放大作用。

隧道二极管是无源元件，即它在任何情况下都不可能对与它联接的元件供给能量。为什么例1-14中的含隧道二极管的电路能起到功率放大的作用呢？这是由于隧道二极管在一定电压范围内其动态电阻为负，即在小信号等效电路中表现为负电阻，因而，对小信号而言能起到有源电阻的作用。实质上，在原电路中，隧道二极管与直流偏置电源一起构成的有源一端口网络对外输出功率，呈现出对小信号功率的放大。为了表征非线性电阻元件的动态电阻的有源性，特定义局部有源性如下。

二端电阻元件的局部有源性与局部无源性定义：如果二端电阻元件在 u-i 平面上的特性曲线在某一点处斜率为负，则称此电阻元件在该点是局部有源的。反之，如果电阻元件的特性曲线在某点的斜率非负，则称此电阻元件在该点是局部无源的。

一个电阻元件的有源性（或无源性）和它的局部有源性（或局部无源性）两者并不一定是一致的。例如，隧道二极管是无源电阻元件，但它是局部有源的；而独立电压源、独立电流源虽然是有源电阻元件，但它们却在任何电流、电压下均为局部无源的。对具有局部有源性的无源非线性电阻元件配之以适当的偏置电路，就构成了放大器的基本单元。

1-8-2 电容元件的无源性和有源性

由网络元件的无源性与有源性定义可知，一个元件是否为无源的，是与元件的储能以及元件与外部电路之间的能量交换情况密切相关的。就电容、电感和忆阻元件而言，时变元件与时不变元件的储能及能量转换情况是有很大差别的，故在本小节和后面的两小节中分别进行讨论。

首先研究非线性时不变电容元件。设电容于 $t\to-\infty$ 时为松弛的，即 $W(-\infty)=0$，则时不变电容元件于 t_0 时之储能应等于在 $-\infty$ 至 t_0 时间内电源传送给电容的能量，即

$$W(t_0) = \int_{-\infty}^{t_0} u(\tau)i(\tau)\mathrm{d}\tau \tag{1-8-11}$$

故有

$$\begin{aligned} W(t_0) + W(t_0,t) &= \int_{-\infty}^{t_0} u(\tau)i(\tau)\mathrm{d}\tau + \int_{t_0}^{t} u(\tau)i(\tau)\mathrm{d}\tau \\ &= \int_{-\infty}^{t} u(\tau)i(\tau)\mathrm{d}\tau \end{aligned} \tag{1-8-12}$$

因此，如果对所有的 $t > -\infty$，对所有的容许信号偶，均有

$$\int_{-\infty}^{t} u(\tau)i(\tau)\mathrm{d}\tau \geqslant 0 \tag{1-8-13}$$

成立，该时不变电容元件是无源的。反之，如果对某些时刻 t，对某些容许信号偶，有

$$\int_{-\infty}^{t} u(\tau)i(\tau)\mathrm{d}\tau < 0 \tag{1-8-14}$$

则该时不变电容元件是有源的。

对于元件特性为 $u(t)=h(q(t))$ 的荷控非线性时不变电容元件，

$$\int_{-\infty}^{t} u(\tau)i(\tau)\mathrm{d}\tau = \int_{-\infty}^{t} h(q(\tau))\frac{\mathrm{d}q(\tau)}{\mathrm{d}\tau}\cdot\mathrm{d}\tau = \int_{0}^{q(t)} h(q)\mathrm{d}q$$

式中设 $q(-\infty)=0$。故式(1-8-13)的无源性条件可改写为

$$\int_{0}^{q(t)} h(q)\mathrm{d}q \geqslant 0 \tag{1-8-15}$$

由图 1-39 所示荷控电容的特性曲线可以看出，式(1-8-15)左端的电容储能对应于图中横坐标从零至 $q(t)$ 这段曲线与横坐标轴间的面积(图中阴影线所示)。故若特性曲线完全位于 q-u 平面的第一和第三象限，电容元件是无源的。这是荷控非线性时不变电容无源性的一个充分条件。但它不是必要条件，即有的不满足此条件的电容仍然是无源的，图 1-40 特性曲线就有一部分位于第四象限，但它对任何 $q(t)$ 均满足式(1-8-15)，故相应的电容元件是无源的。

图 1-39　　图 1-40

对于元件特性为 $q(t)=f(u(t))$ 的压控非线性时不变电容元件，

$$i(t) = f'(u)\cdot\frac{\mathrm{d}u(t)}{\mathrm{d}t}$$

$$\begin{aligned}\int_{-\infty}^{t} u(\tau)i(\tau)\mathrm{d}\tau &= \int_{-\infty}^{t} u(\tau)f'(u)\frac{\mathrm{d}u}{\mathrm{d}\tau}\mathrm{d}\tau \\ &= \int_{0}^{u(t)} uf'(u)\mathrm{d}u\end{aligned}$$

式中设 $u(-\infty)=0$。因而式(1-8-13)的无源性条件可改写为

$$\int_{0}^{u(t)} uf'(u)\mathrm{d}u \geqslant 0 \tag{1-8-16}$$

如果电容的 q-u 特性曲线单调增，即 $f'(u)$ 恒为非负，则式(1-8-16)恒成立。因为，无论特性曲线位于何象限，式(1-8-16)左端的 u 和 $\mathrm{d}u$ 的正负号总是一致的。据此，我们得到压控非线性时不变电容无源性的一个充分条件：

$$f'(u)\geqslant 0 \qquad (\text{对所有的 } u) \tag{1-8-17}$$

下面将研究时变电容元件的无源性和有源性。时变电容的元件特性随时间而改变，这是与外界的非电磁能量与电路的电磁能量之间的转换密切相关的。例如，将一个空气介质平板电容充电后切断电源，然后施加外力使极板间距离加大，在此过程中，机械力克服静电力做功，电场储能增加，同时电容参数变小。一般而言，随着时变电容电场储能的增减，既有电源发出和吸收电功率的过程，又有外界的非电磁能量与电路的电磁场能量之间的交换过程。为便于理解起见，首先讨论线性时变电容。

研究元件特性为 $q(t)=C(t)u(t)$ 的线性时变电容。根据一般二端网络元件的无源性定义，现分别计算式(1-8-2)中的 $W(t_0)$ 和 $W(t_0,t)$。

若时变电容于时刻 t 的储能用 $W(t)$ 表示，可以证明：

$$W(t)=\frac{1}{2}C(t)u^2(t) \tag{1-8-18}$$

为了证明上式，设想在 t 时刻后电容 $C(t)$ 不再改变，并将其接于一电阻放电，如图 1-41 所示。电阻在 t 至∞时间内消耗的总能量应等于电容于时刻 t 的储能，即

$$\begin{aligned}W(t)&=\int_t^\infty u(\tau)i_R(\tau)\mathrm{d}\tau=\int_t^\infty u(\tau)\cdot\left[-C(t)\frac{\mathrm{d}u(\tau)}{\mathrm{d}\tau}\right]\mathrm{d}\tau\\&=\frac{1}{2}C(t)u^2(t)\end{aligned}$$

由此得到时变电容于时刻 t_0 的储能：

$$W(t_0)=\frac{1}{2}C(t_0)u^2(t_0) \tag{1-8-19}$$

在$[t_0,\ t]$时间区间，电源供给电容的能量用 $W(t_0,t)$ 表示：

$$W(t_0,t)=\int_{t_0}^t u(\tau)i(\tau)\mathrm{d}\tau$$

式中，时变电容的电流为

$$i(t)=\frac{\mathrm{d}q(t)}{\mathrm{d}t}=C(t)\dot{u}(t)+\dot{C}(t)u(t) \tag{1-8-20}$$

式中，$\dot{u}(t)=\frac{\mathrm{d}u(t)}{\mathrm{d}t}$，$\dot{C}(t)=\frac{\mathrm{d}C(t)}{\mathrm{d}t}$。于是

$$W(t_0,t)=\int_{t_0}^t u(\tau)C(\tau)\dot{u}(\tau)\mathrm{d}\tau+\int_{t_0}^t\dot{C}(\tau)u^2(\tau)\mathrm{d}\tau$$

上式右端第一项积分为

$$\int_{t_0}^t u(\tau)C(\tau)\dot{u}(\tau)\mathrm{d}\tau=\frac{1}{2}C(t)u^2(t)-\frac{1}{2}C(t_0)u^2(t_0)-\frac{1}{2}\int_{t_0}^t\dot{C}(\tau)u^2(\tau)\mathrm{d}\tau$$

故得

$$W(t_0,t)=\frac{1}{2}C(t)u^2(t)-\frac{1}{2}C(t_0)u^2(t_0)+\frac{1}{2}\int_{t_0}^t\dot{C}(\tau)u^2(\tau)\mathrm{d}\tau \tag{1-8-21}$$

分析式(1-8-21)，其中第一、二项表示时变电容于时刻 t 的储能与时刻 t_0 的储能之差。第三项代表当电容 C 值改变时从电路传递到外界的能量，这一点可通过功率平衡关系来论证。

图 1-42 中的时变电容 $C(t)$ 与电压为 $u(t)$ 的电压源相联接。由式(1-8-18)可求得时变电容储能的改变速率为

图 1-41　　　　图 1-42

$$\frac{\mathrm{d}W(t)}{\mathrm{d}t}=\frac{1}{2}\dot{C}(t)u^2(t)+C(t)u(t)\dot{u}(t) \tag{1-8-22}$$

又根据式(1-8-20),可以计算出电源对电容供给能量的速率(即电源发出的功率):

$$P_S(t)=u(t)i(t)=\dot{C}(t)u^2(t)+C(t)u(t)\dot{u}(t) \tag{1-8-23}$$

由式(1-8-22)与式(1-8-23)看出,时变电容储能增加的速率并不等于电源对电容供给能量的速率,两者之差

$$P_S(t)-\frac{\mathrm{d}W(t)}{\mathrm{d}t}=\frac{1}{2}\dot{C}(t)u^2(t)$$

是含 $\dot{C}(t)$ 的项,即与电容的时变性相关。在$[t_0,\ t]$时间内,电源提供的这一部分能量,即

$$\frac{1}{2}\int_{t_0}^{t}\dot{C}(\tau)u^2(\tau)\mathrm{d}\tau \tag{1-8-24}$$

并未用以增加电容的电场储能,而是通过静电力做功转换为其他形式的能量,同时引起电容特性的改变。

由式(1-8-19)与式(1-8-21),得到时变电容于 t_0 时的储能与在 t_0 至 t 时间内电源供给电容的能量之和为

$$W(t_0)+W(t_0,t)=\frac{1}{2}C(t)u^2(t)+\frac{1}{2}\int_{t_0}^{t}\dot{C}(\tau)u^2(\tau)\mathrm{d}\tau \tag{1-8-25}$$

于是得到线性时变电容的无源性判据:如果对所有的初始时刻 t_0,对所有的 $t\geqslant t_0$,对所有可能的电压 $u(t)$,均有

$$\frac{1}{2}C(t)u^2(t)+\frac{1}{2}\int_{t_0}^{t}\dot{C}(\tau)u^2(\tau)\mathrm{d}\tau\geqslant 0 \tag{1-8-26}$$

成立,则该线性时变电容是无源的。反之,若对某些 t_0,对某些 $t\geqslant t_0$,对某些电压 $u(t)$,有

$$\frac{1}{2}C(t)u^2(t)+\frac{1}{2}\int_{t_0}^{t}\dot{C}(\tau)u^2(\tau)\mathrm{d}\tau<0 \tag{1-8-27}$$

则该电容是有源的。

根据以上判据,可以证明,如果对所有的时刻 t,均有

$$C(t)\geqslant 0 \quad 和 \quad \dot{C}(t)\geqslant 0 \tag{1-8-28}$$

则线性时变电容是无源的。这是线性时变电容无源性的充分必要条件。

显然,如果电容是线性时不变的,其无源性的充分必要条件是电容 C 值非负。

最后,研究元件特性为 $u(t)=h(q(t),t)$的荷控非线性时变电容。

若对所有的 t,电容元件特性曲线均过 q-u 平面的原点。在 t 时刻,电容电荷为$q(t)$,则此时电容储能为

$$W(q(t),t)=\int_0^{q(t)}h(q,t)\mathrm{d}q \tag{1-8-29}$$

证明:假设在 t 时刻以后电容特性保持不变,并按图 1-41 将此电容接于一线性电阻放电。电阻在 t 至∞时间内吸收的总能量应等于电容于时刻 t 的储能,即

$$\begin{aligned}W(q(t),t)&=\int_t^{\infty}u(\tau)i_R(\tau)\mathrm{d}\tau=\int_t^{\infty}h(q(\tau),t)\cdot[-\dot{q}(\tau)]\mathrm{d}\tau\\&=-\int_{q(t)}^{q(\infty)}h(q,t)\mathrm{d}q=\int_0^{q(t)}h(q,t)\mathrm{d}q\end{aligned}$$

(证毕)

在$[t_0,t]$时间区间,电源供给非线性时变电容的能量为

$$W(t_0,t)=W(q(t),t)-W(q(t_0),t_0)-\int_{t_0}^{t}\frac{\partial}{\partial\tau}W(q(\tau),\tau)\mathrm{d}\tau \tag{1-8-30}$$

证明:式(1-8-30)左端为

$$W(t_0,t)=\int_{t_0}^{t}u(\tau)i(\tau)\mathrm{d}\tau=\int_{t_0}^{t}h(q(\tau),\tau)\dot{q}(\tau)\mathrm{d}\tau$$

式(1-8-30)右端为

$$\begin{aligned}&W(q(t),t)-W(q(t_0),t_0)-\int_{t_0}^{t}\frac{\partial}{\partial\tau}W(q(\tau),\tau)\mathrm{d}\tau\\&=\int_0^{q(t)}h(q,t)\mathrm{d}q-\int_0^{q(t_0)}h(q,t_0)\mathrm{d}q-\int_{t_0}^{t}\frac{\partial}{\partial\tau}W(q(\tau),\tau)\mathrm{d}\tau\end{aligned}$$

不难看出,若 $t=t_0$,则式(1-8-30)的左、右两端均等于零。这样,只要证明了左、右两端对时间的变化率相等,也就证明了对所有的 $t\geqslant t_0$ 左右两端相等。为此,以下分别求式(1-8-30)左、右端对 t 的导数。

式(1-8-30)左端对 t 的导数

$$\frac{\mathrm{d}}{\mathrm{d}t}W(t_0,t)=h(q(t),t)\dot{q}(t) \tag{1-8-31}$$

式(1-8-30)右端第一项对 t 的导数

$$\begin{aligned}\frac{\mathrm{d}}{\mathrm{d}t}W(q(t),t)&=\frac{\mathrm{d}}{\mathrm{d}t}\left[\int_0^{q(t)}h(q,t)\mathrm{d}q\right]=\frac{\partial W}{\partial q}\cdot\frac{\mathrm{d}q}{\mathrm{d}t}+\frac{\partial W}{\partial t}\\&=h(q(t),t)\dot{q}(t)+\frac{\partial}{\partial t}W(q(t),t)\end{aligned} \tag{1-8-32}$$

式(1-8-30)右端第二项代表 t_0 时刻电容的储能,对 t 求导为零。右端第三项对 t 的导数为

$$-\frac{\partial}{\partial t}W(q(t),t) \tag{1-8-33}$$

式(1-8-32)与式(1-8-33)之和等于式(1-8-31),即式(1-8-30)左、右两端的导数相等,由此证明了式(1-8-30)成立。

式(1-8-30)表明,在 t_0 至 t 时间内,电源供给非线性时变电容的能量,有一部分转换为电容储存的电场能量,即式中第一、二两项所代表的。还有一部分能量,即式中第三项

$$-\int_{t_0}^{t}\frac{\partial}{\partial\tau}W(q(\tau),\tau)\mathrm{d}\tau \tag{1-8-34}$$

用于静电力做功,从而引起电容特性的改变。

由式(1-8-29)与式(1-8-30)可以求出非线性时变电容在 t_0 时之储能与从 t_0 与 t 时间内由电源吸收的能量之和为

$$W(q(t_0),t_0)+W(t_0,t)=\int_0^{q(t)}h(q,t)\mathrm{d}q-\int_{t_0}^{t}\frac{\partial}{\partial\tau}W(q(\tau),\tau)\mathrm{d}\tau \tag{1-8-35}$$

根据二端网络元件的无源性定义和以上讨论,得到荷控非线性时变电容的无源性判据为:如果对所有的初始时刻 t_0,对所有的 $t\geqslant t_0$,对所有的容许信号偶,均有

$$\int_0^{q(t)}h(q,t)\mathrm{d}q-\int_{t_0}^{t}\frac{\partial}{\partial\tau}W(q(\tau),\tau)\mathrm{d}\tau\geqslant 0$$

则该荷控非线性时变电容为无源的。反之,如果对某些 t_0,对某些 $t\geqslant t_0$,对某些容许信号偶,有

$$\int_0^{q(t)}h(q,t)\mathrm{d}q-\int_{t_0}^{t}\frac{\partial}{\partial\tau}W(q(\tau),\tau)\mathrm{d}\tau< 0$$

则该电容是有源的。

1-8-3 电感元件的无源性和有源性

电感与电容是对偶的网络元件,电流与电压、磁链与电荷是对偶的网络变量。因此,关于电感储能、电感从电源吸收的能量,以及电感元件无源性的研究,与研究电容的上述问题是相似的。故在本小节中,将略去类似的推导和证明。

首先研究非线性时不变电感元件的无源性和有源性。设电感于 $t=-\infty$ 时为松弛的,即 $W(-\infty)=0$,则时不变电感元件于 t_0 时之储能,应等于在 $-\infty$ 至 t_0 时间内电源供给电感的能量,即

$$W(t_0)=\int_{-\infty}^{t_0}u(\tau)i(\tau)\mathrm{d}\tau$$

故

$$\begin{aligned}W(t_0)+W(t_0,t)&=\int_{-\infty}^{t_0}u(\tau)i(\tau)\mathrm{d}\tau+\int_{t_0}^{t}u(\tau)i(\tau)\mathrm{d}\tau\\&=\int_{-\infty}^{t}u(\tau)i(\tau)\mathrm{d}\tau\end{aligned}$$

如果对所有的 $t>-\infty$,对所有的容许信号偶,均有

$$\int_{-\infty}^{t}u(\tau)i(\tau)\mathrm{d}\tau\geqslant 0 \tag{1-8-36}$$

成立,该时不变电感元件是无源的。否则是有源的。

对于元件特性为 $i(t)=h(\psi(t))$ 的磁控非线性时不变电感元件,

$$\int_{-\infty}^{t}u(\tau)i(\tau)\mathrm{d}\tau=\int_{-\infty}^{t}\frac{\mathrm{d}\psi(\tau)}{\mathrm{d}\tau}h(\psi(\tau))\mathrm{d}\tau=\int_0^{\psi(t)}h(\psi)\mathrm{d}\psi$$

式中设 $\psi(-\infty)=0$。故式(1-8-36)的无源性条件可改写为

$$\int_0^{\psi(t)}h(\psi)\mathrm{d}\psi\geqslant 0 \tag{1-8-37}$$

式(1-8-37)中的积分,在数值上等于图 1-43 所示特性曲线从零至 $\psi(t)$ 段与横轴间的面积。若特性曲线完全位于 ψ-i 平面的第一和第三象限,则电感元件是无源的。这是磁控非线性时不变电感元件无源性的一个充分条件。

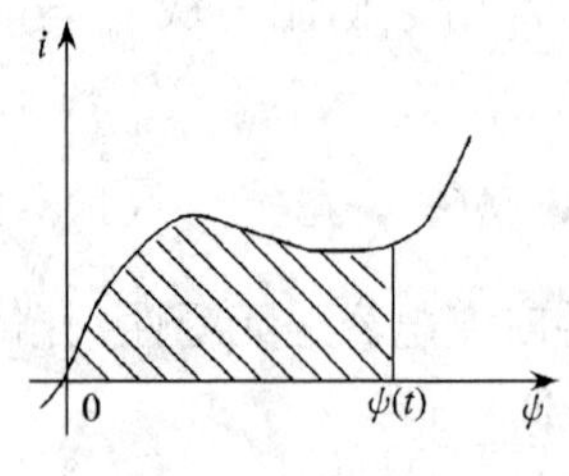

图 1-43

对于元件特性为 $\psi(t)=f(i(t))$ 的流控非线性时不变电感元件，

$$u(t) = f'(i)\frac{\mathrm{d}i(t)}{\mathrm{d}t}$$

$$\int_{-\infty}^{t} u(\tau)i(\tau)\mathrm{d}\tau = \int_{0}^{i(t)} if'(i)\mathrm{d}i$$

式中设 $i(-\infty)=0$。据此，式(1-8-36)的无源性条件可改写为

$$\int_{0}^{i(t)} if'(i)\mathrm{d}i \geqslant 0 \tag{1-8-38}$$

如果电感元件的 ψ-i 特性曲线单调增，即 $f'(i)$ 恒为非负，则式(1-8-38)恒成立。故流控非线性时不变电感元件无源性的一个充分条件是

$$f'(i) \geqslant 0 \qquad (\text{对所有的 } i) \tag{1-8-39}$$

下面将研究时变电感元件的无源性和有源性。时变电感元件的特性随时间而改变，这是与外界的非电磁能量与电路的电磁能量之间的转换密切相关的。随着时变电感磁场储能的增减，既有电源发出和吸收电功率的过程，又有外界的能量与电路的电磁能量之间的交换过程。

对于元件特性为 $\psi(t)=L(t)i(t)$ 的线性时变电感，t 时刻电感元件的储能为

$$W(t) = \frac{1}{2}L(t)i^2(t) \tag{1-8-40}$$

电感电压

$$u(t) = \frac{\mathrm{d}\psi(t)}{\mathrm{d}t} = L(i)\dot{i}(t) + \dot{L}(t)i(t) \tag{1-8-41}$$

因而，在$[t_0,t]$时间区间，电源供给电感的能量为

$$\begin{aligned} W(t_0,t) &= \int_{t_0}^{t} u(\tau)i(\tau)\mathrm{d}\tau \\ &= \int_{t_0}^{t} L(\tau)\dot{i}(\tau)i(\tau)\mathrm{d}\tau + \int_{t_0}^{t}\dot{L}(\tau)i^2(\tau)\mathrm{d}\tau \\ &= \frac{1}{2}L(t)i^2(t) - \frac{1}{2}L(t_0)i^2(t_0) + \frac{1}{2}\int_{t_0}^{t}\dot{L}(\tau)i^2(\tau)\mathrm{d}\tau \end{aligned} \tag{1-8-42}$$

式(1-8-42)中，第一、二两项表示时变电感在 t_0 至 t 时间内储能的增加。第三项

$$\frac{1}{2}\int_{t_0}^{t}\dot{L}(\tau)i^2(\tau)\mathrm{d}\tau \tag{1-8-43}$$

表示由于电感元件特性随时间而变化，在 t_0 至 t 时间内从电路传递到外界的能量。

由式(1-8-40)与式(1-8-42)，得到线性时变电感于 t_0 时的储能与在 t_0 至 t 时间内电源供给电感的能量之和：

$$W(t_0) + W(t_0,t) = \frac{1}{2}L(t)i^2(t) + \frac{1}{2}\int_{t_0}^{t}\dot{L}(\tau)i^2(\tau)\mathrm{d}\tau \tag{1-8-44}$$

由此得到线性时变电感的无源性判据：如果对所有的初始时刻 t_0，对所有的 $t \geqslant t_0$，对所有可能的电流 $i(t)$，均有

$$\frac{1}{2}L(t)i^2(t) + \frac{1}{2}\int_{t_0}^{t}\dot{L}(\tau)i^2(\tau)\mathrm{d}\tau \geqslant 0 \tag{1-8-45}$$

成立，该线性时变电感元件是无源的。否则是有源的。

根据式(1-8-45)，不难证明，当且仅当

$$L(t) \geqslant 0 \text{ 和 } \dot{L}(t) \geqslant 0 \qquad (\text{对所有的 } t) \tag{1-8-46}$$

该线性时变电感是无源的。顺便指出，当

$$\dot{L}(t) = 0 \qquad (\text{对所有的 } t) \tag{1-8-47}$$

则该电感是线性时不变的。故线性时不变电感无源性的充分必要条件是电感 L 值非负。

最后，研究元件特性为 $i(t)=h(\psi(t),t)$ 的磁控非线性时变电感。若对所有的 t，元件特性曲线均过 ψ-i 平面的原点。在 t 时刻，电感磁链为 $\psi(t)$，则此时电感储能为

$$W(\psi(t),t) = \int_0^{\psi(t)} h(\psi,t)\mathrm{d}\psi \tag{1-8-48}$$

在从 t_0 至 t 时间内，电源供给非线性时变电感元件的能量为

$$\begin{aligned} W(t_0,t) &= \int_{t_0}^{t} u(\tau)i(\tau)\mathrm{d}\tau \\ &= W(\psi(t),t) - W(\psi(t_0),t_0) - \int_{t_0}^{t} \frac{\partial}{\partial \tau} W(\psi(\tau),\tau)\mathrm{d}\tau \end{aligned} \tag{1-8-49}$$

上式中前两项为在 t_0 至 t 时间内电感储能的增加，最后一项

$$-\int_{t_0}^{t} \frac{\partial}{\partial \tau} W(\psi(\tau),\tau)\mathrm{d}\tau \tag{1-8-50}$$

代表在非线性时变电感特性改变时由电路传递到外界的能量。

由式(1-8-48)和式(1-8-49)可知，非线性时变电感在 t_0 时的储能与从 t_0 至 t 时间内电源供给它的能量之和为

$$W(\psi(t_0),t_0) + W(t_0,t) = \int_0^{\psi(t)} h(\psi,t)\mathrm{d}\psi - \int_{t_0}^{t} \frac{\partial}{\partial \tau} W(\psi(\tau),\tau)\mathrm{d}\tau \tag{1-8-51}$$

因此，磁控非线性时变电感的无源性判据为：如果对所有的初始时刻 t_0，对所有的 $t \geqslant t_0$，对所有的容许信号偶，均有

$$\int_0^{\psi(t)} h(\psi,t)\mathrm{d}\psi - \int_{t_0}^{t} \frac{\partial}{\partial \tau} W(\psi(\tau),\tau)\mathrm{d}\tau \geqslant 0 \tag{1-8-52}$$

则该磁控非线性时变电感为无源的。否则是有源的。

1-8-4 忆阻元件的无源性和有源性

在本小节中，将简略介绍时不变忆阻元件的无源性和有源性。设忆阻元件于 $t=-\infty$ 时为松弛的，即 $W(-\infty)=0$，则时不变忆阻元件于 t_0 时之储能与 t_0 至 t 时间内从电源吸收的能量之和为

$$W(t_0) + W(t_0,t) = \int_{-\infty}^{t} u(\tau)i(\tau)\mathrm{d}\tau$$

对于元件特性为 $\phi(t)=\Psi(q(t))$ 的荷控非线性时不变忆阻元件，其电压电流关系为

$$u(t) = \frac{\mathrm{d}\psi}{\mathrm{d}t} = \frac{\mathrm{d}\Psi(q)}{\mathrm{d}q} \cdot i(t)$$

故

$$W(t_0)+W(t_0,t)=\int_{-\infty}^{t}\frac{\mathrm{d}\psi}{\mathrm{d}q}\cdot i^2(\tau)\mathrm{d}\tau$$
$$=\int_{-\infty}^{t}M(q)i^2(\tau)\mathrm{d}\tau \tag{1-8-53}$$

式中,$M(q)=\frac{\mathrm{d}\psi(q)}{\mathrm{d}q}$为增量忆阻。由此可知,如果对所有的 $t>-\infty$,对所有的容许信号偶,均有

$$M(q)=\frac{\mathrm{d}\psi(q)}{\mathrm{d}q}\geqslant 0 \tag{1-8-54}$$

则该荷控时不变忆阻元件是无源的。否则是有源的。

对于元件特性为 $q(t)=q(\psi(t))$ 的磁控时不变忆阻元件,其电压电流关系为

$$i(t)=\frac{\mathrm{d}q}{\mathrm{d}t}=\frac{\mathrm{d}q(\psi)}{\mathrm{d}\psi}\cdot u(t)$$

故

$$W(t_0)+W(t_0,t)=\int_{-\infty}^{t}\frac{\mathrm{d}q}{\mathrm{d}\psi}u^2(\tau)\mathrm{d}\tau$$
$$=\int_{-\infty}^{t}W(\psi)u^2(\tau)\mathrm{d}\tau \tag{1-8-55}$$

式中,$W(\psi)=\frac{\mathrm{d}q(\psi)}{\mathrm{d}\psi}$为增量忆导。同理,如果对所有的 $t>-\infty$,对所有的容许信号偶,均有

$$W(\psi)=\frac{\mathrm{d}q(\psi)}{\mathrm{d}\psi}\geqslant 0 \tag{1-8-56}$$

则该磁控时不变忆阻元件是无源的。否则是有源的。

综合上述两种情形,显而易见,若时不变忆阻元件的特性曲线是单调增的,则该忆阻元件必定是无源的。

1-8-5 无源网络与有源网络

传统的无源网络和有源网络的定义,着眼于网络内部的组成元件,这就是:若一个网络仅由无源网络元件构成,则该网络是无源的。若网络中含有一个或一个以上的有源网络元件,则该网络是有源的。

网络的端口型无源性和有源性的研究是从各个端口来考察整个网络与外部电路的能量传递关系,进而确定网络是否为无源的。从概念上讲,无源网络在任意一段时间内通过各端口而传递给外部电路的能量,不可能大于在此之前它所储存的能量。

端口型无源网络和有源网络的定义是:设 n 端口网络于 t_0 时刻储存的能量为$W(t_0)$,在 t_0 至 t 时间内从电源传送至 n 端口网络的能量为 $W(t_0,t)$,

$$W(t_0,t)=\int_{t_0}^{t}\boldsymbol{u}^{\mathrm{T}}(\tau)\boldsymbol{i}(\tau)\mathrm{d}\tau \tag{1-8-57}$$

式中 $\boldsymbol{u}(t)$、$\boldsymbol{i}(t)$分别为 n 端口网络的端口电压向量和端口电流向量。如果对所有的初始时刻 t_0,对所有的 $t\geqslant t_0$,以及对所有的容许信号向量偶$(\boldsymbol{u}(t),\boldsymbol{i}(t))$,均有

$$W(t_0)+W(t_0,t)=W(t_0)+\int_{t_0}^{t}\boldsymbol{u}^{\mathrm{T}}(\tau)\boldsymbol{i}(\tau)\mathrm{d}\tau\geqslant 0 \tag{1-8-58}$$

成立，则称该网络为端口型无源网络。反之，如果对某些初始时刻 t_0，对某些 $t\geqslant t_0$，对某些容许信号偶，有

$$W(t_0)+\int_{t_0}^{t}\boldsymbol{u}^{\mathrm{T}}(\tau)\boldsymbol{i}(\tau)\mathrm{d}\tau<0 \tag{1-8-59}$$

则称此网络为端口型有源网络。

对于 n 端口电阻网络，显然，其无源性判据为

$$W(t_0,t)=\int_{t_0}^{t}\boldsymbol{u}^{\mathrm{T}}(\tau)\boldsymbol{i}(\tau)\mathrm{d}\tau\geqslant 0 \tag{1-8-60}$$

上述无源性和有源性定义也适用于 n 端口元件。

为考察端口型无源及有源网络与传统定义的无源及有源网络之间的关系，下面讨论一个例子。

例 1-15 图 1-44 表示一个由线性时不变电阻、电感和电容元件构成的一端口网络。其中，$R_1=R_2=1\Omega$，$L=-1\mathrm{H}$，$C=-1\mathrm{F}$。试判断该网络是否为端口型有源网络。

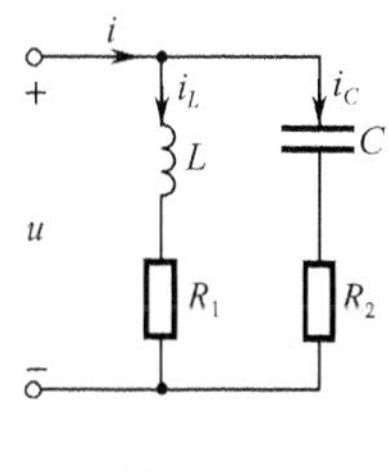

图 1-44

解：设网络的初始时刻 $t_0=0$，且网络于初始时刻为松弛的，即，$i_L(0)=0$，$u_C(0)=0$。根据 KCL、KVL 和元件电压电流关系，可写出以下两个方程：

$$u_L(t)=u(t)-1\cdot i_L(t)=u(t)+\int_0^t u_L(\tau)\mathrm{d}\tau \tag{1-8-61}$$

$$i_C(t)=\frac{u(t)-u_C(t)}{1}=u(t)+\int_0^t i_C(\tau)\mathrm{d}\tau \tag{1-8-62}$$

式(1-8-61)和式(1-8-62)是关于电感电压和电容电流的积分方程，两个方程具有完全相同的形式，且 u_C 与 i_L 两者的初始值相等，故

$$u_L(t)=i_C(t) \tag{1-8-63}$$

一端口网络的端口电流为

$$i(t)=i_L(t)+i_C(t)=\frac{[u(t)-u_L(t)]}{1}+i_C(t)=u(t) \tag{1-8-64}$$

由此可得

$$W(t_0)+W(t_0,t)=\int_0^t u(\tau)i(\tau)\mathrm{d}\tau=\int_0^t u^2(\tau)\mathrm{d}\tau \tag{1-8-65}$$

从而证明了在所有可能的情况下，均有

$$W(t_0)+W(t_0,t)\geqslant 0$$

故该一端口网络为无源的。实际上，从式(1-8-64)看出，图1-44的一端口网络等效于电阻值为 1Ω 的线性时不变电阻，当然它是无源的。

以上举例中的网络含有 $-1\mathrm{H}$ 的电感和 $-1\mathrm{F}$ 的电容，它们都是有源元件，故该网络是传统的有源网络。然而，在例中已论证了该网络是端口型无源网络。由此看出，传统的有源网络不一定是端口型有源网络。在电子电路中还有不少这类情形，例如，回转器的端口特性是无源的，而实现回转器的一种电路如图 1-62 所示，其中含两个运算放大器，显然这

个网络是传统的有源网络，但它却是端口型无源网络。

传统的无源网络中仅含无源元件，不难论证，这种网络必定是端口型无源网络。

端口型无源网络可能是传统的无源网络，也可能是传统的有源网络，这一点在前面已经说明。而端口型有源网络却必定是传统的有源网络。因为，端口型有源网络在某一段时间内能通过端口对外部电路送出比它原有储能更多的能量，则网络中一定存在具有这种能力的元件，即有源元件，换言之，网络是传统的有源网络。

在结束本节之前，还将对无损网络和无损元件进行简要介绍。

一个 n 端口网络，如果对所有的 L_2 范数①为有界的容许信号向量偶（$\boldsymbol{u}(t)$，$\boldsymbol{i}(t)$），均有

$$W=\int_{-\infty}^{\infty}\boldsymbol{u}^{\mathrm{T}}(\tau)\boldsymbol{i}(\tau)\mathrm{d}\tau=0 \tag{1-8-66}$$

成立，则称此 n 端口网络是无损网络。所谓信号的 L_2 范数为有界的，是指 $\boldsymbol{u}(t)$、$\boldsymbol{i}(t)$满足以下条件：

$$\int_{-\infty}^{\infty}\boldsymbol{u}^{\mathrm{T}}(\tau)\boldsymbol{u}(\tau)\mathrm{d}\tau<\infty \tag{1-8-67}$$

$$\int_{-\infty}^{\infty}\boldsymbol{i}^{\mathrm{T}}(\tau)\boldsymbol{i}(\tau)\mathrm{d}\tau<\infty \tag{1-8-68}$$

以上定义表明，一个无损的 n 端口网络对于任何有界的信号偶，通过端口而吸收或送出的总能量等于零。

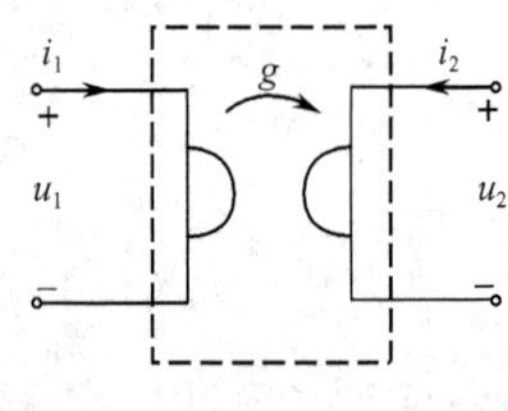

图 1-45

例 1-16　图 1-45 表示一个二端口回转器，试判断它是否为无损网络。

解：二端口回转器的端口 u-i 关系方程为

$$\begin{bmatrix} i_1 \\ i_2 \end{bmatrix}=\begin{bmatrix} 0 & g \\ -g & 0 \end{bmatrix}\begin{bmatrix} u_1 \\ u_2 \end{bmatrix} \tag{1-8-69}$$

在从$-\infty$至∞时间内，电源供给回转器的能量为

$$\begin{aligned} W &=\int_{-\infty}^{\infty}\boldsymbol{u}^{\mathrm{T}}(\tau)\boldsymbol{i}(\tau)\mathrm{d}\tau \\ &=\int_{-\infty}^{\infty}[u_1(\tau)u_2(\tau)]\begin{bmatrix} 0 & g \\ -g & 0 \end{bmatrix}\begin{bmatrix} u_1(\tau) \\ u_2(\tau) \end{bmatrix}\mathrm{d}\tau \\ &=\int_{-\infty}^{\infty}[u_1(\tau)u_2(\tau)]\begin{bmatrix} gu_2(\tau) \\ -gu_1(\tau) \end{bmatrix}\mathrm{d}\tau \\ &=\int_{-\infty}^{\infty}[gu_1(\tau)u_2(\tau)-gu_1(\tau)u_2(\tau)]\mathrm{d}\tau \end{aligned} \tag{1-8-70}$$

如果 $\boldsymbol{u}(t)$，$\boldsymbol{i}(t)$的 L_2范数为有界的，则必

$$W=0$$

故此二端口网络是无损的。式(1-8-70)中被积函数恒为零，因此，同理可得

① L_2 范数的定义：若有向量 $\boldsymbol{x}=(x_1,x_2,\cdots,x_n)\in R^n$，其 L_2 范数 $|\boldsymbol{x}|_2$ 定义为

$$|\boldsymbol{x}|_2=\left(\sum_{i=1}^{n}|x_i|^2\right)^{1/2}$$

$$W(t_0)+W(t_0,t)=\int_{t_0}^{t}\boldsymbol{u}^{\mathrm{T}}(\tau)\boldsymbol{i}(\tau)\mathrm{d}\tau=0$$

即回转器也是端口型无源网络。

关于二端网络元件为无损元件的定义，完全与一端口无损网络的定义相同，此处不再重述。

1-9 受控元件

在具备网络及其元件的性质的基础知识后，下面将对网络元件做进一步的研究。第 1-2 至 1-5 节中，在介绍四种基本网络元件时，均侧重于二端元件，本章最后四节将主要涉及几种多端网络元件。本节讨论元件特性随某一物理量而变化的元件，即受控元件。

若电阻元件、电容元件、电感元件、忆阻元件的元件特性随某一物理量而变化，则称此元件为受控元件，称该物理量为控制变量。控制变量可以是非电的变量，如压力、温度、光强度等，也可以是电压或电流。

实际的电气装置和器件，一般而言，不同程度地受环境条件(如温度、湿度等)的影响，使其性能相对于其电路模型的理想特性有微小的偏离，且因环境条件的改变而有不同的偏离程度。电路理论中的受控元件不包含这种情形，而是特指那些人为地使元件特性按一定规律明显地随某一物理量而变化的元件。

1-9-1 二端受控元件

若 x 表示控制变量，(ξ,η)表示二端元件的动态无关变量偶，即

$$(\xi,\eta)\in\{(u,i),(u,q),(i,\psi),(\psi,q)\} \tag{1-9-1}$$

如果二端元件的成分关系为

$$\xi(t)=f_1(\eta(t),x) \tag{1-9-2}$$

或

$$\eta(t)=f_2(\xi(t),x) \tag{1-9-3}$$

则该二端元件称为受控制变量 x 控制的受控元件。

对于受控电阻元件，其成分关系为

$$u(t)=f(i(t),x) \tag{1-9-4}$$

或

$$i(t)=g(u(t),x) \tag{1-9-5}$$

二端受控电阻元件的特性由一族 u-i 曲线表征，其中每一条曲线对应于控制变量 x 的一个特定值。

受控电容元件的成分关系为

$$u(t)=h(q(t),x) \tag{1-9-6}$$

或

$$q(t)=f(u(t),x) \tag{1-9-7}$$

二端受控电容元件的特性由一族 u-q 曲线表征，每条曲线对应于控制变量 x 的一个特定值。

受控电感元件的成分关系为

$$i(t)=h(\psi(t),x) \tag{1-9-8}$$

或 $$\psi(t)=f(i(t),x) \tag{1-9-9}$$

二端受控电感元件的特性由一族 i-ψ 曲线表征，每条曲线对应于控制变量 x 的一个特定值。

受控忆阻元件的成分关系为

$$\psi(t) = \Psi(q(t),x) \tag{1-9-10}$$

或 $$q(t)=Q(\psi(t),x) \tag{1-9-11}$$

二端受控忆阻元件的特性由一族 ψ-q 曲线表征，每条曲线对应于控制变量 x 的一个特定值。

非线性元件特性的"压控"、"流控"、"荷控"、"磁控"的含义不同于本节中的"控制"，应注意其区别。

下面列举几种实用的受控元件。图 1-46(a)、(b)分别为热敏电阻的元件符号和特性曲线，这是一种控制变量为温度的受控电阻元件，由特性曲线可以看出，它具有负温度系数，故元件符号中标有"$-T$"。图 1-47(a)、(b)分别为光电二极管的元件符号和特性曲线，这是一种控制变量为光照度的受控电阻元件。图 1-48(a)表示一个在二极板间充以钡、钛等非线性介质的电容器，这就是控制变量为压力的受控电容器，在不同压力下所测得的特性曲线族如图 1-48(b)所示。图 1-49(a)中的环形铁芯上绕有两个线圈，若对 2 号线圈通以电流可调的直流 I，对应于不同的 I 值，1 号线圈有不同的 ψ-i 特性曲线，如图 1-49(b)所示。故 1 号线圈的电路模型就是一个控制变量为电流的二端受控电感元件。

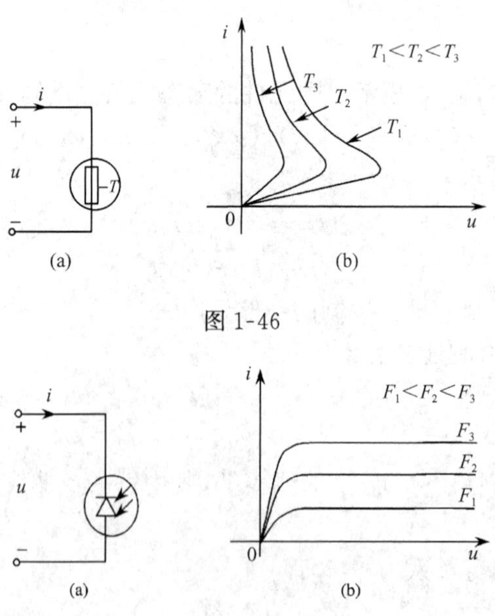

图 1-46

图 1-47

以非电量为控制变量的受控电阻器件，把关于声、光、压力、温度等物理量的信息转换为电信号，成为各种传感器的核心部件，被广泛应用于现代检测、控制等领域。

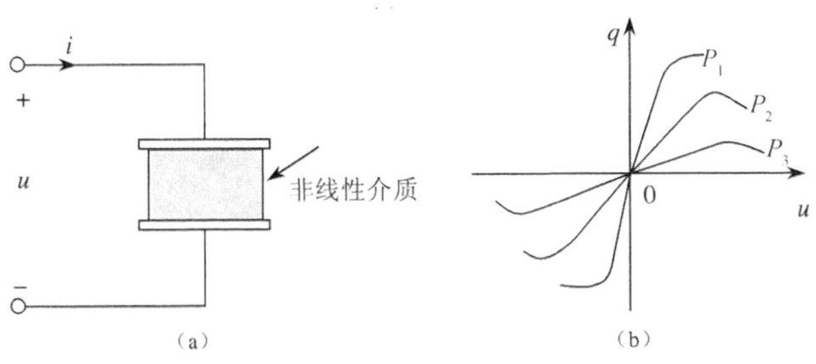

图 1-48

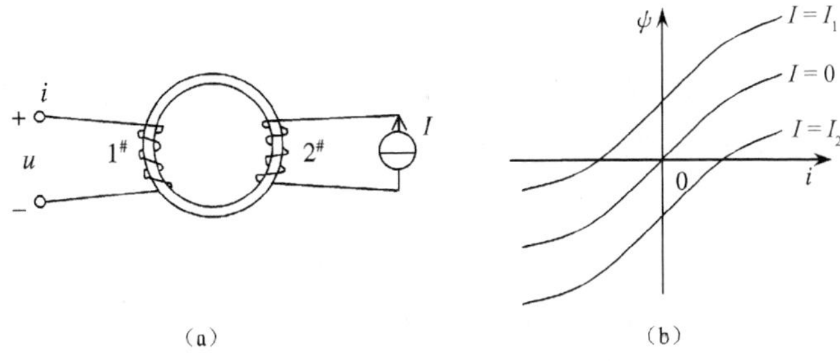

图 1-49

1-9-2 受控电源

受控电源是一类特殊的受控电阻元件。受控电压源的特性由 u-i 平面上的一族平行于 i 轴的直线表征；受控电流源的特性由 u-i 平面上的一族平行于 u 轴的直线表征。对于控制变量 x 的每一个确定的值，有一条直线与之对应。如图 1-50(a)、(b)所示。

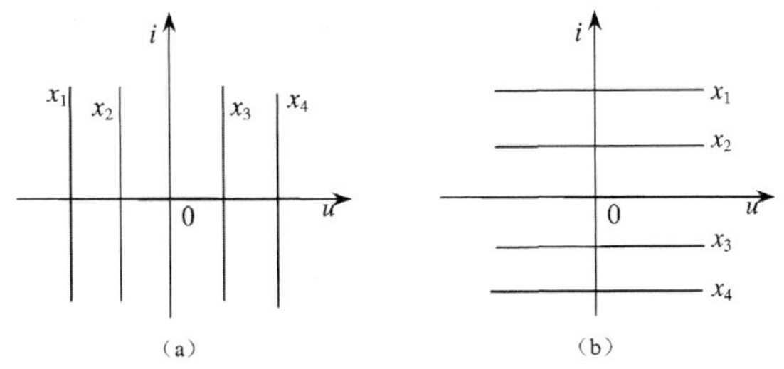

图 1-50

太阳能电池是光控电流源的一个例子，图 1-51(a)、(b)分别表示其元件符号和特性曲线族。特性曲线族位于 u-i 平面的第四象限，在端电压 u 小于 0.6V 的区域内近于水平直线族，故可视为光控电流源。这种控制变量为非电量的受控电源，通常称为换能器。

若受控电源的控制变量为电变量，通常即电压或电流，这就是一般称为“受控源”的一类重要的元件。受控源的控制电压 u_x 或控制电流 i_x，分别可为任意一对节点间的电压或任意支路的电流，它们可与受控源在同一网络，也可以是另一网络的电压、电流。为清晰

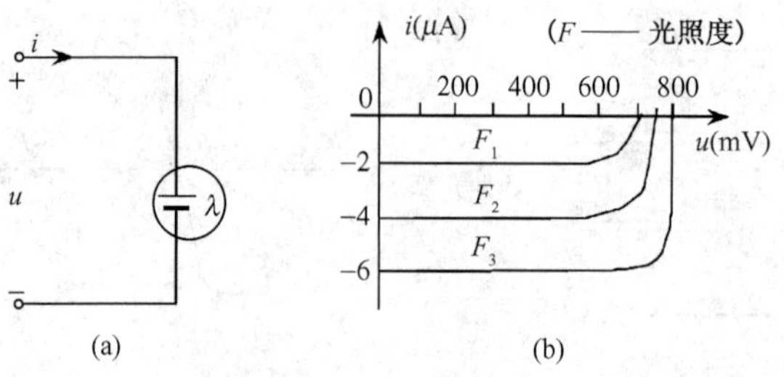

图 1-51

简便和统一表示符号起见，受控源的元件符号为图 1-52 中的二端口元件。其中，以 22′为二端的是受控电源支路，称为受控支路；以 11′为二端的是控制变量所在支路，称为控制支路。控制支路或为开路（当控制量为电压时）或为短路（当控制量为电流时）。这与前面提到的 u_x，i_x 可为任意节点对间电压、任意支路电流并不矛盾，因为在必要时，可认为某节点对间跨接有一个开路支路、某元件串联有一个短路支路。

图 1-52(a)、(b)、(c)、(d)表示四种线性时不变受控源，它们分别是：

(a)电压控电压源（VCVS），元件特性为 $u_2(t)=\mu u_1(t)$，$i_1(t)=0$ (1-9-12)

(b)电流控电压源（CCVS），元件特性为 $u_2(t)=r_m i_1(t)$，$u_1(t)=0$ (1-9-13)

(c)电压控电流源（VCCS），元件特性为 $i_2(t)=g_m u_1(t)$，$i_1(t)=0$ (1-9-14)

(d)电流控电流源（CCCS），元件特性为 $i_2(t)=\alpha i_1(t)$，$u_1(t)=0$ (1-9-15)

应当指出，由于人们主要关注受控源的控制变量与受控变量之间的关系，故这里所谓受控源是“线性的”和“时不变的”，都是就控制变量与受控变量之间的关系而言。实质上，在控制量为某一确定值时，受控源的受控支路的电压电流关系用 u-i 平面上的水平直线或垂直直线来表征（见图 1-50），即它们不存在线性关系，这一点和独立源是相同的。此外，受控电压源的输出电压和受控电流源的输出电流一般可为时变的，就受控支路的 u-i 关系来看也不是时不变的。

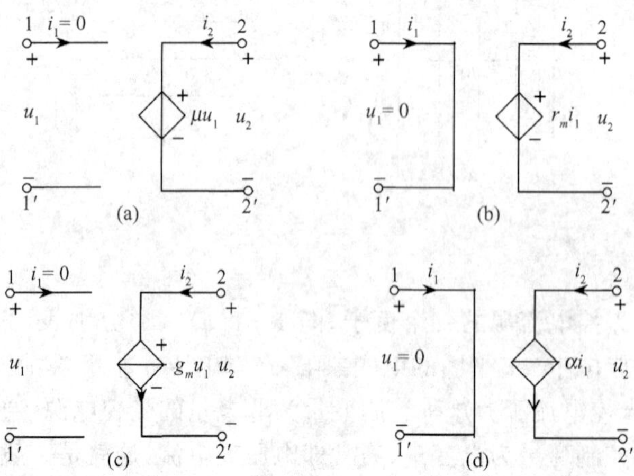

图 1-52

各种受控源均为二端口有源元件，下面以电压控电压源为例来证明其有源性。设将图 1-52(a)的电压控电压源做如下联接：第 1 端口接电压源，第 2 端口接阻值为 R 的线性电阻，且 $R>0$。VCVS 在时间 t_0 至 t 内通过二端口吸收的能量为

$$W(t_0,t)=\int_{t_0}^{t}(u_1 i_1+u_2 i_2)\mathrm{d}\tau=\int_{t_0}^{t}\left(0-\frac{u_2^2}{R}\right)\mathrm{d}\tau=\int_{t_0}^{t}\left(-\frac{\mu^2}{R}u_1^2\right)\mathrm{d}\tau<0$$

根据多端口电阻元件的有源性判断条件可知，该元件为二端口有源元件。

1-9-3 运算放大器

运算放大器(简称为运放)是一种具有极高开环增益的直接耦合差分放大器。集成运算放大器以其优良的性能、低廉的价格以及灵活多用的特点而得到非常广泛的应用，成为现代科技各个领域中许多电子装置的不可缺少的部件。集成运放已作为一种标准的“积木块”来使用，因此，在电路理论中研究的运算放大器是一种多端电阻元件，我们只考察其端部电压-电流关系，而不去关注实际运放内部复杂的电子线路。

作为电路模型的运算放大器是四端电阻元件，表示符号如图 1-53(a)所示。一个运放有两个输入端，即同相输入端(标“+”号的一端)和反相输入端(标“−”号的一端)，有一个输出端，一个接地端①。这个多端电阻元件的特性为

$$i^{+}=0,\qquad i^{-}=0$$

$$u_0=\begin{cases}A(u^{+}-u^{-}) & \text{当}\,|u^{+}-u^{-}|<\varepsilon\\ A\varepsilon & \text{当}\,(u^{+}-u^{-})\geqslant\varepsilon\\ -A\varepsilon & \text{当}\,(u^{+}-u^{-})\leqslant-\varepsilon\end{cases}$$

式中 $\varepsilon>0$，同相输入端电压 u^{+}，反相输入端电压 u^{-} 和输出端电压 u_o 都是相对于接地端而言的。输出电压依赖于二输入端之间的电压

$$u_i=u^{+}-u^{-}$$

A 为运放的开环增益。当二输入端间电压的绝对值小于 ε 时，u_o 与 u_i 之间为线性关系，而一旦二输入端间电压绝对值达到和超过 ε，则输出电压达到饱和，其绝对值保持为 $A\varepsilon$ 而不再增加。图 1-53(b)中用 u_o-u_i 关系曲线表示出上述输出与输入之间的非线性关系。

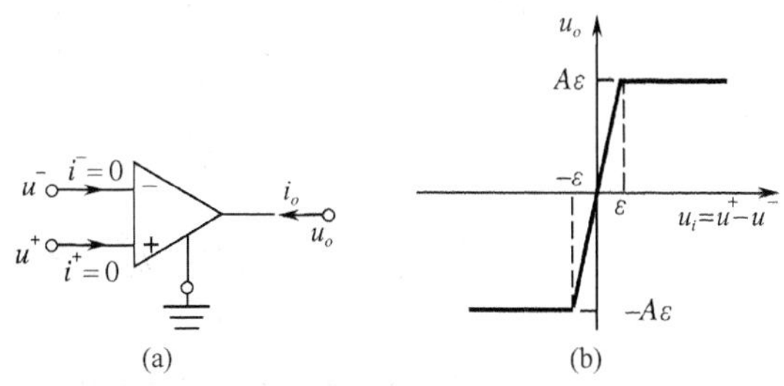

图 1-53

一般运算放大器使输出电压达到饱和的输入电压(绝对值)很小($\varepsilon<0.5\mathrm{mV}$)，如果直

① 通常为简化表示符号，可省去运算放大器符号中的接地端。

接把输入电压加到运放的两个输入端上，只要信号电压达到了毫伏级，运放都会工作在非线性饱和区。这种作为非线性元件使用的运算放大器，在信号处理、检测中是很有用的，例如，用以实现波形变换器、门限检波器等。

有许多应用场合，需要运算放大器工作在特性曲线的线性区，即使其 $u_o=Au_i$，这时，需对运放配置以反馈网络 N_f 和耦合网络 N_C，如图 1-54 所示。这样，可保证运放的同相输入端与反相输入端之间的电压小于 0.5mV。这种输入与输出之间为线性关系的运算放大器，实际上是线性的电压控电压源。

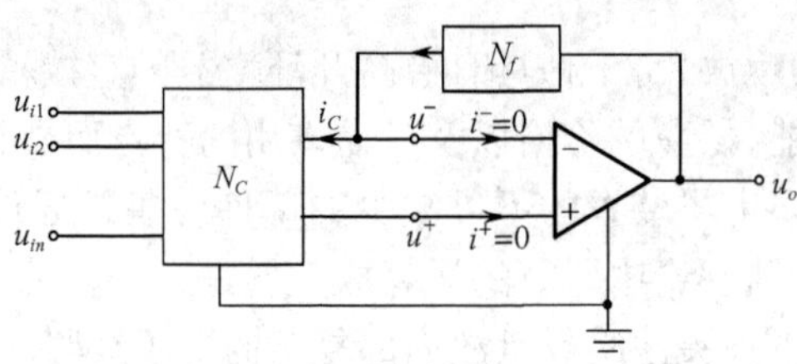

图 1-54

运算放大器的开环增益很高，可超过 10^6，一般常用的运放，A 值也在 10000 以上，而输出电压 u_o 的幅度则不超过电源电压(例如 15V)。因此，工作在线性区的运放，其二输入端之间的小于零点几毫伏的电压，相对于电路的输入电压和其他各元件电压而言，在电路分析中可以忽略不计，换言之，可看作是零。同时，将开环增益 A 视为无限大。这就是通常所谓的“理想运算放大器”。其理想化条件归纳如下：

(1) 开环增益 $A\to\infty$；

(2) 输入阻抗 $r_i\to\infty$；

(3) 输出阻抗 $r_0=0$。

对于理想运算放大器的分析，不同于一般线性电压控电压源。因为，理想运放的二输入端之间不仅电流为零，而且电压为零。换言之，二输入端之间既是开路、又是短路。在许多含运放的电路中，将运放的同相输入端接地，这种联接情况的理想运放，应将反相输入端的电位也视为零，故该端称为“虚地”。“虚地”不同于“地”之处在于：当研究电压关系时，虚地与地有相同的作用，即电位均为零；而在分析电流关系时，虚地与地之间是不相通的，因二输入端之间为开路。

1-10 阻抗变换器和阻抗逆变器

阻抗变换器(impedance converter)和阻抗逆变器(impedance inverter)是有源网络综合中常用的二端口电阻元件。阻抗变换器分为正阻抗变器和负阻抗变换器两类；阻抗逆变器也分为正阻抗逆变器和负阻抗逆变器两类。现分别讨论如下。

1-10-1 阻抗变换器

理想变压器是一种正阻抗变换器，其元件特性用传输参数矩阵表示为

$$\begin{bmatrix} u_1 \\ i_1 \end{bmatrix} \begin{bmatrix} n & 0 \\ 0 & \dfrac{1}{n} \end{bmatrix} \begin{bmatrix} u_2 \\ -i_2 \end{bmatrix} \tag{1-10-1}$$

为研究理想变压器的阻抗变换作用，在其第 2 端口接以阻抗 $Z_L(s)$(s 为复频率)，如图 1-55 所示。第 1 端口的输入阻抗为

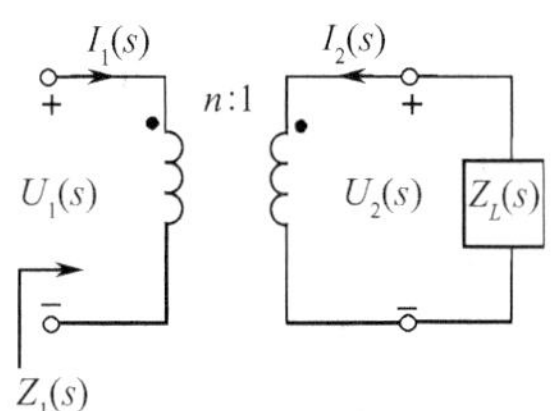

图 1-55

$$Z_1(s) = \frac{U_1(s)}{I_1(s)} = \frac{nU_2(s)}{-\dfrac{1}{n}I_2(s)} = n^2 Z_L(s) \tag{1-10-2}$$

式(1-10-2)表示，理想变压器第 1 端口的输入阻抗等于第 2 端口所接负载阻抗的 n^2 倍，故其阻抗变换作用是：不改变阻抗的性质和正负号，而只改变阻抗的模的大小。这就是所谓"正阻抗变换"作用。

理想变压器在时间 t_0 至 t 内通过二端口吸收的能量为

$$W(t_0, t) = \int_{t_0}^{t} (u_1 i_1 + u_2 i_2) \mathrm{d}\tau = \int_{t_0}^{t} \left[u_1 i_1 + \frac{1}{n} u_1 \cdot (-n i_1) \right] \mathrm{d}\tau = 0 \tag{1-10-3}$$

显然，无论两个端口的外部联接如何，无论所接信号源波形如何，式(1-10-3)恒成立。故理想变压器是无源二端口电阻元件。且因

$$W = \int_{-\infty}^{\infty} (u_1 i_1 + u_2 i_2) \mathrm{d}\tau = 0$$

理想变压器也是二端口无损元件。

负阻抗变换器有以下两类。一类是电流反相型负阻抗变换器(CNIC)，元件符号如图 1-56(a)所示。以传输参数矩阵表示的元件特性方程为

$$\begin{bmatrix} u_1 \\ i_1 \end{bmatrix} = \begin{bmatrix} k_1 & 0 \\ 0 & -\dfrac{1}{k_2} \end{bmatrix} \begin{bmatrix} u_2 \\ -i_2 \end{bmatrix} \tag{1-10-4}$$

变换比 k_1、k_2 为正实常数。另一类是电压反相型负阻抗变换器(VNIC)，元件符号如图 1-56(b)所示。以传输参数矩阵表示的元件特性方程为

$$\begin{bmatrix} u_1 \\ i_1 \end{bmatrix} = \begin{bmatrix} -k_1 & 0 \\ 0 & \dfrac{1}{k_2} \end{bmatrix} \begin{bmatrix} u_2 \\ -i_2 \end{bmatrix} \tag{1-10-5}$$

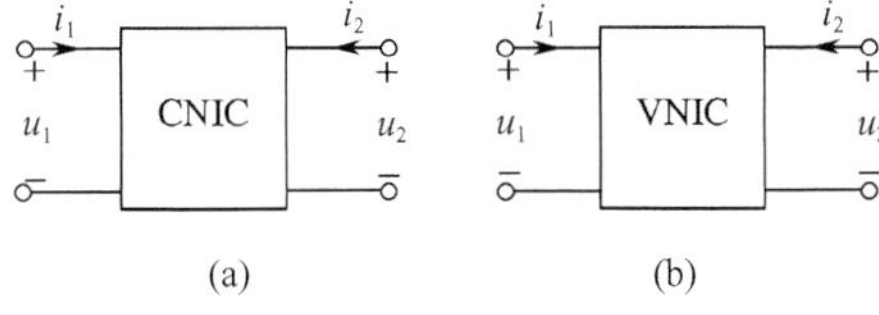

图 1-56

如果在电流反相型负阻抗变换器的第 2 端口接以阻抗 $Z_L(s)$，则第 1 端口的输入阻抗为

$$Z_1(s)=\frac{U_1(s)}{I_1(s)}=\frac{k_1U_2(s)}{-\frac{1}{k_2}[-I_2(s)]}$$
$$=-k_1k_2Z_L(s)=-kZ_L(s) \tag{1-10-6}$$

式中，$k=k_1k_2$。同理可得，如在电压反相型负阻抗变换器的第 2 端口接以阻抗 $Z_L(s)$，第 1 端口的输入阻抗仍如式(1-10-6)所示。由此可知，负阻抗变换器的阻抗变换作用是：将阻抗变换至 k 倍并反号，即所谓"负阻抗变换"作用。在有源网络综合中，可利用 NIC 的这一性质实现负值的电阻、电感或电容。

为了判断负阻抗变换器是否有源元件，在 CNIC 的第 2 端口接以电阻 R，第 1 端口接于电压 u_1。在时间 t_0 至 t 内，CNIC 通过二端口吸收的能量为

$$W(t_0,t)=\int_{t_0}^{t}(u_1i_1+u_2i_2)\mathrm{d}\tau=\int_{t_0}^{t}\left(k_1u_2\cdot\frac{1}{k_2}i_2+u_2i_2\right)\mathrm{d}\tau$$
$$=\int_{t_0}^{t}\left(\frac{k_1}{k_2}+1\right)\cdot\left(-\frac{u_2^2}{R}\right)\mathrm{d}\tau$$
$$=\int_{t_0}^{t}\left(\frac{k_1}{k_2}+1\right)\cdot\left(-\frac{u_1^2}{Rk_1^2}\right)\mathrm{d}\tau \tag{1-10-7}$$

无论 u_1 为何种波形，也无论 t_0 和 t 如何取值(只要 $t>t_0$)，均有 $W(t_0, t)<0$。故负阻抗变换器是有源二端口电阻元件。

负阻抗变换器可用受控源实现，如图 1-57 所示。也可用运算放大器和电阻元件实现，如图 1-58 所示。图中同时注明了其元件特性参数 k_1、k_2，读者可自行证明。

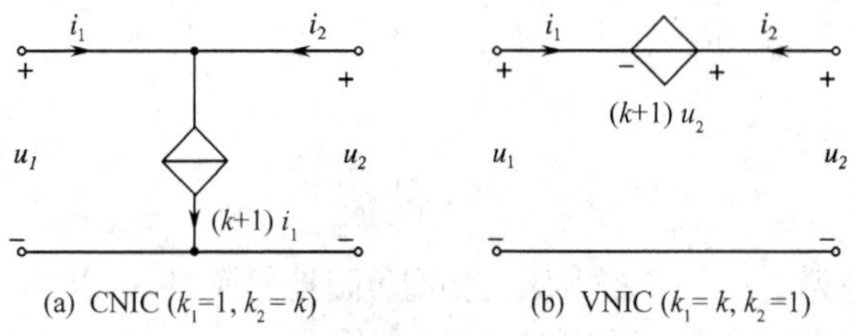

图 1-57

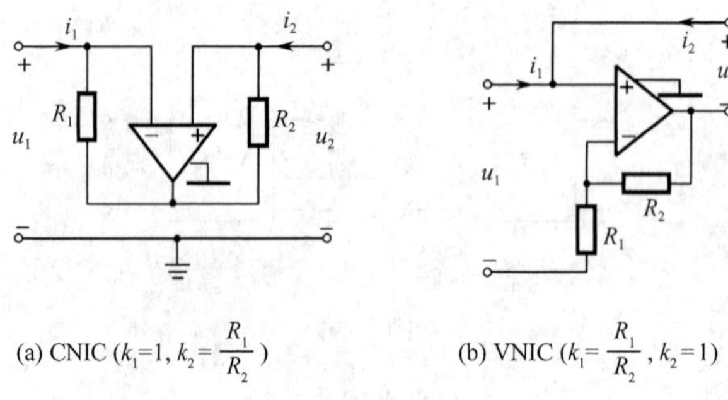

图 1-58

1-10-2　阻抗逆变器

图 1-59 中的回转器是一种正阻抗逆变器，其元件特性用传输参数矩阵表示为

$$\begin{bmatrix} u_1 \\ i_1 \end{bmatrix} = \begin{bmatrix} 0 & r_1 \\ \frac{1}{r_2} & 0 \end{bmatrix} \begin{bmatrix} u_2 \\ -i_2 \end{bmatrix} \tag{1-10-8}$$

式中，r_1 为由第 1 端口到第 2 端口的回转电阻，r_2 为由第 2 端口到第 1 端口的回转电阻。回转方向→的指向，表明了元件特性方程两式的正负号，即 $u_1=-r_1i_2$，$u_2=r_2i_1$。

为了研究回转器的阻抗变换作用，在其第 2 端口接以阻抗 $Z_L(s)$，第 1 端口的输入阻抗为

$$Z_1(s) = \frac{U_1(s)}{I_1(s)} = \frac{-r_1I_2(s)}{\frac{1}{r_2}U_2(s)} = r_1r_2 \cdot \frac{-I_2(s)}{U_2(s)} = r_1r_2\frac{1}{Z_L(s)} \tag{1-10-9}$$

式(1-10-9)表示，回转器第 1 端口的输入阻抗等于第 2 端口所接负载阻抗的倒数乘以 r_1r_2。例如，设第 2 端口所接负载为电容 C，即 $Z_L(s)=\frac{1}{sC}$，若 $r_1=r_2=r$，则第 1 端口的输入阻抗为

$$Z_1(s) = sr^2C \tag{1-10-10}$$

换言之，从回转器第 1 端口看去，等效于一个电感为 r^2C 的电感元件，如图 1-60 所示。这就是回转器的阻抗逆变作用。

图 1-60 中的回转器在时间 t_0 至 t 内通过二端口吸收的能量为

$$\begin{aligned} W(t_0,t) &= \int_{t_0}^{t}(u_1i_1+u_2i_2)\mathrm{d}\tau \\ &= \int_{t_0}^{t}\left[u_1i_1+ri_1\cdot\left(-\frac{u_1}{r}\right)\right]\mathrm{d}\tau = 0 \end{aligned} \tag{1-10-11}$$

上式中被积函数为零，故必有

$$W = \int_{-\infty}^{\infty}(u_1i_1+u_2i_2)\mathrm{d}\tau = 0$$

由此可知，回转电阻 $r_1=r_2=r$ 的回转器是无源二端口电阻元件，并且也是二端口无损元件。

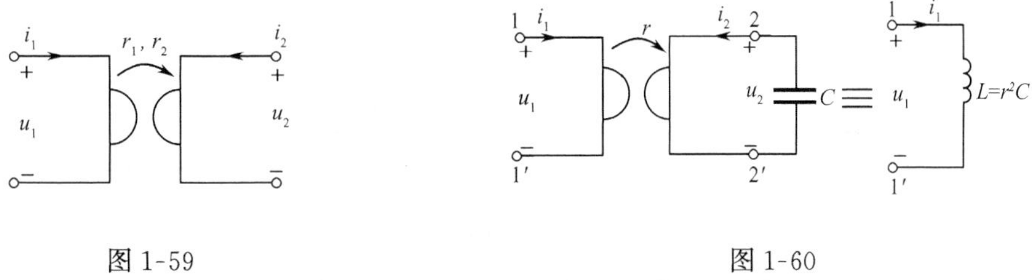

图 1-59　　　　图 1-60

回转器可以用受控源实现，如图 1-61 所示。也可用运算放大器和电阻实现，如图 1-62所示。图中同时注明了其回转电阻与电路元件参数的关系，读者可自行证明。

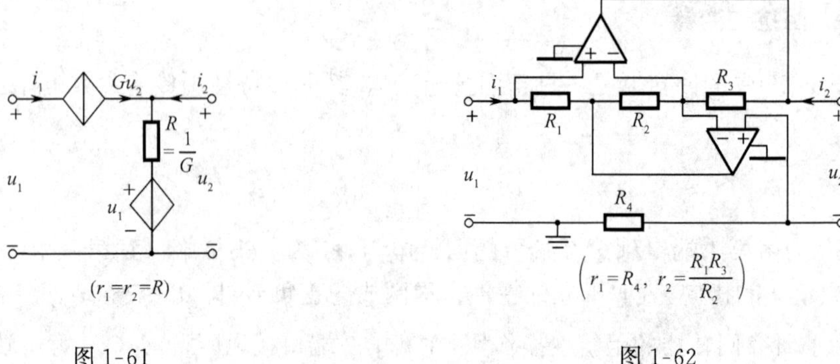

图 1-61　　　　图 1-62

负阻抗逆变器的元件特性用传输参数矩阵表示为

$$\begin{bmatrix} u_1 \\ i_1 \end{bmatrix} = \begin{bmatrix} 0 & -r_1 \\ \dfrac{1}{r_2} & 0 \end{bmatrix} \begin{bmatrix} u_2 \\ -i_2 \end{bmatrix} \tag{1-10-12}$$

如果在负阻抗逆变器的第 2 端口接以阻抗 $Z_L(s)$,则第 1 端口的输入阻抗为

$$Z_1(s) = -r_1 r_2 \frac{1}{Z_L(s)} \tag{1-10-13}$$

故它同时具有阻抗逆变和将参数反号的作用。例如,在第 2 端口接以电容 C,则在第 1 端口将得到负值的等效电感 $L=-r_1r_2C$。

作为本节的小结,表 1-1 中归纳了正阻抗变换器(PIC)、负阻抗变换器(NIC)、正阻抗逆变器(PII)和负阻抗逆变器(NII)的传输参数矩阵 T 和阻抗变换(或逆变)作用,供读者对比研究。

表 1-1　阻抗变换器和阻抗逆变器

元件	传输参数矩阵 T	第 2 端口接 $Z_L(s)$ 时 第 1 端口的输入阻抗
PIC	$\begin{bmatrix} n & 0 \\ 0 & \frac{1}{n} \end{bmatrix}$	$n^2Z_L(s)$
NIC	$\begin{bmatrix} \pm k_1 & 0 \\ 0 & \mp\frac{1}{k_2} \end{bmatrix}$	$-k_1k_2Z_L(s)$
PII	$\begin{bmatrix} 0 & r_1 \\ \frac{1}{r_2} & 0 \end{bmatrix}$	$r_1r_2\frac{1}{Z_L(s)}$
NII	$\begin{bmatrix} 1 & -r_1 \\ \frac{1}{r_2} & 1 \end{bmatrix}$	$-r_1r_2\frac{1}{Z_L(s)}$

1-11　类型转换器

类型转换器(mutator)①是能实现四类基本网络元件(电阻、电感、电容、忆阻)中的两类之间的转换的线性二端口网络元件。换言之,类型转换器能够由一对动态无关网络变量(ξ_1,η_1)及其代数成分关系转换而得另一对动态无关网络变量(ξ_2,η_2)及其代数成分关系。

图 1-63 为 1 型 L-R 转换器的元件符号,其元件特性方程为

$$\begin{bmatrix}\psi_1\\ i_1\end{bmatrix}=\begin{bmatrix}1&0\\0&1\end{bmatrix}\begin{bmatrix}u_2\\ -i_2\end{bmatrix}\tag{1-11-1}$$

图中,在 1 型 L-R 转换器的第 2 端口接有一个非线性电阻元件,其成分关系 $i_R=g(u_R)$如图 1-63 所示,即$-i_2=g(u_2)$。由式(1-11-1)可知,第 1 端口的电流 i_1 和磁通链 ψ_1 也具有相同的成分关系 $i_1=g(\psi_1)$,即等效于在第 1 端口直接连接一个电感元件,其 i-ψ 关系与非线性电阻的 i_R-u_R 关系相同。同理可知,若在 1 型 L-R 转换器的第 1 端口接一非线性电感元件,其成分关系 $f(i,\psi)=0$,如图 1-64 所示,则等效于在第 2 端口直接连接一个成分关系为 $f(i_2,u_2)=0$ 的非线性电阻。

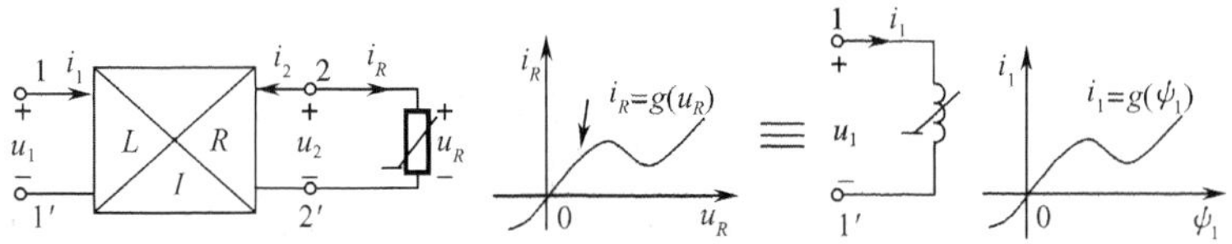

图 1-63

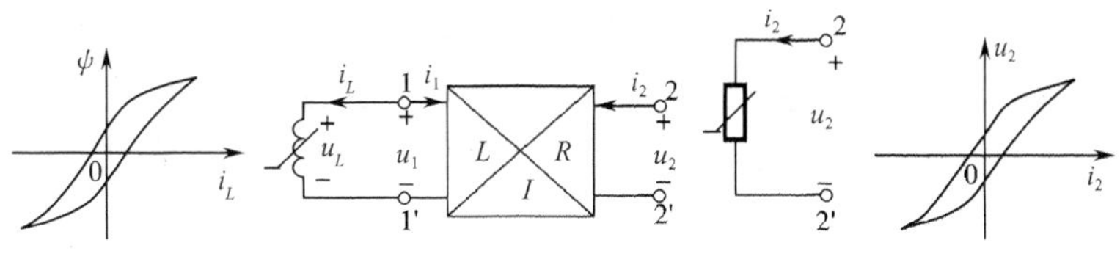

图 1-64

2 型 L-R 转换器的元件符号如图 1-65 所示,其元件特性方程为

$$\begin{bmatrix}\psi_1\\ i_1\end{bmatrix}=\begin{bmatrix}0&1\\1&0\end{bmatrix}\begin{bmatrix}u_2\\ -i_2\end{bmatrix}\tag{1-11-2}$$

它与 1 型 L-R 转换器有同样的元件类型转换关系,而区别仅在于二端口变量的对应关系。

在四对动态无关的网络变量中任取两对,可以得到六种不同的组合,因而可以定义六种类型转换器,每一种均可分为 1 型和 2 型。1 型的变换矩阵为单位矩阵,2 型的变换矩

① mutator 也译作“互换器”、“换型器”。

阵为反单位矩阵。各种类型转换器的成分关系列于表 1-2。类型转换器的一般表示符号如图 1-66 所示，图中 $k=1,2$，分别表示 1 型和 2 型转换器。

图 1-65　　　　图 1-66

表 1-2　类型转换器的成分关系

类型转换器	成分关系	
	1 型	2 型
L-R 转换器	$\begin{bmatrix}\psi_1\\i_1\end{bmatrix}=\begin{bmatrix}1&0\\0&1\end{bmatrix}\begin{bmatrix}u_2\\-i_2\end{bmatrix}$	$\begin{bmatrix}\psi_1\\i_1\end{bmatrix}=\begin{bmatrix}0&1\\1&0\end{bmatrix}\begin{bmatrix}u_2\\-i_2\end{bmatrix}$
C-R 转换器	$\begin{bmatrix}u_1\\q_1\end{bmatrix}=\begin{bmatrix}1&0\\0&1\end{bmatrix}\begin{bmatrix}u_2\\-i_2\end{bmatrix}$	$\begin{bmatrix}u_1\\q_1\end{bmatrix}=\begin{bmatrix}0&1\\1&0\end{bmatrix}\begin{bmatrix}u_2\\-i_2\end{bmatrix}$
L-C 转换器	$\begin{bmatrix}\psi_1\\i_1\end{bmatrix}=\begin{bmatrix}1&0\\0&1\end{bmatrix}\begin{bmatrix}-q_2\\u_2\end{bmatrix}$	$\begin{bmatrix}\psi_1\\i_1\end{bmatrix}=\begin{bmatrix}0&1\\1&0\end{bmatrix}\begin{bmatrix}-q_2\\u_2\end{bmatrix}$
M-R 转换器	$\begin{bmatrix}\psi_1\\q_1\end{bmatrix}=\begin{bmatrix}1&0\\0&1\end{bmatrix}\begin{bmatrix}u_2\\-i_2\end{bmatrix}$	$\begin{bmatrix}\psi_1\\q_1\end{bmatrix}=\begin{bmatrix}0&1\\1&0\end{bmatrix}\begin{bmatrix}u_2\\-i_2\end{bmatrix}$
M-L 转换器	$\begin{bmatrix}\psi_1\\q_1\end{bmatrix}=\begin{bmatrix}1&0\\0&1\end{bmatrix}\begin{bmatrix}\psi_2\\-i_2\end{bmatrix}$	$\begin{bmatrix}\psi_1\\q_1\end{bmatrix}=\begin{bmatrix}0&1\\1&0\end{bmatrix}\begin{bmatrix}\psi_2\\-i_2\end{bmatrix}$
M-C 转换器	$\begin{bmatrix}\psi_1\\q_1\end{bmatrix}=\begin{bmatrix}1&0\\0&1\end{bmatrix}\begin{bmatrix}u_2\\-q_2\end{bmatrix}$	$\begin{bmatrix}\psi_1\\q_1\end{bmatrix}=\begin{bmatrix}0&1\\1&0\end{bmatrix}\begin{bmatrix}u_2\\-q_2\end{bmatrix}$

在 R、L、C、M 四种基本网络元件中，用其中的任一种和相应的类型转换器可以综合出其余三种网络元件。例如，为了得到具有一定成分关系的忆阻元件，可用有相同成分关系的电阻元件与 M-R 转换器来综合，也可用电感元件与 M-L 转换器或电容元件与 M-C 转换器来综合。

根据某一种类型转换器的成分关系，可以导出其二端口电压电流关系，从而便可用线性受控源和二端元件来实现该类型转换器。例如，根据 1 型 L-R 转换器的成分关系 $\psi_1=u_2$，$i_1=-i_2$，可知其二端口电压电流关系为

$$u_1=\frac{\mathrm{d}u_2}{\mathrm{d}t},\quad i_1=-i_2 \tag{1-11-3}$$

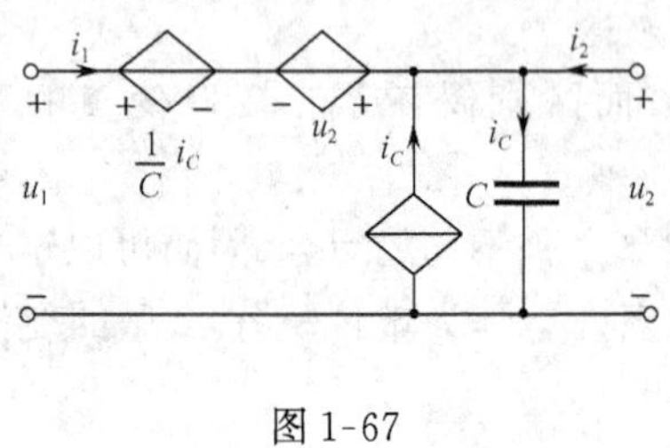

图 1-67

故图 1-67 中的有源二端口网络即实现 1 型 L-R 转换器的一种方案。又如由 1 型 L-C 转换器的成分关系，导出其二端口电压电流关系

$$u_1=-i_2,\quad i_1=u_2 \tag{1-11-4}$$

由式(1-11-4)看出，回转电阻 $r_1=r_2=1$ 的回转器实际上就是 1 型 L-C 转换器。

1-12　零器和泛器

零器(nullator)和泛器(norator)是两个奇异网络元件,或称病态网络元件,它们可用以近似地描述某些有源器件。

零器是一个二端元件,其电压和电流均为零,即可用下式定义

$$u=0,\qquad i=0$$

换言之,零器支路既是短路,又是开路。零器的元件符号如图 1-68(a)所示。

泛器是一个二端元件,其电压和电流均可为任何值,故用下式定义

$$u=k_1,\quad i=k_2\qquad (k_1,k_2\text{ 为任意值})$$

联接在电路中的一个泛器,其电压、电流由泛器之外的电路部分根据电路的约束关系确定。泛器的元件符号如图 1-68(b)所示。

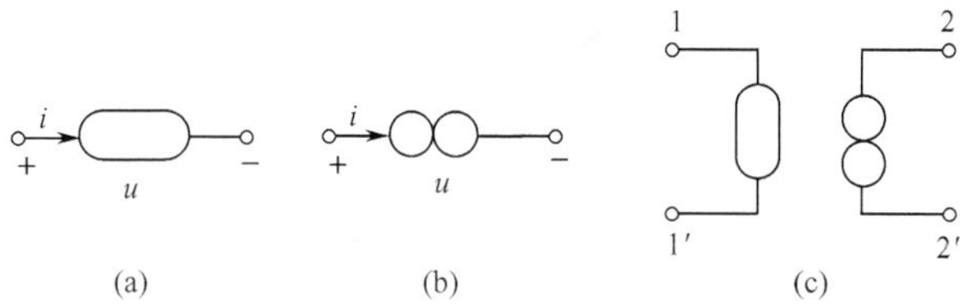

图 1-68

单个的零器或泛器,不能作为电路器件的模型,也不能等效表示电路模型中的任何元件。然而,零器和泛器按一定方式相结合,则可构成常用有源元件的模型。在这些模型中,零器和泛器总是成对出现的,称为零器-泛器对,或称为零泛器(nullor)①。图 1-68(c)为由零泛器形成的一个二端口网络,其端口电压电流关系由全零元的传输参数矩阵表示,即

$$\begin{bmatrix} u_1 \\ i_1 \end{bmatrix} = \begin{bmatrix} 0 & 0 \\ 0 & 0 \end{bmatrix} \begin{bmatrix} u_2 \\ -i_2 \end{bmatrix} \tag{1-12-1}$$

为了研究各种常用有源元件的零泛器等效模型,首先考察图 1-69 中表示的五种有用的恒等关系。这些关系用文字表述为:

(1)零器与泛器的串联组合等同于一个开路;

(2)零器与泛器的并联组合等同于一个短路;

(3)零器与若干个阻抗的任意串并联组合等同于一个零器;

(4)泛器与若干个阻抗的任意串并联组合等同于一个泛器;

(5)两对零泛器的星形联接等同于一对(四端)零泛器。

晶体管和运算放大器是最常用的有源器件。图 1-70(a)、(b)分别表示出理想的晶体管和理想运算放大器的零泛器模型。

根据零器、泛器的定义,并应用前述的恒等关系,四种线性受控源以及负阻抗变换器

---

① 在某些书籍、文献中,将 nullator、norator 和 nullor 分别译作"零口器"、"非口器"和"零器"。

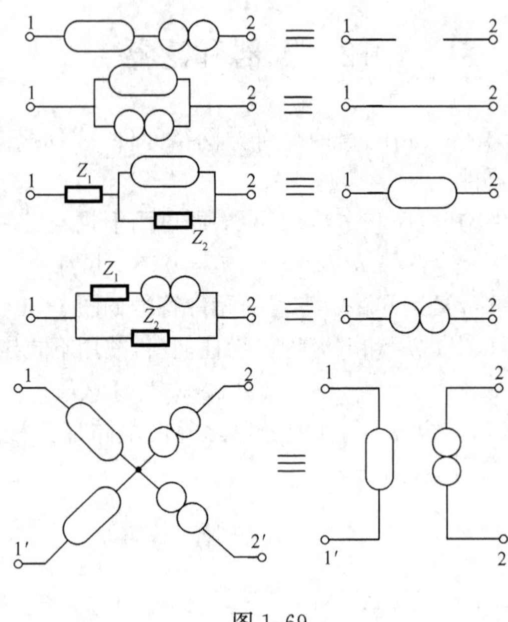

图 1-69

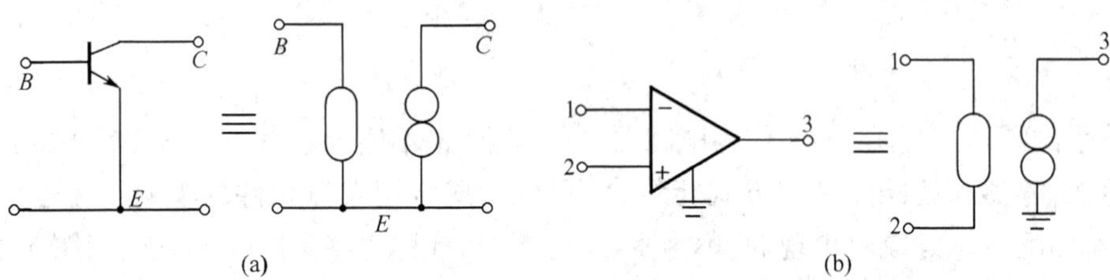

图 1-70

等均可以用零泛器来建模。显然，这种模型不是惟一的，即可用不同的含零泛器电路来等效表示某一种元件。图 1-71 中对于每一类受控源绘出了一种零泛器等效电路，图中标注了零泛器模型中的参数与原控制参数间的关系式，读者可自行证明。

例 1-17　证明图 1-72(a)所示零泛器电路是图 1-72(b)CNIC 的等效模型，并确定两者的参数 R_1、R_2 与 k_1、k_2 之间的关系。利用图 1-72(a)电路，找出用运算放大器实现该 CNIC 的电路和用晶体管实现 CNIC 的电路。

解：由图 1-72(a)电路得

$$u_1 = u_2 \tag{1-12-2}$$

$$R_1 i_1 - R_2 i_2 = 0$$

即

$$i_2 = \frac{R_1}{R_2} i_1 \tag{1-12-3}$$

将式(1-12-2)、(1-12-3)与 CNIC 的元件特性方程式(1-10-4)对比可知，该零泛器电路是 CNIC 的等效模型，两者参数关系为 $k_1=1, k_2=\frac{R_1}{R_2}$。

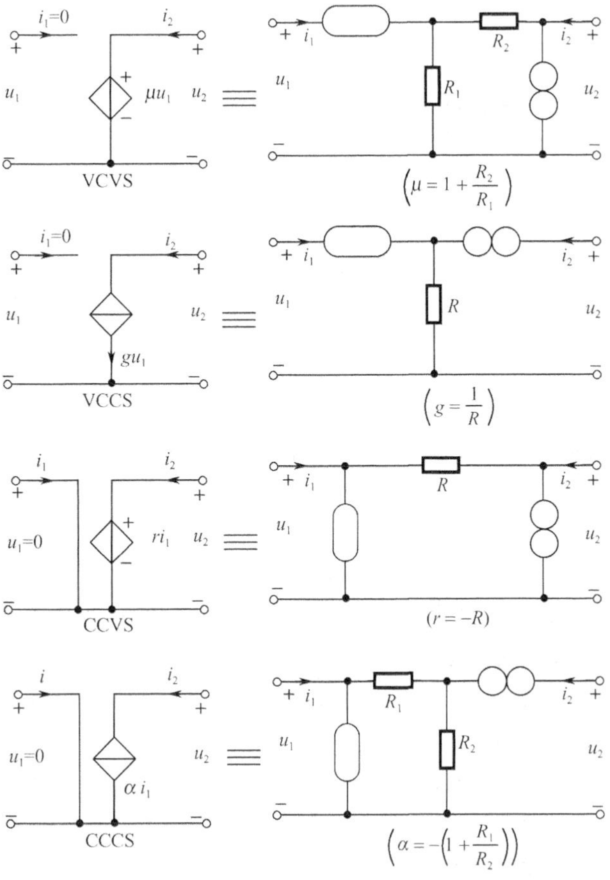

图 1-71

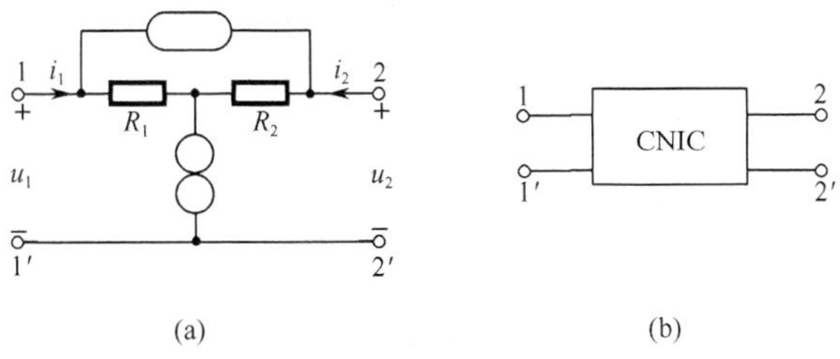

图 1-72

根据图 1-72(a),不难绘出图 1-58(a)所示用运算放大器实现的电路。然而,由图 1-72(a)却不能直接得到用晶体管实现的电路。因为晶体管的零泛器模型中,零器和泛器必须有一个公共节点,即与晶体管的发射极(E)所对应的点,而图 1-72(a)中不存在这样的节点。为此,将由零器和泛器串联而成的支路附加在图 1-72(a)上,接于 2 与 2′节点间,如图 1-73(a)所示。这相当于增加了一条开路的支路,当然仍与图 1-72(a)等效。但图 1-73(a)却形成了两对有公共节点的零器-泛器对,可用两个晶体管实现,从而得到

图 1-73(b)所示用晶体管实现 CNIC 的电路。

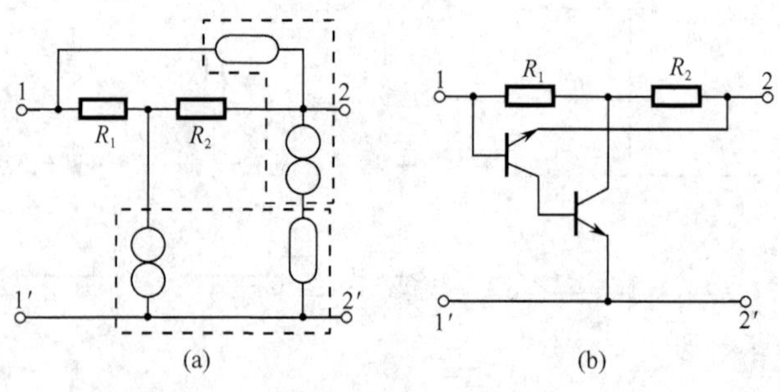

图 1-73

从上例中看出,零泛器模型在有源网络综合中是很有用的。对于含零泛器电路的分析,有其特殊的方法,将在 2-7 节中介绍。

习 题

1-1 一个非线性时不变电感元件在偏置电流 $I(t)=2\sin t$ 作用下,其小信号等效电感为 $L_d(t)=\cos 2t$。求该电感元件的成分关系 $\psi=f(i)$。

1-2 一个非线性电阻元件的电压、电流分别为:$u(t)=\cos\omega t$,$i(t)=\cos 4\omega t$(u、i 参考方向一致)。求该电阻元件的成分关系。

1-3 试比较理想变压器和二端口耦合电感元件,说明两者的共同之处和区别之处。一个理想变压器能否等效于一个二端口耦合电感元件?两者在什么条件下可相互转换?

1-4 判断图 1-74 中各网络是否为端口型线性网络,并说明理由。

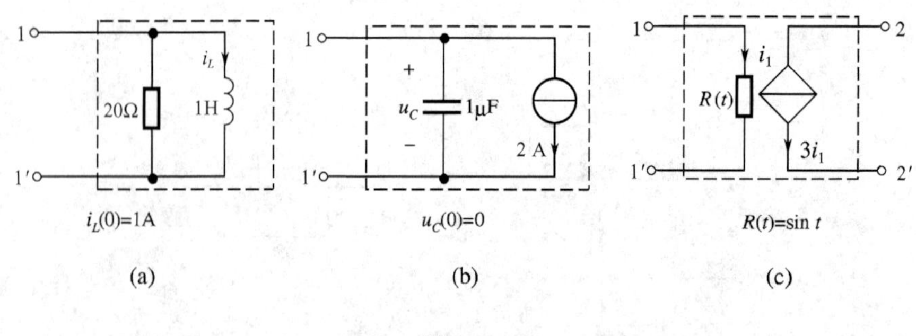

图 1-74

1-5 一个非线性时不变电阻元件的成分关系为 $u=i^3-3i$,试求该电阻在偏置电流 $I(t)=\cos 4t$ 作用下的小信号等效电阻。判断该小信号等效电阻是否为非线性的,是否为时不变的。

1-6 在图 1-75 所示网络中,电容 $C(t)$和电感 $L(t)$为时变的,且 $L(t)=C(t)$(对所有 t 成立)。各电容电压、电感电流初始值均为零。试证明以 1,1′二端为端口的一端口网络是端口型时不变的。

1-7 图 1-76 中的二端元件的电压、电流分别为

$$u(t)=2\cos t,\qquad i(t)=\frac{1}{2}-\cos t$$

试确定元件类型(即属于电阻、电容、电感等中的哪一类),并论证其无源(或有源)性。

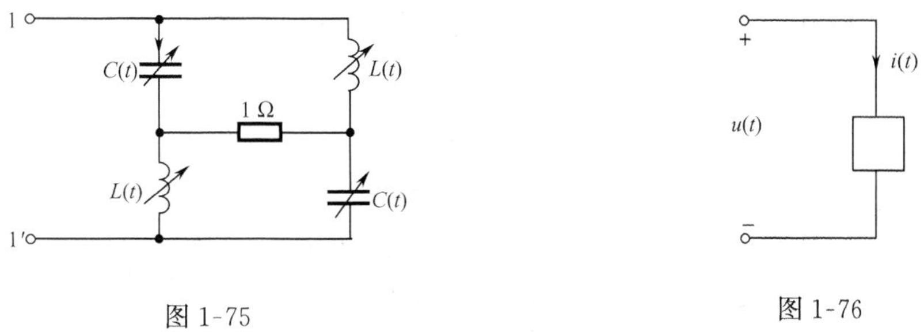

图 1-75　　　　图 1-76

1-8　有两个二端元件,其电压-电流关系方程分别为

(1) $i(t)=2u(t)\dfrac{\mathrm{d}u(t)}{\mathrm{d}t}$;

(2) $u(t)=2i^2(t)\dfrac{\mathrm{d}i(t)}{\mathrm{d}t}$。

试确定各元件的类型,并论证各元件的无源(或有源)性。

1-9　设 $L(t)$ 为线性时变电感,试证明:当且仅当

$$L(t)\geqslant 0\quad 和\quad \dot{L}(t)\geqslant 0\qquad (对所有\ t)$$

该电感是无源的。

1-10　下列各式分别为 5 个二端元件的成分关系:

(1) $u(t)+5i(t)=7$;

(2) $u(t)=(\sin 4t+3)i(t)$;

(3) $i(t)=\ln[u(t)+1]$;

(4) $\psi(t)=(2+\cos 2t)i(t)$;

(5) $u(t)=-q(t)+q^3(t)$。

对各元件作以下判断:元件类型;线性或非线性性质;无源或有源性质;时不变或时变性质,并说明理由。

1-11　图 1-71 中对四种线性受控源各给出了其一种零泛器模型。证明各含零泛器电路与对应受控源间的等效性。试对任一种受控源绘出另一种零泛器模型。

1-12　图 1-58 中给出了用运放和电阻元件实现 CNIC 和 VNIC 的电路。试证明各含运放电路与对应的负阻抗变换器间的等效性。

第二章　网络图论和网络方程

导　言

随着计算机科学的迅速发展和广泛应用，电路的分析和设计方法发生了极大变革。计算机不仅可以完成对复杂电路进行分析所需的大量计算，而且能应用系统方法综合与设计复杂网络。对于大型复杂网络，传统的分析方法已不能适应，取而代之的是以网络图论为基础的现代网络分析方法，它是现代网络理论的一个重要方面。

图论是数学领域中拓扑学的一个分支，图论通过由点和线组成的图形，构成模拟物理系统的数学模型，并根据图的性质进行分析，提供研究各种系统的分析方法。图论的应用很广泛，对于一些具有二元关系的系统都可以运用图论的理论和方法进行研究。例如，生物学、信息论、控制论、运输网络、电网络、计算机网络等都可以将图论引入，作为分析和研究问题的工具。

网络图论是图论在电网络理论中的应用。网络图论提供了选取独立完备变量的理论依据。矩阵代数使列写网络方程系统化。网络方程用矩阵形式表示，不仅清晰直观、系统整齐，而且易于用计算机建立和求解方程。在计算机辅助网络分析与综合、通信网络与开关网络设计以及大规模集成电路布线等方面都将用到图论的知识。本章首先介绍图论的基本术语和图的矩阵表示法，在此基础上，研究含线性时不变无源元件、线性受控源和独立源的网络的几种网络方程。

2-1　网络的图和图论基本术语

网络的图是一些点的集合和一些线段的集合构成的二元组。任何一种包含了某种二元关系的系统都可以用图的方法分析，而且它还具有形象直观的特点。

网络图论是图论在网络理论中的应用。当我们只考虑电网络中各元件之间的联接关系时，可将网络中的每一个元件用一条边表示，元件的端点用顶点表示，这样便构成了网络的图。显然，网络的图仅反映网络的结构，而不反映元件的性质。本节介绍图的一些基本术语。

- 顶点（节点）

线段的端点或孤立的点称为顶点（vertex）或节点（node）。顶点用符号 v 表示，在图形中用点或小圆圈表示。

- 边（支路）

联接着两个顶点 v_i、v_j 的一条线段称为边（adge）或支路（branch）。边用二顶点的无序偶 $e=[v_i, v_j]$表示。

- 图（线图）

边和顶点的集合称为图（graph）或线图（linear graph），其中所有边联接于顶点。若

用 $\boldsymbol{E}$ 表示图中所有边的集合，$\boldsymbol{V}$ 表示图中所有顶点的集合，则这个图 G 可表示为 $G=(\boldsymbol{V},\boldsymbol{E})$。

• 有向图

若将图中所有边都标上一定的方向，则此图称为有向图(oriented graph)。反之，如果边都没有取向则称为无向图(inoriented graph)。

有向图中的边均为有向边。有向边 a 用其二端顶点 v_i、v_j 的有序偶 $a=(v_i,v_j)$表示。若用 A 表示图中所有的有向边的集合，V 表示图中所有顶点的集合，则有向图 G_d 可表示为 $G_d=(V,A)$。

• 相关联和相邻接

如果边 e 联接着两个顶点 v_i 和 v_j，即 $e=[v_i,v_j]$，则称边 e 与顶点 v_i 和 v_j 相关联(incidence)。如果顶点 v_i 和 v_j 之间至少存在一条边，则 v_i 和 v_j 称为相邻接的(adjacent)顶点。如果两条边 e_k 和 e_m 至少有一个公共顶点，则 e_k 和 e_m 称为相邻接的边。在图2-1(a)中，顶点①③，②④，③④，①②分别为相邻接的；但顶点①④，②③为不相邻的；边 e_1e_2；$e_3e_4e_6$ 为相邻接的；但边 e_1e_3，e_2e_6，e_1e_4 为不相邻的。注意，相邻接的性质是指相同元素(顶点或边)之间的关系，而关联性质是指不同元素之间的关系。

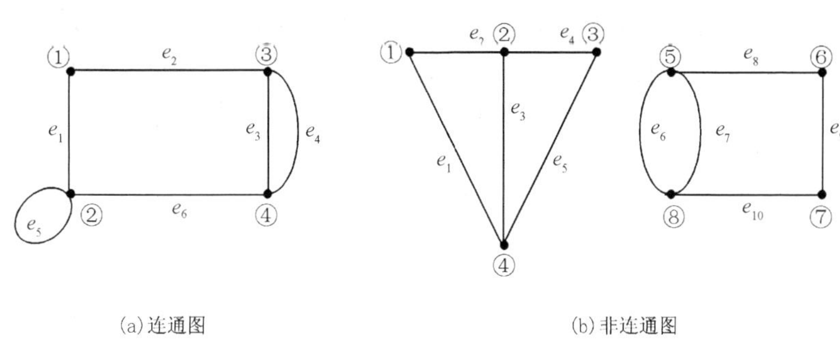

图 2-1

• 顶点的次数(维数)

在图 G 中，与一个顶点相关联的边的数目称为该顶点的次数(degree)或维数(dimension)。孤立顶点的次数为零，次数为 2 的顶点称为简单顶点。

• 子图

如果图 $G_s=(\boldsymbol{V}_s,\boldsymbol{E}_s)$是图 $G=(\boldsymbol{V},\boldsymbol{E})$的一个部分，$G_s$ 的每个顶点和边都是 G 中的顶点和边，即 $\boldsymbol{V}_s\subset\boldsymbol{V}$，$\boldsymbol{E}_s\subset\boldsymbol{E}$，则称图 G_s 为图 G 的一个子图(subgraph)。如果把图 G 分成两个子图 G_1 和 G_2，这两个子图没有相同的边，但它们共同包含了图 G 的全部边和全部顶点，则称这两个子图互补。子图 G_1 是子图 G_2 的补图(complement subgraph)。

• 通路

在由 m 条边和 $m+1$ 个顶点组成的子图中，若 $m+1$ 个顶点通过 m 条边依次连通，且 $m+1$ 个顶点中除始端和终端顶点为一次外，其余各顶点均为 2 次的，这样的子图称为通路(path)。通路所包含的支路数 m 称为通路的长度。

• 回路和自环

当一条通路的始端顶点与终端顶点重合，即通路闭合，则这种闭合的通路称为回路

(loop),或称环。回路中的顶点均为 2 次的。一个回路所包含的支路数称为该回路的长度。任何回路的长度等于回路所包含的节点数。长度为 1 的回路称为自回路,即自环(self-loop)。换言之,自环由一条边与其二端共有的一个顶点构成。在图 2-1(a)中,联接于顶点②的边 e_5 为自环。

• 连通图

如果图 G 中任意两个顶点之间至少有一条通路,则称图 G 为连通图(connected graph),否则就是非连通图(unconnected graph)。一个非连通图至少含两个相互分离的连通子图。每一个连通子图称为该图的一个分离部分。一个孤立顶点也视为一个分离部分。图 2-1(a)为连通图,图 2-1(b)为由两个分离部分组成的非连通图。

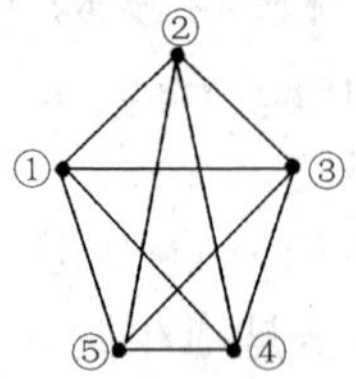

• 完备图(全通图)

在图 G 中,若任何一对顶点之间有且仅有一条边,则称图 G 为完备图(maturity graph)。显然,完备图是连通的。但连通图一般不是完备图。图 2-2 为完备图。

图 2-2

• 可断图(可分图)

如果一个连通图 G 存在这样一个顶点,将该顶点移去后(把一个顶点移去,意味着把此顶点以及与之关联的全部边移去),使 G 成为非连通图,这样的顶点称为断点(cut-vertex)。含有断点的连通图称为可断图或可分图(separable graph)。图 2-3 是可断图,其中图(a)的断点为顶点⑤,图(b)的断点为顶点①和⑧。

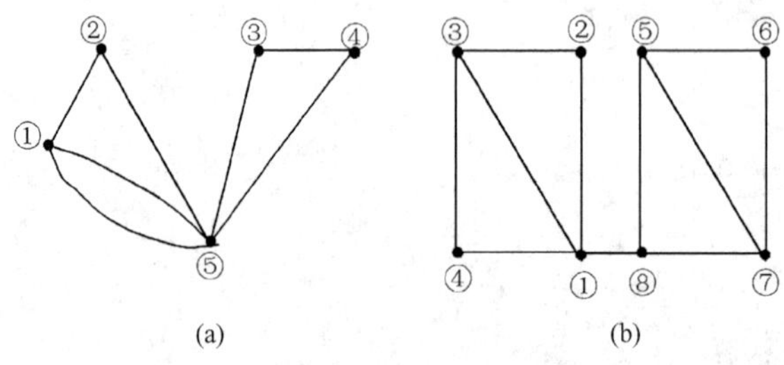

图 2-3

• 树和树余

树(tree)T 是连通图 G 的一个连通子图,该子图包含了图 G 的全部顶点而不含任何回路。根据树的定义,在树中,任意二顶点之间有且仅有一条通路。在图 G 中与树 T 互补的子图称为树余(cotree)。树中所含的边称为树支(tree branch),树余中所含的边称为连支(link)。

• 林和余林

在由 s 个分离部分组成的非连通图中,各分离部分的树的集合构成一个包含 s 个树的林(forest)。林的补图称为余林(coforest)。

• 割集

在连通图 G 中,满足下列条件的边的最小集合称为图 G 的割集(cut set)。若移去该边集中所有的边,将使图分离为两个且仅有两个彼此分离而又各自连通的子图;若保留该边集中的任一条边不被移去，图 G 仍然是连通的。对于具有 s 个分离部分的非连通图，满足下列条件的边的最小集合称为割集。移去该边集中所有的边后，留下的子图将具有且仅有 $s+1$ 个分离部分；保留该边集中的任一条边不被移去，留下的子图仍有 s 个分离部分。

• 基本割集

在图 G 中任选一个树 T，由树 T 的一条树支与相应的惟一的一组连支所构成的割集，称为图 G 中关于树 T 的一个基本割集(fundamental cut set)。

• 基本回路

在图 G 中任选一个树 T，由树 T 的一条连支与相应的惟一的一组树支所构成的回路，称为图 G 中关于树 T 的一个基本回路(fundamental loop)。

定理2-1 在具有 N_t 个顶点、B 条边的连通图 G 中，任何一个树 T 的树支数为 $N=N_t-1$，连支数为 B-N。

设想先移去图 G 的全部边，然后逐一接入图 G 的一部分边，使这些边把 N_t 个顶点连通且不形成回路。由于连通 N_t 个顶点并使其不含任何回路，需要且仅需要 $N=N_t-1$ 条边，根据树的定义，这 N 条边和全部顶点构成连通图 G 的一个树。因此，树支数为 $N=N_t-1$，连支数则为 B-N。

定理2-2 对于一个具有 N_t 个顶点、B 条边的连通图 G，G 中关于任何一个树 T 的基本割集数为 N，基本回路数为 B-N。

一个基本割集是由一条树支与相应的惟一的一组连支构成。因此，基本割集数等于树支数 N。一个基本回路是由一条连支与相应的惟一的一组树支构成。因此，基本回路数等于连支数 B-N。

2-2 图的矩阵表示

网络的图是表示网络结构(或拓扑性质)的图形。图的顶点与边、回路与边、割集与边……的关联性质都可以用矩阵形式来表示。在网络分析中，利用图的矩阵表示，可方便地建立向量形式的网络方程，也有利于用计算机辅助网络分析和设计。

遵循电网络理论的习惯用法，自本节起我们将用术语“节点”代替“顶点”，用“支路”代替“边”。另外，为了简化起见，主要讨论连通图。

2-2-1 关联矩阵

图的节点和支路的关联性质可以用增广关联矩阵(augmented incidence matrix)$\boldsymbol{A}_a$ 来表示。对于一个具有 N_t 个节点、B 条支路且无自环的有向连通图 G，$\boldsymbol{A}_a=[a_{ij}]$是一个 $N_t\times B$ 的矩阵，它的每一行对应于一个节点，每一列对应于一条支路，其元素 a_{ij} 定义如下：

$$a_{ij}=\begin{cases}+1 & \text{第 } j \text{ 条支路与第 } i \text{ 个节点相关联，且支路方向离开节点 } i\\ -1 & \text{第 } j \text{ 条支路与第 } i \text{ 个节点相关联，且支路方向指向节点 } i\\ 0 & \text{第 } j \text{ 条支路与第 } i \text{ 个节点无关联}\end{cases}$$

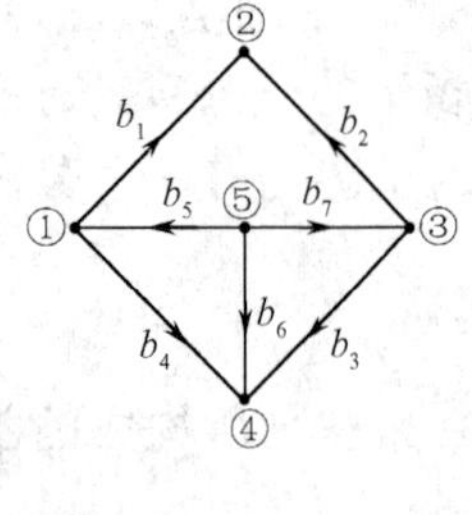

图 2-4

例如，对于图 2-4 所示的有向图，其增广关联矩阵为

$$\mathbf{A}_a = \begin{array}{c} \\ ① \\ ② \\ ③ \\ ④ \\ ⑤ \end{array} \begin{array}{c} \begin{array}{ccccccc} b_1 & b_2 & b_3 & b_4 & b_5 & b_6 & b_7 \end{array} \\ \begin{bmatrix} 1 & 0 & 0 & 1 & -1 & 0 & 0 \\ -1 & -1 & 0 & 0 & 0 & 0 & 0 \\ 0 & 1 & 1 & 0 & 0 & 0 & -1 \\ 0 & 0 & -1 & -1 & 0 & -1 & 0 \\ 0 & 0 & 0 & 0 & 1 & 1 & 1 \end{bmatrix} \end{array}$$

由于每条支路只能与两个节点相关联，且其方向必定离开其中一个节点，指向另一个节点。因此，$\mathbf{A}_a$ 中的每一列只包含两个非零元素。其中一个是+1，另一个是−1。如果将该矩阵中所有的行相加至最后一行，可得到一元素全为 0 的行。这表明 $\mathbf{A}_a$ 中的各行是线性相关的。如果从 $\mathbf{A}_a$ 中任意去掉一行，则 $\mathbf{A}_a$ 中的任意 N_t-1 行都包含了关于 $\mathbf{A}_a$ 的全部信息。

定理 2-3　一个节点数为 N_t 的连通图，其增广关联矩阵 $\mathbf{A}_a$ 的秩为 $N=N_t-1$。

从 $\mathbf{A}_a$ 中去掉任一行所得到的矩阵称为关联矩阵(incidence matrix)，用 $\mathbf{A}$ 表示，它是一个 $N\times B$ 的矩阵。去掉的行所对应的节点称为参考节点。对于图 2-4 的例子，如果从 $\mathbf{A}_a$ 中去掉最后一行，得关联矩阵

$$\mathbf{A} = \begin{bmatrix} 1 & 0 & 0 & 1 & -1 & 0 & 0 \\ -1 & -1 & 0 & 0 & 0 & 0 & 0 \\ 0 & 1 & 1 & 0 & 0 & 0 & -1 \\ 0 & 0 & -1 & -1 & 0 & -1 & 0 \end{bmatrix}$$

定理 2-4　在增广关联矩阵 $\mathbf{A}_a$ 中，对应于图 G 的任一个回路的列是线性相关的。

证明：设 L 为连通图 G 中的任一个回路，其支路数为 m，并令 $\mathbf{A}_a$ 中对应于这 m 条支路的列构成一个 m 列的子矩阵，该子矩阵应是 $N_t\times m$ 矩阵。由于回路中的节点均是 2 次的，一个回路中的支路数与节点数相等，故该子矩阵中含有非零元素的行数应为 m，而且它的每一行中有两个非零元，一个为 1，另一个为−1。显然，该子矩阵的秩不会超过 $m-1$。因此，这 m 列是线性相关的。反之，线性无关的 m 列所对应的支路必定不构成回路。

例如，图 2-4 的支路 b_1、b_2、b_3、b_4 构成一个回路，有关节点为① ② ③ ④。在 $\mathbf{A}_a$ 中对应于此回路的子矩阵为

$$\begin{bmatrix} 1 & 0 & 0 & -1 \\ -1 & 1 & 0 & 0 \\ 0 & -1 & 1 & 0 \\ 0 & 0 & -1 & 1 \\ 0 & 0 & 0 & 0 \end{bmatrix}$$

不难看出，该子矩阵的列是线性相关的。

定理 2-5　连通图 G 的关联矩阵 $\mathbf{A}$ 的一个 N 阶子矩阵是非奇异的必要和充分条件是，此子矩阵的列对应于图 G 的一个树的树支。

证明：必要性：设 $\mathbf{A}_1$ 为连通图 G 的关联矩阵 $\mathbf{A}$ 中的任一个 N 阶非奇异子阵。由于 $\mathbf{A}_1$ 的 N 列是线性无关的，该 N 列所对应的 N 条支路关联了图 G 的 $N+1$ 个节点。又根

据定理 2-4，这 N 条支路必定不构成回路。由树的定义可知，子矩阵 $\boldsymbol{A}_1$ 的列所对应的支路为图 G 的一个树的树支。

充分性：对于一个具有 N_t 个节点、B 条支路的连通图 G，选定一个树后，将其支路按先树支后连支的顺序排列。当在增广关联矩阵 $\boldsymbol{A}_a$ 中划去一行后，得到关联矩阵 $\boldsymbol{A}$。$\boldsymbol{A}$ 可以分块成以下形式：

$$\boldsymbol{A} = [\boldsymbol{A}_t | \boldsymbol{A}_l]$$

式中 $\boldsymbol{A}_t$ 为一个 N 阶方阵，其列对应于树支。它反映了树支与节点的关联关系。$\boldsymbol{A}_l$ 是一个 $N\times(B-N)$ 的矩阵，其列对应于连支。它反映了连支与节点的关联关系。下面将证明子矩阵 $\boldsymbol{A}_t$ 为非奇异的，且 $\det\boldsymbol{A}_t=\pm1$。

由于树是连通全部节点的，所以至少有一条树支与划去的那行对应的节点相关联。在 $\boldsymbol{A}_t$ 中对应于此树支的列只包含一个非零元素(其值为 ±1)。$\det\boldsymbol{A}_t$ 等于 $(\pm1)\times$ 该元素的代数余子式。由于和此代数余子式相联系的 $N-1$ 阶矩阵是由 $\boldsymbol{A}_t$ 划去上述非零元素所在的行和列而得，它对应于有 $N-1$ 条树支的连通子图。该子图中至少有一条树支与被划去的两个节点之一相关联。矩阵中与这条树支对应的列只含有一个非零元素(其值为 ±1)。该矩阵的行列式等于 $(\pm1)\times$ 相应的代数余子式。与这个代数余子式相联系的矩阵的阶为 $N-2$。继续这个过程，直到最后剩下一个一阶的代数余子式为止。该余子式对应于最后一个节点。因为图是连通的，这个代数余子式不会为 0。由此得出 $\det\boldsymbol{A}_t=(\pm1)\cdot(\pm1)\cdots(\pm1)=\pm1\neq0$，因此 $\boldsymbol{A}_t$ 是非奇异的，其秩为 N。

2-2-2 回路矩阵

图的回路和支路的关联性质可以用增广回路矩阵 $\boldsymbol{B}_a$ 来表示。若支路 j 属于回路 i，称支路 j 与回路 i 相关联，否则称支路 j 与回路 i 无关联。对于一个具有 N_t 个节点、B 条支路、L 个回路的有向连通图 G，在标定各回路方向(顺时针或逆时针)后，$\boldsymbol{B}_a=[b_{ij}]$ 是一个 $L\times B$ 的矩阵。它的每一行对应于一个回路，每一列对应于一条支路。其元素 b_{ij} 定义如下：

$$b_{ij}=\begin{cases}+1 & \text{第 } j \text{ 条支路与第 } i \text{ 个回路相关联，且支路方向与回路方向相同} \\ -1 & \text{第 } j \text{ 条支路与第 } i \text{ 个回路相关联，且支路方向与回路方向相反} \\ 0 & \text{第 } j \text{ 条支路与第 } i \text{ 个回路无关联}\end{cases}$$

对于图 2-4 所示的有向图 G，共有 7 个回路。设各回路方向均为顺时针方向，则可写出其增广回路矩阵

$$\boldsymbol{B}_a=\begin{array}{c} \\ 1 \\ 2 \\ 3 \\ 4 \\ 5 \\ 6 \\ 7 \end{array}\begin{array}{c} \begin{array}{ccccccc} b_1 & b_2 & b_3 & b_4 & b_5 & b_6 & b_7 \end{array} \\ \begin{bmatrix} 0 & 0 & 0 & -1 & -1 & 1 & 0 \\ 0 & 0 & 1 & 0 & 0 & -1 & 1 \\ 1 & -1 & 0 & 0 & 1 & 0 & -1 \\ 0 & 0 & 1 & -1 & -1 & 0 & 1 \\ 1 & -1 & 0 & -1 & 0 & 1 & -1 \\ 1 & -1 & 1 & 0 & 1 & -1 & 0 \\ 1 & -1 & 1 & -1 & 0 & 0 & 0 \end{bmatrix}\end{array}$$

将矩阵 $\boldsymbol{B}_a$ 中第一行元素与第二行元素相加，所得的一行元素与第四行元素相同。将

第一行元素与第三行元素相加,所得的一行元素与第五行元素相同。说明 $\boldsymbol{B}_a$ 中的行是线性相关的,即 $\boldsymbol{B}_a$ 的秩小于其行数。

定理 2-6 对于一个具有 $N_t=N+1$ 个节点、B 条支路的连通图 G,其增广回路矩阵的秩为 $B-N$。

由于 $\boldsymbol{B}_a$ 的秩是 $B-N$,因此没有必要把 $\boldsymbol{B}_a$ 的全部行都列出来。而在 $\boldsymbol{B}_a$ 中选出 $B-N$ 个独立的行来并非容易之事。为了保证获取足够的独立回路,采用基本回路是一种有效的方法。

对于一个具有 N_t 个节点、B 条支路的连通的有向图 G,在选定一个树后,选取基本回路方向,使之与它所关联的连支方向一致。基本回路与支路的关联性质可用基本回路矩阵(fundamental loop matrix) $\boldsymbol{B}_f$ 表示。$\boldsymbol{B}_f=[b_{ij}]$是一个$(B-N)\times B$ 矩阵,它的每一行对应于一个基本回路,每一列对应于一条支路。其元素 b_{ij} 定义如下:

$$b_{ij}=\begin{cases}+1 & \text{第 } j \text{ 条支路与第 } i \text{ 个基本回路相关联,且支路方向与基本回路方向相同}\\ -1 & \text{第 } j \text{ 条支路与第 } i \text{ 个基本回路相关联,且支路方向与基本回路方向相反}\\ 0 & \text{第 } j \text{ 条支路与第 } i \text{ 个基本回路无关联}\end{cases}$$

若支路的标号按先树支后连支的顺序,基本回路标号的顺序按相应连支标号的顺序,则基本回路矩阵 $\boldsymbol{B}_f$ 可以分块成如下形式:

$$\boldsymbol{B}_f=[\boldsymbol{B}_t \mid \boldsymbol{1}_l] \tag{2-2-1}$$

式中 $\boldsymbol{B}_t$ 是一个$(B-N)\times N$ 矩阵,它反映了基本回路与树支的关联关系。$\boldsymbol{1}_l$ 是一个$(B-N)$阶单位阵,它反映了基本回路与连支的关联关系。由此看出,$\boldsymbol{B}_f$ 的秩为 $B-N$,即 $\boldsymbol{B}_f$ 中各行是线性无关的。

对于图 2-4 所示的有向图 G,如选支路 b_1、b_2、b_3、b_6 为树支,其基本回路矩阵为

$$\boldsymbol{B}_f=\begin{array}{c} \begin{array}{ccccccc} b_1 & b_2 & b_3 & b_6 & b_4 & b_5 & b_7 \end{array} \\ \left[\begin{array}{cccc:ccc} -1 & 1 & -1 & 0 & 1 & 0 & 0 \\ 1 & -1 & 1 & -1 & 0 & 1 & 0 \\ 0 & 0 & 1 & -1 & 0 & 0 & 1 \end{array}\right] \end{array}$$

2-2-3 割集矩阵

图的割集和支路的关联性质可以用增广割集矩阵 $\boldsymbol{Q}_a$ 来表示。若割集 i 包含支路 j,称割集 i 与支路 j 相关联,否则称割集 i 与支路 j 无关联。为了定义割集矩阵,需要规定割集的方向。因为一个割集将图的节点分成两个互不相交的节点集合 $\boldsymbol{V}_1$ 和 $\boldsymbol{V}_2$,故割集的方向是以节点集合的有序偶$(\boldsymbol{V}_1,\boldsymbol{V}_2)$或$(\boldsymbol{V}_2,\boldsymbol{V}_1)$来确定的。如果一个割集是按$(\boldsymbol{V}_1,\boldsymbol{V}_2)$来定向的,割集中的一条支路 $e=(v_i,v_j)$,当 $v_i\in\boldsymbol{V}_1$,$v_j\in\boldsymbol{V}_2$,则该支路的方向与割集方向一致,否则支路方向与割集方向相反。

对于一个具有 N_t 个节点、B 条支路、C 个割集的有向连通图 G,选定割集的方向,并标在表示割集的虚线上(图 2-5)。增广割集矩阵 $\boldsymbol{Q}_a=[q_{ij}]$是一个 $C\times B$ 矩阵,它的每一行对应于一个割集,每一列对应于一条支路,其元素 q_{ij} 定义如下:

$$q_{ij}=\begin{cases}+1 & \text{第 } j \text{ 条支路与第 } i \text{ 个割集相关联,且支路方向与割集方向相同}\\ -1 & \text{第 } j \text{ 条支路与第 } i \text{ 个割集相关联,且支路方向与割集方向相反}\\ 0 & \text{第 } j \text{ 条支路与第 } i \text{ 个割集无关联}\end{cases}$$

对于图 2-5 所示的有向图，其增广割集矩阵为

$$
Q_a = \begin{array}{c} \\ C_1 \\ C_2 \\ C_3 \\ C_4 \\ C_5 \\ C_6 \\ C_7 \\ C_8 \\ C_9 \\ C_{10} \end{array}
\begin{array}{c} \begin{array}{cccccccc} b_1 & b_2 & b_3 & b_4 & b_5 & b_6 & b_7 & b_8 \end{array} \\
\begin{bmatrix}
1 & 0 & 0 & 0 & 1 & 0 & 0 & 1 \\
0 & 1 & 0 & 0 & -1 & 1 & 0 & 0 \\
0 & 0 & 1 & 0 & 0 & -1 & 1 & -1 \\
0 & 0 & 0 & 1 & 0 & 0 & -1 & 0 \\
-1 & -1 & -1 & -1 & 0 & 0 & 0 & 0 \\
1 & 1 & 0 & 0 & 0 & 1 & 0 & 1 \\
0 & 0 & 1 & 1 & 0 & -1 & 0 & -1 \\
-1 & -1 & -1 & 0 & 0 & 0 & -1 & 0 \\
0 & 1 & 1 & 0 & -1 & 0 & 1 & -1 \\
0 & -1 & -1 & -1 & 1 & 0 & 0 & 1
\end{bmatrix} \end{array}
$$

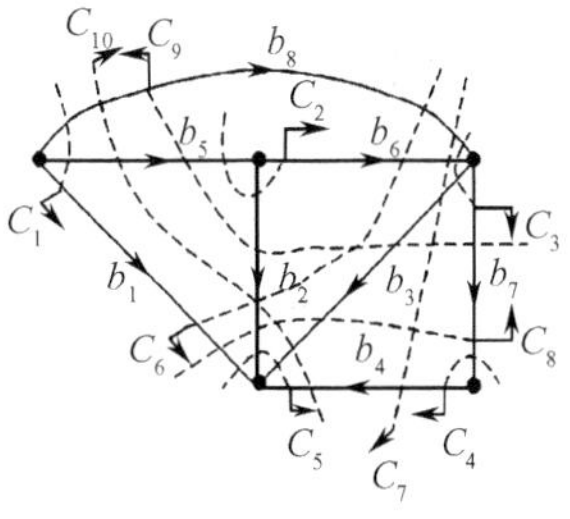

图 2-5

将矩阵 Q_a 中第一行元素与第二行元素相加，所得的行与第六行元素相同。将第四行元素与第五行元素相加，所得的行与第八行元素相同。说明增广割集矩阵 Q_a 的行是线性相关的。

对于不可断的连通图，与每一个节点关联的支路集合都是一个割集。因此 Q_a 中应包含增广关联矩阵 A_a，即 A_a 是 Q_a 的一个子阵。故 Q_a 的秩至少不低于 N。可以证明，Q_a 的秩等于 A_a 的秩 N。

定理 2-7 具有 N_t 个节点、B 条支路的连通图 G，其增广割集矩阵 Q_a 的秩为 $N=N_t-1$。

由于 Q_a 的秩是 N，没有必要把 Q_a 的全部行写出来。选定图 G 的一个树 T，T 的每一树支定义一个基本割集。N 条树支定义 N 个基本割集。选取基本割集的方向，使之与它所关联的树支方向一致。基本割集与支路的关联性质可以用基本割集矩阵(fundamental cut-set matrix) $Q_f=[q_{ij}]$表示。Q_f 是一个 $N\times B$ 的矩阵，它的每一行对应于一个基本割集，每一列对应于一条支路。其元素 q_{ij} 定义如下：

$$
q_{ij} = \begin{cases} +1 & \text{第 } j \text{ 条支路与第 } i \text{ 个基本割集相关联，且支路方向与基本割集方向相同} \\ -1 & \text{第 } j \text{ 条支路与第 } i \text{ 个基本割集相关联，且支路方向与基本割集方向相反} \\ 0 & \text{第 } j \text{ 条支路与第 } i \text{ 个基本割集无关联} \end{cases}
$$

如果图 G 中支路的编号按先树支后连支的顺序，基本割集的编号顺序按相应的树支编号顺序，则基本割集矩阵可以分块成如下形式：

$$
Q_f = [\mathbf{1}_t \mid Q_l] \tag{2-2-2}
$$

式中 $\mathbf{1}_t$ 为 N 阶单位矩阵，它表示基本割集与树支的关联关系。Q_l 为 $N\times(B-N)$矩阵，它表示基本割集与连支的关联关系，称为基本子阵(fundamental submatrix)。显然，Q_f 的秩为 N，说明 Q_f 中各行是线性无关的。

对于图 2-5 所示的有向图，如果以支路 b_1、b_2、b_3、b_4 为树支，则基本割集矩阵为

$$
Q_f = \begin{bmatrix}
1 & 0 & 0 & 0 & 1 & 0 & 0 & 1 \\
0 & 1 & 0 & 0 & -1 & 1 & 0 & 0 \\
0 & 0 & 1 & 0 & 0 & -1 & 1 & -1 \\
0 & 0 & 0 & 1 & 0 & 0 & -1 & 0
\end{bmatrix}
$$

2-2-4 邻接矩阵

对于具有 N_t 个节点的连通图 G，节点之间的相邻接关系可以用邻接矩阵(adjacency matrix)$\boldsymbol{D}$ 来表示。$\boldsymbol{D}=[d_{ij}]$是一个 N_t 阶方阵，其行对应于节点，列也对应于节点，其中每一元素定义如下：

$$d_{ij}=\begin{cases}1 & \text{第 } j \text{ 个节点与第 } i \text{ 个节点相邻接}\\ 0 & \text{第 } j \text{ 个节点与第 } i \text{ 个节点不相邻接}\end{cases}$$

矩阵 $\boldsymbol{D}$ 称为图 G 的邻接矩阵。

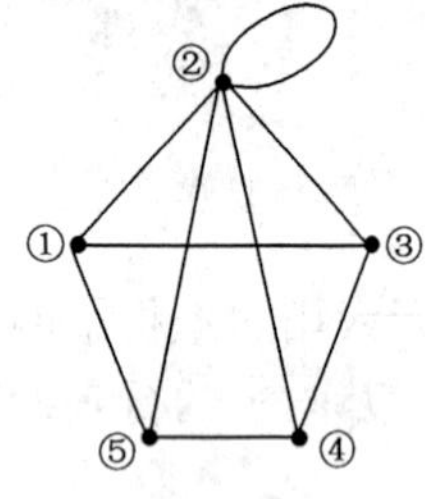

图 2-6

对于图 2-6 所示的连通图，其邻接矩阵为

$$\boldsymbol{D}=\begin{bmatrix}0&1&1&0&1\\1&1&1&1&1\\1&1&0&1&0\\0&1&1&0&1\\1&1&0&1&0\end{bmatrix}$$

由此看出，邻接矩阵有以下特点：

(1) 一个无向图 G，当且仅当无自环时，其邻接矩阵是对角线元素全为 0 的对称矩阵。若 i 节点出现自环，则 $d_{ii}=1$。在图 2-6 中，因节点②出现自环，所以 $d_{22}=1$。

(2) 在邻接矩阵 $\boldsymbol{D}$ 中，每一行(或每一列)所含 1 的个数是相应节点的次数。

没有平行支路的无向连通图 G 可由其邻接矩阵 $\boldsymbol{D}$ 惟一确定。

2-2-5 矩阵 $\boldsymbol{A}$、$\boldsymbol{B}_f$、$\boldsymbol{Q}_f$ 之间的关系

对于一个有向连通图 G，任意指定一个参考节点，写出关联矩阵 $\boldsymbol{A}$。任选一树 T，写出基本回路矩阵 $\boldsymbol{B}_f$ 和基本割集矩阵 $\boldsymbol{Q}_f$。$\boldsymbol{A}$、$\boldsymbol{B}_f$、$\boldsymbol{Q}_f$ 是从不同角度来描述同一个有向图的关联性质的三个矩阵，它们之间必然存在着一定的关系。下面讨论这三者之间的关系。

1. 矩阵 A 与矩阵 B_f 之间的关系

如果同一有向连通图的矩阵 $\boldsymbol{A}$ 和矩阵 $\boldsymbol{B}_f$ 的列按相同支路顺序排列，则有

$$\boldsymbol{A}\boldsymbol{B}_f^{\mathrm{T}}=\boldsymbol{0} \tag{2-2-3a}$$

$$\boldsymbol{B}_f\boldsymbol{A}^{\mathrm{T}}=\boldsymbol{0} \tag{2-2-3b}$$

式中上标 T 表示取转置。对式(2-2-3a)论证如下：

设 $\boldsymbol{A}\boldsymbol{B}_f^{\mathrm{T}}=\boldsymbol{C}$，那么 $C_{ij}=\sum_{k=1}^{B}a_{ik}b_{jk}$，矩阵 $\boldsymbol{C}$ 中的元素 C_{ij} 是矩阵 $\boldsymbol{A}$ 中第 i 行元素与矩阵 $\boldsymbol{B}_f^{\mathrm{T}}$ 中第 j 列(即 $\boldsymbol{B}_f$ 的第 j 行)相应元素乘积之和。下面分两种情况讨论。

(1) 节点 i 不属于回路 j。若支路 k 与回路 j 有关联，则必定与节点 i 无关联，这时 $b_{jk}\neq0$，$a_{ik}=0$。相反，若支路 k 与节点 i 有关联，则必定与回路 j 无关联，这时，$a_{ik}\neq0$，$b_{jk}=0$。在这两种情况下均有 $C_{ij}=0$。

(2) 节点 i 属于回路 j。因为回路 j 中有且仅有两条支路与节点 i 相关联，设为支

路 p、m（见图 2-7），故 $C_{ij}=a_{ip}b_{jp}+a_{im}b_{jm}$。$p$、$m$ 两条支路与节点 i 的关联方向有两种情形：

① 两条支路的方向都指向（或都离开）节点 i，则两支路中必有一条与回路 j 方向相同，另一条与回路 j 方向相反，如图 2-7(a)所示。在矩阵 $\boldsymbol{A}$ 的第 i 行中与这两条支路相应的元素（a_{ip}，a_{im}）同为 -1（或同为 $+1$）。但在矩阵 $\boldsymbol{B}_f^{\mathrm{T}}$ 的第 j 列中与这两条支路相应的元素（b_{jp}，b_{jm}）则一个是 $+1$，另一个是 -1，因此 $C_{ij}=0$。

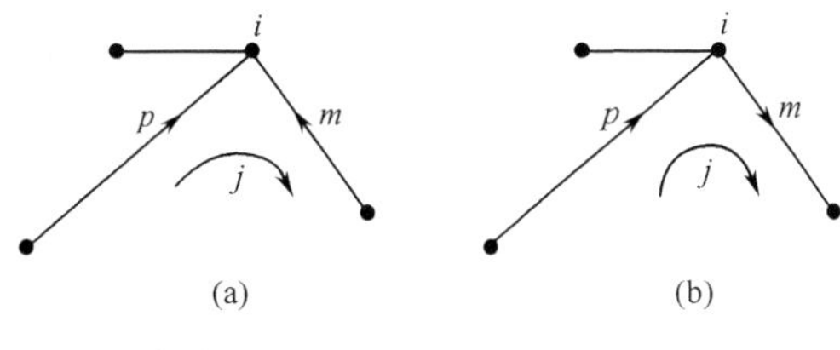

图 2-7

② 一条支路方向指向节点 i，另一条支路方向离开节点 i，则两支路必均与回路 j 方向相同，或均与回路 j 方向相反，如图 2-7(b)所示。在此种情况下，在矩阵 $\boldsymbol{B}_f^{\mathrm{T}}$ 的第 j 列中与这两条支路对应的元素同为 $+1$（或同为 -1）。但在矩阵 $\boldsymbol{A}$ 的第 i 行中与这两条支路相应的元素一个为 -1，另一个为 $+1$，故 $C_{ij}=0$。

对于 $i=1,2,\cdots,N$，$j=1,2,\cdots,B-N$，矩阵 $\boldsymbol{C}$ 中的诸元素，C_{ij} 总是为 0。因此，以上讨论说明无论在什么情况下

$$\boldsymbol{A}\boldsymbol{B}_f^{\mathrm{T}}=\boldsymbol{C}=\boldsymbol{0}$$

对上式两端取转置，得

$$\boldsymbol{B}_f^{\mathrm{T}}\boldsymbol{A}=\boldsymbol{0}$$

如果将 $\boldsymbol{A}$ 和 $\boldsymbol{B}_f$ 中的列均按先树支后连支的顺序排列，基本回路的顺序与对应连支的顺序一致。则 $\boldsymbol{B}_f=[\boldsymbol{B}_t\quad \boldsymbol{1}_l]$，$\boldsymbol{A}=[\boldsymbol{A}_t\quad \boldsymbol{A}_l]$，

$$\boldsymbol{A}\boldsymbol{B}_f^{\mathrm{T}}=[\boldsymbol{A}_t\quad \boldsymbol{A}_l]\begin{bmatrix}\boldsymbol{B}_t^{\mathrm{T}}\\ \boldsymbol{1}_l\end{bmatrix}=\boldsymbol{A}_t\boldsymbol{B}_t^{\mathrm{T}}+\boldsymbol{A}_l=\boldsymbol{0}$$

因为 $\boldsymbol{A}_t$ 为非奇异的，则

$$\boldsymbol{B}_t^{\mathrm{T}}=-\boldsymbol{A}_t^{-1}\boldsymbol{A}_l \tag{2-2-4}$$

上式两端取转置，有 $\boldsymbol{B}_t=-(\boldsymbol{A}_t^{-1}\boldsymbol{A}_l)^{\mathrm{T}}$，因此

$$\boldsymbol{B}_f=[\boldsymbol{B}_t\quad \boldsymbol{1}_l]=[-(\boldsymbol{A}_t^{-1}\boldsymbol{A}_l)^{\mathrm{T}}\boldsymbol{1}_l] \tag{2-2-5}$$

如果已知关联矩阵 $\boldsymbol{A}$，则可由式(2-2-5)写出基本回路矩阵 $\boldsymbol{B}_f$。

2. 矩阵 B_f 与矩阵 Q_f 之间的关系

如果同一有向连通图 G 按相同的支路顺序排列，则有

$$\boldsymbol{Q}_f\boldsymbol{B}_f^{\mathrm{T}}=\boldsymbol{0} \tag{2-2-6a}$$

$$\boldsymbol{B}_f\boldsymbol{Q}_f^{\mathrm{T}}=\boldsymbol{0} \tag{2-2-6b}$$

对式(2-2-6a)论证如下：

设 $\boldsymbol{Q}_f\boldsymbol{B}_f^{\mathrm{T}}=\boldsymbol{P}$，则 $p_{ij}=\sum\limits_{k=1}^{B}q_{ik}b_{jk}$，矩阵 $\boldsymbol{P}$ 中的元素 p_{ij} 是矩阵 $\boldsymbol{Q}_f$ 第 i 行各元素与矩阵

$\boldsymbol{B}_f^{\mathrm{T}}$ 中第 j 列(即 $\boldsymbol{B}_f$ 的第 j 行)相应元素乘积之和。下面分两种情况讨论。

(1) 割集 i 与回路 j 无公共支路。若支路 k 与割集 i 有关联,则必定与回路 j 无关联,因此 $q_{ik} \neq 0, b_{jk} = 0$。反之,若支路 k 与回路 j 有关联,则必定与割集 i 无关联,因此,$b_{jk} \neq 0, q_{ik} = 0$。在这两种情况下均有 $p_{ij} = 0$。

(2) 割集 i 与回路 j 有公共支路,那么,公共支路数必为偶数。因为割集将连通图 G 的节点分为两个节点集合 $\boldsymbol{V}_1$ 和 $\boldsymbol{V}_2$,割集中每一条支路的端点分别属于 $\boldsymbol{V}_1$、$\boldsymbol{V}_2$,若割集 i 与回路 j 有公共支路,设回路 j 从 $\boldsymbol{V}_1$ 中的节点 a 出发,经某一支路到达 $\boldsymbol{V}_2$,必经另一支路从 $\boldsymbol{V}_2$ 返回 $\boldsymbol{V}_1$ 中的节点 a 以形成回路,这一去一返支路之和必为偶数。设割集 i 与回路 j 有 m,n 两条公共支路,则 $p_{ij} = q_{im}b_{jm} + q_{in}b_{jn}$。$m$、$n$ 两支路与割集 i 和回路 j 的关联方向有两种情形:

① 两条支路的方向均与割集 i 的方向相同(或相反),则两支路必有一条与回路 j 方向相同,另一条与回路 j 方向相反,如图 2-8(a)所示。在矩阵 $\boldsymbol{Q}_f$ 的第 i 行中与这两条支路相应的元素(q_{im}, q_{in})同为+1(或同为-1)。但在矩阵 $\boldsymbol{B}_f^{\mathrm{T}}$ 的第 j 列中与这两条支路相应的元素(b_{jm} , b_{jn})应一个是+1,另一个是-1,因此,$p_{ij} = 0$。

② 一条支路方向与割集 i 方向相同,另一条支路方向与割集 i 方向相反,则两支路必均与回路 j 方向相同,或均与回路 j 方向相反,如图 2-8(b)所示。在矩阵 $\boldsymbol{B}_f^{\mathrm{T}}$ 的第 j 列中与这两条支路相应的元素(b_{jm}、b_{jn})同为+1(或同为-1)。但在矩阵 $\boldsymbol{Q}_f$ 的第 i 行中与这两条支路相应的元素(q_{im}, q_{in})则一个为+1,另一个为-1,故 $p_{ij} = 0$。

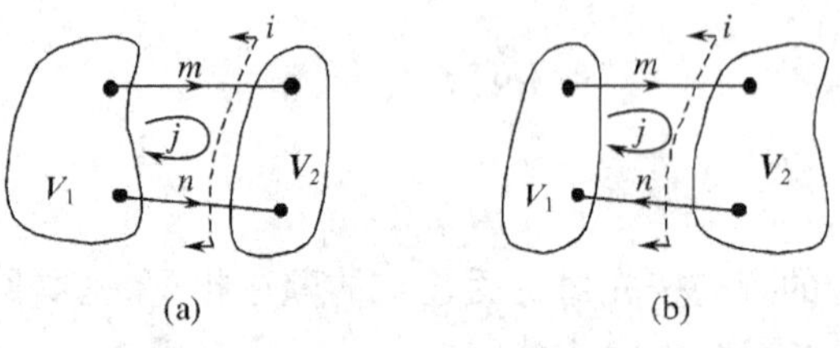

图 2-8

由上述讨论可知,无论基本割集与基本回路有无公共支路,均有

$$\boldsymbol{Q}_f \boldsymbol{B}_f^{\mathrm{T}} = \boldsymbol{0}$$

上式两端取转置,有

$$\boldsymbol{B}_f \boldsymbol{Q}_f^{\mathrm{T}} = \boldsymbol{0}$$

如果矩阵 $\boldsymbol{Q}_f$ 和 $\boldsymbol{B}_f$ 的列均按先树支后连支的顺序排列,则 $\boldsymbol{B}_f = [\boldsymbol{B}_t \quad \boldsymbol{1}_l]$,$\boldsymbol{Q}_f = [\boldsymbol{1}_t \quad \boldsymbol{Q}_l]$,那么

$$\boldsymbol{B}_f \boldsymbol{Q}_f^{\mathrm{T}} = [\boldsymbol{B}_t \quad \boldsymbol{1}_l] \begin{bmatrix} \boldsymbol{1}_t \\ \boldsymbol{Q}_l^{\mathrm{T}} \end{bmatrix} = \boldsymbol{B}_t + \boldsymbol{Q}_l^{\mathrm{T}} = \boldsymbol{0}$$

$$\boldsymbol{B}_t = -\boldsymbol{Q}_l^{\mathrm{T}}$$

上式两边取转置,得

$$\boldsymbol{Q}_l = -\boldsymbol{B}_t^{\mathrm{T}}$$

因此,有

$$\boldsymbol{B}_f = [-\boldsymbol{Q}_t^{\mathrm{T}} \quad \boldsymbol{1}_l] \tag{2-2-7}$$

$$\boldsymbol{Q}_f = [\boldsymbol{1}_t \ -\boldsymbol{B}_t^{\mathrm{T}}] \tag{2-2-8}$$

若已知 $\boldsymbol{Q}_f$,则可根据式(2-2-7)写出基本回路矩阵 $\boldsymbol{B}_f$。若已知 $\boldsymbol{B}_f$,则可由式(2-2-8)写出基本割集矩阵。

3. 矩阵 A 与矩阵 Q_f 的关系

因为

$$\boldsymbol{B}_t^{\mathrm{T}} = -(\boldsymbol{A}_t^{-1}\boldsymbol{A}_l)$$

$$\boldsymbol{Q}_l = -\boldsymbol{B}_t^{\mathrm{T}} = \boldsymbol{A}_t^{-1}\boldsymbol{A}_l \tag{2-2-9}$$

所以

$$\boldsymbol{Q}_f = [\boldsymbol{1}_t \quad \boldsymbol{A}_t^{-1}\boldsymbol{A}_l] = \boldsymbol{A}_t^{-1}[\boldsymbol{A}_t \quad \boldsymbol{A}_l] = \boldsymbol{A}_t^{-1}\boldsymbol{A} \tag{2-2-10}$$

当已知关联矩阵 $\boldsymbol{A}$ 时,可根据式(2-2-10)写出基本割集矩阵 $\boldsymbol{Q}_f$。

2-3 基尔霍夫定律的矩阵形式和支路电压电流关系的矩阵形式

在介绍了有向图的矩阵表示后,我们便可以进一步讨论以图论为基础的建立网络方程的系统方法。这是现代电路理论的重要组成部分,也是应用计算机进行电路分析和设计的依据。

在电网络中,每一条支路都有一个电压变量和一个电流变量。与一个节点相关联的各支路电流要受基尔霍夫电流定律(KCL)的约束。与一个回路相关联的各支路电压要受基尔霍夫电压定律(KVL)的约束。基尔霍夫定律与支路上的元件性质无关。但是一个特定支路的电压与电流的关系却取决于该支路元件的成分关系。

电网络方程一般以常用网络变量电流、电压作为求解的变量,分析电网络的依据是KCL、KVL 和支路电压电流关系(VCR)。网络方程用矩阵形式表达清晰直观、系统整齐,并易于用计算机计算。本节介绍 KCL、KVL 和 VCR 的矩阵形式。以下研究的电路限于线性时不变集总电路。

2-3-1 基尔霍夫电流定律的矩阵形式

若网络 N 具有 N_t 个节点、B 条支路。在任选一节点为参考节点,并标定各支路的参考方向后,KCL 方程可用关联矩阵 $\boldsymbol{A}$ 表示为

$$\boldsymbol{A}\boldsymbol{i}_b = \boldsymbol{0} \tag{2-3-1}$$

式中 $\boldsymbol{i}_b$ 是以各支路电流为元素的列向量,称为支路电流向量。

如果在图中选定一个树,支路的编号按先树支后连支的顺序,则关联矩阵和支路电流向量可分块为

$$\boldsymbol{A} = [\boldsymbol{A}_t \quad \boldsymbol{A}_l] \tag{2-3-2}$$

$$\boldsymbol{i}_b = \begin{bmatrix} \boldsymbol{i}_t \\ \boldsymbol{i}_l \end{bmatrix} \tag{2-3-3}$$

式中 $\boldsymbol{i}_t$ 表示树支电流向量,$\boldsymbol{i}_l$ 表示连支电流向量。于是

$$\boldsymbol{A}\boldsymbol{i}_b = [\boldsymbol{A}_t \quad \boldsymbol{A}_l]\begin{bmatrix}\boldsymbol{i}_t \\ \boldsymbol{i}_l\end{bmatrix} = \boldsymbol{A}_t\boldsymbol{i}_t + \boldsymbol{A}_l\boldsymbol{i}_l = \boldsymbol{0}$$

由于 $\boldsymbol{A}_t$ 是一个非奇异矩阵，所以有

$$\boldsymbol{i}_t = -\boldsymbol{A}_t^{-1}\boldsymbol{A}_l\boldsymbol{i}_l \tag{2-3-4}$$

由此看出，B 个支路电流中，只有 $B-N$ 个连支电流是独立的，树支电流可由连支电流决定。因此，连支电流是全部支路电流集合的一个基底(basis)。

将式(2-3-4)代入式(2-3-3)，并考虑到式(2-2-5)所表示的矩阵 $\boldsymbol{B}_f$ 与 $\boldsymbol{A}$ 的关系，得

$$\boldsymbol{i}_b = \begin{bmatrix}\boldsymbol{i}_t \\ \boldsymbol{i}_l\end{bmatrix} = \begin{bmatrix}-\boldsymbol{A}_t^{-1}\boldsymbol{A}_l \\ \boldsymbol{1}_l\end{bmatrix}\boldsymbol{i}_l = \boldsymbol{B}_f^{\mathrm{T}}\boldsymbol{i}_l \tag{2-3-5}$$

式(2-3-5)就是用基本回路矩阵 $\boldsymbol{B}_f$ 表示的 KCL 方程的矩阵形式。

KCL 方程还可以用基本割集矩阵 $\boldsymbol{Q}_f$ 表示为

$$\boldsymbol{Q}_f\,\boldsymbol{i}_b = \boldsymbol{0} \tag{2-3-6}$$

由于矩阵 $\boldsymbol{Q}_f$ 中每一行的非零元素表示与该行对应的基本割集所关联的支路及关联形式，因此式(2-3-6)表明，每一个基本割集所含各支路电流的代数和为零。

2-3-2 基尔霍夫电压定律的矩阵形式

对于一个具有 N_t 个节点、B 条支路的连通网络 N，当选定一个树后，KVL 方程可用基本回路矩阵 $\boldsymbol{B}_f$ 表示为

$$\boldsymbol{B}_f\,\boldsymbol{u}_b = \boldsymbol{0} \tag{2-3-7}$$

式中 $\boldsymbol{u}_b$ 是以各支路电压为元素的列向量，称为支路电压向量。

若支路的编号和排列按先树支后连支的顺序，则 $\boldsymbol{B}_f$ 和 $\boldsymbol{u}_b$ 可分块为

$$\boldsymbol{B}_f = [\boldsymbol{B}_t \quad \boldsymbol{1}_l] \tag{2-3-8}$$

$$\boldsymbol{u}_b = \begin{bmatrix}\boldsymbol{u}_t \\ \boldsymbol{u}_l\end{bmatrix} \tag{2-3-9}$$

式中 $\boldsymbol{u}_t$ 表示树支电压向量，$\boldsymbol{u}_l$ 表示连支电压向量。于是

$$\boldsymbol{B}_f\,\boldsymbol{u}_b = [\boldsymbol{B}_t \quad \boldsymbol{1}_l]\begin{bmatrix}\boldsymbol{u}_t \\ \boldsymbol{u}_l\end{bmatrix} = \boldsymbol{B}_t\boldsymbol{u}_t + \boldsymbol{u}_l = \boldsymbol{0}$$

$$\boldsymbol{u}_l = -\boldsymbol{B}_t\boldsymbol{u}_t = \boldsymbol{Q}_l^{\mathrm{T}}\boldsymbol{u}_t \tag{2-3-10}$$

由此看出，B 个支路电压中，只有 N 个树支电压是独立的，连支电压可由树支电压决定。因此，一个树的树支电压是全部支路电压集合的一个基底。

将式(2-3-10)代入式(2-3-9)得

$$\boldsymbol{u}_b = \begin{bmatrix}\boldsymbol{u}_t \\ \boldsymbol{u}_l\end{bmatrix} = \begin{bmatrix}\boldsymbol{u}_t \\ \boldsymbol{Q}_l^{\mathrm{T}}\boldsymbol{u}_t\end{bmatrix} = \begin{bmatrix}\boldsymbol{1}_t \\ \boldsymbol{Q}_l^{\mathrm{T}}\end{bmatrix}\boldsymbol{u}_t = \boldsymbol{Q}_f^{\mathrm{T}}\,\boldsymbol{u}_t \tag{2-3-11}$$

式(2-3-11)就是用基本割集矩阵表示的 KVL 方程的矩阵形式。

KVL 方程还可以用关联矩阵 $\boldsymbol{A}$ 表示为

$$\boldsymbol{u}_b = \boldsymbol{A}^{\mathrm{T}}\boldsymbol{u}_n \tag{2-3-12}$$

式中 $\boldsymbol{u}_n$ 是以各节点电压为元素的列向量，称为节点电压向量。由于每条支路都只与两个节点关联，支路电压可表示为其两端节点电压之差。因此用节点电压可表示全部支路电压。

2-3-3 一般支路电压电流关系的矩阵表示

列写网络方程除了依据基尔霍夫定律外，还必须根据各支路的元件特性列出支路电流与电压的关系方程。电网络的支路划分，根据所采用网络分析方法的需要而有不同的规定。其一是将网络中的每一个元件作为一条支路，在本书第三、四、六章就采用这种规定。本章采用另一种支路划分，即将电压源和与之串联的无源二端元件作为一条支路；电流源和与之并联的无源二端元件作为一条支路。一般而言，如果一个无源二端元件与电压源相串联，再与电流源相并联，则将这种串并联组合电路部分规定为一个“一般支路”(general branch)，如图 2-9 所示。用一般支路可以避免支路阻抗和支路导纳成为无穷大的情况。图 2-9(a)中，u_{bk}、i_{bk} 分别表示第 k 条支路的电压、电流，u_k、i_k 分别表示该支路中无源元件的电压、电流，u_{sk} 和 i_{sk} 分别表示该支路所含独立电压源的电压和独立电流源的电流。图 2-9(b)为将图 2-9(a)所示一般支路经过拉普拉斯变换处理后的复频域模型。其中 $U_{bk}(s)$、$I_{bk}(s)$ 分别为支路电压、电流象函数，$Z_k(s)$为支路的复频域阻抗，$U_k(s)$、$I_k(s)$为无源元件的电压、电流象函数，$U_{sk}(s)$和 $I_{sk}(s)$则为独立电压源的电压象函数和独立电流源的电流象函数。对于动态元件 L 和 C，如果有初始储能，其初始储能的影响转化为与 L、C 串(或并)联的“初始条件电源”一并考虑入一般支路的独立电源中。

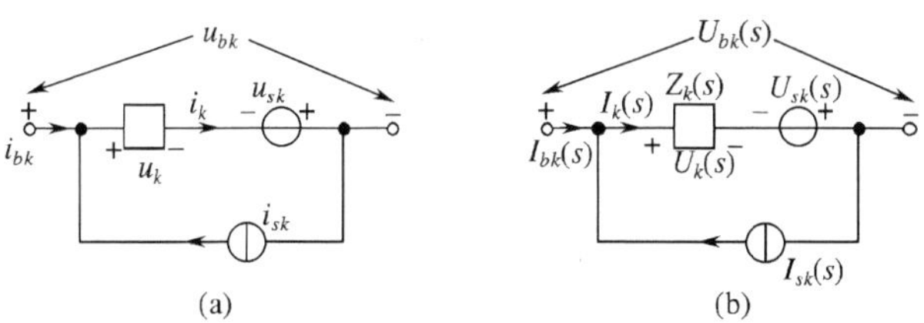

图 2-9 一般支路

在图 2-9 所示参考方向下，对于图 2-9(a)、(b)所示的一般支路，其支路电流 $i_{bk}=i_k-i_{sk}$，支路电压 $u_{bk}=u_k-u_{sk}$，对整个网络而言，在时域和复频域分别有以下关系：

$$\boldsymbol{i}_b=\boldsymbol{i}-\boldsymbol{i}_s \qquad \boldsymbol{I}_b(s)=\boldsymbol{I}(s)-\boldsymbol{I}_s(s) \tag{2-3-13}$$

$$\boldsymbol{u}_b=\boldsymbol{u}-\boldsymbol{u}_s \qquad \boldsymbol{U}_b(s)=\boldsymbol{U}(s)-\boldsymbol{U}_s(s) \tag{2-3-14}$$

式中 $\boldsymbol{i}$ 和 $\boldsymbol{u}$ 分别表示无源元件的电流向量和电压向量，$\boldsymbol{i}_s$ 和 $\boldsymbol{u}_s$ 分别表示电流源电流向量和电压源电压向量，$\boldsymbol{i}_b$、$\boldsymbol{u}_b$ 分别表示支路电流向量和电压向量。$\boldsymbol{I}(s)$、$\boldsymbol{U}(s)$、$\boldsymbol{I}_s(s)$、$\boldsymbol{U}_s(s)$和 $\boldsymbol{I}_b(s)$、$\boldsymbol{U}_b(s)$则是上述各变量象函数的向量。因以下分析均在复频域中进行，将简称为有关变量向量。

将式(2-3-13)和式(2-3-14)分别代入式(2-3-1)、式(2-3-6)和式(2-3-7)可得

$$\boldsymbol{A}\boldsymbol{i}=\boldsymbol{A}\boldsymbol{i}_s \qquad \boldsymbol{A}\boldsymbol{I}(s)=\boldsymbol{A}\boldsymbol{I}_s(s) \tag{2-3-15}$$

$$\boldsymbol{Q}_f \boldsymbol{i} = \boldsymbol{Q}_f \boldsymbol{i}_s \qquad \boldsymbol{Q}_f \boldsymbol{I}(s) = \boldsymbol{Q}_f \boldsymbol{I}_s(s) \tag{2-3-16}$$

$$\boldsymbol{B}_f \boldsymbol{u} = \boldsymbol{B}_f \boldsymbol{u}_s \qquad \boldsymbol{B}_f \boldsymbol{U}(s) = \boldsymbol{B}_f \boldsymbol{U}_s(s) \tag{2-3-17}$$

对于图 2-9(b)所示复频域一般支路,其电压和电流关系为

$$\begin{aligned} U_{bk}(s) &= Z_k(s)[I_{bk}(s) + I_{sk}(s)] - U_{sk}(s) \\ &= Z_k(s)I_{bk}(s) + Z_k(s)I_{sk}(s) - U_{sk}(s) \end{aligned}$$

对于网络中每条支路写出 VCR 方程,并写成矩阵形式,可得

$$\boldsymbol{U}_b(s) = \boldsymbol{Z}_b(s)\boldsymbol{I}_b(s) + \boldsymbol{Z}_b(s)\boldsymbol{I}_s(s) - \boldsymbol{U}_s(s) \tag{2-3-18}$$

式中 $\boldsymbol{Z}_b(s)$为无源元件阻抗矩阵。设支路编号按先电感元件后电阻元件、电容元件的顺序,则支路阻抗矩阵可分块成如下形式:

$$\boldsymbol{Z}_b(s) = \begin{bmatrix} s\boldsymbol{L}_p & \boldsymbol{0} & \boldsymbol{0} \\ \boldsymbol{0} & \boldsymbol{R}_p & \boldsymbol{0} \\ \boldsymbol{0} & \boldsymbol{0} & \frac{1}{s}\boldsymbol{D}_p \end{bmatrix} \tag{2-3-19}$$

式中 $\boldsymbol{L}_p$ 是一个对称方阵。其第 i 个主对角线元素是第 i 条支路的自感 L_i,第 i 行第 r 列的元素是第 i 条支路与第 r 条支路的互感 M_{ir}。$\boldsymbol{R}_p$ 是对角阵,它的第 j 个主对角线元素是第 j 条支路的电阻 R_j。$\boldsymbol{D}_p$ 为对角阵,其主对角线元素 D_k 是第 k 条支路的倒电容(即 $D_k = 1/C_k$)。下标 p 代表局部的,$\boldsymbol{L}_p$、$\boldsymbol{R}_p$、$\boldsymbol{D}_p$ 分别称为局部电感矩阵、局部电阻矩阵和局部倒电容矩阵(partial elastance matrix)。

将每个局部参数矩阵都用零元扩充到 $\boldsymbol{Z}_b(s)$矩阵的阶数 B,称为支路参数矩阵,用 $\boldsymbol{L}$、$\boldsymbol{R}$、$\boldsymbol{D}$ 表示,例如支路电阻矩阵

$$\boldsymbol{R} = \begin{bmatrix} \boldsymbol{0} & \boldsymbol{0} & \boldsymbol{0} \\ \boldsymbol{0} & \boldsymbol{R}_p & \boldsymbol{0} \\ \boldsymbol{0} & \boldsymbol{0} & \boldsymbol{0} \end{bmatrix} \tag{2-3-20}$$

则支路阻抗矩阵可以简单地表示为

$$\boldsymbol{Z}_b(s) = s\boldsymbol{L} + \boldsymbol{R} + \frac{1}{s}\boldsymbol{D} \tag{2-3-21}$$

式(2-3-18)就是用支路阻抗矩阵表示的支路电压、电流关系的矩阵形式。

由式(2-3-18)可得

$$\boldsymbol{I}_b(s) = \boldsymbol{Y}_b(s)\boldsymbol{U}_b(s) + \boldsymbol{Y}_b(s)\boldsymbol{U}_s(s) - \boldsymbol{I}_s(s) \tag{2-3-22}$$

$\boldsymbol{Y}_b(s)$为无源元件导纳矩阵

$$\boldsymbol{Y}_b(s) = \boldsymbol{Z}_b^{-1}(s) = \begin{bmatrix} \frac{1}{s}\boldsymbol{\Gamma}_p & \boldsymbol{0} & \boldsymbol{0} \\ \boldsymbol{0} & \boldsymbol{G}_p & \boldsymbol{0} \\ \boldsymbol{0} & \boldsymbol{0} & s\boldsymbol{C}_p \end{bmatrix} \tag{2-3-23}$$

式中 $\boldsymbol{\Gamma}_p = \boldsymbol{L}_p^{-1}$、$\boldsymbol{G}_p = \boldsymbol{R}_p^{-1}$、$\boldsymbol{C}_p = \boldsymbol{D}_p^{-1}$,分别称为局部倒电感矩阵、局部电导矩阵和局部电容矩阵。

如果把以上每一个局部参数矩阵都用零元扩充到 $\boldsymbol{Y}_b(s)$的阶数 B,则

$$\boldsymbol{Y}_b(s) = s\boldsymbol{C} + \boldsymbol{G} + \frac{1}{s}\boldsymbol{\Gamma} \tag{2-3-24}$$

式中 $\boldsymbol{C}$、$\boldsymbol{G}$ 和 $\boldsymbol{\Gamma}$ 分别称为支路电容矩阵、电导矩阵和倒电感矩阵(reciprocal inductance matrix)。

式(2-3-22)就是用支路导纳矩阵表示的支路电压、电流关系的矩阵形式。

2-4 直接分析法

对于具有 $N+1$ 个节点、B 条支路的网络,由于各支路电压和各支路电流均是未知的,共有 $2B$ 个未知量。由 KCL 可列写出 N 个独立的方程,由 KVL 可列写出 $B-N$ 个独立的方程。这些方程的向量形式为

$$\boldsymbol{A}\boldsymbol{I}_b(s)=\boldsymbol{0} \tag{2-4-1}$$

$$\boldsymbol{B}_f\boldsymbol{U}_b(s)=\boldsymbol{0} \tag{2-4-2}$$

由 B 条支路的 VCR 可建立 B 个方程,其向量形式如式(2-3-18)或式(2-3-22)所示。这样便得到含 $2B$ 个未知量的"$2B$ 方程组"。从这 $2B$ 个方程中消去支路电压或支路电流,由剩下的 B 个方程直接求解 B 个支路电流或 B 个支路电压的方法,称为直接分析法。以下将某一网络方程法的方程组中待求解的电压、电流变量称为该网络方程法的"网络变量"。

2-4-1 阻抗矩阵法

对于一个不含受控源的网络,由式(2-3-18)写出其用支路阻抗矩阵表示的电压电流关系方程,并将其代入式(2-4-2),可得

$$\boldsymbol{B}_f\boldsymbol{Z}_b(s)\boldsymbol{I}_b(s)=\boldsymbol{B}_f\boldsymbol{U}_s(s)-\boldsymbol{B}_f\boldsymbol{Z}_b(s)\boldsymbol{I}_s(s) \tag{2-4-3}$$

式(2-4-3)代表含有 B 个支路电流的 $B-N$ 个线性独立方程。将式(2-4-3)和式(2-4-1)合写为一个向量方程,得

$$\begin{bmatrix}\boldsymbol{B}_f\boldsymbol{Z}_b(s)\\ \boldsymbol{A}\end{bmatrix}\boldsymbol{I}_b(s)=\begin{bmatrix}\boldsymbol{B}_f\\ \boldsymbol{0}\end{bmatrix}\boldsymbol{U}_s(s)-\begin{bmatrix}\boldsymbol{B}_f\boldsymbol{Z}_b(s)\\ \boldsymbol{0}\end{bmatrix}\boldsymbol{I}_s(s) \tag{2-4-4}$$

如 $\boldsymbol{I}_b(s)$ 的系数矩阵为非奇异的,则

$$\boldsymbol{I}_b(s)=\begin{bmatrix}\boldsymbol{B}_f\boldsymbol{Z}_b(s)\\ \boldsymbol{A}\end{bmatrix}^{-1}\begin{bmatrix}\boldsymbol{B}_f\\ \boldsymbol{0}\end{bmatrix}\boldsymbol{U}_s(s)-\begin{bmatrix}\boldsymbol{B}_f\boldsymbol{Z}_b(s)\\ \boldsymbol{A}\end{bmatrix}^{-1}\begin{bmatrix}\boldsymbol{B}_f\boldsymbol{Z}_b(s)\\ \boldsymbol{0}\end{bmatrix}\boldsymbol{I}_s(s) \tag{2-4-5}$$

求出支路电流向量 $\boldsymbol{I}_b(s)$ 后,则可由式(2-3-18)求出支路电压向量 $\boldsymbol{U}_b(s)$。

阻抗矩阵法实际上就是支路电流法,向量方程(2-4-4)代表一组(B 个)以支路电流为网络变量的方程。

例 2-1 求图 2-10(a)所示正弦电流电路的支路电流向量。

解:根据电路图作出它的线形图,如图 2-10(b)所示。以节点⑤为参考节点,并选择一树,以支路 b_1、b_2、b_3、b_4 为树支。分别写出关联矩阵 $\boldsymbol{A}$ 和基本回路矩阵 $\boldsymbol{B}_f$:

$$\boldsymbol{A}=\begin{bmatrix}0&0&0&1&1&0&1&0\\1&0&0&-1&0&1&0&0\\0&1&0&0&0&-1&0&1\\0&0&-1&0&0&0&0&-1\end{bmatrix}$$

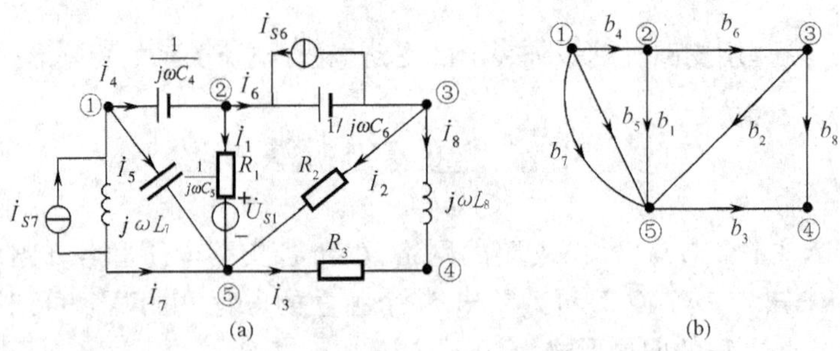

图 2-10

$$
\boldsymbol{B}_f=\begin{bmatrix}-1 & 0 & 0 & -1 & 1 & 0 & 0 & 0\\ -1 & 1 & 0 & 0 & 0 & 1 & 0 & 0\\ -1 & 0 & 0 & -1 & 0 & 0 & 1 & 0\\ 0 & -1 & -1 & 0 & 0 & 0 & 0 & 1\end{bmatrix}
$$

根据电路图写出支路阻抗矩阵 $\boldsymbol{Z}_b(j\omega)$、电压源向量 $\dot{\boldsymbol{U}}_s$、电流源向量 $\dot{\boldsymbol{I}}_s$：

$$
\boldsymbol{Z}_b(j\omega)=\begin{bmatrix}R_1 & 0 & 0 & 0 & 0 & 0 & 0 & 0\\ 0 & R_2 & 0 & 0 & 0 & 0 & 0 & 0\\ 0 & 0 & R_3 & 0 & 0 & 0 & 0 & 0\\ 0 & 0 & 0 & \dfrac{1}{j\omega C_4} & 0 & 0 & 0 & 0\\ 0 & 0 & 0 & 0 & \dfrac{1}{j\omega C_5} & 0 & 0 & 0\\ 0 & 0 & 0 & 0 & 0 & \dfrac{1}{j\omega C_6} & 0 & 0\\ 0 & 0 & 0 & 0 & 0 & 0 & j\omega L_7 & 0\\ 0 & 0 & 0 & 0 & 0 & 0 & 0 & j\omega L_8\end{bmatrix}
$$

$$
\dot{\boldsymbol{U}}_s=[-\dot{U}_{s1}\quad 0\quad 0\quad 0\quad 0\quad 0\quad 0\quad 0]^{\mathrm{T}}
$$

$$
\dot{\boldsymbol{I}}_s=[0\quad 0\quad 0\quad 0\quad 0\quad \dot{I}_{s6}\quad \dot{I}_{s7}\quad 0]^{\mathrm{T}}
$$

根据式(2-4-4)分别计算有关各矩阵乘积如下：

$$
\boldsymbol{B}_f\boldsymbol{Z}_b(j\omega)=\begin{bmatrix}-R_1 & 0 & 0 & \dfrac{-1}{j\omega C_4} & \dfrac{1}{j\omega C_5} & 0 & 0 & 0\\ -R_1 & R_2 & 0 & 0 & 0 & \dfrac{1}{j\omega C_6} & 0 & 0\\ -R_1 & 0 & 0 & \dfrac{-1}{j\omega C_4} & 0 & 0 & j\omega L_7 & 0\\ 0 & -R_2 & -R_3 & 0 & 0 & 0 & 0 & j\omega L_8\end{bmatrix}
$$

$$
\begin{bmatrix}\boldsymbol{B}_f\\ \boldsymbol{0}\end{bmatrix}\dot{\boldsymbol{U}}_s=[\dot{U}_{s1}\quad \dot{U}_{s1}\quad \dot{U}_{s1}\quad 0\quad 0\quad 0\quad 0\quad 0]^{\mathrm{T}}
$$

$$\begin{bmatrix} \boldsymbol{B}_f\boldsymbol{Z}_b(j\omega) \\ \boldsymbol{0} \end{bmatrix} \dot{\boldsymbol{I}}_s = \begin{bmatrix} 0 & \frac{1}{j\omega C_6}\dot{I}_{s6} & j\omega L_7\dot{I}_{s7} & 0 & 0 & 0 & 0 & 0 \end{bmatrix}^{\mathrm{T}}$$

由式(2-4-4)得

$$\begin{bmatrix} -R_1 & 0 & 0 & \frac{-1}{j\omega C_4} & \frac{1}{j\omega C_5} & 0 & 0 & 0 \\ -R_1 & R_2 & 0 & 0 & 0 & \frac{1}{j\omega C_6} & 0 & 0 \\ -R_1 & 0 & 0 & \frac{-1}{j\omega C_4} & 0 & 0 & j\omega L_7 & 0 \\ 0 & -R_2 & -R_3 & 0 & 0 & 0 & 0 & j\omega L_8 \\ 0 & 0 & 0 & 1 & 1 & 0 & 1 & 0 \\ 1 & 0 & 0 & -1 & 0 & 1 & 0 & 0 \\ 0 & 1 & 0 & 0 & 0 & -1 & 0 & 1 \\ 0 & 0 & -1 & 0 & 0 & 0 & 0 & -1 \end{bmatrix} \begin{bmatrix} \dot{I}_1 \\ \dot{I}_2 \\ \dot{I}_3 \\ \dot{I}_4 \\ \dot{I}_5 \\ \dot{I}_6 \\ \dot{I}_7 \\ \dot{I}_8 \end{bmatrix} = \begin{bmatrix} \dot{U}_{s1} \\ \dot{U}_{s1} - \frac{1}{j\omega C_6}\dot{I}_{s6} \\ \dot{U}_{s1} - j\omega L_7\dot{I}_{s7} \\ 0 \\ 0 \\ 0 \\ 0 \\ 0 \end{bmatrix}$$

于是,支路电流向量为

$$\begin{bmatrix} \dot{I}_1 \\ \dot{I}_2 \\ \dot{I}_3 \\ \dot{I}_4 \\ \dot{I}_5 \\ \dot{I}_6 \\ \dot{I}_7 \\ \dot{I}_8 \end{bmatrix} = \begin{bmatrix} -R_1 & 0 & 0 & \frac{-1}{j\omega C_4} & \frac{1}{j\omega C_5} & 0 & 0 & 0 \\ -R_1 & R_2 & 0 & 0 & 0 & \frac{1}{j\omega C_6} & 0 & 0 \\ -R_1 & 0 & 0 & \frac{-1}{j\omega C_4} & 0 & 0 & j\omega L_7 & 0 \\ 0 & -R_2 & -R_3 & 0 & 0 & 0 & 0 & j\omega L_8 \\ 0 & 0 & 0 & 1 & 1 & 0 & 1 & 0 \\ 1 & 0 & 0 & -1 & 0 & 1 & 0 & 0 \\ 0 & 1 & 0 & 0 & 0 & -1 & 0 & 1 \\ 0 & 0 & -1 & 0 & 0 & 0 & 0 & -1 \end{bmatrix}^{-1} \begin{bmatrix} \dot{U}_{s1} \\ \dot{U}_{s1} - \frac{1}{j\omega C_6}\dot{I}_{s6} \\ \dot{U}_{s1} - j\omega L_7\dot{I}_{s7} \\ 0 \\ 0 \\ 0 \\ 0 \\ 0 \end{bmatrix}$$

2-4-2 导纳矩阵法

将用支路导纳矩阵表示的电压电流关系式(2-3-22),代入式(2-4-1)中,可得

$$\boldsymbol{A}\boldsymbol{Y}_b(s)\boldsymbol{U}_b(s) = \boldsymbol{A}\boldsymbol{I}_s(s) - \boldsymbol{A}\boldsymbol{Y}_b(s)\boldsymbol{U}_s(s) \tag{2-4-6}$$

式(2-4-6)代表含有 B 个支路电压的 N 个线性独立方程。将式(2-4-6)和式(2-4-2)合写为一个向量方程得

$$\begin{bmatrix} \boldsymbol{A}\boldsymbol{Y}_b(s) \\ \boldsymbol{B}_f \end{bmatrix} \boldsymbol{U}_b(s) = \begin{bmatrix} \boldsymbol{A} \\ \boldsymbol{0} \end{bmatrix} \boldsymbol{I}_s(s) - \begin{bmatrix} \boldsymbol{A}\boldsymbol{Y}_b(s) \\ \boldsymbol{0} \end{bmatrix} \boldsymbol{U}_s(s) \tag{2-4-7}$$

如 $\boldsymbol{U}_b(s)$ 的系数矩阵为非奇异的,则

$$\boldsymbol{U}_b(s) = \begin{bmatrix} \boldsymbol{A}\boldsymbol{Y}_b(s) \\ \boldsymbol{B}_f \end{bmatrix}^{-1} \begin{bmatrix} \boldsymbol{A} \\ \boldsymbol{0} \end{bmatrix} \boldsymbol{I}_s(s) - \begin{bmatrix} \boldsymbol{A}\boldsymbol{Y}_b(s) \\ \boldsymbol{B}_f \end{bmatrix}^{-1} \begin{bmatrix} \boldsymbol{A}\boldsymbol{Y}_b(s) \\ \boldsymbol{0} \end{bmatrix} \boldsymbol{U}_s(s) \tag{2-4-8}$$

求出支路电压向量$\boldsymbol{U}_b(s)$后，代入式(2-3-22)即得出支路电流向量。

导纳矩阵法实际上就是支路电压法，向量方程(2-4-7)代表一组(B个)以支路电压为网络变量的方程。

例 2-2 求图 2-11(a)所示电路的支路电压向量$\boldsymbol{U}_b(s)$。

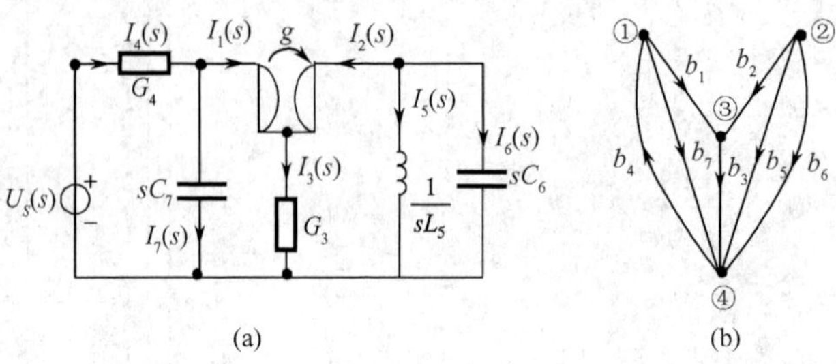

图 2-11

解：根据电路图作出它的线形图，如图 2-11(b)所示。以节点④为参考节点，并选择一树，以支路b_1、b_2和b_3为树支，分别写出关联矩阵$\boldsymbol{A}$和基本回路矩阵$\boldsymbol{B}_f$：

$$\boldsymbol{A}=\begin{bmatrix} 1 & 0 & 0 & -1 & 0 & 0 & 1 \\ 0 & 1 & 0 & 0 & 1 & 1 & 0 \\ -1 & -1 & 1 & 0 & 0 & 0 & 0 \end{bmatrix}$$

$$\begin{matrix} & b_1 & b_2 & b_3 & b_4 & b_5 & b_6 & b_7 \end{matrix}$$

$$\boldsymbol{B}_f=\begin{bmatrix} 1 & 0 & 1 & 1 & 0 & 0 & 0 \\ 0 & -1 & -1 & 0 & 1 & 0 & 0 \\ 0 & -1 & -1 & 0 & 0 & 1 & 0 \\ -1 & 0 & -1 & 0 & 0 & 0 & 1 \end{bmatrix}$$

根据电路图写出支路导纳矩阵$\boldsymbol{Y}_b(s)$：

$$\boldsymbol{Y}_b(s)=\begin{bmatrix} 0 & g & 0 & 0 & 0 & 0 & 0 \\ -g & 0 & 0 & 0 & 0 & 0 & 0 \\ 0 & 0 & G_3 & 0 & 0 & 0 & 0 \\ 0 & 0 & 0 & G_4 & 0 & 0 & 0 \\ 0 & 0 & 0 & 0 & \dfrac{1}{sL_5} & 0 & 0 \\ 0 & 0 & 0 & 0 & 0 & sC_6 & 0 \\ 0 & 0 & 0 & 0 & 0 & 0 & sC_7 \end{bmatrix}$$

因为在电路中只含一个电压源，不含电流源，所以$\boldsymbol{I}_s(s)=\boldsymbol{0}$，$\boldsymbol{U}_s(s)=[0\ 0\ U_s(s)\ 0\ 0\ 0\ 0]^{\mathrm{T}}$。

$$\boldsymbol{A}\boldsymbol{Y}_b(s)=\begin{bmatrix} 0 & g & 0 & -G_4 & 0 & 0 & sC_7 \\ -g & 0 & 0 & 0 & \dfrac{1}{sL_5} & sC_6 & 0 \\ g & -g & G_3 & 0 & 0 & 0 & 0 \end{bmatrix}$$

$$\begin{bmatrix} \boldsymbol{AY}_b(s) \\ \boldsymbol{0} \end{bmatrix} \boldsymbol{U}_s(s) = \begin{bmatrix} -G_4\boldsymbol{U}_s(s) \\ 0 \\ 0 \end{bmatrix}$$

由式(2-4-7)得

$$\begin{bmatrix} 0 & g & 0 & -G_4 & 0 & 0 & sC_7 \\ -g & 0 & 0 & 0 & \dfrac{1}{sL_5} & sC_6 & 0 \\ g & -g & G_3 & 0 & 0 & 0 & 0 \\ 1 & 0 & 1 & 1 & 0 & 0 & 0 \\ 0 & -1 & -1 & 0 & 1 & 0 & 0 \\ 0 & -1 & -1 & 0 & 0 & 1 & 0 \\ -1 & 0 & -1 & 0 & 0 & 0 & 1 \end{bmatrix} \begin{bmatrix} U_1(s) \\ U_2(s) \\ U_3(s) \\ U_4(s) \\ U_5(s) \\ U_6(s) \\ U_7(s) \end{bmatrix} = \begin{bmatrix} G_4U_s(s) \\ 0 \\ 0 \\ 0 \\ 0 \\ 0 \\ 0 \end{bmatrix}$$

于是，支路电压向量为

$$\begin{bmatrix} U_1(s) \\ U_2(s) \\ U_3(s) \\ U_4(s) \\ U_5(s) \\ U_6(s) \\ U_7(s) \end{bmatrix} = \begin{bmatrix} 0 & g & 0 & -G_4 & 0 & 0 & sC_7 \\ -g & 0 & 0 & 0 & \dfrac{1}{sL_5} & sC_6 & 0 \\ g & -g & G_3 & 0 & 0 & 0 & 0 \\ 1 & 0 & 1 & 1 & 0 & 0 & 0 \\ 0 & -1 & -1 & 0 & 1 & 0 & 0 \\ 0 & -1 & -1 & 0 & 0 & 1 & 0 \\ -1 & 0 & -1 & 0 & 0 & 0 & 1 \end{bmatrix}^{-1} \begin{bmatrix} G_4U_s(s) \\ 0 \\ 0 \\ 0 \\ 0 \\ 0 \\ 0 \end{bmatrix}$$

2-5　节点方程、割集方程和回路方程

直接分析法以支路电流或支路电压作为网络变量，因而需要联立求解的方程数等于支路数。当电路的支路数较多时，计算工作量也较大。为了减少联立求解方程的数目，必须选取另外的网络变量。因为一个树的连支电流集是全部支路电流集的基底，树支电压集和节点电压集都是支路电压集的基底，所以，我们可以选取连支电流、树支电压或节点电压作为网络变量。根据网络变量的不同，网络方程可分为节点方程、割集方程和回路方程。

对于一个具有 $N+1$ 个节点、B 条支路的电网络，选定一个参考节点，绘出其连通图 G，写出关联矩阵 $\boldsymbol{A}$，以节点电压 $\boldsymbol{U}_n(s)$ 作为网络变量，可以导出节点方程。在图 G 中选择一个树后，分别写出基本割集矩阵 $\boldsymbol{Q}_f$ 和基本回路矩阵 $\boldsymbol{B}_f$，若以树支电压 $\boldsymbol{U}_t(s)$ 作为网络变量，可导出割集方程；若以连支电流 $\boldsymbol{I}_l(s)$ 作为网络变量，则可导出回路方程。

2-5-1　节点方程

用关联矩阵 $\boldsymbol{A}$ 表示的复频域形式的 KCL 方程和 KVL 方程为

$$\boldsymbol{AI}_b(s) = \boldsymbol{0} \tag{2-5-1}$$

$$\boldsymbol{U}_b(s) = \boldsymbol{A}^{\mathrm{T}}\boldsymbol{U}_n(s) \tag{2-5-2}$$

用支路导纳矩阵 $\boldsymbol{Y}_b(s)$ 表示的 VCR 方程为

$$\boldsymbol{I}_b(s) = \boldsymbol{Y}_b(s)\boldsymbol{U}_b(s) + \boldsymbol{Y}_b(s)\boldsymbol{U}_s(s) - \boldsymbol{I}_s(s) \tag{2-5-3}$$

将式(2-5-3)代入式(2-5-1)得

$$\boldsymbol{A}\boldsymbol{Y}_b(s)[\boldsymbol{U}_b(s) + \boldsymbol{U}_s(s)] - \boldsymbol{A}\boldsymbol{I}_s(s) = \boldsymbol{0} \tag{2-5-4}$$

再将式(2-5-2)代入式(2-5-4),经整理得

$$\boldsymbol{A}\boldsymbol{Y}_b(s)\boldsymbol{A}^{\mathrm{T}}\boldsymbol{U}_n(s) = \boldsymbol{A}\boldsymbol{I}_s(s) - \boldsymbol{A}\boldsymbol{Y}_b(s)\boldsymbol{U}_s(s) \tag{2-5-5}$$

令

$$\boldsymbol{Y}_n(s) = \boldsymbol{A}\boldsymbol{Y}_b(s)\boldsymbol{A}^{\mathrm{T}} \tag{2-5-6}$$

$$\boldsymbol{I}_n(s) = \boldsymbol{A}[\boldsymbol{I}_s(s) - \boldsymbol{Y}_b(s)\boldsymbol{U}_s(s)] \tag{2-5-7}$$

则式(2-5-5)简化为

$$\boldsymbol{Y}_n(s)\boldsymbol{U}_n(s) = \boldsymbol{I}_n(s) \tag{2-5-8}$$

式中 $\boldsymbol{Y}_n(s)$ 是一个 N 阶方阵,称为节点导纳矩阵。$\boldsymbol{I}_n(s)$ 是 N 维向量,称为节点电源电流向量。向量方程(2-5-8)代表一组(N 个)以节点电压为网络变量的方程,称为节点方程。

对于给定网络,由式(2-5-8)不难求出节点电压向量 $\boldsymbol{U}_n(s)$,再根据式(2-5-2)和式(2-5-3)可以分别求得支路电压向量 $\boldsymbol{U}_b(s)$ 和支路电流向量 $\boldsymbol{I}_b(s)$。

2-5-2 割集方程

用基本割集矩阵 $\boldsymbol{Q}_f$ 表示的复频域形式的 KCL 方程和 KVL 方程为

$$\boldsymbol{Q}_f\boldsymbol{I}_b(s) = \boldsymbol{0} \tag{2-5-9}$$

$$\boldsymbol{U}_b(s) = \boldsymbol{Q}_f^{\mathrm{T}}\boldsymbol{U}_t(s) \tag{2-5-10}$$

将式(2-5-3)代入式(2-5-9)得

$$\boldsymbol{Q}_f\boldsymbol{Y}_b(s)[\boldsymbol{U}_b(s) + \boldsymbol{U}_s(s)] - \boldsymbol{Q}_f\boldsymbol{I}_s(s) = \boldsymbol{0} \tag{2-5-11}$$

再将式(2-5-10)代入式(2-5-11),经整理得

$$\boldsymbol{Q}_f\boldsymbol{Y}_b(s)\boldsymbol{Q}_f^{\mathrm{T}}\boldsymbol{U}_t(s) = \boldsymbol{Q}_f[\boldsymbol{I}_s(s) - \boldsymbol{Y}_b(s)\boldsymbol{U}_s(s)] \tag{2-5-12}$$

令

$$\boldsymbol{Y}_c(s) = \boldsymbol{Q}_f\boldsymbol{Y}_b(s)\boldsymbol{Q}_f^{\mathrm{T}} \tag{2-5-13}$$

$$\boldsymbol{I}_c(s) = \boldsymbol{Q}_f[\boldsymbol{I}_s(s) - \boldsymbol{Y}_b(s)\boldsymbol{U}_s(s)] \tag{2-5-14}$$

则式(2-5-12)可简化为

$$\boldsymbol{Y}_c(s)\boldsymbol{U}_t(s) = \boldsymbol{I}_c(s) \tag{2-5-15}$$

式中 $\boldsymbol{Y}_c(s)$ 是一个 N 阶方阵,称为割集导纳矩阵。$\boldsymbol{I}_c(s)$ 是一个 N 维向量,称为割集电源电流向量。式(2-5-15)代表一组(N 个)以树支电压为网络变量的方程,称为割集方程。

对于给定网络,根据式(2-5-15)求出树支电压向量 $\boldsymbol{U}_t(s)$ 后,可由式(2-5-10)和式(2-5-3)分别求得支路电压向量 $\boldsymbol{U}_b(s)$ 和支路电流向量 $\boldsymbol{I}_b(s)$。

2-5-3 回路方程

用基本回路矩阵 $\boldsymbol{B}_f$ 表示的复频域形式的 KCL 方程和 KVL 方程为

$$\boldsymbol{I}_b(s) = \boldsymbol{B}_f^{\mathrm{T}}\boldsymbol{I}_l(s) \tag{2-5-16}$$

$$\boldsymbol{B}_f\boldsymbol{U}_b(s)=\boldsymbol{0} \tag{2-5-17}$$

用支路阻抗矩阵 $\boldsymbol{Z}_b(s)$表示的 VCR 方程为

$$\boldsymbol{U}_b(s)=\boldsymbol{Z}_b(s)\boldsymbol{I}_b(s)+\boldsymbol{Z}_b(s)\boldsymbol{I}_s(s)-\boldsymbol{U}_s(s) \tag{2-5-18}$$

将式(2-5-18)代入式(2-5-17)得

$$\boldsymbol{B}_f\boldsymbol{Z}_b(s)[\boldsymbol{I}_b(s)+\boldsymbol{I}_s(s)]-\boldsymbol{B}_f\boldsymbol{U}_s(s)=\boldsymbol{0} \tag{2-5-19}$$

再将式(2-5-16)代入式(2-5-19),经整理得

$$\boldsymbol{B}_f\boldsymbol{Z}_b(s)\boldsymbol{B}_f^{\mathrm{T}}\boldsymbol{I}_l(s)=\boldsymbol{B}_f\boldsymbol{U}_s(s)-\boldsymbol{B}_f\boldsymbol{Z}_b(s)\boldsymbol{I}_s(s) \tag{2-5-20}$$

令

$$\boldsymbol{Z}_l(s)=\boldsymbol{B}_f\boldsymbol{Z}_b(s)\boldsymbol{B}_f^{\mathrm{T}} \tag{2-5-21}$$

$$\boldsymbol{U}_{sl}(s)=\boldsymbol{B}_f\boldsymbol{U}_s(s)-\boldsymbol{B}_f\boldsymbol{Z}_b(s)\boldsymbol{I}_s(s) \tag{2-5-22}$$

则式(2-5-20)可简化为

$$\boldsymbol{Z}_l(s)\boldsymbol{I}_l(s)=\boldsymbol{U}_{sl}(s) \tag{2-5-23}$$

式中 $\boldsymbol{Z}_l(s)$为一个 $B-N$ 阶方阵,称为回路阻抗矩阵。$\boldsymbol{U}_{sl}(s)$是一个 $B-N$ 维向量,称为回路电源电压向量。式(2-5-23)代表一组($B-N$ 个)以连支电流为网络变量的方程,称为回路方程。

对于给定网络,根据式(2-5-23)求出连支电流向量 $\boldsymbol{I}_l(s)$后,可由式(2-5-16)和式(2-5-18)分别求得支路电流向量 $\boldsymbol{I}_b(s)$和支路电压向量 $\boldsymbol{U}_b(s)$。

从以上分析可以看出,三种方程的推导过程是相似的,只是使用的矩阵和所选取的网络变量不同而已。割集方程是节点方程的推广形式。回路方程和割集方程是互为对偶的网络方程。

2-6 改进的节点方程

在网络中,若存在无伴电压源支路时,由于该支路的导纳为无穷大,这给节点方程和割集方程的建立带来困难。解决这一问题的方法之一是将无伴电压源的支路电流也作为网络变量。因此,在改进的节点方程中是以节点电压和某些支路电流作为未知量。这里所说的某些支路电流除了无伴电压源支路电流外,还可以包含需要直接求解的支路电流。改进的节点方程推导如下。

将网络中的支路划分为三类,一类是如图 2-9 所示的一般支路,另两类是无伴电压源支路和直接求电流的支路。后两类支路都是以二端元件作为一条支路,支路电压、电流取一致参考方向,如图 2-12 所示。图中 $U_{SE}(s)$为无伴电压源电压,$Y_x(s)$为直接求电流支路的导纳。

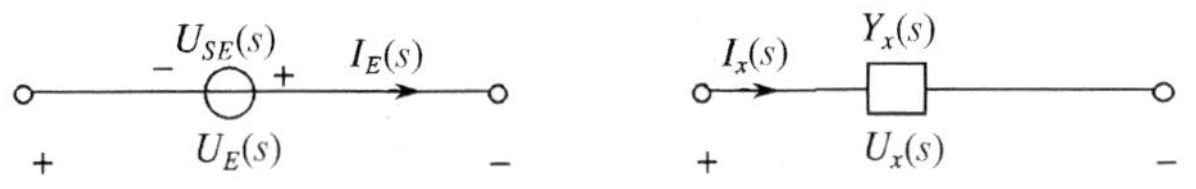

图 2-12

网络中的支路编号按一般支路、无伴电压源支路和直接求电流支路排序,则可将网络

的关联矩阵 $\boldsymbol{A}$ 写成如下分块形式：

$$\boldsymbol{A} = [\boldsymbol{A}_o \quad \boldsymbol{A}_E \quad \boldsymbol{A}_x]$$

式中 $\boldsymbol{A}_o$ 是反映一般支路与节点之间关联关系的子阵。$\boldsymbol{A}_E$ 是反映无伴电压源支路与节点之间关联关系的子阵。$\boldsymbol{A}_x$ 是反映直接求电流支路与节点之间关联关系的子阵。

将支路电流向量和支路电压向量也按同样的顺序分块为

$$\boldsymbol{I}_b(s) = [\boldsymbol{I}_o(s) \quad \boldsymbol{I}_E(s) \quad \boldsymbol{I}_x(s)]^{\mathrm{T}}$$

$$\boldsymbol{U}_b(s) = [\boldsymbol{U}_o(s) \quad \boldsymbol{U}_E(s) \quad \boldsymbol{U}_x(s)]^{\mathrm{T}}$$

根据 KCL，有

$$[\boldsymbol{A}_o \quad \boldsymbol{A}_E \quad \boldsymbol{A}_x]\begin{bmatrix}\boldsymbol{I}_o(s)\\ \boldsymbol{I}_E(s)\\ \boldsymbol{I}_x(s)\end{bmatrix} = \boldsymbol{0} \tag{2-6-1}$$

$$\boldsymbol{A}_o\boldsymbol{I}_o(s) + \boldsymbol{A}_E\boldsymbol{I}_E(s) + \boldsymbol{A}_x\boldsymbol{I}_x(s) = \boldsymbol{0} \tag{2-6-2}$$

根据 KVL，有

$$\begin{bmatrix}\boldsymbol{U}_o(s)\\ \boldsymbol{U}_E(s)\\ \boldsymbol{U}_x(s)\end{bmatrix} = [\boldsymbol{A}_o \quad \boldsymbol{A}_E \quad \boldsymbol{A}_x]^{\mathrm{T}}\boldsymbol{U}_n(s) \tag{2-6-3}$$

$$\boldsymbol{U}_o(s) = \boldsymbol{A}_o^{\mathrm{T}}\boldsymbol{U}_n(s) \tag{2-6-4a}$$

$$\boldsymbol{U}_E(s) = \boldsymbol{A}_E^{\mathrm{T}}\boldsymbol{U}_n(s) \tag{2-6-4b}$$

$$\boldsymbol{U}_x(s) = \boldsymbol{A}_x^{\mathrm{T}}\boldsymbol{U}_n(s) \tag{2-6-4c}$$

一般支路、无伴电压源支路和直接求电流支路的 VCR 方程分别为

$$\boldsymbol{I}_o(s) = \boldsymbol{Y}_o(s)\boldsymbol{U}_o(s) + \boldsymbol{Y}_o(s)\boldsymbol{U}_s(s) - \boldsymbol{I}_s(s) \tag{2-6-5a}$$

$$\boldsymbol{U}_E(s) = -\boldsymbol{U}_{SE}(s) \tag{2-6-5b}$$

$$\boldsymbol{I}_x(s) = \boldsymbol{Y}_x(s)\boldsymbol{U}_x(s) \tag{2-6-5c}$$

将式(2-6-4a)代入式(2-6-5a)得

$$\boldsymbol{I}_o(s) = \boldsymbol{Y}_o(s)\boldsymbol{A}_o^{\mathrm{T}}\boldsymbol{U}_n(s) + \boldsymbol{Y}_o\boldsymbol{U}_s(s) - \boldsymbol{I}_s(s) \tag{2-6-6}$$

将式(2-6-4c)代入式(2-6-5c)得

$$\boldsymbol{I}_x(s) = \boldsymbol{Y}_x(s)\boldsymbol{A}_x^{\mathrm{T}}\boldsymbol{U}_n(s) \tag{2-6-7}$$

将式(2-6-6)代入式(2-6-2)得

$$\boldsymbol{A}_o\boldsymbol{Y}_o(s)\boldsymbol{A}_o^{\mathrm{T}}\boldsymbol{U}_n(s) + \boldsymbol{A}_E\boldsymbol{I}_E(s) + \boldsymbol{A}_x\boldsymbol{I}_x(s) = \boldsymbol{A}_o[\boldsymbol{I}_s(s) - \boldsymbol{Y}_o(s)\boldsymbol{U}_s(s)] \tag{2-6-8}$$

令

$$\boldsymbol{Y}_{no}(s) = \boldsymbol{A}_o\boldsymbol{Y}_o(s)\boldsymbol{A}_o^{\mathrm{T}} \tag{2-6-9}$$

$$\boldsymbol{I}_{no}(s) = \boldsymbol{A}_o[\boldsymbol{I}_s(s) - \boldsymbol{Y}_o(s)\boldsymbol{U}_s(s)] \tag{2-6-10}$$

则式(2-6-8)可简化为

$$\boldsymbol{Y}_{no}(s)\boldsymbol{U}_n(s) + \boldsymbol{A}_E\boldsymbol{I}_E(s) + \boldsymbol{A}_x\boldsymbol{I}_x(s) = \boldsymbol{I}_{no}(s) \tag{2-6-11}$$

将式(2-6-11)、式(2-6-4b)和式(2-6-7)合写为一个向量方程，得

$$\begin{bmatrix} \boldsymbol{Y}_{no}(s) & \boldsymbol{A}_E & \boldsymbol{A}_x \\ -\boldsymbol{A}_E^{\mathrm{T}} & \mathbf{0} & \mathbf{0} \\ \boldsymbol{Y}_x(s)\boldsymbol{A}_x^{\mathrm{T}} & \mathbf{0} & -\mathbf{1} \end{bmatrix} \begin{bmatrix} \boldsymbol{U}_n(s) \\ \boldsymbol{I}_E(s) \\ \boldsymbol{I}_x(s) \end{bmatrix} = \begin{bmatrix} \boldsymbol{I}_{no}(s) \\ \boldsymbol{U}_{SE}(s) \\ \mathbf{0} \end{bmatrix} \tag{2-6-12}$$

式(2-6-12)就是改进节点方程的一般形式。改进的节点法是以增加网络变量数为代价，避开了写无伴电压源支路的支路导纳。设网络有 $N+1$ 个节点、p 个无伴电压源支路和 r 个直接求电流支路，则改进节点方程的网络变量数为 $N+p+r$ 个，系数矩阵为 $N+p+r$ 阶方阵。虽然系数矩阵的维数增加了，但矩阵是稀疏的，利用稀疏矩阵技术计算仍很方便。

例 2-3 在图 2-13(a)所示电路中，如以 $I_{C_1}(s)$ 和 $I_{C_2}(s)$ 为直接求的支路电流，建立改进的节点方程。

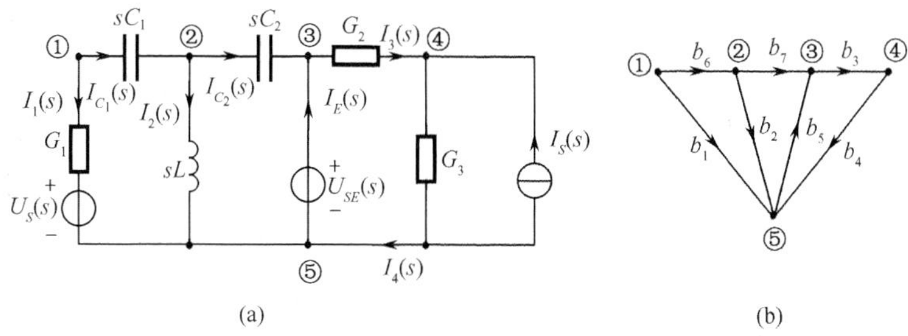

图 2-13

解:作出图 2-13(a)的线形图，如图 2-13(b)所示。以节点⑤为参考节点。b_1、b_2、b_3、b_4 为一般支路，b_5 为无伴电压源支路，b_6、b_7 是直接求电流支路。则关联矩阵 $\boldsymbol{A}$ 为

$$\boldsymbol{A} = \left[\begin{array}{cccc:c:cc} 1 & 0 & 0 & 0 & 0 & 1 & 0 \\ 0 & 1 & 0 & 0 & 0 & -1 & 1 \\ 0 & 0 & 1 & 0 & -1 & 0 & -1 \\ 0 & 0 & -1 & 1 & 0 & 0 & 0 \end{array}\right]$$

$$\qquad\qquad \underbrace{\qquad\qquad}_{\boldsymbol{A}_o} \quad \underbrace{\quad}_{\boldsymbol{A}_E} \quad \underbrace{\qquad}_{\boldsymbol{A}_x}$$

写出一般支路的支路导纳矩阵 $\boldsymbol{Y}_o(s)$ 为

$$\boldsymbol{Y}_o(s) = \begin{bmatrix} G_1 & 0 & 0 & 0 \\ 0 & \dfrac{1}{sL} & 0 & 0 \\ 0 & 0 & G_2 & 0 \\ 0 & 0 & 0 & G_3 \end{bmatrix}$$

直接求电流支路的支路导纳矩阵 $\boldsymbol{Y}_x(s)$ 为

$$\boldsymbol{Y}_x(s) = \begin{bmatrix} sC_1 & 0 \\ 0 & sC_2 \end{bmatrix}$$

根据式(2-6-9)可得

$$\boldsymbol{Y}_{no}(s)=\boldsymbol{A}_o\boldsymbol{Y}_o(s)\boldsymbol{A}_o^{\mathrm{T}}=\begin{bmatrix}G_1 & 0 & 0 & 0\\ 0 & \frac{1}{sL} & 0 & 0\\ 0 & 0 & G_2 & -G_2\\ 0 & 0 & -G_2 & G_2+G_3\end{bmatrix}$$

$$\boldsymbol{Y}_x(s)\boldsymbol{A}_x^{\mathrm{T}}=\begin{bmatrix}sC_1 & -sC_1 & 0 & 0\\ 0 & sC_2 & -sC_2 & 0\end{bmatrix}$$

根据式(2-6-10)有

$$\boldsymbol{I}_{no}(s)=[G_1U_s(s)\quad 0\quad 0\quad I_s(s)]^{\mathrm{T}}$$

由式(2-6-12)知,改进的节点方程为

$$\left[\begin{array}{cccc:c:cc}G_1 & 0 & 0 & 0 & 0 & 1 & 0\\ 0 & \frac{1}{sL} & 0 & 0 & 0 & -1 & 1\\ 0 & 0 & G_2 & -G_2 & -1 & 0 & -1\\ 0 & 0 & -G_2 & G_2+G_3 & 0 & 0 & 0\\ \hdashline 0 & 0 & 1 & 0 & 0 & 0 & 0\\ \hdashline sC_1 & -sC_1 & 0 & 0 & 0 & -1 & 0\\ 0 & sC_2 & -sC_2 & 0 & 0 & 0 & -1\end{array}\right]\left[\begin{array}{c}U_{n1}(s)\\ U_{n2}(s)\\ U_{n3}(s)\\ U_{n4}(s)\\ \hdashline I_E(s)\\ \hdashline I_{C_1}(s)\\ I_{C_2}(s)\end{array}\right]=\left[\begin{array}{c}G_1U_s(s)\\ 0\\ 0\\ I_s(s)\\ \hdashline U_{SE}(s)\\ \hdashline 0\\ 0\end{array}\right]$$

2-7 含零泛器电路的节点方程

在第1-12节中我们介绍了零器和泛器。用零器和泛器可以描述晶体管、运算放大器等器件的理想化特性,零器和泛器总是成对出现的。对于含有零器和泛器的电路可采用节点分析法。

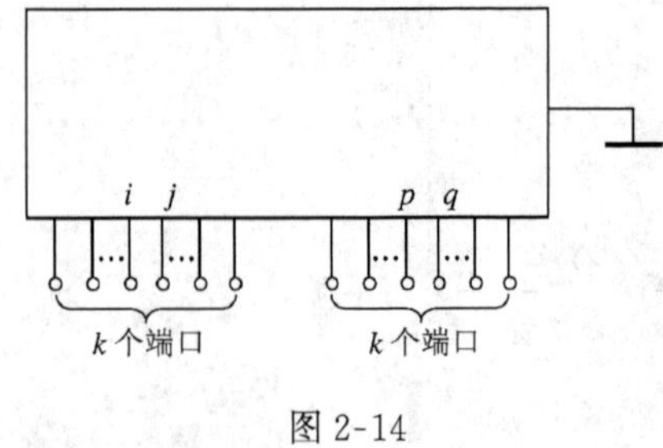

图 2-14

设网络具有 $N+1$ 个节点、k 对零泛器。在建立节点方程前,我们把全部零器和泛器都移去(将所在支路暂时断开),则剩下的网络共有 $2k$ 个端口,如图 2-14 所示。在此情况下,选定参考节点,列写节点方程(为了书写简便起见,以下略去复频率变量符号(s)):

$$\begin{bmatrix}y_{11} & y_{12} & \cdots & y_{1N}\\ y_{21} & y_{22} & \cdots & y_{2N}\\ \vdots & \vdots & & \vdots\\ y_{N1} & y_{N2} & \cdots & y_{NN}\end{bmatrix}\begin{bmatrix}U_{n1}\\ U_{n2}\\ \vdots\\ U_{nN}\end{bmatrix}=\begin{bmatrix}I_{n1}\\ I_{n2}\\ \vdots\\ I_{nN}\end{bmatrix} \tag{2-7-1}$$

将网络中原有的零器和泛器逐一接入网络。若在端子 i 和 j 之间接入一个零器,由于零器的电压为零,故左端节点电压向量中 $U_{ni}=U_{nj}$。因此,将节点导纳矩阵中第 j 列元素加到第 i 列元素中去,并删去第 j 列元素及节点电压向量中的相应变量 U_{nj},由此可得

$$
\begin{bmatrix} y_{11} & y_{12} & \cdots & y_{1i}+y_{1j} & \cdots & y_{1(N-1)} \\ y_{21} & y_{22} & \cdots & y_{2i}+y_{2j} & \cdots & y_{2(N-1)} \\ \vdots & \vdots & & \vdots & & \vdots \\ y_{N1} & y_{N2} & \cdots & y_{Ni}+y_{Nj} & \cdots & y_{N(N-1)} \end{bmatrix} \begin{bmatrix} U_{n1} \\ U_{n2} \\ U_{ni} \\ \vdots \\ U_{n(N-1)} \end{bmatrix} = \begin{bmatrix} I_{n1} \\ I_{n2} \\ \vdots \\ I_{ni} \\ I_{nj} \\ \vdots \\ I_{nN} \end{bmatrix} \tag{2-7-2}
$$

按同样方式将 k 个零器全部接入电路，则节点导纳矩阵 $\boldsymbol{Y}_n$ 变为 $N\times(N-k)$ 矩阵，这样得到的向量方程所表示的方程组中，方程数(N)较变量数($N-k$)多 k 个，即有 k 个冗余方程。

将零器接入网络后，再接入泛器。若在端子 p、q 之间接入一个泛器，设此泛器的电流为 I_{qp}，考虑该支路接入对节点方程的影响，式(2-7-2)变为

$$
\begin{bmatrix} y_{11} & \cdots & y_{1i}+y_{1j} & \cdots & y_{1(N-1)} \\ \vdots & & \vdots & & \vdots \\ y_{p1} & \cdots & y_{pi}+y_{pj} & \cdots & y_{p(N-1)} \\ y_{q1} & \cdots & y_{qi}+y_{qj} & \cdots & y_{q(N-1)} \\ \vdots & & \vdots & & \vdots \\ y_{N1} & \cdots & y_{Ni}+y_{Nj} & \cdots & y_{N(N-1)} \end{bmatrix} \begin{bmatrix} U_{n1} \\ \vdots \\ U_{ni} \\ \vdots \\ U_{np} \\ U_{nq} \\ \vdots \\ U_{n(N-1)} \end{bmatrix} = \begin{bmatrix} I_{n1} \\ \vdots \\ I_{ni} \\ I_{nj} \\ \vdots \\ I_{np}+I_{qp} \\ I_{nq}-I_{qp} \\ \vdots \\ I_{nN} \end{bmatrix} \tag{2-7-3}
$$

根据零泛器的元件特性，I_{qp} 可为任何值，它决定于整个网络的约束关系。因此，我们不希望保留式(2-7-3)右端变量向量中的 I_{qp}。将上述向量方程所代表的方程组中的第 q 个方程与第 p 个方程相加，这样既消去了 I_{qp}，又可以去掉一个冗余方程。这样，式(2-7-3)变为

$$
\begin{bmatrix} y_{11} & \cdots & y_{1i}+y_{1j} & \cdots & y_{1(N-1)} \\ \vdots & & & & \\ y_{p1}+y_{q1} & \cdots & y_{pi}+y_{pj}+y_{qi}+y_{qj} & \cdots & y_{p(N-1)}+y_{q(N-1)} \\ \vdots & & \vdots & & \vdots \\ y_{(N-1)1} & \cdots & y_{(N-1)i}+y_{(N-1)j} & \cdots & y_{(N-1)(N-1)} \end{bmatrix} \begin{bmatrix} U_{n1} \\ \vdots \\ U_{ni} \\ \vdots \\ U_{np} \\ U_{nq} \\ \vdots \\ U_{n(N-1)} \end{bmatrix} = \begin{bmatrix} I_{n1} \\ \vdots \\ I_{ni} \\ I_{nj} \\ \vdots \\ I_{np}+I_{nq} \\ \vdots \\ I_{n(N-1)} \end{bmatrix} \tag{2-7-4}
$$

由此看出，在电路中接入一对零泛器，节点导纳矩阵变为 $N-1$ 阶方阵，节点电压向

量也变为 $N-1$ 个元。若将 k 对零泛器全部接入电路，则节点导纳矩阵将变为 $N-k$ 阶方阵，此时的节点电压向量也只有 $N-k$ 个元。

若节点 i、j 之间的零器的一端 j 接地，则 $U_{ni}=U_{nj}=0$。因此应直接删去矩阵 $\boldsymbol{Y}_n$ 中的第 i 列元素和节点电压向量中的变量 U_{ni}。

若节点 q、p 间的泛器的一端 q 接地，应直接删去矩阵 $\boldsymbol{Y}_n$ 中的第 p 行元素，并同时删去节点电源电流向量中的 I_{np}。

将上述形成节点方程的步骤归纳如下：

(1) 移去所有零器和泛器(将其暂时断开)。

(2) 列写网络的节点方程，此时节点导纳矩阵为 N 阶方阵。

(3) 逐个接入零器。若在节点 i、j 间接入一个零器，设 i、j 二节点均不接地，则将矩阵 $\boldsymbol{Y}_n$ 的第 j 列元素加到第 i 列元素上，并消去第 j 列元素和节点电压向量中的变量 U_{nj}。如果节点 j 接地，则直接从矩阵 $\boldsymbol{Y}_n$ 中删去第 i 列元素和节点电压向量中的变量 U_{ni}。

(4) 逐个接入泛器。若在节点 q、p 间接入一个泛器，设 q、p 二节点均不接地，则将矩阵 $\boldsymbol{Y}_n$ 的第 q 行元素加到第 p 行元素上，并删去第 q 行元素，而节点电源电流向量中第 p 个元素为 $I_{np}+I_{nq}$，同时去掉第 q 个元素 I_{nq}。如果节点 q 接地，则直接删去矩阵 $\boldsymbol{Y}_n$ 的第 p 行元素，同时删去节点电源电流向量中的 I_{np}。

例 2-4　列写图 2-15 所示电路的节点方程。

解：以节点⑥为参考节点，断开零泛器后，节点导纳矩阵为

$$\boldsymbol{Y}_n(s)=\begin{bmatrix} sC & -sC & 0 & 0 & 0 \\ -sC & sC+\dfrac{1}{R_1} & -\dfrac{1}{R_1} & 0 & 0 \\ 0 & -\dfrac{1}{R_1} & \dfrac{1}{R_1}+\dfrac{1}{R_2}+\dfrac{1}{sL} & \dfrac{-1}{sL} & 0 \\ 0 & 0 & -\dfrac{1}{sL} & \dfrac{1}{sL} & 0 \\ 0 & 0 & 0 & 0 & \dfrac{1}{R_3} \end{bmatrix}$$

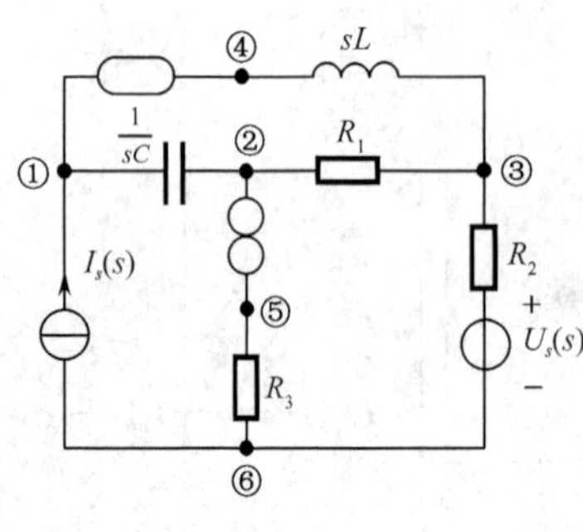

图 2-15

节点电源电流向量为

$$\boldsymbol{I}_n(s)=\begin{bmatrix} I_s & 0 & \dfrac{1}{R_2}U_s & 0 & 0 \end{bmatrix}^{\mathrm{T}}$$

由于节点①和节点④之间接有一个零器，将 $\boldsymbol{Y}_n(s)$ 矩阵中第 4 列元素加到第 1 列元素中去，删去第 4 列元素，同时删去节点电压向量中的变量 U_{n4}。节点②和节点⑤间接有一个泛器，将 $\boldsymbol{Y}_n(s)$ 矩阵中第 5 行加到第 2 行元素中去，并去掉第 5 行元素，同时删去 $\boldsymbol{I}_n(s)$ 向量中第 5 个元素，得到节点方程如下：

$$\begin{bmatrix} sC & -sC & 0 & 0 \\ -sC & sC+\dfrac{1}{R_1} & -\dfrac{1}{R_1} & \dfrac{1}{R_3} \\ -\dfrac{1}{sL} & -\dfrac{1}{R_1} & \dfrac{1}{R_1}+\dfrac{1}{R_2}+\dfrac{1}{sL} & 0 \\ \dfrac{1}{sL} & 0 & -\dfrac{1}{sL} & 0 \end{bmatrix} \begin{bmatrix} U_{n1} \\ U_{n2} \\ U_{n3} \\ U_{n5} \end{bmatrix} = \begin{bmatrix} I_s \\ 0 \\ \dfrac{U_s}{R_2} \\ 0 \end{bmatrix}$$

例 2-5　图 2-16 中的运算放大器为理想运算放大器。求转移电压比 $H(s)=\dfrac{U_2(s)}{U_1(s)}$。

解:将图 2-16 中的理想运算放大器用零泛器模型表示,如图 2-17 所示。

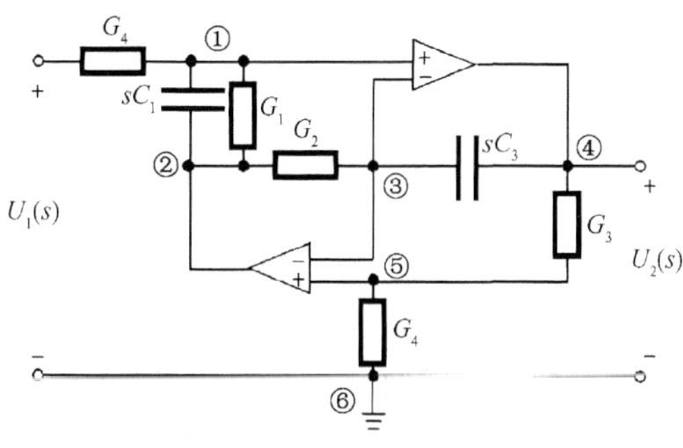

图 2-16

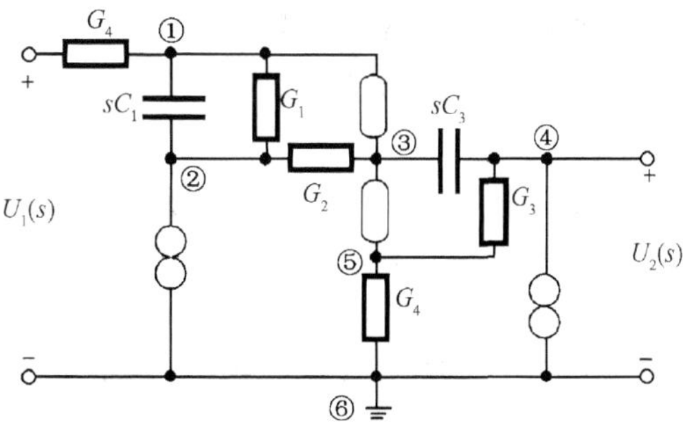

图 2-17

断开所有零泛器后,节点导纳矩阵为

$$\boldsymbol{Y}_n = \begin{bmatrix} G_4+G_1+sC_1 & -(sC_1+G_1) & 0 & 0 & 0 \\ -(sC_1+G_1) & (sC_1+G_1+G_2) & -G_2 & 0 & 0 \\ 0 & -G_2 & G_2+sC_3 & -sC_3 & 0 \\ 0 & 0 & -sC_3 & sC_3+G_3 & -G_3 \\ 0 & 0 & 0 & -G_3 & G_3+G_4 \end{bmatrix}$$

节点电压向量为

$$\boldsymbol{U}_n = [U_{①} \quad U_{②} \quad U_{③} \quad U_{④} \quad U_{⑤}]^{\mathrm{T}}$$

节点电源电流向量为

$$\boldsymbol{I}_n = [G_4U_1 \quad 0 \quad 0 \quad 0 \quad 0]^{\mathrm{T}}$$

因为节点①、③和节点③、⑤之间分别接有一零器，将 $\boldsymbol{Y}_n$ 中第 5 列和第 3 列元素加到第 1 列元素中去，并删去第 5 列和第 3 列元素，同时删去节点电压向量中的 $U_{③}$ 和 $U_{⑤}$。由于节点②、⑥之间和节点④、⑥之间分别接有一泛器，从 $\boldsymbol{Y}_n$ 中直接删去第 2 行和第 4 行元素，同时删去 $\boldsymbol{I}_n$ 中第 2 个和第 4 个元素。可得节点方程

$$\begin{bmatrix} G_4+G_1+sC_1 & -(sC_1+G_1) & 0 \\ G_2+sC_3 & -G_2 & -sC_3 \\ G_3+G_4 & 0 & -G_3 \end{bmatrix}\begin{bmatrix} U_{①} \\ U_{②} \\ U_{④} \end{bmatrix} = \begin{bmatrix} G_4U_1 \\ 0 \\ 0 \end{bmatrix}$$

求解此方程，并考虑到 $U_{④}=U_2$，可得

$$H(s) = \frac{U_2(s)}{U_1(s)} = \frac{G_4G_2(G_3+G_4)}{s^2C_1C_3G_4+sC_3G_1G_4+G_2G_3G_4}$$

2-8 混合变量方程

在前面几节介绍的网络方程法中，导纳矩阵法、节点分析、割集分析要求能写出网络的导纳矩阵，而阻抗矩阵法和回路分析则要求能写出网络的阻抗矩阵。某些元件只具有导纳参数，例如电压控电流源。另一些元件却只具有阻抗参数，例如电流控电压源。还有一些元件既不具有阻抗参数，也不具有导纳参数，例如电压控电压源，其元件特性是用电压与电压的关系来表示的。如果网络中含有这类元件，应用直接分析法、节点分析法、割集分析法和回路分析法均会出现困难。本节介绍的混合变量法适用于含有这类元件的网络。

由于树支电压形成所有支路电压的一个基底集合，用树支电压可以表示出网络中全部支路电压。连支电流形成所有支路电流的一个基底集合，用连支电流可以表示出网络中全部支路电流。因此，我们可以通过选树来选择一组独立的混合变量(既有电流又有电压)作为网络变量，建立混合的元件 VCR 向量方程，以适应各类非源元件 VCR 表达的需要。

对于一个给定的网络，选择一个适当的树后，根据式(2-3-13)和式(2-3-14)，有

$$\boldsymbol{I}_b = \boldsymbol{I} - \boldsymbol{I}_s$$
$$\boldsymbol{U}_b = \boldsymbol{U} - \boldsymbol{U}_s$$

式中 $\boldsymbol{U}$、$\boldsymbol{I}$ 为非源元件(包括无源元件和受控源等非独立源元件)的电压、电流。若将这些元件按先树支后连支的顺序排列，则

$$\boldsymbol{U} = [\boldsymbol{U}_t \quad \boldsymbol{U}_l]^{\mathrm{T}}$$
$$\boldsymbol{I} = [\boldsymbol{I}_t \quad \boldsymbol{I}_l]^{\mathrm{T}}$$

根据式(2-3-16)所表示的 KCL 方程，将其中矩阵 $\boldsymbol{Q}_f$ 按先树支后连支分块后有

$$[\boldsymbol{1}_t \quad \boldsymbol{Q}_l]\begin{bmatrix} \boldsymbol{I}_t \\ \boldsymbol{I}_l \end{bmatrix} = \boldsymbol{Q}_f\boldsymbol{I}_s \tag{2-8-1}$$

展开得

$$\boldsymbol{I}_t + \boldsymbol{Q}_l \boldsymbol{I}_l = \boldsymbol{Q}_f \boldsymbol{I}_s \tag{2-8-2}$$

根据式(2-3-17)所表示的 KVL 方程，将其中矩阵 $\boldsymbol{B}_f$ 也按先树支后连支分块后有

$$\begin{bmatrix} \boldsymbol{B}_t & \boldsymbol{1}_l \end{bmatrix} \begin{bmatrix} \boldsymbol{U}_t \\ \boldsymbol{U}_l \end{bmatrix} = \boldsymbol{B}_f \boldsymbol{U}_s \tag{2-8-3}$$

展开得

$$\boldsymbol{B}_t \boldsymbol{U}_t + \boldsymbol{U}_l = \boldsymbol{B}_f \boldsymbol{U}_s \tag{2-8-4}$$

由于 $\boldsymbol{B}_t = -\boldsymbol{Q}_l^{\mathrm{T}}$，则式(2-8-4)可写为

$$-\boldsymbol{Q}_l^{\mathrm{T}} \boldsymbol{U}_t + \boldsymbol{U}_l = \boldsymbol{B}_f \boldsymbol{U}_s \tag{2-8-5}$$

非源元件的混合变量 VCR 向量方程为

$$\boldsymbol{U}_l = \boldsymbol{Z}_l \boldsymbol{I}_l + \boldsymbol{H}_{12} \boldsymbol{U}_t \tag{2-8-6a}$$

$$\boldsymbol{I}_t = \boldsymbol{H}_{21} \boldsymbol{I}_l + \boldsymbol{Y}_t \boldsymbol{U}_t \tag{2-8-6b}$$

式中 $\boldsymbol{Z}_l$ 为连支阻抗矩阵，$\boldsymbol{Y}_t$ 为树支导纳矩阵，$\boldsymbol{H}_{12}$ 中的元素具有电压比性质，$\boldsymbol{H}_{21}$ 中的元素具有电流比性质。式(2-8-6)将网络中的连支电压和树支电流用连支电流和树支电压的混合组合表示。

将式(2-8-6)代入式(2-8-2)和式(2-8-5)，经整理后得

$$\boldsymbol{Y}_t \boldsymbol{U}_t + (\boldsymbol{H}_{21} + \boldsymbol{Q}_l) \boldsymbol{I}_l = \boldsymbol{Q}_f \boldsymbol{I}_s \tag{2-8-7}$$

$$(\boldsymbol{H}_{12} - \boldsymbol{Q}_l^{\mathrm{T}}) \boldsymbol{U}_t + \boldsymbol{Z}_l \boldsymbol{I}_l = \boldsymbol{B}_f \boldsymbol{U}_s \tag{2-8-8}$$

将以上二式合为一个向量方程，得

$$\begin{bmatrix} \boldsymbol{Y}_t & \boldsymbol{H}_{21} + \boldsymbol{Q}_l \\ \boldsymbol{H}_{21} - \boldsymbol{Q}_l^{\mathrm{T}} & \boldsymbol{Z}_l \end{bmatrix} \begin{bmatrix} \boldsymbol{U}_t \\ \boldsymbol{I}_l \end{bmatrix} = \begin{bmatrix} \boldsymbol{Q}_f \boldsymbol{I}_s \\ \boldsymbol{B}_f \boldsymbol{U}_s \end{bmatrix} \tag{2-8-9}$$

上式表示一组以树支非源元件电压和连支非源元件电流作为网络变量的混合变量方程。网络变量数等于支路数。

当网络中不含多端元件时，$\boldsymbol{H}_{12} = \boldsymbol{H}_{21} = \boldsymbol{0}$ 。于是矩阵方程式(2-8-9)展开成两个独立的方程。将第二式代入第一式可得割集方程。将第一式代入第二式可得回路方程(请读者自行推导)。

选择适当的树是列写混合变量方程的关键，式(2-8-6)是选树的依据。由式(2-8-6)可以看出，元件特性只具有导纳表示式的元件宜选作树支，只具有阻抗表示式的元件宜选作连支。R、L、C 元件具有阻抗和导纳两种表示式，因而既可被选作树支，又可被选作连支。回转器也具有阻抗和导纳两种表示式，但回转器的一个支路电压与另一支路电流有关，故两条支路必须均选为树支，或均选为连支。CCVS 只具有阻抗表示式，它的两条支路必须均选为连支。VCCS 只有导纳表示式，它的两条支路必须均选为树支。对于理想变压器和负阻抗变换器，它们的元件特性既不能用阻抗参数，也不能用导纳参数表示，而是具有两支路电压与电压、电流与电流之间的关系式，因此，应任选两条支路之一为树支，另一为连支。VCVS 的二支路电压之间存在控制关系，故其一应为树支，另一应为连支。要能够写出式(2-8-6)形式的元件 VCR 方程，必须把控制支路选为树支，受控支路选为连支。同理，CCCS 的控制支路应为连支，受控支路应为树支。

某些含两个(或两个以上)多端元件的网络有可能选不出满足上述要求的树，这种情况则不能列出网络的混合变量方程。

例 2-6　列写图 2-18(a)所示网络的混合变量方程。

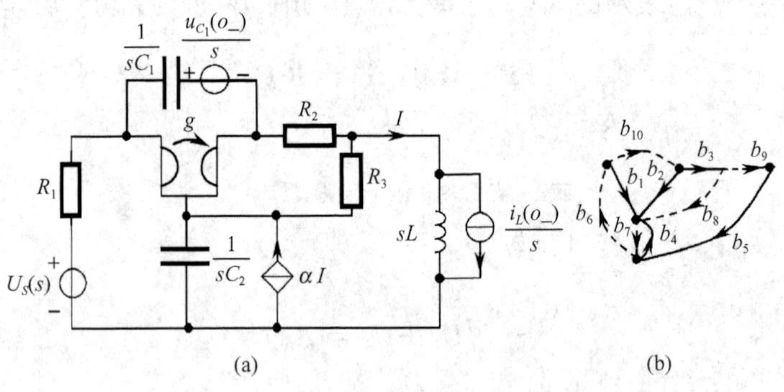

图 2-18

解:作出图 2-18(a)所示网络的线形图,并选取支路 b_1、b_2、b_3、b_4、b_5 为树支,如图 2-18(b)所示,图中粗实线表示树支。网络中 CCCS 的控制支路(b_9)选为连支,受控支路(b_4)选为树支。回转器两支路(b_1、b_2)均选为树支。

由图 2-18(b)写出基本割集矩阵 $\boldsymbol{Q}_f$ 和基本回路矩阵 $\boldsymbol{B}_f$:

$$\boldsymbol{Q}_f=\begin{array}{c} \begin{array}{cccccccccc} b_1 & b_2 & b_3 & b_4 & b_5 & b_6 & b_7 & b_8 & b_9 & b_{10} \end{array} \\ \left[\begin{array}{ccccc:ccccc} 1 & 0 & 0 & 0 & 0 & -1 & 0 & 0 & 0 & 1 \\ 0 & 1 & 0 & 0 & 0 & 0 & 0 & 1 & 1 & -1 \\ 0 & 0 & 1 & 0 & 0 & 0 & 0 & -1 & -1 & 0 \\ 0 & 0 & 0 & 1 & 0 & 1 & -1 & 0 & -1 & 0 \\ 0 & 0 & 0 & 0 & 1 & 0 & 0 & 0 & -1 & 0 \end{array}\right] \end{array} \tag{2-8-10}$$

$$\boldsymbol{B}_f=\left[\begin{array}{ccccc:ccccc} 1 & 0 & 0 & -1 & 0 & 1 & 0 & 0 & 0 & 0 \\ 0 & 0 & 0 & 1 & 0 & 0 & 1 & 0 & 0 & 0 \\ 0 & -1 & 1 & 0 & 0 & 0 & 0 & 1 & 0 & 0 \\ 0 & -1 & 1 & 1 & 1 & 0 & 0 & 0 & 1 & 0 \\ -1 & 1 & 0 & 0 & 0 & 0 & 0 & 0 & 0 & 1 \end{array}\right]$$

由式(2-8-10)有

$$\boldsymbol{Q}_l=\begin{bmatrix} -1 & 0 & 0 & 0 & 1 \\ 0 & 0 & 1 & 1 & -1 \\ 0 & 0 & -1 & -1 & 0 \\ 1 & -1 & 0 & -1 & 0 \\ 0 & 0 & 0 & -1 & 0 \end{bmatrix}$$

非源元件的混合变量 VCR 向量方程为

$$
\begin{bmatrix} U_6 \\ U_7 \\ U_8 \\ U_9 \\ U_{10} \\ I_1 \\ I_2 \\ I_3 \\ I_4 \\ I_5 \end{bmatrix} = \left[\begin{array}{ccccc:ccccc} R_1 & 0 & 0 & 0 & 0 & 0 & 0 & 0 & 0 & 0 \\ 0 & \frac{1}{sC_2} & 0 & 0 & 0 & 0 & 0 & 0 & 0 & 0 \\ 0 & 0 & R_3 & 0 & 0 & 0 & 0 & 0 & 0 & 0 \\ 0 & 0 & 0 & 0 & 0 & 0 & 0 & 0 & 0 & 0 \\ 0 & 0 & 0 & 0 & \frac{1}{sC_1} & 0 & 0 & 0 & 0 & 0 \\ \hdashline 0 & 0 & 0 & 0 & 0 & 0 & g & 0 & 0 & 0 \\ 0 & 0 & 0 & 0 & 0 & -g & 0 & 0 & 0 & 0 \\ 0 & 0 & 0 & 0 & 0 & 0 & 0 & \frac{1}{R_2} & 0 & 0 \\ 0 & 0 & 0 & \alpha & 0 & 0 & 0 & 0 & 0 & 0 \\ 0 & 0 & 0 & 0 & 0 & 0 & 0 & 0 & 0 & \frac{1}{sL} \end{array}\right] \begin{bmatrix} I_6 \\ I_7 \\ I_8 \\ I_9 \\ I_{10} \\ U_1 \\ U_2 \\ U_3 \\ U_4 \\ U_5 \end{bmatrix} \tag{2-8-11}
$$

由式(2-8-11)有

$$
\boldsymbol{Z}_l = \begin{bmatrix} R_1 & 0 & 0 & 0 & 0 \\ 0 & \frac{1}{sC_2} & 0 & 0 & 0 \\ 0 & 0 & R_3 & 0 & 0 \\ 0 & 0 & 0 & 0 & 0 \\ 0 & 0 & 0 & 0 & \frac{1}{sC_1} \end{bmatrix} \qquad \boldsymbol{H}_{12} = \boldsymbol{0}
$$

$$
\boldsymbol{H}_{21} = \begin{bmatrix} 0 & 0 & 0 & 0 & 0 \\ 0 & 0 & 0 & 0 & 0 \\ 0 & 0 & 0 & 0 & 0 \\ 0 & 0 & 0 & \alpha & 0 \\ 0 & 0 & 0 & 0 & 0 \end{bmatrix} \qquad \boldsymbol{Y}_t = \begin{bmatrix} 0 & g & 0 & 0 & 0 \\ -g & 0 & 0 & 0 & 0 \\ 0 & 0 & \frac{1}{R_2} & 0 & 0 \\ 0 & 0 & 0 & 0 & 0 \\ 0 & 0 & 0 & 0 & \frac{1}{sL} \end{bmatrix}
$$

支路电流源向量和支路电压源向量分别为

$$
\boldsymbol{I}_s = \begin{bmatrix} 0 & 0 & 0 & 0 & -\frac{i_L(0_-)}{s} & 0 & 0 & 0 & 0 & 0 \end{bmatrix}^{\mathrm{T}}
$$

$$
\boldsymbol{U}_s = \begin{bmatrix} 0 & 0 & 0 & 0 & 0 & U_s & 0 & 0 & 0 & -\frac{u_{C_1}(0_-)}{s} \end{bmatrix}^{\mathrm{T}}
$$

$$
\boldsymbol{H}_{21} + \boldsymbol{Q}_l = \begin{bmatrix} -1 & 0 & 0 & 0 & 1 \\ 0 & 0 & 1 & 1 & -1 \\ 0 & 0 & -1 & -1 & 0 \\ 1 & -1 & 0 & -1+\alpha & 0 \\ 0 & 0 & 0 & -1 & 0 \end{bmatrix}
$$

$$
\boldsymbol{H}_{12}-\boldsymbol{Q}_l^{\mathrm{T}}=\begin{bmatrix} 1 & 0 & 0 & -1 & 0 \\ 0 & 0 & 0 & 1 & 0 \\ 0 & -1 & 1 & 0 & 0 \\ 0 & -1 & 1 & 1 & 1 \\ -1 & 1 & 0 & 0 & 0 \end{bmatrix}
$$

$$
\boldsymbol{Q}_f\boldsymbol{I}_s=\begin{bmatrix} 0 & 0 & 0 & 0 & -\dfrac{i_L(0_-)}{s} \end{bmatrix}^{\mathrm{T}}
$$

$$
\boldsymbol{B}_f\boldsymbol{U}_s=\begin{bmatrix} U_s & 0 & 0 & 0 & -\dfrac{u_{C_1}(0_-)}{s} \end{bmatrix}^{\mathrm{T}}
$$

由式(2-8-9)可得网络的混合变量方程

$$
\begin{bmatrix}
0 & g & 0 & 0 & 0 & -1 & 0 & 0 & 0 & 1 \\
-g & 0 & 0 & 0 & 0 & 0 & 0 & 1 & 1 & -1 \\
0 & 0 & \dfrac{1}{R_2} & 0 & 0 & 0 & 0 & -1 & -1 & 0 \\
0 & 0 & 0 & 0 & 0 & 1 & -1 & 0 & -1+\alpha & 0 \\
0 & 0 & 0 & 0 & \dfrac{1}{sL} & 0 & 0 & 0 & -1 & 0 \\
1 & 0 & 0 & -1 & 0 & R_1 & 0 & 0 & 0 & 0 \\
0 & 0 & 0 & 1 & 0 & 0 & \dfrac{1}{sC_2} & 0 & 0 & 0 \\
0 & -1 & 1 & 0 & 0 & 0 & 0 & R_3 & 0 & 0 \\
0 & -1 & 1 & 1 & 1 & 0 & 0 & 0 & 0 & 0 \\
-1 & 1 & 0 & 0 & 0 & 0 & 0 & 0 & 0 & \dfrac{1}{sC_1}
\end{bmatrix}
\begin{bmatrix} U_1 \\ U_2 \\ U_3 \\ U_4 \\ U_5 \\ I_6 \\ I_7 \\ I_8 \\ I_9 \\ I_{10} \end{bmatrix}
=
\begin{bmatrix} 0 \\ 0 \\ 0 \\ 0 \\ -\dfrac{i_L(0_-)}{s} \\ U_s \\ 0 \\ 0 \\ 0 \\ -\dfrac{u_{C_1}(0_-)}{s} \end{bmatrix}
$$

2-9 撕 裂 法

撕裂法(diakoptics)是分析大型网络的一种方法。该方法的基本思想是,把一个大型网络撕裂成若干个较小的子网络。对每一个子网络可以单独分析和求解,不必考虑其他部分的存在。然后把各子网络的解相互联接构成原网络的整体解。由于每一子网络比原网络结构简单,求解也比较容易。对于各子网络可用节点分析、回路分析、割集分析、混合分析等方法求解。本书只介绍节点分析和混合分析。

2-9-1 节点分析

对于图 2-19 所示连通图,当移去支路 b_1、b_2、b_3 后,原来的连通图成为两个分离的子图。被移去的支路称为撕裂支路(tearing branches),其余支路称为剩余支路(remainder branches)。

为了使问题简化,假设同类支路之间可存在耦合关系,但撕裂支路与剩余支路之间不存在耦合。支路仍按 2-3-3 节中规定的一般支路划分。

对于具有 $N+1$ 个节点、B 条支路的网络，将其支路分为两类：一类为撕裂支路，用下标 d 表示；另一类为剩余支路，用下标 r 表示。若移去撕裂支路后，剩余支路形成的子网络的图仍是连通的，但是可断图，且仅有一个断点。以断点为参考节点，则关联矩阵 $\boldsymbol{A}$ 按剩余支路和撕裂支路可分块为

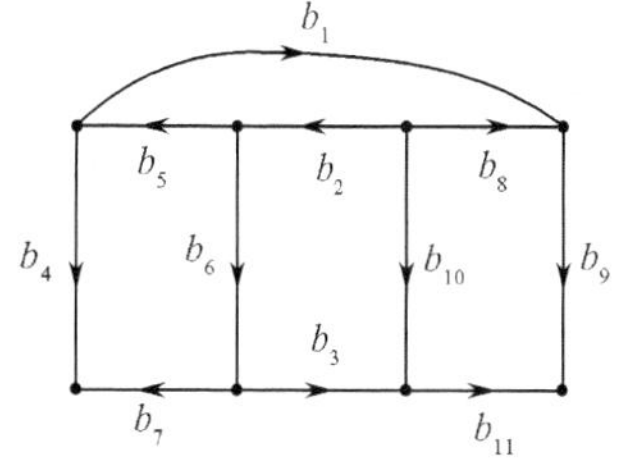

图 2-19

$$\boldsymbol{A}=[\boldsymbol{A}_r \mid \boldsymbol{A}_d]=\left[\begin{array}{cccc:c}\boldsymbol{A}_{r1} & \boldsymbol{0} & \cdots & \boldsymbol{0} & \\ \boldsymbol{0} & \boldsymbol{A}_{r2} & & \vdots & \\ \vdots & & \ddots & \boldsymbol{0} & \boldsymbol{A}_d \\ \boldsymbol{0} & \cdots & \boldsymbol{0} & \boldsymbol{A}_{rk} & \end{array}\right]$$

设剩余支路形成 k 个子网络。由于除共同的参考节点外，各子网络既无公共支路、又无公共节点，因此 $\boldsymbol{A}_r$ 可以写为分块对角阵的形式。$\boldsymbol{A}_{r1}, \cdots, \boldsymbol{A}_{rk}$ 分别表示各子网络的关联矩阵。

将支路电流向量、支路电压向量、支路电流源向量和支路电压源向量按同样方式分块，即

$$\boldsymbol{I}_b=\begin{bmatrix}\boldsymbol{I}_r\\ \boldsymbol{I}_d\end{bmatrix}\qquad \boldsymbol{U}_b=\begin{bmatrix}\boldsymbol{U}_r\\ \boldsymbol{U}_d\end{bmatrix}\qquad \boldsymbol{I}_s=\begin{bmatrix}\boldsymbol{I}_{sr}\\ \boldsymbol{I}_{sd}\end{bmatrix}\qquad \boldsymbol{U}_s=\begin{bmatrix}\boldsymbol{U}_{sr}\\ \boldsymbol{U}_{sd}\end{bmatrix}$$

支路阻抗矩阵和支路导纳矩阵也同样可分块为

$$\boldsymbol{Z}_b=\left[\begin{array}{c:c}\boldsymbol{Z}_r & \boldsymbol{0}\\ \hdashline \boldsymbol{0} & \boldsymbol{Z}_d\end{array}\right]=\left[\begin{array}{cccc:c}\boldsymbol{Z}_{r1} & \boldsymbol{0} & \cdots & \boldsymbol{0} & \\ \boldsymbol{0} & \boldsymbol{Z}_{r2} & & \vdots & \\ \vdots & & \ddots & \boldsymbol{0} & \boldsymbol{0}\\ \boldsymbol{0} & \cdots & \boldsymbol{0} & \boldsymbol{Z}_{rk} & \\ \hdashline & & \boldsymbol{0} & & \boldsymbol{Z}_d\end{array}\right]$$

$$\boldsymbol{Y}_b=\left[\begin{array}{c:c}\boldsymbol{Y}_r & \boldsymbol{0}\\ \hdashline \boldsymbol{0} & \boldsymbol{Y}_d\end{array}\right]=\left[\begin{array}{cccc:c}\boldsymbol{Y}_{r1} & \boldsymbol{0} & \cdots & \boldsymbol{0} & \\ \boldsymbol{0} & \boldsymbol{Y}_{r2} & & \vdots & \\ \vdots & & \ddots & \boldsymbol{0} & \boldsymbol{0}\\ \boldsymbol{0} & \cdots & \boldsymbol{0} & \boldsymbol{Y}_{rk} & \\ \hdashline & & \boldsymbol{0} & & \boldsymbol{Y}_d\end{array}\right]$$

根据 KCL 有

$$\boldsymbol{A}_r\boldsymbol{I}_r+\boldsymbol{A}_d\boldsymbol{I}_d=\boldsymbol{0} \tag{2-9-1a}$$

根据 KVL 有

$$\begin{bmatrix}\boldsymbol{U}_r\\ \boldsymbol{U}_d\end{bmatrix}=[\boldsymbol{A}_r\quad \boldsymbol{A}_d]^{\mathrm{T}}\boldsymbol{U}_n \tag{2-9-1b}$$

由一般支路的 VCR 可得

$$\boldsymbol{I}_r=\boldsymbol{Y}_r\boldsymbol{U}_r+\boldsymbol{Y}_r\boldsymbol{U}_{sr}-\boldsymbol{I}_{sr} \tag{2-9-1c}$$

$$\boldsymbol{U}_d=\boldsymbol{Z}_d\boldsymbol{I}_d+\boldsymbol{Z}_d\boldsymbol{I}_{sd}-\boldsymbol{U}_{sd} \tag{2-9-1d}$$

由式(2-9-1a)至式(2-9-1d)可导得

$$\boldsymbol{A}_r\boldsymbol{Y}_r\boldsymbol{A}_r^{\mathrm{T}}\boldsymbol{U}_n+\boldsymbol{A}_d\boldsymbol{I}_d=\boldsymbol{A}_r\boldsymbol{I}_{sr}-\boldsymbol{A}_r\boldsymbol{Y}_r\boldsymbol{U}_{sr}$$

$$\boldsymbol{A}_d^{\mathrm{T}}\boldsymbol{U}_n - \boldsymbol{Z}_d\boldsymbol{I}_d = \boldsymbol{Z}_d\boldsymbol{I}_{sd} - \boldsymbol{U}_{sd}$$

写成矩阵形式为

$$\begin{bmatrix} \boldsymbol{A}_r\boldsymbol{Y}_r\boldsymbol{A}_r^{\mathrm{T}} & \boldsymbol{A}_d \\ \boldsymbol{A}_d^{\mathrm{T}} & -\boldsymbol{Z}_d \end{bmatrix} \begin{bmatrix} \boldsymbol{U}_n \\ \boldsymbol{I}_d \end{bmatrix} = \begin{bmatrix} \boldsymbol{A}_r\boldsymbol{I}_{sr} - \boldsymbol{A}_r\boldsymbol{Y}_r\boldsymbol{U}_{sr} \\ \boldsymbol{Z}_d\boldsymbol{I}_{sd} - \boldsymbol{U}_{sd} \end{bmatrix} \tag{2-9-2}$$

式(2-9-2)称为撕裂节点方程，网络变量为节点电压和撕裂支路电流。方程右端上面一个分块是流入各分离部分的等效电流源的电流。下面一个分块是由撕裂支路中的独立源产生的等效电压源的电压。如撕裂支路不含独立源，该子块应为零阵。方程左端矩阵中的 $\boldsymbol{A}_r\boldsymbol{Y}_r\boldsymbol{A}_r^{\mathrm{T}}$ 是移去撕裂支路后网络剩余部分的节点导纳矩阵，它具有分块对角阵的形式，位于主对角线上的各分块为各子网络的节点导纳矩阵。故这种方法实际上是对剩余支路形成的部分网络进行节点分析。

例 2-7 列写图 2-20(a)所示网络的撕裂节点方程。

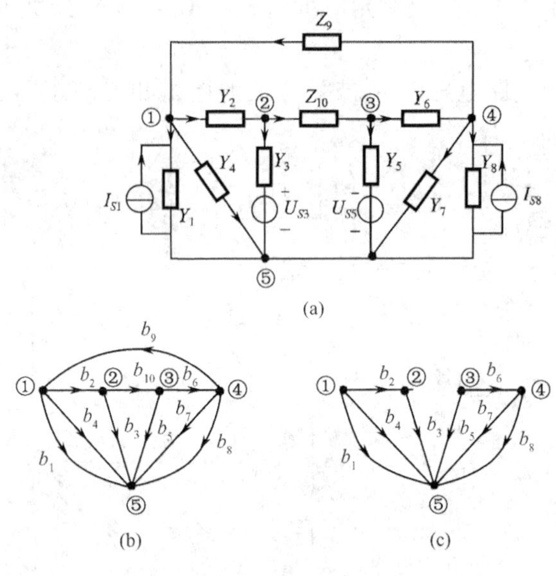

图 2-20

解：作出图 2-20(a)所示网络的线形图，如图 2-20(b)所示。以 b_9、b_{10} 为撕裂支路，移去支路 b_9 和 b_{10}后，剩余支路构成一个可断图，节点⑤为断点，如图 2-20(c)所示。以节点⑤为参考节点，根据图 2-20(b)可写出关联矩阵 $\boldsymbol{A}$：

$$\boldsymbol{A} = \begin{matrix} ① \\ ② \\ ③ \\ ④ \end{matrix} \underbrace{\left[\begin{array}{cccc:cccc} 1 & 1 & 0 & 1 & 0 & 0 & 0 & 0 \\ 0 & -1 & 1 & 0 & 0 & 0 & 0 & 0 \\ \hdashline 0 & 0 & 0 & 0 & 1 & 1 & 0 & 0 \\ 0 & 0 & 0 & 0 & 0 & -1 & 1 & 1 \end{array}\right.}_{\boldsymbol{A}_r} \underbrace{\left.\begin{array}{:cc} -1 & 0 \\ 0 & 1 \\ 0 & -1 \\ 1 & 0 \end{array}\right]}_{\boldsymbol{A}_d}$$

剩余支路的关联矩阵为分块对角阵，即

$$\boldsymbol{A}_r = \left[\begin{array}{c:c} \boldsymbol{A}_{r1} & \boldsymbol{0} \\ \hdashline \boldsymbol{0} & \boldsymbol{A}_{r2} \end{array}\right]$$

剩余支路的支路导纳矩阵也具有分块对角阵形式：

$$\boldsymbol{Y}_r=\begin{bmatrix}\boldsymbol{Y}_{r1} & \boldsymbol{0}\\ \boldsymbol{0} & \boldsymbol{Y}_{r2}\end{bmatrix}=\left[\begin{array}{cccc|cccc}Y_1 & 0 & 0 & 0 & & & & \\ 0 & Y_2 & 0 & 0 & & \boldsymbol{0} & & \\ 0 & 0 & Y_3 & 0 & & & & \\ 0 & 0 & 0 & Y_4 & & & & \\ \hline & & & & Y_5 & 0 & 0 & 0\\ & \boldsymbol{0} & & & 0 & Y_6 & 0 & 0\\ & & & & 0 & 0 & Y_7 & 0\\ & & & & 0 & 0 & 0 & Y_8\end{array}\right]$$

$$\begin{aligned}\boldsymbol{A}_r\boldsymbol{Y}_r\boldsymbol{A}_r^{\mathrm{T}}&=\begin{bmatrix}\boldsymbol{A}_{r1} & \boldsymbol{0}\\ \boldsymbol{0} & \boldsymbol{A}_{r2}\end{bmatrix}\begin{bmatrix}\boldsymbol{Y}_{r1} & \boldsymbol{0}\\ \boldsymbol{0} & \boldsymbol{Y}_{r2}\end{bmatrix}\begin{bmatrix}\boldsymbol{A}_{r1}^{\mathrm{T}} & \boldsymbol{0}\\ \boldsymbol{0} & \boldsymbol{A}_{r2}^{\mathrm{T}}\end{bmatrix}\\ &=\begin{bmatrix}\boldsymbol{A}_{r1}\boldsymbol{Y}_{r1}\boldsymbol{A}_{r1}^{\mathrm{T}} & \boldsymbol{0}\\ \boldsymbol{0} & \boldsymbol{A}_{r2}\boldsymbol{Y}_{r2}\boldsymbol{A}_{r2}^{\mathrm{T}}\end{bmatrix}\\ &=\left[\begin{array}{cc|cc}Y_1+Y_2+Y_4 & -Y_2 & 0 & 0\\ -Y_2 & Y_2+Y_3 & 0 & 0\\ \hline 0 & 0 & Y_5+Y_6 & -Y_6\\ 0 & 0 & -Y_6 & Y_6+Y_7+Y_8\end{array}\right]\end{aligned}$$

$$\boldsymbol{Z}_d=\begin{bmatrix}Z_9 & 0\\ 0 & Z_{10}\end{bmatrix}\qquad \boldsymbol{I}_{sd}=\boldsymbol{0}\qquad \boldsymbol{U}_{sd}=\boldsymbol{0}$$

$$\boldsymbol{U}_{sr}=[0\quad 0\quad -U_{s3}\quad 0\quad -U_{s5}\quad 0\quad 0\quad 0]^{\mathrm{T}}$$

$$\boldsymbol{I}_{sr}=[I_{s1}\quad 0\quad 0\quad 0\quad 0\quad 0\quad 0\quad I_{s8}]^{\mathrm{T}}$$

$$\boldsymbol{A}_r\boldsymbol{I}_{sr}-\boldsymbol{A}_r\boldsymbol{Y}_r\boldsymbol{U}_{sr}=[I_{s1}\quad Y_3U_{s3}\quad Y_5U_{s5}\quad I_{s8}]^{\mathrm{T}}$$

$$\boldsymbol{Z}_d\boldsymbol{I}_{sd}-\boldsymbol{U}_{sd}=[0\quad 0]^{\mathrm{T}}$$

因此，由式(2-9-2)可得节点方程为

$$\begin{bmatrix}Y_1+Y_2+Y_4 & -Y_2 & 0 & 0 & -1 & 0\\ -Y_2 & Y_2+Y_3 & 0 & 0 & 0 & 1\\ 0 & 0 & Y_5+Y_6 & -Y_6 & 0 & -1\\ 0 & 0 & -Y_6 & Y_6+Y_7+Y_8 & 1 & 0\\ -1 & 0 & 0 & 1 & -Z_9 & 0\\ 0 & 1 & -1 & 0 & 0 & -Z_{10}\end{bmatrix}\begin{bmatrix}U_{n1}\\ U_{n2}\\ U_{n3}\\ U_{n4}\\ I_9\\ I_{10}\end{bmatrix}=\begin{bmatrix}I_{s1}\\ Y_3U_{s3}\\ Y_5U_{s5}\\ I_{s8}\\ 0\\ 0\end{bmatrix}$$

由以上举例看出，由于剩余网络的节点导纳矩阵 $\boldsymbol{A}_r\boldsymbol{Y}_r\boldsymbol{A}_r^{\mathrm{T}}$ 为分块对角阵，可通过对各子网络分别计算其节点导纳矩阵来得到，因而可有效地节省计算时占用的存储空间、缩短计算时间。

若移去撕裂支路后，剩余支路被分裂为两个(或两个以上)相互分离的子网络，则各子网络中仅有一个含有原网络的参考节点。对其余每个子网络另选一参考节点，这些参考节点的集合用 n_c 表示。不属于 n_c 的节点用 n_o 表示。则关联矩阵 $\boldsymbol{A}$ 可分块为

$$\boldsymbol{A}=\begin{matrix} & b_r & b_d \\ n_o & \boldsymbol{A}_r & \boldsymbol{A}_d \\ n_c & \boldsymbol{a}_r & \boldsymbol{a}_d \end{matrix}$$

将支路电流向量、支路电压向量、支路电流源向量和电压源向量均按剩余支路和撕裂支路进行分块，即

$$\boldsymbol{I}_b=\begin{bmatrix}\boldsymbol{I}_r\\ \boldsymbol{I}_d\end{bmatrix}\quad \boldsymbol{U}_b=\begin{bmatrix}\boldsymbol{U}_r\\ \boldsymbol{U}_d\end{bmatrix}\quad \boldsymbol{I}_s=\begin{bmatrix}\boldsymbol{I}_{sr}\\ \boldsymbol{I}_{sd}\end{bmatrix}\quad \boldsymbol{U}_s=\begin{bmatrix}\boldsymbol{I}_r\\ \boldsymbol{I}_{sd}\end{bmatrix}$$

支路阻抗矩阵和支路导纳矩阵也按同样方式分块为

$$\boldsymbol{Z}_b=\begin{bmatrix}\boldsymbol{Z}_r & \boldsymbol{0}\\ \boldsymbol{0} & \boldsymbol{Z}_d\end{bmatrix}\qquad \boldsymbol{Y}_b=\begin{bmatrix}\boldsymbol{Y}_r & \boldsymbol{0}\\ \boldsymbol{0} & \boldsymbol{Y}_d\end{bmatrix}$$

节点电压向量分块为

$$\boldsymbol{U}_n=\begin{bmatrix}\boldsymbol{U}_{no}\\ \boldsymbol{U}_{nc}\end{bmatrix}$$

其中 $\boldsymbol{U}_{nc}$ 表示节点集合 n_c 的节点电压向量，$\boldsymbol{U}_{no}$ 表示不属于 n_c 的节点电压向量。

根据 KCL 有

$$\boldsymbol{A}_r\boldsymbol{I}_r+\boldsymbol{A}_d\boldsymbol{I}_d=\boldsymbol{0} \tag{2-9-3a}$$

$$\boldsymbol{a}_r\boldsymbol{I}_r+\boldsymbol{a}_d\boldsymbol{I}_d=\boldsymbol{0} \tag{2-9-3b}$$

根据 KVL 有

$$\boldsymbol{U}_r=\boldsymbol{A}_r^{\mathrm{T}}\boldsymbol{U}_{no}+\boldsymbol{a}_r^{\mathrm{T}}\boldsymbol{U}_{nc} \tag{2-9-4a}$$

$$\boldsymbol{U}_d=\boldsymbol{A}_d^{\mathrm{T}}\boldsymbol{U}_{no}+\boldsymbol{a}_d^{\mathrm{T}}\boldsymbol{U}_{nc} \tag{2-9-4b}$$

由一般支路的 VCR 可得

$$\boldsymbol{I}_r=\boldsymbol{Y}_r\boldsymbol{U}_r+\boldsymbol{Y}_r\boldsymbol{U}_{sr}-\boldsymbol{I}_{sr} \tag{2-9-5a}$$

$$\boldsymbol{U}_d=\boldsymbol{Z}_d\boldsymbol{I}_d+\boldsymbol{Z}_d\boldsymbol{I}_{sd}-\boldsymbol{U}_{sd} \tag{2-9-5b}$$

由以上六个方程，可得

$$\boldsymbol{A}_r\boldsymbol{Y}_r\boldsymbol{A}_r^{\mathrm{T}}\boldsymbol{U}_{no}+\boldsymbol{A}_d\boldsymbol{I}_d+\boldsymbol{A}_r\boldsymbol{Y}_r\boldsymbol{a}_r^{\mathrm{T}}\boldsymbol{U}_{nc}=\boldsymbol{A}_r\boldsymbol{I}_{sr}-\boldsymbol{A}_r\boldsymbol{Y}_r\boldsymbol{U}_{sr} \tag{2-9-6a}$$

$$\boldsymbol{A}_d^{\mathrm{T}}\boldsymbol{U}_{no}-\boldsymbol{Z}_d\boldsymbol{I}_d+\boldsymbol{a}_d^{\mathrm{T}}\boldsymbol{U}_{nc}=\boldsymbol{Z}_d\boldsymbol{I}_{sd}-\boldsymbol{U}_{sd} \tag{2-9-6b}$$

$$\boldsymbol{a}_r\boldsymbol{Y}_r\boldsymbol{A}_r^{\mathrm{T}}\boldsymbol{U}_{no}+\boldsymbol{a}_d\boldsymbol{I}_d+\boldsymbol{a}_r\boldsymbol{Y}_r\boldsymbol{a}_r^{\mathrm{T}}\boldsymbol{U}_{nc}=\boldsymbol{a}_r\boldsymbol{I}_{sr}-\boldsymbol{a}_r\boldsymbol{Y}_r\boldsymbol{U}_{sr} \tag{2-9-6c}$$

将以上三式合写为一个向量方程，得

$$\begin{bmatrix}\boldsymbol{A}_r\boldsymbol{Y}_r\boldsymbol{A}_r^{\mathrm{T}} & \boldsymbol{A}_d & \boldsymbol{A}_r\boldsymbol{Y}_r\boldsymbol{a}_r^{\mathrm{T}}\\ \boldsymbol{A}_d^{\mathrm{T}} & -\boldsymbol{Z}_d & \boldsymbol{a}_d^{\mathrm{T}}\\ \boldsymbol{a}_r\boldsymbol{Y}_r\boldsymbol{A}_r^{\mathrm{T}} & \boldsymbol{a}_d & \boldsymbol{a}_r\boldsymbol{Y}_r\boldsymbol{a}_r^{\mathrm{T}}\end{bmatrix}\begin{bmatrix}\boldsymbol{U}_{no}\\ \boldsymbol{I}_d\\ \boldsymbol{U}_{nc}\end{bmatrix}=\begin{bmatrix}\boldsymbol{A}_r\boldsymbol{I}_{sr}-\boldsymbol{A}_r\boldsymbol{Y}_r\boldsymbol{U}_{sr}\\ \boldsymbol{Z}_d\boldsymbol{I}_{sd}-\boldsymbol{U}_{sd}\\ \boldsymbol{a}_r\boldsymbol{I}_{sr}-\boldsymbol{a}_r\boldsymbol{Y}_r\boldsymbol{U}_{sr}\end{bmatrix} \tag{2-9-7}$$

式(2-9-7)也是撕裂节点方程，它较式(2-9-2)更具一般性。

2-9-2 混合分析

对于网络 N 确定撕裂支路后，选出一种树 T，则树支分为两类，一类属于撕裂支路，另一类属于剩余支路。同样地，连支也有一部分属于撕裂支路，另一部分属于剩余支路。对应于树 T 的基本割集分为含剩余树支的基本割集和含撕裂树支的基本割集两类。对应于树 T 的基本回路也分为含撕裂连支的基本回路和含剩余连支的基本回路两类。若支路编号按先剩余支路后撕裂支路排序，那么，基本割集矩阵 $\boldsymbol{Q}_f$ 和基本回路矩阵 $\boldsymbol{B}_f$ 可写为如下分块形式

$$\boldsymbol{Q}_f = \begin{bmatrix} \boldsymbol{Q}_r & \boldsymbol{Q}_d \\ \boldsymbol{q}_r & \boldsymbol{q}_d \end{bmatrix} \tag{2-9-8}$$

$$\boldsymbol{B}_f = \begin{bmatrix} \boldsymbol{B}_r & \boldsymbol{B}_d \\ \boldsymbol{b}_r & \boldsymbol{b}_d \end{bmatrix} \tag{2-9-9}$$

注意，由于这里支路编号的顺序是按剩余支路和撕裂支路排列，而不是先树支后连支的顺序，因此，矩阵 $\boldsymbol{Q}_f$ 与矩阵 $\boldsymbol{B}_f$ 与式(2-2-1)、(2-2-2)的写法不同。

为了简化方程，选树时使撕裂树支所定义的基本割集不含剩余连支，则 $\boldsymbol{q}_r=\boldsymbol{0}$ 。相应地，剩余连支所定义的基本回路不含撕裂树支，$\boldsymbol{B}_d=\boldsymbol{0}$ 。于是式(2-9-8)、(2-9-9)简化为

$$\boldsymbol{Q}_f = \begin{bmatrix} \boldsymbol{Q}_r & \boldsymbol{Q}_d \\ \boldsymbol{0} & \boldsymbol{q}_d \end{bmatrix} \tag{2-9-10}$$

$$\boldsymbol{B}_f = \begin{bmatrix} \boldsymbol{B}_r & \boldsymbol{0} \\ \boldsymbol{b}_r & \boldsymbol{b}_d \end{bmatrix} \tag{2-9-11}$$

由 $\boldsymbol{B}_f \boldsymbol{Q}_f^{\mathrm{T}}=\boldsymbol{0}$ ，可得

$$\boldsymbol{b}_r\boldsymbol{Q}_r^{\mathrm{T}} = -\boldsymbol{b}_d\boldsymbol{Q}_d^{\mathrm{T}} \tag{2-9-12}$$

将支路电压向量、支路电流向量、树支电压向量和连支电流向量也按剩余支路和撕裂支路进行分块，则

$$\boldsymbol{U}_b = \begin{bmatrix} \boldsymbol{U}_r \\ \boldsymbol{U}_d \end{bmatrix} \quad \boldsymbol{I}_b = \begin{bmatrix} \boldsymbol{I}_r \\ \boldsymbol{I}_d \end{bmatrix} \quad \boldsymbol{U}_t = \begin{bmatrix} \boldsymbol{U}_{tr} \\ \boldsymbol{U}_{td} \end{bmatrix} \quad \boldsymbol{I}_l = \begin{bmatrix} \boldsymbol{U}_{lr} \\ \boldsymbol{U}_{ld} \end{bmatrix}$$

根据用基本割集矩阵表示的 KCL、KVL 方程 $\boldsymbol{Q}_f\boldsymbol{I}_b=\boldsymbol{0}$ 和 $\boldsymbol{U}_b=\boldsymbol{Q}_f^{\mathrm{T}}\boldsymbol{U}_t$ 得

$$\boldsymbol{Q}_r\boldsymbol{I}_r + \boldsymbol{Q}_d\boldsymbol{I}_d = \boldsymbol{0} \tag{2-9-13a}$$

$$\boldsymbol{q}_d\boldsymbol{I}_d = \boldsymbol{0} \tag{2-9-13b}$$

$$\boldsymbol{Q}_r^{\mathrm{T}}\boldsymbol{U}_{tr} = \boldsymbol{U}_r \tag{2-9-13c}$$

$$\boldsymbol{Q}_d^{\mathrm{T}}\boldsymbol{U}_{tr} + \boldsymbol{q}_d^{\mathrm{T}}\boldsymbol{U}_{td} = \boldsymbol{U}_d \tag{2-9-13d}$$

根据用基本回路矩阵表示的 KVL、KCL 方程 $\boldsymbol{B}_f\boldsymbol{U}_b=\boldsymbol{0}$ 和 $\boldsymbol{I}_b=\boldsymbol{B}_f^{\mathrm{T}}\boldsymbol{I}_l$ 得

$$\boldsymbol{B}_r\boldsymbol{U}_r = \boldsymbol{0} \tag{2-9-14a}$$

$$\boldsymbol{b}_r\boldsymbol{U}_r + \boldsymbol{b}_d\boldsymbol{U}_d = \boldsymbol{0} \tag{2-9-14b}$$

$$\boldsymbol{B}_r^{\mathrm{T}}\boldsymbol{I}_{lr} + \boldsymbol{b}_r^{\mathrm{T}}\boldsymbol{I}_{ld} = \boldsymbol{I}_r \tag{2-9-14c}$$

$$\boldsymbol{b}_d^{\mathrm{T}}\boldsymbol{I}_{ld} = \boldsymbol{I}_d \tag{2-9-14d}$$

由一般支路的 VCR 有

$$\boldsymbol{I}_r = \boldsymbol{Y}_r\boldsymbol{U}_r + \boldsymbol{Y}_r\boldsymbol{U}_{sr} - \boldsymbol{I}_{sr} \tag{2-9-15a}$$

$$\boldsymbol{U}_d = \boldsymbol{Z}_d\boldsymbol{I}_d + \boldsymbol{Z}_d\boldsymbol{I}_{sd} - \boldsymbol{U}_{sd} \tag{2-9-15b}$$

由式(2-9-13a)、式(2-9-13c)、式(2-9-14d)和式(2-9-15a)可得

$$\boldsymbol{Q}_r\boldsymbol{Y}_r\boldsymbol{Q}_r^{\mathrm{T}}\boldsymbol{U}_{tr} + \boldsymbol{Q}_d\boldsymbol{b}_d^{\mathrm{T}}\boldsymbol{I}_{ld} = \boldsymbol{Q}_r\boldsymbol{I}_{sr} - \boldsymbol{Q}_r\boldsymbol{Y}_r\boldsymbol{U}_{sr} \tag{2-9-16a}$$

由式(2-9-14b)、式(2-9-14d)、式(2-9-13c)和式(2-9-15b)可得

$$\boldsymbol{b}_r\boldsymbol{Q}_r^{\mathrm{T}}\boldsymbol{U}_{tr} + \boldsymbol{b}_r\boldsymbol{Z}_d\boldsymbol{b}_d^{\mathrm{T}}\boldsymbol{I}_{ld} = \boldsymbol{b}_d\boldsymbol{U}_{sd} - \boldsymbol{b}_d\boldsymbol{Z}_d\boldsymbol{I}_{sd} \tag{2-9-16b}$$

将式(2-9-16a)和式(2-9-16b)合并写为一个向量方程，并考虑到 $\boldsymbol{b}_r\boldsymbol{Q}_r^{\mathrm{T}} = -\boldsymbol{b}_d\boldsymbol{Q}_d^{\mathrm{T}}$，则有

$$\begin{bmatrix} \boldsymbol{Q}_r\boldsymbol{Y}_r\boldsymbol{Q}_r^{\mathrm{T}} & \boldsymbol{Q}_d\boldsymbol{b}_d^{\mathrm{T}} \\ -\boldsymbol{b}_d\boldsymbol{Q}_d^{\mathrm{T}} & \boldsymbol{b}_d\boldsymbol{Z}_d\boldsymbol{b}_d^{\mathrm{T}} \end{bmatrix} \begin{bmatrix} \boldsymbol{U}_{tr} \\ \boldsymbol{I}_{ld} \end{bmatrix} = \begin{bmatrix} \boldsymbol{Q}_r\boldsymbol{I}_{sr} - \boldsymbol{Q}_r\boldsymbol{Y}_r\boldsymbol{U}_{sr} \\ \boldsymbol{b}_d\boldsymbol{U}_{sd} - \boldsymbol{b}_d\boldsymbol{Z}_d\boldsymbol{I}_{sd} \end{bmatrix} \tag{2-9-17}$$

式(2-9-17)就是以剩余支路中的树支电压和撕裂支路中的连支电流作为网络变量的撕裂混合方程。此方法实质上是对含剩余树支的基本割集进行割集分析，对含撕裂连支的基本回路进行回路分析。

例 2-8 用撕裂法列写图 2-21(a)所示网络的混合方程。

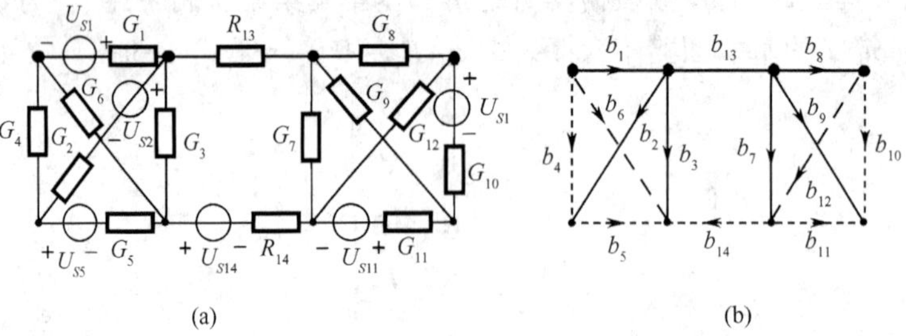

图 2-21

解：以 b_{13}、b_{14} 为撕裂支路，剩余支路形成两个分离的子网络 N_1 和 N_2，支路编号按子网络 N_1、N_2 和剩余支路、撕裂支路的顺序。绘出网络的线形图，如图 2-21(b)所示。选 b_1、b_2、b_3、b_7、b_8、b_9 和 b_{13} 为树支。根据图 2-21(b)写出基本割集矩阵和基本回路矩阵：

$$\boldsymbol{Q}_f = \left[\begin{array}{cccccccccccc|cc} 1 & 0 & 0 & 1 & 0 & 1 & 0 & 0 & 0 & 0 & 0 & 0 & 0 & 0 \\ 0 & 1 & 0 & 1 & -1 & 0 & 0 & 0 & 0 & 0 & 0 & 0 & 0 & 0 \\ 0 & 0 & 1 & 0 & 1 & 1 & 0 & 0 & 0 & 0 & 0 & 0 & 0 & 1 \\ 0 & 0 & 0 & 0 & 0 & 0 & 1 & 0 & 0 & 0 & -1 & 1 & 0 & -1 \\ 0 & 0 & 0 & 0 & 0 & 0 & 0 & 1 & 0 & -1 & 0 & -1 & 0 & 0 \\ 0 & 0 & 0 & 0 & 0 & 0 & 0 & 0 & 1 & 1 & 1 & 0 & 0 & 0 \\ \hline 0 & 0 & 0 & 0 & 0 & 0 & 0 & 0 & 0 & 0 & 0 & 0 & 1 & -1 \end{array}\right] \tag{2-9-18}$$

$$
\boldsymbol{B}_f = \left[\begin{array}{cccccccccccc:cc}
-1 & -1 & 0 & 1 & 0 & 0 & 0 & 0 & 0 & 0 & 0 & 0 & 0 & 0 \\
0 & 1 & -1 & 0 & 1 & 0 & 0 & 0 & 0 & 0 & 0 & 0 & 0 & 0 \\
-1 & 0 & -1 & 0 & 0 & 1 & 0 & 0 & 0 & 0 & 0 & 0 & 0 & 0 \\
0 & 0 & 0 & 0 & 0 & 0 & 0 & -1 & -1 & 1 & 0 & 0 & 0 & 0 \\
0 & 0 & 0 & 0 & 0 & 0 & 1 & 0 & -1 & 0 & 1 & 0 & 0 & 0 \\
0 & 0 & 0 & 0 & 0 & 0 & -1 & 1 & 0 & 0 & 0 & 1 & 0 & 0 \\
\hdashline
0 & 0 & -1 & 0 & 0 & 0 & 1 & 0 & 0 & 0 & 0 & 0 & 1 & 1
\end{array}\right] \tag{2-9-19}
$$

由式(2-9-18)有

$$
\boldsymbol{Q}_r = \left[\begin{array}{cccccc:cccccc}
1 & 0 & 0 & 1 & 0 & 1 & 0 & 0 & 0 & 0 & 0 & 0 \\
0 & 1 & 0 & 1 & -1 & 0 & 0 & 0 & 0 & 0 & 0 & 0 \\
0 & 0 & 1 & 0 & 1 & 1 & 0 & 0 & 0 & 0 & 0 & 0 \\
\hdashline
0 & 0 & 0 & 0 & 0 & 0 & 1 & 0 & 0 & 0 & -1 & 1 \\
0 & 0 & 0 & 0 & 0 & 0 & 0 & 1 & 0 & -1 & 0 & -1 \\
0 & 0 & 0 & 0 & 0 & 0 & 0 & 0 & 1 & 1 & 1 & 0
\end{array}\right] = \left[\begin{array}{c:c}
\boldsymbol{Q}_{r1} & \boldsymbol{0} \\
\hdashline
\boldsymbol{0} & \boldsymbol{Q}_{r2}
\end{array}\right]
$$

式中,分块矩阵为

$$
\boldsymbol{Q}_{r1} = \begin{bmatrix}
1 & 0 & 0 & 1 & 0 & 1 \\
0 & 1 & 0 & 1 & -1 & 0 \\
0 & 0 & 1 & 0 & 1 & 1
\end{bmatrix} \quad
\boldsymbol{Q}_{r2} = \begin{bmatrix}
1 & 0 & 0 & 0 & -1 & 1 \\
0 & 1 & 0 & -1 & 0 & -1 \\
0 & 0 & 1 & 1 & 1 & 0
\end{bmatrix} \quad
\boldsymbol{Q}_{d} = \begin{bmatrix}
0 & 0 \\
0 & 0 \\
0 & 1 \\
0 & -1 \\
0 & 0 \\
0 & 0
\end{bmatrix}
$$

写出网络的支路导纳矩阵：

$$
\boldsymbol{Y}_b = \begin{bmatrix}
G_1 & 0 & 0 & 0 & 0 & 0 & 0 & 0 & 0 & 0 & 0 & 0 & 0 & 0 \\
0 & G_2 & 0 & 0 & 0 & 0 & 0 & 0 & 0 & 0 & 0 & 0 & 0 & 0 \\
0 & 0 & G_3 & 0 & 0 & 0 & 0 & 0 & 0 & 0 & 0 & 0 & 0 & 0 \\
0 & 0 & 0 & G_4 & 0 & 0 & 0 & 0 & 0 & 0 & 0 & 0 & 0 & 0 \\
0 & 0 & 0 & 0 & G_5 & 0 & 0 & 0 & 0 & 0 & 0 & 0 & 0 & 0 \\
0 & 0 & 0 & 0 & 0 & G_6 & 0 & 0 & 0 & 0 & 0 & 0 & 0 & 0 \\
0 & 0 & 0 & 0 & 0 & 0 & G_7 & 0 & 0 & 0 & 0 & 0 & 0 & 0 \\
0 & 0 & 0 & 0 & 0 & 0 & 0 & G_8 & 0 & 0 & 0 & 0 & 0 & 0 \\
0 & 0 & 0 & 0 & 0 & 0 & 0 & 0 & G_9 & 0 & 0 & 0 & 0 & 0 \\
0 & 0 & 0 & 0 & 0 & 0 & 0 & 0 & 0 & G_{10} & 0 & 0 & 0 & 0 \\
0 & 0 & 0 & 0 & 0 & 0 & 0 & 0 & 0 & 0 & G_{11} & 0 & 0 & 0 \\
0 & 0 & 0 & 0 & 0 & 0 & 0 & 0 & 0 & 0 & 0 & G_{12} & 0 & 0 \\
0 & 0 & 0 & 0 & 0 & 0 & 0 & 0 & 0 & 0 & 0 & 0 & \dfrac{1}{R_{13}} & 0 \\
0 & 0 & 0 & 0 & 0 & 0 & 0 & 0 & 0 & 0 & 0 & 0 & 0 & \dfrac{1}{R_{14}}
\end{bmatrix}
$$

$$=\left[\begin{array}{c:c}\boldsymbol{Y}_r & \boldsymbol{0}\\ \hdashline \boldsymbol{0} & \boldsymbol{Y}_d\end{array}\right]$$

$$\boldsymbol{Y}_d=\begin{bmatrix}\dfrac{1}{R_{13}} & 0\\ 0 & \dfrac{1}{R_{14}}\end{bmatrix}$$

$$\boldsymbol{Y}_r=\begin{bmatrix}G_1&0&0&0&0&0&0&0&0&0&0&0\\0&G_2&0&0&0&0&0&0&0&0&0&0\\0&0&G_3&0&0&0&0&0&0&0&0&0\\0&0&0&G_4&0&0&0&0&0&0&0&0\\0&0&0&0&G_5&0&0&0&0&0&0&0\\0&0&0&0&0&G_6&0&0&0&0&0&0\\0&0&0&0&0&0&G_7&0&0&0&0&0\\0&0&0&0&0&0&0&G_8&0&0&0&0\\0&0&0&0&0&0&0&0&G_9&0&0&0\\0&0&0&0&0&0&0&0&0&G_{10}&0&0\\0&0&0&0&0&0&0&0&0&0&G_{11}&0\\0&0&0&0&0&0&0&0&0&0&0&G_{12}\end{bmatrix}$$

$$=\left[\begin{array}{c:c}\boldsymbol{Y}_{r1} & \boldsymbol{0}\\ \hdashline \boldsymbol{0} & \boldsymbol{Y}_{r2}\end{array}\right]$$

式中,分块矩阵为

$$\boldsymbol{Y}_{r1}=\begin{bmatrix}G_1&0&0&0&0&0\\0&G_2&0&0&0&0\\0&0&G_3&0&0&0\\0&0&0&G_4&0&0\\0&0&0&0&G_5&0\\0&0&0&0&0&G_6\end{bmatrix}\qquad \boldsymbol{Y}_{r2}=\begin{bmatrix}G_7&0&0&0&0&0\\0&G_8&0&0&0&0\\0&0&G_9&0&0&0\\0&0&0&G_{10}&0&0\\0&0&0&0&G_{11}&0\\0&0&0&0&0&G_{12}\end{bmatrix}$$

因此,有

$$\boldsymbol{Q}_r\boldsymbol{Y}_r\boldsymbol{Q}_r^{\mathrm{T}}=\left[\begin{array}{c:c}\boldsymbol{Q}_{r1}\boldsymbol{Y}_{r1}\boldsymbol{Q}_{r1}^{\mathrm{T}} & \boldsymbol{0}\\ \hdashline \boldsymbol{0} & \boldsymbol{Q}_{r2}\boldsymbol{Y}_{r2}\boldsymbol{Q}_{r2}^{\mathrm{T}}\end{array}\right]$$

$$=\left[\begin{array}{ccc:ccc}G_1+G_4+G_6 & G_4 & G_6 & & & \\ G_4 & G_2+G_4+G_5 & -G_5 & & \boldsymbol{0} & \\ G_6 & -G_5 & G_3+G_5+G_6 & & & \\ \hdashline & & & G_7+G_{11}+G_{12} & -G_{12} & -G_{11}\\ & \boldsymbol{0} & & -G_{12} & G_8+G_{10}+G_{12} & -G_{10}\\ & & & -G_{11} & -G_{10} & G_9+G_{10}+G_{11}\end{array}\right]$$

$$\boldsymbol{Q}_r\boldsymbol{I}_{sr} - \boldsymbol{Q}_r\boldsymbol{Y}_r\boldsymbol{U}_{sr} = \begin{bmatrix} \boldsymbol{Q}_{r1}\boldsymbol{I}_{sr1} - \boldsymbol{Q}_{r1}\boldsymbol{Y}_{r1}\boldsymbol{U}_{sr1} \\ \boldsymbol{Q}_{r2}\boldsymbol{I}_{sr2} - \boldsymbol{Q}_{r2}\boldsymbol{Y}_{r2}\boldsymbol{U}_{sr2} \end{bmatrix} = \begin{bmatrix} -G_1U_{s1} \\ G_2U_{s2} - G_5U_{s5} \\ G_5U_{s5} \\ G_{11}U_{s11} \\ -G_{10}U_{s10} \\ G_{10}U_{s10} - G_{11}U_{s11} \end{bmatrix}$$

由式(2-9-19)有

$$\boldsymbol{b}_d = [1 \quad 1]$$

$$-\boldsymbol{b}_d\boldsymbol{Q}_d^{\mathrm{T}} = [0 \quad 0 \quad -1 \quad 1 \quad 0 \quad 0]$$

$$\boldsymbol{Q}_d\boldsymbol{b}_d^{\mathrm{T}} = [0 \quad 0 \quad 1 \quad -1 \quad 0 \quad 0]^{\mathrm{T}}$$

$$\boldsymbol{b}_d\boldsymbol{Z}_d\boldsymbol{b}_d^{\mathrm{T}} = [1 \quad 1]\begin{bmatrix} R_{13} & 0 \\ 0 & R_{14} \end{bmatrix}\begin{bmatrix} 1 \\ 1 \end{bmatrix} = [R_{13} + R_{14}]$$

$$\boldsymbol{b}_d\boldsymbol{U}_{sd} - \boldsymbol{b}_d\boldsymbol{Z}_d\boldsymbol{I}_{sd} = \boldsymbol{b}_d\boldsymbol{U}_{sd} = [1 \quad 1]\begin{bmatrix} 0 \\ U_{s14} \end{bmatrix} = [\boldsymbol{U}_{s14}]$$

将以上计算结果代入式(2-9-17)得

$$\begin{bmatrix} G_1+G_4+G_6 & G_4 & G_6 & 0 & 0 & 0 & 0 \\ G_4 & G_2+G_4+G_5 & -G_5 & 0 & 0 & 0 & 0 \\ G_6 & -G_5 & G_3+G_5+G_6 & 0 & 0 & 0 & 1 \\ 0 & 0 & 0 & G_7+G_{11}+G_{12} & -G_{12} & -G_{11} & -1 \\ 0 & 0 & 0 & -G_{12} & G_8+G_{10}+G_{12} & -G_{10} & 0 \\ 0 & 0 & 0 & -G_{11} & -G_{10} & G_9+G_{10}+G_{11} & 0 \\ 0 & 0 & -1 & 1 & 0 & 0 & R_{13}+R_{14} \end{bmatrix}$$

$$\begin{bmatrix} U_1 \\ U_2 \\ U_3 \\ U_7 \\ U_8 \\ U_9 \\ I_{14} \end{bmatrix} = \begin{bmatrix} -G_1U_{s1} \\ G_2U_{s2} - G_5U_{s5} \\ G_5U_{s5} \\ G_{11}U_{s11} \\ -G_{10}U_{s10} \\ G_{10}U_{s10} - G_{11}U_{s11} \\ U_{s14} \end{bmatrix} \tag{2-9-20}$$

不难看出,式(2-9-20)所示撕裂混合方程实质上是将图 2-21(a)所示网络中撕裂支路(b_{13},b_{14})断开后,对剩余支路形成的两个部分网络 N_1 和 N_2 列写割集方程,再将原网络中剩余支路短路后形成的部分网络列写回路方程,然后进行“修正”。修正时,在割集方程中应计入撕裂连支电流的作用。例如由剩余树支 b_3 决定的基本割集含撕裂连支 b_{14},在割集方程中应计入电流 I_{14},因此式(2-9-20)左端系数矩阵中第 3 行第 7 列元素不为 0。同理,系数矩阵中第 4 行第 7 列元素也不为 0,它反映了撕裂连支 b_{14} 的电流对剩余树支 b_7 决定的割集方程的贡献。因为支路 b_{14} 的方向与树支 b_3 决定的基本割集方向相同，而与树支 b_7 决定的基本割集方向相反，因此，系数矩阵中相关元素一个为 1，另一个为 −1。在回路方程中应计入剩余树支电压的作用。例如由撕裂连支 b_{14} 决定的基本回路包含剩余树支 b_3 和 b_7，且树支 b_3 的方向与回路方向相反，树支 b_7 的方向与回路方向相同，因此，在式(2-9-20)左端系数矩阵中第 7 行第 3 列元素为 −1，同行第 4 列元素为 1。

习　题

2-1　对图 2-22 所示有向图：

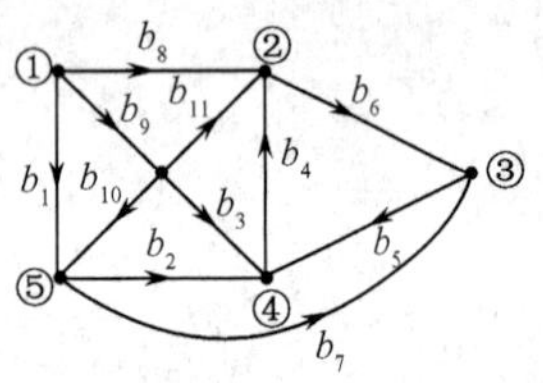

图 2-22

(1) 若以节点④为参考节点，写出关联矩阵 $\boldsymbol{A}$；

(2) 若选支路 b_1、b_2、b_3、b_4、b_5 为树支，写出基本割集矩阵 $\boldsymbol{Q}_f$ 和基本回路矩阵 $\boldsymbol{B}_f$。

2-2　已知图 G 对应于某一树的基本割集矩阵为

$$\boldsymbol{Q}_f=\begin{bmatrix}1&0&0&0&0&-1&0&0&0&0&1\\0&1&0&0&0&-1&-1&-1&0&0&0\\0&0&1&0&0&0&1&1&0&1&1\\0&0&0&1&0&0&-1&-1&-1&0&0\\0&0&0&0&1&0&0&0&-1&1&0\end{bmatrix}$$

(1)试写出对应于同一树的基本回路矩阵；

(2)作出对应的有向图。

2-3　用导纳矩阵法求图 2-23 所示网络的支路电压向量。

2-4　列写图 2-24 所示正弦稳态网络的节点方程、割集方程和回路方程。

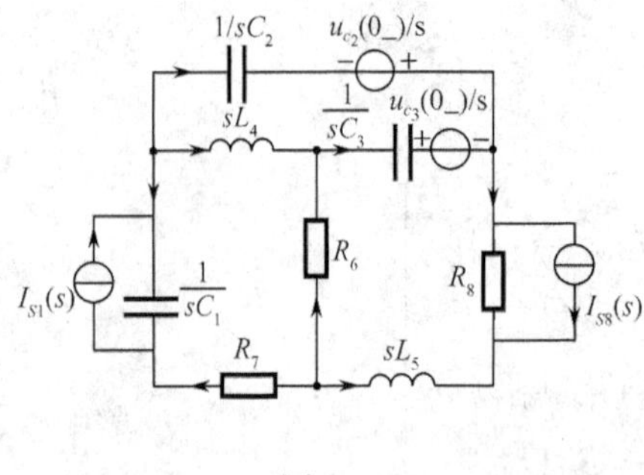

图 2-23

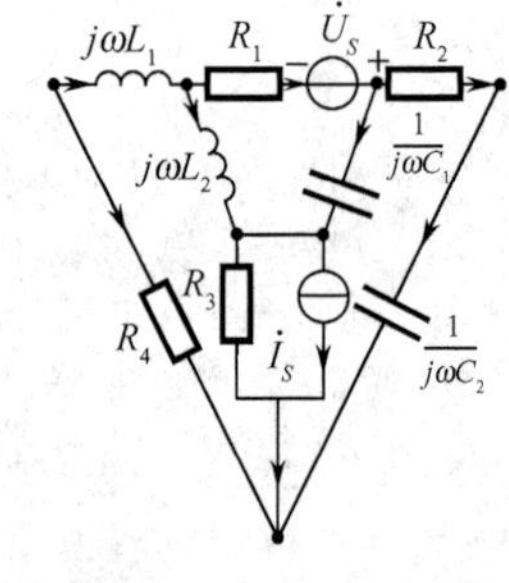

图 2-24

2-5　在图 2-25 所示电路中，以 I_5 和 I_2 为直接求解的支路电流，列写改进节点方程。

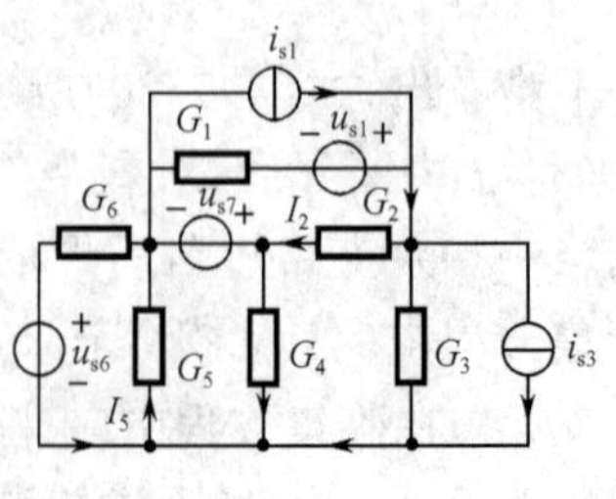

图 2-25

2-6　图 2-26 中的运算放大器为理想运放，作出该电路含零泛器的电路模型，并求电路的转移电压比 $H(s)=\dfrac{U_2(s)}{U_1(s)}$。

2-7　图 2-27 所示电路中的运算放大器为理想运算放大器，作出其含零泛器的电路模型，并建立节点

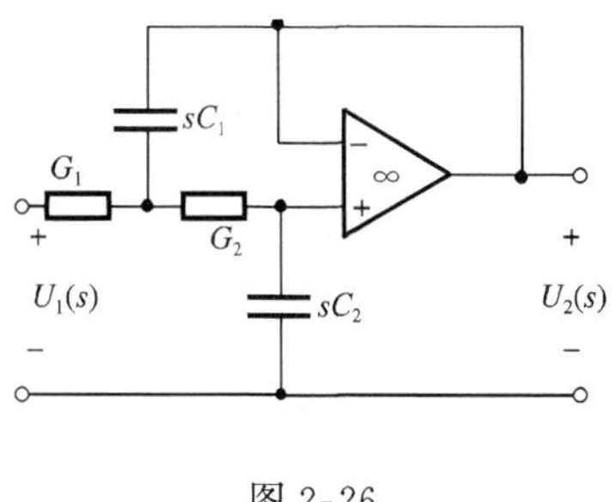

图 2-26

方程。

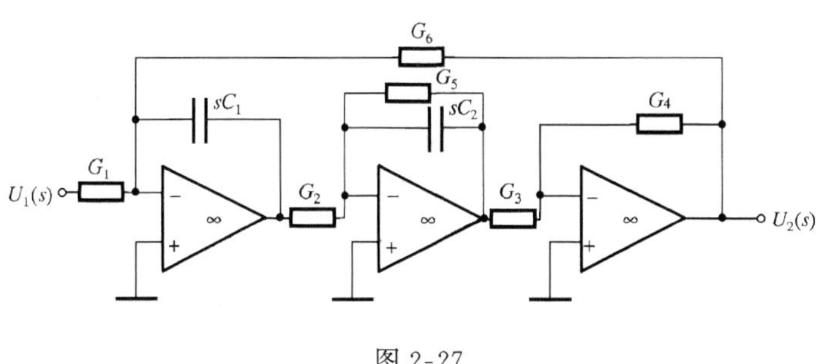

图 2-27

2-8 建立图 2-28 所示网络的混合变量方程。

2-9 列写图 2-29 所示网络的混合变量方程。

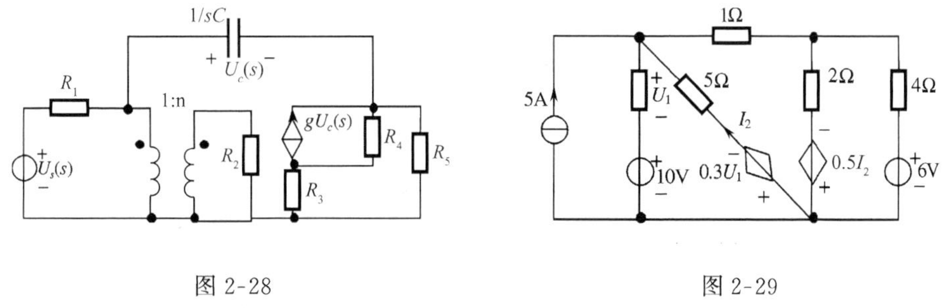

图 2-28　　　　图 2-29

2-10 建立图 2-30 所示网络的改进节点方程。

2-11 列写图 2-31 所示电路的改进节点方程。

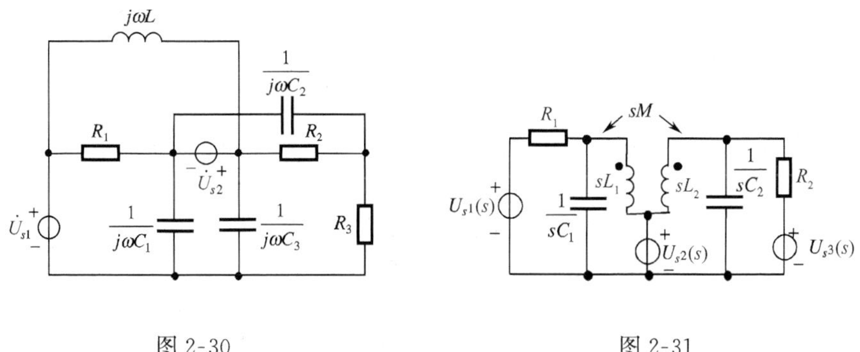

图 2-30　　　　图 2-31

2-12　列写图 2-32 所示网络以两条 5Ω 电阻支路为撕裂支路的撕裂节点方程。

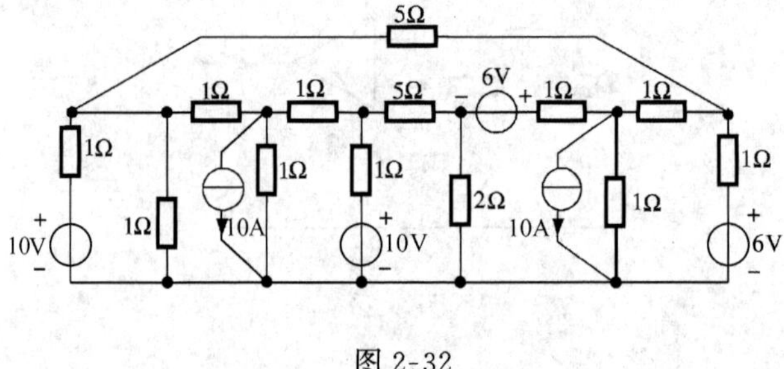

图 2-32

第三章 网络函数

导言

网络函数是描述线性时不变网络输入-输出关系的复频域函数。考察某一网络或某一部分网络，如果我们关心的仅是其端口变量或端变量，而并不希望了解全部支路上的网络变量，这时便可以把具有 N 个引出端的网络部分视为一个黑箱(black box)或块(block)，称为一个 N 端网络。如果这个黑箱具有 N 对引出端，且任何时刻、任一对端中由一端流入黑箱的电流等于经另一端流出黑箱的电流，则称它是一个 N 端口网络。对于任意线性、时不变多端口网络或多端网络，我们都可以用网络函数来表示端口电压、电流(象函数)间、或端线电压、电流(象函数)间的关系。于是，当知道某一网络函数时，如果网络原始状态为零，则可以用网络函数由已知的输入直接求输出，而不必经过建立和求解网络方程的步骤。所以这种方法称为输入-输出法，或端部法。随着电路集成技术的迅速发展，各种微型功能块日益广泛地应用于电子装置中。对于这种电路中的每一集成块，我们只能从端部进行测试和研究其变量间的关系，因此分析网络的端部法对于这类电路的研究更具有重要意义。

3-1 网络函数及其极点和零点

研究一个由若干独立电压源和独立电流源激励的线性时不变网络，设网络中各电容电压、电感电流原始值为零。为了计算网络的响应，可写出节点方程、回路方程、割集方程等网络方程中的任一种，进行求解。下面以节点分析为例。网络的节点方程为

$$\boldsymbol{Y}_n(s)\boldsymbol{U}_n(s) = \boldsymbol{I}_n(s) \tag{3-1-1}$$

$$\boldsymbol{I}_n(s) = \boldsymbol{A}[\boldsymbol{I}_s(s) - \boldsymbol{Y}_b(s)\boldsymbol{U}_s(s)] \tag{3-1-2}$$

式中 $\boldsymbol{Y}_b(s)$、$\boldsymbol{Y}_n(s)$ 分别为支路导纳矩阵、节点导纳矩阵，$\boldsymbol{I}_s(s)$、$\boldsymbol{U}_s(s)$、$\boldsymbol{I}_n(s)$ 和 $\boldsymbol{U}_n(s)$ 分别为支路电流源电流、支路电压源电压、节点电源电流和节点电压象函数向量。节点方程(3-1-1)的解为

$$\boldsymbol{U}_n(s) = \boldsymbol{Y}_n^{-1}(s)\boldsymbol{I}_n(s) \tag{3-1-3}$$

上式可展开写为以下形式

$$\begin{bmatrix} U_1(s) \\ U_2(s) \\ \vdots \\ U_N(s) \end{bmatrix} = \begin{bmatrix} \frac{\Delta_{11}}{\Delta} & \frac{\Delta_{21}}{\Delta} & \cdots & \frac{\Delta_{N1}}{\Delta} \\ \frac{\Delta_{12}}{\Delta} & \frac{\Delta_{22}}{\Delta} & \cdots & \frac{\Delta_{N2}}{\Delta} \\ \vdots & \vdots & & \vdots \\ \frac{\Delta_{1N}}{\Delta} & \frac{\Delta_{2N}}{\Delta} & \cdots & \frac{\Delta_{NN}}{\Delta} \end{bmatrix} \begin{bmatrix} I_{n1}(s) \\ I_{n2}(s) \\ \vdots \\ I_{nN}(s) \end{bmatrix}$$

式中 Δ 为节点导纳矩阵的行列式，$\Delta_{jk}(j=1,2,\cdots,N;k=1,2,\cdots,N)$ 为节点导纳矩阵的余因子(即代数余子式)，N 为独立节点数。节点 k 的节点电压为

$$U_k(s)=\frac{\Delta_{1k}}{\Delta}I_{n1}(s)+\frac{\Delta_{2k}}{\Delta}I_{n2}(s)+\cdots+\frac{\Delta_{Nk}}{\Delta}I_{nN}(s) \tag{3-1-4}$$

上式表明，任一节点电压的象函数均可表示为各节点电源电流象函数的线性组合。根据式(3-1-2)，各节点电源电流象函数可以用激励电流、电压象函数的线性组合表示。因此，任一节点电压象函数可表示为激励电流、电压象函数的线性组合。又由支路电流、电压与节点电压的关系，上述结论可推广为：线性时不变网络中任意零状态响应的象函数可以表示为各激励象函数的线性组合。以上关系用数学表达式描述为

$$R_j(s)=H_{j1}(s)E_1(s)+H_{j2}(s)E_2(s)+\cdots+H_{jq}(s)E_q(s) \tag{3-1-5}$$

式中，$R_j(s)$为第 j 响应 $r_j(t)$的象函数，$E_k(s)(k=1,2,\cdots,q)$为激励 $e_k(t)$的象函数，q 为网络的激励源数。$H_{jk}(s)(k=1,2,\cdots,q)$是表征零状态响应象函数和激励象函数之间关系的复频变量 s 的函数。由式(3-1-5)知，$H_{jk}(s)$可表示为

$$H_{jk}(s)=\left.\frac{R_j(s)}{E_k(s)}\right|_{\text{除}E_k(s)\text{外其余激励置于零}} \tag{3-1-6}$$

根据以上讨论，定义网络函数为：线性时不变网络在单一激励源作用下，某一零状态响应的象函数与激励象函数之比称为网络函数。例如，式(3-1-6)所表示的网络函数 $H_{jk}(s)$是在第 k 激励 $e_k(t)$单独作用下，第 j 零状态响应的象函数 $R_j(s)$与激励象函数 $E_k(s)$之比。

集总参数线性时不变网络的任意网络函数均为复频率 s 的实系数有理函数，可表示为分子多项式 $N(s)$与分母多项式 $D(s)$之比，即

$$H(s)=\frac{N(s)}{D(s)}=\frac{b_ms^m+b_{m-1}s^{m-1}+\cdots+b_1s+b_0}{a_ns^n+a_{n-1}s^{n-1}+\cdots+a_1s+a_0}$$

$$=\frac{\sum_{i=0}^{m}b_is^i}{\sum_{k=0}^{n}a_ks^k} \tag{3-1-7}$$

在一般情况下，$m\leqslant n$。将上式的分子、分母分别写为因式分解形式，即

$$H(s)=K\frac{\prod_{i=1}^{m}(s-z_i)}{\prod_{k=1}^{n}(s-p_k)} \tag{3-1-8}$$

式中 $z_i(i=1,2,\cdots,m)$为网络函数 $H(s)$的零点，$p_k(k=1,2,\cdots,n)$为 $H(s)$的极点，K 为比例因子。网络函数的极点和零点在复平面上的分布图称为极零图。极、零点的分布与网络的暂态特性以及稳态特性密切相关，现分别讨论之。

根据网络函数的定义，网络中某一零状态响应象函数等于相应的网络函数乘以产生该响应的激励象函数，即

$$R(s)=H(s)E(s) \tag{3-1-9}$$

上式在各种不同波形激励下均成立。设激励函数为单位冲激函数 $\delta(t)$，它所产生的零状态响应为冲激响应 $h(t)$。由式(3-1-9)有

$$\mathscr{L}[h(t)] = H(s) \cdot \mathscr{L}[\delta(t)]$$

注意到

$$\mathscr{L}[\delta(t)] = 1$$

于是

$$H(s) = \mathscr{L}[h(t)] \tag{3-1-10}$$

上式表明,网络函数等于相应的冲激响应的拉普拉斯变换式。据此,为了考察某一冲激响应,可通过计算相应网络函数再进行拉普拉斯反变换来求得,即

$$h(t) = \mathscr{L}^{-1}[H(s)] \tag{3-1-11}$$

将式(3-1-11)右端中的 $H(s)$ 展开为部分分式(设 $H(s)$ 无重极点),得

$$h(t) = \mathscr{L}^{-1}\left[\sum_{k=1}^{n} \frac{A_k}{s - p_k}\right] = \sum_{k=1}^{n} A_k e^{p_k t} \tag{3-1-12}$$

上式右端求和号中第 k 项系数 A_k 的计算式为

$$A_k = (s - p_k)H(s)\Big|_{s=p_k} = K \frac{(p_k - z_1)(p_k - z_2)\cdots(p_k - z_m)}{(p_k - p_1)(p_k - p_2)\cdots(p_k - p_{k-1})(p_k - p_{k+1})\cdots(p_k - p_n)} \tag{3-1-13}$$

从式(3-1-12)可以看出,网络函数的每一极点 $p_k(k=1,2,\cdots,n)$ 决定了相应冲激响应中的一项 $A_k e^{p_k t}$ 的指数 $p_k t$,因而决定了其时域波形。例如,当 p_k 为负实数时,对应的冲激响应项为指数衰减波形;而若 p_k 与 p_{k+1} 为具有负实部的共轭复数对,则决定了冲激响应中含有一衰减振荡波形。如果网络函数含具有正实部的极点,表明冲激响应中含随时间而无限增长的波,则系统是不稳定的。又根据动态电路分析理论,$t>0$ 时之冲激响应实为 $t=0$ 时冲激函数激励所产生的非零初始状态作用下的零输入响应,故某一网络变量零输入响应的变化规律与相关冲激响应在 $t>0$ 时的变化规律完全相同。因此,网络函数每一极点也决定了有关网络变量的零输入响应中的一项的波形,一个极点 p_k 确定了该网络变量的一个自然频率 $s_k = p_k$。又由式(3-1-13)可知,网络函数的全部零点、极点以及比例因子 K 共同决定冲激响应每项的系数 $A_k(k=1,2,\cdots,n)$。总之,极点决定冲激响应的波形,而冲激响应的幅度大小则由极、零点共同决定。换言之,网络函数的极点和零点决定了网络的自然暂态特性。

令网络函数 $H(s)$ 中的 $s=j\omega$,得到频域网络函数 $H(j\omega)$,它代表在角频率为 ω 的正弦电源激励下,某一正弦稳态响应相量与正弦激励相量之比。将 $H(j\omega)$ 写为复数的指数型,即

$$H(j\omega) = |H(j\omega)| e^{j\varphi(\omega)} \tag{3-1-14}$$

式中 $|H(j\omega)|$ 和 $\varphi(\omega)$ 分别为 $H(j\omega)$ 的模和辐角,它们都是角频率 ω 的函数。$|H(j\omega)|$ 和 $\varphi(\omega)$ 随 ω 变化的规律分别称为网络函数 $H(j\omega)$ 的幅频特性和相频特性,可表示为函数式或函数图形。幅频特性和相频特性统称为频率响应,它表征网络的稳态响应特性。因此,网络函数 $H(s)$ 决定了网络的稳态响应特性。下面研究网络的频率响应与网络函数的极、零点之间的关系。

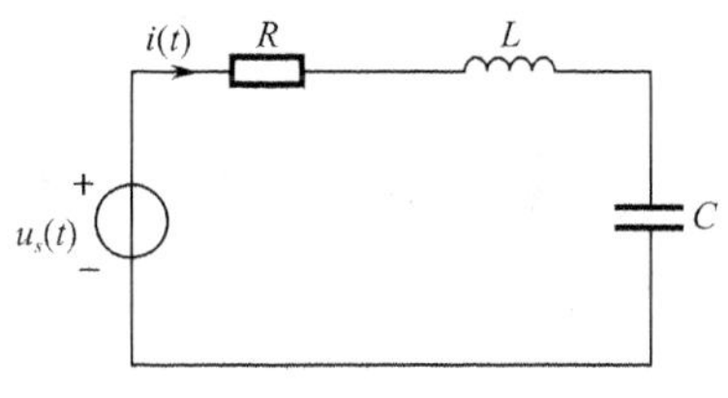

图 3-1

考察图 3-1 所示电路,在电压源 $u_s(t)$ 激励下,

电路的零状态响应电流为 $i(t)$，则网络函数为 RLC 串联电路的策动点导纳函数，即

$$H(s)=\frac{I(s)}{U_s(s)}=Y(s)=\frac{1}{R+sL+\frac{1}{sC}}$$
$$=\frac{1}{L}\cdot\frac{s}{s^2+\frac{R}{L}S+\frac{1}{LC}} \tag{3-1-15}$$

网络函数的零点、极点分别为

$$z_1=0$$
$$p_1=-\frac{R}{2L}+\sqrt{\left(\frac{R}{2L}\right)^2-\frac{1}{LC}}=-\alpha+\sqrt{\alpha^2-\omega_0^2}$$
$$p_2=-\frac{R}{2L}-\sqrt{\left(\frac{R}{2L}\right)^2-\frac{1}{LC}}=-\alpha-\sqrt{\alpha^2-\omega_0^2}$$

式中 $\alpha=\frac{R}{2L}$，$\omega_0=\frac{1}{\sqrt{LC}}$。设 $\alpha<\omega_0$，则

$$p_1=-\alpha+j\sqrt{\omega_0^2-\alpha^2}=-\alpha+j\omega_d \tag{3-1-16a}$$
$$p_2=-\alpha-j\sqrt{\omega_0^2-\alpha^2}=-\alpha-j\omega_d \tag{3-1-16b}$$

式中

$$\omega_d=\sqrt{\omega_0^2-\alpha^2}$$

即

$$\omega_0^2=\sqrt{\alpha^2+\omega_d^2} \tag{3-1-17}$$

据此绘出 $H(s)$ 的极零图，如图 3-2 所示，图中以"×"号表示极点，"○"号表示零点。将式(3-1-15)右端分母写为因式分解形式

$$H(s)=\frac{1}{L}\cdot\frac{s}{(s-p_1)(s-p_2)}=\frac{1}{L}\cdot\frac{s}{[s-(-\alpha+j\omega_d)][s-(-\alpha-j\omega_d)]}$$

令上式中 $s=j\omega$，得频域网络函数

$$H(j\omega)=\frac{1}{L}\cdot\frac{j\omega}{[j\omega-(-\alpha+j\omega_d)][j\omega-(-\alpha-j\omega_d)]} \tag{3-1-18}$$

上式中分子、分母的各因子 $j\omega$、$[j\omega-(-\alpha+j\omega_d)]$ 和 $j\omega-(-\alpha-j\omega_d)$ 均为随 ω 而变化的复数，它们各对应于复平面上的一个向量，如图 3-3 所示。称 $(j\omega-z_1)=j\omega$ 为零点向量、$(j\omega-p_1)=[j\omega-(-\alpha+j\omega_d)]$ 和 $(j\omega-p_2)=[j\omega-(-\alpha-j\omega_d)]$ 为极点向量。将这三个向量用其长度和辐角表示为复数的指数型，即

$$(j\omega-z_1)=l_1e^{j90^\circ},(j\omega-p_1)=d_1e^{j\theta_1},(j\omega-p_2)=d_2e^{j\theta_2}$$

则式(3-1-16)所示频域网络函数可表示为

$$H(j\omega)=\frac{1}{L}\cdot\frac{l_1}{d_1d_2}e^{j(90^\circ-\theta_1-\theta_2)} \tag{3-1-19}$$

于是，网络函数的幅频特性和相频特性分别为

$$|H(j\omega)|=\frac{1}{L}\cdot\frac{l_1}{d_1d_2} \tag{3-1-20a}$$

$$\varphi(\omega) = 90° - (\theta_1 + \theta_2) \tag{3-1-20b}$$

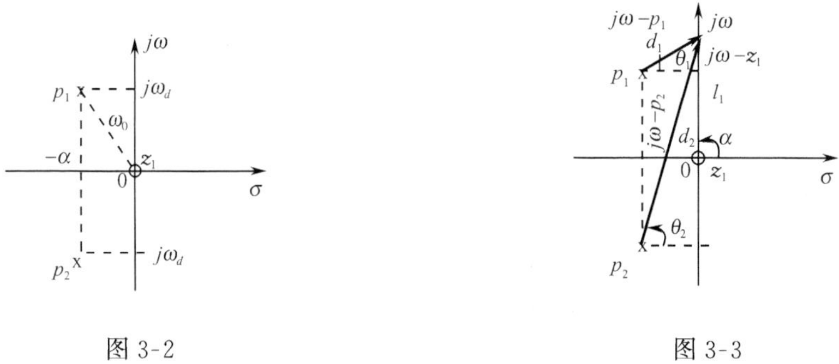

图 3-2　　　　图 3-3

由图 3-3 可以看出，极点向量和零点向量的长度与辐角一般均随 ω 而改变，因而根据式(3-1-20)和图 3-3 可得到 $H(j\omega)$ 的幅频特性和相频特性。当 $\omega=0$ 时，$l_1=0$，$(\theta_1+\theta_2)=0$，故 $|H(j\omega)|=0$，$\varphi(\omega)=90°$。在角频率为 $0<\omega<\omega_0$ 的范围，随着频率增加而 $|H(j\omega)|$ 增加、$\varphi(\omega)$ 减小。当 $\omega=\omega_d$ 时，d_1 为极小值，在该频率附近($\omega=\omega_0$ 处)，$|H(j\omega)|$ 出现极大值，同时 $(\theta_1+\theta_2)=90°$，$\varphi(\omega)=0$。在 $\omega>\omega_0$ 的频率范围，$|H(j\omega)|$ 随频率增加而单调减小，最后趋于零，$\varphi(\omega)$ 为负值，绝对值随频率增大而增加，最后 $\varphi(\omega)$ 趋于 $-90°$。根据以上分析，绘出频率响应曲线，如图 3-4 所示，图 3-4(a) 为幅频特性、图 3-4(b) 为相频特性。

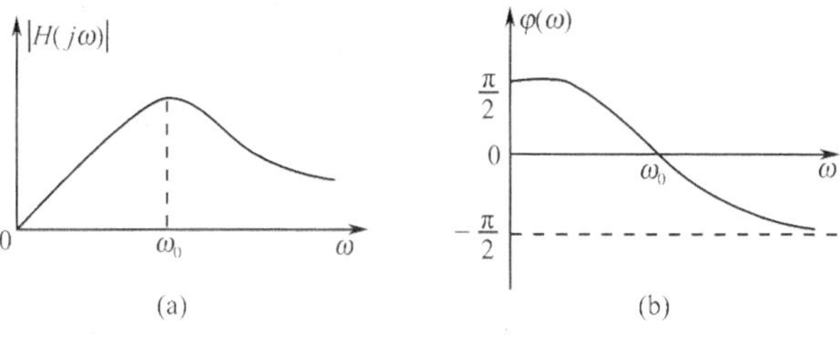

图 3-4

由以上举例可以看出，网络函数的幅频特性和相频特性可根据其极零图直接求得。由网络函数的极零图求频率响应的一般步骤为：首先将网络函数分子、分母写为因式分解形式

$$H(s) = K\prod_{i=1}^{m}(s-z_i)\bigg/\prod_{k=1}^{n}(s-p_k) \tag{3-1-21}$$

并绘出其极零图。然后，令式(3-1-21)中的 $s=j\omega$，得

$$H(j\omega) = K\prod_{i=1}^{m}(j\omega-z_i)\bigg/\prod_{k=1}^{n}(j\omega-p_k) \tag{3-1-22}$$

对应于式(3-1-22)分子、分母的每一因式，在极零图上绘出相应的零点向量 $l_i e^{j\alpha_i}$ $(i=1,2,\cdots,m)$ 和极点向量 $d_k e^{j\theta_k}$ $(k=1,2,\cdots,n)$。于是可将式(3-1-22)改写为

$$H(j\omega) = K\prod_{i=1}^{m}l_i e^{j\alpha_i}\bigg/\prod_{k=1}^{n}d_k e^{j\theta_k} \tag{3-1-23}$$

由此得到用极点向量、零点向量的长度和辐角来表示网络函数的幅频和相频特性的表达式：

$$|H(j\omega)| = K\prod_{i=1}^{m} l_i \Big/ \prod_{k=1}^{n} d_k \tag{3-1-24a}$$

$$\varphi(\omega) = \sum_{i=1}^{m} \alpha_i - \sum_{k=1}^{n} \theta_k \tag{3-1-24b}$$

最后，令 ω 由 0 向∞增加，根据以上两式便可确定网络函数的幅频特性和相频特性。

综上所述，网络函数的极、零点在 s 平面上的分布情况不仅决定了网络的自然暂态特性，而且也决定了网络的稳态响应特性。

3-2 多端口网络的网络函数

在电路理论的基本教程中，一般均介绍了用以描述二端口网络的端口特性的六种参数矩阵，即：开路阻抗矩阵、短路导纳矩阵、混合参数矩阵、逆混合参数矩阵、传输矩阵和逆传输矩阵。实际上，这些参数矩阵中的每一个参数就是一个网络函数。本节所研究的多端口网络的网络函数是上述二端口网络参数的推广形式。换言之，二端口网络六种参数中的任一种均为以下介绍的多端口网络的网络函数的特例。

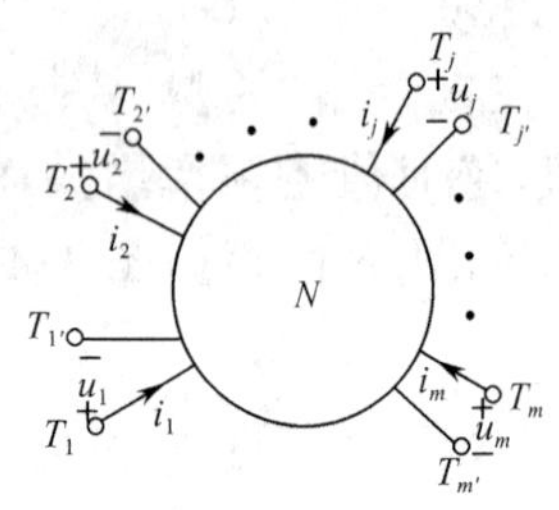

图 3-5

考察由线性时不变元件构成的多端口网络 N，其中不含独立源，且所有动态元件的原始状态为零。网络 N 的各端口可连接二端元件、其他网络的端口和具有二端的激励源。通常，在各个端口的二端之间存在一电压，并有一电流从其一端流入，它等于经该端口另一端流出的电流。对于图 3-5 所示的具有 m 个端口的网络 N，其第 j 端口由端子 T_j 和 $T_{j'}$ 构成，规定从 T_j 端到 $T_{j'}$ 端的电压为端口电压 u_j，进入 T_j 端并流出 $T_{j'}$ 端的电流为端口电流 i_j。于是，端口电压向量

$$\boldsymbol{u}(t) = [u_1(t)u_2(t)\cdots u_m(t)]^{\mathrm{T}}$$

和端口电流向量

$$\boldsymbol{i}(t) = [i_1(t)i_2(t)\cdots i_m(t)]^{\mathrm{T}}$$

以及向量 $\boldsymbol{u}(t)$、$\boldsymbol{i}(t)$ 间的约束关系完全描述了该 m 端口网络的端部行为。

端口电压向量和端口电流向量之间的约束关系有两种表达形式。一种是将端口电压向量 $\boldsymbol{u}(t)$ 的拉普拉斯变换式 $\boldsymbol{U}(s)$ 用端口电流向量 $\boldsymbol{i}(t)$ 的拉普拉斯变换式 $\boldsymbol{I}(s)$ 表示，即

$$\begin{bmatrix} U_1(s) \\ U_2(s) \\ \vdots \\ U_m(s) \end{bmatrix} = \begin{bmatrix} z_{11}(s) & z_{12}(s) & \cdots & z_{1m}(s) \\ z_{21}(s) & z_{22}(s) & \cdots & z_{2m}(s) \\ \vdots & \vdots & \cdots & \vdots \\ z_{m1}(s) & z_{m2}(s) & \cdots & z_{mm}(s) \end{bmatrix} \begin{bmatrix} I_1(s) \\ I_2(s) \\ \vdots \\ I_m(s) \end{bmatrix} \tag{3-2-1}$$

或写为

$$\boldsymbol{U}(s) = \boldsymbol{Z}_{oc}(s)\boldsymbol{I}(s) \tag{3-2-2}$$

式中 $\boldsymbol{Z}_{oc}(s)$ 为式(3-2-1)中右端的阻抗参数矩阵，由观察可知，该矩阵的(j,k)元素由下式确定

$$z_{jk}(s)=\left.\frac{U_j(s)}{I_k(s)}\right|_{除I_k(s)外其他端口电流为零} \tag{3-2-3}$$

令某一端口电流为零意味着使该端口开路。因此,式(3-2-3)表明,在第 k 端口有一电流源单独对多端口网络激励,而令其余端口均开路,则在第 j 端口产生的零状态响应电压象函数 $U_j(s)$ 与激励电流象函数 $I_k(s)$ 之比等于 $z_{jk}(s)$。换言之,矩阵 $\boldsymbol{Z}_{oc}(s)$ 各元为多端口网络各端口(除激励端口外)开路条件下的阻抗参数。主对角线元为策动点阻抗;非主对角线元为转移阻抗。故称 $\boldsymbol{Z}_{oc}(s)$ 为开路阻抗矩阵。

将端口电流向量的拉普拉斯变换式用端口电压向量的拉普拉斯变换式表示,便得到端口电压、电流向量约束关系的另一种表达形式:

$$\begin{bmatrix} I_1(s) \\ I_2(s) \\ \vdots \\ I_m(s) \end{bmatrix}=\begin{bmatrix} y_{11}(s) & y_{12}(s) & \cdots & y_{1m}(s) \\ y_{21}(s) & y_{22}(s) & \cdots & y_{2m}(s) \\ \vdots & \vdots & \vdots & \vdots \\ y_{m1}(s) & y_{m2}(s) & \cdots & y_{mm}(s) \end{bmatrix}\begin{bmatrix} U_1(s) \\ U_2(s) \\ \vdots \\ U_m(s) \end{bmatrix} \tag{3-2-4}$$

或写为

$$\boldsymbol{I}(s)=\boldsymbol{Y}_{sc}(s)\boldsymbol{U}(s) \tag{3-2-5}$$

式中 $\boldsymbol{Y}_{sc}(s)$ 为式(3-2-4)右端的导纳参数矩阵。该矩阵的 (j,k) 元素由下式确定:

$$y_{jk}(s)=\left.\frac{I_j(s)}{U_k(s)}\right|_{除U_k(s)外其他端口电压为零} \tag{3-2-6}$$

令某一端口电压为零意味着使该端口短路。因此,式(3-2-6)表明,在第 k 端口有一电压源单独对多端口网络激励,而令其余端口均短路,这时在第 j 端口产生的零状态响应电流象函数 $I_j(s)$ 与激励电压象函数 $U_k(s)$ 之比等于 $y_{jk}(s)$。换言之,矩阵 $\boldsymbol{Y}_{sc}(s)$ 各元为多端口网络各端口(除激励端口外)短路条件下的导纳参数。主对角线元为策动点导纳;非主对角线元为转移导纳。故称 $\boldsymbol{Y}_{sc}(s)$ 为短路导纳矩阵。

基于对开路阻抗矩阵参数计算式(3-2-3)和短路导纳矩阵参数计算式(3-2-6)的分析,我们将方程(3-2-1)和(3-2-4)左端的变量向量视为多端口网络的输出(响应)向量,而将方程右端右乘于参数矩阵的变量向量视为多端口网络的输入(激励)向量。不难看出,描述多端口网络端部约束关系的前述两种形式的共同特点是:就整个网络而言,响应与激励是在相同的 m 个端口上,因而两者个数必定相等,且响应与激励必为不同类型的网络变量(一为电压,另一为电流),所以联系输出与输入变量关系的参数,或为阻抗、或为导纳,且 $\boldsymbol{Z}_{oc}(s)$ 和 $\boldsymbol{Y}_{sc}(s)$ 均为 m 阶方阵。

对于更为一般的情形,响应可能并不在(或不全在)激励的端口,响应和激励的个数不一定相等,且两者可能同为电压或同为电流。这时,多端口网络的输入变量向量与输出变量向量均应采用由电压与电流共同构成的混合变量向量,因而不可能用 $\boldsymbol{Z}_{oc}(s)$ 或 $\boldsymbol{Y}_{sc}(s)$ 来描述端口变量向量间的约束关系。研究图 3-6 所示多端口网络 N,其左边 m 个端口为输入端口,分别连接到 m 个激励源。输入变量向量为

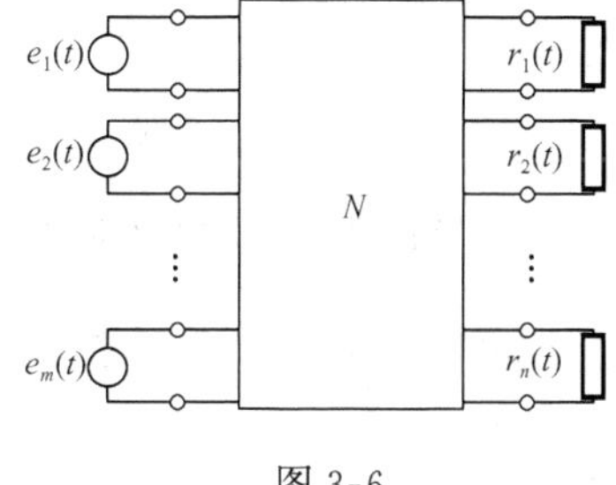

图 3-6

$$\boldsymbol{e}(t)=[e_1(t)\quad e_2(t)\cdots e_m(t)]^{\mathrm{T}}$$

式中 $\boldsymbol{e}_k(t)(k=1,2,\cdots,m)$可为电压或电流。右边 n 个端口为输出端口，分别连接 n 个二端元件。输出变量向量为

$$\boldsymbol{r}(t)=[r_1(t)r_2(t)\cdots r_n(t)]^{\mathrm{T}}$$

式中 $r_j(t)(j=1,2,\cdots,n)$可为电压或电流。以上输入与输出变量向量的拉普拉斯变换式为

$$\boldsymbol{E}(s)=[E_1(s)E_2(s)\cdots E_m(s)]^{\mathrm{T}} \tag{3-2-7}$$

$$\boldsymbol{R}(s)=[R_1(s)R_2(s)\cdots R_n(s)]^{\mathrm{T}} \tag{3-2-8}$$

输入变量与输出变量间的约束关系方程为

$$\boldsymbol{R}(s)=\boldsymbol{H}(s)\boldsymbol{E}(s) \tag{3-2-9}$$

式中 $\boldsymbol{H}(s)$为如下的 $n\times m$ 矩阵：

$$\boldsymbol{H}(s)=\begin{bmatrix} h_{11}(s) & h_{12}(s) & \cdots & h_{1m}(s) \\ h_{21}(s) & h_{22}(s) & \cdots & h_{2m}(s) \\ \vdots & \vdots & \vdots & \vdots \\ h_{n1}(s) & h_{n2}(s) & \cdots & h_{nm}(s) \end{bmatrix} \tag{3-2-10}$$

$\boldsymbol{H}(s)$的(j,k)元素由下式确定：

$$h_{jk}(s)=\left.\frac{R_j(s)}{E_k(s)}\right|_{\text{除}E_k(s)\text{外其他端口输入变量为零}} \tag{3-2-11}$$

$h_{jk}(s)$实为第 j 输出端口与第 k 输入端口间的转移函数。它可以是转移阻抗、转移导纳、转移电压比或转移电流比，这取决于响应 $r_j(t)$和激励 $e_k(t)$的变量类型。因此称 $\boldsymbol{H}(s)$为转移函数矩阵。

开路阻抗矩阵 $\boldsymbol{Z}_{oc}(s)$、短路导纳矩阵 $\boldsymbol{Y}_{sc}(s)$和转移函数矩阵 $\boldsymbol{H}(s)$的全部参数包含了任意端口的策动点函数和任意二端口间的各种转移函数。换言之，这三个参数矩阵可完全地描述一个多端口网络在各种不同激励与响应情况时端口变量间的约束关系。应当注意，上述矩阵中的任一参数都是在除激励端口外其余各端口或为开路、或为短路的条件下求得的。

3-3　不定导纳矩阵

当网络的外部连接不能使网络所有引出端都形成端口时，上节介绍的端口描述方法就不能应用。对于一般多端网络而言，其端子并不需要配对为端口，在此情况下，需要用另外的网络函数来描述端变量间的约束关系。本节将研究的不定导纳矩阵就是一种得到广泛应用的多端网络端变量约束关系的描述。

3-3-1　不定导纳矩阵的定义和特性

研究图 3-7 所示 n 端网络的复频域模型。网络 N 系由线性时不变元件构成的连通网络，其中不含独立源，且所有动态元件的原始状态为零。电位参考点在网络 N 之外的某一任意点处。$U_1(s),U_2(s),\cdots,U_n(s)$为端电压象函数，$I_1(s),I_2(s),\cdots,I_n(s)$为流入各

端的端电流象函数。

基于网络的线性性质，端电流可用端电压的线性组合表示，写为向量方程，即

$$\begin{bmatrix} I_1(s) \\ I_2(s) \\ \vdots \\ I_n(s) \end{bmatrix} = \begin{bmatrix} y_{11}(s) & y_{12}(s) & \cdots & y_{1n}(s) \\ y_{21}(s) & y_{22}(s) & \cdots & y_{2n}(s) \\ \vdots & \vdots & \vdots & \vdots \\ y_{n1}(s) & y_{n2}(s) & \cdots & y_{nn}(s) \end{bmatrix} \begin{bmatrix} U_1(s) \\ U_2(s) \\ \vdots \\ U_n(s) \end{bmatrix} \tag{3-3-1}$$

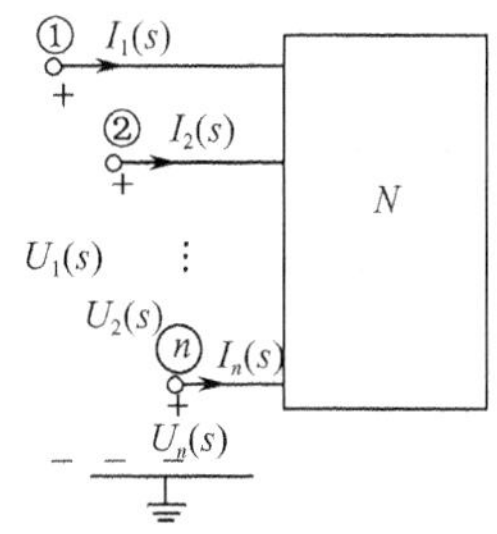

图 3-7

式中，联系复频域端电压向量和端电流向量的参数矩阵称为不定导纳矩阵（indefinite admittance matrix），缩写为 IAM，“不定”一词系指参考点在网络外的任一点。不定导纳矩阵用$\boldsymbol{Y}_i(s)$表示：

$$\boldsymbol{Y}_i(s) = \begin{bmatrix} y_{11}(s) & y_{12}(s) & \cdots & y_{1n}(s) \\ y_{21}(s) & y_{22}(s) & \cdots & y_{2n}(s) \\ \vdots & \vdots & & \vdots \\ y_{n1}(s) & y_{n2}(s) & \cdots & y_{nn}(s) \end{bmatrix} \tag{3-3-2}$$

于是，式(3-3-1)可简记为

$$\boldsymbol{I}(s) = \boldsymbol{Y}_i(s)\boldsymbol{U}(s) \tag{3-3-3}$$

据式(3-3-1)，$\boldsymbol{Y}_i(s)$矩阵的(j,k)元素由下式确定：

$$y_{jk}(s) = \left.\frac{I_j(s)}{U_k(s)}\right|_{\text{除}U_k(s)\text{外其他端电压为零}} \tag{3-3-4}$$

令多端网络某一端电压为零，意即将该端连接于电位参考点。故式(3-3-4)表明，$y_{jj}(s)$等于所有其他端均接地时由 j 端看去的策动点导纳。而 $y_{jk}(s)(j\neq k)$等于除 k 端外所有其他端均接地时从 k 端至 j 端的转移导纳。据此，式(3-3-4)可用以计算多端网络不定导纳矩阵的各元素。

例 3-1 图 3-8 所示三端网络为晶体管的电路模型，试求其不定导纳矩阵。

解：为计算不定导纳矩阵第一列元 $y_{11}(s)$、$y_{21}(s)$和 $y_{31}(s)$，令 2、3 两端接地，并于 1 端与地之间接入电压为 u_1 的电压源，如图 3-9 所示。由此可计算以下参数：

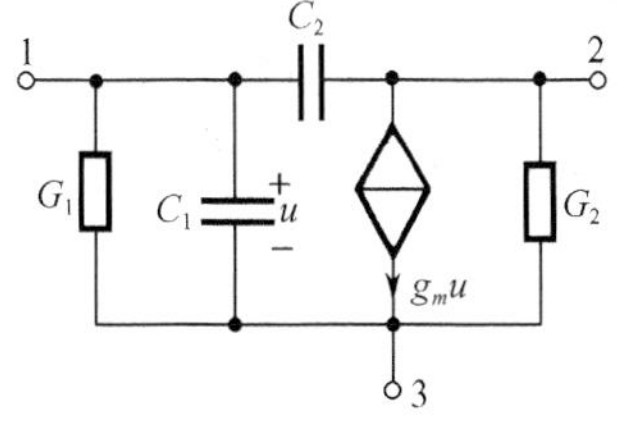

图 3-8

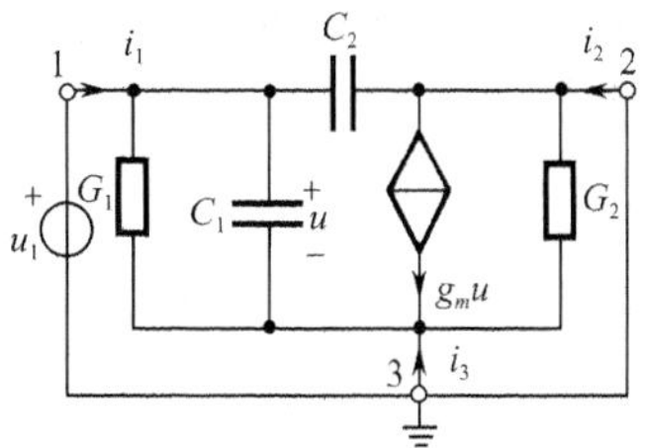

图 3-9

$$y_{11}(s) = \left.\frac{I_1(s)}{U_1(s)}\right|_{U_2(s)=U_3(s)=0} = G_1 + sC_1 + sC_2$$

$$y_{21}(s) = \left.\frac{I_2(s)}{U_1(S)}\right|_{U_2(s)=U_3(s)=0} = g_m - sC_2$$

$$y_{31}(s)=\frac{I_3(s)}{U_1(s)}\bigg|_{U_2(s)=U_3(s)=0}=-G_1-sC_1-g_m$$

同理，令 1、3 两端接地，在 2 端与地之间加电压源，计算参数 $y_{12}(s)$、$y_{22}(s)$和$y_{32}(s)$。又令 1、2 两端接地，在 3 端与地之间接电压源，计算参数 $y_{13}(s)$、$y_{23}(s)$和$y_{33}(s)$。于是，图 3-8 网络的不定导纳矩阵为

$$\boldsymbol{Y}_i(s)=\begin{bmatrix} G_1+sC_1+sC_2 & -sC_2 & -G_1-sC_1 \\ g_m-sC_2 & G_2+sC_2 & -G_2-g_m \\ -G_1-sC_1-g_m & -G_2 & G_1+G_2+g_m+sC_1 \end{bmatrix} \tag{3-3-5}$$

观察以上举例的计算结果可以发现，不定导纳矩阵每行诸元之和为零，每列诸元之和也为零。这种性质称为矩阵的零和特性。下面论证不定导纳矩阵具有零和特性。

首先研究$\boldsymbol{Y}_i(s)$矩阵每列各元素间的关系。根据基尔霍夫电流定律，多端网络各端电流满足以下方程：

$$\sum_{j=1}^{n} I_j(s)=0 \tag{3-3-6}$$

将方程(3-3-1)所表示的线性代数组的各方程代入式(3-3-6)，得

$$\sum_{j=1}^{n} y_{j1}(s)U_1(s)+\sum_{j=1}^{n} y_{j2}(s)U_2(s)+\cdots+\sum_{j=1}^{n} y_{jn}U_n(s)=0 \tag{3-3-7}$$

由于式中 $U_1(s)$,$U_2(s)$,…,$U_n(s)$为多端网络 n 个端子对参考点的电压，它们是一组相互独立的网络变量，可以独立地取任意值。我们对 n 个端子轮流指定某一端电压不为零而其余各端电压均为零，例如，令 $U_k(s)\neq 0$，则

$$\left[\sum_{j=1}^{n} y_{jk}(s)\right]U_k(s)=0 \quad (k=1,2,\cdots,n) \tag{3-3-8}$$

因为上式左端 $U_k(s)\neq 0$，故必有

$$\sum_{j=1}^{n} y_{jk}(s)=0 \quad (k=1,2,\cdots,n) \tag{3-3-9}$$

式(3-3-9)表明，不定导纳矩阵任一列诸元之和为零。

然后分析$\boldsymbol{Y}_i(s)$矩阵每行各元素间的关系。在建立用不定导纳矩阵表示的多端网络端变量约束关系方程(3-3-1)、(3-3-3)时，电位参考点的选择是任意的。电位参考点的改变使各端电压同时增加(或减少)一相同的电压值，但各端电流并不会改变。至于$\boldsymbol{Y}_i(s)$矩阵的各参数，它们取决于多端网络的组成元件及其联接关系，而与参考点的选取无关。因此，如果选择某一电位参考点时，多端网络的方程为式(3-3-3)，则另选一电位参考点后，网络方程变为

$$\boldsymbol{I}(s)=\boldsymbol{Y}_i(s)[\boldsymbol{U}(s)+\boldsymbol{U}_0(s)] \tag{3-3-10}$$

式中

$$\boldsymbol{U}_0(s)=[U_0(s)U_0(s)\cdots U_0(s)]^{\mathrm{T}},U_0(s)\neq 0 \tag{3-3-11}$$

为 n 维电压向量，其中各元均相同，表示参考点的改变使各端电压都增加一个相同的电压 $U_0(s)$。将式(3-3-3)代入式(3-3-10)，得

$$\boldsymbol{Y}_i(s)\boldsymbol{U}_0(s)=\boldsymbol{0} \tag{3-3-12}$$

上式可展开写为

$$\left[\sum_{k=1}^{n} y_{jk}(s)\right]U_0(s) = 0 \quad (j = 1,2,\cdots,n) \tag{3-3-13}$$

由于$U_0(s)\neq 0$,故有

$$\sum_{k=1}^{n} y_{jk}(s) = 0 \quad (j = 1,2,\cdots,n) \tag{3-3-14}$$

式(3-3-14)表明,不定导纳矩阵任一行诸元之和为零。

以上论证了不定导纳矩阵的零和特性。具有零和特性的矩阵称为零和矩阵(zero sum matrix)。零和矩阵为奇异矩阵。根据不定导纳矩阵的行列式为零以及零和特性,可以证明,不定导纳矩阵所有的一阶代数余子式均相等,具有这种性质的矩阵称为等余因子矩阵。

3-3-2 原始不定导纳矩阵的直接形成

设网络 N 的每一节点均为可及节点,并连接有一引出端。这样的多端网络的不定导纳矩阵称为网络 N 的原始不定导纳矩阵(primitive indefinite admittance matrix)。原始不定导纳矩阵可通过观察直接写出,而不必像例 3-1 那样用式(3-3-4)逐一地计算矩阵中的各元素。本节将介绍直接形成原始不定导纳矩阵的方法。

首先研究各类网络元件对原始不定导纳矩阵的贡献。据此可直接写出原始不定导纳矩阵。

1. 二端导抗元件

图 3-10 所示二端元件的导纳为 $y(s)$,其二端连接于节点 a、b,电流、电压参考方向从a 至 b。仅由参数 $y(s)$所确立的端电流与端电压关系表示为如下方程:

$$I_a(s) = y(s)[U_a(s) - U_b(s)] \tag{3-3-15a}$$

$$I_b(s) = -I_a(s) = y(s)[-U_a(s) + U_b(s)] \tag{3-3-15b}$$

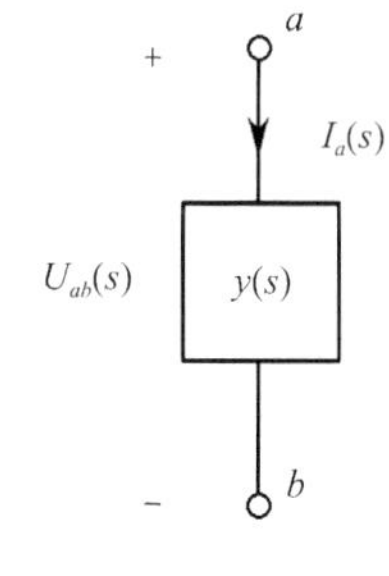

图 3-10

根据用不定导纳矩阵所描述的多端网络方程(3-3-1),由式(3-3-15)可知,二端元件对不定导纳矩阵的 a、b 行及 a、b 列元有以下贡献:

$$\begin{array}{c} \\ a \\ b \end{array}\begin{array}{c} \begin{array}{cc} a & b \end{array} \\ \begin{bmatrix} y(s) & -y(s) \\ -y(s) & y(s) \end{bmatrix} \end{array} \tag{3-3-16}$$

2. 电压控电流源(VCCS)

电压控电流源是一种受控源,由控制支路和受控支路构成,如图 3-11 所示。图中,接于节点 c、d 间的是受控电流源支路,控制量为节点 a、b 间的电压 $U_{ab}(s)$,控制参数为转移电导 g_m。节点 a、b 间的控制支路是一个开路。仅由 VCCS 所确立的a、b、c、d四端电流和电压关系方程为

$$I_c(s) = g_m[U_a(s) - U_b(s)] \tag{3-3-17a}$$

$$I_d(s) = g_m[-U_a(s) + U_b(s)] \tag{3-3-17b}$$

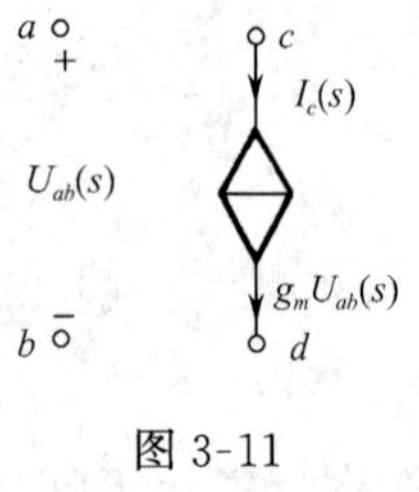

图 3-11

根据方程(3-3-1)和以上两式,电压控电流源对不定导纳矩阵的 c、d 行及 a、b 列元贡献如下:

$$\begin{array}{c} \\ a \\ b \\ c \\ d \end{array}\begin{array}{c} \begin{array}{cccc} a & b & c & d \end{array} \\ \begin{bmatrix} 0 & 0 & 0 & 0 \\ 0 & 0 & 0 & 0 \\ g_m & -g_m & 0 & 0 \\ -g_m & g_m & 0 & 0 \end{bmatrix} \end{array} \tag{3-3-18}$$

3. 回转器

回转器是一种二端口元件,元件特性可由回转电导 g 及回转方向确定。图 3-12 所示回转器的两对端口分别连接于节点 a、b 和 c、d。按图中标注的回转方向,由回转器所确立的a、b、c、d四端电流和电压关系方程为

$$I_a(s)=g[U_c(s)-U_d(s)] \tag{3-3-19a}$$

$$I_b(s)=g[-U_c(s)+U_d(s)] \tag{3-3-19b}$$

$$I_c(s)=g[-U_a(s)+U_b(s)] \tag{3-3-19c}$$

$$I_d(s)=g[U_a(s)-U_b(s)] \tag{3-3-19d}$$

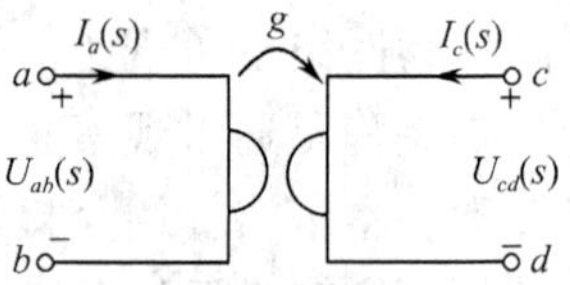

图 3-12

根据方程(3-3-1)和以上四式,回转器对不定导纳矩阵的 a、b、c、d 行及 a、b、c、d 列元的贡献为

$$\begin{array}{c} \\ a \\ b \\ c \\ d \end{array}\begin{array}{c} \begin{array}{cccc} a & b & c & d \end{array} \\ \begin{bmatrix} 0 & 0 & g & -g \\ 0 & 0 & -g & g \\ -g & g & 0 & 0 \\ g & -g & 0 & 0 \end{bmatrix} \end{array} \tag{3-3-20}$$

4. 耦合电感元件

图 3-13 所示二端口耦合电感元件具有电感 L_1、L_2 和互感 M。二端口分别连接于节点 a、b 和 c、d 。由耦合电感元件的 VCR 方程

$$\begin{bmatrix} U_{ab}(s) \\ U_{cd}(s) \end{bmatrix}=\begin{bmatrix} L_1 s & Ms \\ Ms & L_2 s \end{bmatrix}\begin{bmatrix} I_a(s) \\ I_c(s) \end{bmatrix} \tag{3-3-21}$$

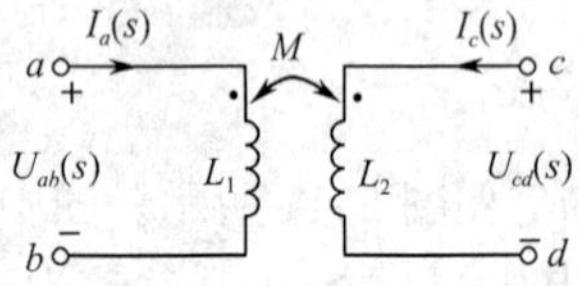

解出用导纳参数表示的元件电流电压关系方程:

$$\begin{bmatrix} I_a(s) \\ I_c(s) \end{bmatrix}=\frac{1}{s(L_1L_2-M^2)}\begin{bmatrix} L_2 & -M \\ -M & L_1 \end{bmatrix}\begin{bmatrix} U_{ab}(s) \\ U_{cd}(s) \end{bmatrix} \tag{3-3-22}$$

图 3-13

由此可得二端口耦合电感元件对不定导纳矩阵的 a、b、c、d 行及 a、b、c、d 列元的贡献,表示为以下 4 端电流用 4 端电压表示的方程:

$$\begin{bmatrix} I_a(s) \\ I_b(s) \\ I_c(s) \\ I_d(s) \end{bmatrix} = \frac{1}{s(L_1L_2-M^2)} \begin{bmatrix} L_2 & -L_2 & -M & M \\ -L_2 & L_2 & M & -M \\ -M & M & L_1 & -L_1 \\ M & -M & -L_1 & L_1 \end{bmatrix} \begin{bmatrix} U_a(s) \\ U_b(s) \\ U_c(s) \\ U_d(s) \end{bmatrix} \tag{3-3-23}$$

5. 理想变压器

理想变压器的二端口变量间的关系方程表示电压与电压间的关系、电流与电流间的关系,而不存在用导纳参数表示的元件 VCR 方程。对于这种元件,难于直接写出它对不定导纳矩阵的贡献。为此,可将串联(或并联)于理想变压器某一端(或一端口)上的一个导抗元件一并考虑,视为一个二端口网络,写出其对不定导纳矩阵的贡献。例如,图 3-14 中的变比为 n 的理想变压器,其左边端口的一端串联有导纳为 $y_0(s)$的元件,这样构成的二端口网络接至网络中的 a、b 端和 c、d 端。则端电流 $I_a(s)$和 $I_c(s)$分别可用端口电压表示为

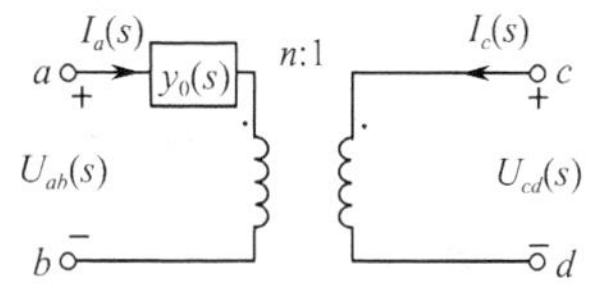

图 3-14

$$I_a(s) = y_0(s)[U_{ab}(s) - nU_{cd}(s)] \tag{3-3-24a}$$

$$I_c(s) = -ny_0(s)[U_{ab}(s) - nU_{cd}(s)] \tag{3-3-24b}$$

根据方程(3-3-1)和以上两式,图 3-14 所示含理想变压器的二端口网络对不定导纳矩阵的 a、b、c、d 行及 a、b、c、d 列元有如下贡献:

$$\begin{array}{c} \\ a \\ b \\ c \\ d \end{array} \begin{array}{c} \begin{array}{cccc} \quad a \quad & \quad b \quad & \quad c \quad & \quad d \quad \end{array} \\ \begin{bmatrix} y_0(s) & -y_0(s) & -ny_0(s) & ny_0(s) \\ -y_0(s) & y_0(s) & ny_0(s) & -ny_0(s) \\ -ny_0(s) & ny_0(s) & n^2y_0(s) & -n^2y_0(s) \\ ny_0(s) & -ny_0(s) & -n^2y_0(s) & n^2y_0(s) \end{bmatrix} \end{array} \tag{3-3-25}$$

除以上列出的几种网络元件外,在线性网络中还有一些常见的二端口元件,它们的端口变量关系不能用导纳参数表示。例如,负阻抗变换器与理想变压器情况相似,可以采用和理想变压器相同的方法,连同其端部串、并联的导抗元件一并考虑,写出该二端口网络对不定导纳矩阵的贡献。对于线性受控源中除 VCCS 外的其余三种(CCCS、VCVS 和 CCVS),均可连同其端部串、并联导抗元件一起,变换为等效的含 VCCS 的二端口网络。例如,图 3-15 所示 VCVS,其受控支路串联电阻元件的电导为 G_0,应用有伴电压源与有伴电流源间的等效变换,得到图 3-16 所示的含 VCCS 的网络。

对于给定的一个具有 n_t 个节点的线性多端网络,用观察法写出其原始不定导纳矩阵的规则如下:

图 3-15　　　　图 3-16

(1)写出所有的二端导抗元件对原始不定导纳矩阵的贡献部分，并将位于该矩阵同一元处的各参数相加。由式(3-3-16)可知，仅由所有二端导抗元件而构成的子网络的原始不定导纳矩阵参数为

$y_{ii}(s)=\sum$ 与端点 i 相联接的二端元件的导纳$(i=1,2,\cdots,n_t)$

$\underset{(i\neq j)}{y_{ij}}(s)=-\sum$ 联接于节点 i、j 间的二端元件的导纳$(i=1,2,\cdots,n_t,j=1,2,\cdots,n_t)$

(2)写出各类二端口元件对原始不定导纳矩阵的贡献。即按式(3-3-18)、(3-3-20)、(3-3-23)、(3-3-25)等分别将 VCCS、回转器、耦合电感元件、理想变压器等对不定导纳矩阵的贡献写出。

(3)将由以上步骤所得到的各类元件对原始不定导纳矩阵的贡献相加，即得原始不定导纳矩阵。

例 3-2 在图 3-17 所示线性有源网络中，设 5 个节点均为可及的。用观察法写出该多端网络的原始不定导纳矩阵。

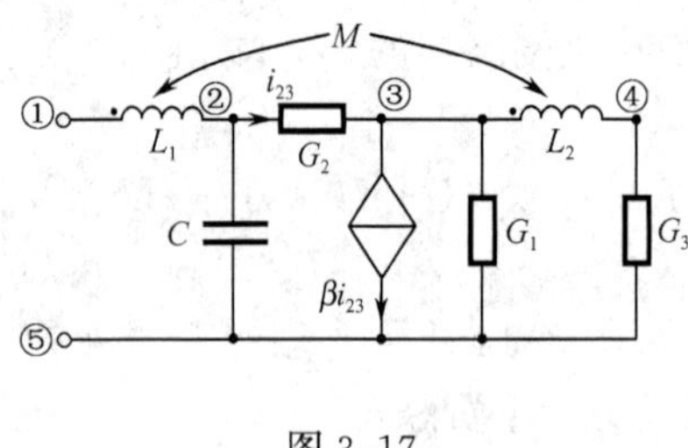

图 3-17

解:首先将图 3-17 电路中的 CCCS 变换为 VCCS。

因

$$i_{23}=G_2u_{23}$$

故

$$i_{35}=\beta i_{23}=\beta G_2u_{23}$$

由此可知，该 VCCS 对不定导纳矩阵的贡献为

$$\begin{array}{c} \\ 3 \\ 5 \end{array}\begin{array}{c} \begin{array}{cc} \quad 2 & \quad\quad 3 \end{array} \\ \begin{bmatrix} \beta G_2 & -\beta G_2 \\ -\beta G_2 & \beta G_2 \end{bmatrix} \end{array} \tag{3-3-26}$$

在 L_1、L_2 二支路间存在互感 M，由式(3-3-22)可以得到该二端口元件用导纳参数表示的 VCR 方程：

$$\begin{bmatrix} I_{12}(s) \\ I_{34}(s) \end{bmatrix}=\frac{1}{s(L_1L_2-M^2)}\begin{bmatrix} L_2 & -M \\ -M & L_1 \end{bmatrix}\begin{bmatrix} U_{12}(s) \\ U_{34}(s) \end{bmatrix} \tag{3-3-27}$$

令

$$D=s(L_1L_2-M^2) \tag{3-3-28}$$

则由式(3-3-27)可写出该耦合电感元件对不定导纳矩阵的贡献：

$$
\begin{array}{c}
 \\ 1 \\ 2 \\ 3 \\ 4
\end{array}
\begin{array}{c}
\begin{array}{cccc} 1 & 2 & 3 & 4 \end{array} \\
\begin{bmatrix}
\frac{L_2}{D} & -\frac{L_2}{D} & -\frac{M}{D} & \frac{M}{D} \\
-\frac{L_2}{D} & \frac{L_2}{D} & \frac{M}{D} & -\frac{M}{D} \\
-\frac{M}{D} & \frac{M}{D} & \frac{L_1}{D} & -\frac{L_1}{D} \\
\frac{M}{D} & -\frac{M}{D} & -\frac{L_1}{D} & \frac{L_1}{D}
\end{bmatrix}
\end{array}
\tag{3-3-29}
$$

写出所有二端元件对原始不定导纳矩阵的贡献，并加上已求得的 VCCS 和耦合电感元件对原始不定导纳矩阵的贡献，由此得到图 3-17 所示 5 端网络的不定导纳矩阵：

$$
\boldsymbol{Y}_i(s)=\begin{bmatrix}
\frac{L_2}{D} & -\frac{L_2}{D} & -\frac{M}{D} & \frac{M}{D} & 0 \\
-\frac{L_2}{D} & G_2+sC+\frac{L_2}{D} & -G_2+\frac{M}{D} & -\frac{M}{D} & -sC \\
-\frac{M}{D} & -G_2+\beta G_2+\frac{M}{D} & G_1+G_2-\beta G_2+\frac{L_1}{D} & -\frac{L_1}{D} & -G_1 \\
\frac{M}{D} & -\frac{M}{D} & -\frac{L_1}{D} & G_3+\frac{L_1}{D} & -G_3 \\
0 & -sC-\beta G_2 & -G_1+\beta G_2 & -G_3 & G_1+G_3+sC
\end{bmatrix}
\tag{3-3-30}
$$

检验 $\boldsymbol{Y}_i(s)$ 矩阵各行、各列，均满足零和特性。将此例与例 3-1 所采用的方法相比较，可以看出，观察法较按式(3-3-4)逐一计算各元素的方法简便可行，大大减少了计算量。故在实际应用中一般采用观察法列写原始不定导纳矩阵。

3-3-3 $\boldsymbol{Y}_i(s)$ 随端部处理的变换

一般多端网络并非在每一节点上都有一引出端，而仅仅在部分可及节点有引出端。此外，节点上的引出线还可能相互连接后形成网络的一个端子。这些多端网络的不定导纳矩阵可以通过对网络的原始不定导纳矩阵进行相应的变换而得。以下讨论几种常见的端部处理所引起的 $\boldsymbol{Y}_i(s)$ 矩阵的变换。

1. 端子压缩

将多端网络的两个或更多端子连接在一起，形成一个端子，称为端子压缩(terminal contraction)，实为端子的合并。对于图 3-18 所示 n 端网络，如果将其 1、2 端相连，形成一个新的端子 $1'$，其端电压 u'_1 和端电流 i'_1 分别与原 1、2 两端的电压、电流有如下关系：

$$
u'_1=u_1=u_2
$$
$$
i'_1=i_1+i_2
$$

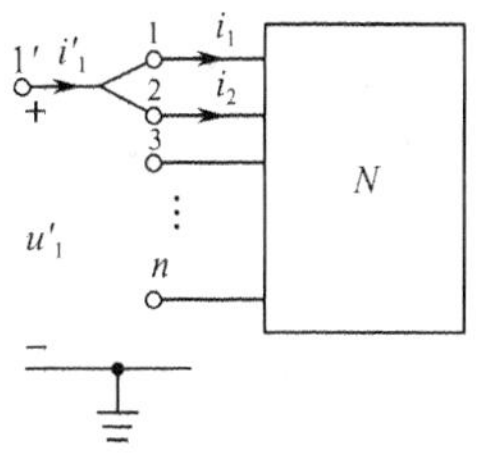

图 3-18

考察由式(3-3-1)表示的多端网络方程，如果其中第1、2两个端电压彼此相等，则不定导纳矩阵中与它们相乘的第1、2列元素应相加而合并为一列。如果将第1、2两个端电流相加，则不定导纳矩阵中的第1、2行元素应相加而合并为一行。于是，由第1、2端压缩而得的$(n-1)$端网络的不定导纳矩阵是如下的$(n-1)$阶矩阵：

$$
\boldsymbol{Y}'_i(s)=\begin{bmatrix} y_{11}(s)+y_{12}(s)+y_{21}(s)+y_{22}(s) & y_{13}(s)+y_{23}(s) & \cdots & y_{1n}(s)+y_{2n}(s) \\ y_{31}(s)+y_{32}(s) & y_{33}(s) & \cdots & y_{3n}(s) \\ \vdots & \vdots & & \vdots \\ y_{n1}(s)+y_{n2}(s) & y_{n3}(s) & & y_{nn}(s) \end{bmatrix} \tag{3-3-31}
$$

相应地，向量方程式(3-3-1)的端电压、端电流向量中分别应删去元素$U_2(s)$、$I_2(s)$。以上规则可推论至将多端网络三个或更多端子的压缩。

2. 端子消除

将多端网络的某些引出端线去掉，使原来与这些端线所联接的节点成为不可及节点，称为端子消除(terminal suppresion)。为了讨论端子消除所引起的不定导纳矩阵的变换，将原多端网络的全部端子按保留端和消除端分类。对应于保留端的端电流、端电压向量用$\boldsymbol{I}_a(s)$、$\boldsymbol{U}_a(s)$表示，对应于消除端的端电流、端电压向量用$\boldsymbol{I}_b(s)$、$\boldsymbol{U}_b(s)$表示。于是，用不定导纳矩阵表示的多端网络方程(式(3-3-3))可写为以下形式：

$$
\begin{bmatrix} \boldsymbol{I}_a(s) \\ \boldsymbol{I}_b(s) \end{bmatrix}=\begin{bmatrix} \boldsymbol{Y}_{11}(s) & \boldsymbol{Y}_{12}(s) \\ \boldsymbol{Y}_{21}(s) & \boldsymbol{Y}_{22}(s) \end{bmatrix}\begin{bmatrix} \boldsymbol{U}_a(s) \\ \boldsymbol{U}_b(s) \end{bmatrix} \tag{3-3-32}
$$

根据上式可求出保留端电流与电压间的关系式。因消除端的电流为零，故

$$
\boldsymbol{I}_b(s)=\boldsymbol{Y}_{21}(s)\boldsymbol{U}_a(s)+\boldsymbol{Y}_{22}(s)\boldsymbol{U}_b(s)=\boldsymbol{0}
$$

$$
\boldsymbol{U}_b(s)=-\boldsymbol{Y}_{22}^{-1}(s)\boldsymbol{Y}_{21}(s)\boldsymbol{U}_a(s) \tag{3-3-33}
$$

将上式代入式(3-3-32)中，得$\boldsymbol{I}_a(s)$与$\boldsymbol{U}_a(s)$的关系方程：

$$
\boldsymbol{I}_a(s)=[\boldsymbol{Y}_{11}(s)-\boldsymbol{Y}_{12}(s)\boldsymbol{Y}_{22}^{-1}(s)\boldsymbol{Y}_{21}(s)]\boldsymbol{U}_a(s)
$$

$$
\boldsymbol{I}_a(s)=\boldsymbol{Y}'_i(s)\boldsymbol{U}_a(s) \tag{3-3-34}
$$

式中

$$
\boldsymbol{Y}'_i(s)=\boldsymbol{Y}_{11}(s)-\boldsymbol{Y}_{12}(s)\boldsymbol{Y}_{22}^{-1}(s)\boldsymbol{Y}_{21}(s) \tag{3-3-35}
$$

应用式(3-3-35)可由原多端网络不定导纳矩阵$\boldsymbol{Y}_i(s)$的各分块阵求得消除$\boldsymbol{Y}_{22}(s)$所对应的端子后的新多端网络的不定导纳矩阵$\boldsymbol{Y}'_i(s)$。

如果仅消除编号为k的一个端子，根据式(3-3-35)，新的不定导纳矩阵产生的规则是，删去原不定导纳矩阵的第k行和第k列，且其余任一元$y_{ij}(s)$变为

$$
y'_{ij}(s)=y_{ij}(s)-\frac{y_{ik}(s)y_{kj}(s)}{y_{kk}(s)} \tag{3-3-36}
$$

上式表明，消除多端网络的第k端所引起的不定导纳矩阵的变换是，从原导纳元$y_{ij}(s)$中减去$y_{ik}(s)y_{kj}(s)/y_{kk}(s)$得到新矩阵的导纳元$y'_{ij}(s)$。以上变换可表示如下(以下各式参数中略去复频变量符号(s))：

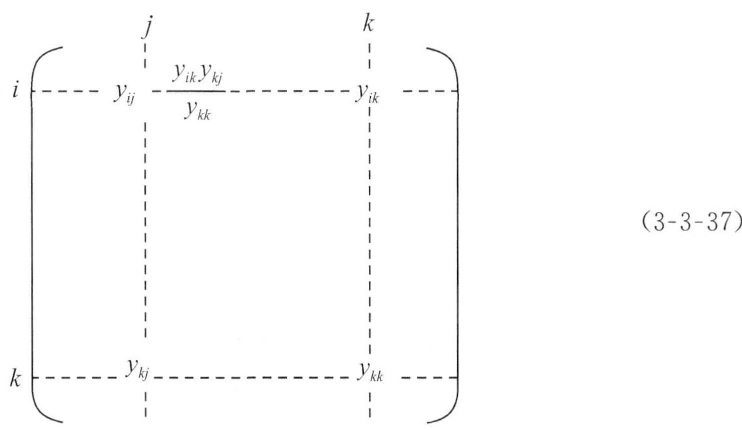

(3-3-37)

消除两个或两个以上端子时，也可用式(3-3-36)所表示的变换逐个消除，这与采用式(3-3-35)进行矩阵运算是等效的。

3. 多端网络相并联

将两个多端网络的每一编号相同的对应端并接在一起，从连接点引出一端线，这就是两个多端网络相并联。显然，这时两个多端网络的电位参考点是共同的。由两个多端网络相并联而成的多端网络的不定导纳矩阵等于原来两个多端网络的不定导纳矩阵之和。两个多端网络相并联，并不一定要求二网络端数相等。将两个端数不等的多端网络相并联，则端数较多的网络的部分端子未并接在另一网络的端子上。在此情况下，为了计算并联构成的多端网络的不定导纳矩阵，需将端数较少的网络的不定导纳矩阵先用零元扩充其行、列数，使之与端数多的网络的不定导纳矩阵同阶，再将两者求和。如果已知某一多端网络的不定导纳矩阵，在该网络的一些端子间又另接上网络元件，用多端网络相并联的分析方法，就容易求得改接后的网络的不定导纳矩阵。

以上关于两个多端网络相并联的分析，可推论至三个或更多的多端网络相并联。

4. 端子接地

如果将 n 端网络的某一端(例如第 n 端)接地，即令端点 n 为电位参考点。因 $u_n=0$，应删去多端网络方程(3-3-1)中电压向量的 $U_n(s)$ 元以及 $\boldsymbol{Y}_i(s)$ 矩阵的第 n 列。根据KCL，方程(3-3-1)所表示的代数方程组的第 n 方程为冗余方程，故应删去 $\boldsymbol{Y}_i(s)$ 矩阵的第 n 行及电流向量的 $\boldsymbol{I}_n(s)$ 元。这样，式(3-3-1)中的系数矩阵变为删去其第 n 行、第 n 列后的 $(n-1)$ 阶矩阵，称为原 n 端网络以端子 n 为接地端时的定导纳矩阵(definite admittance matrix)，缩写为DAM。

上述将 n 端网络的第 n 端接地后的网络，也可视为以端子 n 为公共终端的 $(n-1)$ 端口网络，意即将第1端至第 $(n-1)$ 端的每一端分别与第 n 端配对而形成 $(n-1)$ 个端口，如图3-19所示。图中 $(n-1)$ 端口网络的短路导纳矩阵 $\boldsymbol{Y}_{sc}(s)$ 等于由原 n 端网络的不定导纳矩阵 $\boldsymbol{Y}_i(s)$ 删去第 n 行、n 列而得的定导纳矩阵。反之，如果已知某一共终端 $(n-1)$ 端口网络的短路导纳矩阵，根据不定导纳矩阵的零和特性，很容易求得将公共终端浮地而得的 n 端网络的不定导纳矩阵。

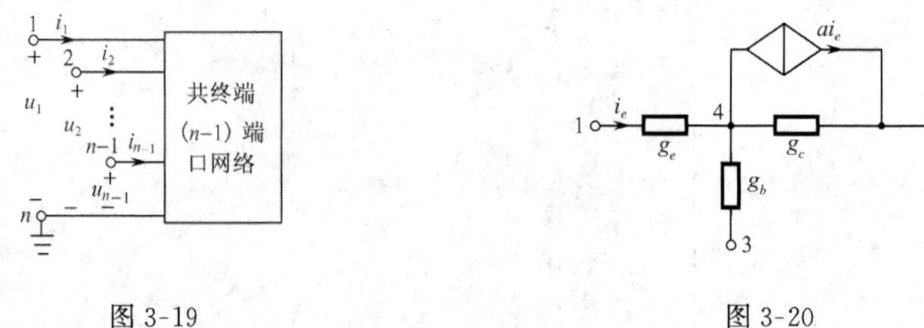

图 3-19　　　　图 3-20

下面将举例说明不定导纳矩阵的变换及其应用。

例 3-3　图 3-20 表示一个晶体管的 T 形等效网络。用不定导纳矩阵分析法求以 1、3 端为输入端口，2、3 端为输出端口的二端口网络的短路导纳矩阵 $\boldsymbol{Y}_x(s)$。

解:首先写出图 3-20 中四端网络的原始不定导纳矩阵。由观察可得

$$\boldsymbol{Y}_i(s)=\begin{array}{c} \\ 1 \\ 2 \\ 3 \\ 4 \end{array}\begin{array}{c} \begin{array}{cccc} 1 & 2 & 3 & 4 \end{array} \\ \begin{bmatrix} g_e & 0 & 0 & -g_e \\ -\alpha g_e & g_c & 0 & -g_c+\alpha g_e \\ 0 & 0 & g_b & -g_b \\ -g_e+\alpha g_e & -g_c & -g_b & g_b+g_c+g_e-\alpha g_e \end{bmatrix} \end{array} \tag{3-3-38}$$

因节点 4 为不可及的，消除端子 4，由式(3-3-35)或式(3-3-36)可求出三端网络的不定导纳矩阵：

$$Y'_i(s)=\begin{array}{c} \\ 1 \\ 2 \\ 3 \end{array}\begin{array}{c} \begin{array}{ccc} 1 & 2 & 3 \end{array} \\ \begin{bmatrix} g_e-\dfrac{g_e^2(1-\alpha)}{y_{44}} & -\dfrac{g_cg_e}{y_{44}} & -\dfrac{g_eg_b}{y_{44}} \\ -\alpha g_e-\dfrac{g_e(1-\alpha)(g_c-\alpha g_e)}{y_{44}} & g_c-\dfrac{g_c(g_c-\alpha g_e)}{y_{44}} & -\dfrac{g_b(g_c-\alpha g_e)}{y_{44}} \\ -\dfrac{g_bg_e(1-\alpha)}{y_{44}} & -\dfrac{g_cg_b}{y_{44}} & g_b-\dfrac{g_b^2}{y_{44}} \end{bmatrix} \end{array} \tag{3-3-39}$$

式中

$$y_{44}=g_b+g_e+g_c-\alpha g_e$$

对上述三端网络选端子 3 为公共终端，则共终端二端口网络的短路导纳矩阵可由式(3-3-39)删去第 3 行、3 列而得，即

$$\boldsymbol{Y}_x(s)=\begin{bmatrix} g_e-\dfrac{g_e^2(1-\alpha)}{y_{44}} & -\dfrac{g_cg_e}{y_{44}} \\ -\alpha g_e-\dfrac{g_e(1-\alpha)(g_c-\alpha g_e)}{y_{44}} & g_c-\dfrac{g_c(g_c-\alpha g_e)}{y_{44}} \end{bmatrix}$$

$$=\begin{bmatrix} \dfrac{g_e(g_b+g_c)}{y_{44}} & -\dfrac{g_cg_e}{y_{44}} \\ -\dfrac{g_e(\alpha g_b+g_c)}{y_{44}} & \dfrac{g_c(g_b+g_e)}{y_{44}} \end{bmatrix} \tag{3-3-40}$$

分析以上举例，可以看出，式(3-3-39)的第 3 行、3 列诸元最后均被删去。如果我们先令第 3 端接地、后消除端子 4，显然结果相同，然而求解过程则简便得多。

例 3-4 图 3-21(a)表示以四端网络 N 的端子 4 为公共终端而形成的共终端三端口网络，其短路导纳参数方程为

$$\begin{bmatrix} I_1 \\ I_2 \\ I_3 \end{bmatrix} = \begin{bmatrix} 5 & -1 & -2 \\ -3 & 6 & -1 \\ -2 & -1 & 4 \end{bmatrix} \begin{bmatrix} U_1 \\ U_2 \\ U_3 \end{bmatrix} \tag{3-3-41}$$

如果在 1、2 端间连接一个 1F 的电容，且取消端子 3，得到图 3-21(b)中的三端网络，试求该三端网络的不定导纳矩阵。

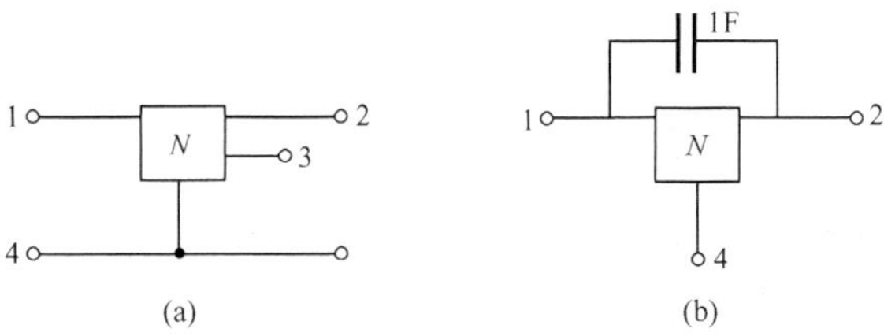

图 3-21

解:(1)由图 3-21(a)中三端口网络的短路导纳矩阵求对应四端网络的不定导纳矩阵。根据不定导纳矩阵的零和特性，由式(3-3-41)得

$$\boldsymbol{Y}_{i1}(s) = \begin{array}{c} \\ 1 \\ 2 \\ 3 \\ 4 \end{array} \begin{array}{c} \begin{matrix} 1 & \;\;2 & \;\;3 & \;\;4 \end{matrix} \\ \begin{bmatrix} 5 & -1 & -2 & -2 \\ -3 & 6 & -1 & -2 \\ -2 & -1 & 4 & -1 \\ 0 & -4 & -1 & 5 \end{bmatrix} \end{array} \tag{3-3-42}$$

(2)计算联接电容后的四端网络的不定导纳矩阵。首先写出仅由电容支路构成的二端网络的不定导纳矩阵，并将其用零元扩充至 4 阶，即得仅含一电容元件的四端网络的不定导纳矩阵：

$$\boldsymbol{Y}_{ic}(s) = \begin{bmatrix} s & -s & 0 & 0 \\ -s & s & 0 & 0 \\ 0 & 0 & 0 & 0 \\ 0 & 0 & 0 & 0 \end{bmatrix} \tag{3-3-43}$$

然后应用两个多端网络相并联的分析方法，即由 $\boldsymbol{Y}_{i1}(s)$ 与 $\boldsymbol{Y}_{ic}(s)$ 相加，得

$$\boldsymbol{Y}_{i2}(s) = \boldsymbol{Y}_{i1}(s) + \boldsymbol{Y}_{ic}(s) = \begin{bmatrix} s+5 & -s-1 & -2 & -2 \\ -s-3 & s+6 & -1 & -2 \\ -2 & -1 & 4 & -1 \\ 0 & -4 & -1 & 5 \end{bmatrix} \tag{3-3-44}$$

(3)消除第 3 端，由式(3-3-35)或式(3-3-36)计算图 3-21(b)中三端网络的不定导纳矩阵：

$$
\boldsymbol{Y}_{i3}(s)=\begin{matrix} \\ 1 \\ 2 \\ 4 \end{matrix}\begin{matrix} 1 & 2 & 4 \\ \left[\begin{matrix} (s+5)-\dfrac{4}{4} & (-s-1)-\dfrac{2}{4} & -2-\dfrac{2}{4} \\ (-s-3)-\dfrac{2}{4} & (s+6)-\dfrac{1}{4} & -2-\dfrac{1}{4} \\ -\dfrac{2}{4} & -4-\dfrac{1}{4} & 5-\dfrac{1}{4} \end{matrix}\right] \end{matrix}
$$

$$
=\begin{bmatrix} s+4 & -s-1.5 & -2.5 \\ -s-3.5 & s+5.75 & -2.25 \\ -0.5 & -4.25 & 4.75 \end{bmatrix} \tag{3-3-45}
$$

3-3-4 用不定导纳矩阵分析含运算放大器的有源网络

运算放大器是现代电子电路中应用十分广泛的一种有源器件。含运算放大器网络的分析是有源网络理论的重要部分。不定导纳矩阵可用以分析含运放的有源网络。

在网络分析中的运算放大器是一种四端电路元件，是实际运放的数学模型。在不同的工作条件下有不同的模型(参看 1-9-3 节)。当运放工作在特性曲线的线性区时，其模型是线性电压控电压源，具有很高的开环增益、很大的输入阻抗和很小的输出阻抗。用不定导纳矩阵分析含这种运放的网络时，可将运放的输入阻抗、输出阻抗视为与 VCVS 端口串、并联的阻抗元件，用 3-3-2 节介绍的方法，写出整个运放模型对不定导纳矩阵的贡献。

如果将运放输入阻抗视为无限大、输出阻抗可忽略不计，开环增益为 A，这种情形下运放的模型是一个理想的 VCVS，如图 3-22 所示。当 VCVS 二端口无其他与之串、并联的阻抗元件时，则不能用 3-3-2 节中的方法来计入运放对不定导纳矩阵的贡献。下面介绍一种对含有这种元件的网络的分析方法。

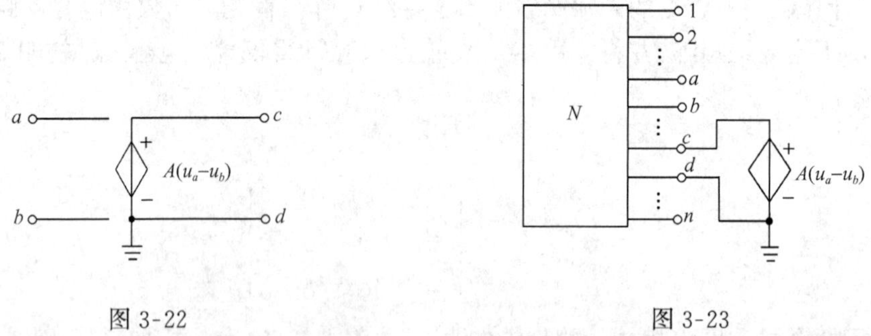

图 3-22　　　　图 3-23

设图 3-22 中的 VCVS 的控制支路和受控支路分别联接于一个 n 端网络的 a、b 端间和 c、d 端间，如图 3-23 所示。由于该 VCVS 的接入而使 a、b、c、d 四端的端电压间有以下约束关系：

$$
u_c-u_d=A(u_a-u_b) \tag{3-3-46}
$$

换言之，对于不考虑 VCVS 接入时网络的 IAM 方程

$$\begin{bmatrix} y_{11} & \cdots & y_{1a} & y_{1b} & y_{1c} & y_{1d} & \cdots & y_{1n} \\ \vdots & & \vdots & \vdots & \vdots & \vdots & & \vdots \\ y_{a1} & \cdots & y_{aa} & y_{ab} & y_{ac} & y_{ad} & \cdots & y_{an} \\ y_{b1} & \cdots & y_{ba} & y_{bb} & y_{bc} & y_{bd} & \cdots & y_{bn} \\ y_{c1} & \cdots & y_{ca} & y_{cb} & y_{cc} & y_{cd} & \cdots & y_{cn} \\ y_{d1} & \cdots & y_{da} & y_{db} & y_{dc} & y_{dd} & \cdots & y_{dn} \\ \vdots & & \vdots & \vdots & \vdots & \vdots & & \vdots \\ y_{n1} & \cdots & y_{na} & y_{nb} & y_{nc} & y_{nd} & \cdots & y_{nn} \end{bmatrix} \begin{bmatrix} U_1(s) \\ \vdots \\ U_a(s) \\ U_b(s) \\ U_c(s) \\ U_d(s) \\ \vdots \\ U_n(s) \end{bmatrix} = \begin{bmatrix} I_1(s) \\ \vdots \\ I_a(s) \\ I_b(s) \\ I_c(s) \\ I_d(s) \\ \vdots \\ I_n(s) \end{bmatrix} \tag{3-3-47}$$

附加以约束条件：

$$U_c(s) = AU_a(s) - AU_b(s) + U_d(s) \tag{3-3-48}$$

将式(3-3-48)代入式(3-3-47)，消去变量 $U_c(s)$。此时方程组的变量数减至$(n-1)$，需要在原 n 个方程中删去一个冗余方程。由于 c 端联接受控电压源，$I_c(s)$难以确定，故宜于删去对应于 c 端的方程。再考虑 d 端接地，网络方程变为

$$\begin{bmatrix} y_{11} & \cdots & y_{1a}+Ay_{1c} & y_{1b}-Ay_{1c} & \cdots & y_{1n} \\ \vdots & & \vdots & \vdots & & \vdots \\ y_{a1} & \cdots & y_{aa}+Ay_{ac} & y_{ab}-Ay_{ac} & \cdots & y_{an} \\ y_{b1} & \cdots & y_{ba}+Ay_{bc} & y_{bb}-Ay_{bc} & \cdots & y_{bn} \\ \vdots & & \vdots & \vdots & & \vdots \\ y_{n1} & \cdots & y_{na}+Ay_{nc} & y_{nb}-Ay_{nc} & \cdots & y_{nn} \end{bmatrix} \begin{bmatrix} U_1(s) \\ \vdots \\ U_a(s) \\ U_b(s) \\ \vdots \\ U_n(s) \end{bmatrix} = \begin{bmatrix} I_1(s) \\ \vdots \\ I_a(s) \\ I_b(s) \\ \vdots \\ I_n(s) \end{bmatrix} \tag{3-3-49}$$

由于运放接入，网络 N 的端子 d 已接地，故式(3-3-49)左端的$(n-2)$阶矩阵已不再是不定导纳矩阵，而是定导纳矩阵。

比较式(3-3-47)与式(3-3-49)可以看出，根据端部未受约束时多端网络的 IAM 写出运放接入后网络的 DAM 的规则是：①开环增益 A 乘以 c 列(c 为运放输出端)加至 a 列(a 为运放同相输入端)；$(-A)$乘以 c 列加至 b 列(b 为运放反相输入端)。②删去原 c 列和 c 行。③删去原 d 列和 d 行(d 为运放接地端)。

例 3-5 在图 3-24 所示 RC 有源滤波器电路中，运放的输入阻抗为无限大、输出阻抗为零，开环增益为 A。用不定导纳矩阵分析法求该滤波器的转移函数 $T(s)=U_0(s)/U_{in}(s)$。

解：图 3-24 电路的复频域等效电路如图 3-25 所示，图中已将 R_1 和串联电压源 u_{in} 变换为等效的有伴电流源。断开受控电压源支路并使网络浮地时的不定导纳矩阵为

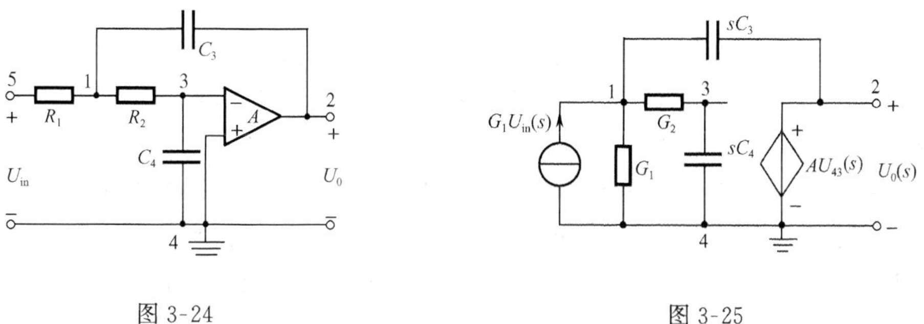

图 3-24　　　　图 3-25

$$\boldsymbol{Y}_i(s)=\begin{bmatrix} G_1+G_2+sC_3 & -sC_3 & -G_2 & -G_1 \\ -sC_3 & sC_3 & 0 & 0 \\ -G_2 & 0 & G_2+sC_4 & -sC_4 \\ -G_1 & 0 & -sC_4 & G_1+sC_4 \end{bmatrix} \tag{3-3-50}$$

考虑运放接入对端电压的约束关系为

$$U_4(s)=0, U_2(s)=AU_{43}(s)=-AU_3(s)$$

据此，应删去原 IAM 中的第 4 列和第 4 行；将第 2 列乘以($-A$)加至第 3 列并删去原第 2 列、2 行，从而得到受约束网络的用定导纳矩阵表示的网络方程：

$$\begin{bmatrix} G_1+G_2+sC_3 & sC_3A-G_2 \\ -G_2 & G_2+sC_4 \end{bmatrix}\begin{bmatrix} U_1(s) \\ U_3(s) \end{bmatrix}=\begin{bmatrix} G_1U_{\text{in}}(s) \\ 0 \end{bmatrix} \tag{3-3-51}$$

解 $U_3(s)$，并由 $U_2(s)$ 与 $U_3(s)$ 的关系求 $U_2(s)$，得

$$U_2(s)=\frac{-AG_1G_2U_{\text{in}}(s)}{s^2C_3C_4+s[C_4(G_1+G_2)+C_3G_2(1+A)]+G_1G_2}$$

则所求转移函数为

$$\begin{aligned} T(s) &= U_0(s)/U_{\text{in}}(s)=U_2(s)/U_{\text{in}}(s) \\ &= \frac{-A}{s^2R_1R_2C_3C_4+s[C_4(R_2+R_1)+C_3R_1(1+A)]+1} \end{aligned} \tag{3-3-52}$$

运算放大器的最理想化的模型是，开环增益 $A\to\infty$，输入阻抗$\to\infty$，输出阻抗$=0$，在此情况下，不仅运放的二输入端线上的电流为零，而且二输入端间电压也为零。为了用不定导纳矩阵分析含此种运放的网络，再研究图 3-23 所示端部电压受约束的多端网络。因为，$u_{cd}=A(u_a-u_b)$，$A\to\infty$而 u_{cd} 为有限值，故必有 $u_a=u_b$，代入式(3-3-47)，消去$U_b(s)$，将方程左端 IAM 的 b 列加至 a 列，删去原 b 列和电压向量中的 $U_b(s)$元。这时方程组变量数为($n-1$)，为使方程数减 1，删去端子 c 对应的方程，即在式(3-3-47)的向量方程中删去 IAM 的 c 行和电流向量的 $I_c(s)$元。再考虑到 d 端接地，删去 IAM 的 d 列、d 行，同时删去电压向量的$U_d(s)$以及电流向量的 $I_d(s)$元。于是，可写出端部受约束网络的用 DAM 表示的网络方程：

$$\begin{bmatrix} y_{11} & \cdots & y_{1a}+y_{1b} & y_{1c} & \cdots & y_{1n} \\ \vdots & & \vdots & \vdots & & \vdots \\ y_{a1} & \cdots & y_{aa}+y_{ab} & y_{ac} & \cdots & y_{an} \\ y_{b1} & \cdots & y_{ba}+y_{bb} & y_{bc} & \cdots & y_{bn} \\ \vdots & & \vdots & \vdots & & \vdots \\ y_{n1} & \cdots & y_{na}+y_{nb} & y_{nc} & \cdots & y_{nn} \end{bmatrix}\begin{bmatrix} U_1(s) \\ \vdots \\ U_a(s) \\ U_b(s) \\ \vdots \\ U_n(s) \end{bmatrix}=\begin{bmatrix} I_1(s) \\ \vdots \\ I_a(s) \\ I_b(s) \\ \vdots \\ I_n(s) \end{bmatrix} \tag{3-3-53}$$

例3-6 设图 3-24 所示 RC 有源滤波器电路中的运放开环增益 $A\to\infty$，其他条件同例 3-5，重解例 3-5 的问题。

解：首先写出网络在断开运放输入、输出端并浮地时的不定导纳矩阵，如式(3-3-50)所示。考虑运放接入的影响。由于此例中运放的同相输入端接地，故 $u_3=u_4=0$，因而应删去 $\boldsymbol{Y}_i$ 矩阵的第 3 列、第 4 列和第 4 行，再删去对应于运放输出端的第 2 行。这样便可得到如下的网络方程：

$$\begin{bmatrix} G_1+G_2+sC_3 & -sC_3 \\ -G_2 & 0 \end{bmatrix}\begin{bmatrix} U_1(s) \\ U_2(s) \end{bmatrix}=\begin{bmatrix} G_1U_{\text{in}}(s) \\ 0 \end{bmatrix} \tag{3-3-54}$$

解 $U_2(s)$，得

$$U_2(s)=\frac{G_1G_2U_{\text{in}}(s)}{-sC_3G_2}=-\frac{1}{sC_3R_1}U_{\text{in}}(s)$$

所求转移函数为

$$T(s)=U_2(s)/U_{\text{in}}(s)=-\frac{1}{sC_3R_1} \tag{3-3-55}$$

将以上结果与式(3-3-52)相比较，可以看出，令式(3-3-52)中的 $A\to\infty$，即得式(3-3-55)。分析本例所得转移函数，用零泛器模型替代理想运放，则 C_4 与 R_2 二元件分别是与零器相并、串联的元件，零器并、串联该二元件后仍等效于一个零器，因而在结果中不出现 C_4 和 R_2。

3-4 网络函数的拓扑公式

网络函数是线性集总参数网络在单一激励源作用下的零状态响应象函数与激励象函数之比。根据以上定义，任一网络函数均可通过对网络用节点分析、回路分析等任一种网络方程法求解而得。下面以节点分析为例，首先研究网络函数的代数表达式，进而提出用拓扑分析求网络函数的方法。

图 3-26 中的 N 代表一个线性无源一端口网络，网络原始状态为零。为用节点分析法求策动点阻抗，选 1′端为电位参考点，写出网络的节点方程：

$$\boldsymbol{Y}_n(s)\boldsymbol{U}_n(s)=\boldsymbol{I}_n(s) \tag{3-4-1}$$

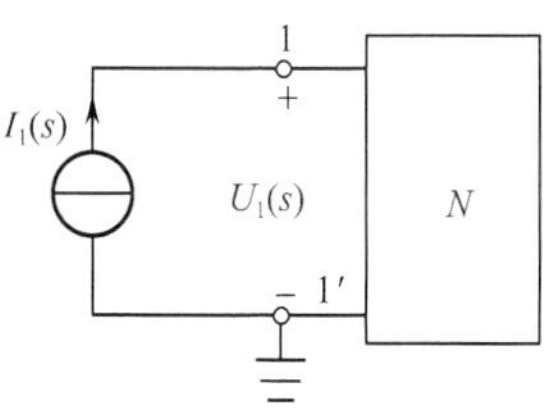

图 3-26

式中 $\boldsymbol{Y}_n(s)$ 为节点导纳矩阵，$\boldsymbol{U}_n(s)$、$\boldsymbol{I}_n(s)$ 分别为节点电压向量和节点电源电流向量。解方程(3-4-1)，得节点电压向量：

$$\begin{bmatrix} U_1(s) \\ U_2(s) \\ \vdots \\ U_N(s) \end{bmatrix}=\begin{bmatrix} \frac{\Delta_{11}}{\Delta} & \frac{\Delta_{21}}{\Delta} & \cdots & \frac{\Delta_{N1}}{\Delta} \\ \frac{\Delta_{12}}{\Delta} & \frac{\Delta_{22}}{\Delta} & \cdots & \frac{\Delta_{N2}}{\Delta} \\ \vdots & \vdots & & \vdots \\ \frac{\Delta_{1N}}{\Delta} & \frac{\Delta_{2N}}{\Delta} & \cdots & \frac{\Delta_{NN}}{\Delta} \end{bmatrix}\begin{bmatrix} I_1(s) \\ 0 \\ \vdots \\ 0 \end{bmatrix} \tag{3-4-2}$$

式中 Δ 为节点导纳矩阵 $\boldsymbol{Y}_n(s)$ 的行列式，Δ_{ij} 为矩阵 $\boldsymbol{Y}_n(s)$ 中元素 $y_{ij}(s)$ 的代数余子式。由此可得节点 1 的电压：

$$U_1(s)=\frac{\Delta_{11}}{\Delta}I_1(s)$$

所求策动点阻抗为

$$Z_{\text{in}}(s)=\frac{U_1(s)}{I_1(s)}=\frac{\Delta_{11}}{\Delta} \tag{3-4-3}$$

式(3-4-3)表明，网络的策动点阻抗等于节点导纳矩阵的代数余子式 Δ_{11} 与行列式 Δ 之比。用同样的分析方法可得出转移函数等其他网络函数的代数表达式，它们都能够用节点导纳矩阵的代数余子式(或代数余子式之差)与行列式之比表示。因此，网络函数的分子多项式和分母多项式的计算可转化为 $\boldsymbol{Y}_n(s)$ 矩阵的行列式和代数余子式的计算。在行列式和代数余子式的计算中，需要进行许多项相乘然后相加、减的运算，在相减过程中不少乘积项要对消掉，这里消耗了大量不必要的计算工作量。

网络函数的拓扑公式(topological formulas)用拓扑分析方法直接根据网络的图和各支路元件参数写出网络函数，而不经由列写与求解网络方程和展开 $\boldsymbol{Y}_n(s)$ 矩阵行列式及代数余子式的运算，从而避免了前述冗余计算量，大大减化了网络函数的计算。

本节介绍基于节点分析得到的网络函数的拓扑公式，因此重点在寻求节点导纳矩阵的行列式和各种代数余子式的拓扑公式。应用对偶概念和对偶的分析方法，同样可以得到网络函数基于回路分析的拓扑公式。此外，我们研究的网络是由二端 RLC 元件构成的无源、无互感网络。为书写简洁起见，以下略去复频域导纳 $Y(s)$、阻抗 $Z(s)$ 的符号(s)。

3-4-1 节点导纳行列式 Δ 的拓扑公式

在节点方程(3-4-1)中，节点导纳矩阵为

$$\boldsymbol{Y}_n = \boldsymbol{A}\boldsymbol{Y}_b\boldsymbol{A}^{\mathrm{T}} \tag{3-4-4}$$

式中 $\boldsymbol{A}$ 为关联矩阵，$\boldsymbol{Y}_b$ 为支路导纳矩阵。节点导纳矩阵的行列式(或称节点导纳行列式)为

$$\Delta = \det\boldsymbol{Y}_n = \det\boldsymbol{A}\boldsymbol{Y}_b\boldsymbol{A}^{\mathrm{T}} \tag{3-4-5}$$

下面首先复习矩阵理论中的一个定理，它和定理 2-5 奠定了网络拓扑分析的基础。

定理 3-1 比内-柯西(Binet Cauchy)定理。

设 $\boldsymbol{C}$ 和 $\boldsymbol{D}$ 分别为 $p\times q$ 和 $q\times p$ 矩阵，且 $p\leqslant q$，则以上二矩阵相乘所得矩阵的行列式

$$\det\boldsymbol{C}\boldsymbol{D} = \sum_j C_j D_j \tag{3-4-6}$$

式中 C_j 和 D_j 分别为矩阵 $\boldsymbol{C}$ 和矩阵 $\boldsymbol{D}$ 的第 j 大子式(major)。大子式是矩阵的最高阶子式，即最大方子阵的行列式。D_j 与 C_j 是对应的，意即如果 C_j 为从矩阵 $\boldsymbol{C}$ 中选第 1、2、4、5、7 列而得的大子式，则 D_j 为从矩阵 $\boldsymbol{D}$ 中选 1、2、4、5、7 行而得的大子式。式中求和是对所有的对应大子式乘积进行的。

例 3-7 设矩阵 $\boldsymbol{C}$ 和 $\boldsymbol{D}$ 分别为以下矩阵：

$$\boldsymbol{C} = \begin{bmatrix} 1 & 2 & 1 \\ -1 & 3 & 1 \end{bmatrix}, \boldsymbol{D} = \begin{bmatrix} 2 & -3 \\ 0 & 2 \\ 1 & 1 \end{bmatrix}$$

则二矩阵的乘积及其行列式为

$$\boldsymbol{C}\boldsymbol{D} = \begin{bmatrix} 3 & 2 \\ -1 & 10 \end{bmatrix}, \det\boldsymbol{C}\boldsymbol{D} = \begin{vmatrix} 3 & 2 \\ -1 & 10 \end{vmatrix} = 32$$

用比内-柯西定理计算：

$$\det \boldsymbol{CD} = \sum_j C_j D_j = C_1 D_1 + C_2 D_2 + C_3 D_3$$
$$= \begin{vmatrix} 1 & 2 \\ -1 & 3 \end{vmatrix} \cdot \begin{vmatrix} 2 & -3 \\ 0 & 2 \end{vmatrix} + \begin{vmatrix} 1 & 1 \\ -1 & 1 \end{vmatrix} \cdot \begin{vmatrix} 2 & -3 \\ 1 & 1 \end{vmatrix} + \begin{vmatrix} 2 & 1 \\ 3 & 1 \end{vmatrix} \cdot \begin{vmatrix} 0 & 2 \\ 1 & 1 \end{vmatrix}$$
$$= 5 \times 4 + 2 \times 5 + (-1) \times (-2) = 32$$

显然,两种方法求出的 $\det \boldsymbol{CD}$ 之值相同。此例可作为对比内-柯西定理的验证,定理的证明请参阅线性代数教材。

由定理 2-5 知,一个节点数为 $(N+1)$ 的连通图 G,其关联矩阵 $\boldsymbol{A}$ 的 N 阶子矩阵为非奇异的必要和充分条件是:此子矩阵的列所对应支路为图 G 的一个树的树支。

在对定理 2-5 的证明中,同时可以得到一个重要的结论:关联矩阵 $\boldsymbol{A}$ 的任一非奇异 N 阶子矩阵的行列式(即大子式)之值等于 ± 1,它是由该 N 阶子矩阵中每一列的一个非零元($+1$ 或 -1)相乘而得。

应用以上两个定理来讨论式(3-4-5)右端行列式的计算。由于我们所研究的网络仅含二端电阻、电感和电容元件,故其支路导纳矩阵 $\boldsymbol{Y}_b$ 为对角阵,关联矩阵 $\boldsymbol{A}$ 与支路导纳矩阵 $\boldsymbol{Y}_b$ 相乘而得的矩阵 $\boldsymbol{AY}_b$ 必定与 $\boldsymbol{A}$ 有相同结构,即两者非零元位置相同,将矩阵 $\boldsymbol{A}$ 第 k 列的非零元 ± 1 换为 $\pm Y_k$(Y_k 为第 k 支路的导纳,$k=1,2,\cdots,B$,B 为支路数),便得到矩阵 $\boldsymbol{AY}_b$。根据定理 2-5,矩阵 $\boldsymbol{AY}_b$ 的 N 阶非奇异子阵的列必对应于网络的一个树的树支,该子阵的行列式(即 $\boldsymbol{AY}_b$ 的大子式)之值不再为 ± 1,而是等于该子阵所对应树的树支导纳之积再乘以 ± 1,正、负号的确定与关联矩阵 $\boldsymbol{A}$ 的该大子式符号相同。

在式(3-4-5)右端,矩阵 $\boldsymbol{AY}_b$ 和 $\boldsymbol{A}^{\mathrm{T}}$ 分别为 $N \times B$ 和 $B \times N$ 矩阵,且 $N \leqslant B$。根据比内-柯西定理,$\det \boldsymbol{AY}_b \boldsymbol{A}^{\mathrm{T}}$ 应等于矩阵 $\boldsymbol{AY}_b$ 与矩阵 $\boldsymbol{A}^{\mathrm{T}}$ 的对应大子式乘积之和,求和是对所有的对应大子式乘积进行的,即

$$\det \boldsymbol{AY}_b \boldsymbol{A}^{\mathrm{T}} = \sum_{\text{全部大子式}} \text{矩阵}(\boldsymbol{AY}_b)\text{与}\boldsymbol{A}^{\mathrm{T}}\text{对应大子式之积} \tag{3-4-7}$$

矩阵 $\boldsymbol{A}^{\mathrm{T}}$ 是 $\boldsymbol{A}$ 的转置矩阵,两者的对应非奇异 N 阶子阵必对应于图 G 同一树的树支,故矩阵 $\boldsymbol{A}$ 与 $\boldsymbol{A}^{\mathrm{T}}$ 的对应大子式之值必同为 $+1$ 或同为 -1,进而不难看出,矩阵 $\boldsymbol{AY}_b$ 的每一个非零大子式必定与对应的 $\boldsymbol{A}^{\mathrm{T}}$ 的大子式有相同的正负号,前者之值为 $(\pm 1) \times$ 树支导纳积,后者之值为 ± 1。

综合上面的分析,我们可以得到无源、无互感网络的节点导纳行列式的一种计算公式,即

$$\Delta = \det \boldsymbol{AY}_b \boldsymbol{A}^{\mathrm{T}} = \sum_{\text{全部树}} T(y) = \sum_{\text{全部树}} \text{树导纳积} \tag{3-4-8}$$

式中 $T(y)$ 表示网络的一个树的树支导纳的乘积,称为"树导纳积"(tree admittace product),或简称为"树积"(tree product)。

式(3-4-8)表明,为了得到网络 N 的节点导纳矩阵的行列式,并不需要写出节点导纳矩阵来进行计算,而是要找出网络 N 的全部树,求出每一树的树支导纳的乘积,然后把这些乘积相加起来,便得到了节点导纳行列式。这种方法借助网络图论的知识,直接根据网络的图来求节点导纳行列式,故式(3-4-8)称为节点导纳行列式的拓扑公式。

例 3-8 用拓扑公式求图 3-27 所示网络的节点导纳行列式,并与展开节点导纳矩阵

$\boldsymbol{Y}_n$ 的行列式所得结果进行比较。

解：(1)首先用拓扑公式求 $\det\boldsymbol{Y}_n$。绘出网络的图，如图 3-28 所示。网络节点数为 4，故每一树的树支数为 3，列出全部树的树支编号：

124，125，126，134，135，136，145，156，

234，235，236，245，246，346，356，456，

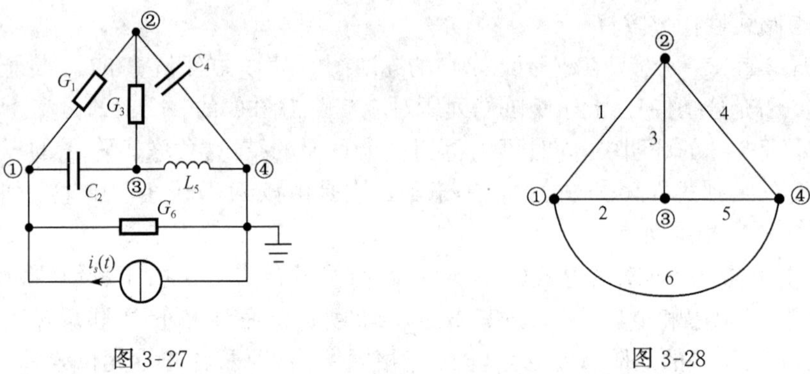

图 3-27　　　　图 3-28

应用式(3-4-8)的拓扑公式，所求节点导纳行列式为

$$\begin{aligned}\det\boldsymbol{Y}_n &= \sum_{\text{全部树}} T(y)\\ &= G_1 s^2 C_2 C_4 + G_1 sC_2/sL_5 + G_1 sC_2 G_6 + G_1 G_3 sC_4\\ &\quad + G_1 G_3/sL_5 + G_1 G_3 G_6 + G_1 sC_4/sL_5 + G_1 G_6/sL_5\\ &\quad + s^2 C_2 C_4 G_3 + sC_2 G_3/sL_5 + sC_2 G_3 G_6 + s^2 C_2 C_4/sL_5\\ &\quad + s^2 C_2 C_4 G_6 + G_3 sC_4 G_6 + G_3 G_6/sL_5 + sC_4 G_6/sL_5\end{aligned}$$

整理后得

$$\begin{aligned}\det\boldsymbol{Y}_n = {} & s^2 C_2 C_4 (G_1 + G_3 + G_6)\\ & + s(C_2 G_1 G_6 + C_4 G_1 G_3 + C_2 G_3 G_6 + C_4 G_3 G_6 + C_2 C_4/L_5)\\ & + (G_1 C_2 + G_1 C_4 + G_3 C_2 + G_6 C_4)/L_5 + G_1 G_3 G_6\\ & + (G_1 G_3 + G_1 G_6 + G_3 G_6)/sL_5 \end{aligned} \tag{3-4-9}$$

(2)对于图 3-28 所示网络，通过观察可直接写出节点导纳矩阵：

$$\boldsymbol{Y}_n = \begin{bmatrix} G_1 + G_6 + sC_2 & -G_1 & -sC_2 \\ -G_1 & G_1 + G_3 + sC_4 & -G_3 \\ -sC_2 & -G_3 & sC_2 + G_3 + 1/sL_5 \end{bmatrix} \tag{3-4-10}$$

直接展开矩阵 $\boldsymbol{Y}_n$ 的行列式：

$$\begin{aligned}\det\boldsymbol{Y}_n = {} & (G_1 + G_6 + sC_2)(G_1 + G_3 + sC_4)(sC_2 + G_3 + 1/sL_5)\\ & - sC_2 G_1 G_3 - sC_2 G_1 G_3 - s^2 C_2^2 (G_1 + G_3 + sC_4)\\ & - G_3^2 (G_1 + G_6 + sC_2) - G_1^2 (sC_2 + G_3 + 1/sL_5)\end{aligned}$$

上式展开后共有 38 项，其中 22 项正负对消，最后得到以下 16 项：

$$\begin{aligned}\det\boldsymbol{Y}_n = {} & G_1G_3/sL_5 + G_1s^2C_2C_4 + G_1G_3sC_4 + G_1sC_4/sL_5 \\ & + sC_2G_1/sL_5 + sC_2G_3/sL_5 + s^2C_2C_4G_3 + s^2C_2C_4/sL_5 \\ & + G_1G_6sC_2 + G_1G_6G_3 + G_1G_6/sL_5 + G_3G_6sC_2 \\ & + G_3G_6/sL_5 + G_6s^2C_2C_4 + G_6G_3sC_4 + G_6sC_4/sL_5\end{aligned}$$

将上式并项整理后所得结果与式(3-4-9)相同。

比较以上两种求节点导纳行列式的方法，显然，用拓扑公式避免了大量徒劳的计算，而可直接写出结果。这种方法的关键是：要无一遗漏地列出网络全部的树。一般可采用以下方法。

(1)判断树的总数。

关联矩阵为 $\boldsymbol{A}$ 的连通图 G，其树的总数为

$$\text{树数} = \det(\boldsymbol{A}\boldsymbol{A}^{\mathrm{T}}) \tag{3-4-11}$$

证明：根据比内-柯西定理，乘积矩阵 $\boldsymbol{A}\boldsymbol{A}^{\mathrm{T}}$ 的行列式等于

$$\begin{aligned}\det(\boldsymbol{A}\boldsymbol{A}^{\mathrm{T}}) &= \sum_{\text{全部大子式}} \boldsymbol{A}\text{ 与 }\boldsymbol{A}^{\mathrm{T}}\text{ 对应大子式之积} = \sum_{\text{全部大子式}} (\boldsymbol{A}\text{ 的大子式})^2 \\ &= \boldsymbol{A}\text{ 的全部大子式的总数} = \text{图 }G\text{ 的树的总数}\end{aligned} \tag{3-4-12}$$

以上证明中应用了关联矩阵 $\boldsymbol{A}$ 任一大子式之值等于 ± 1 的结论。

例如，对于例 3-8 的网络各支路选定参数方向，绘出图 3-29 所示的有向图。写出关联矩阵

$$\boldsymbol{A} = \begin{bmatrix} 1 & 1 & 0 & 0 & 0 & 1 \\ -1 & 0 & 1 & 1 & 0 & 0 \\ 0 & -1 & -1 & 0 & 1 & 0 \end{bmatrix}$$

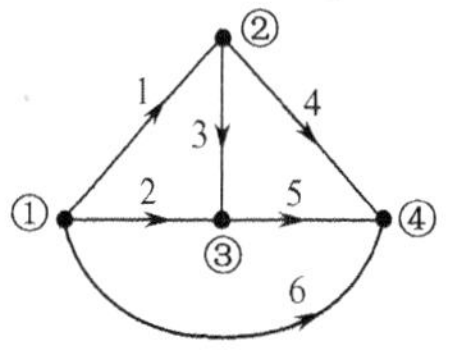

$$\boldsymbol{A}\boldsymbol{A}^{\mathrm{T}} = \begin{bmatrix} 3 & -1 & -1 \\ -1 & 3 & -1 \\ -1 & -1 & 3 \end{bmatrix}$$

图 3-29

$$\det\boldsymbol{A}\boldsymbol{A}^{\mathrm{T}} = 27 - 1 - 1 - (3 + 3 + 3) = 16$$

在例 3-8 中我们列出全部树共 16 个，与这里用 $\boldsymbol{A}$ 矩阵判断的结果一致。

对于全通图，树的总数为

$$\text{树数} = N_t^{N_t - 2} \tag{3-4-13}$$

式中 N_t 为图的节点数。实际上例 3-8 网络的图正是一个全通图，故其树数 $=4^{(4-2)}=16$。

(2)用穷举法找出全部树。

对于具有 B 条支路、$(N+1)$个节点的图，树支数为 N，在 B 支路中取 N 支路的全部可能组合数为

$$C_B^N = \frac{B!}{N!(B-N)!} \tag{3-4-14}$$

用穷举的方法列出以上全部组合，并根据树的定义，排除其中由 N 条支路形成回路的组合，其余的支路集合即是图 G 的全部树。

例如，在例 3-8 中，$B=6$，$N+1=4$，则

$$C_B^N = C_6^3 = \frac{6!}{3!(6-3)!} = 20$$

由 3 条支路形成的回路有 4 个(123,345,256,146),排除这 4 种支路集合后,即得例中所列出的 16 种树。

3-4-2 节点导纳行列式的对称代数余子式 Δ_{jj} 的拓扑公式

从节点导纳矩阵的行列式中划去第 j 行、j 列元 Y_{jj} 所在的行和列,余下的元素构成的行列式称为元素 Y_{jj} 的余子式。主对角线元素 Y_{jj} 的余子式是对称的余子式,它就等于 Y_{jj} 的代数余子式,记作 Δ_{jj}。

在节点导纳矩阵计算式

$$\boldsymbol{Y}_n = \boldsymbol{A}\boldsymbol{Y}_b\boldsymbol{A}^{\mathrm{T}}$$

中,如果我们划去上式右端矩阵 $\boldsymbol{A}$ 的第 j 行和矩阵 $\boldsymbol{A}^{\mathrm{T}}$ 的第 j 列之后,再将三个矩阵相乘,结果所得矩阵应等于从 $\boldsymbol{Y}_n$ 中划去第 j 行和第 j 列。因此,对称代数余子式 Δ_{jj} 可按下式计算:

$$\Delta_{jj} = \det(\boldsymbol{A}_{-j}\boldsymbol{Y}_b\boldsymbol{A}_{-j}^{\mathrm{T}}) \tag{3-4-15}$$

式中 $\boldsymbol{A}_{-j}$ 表示从矩阵 $\boldsymbol{A}$ 中划去第 j 行后得到的矩阵。

为了导出节点导纳行列式的代数余子式的拓扑公式,下面将介绍图论中关于 2-树以及 k-树的知识。

定义 3-1 2-树。

节点数为 N_t 的连通图 G 的一个 2-树是从 G 的一个树 T 中去掉任一树支而得到的一个子图。

由 2-树的定义可以得出 2-树的下列性质:

(1)2-树包括图 G 的全部节点。

(2)2-树具有 N_t-2 条支路,不含任何回路。

(3)2-树由两个分离的子图组成,每一子图是一个连通图,有一个子图可为孤立节点。

定义 3-2 k-树。

一个节点数为 N_t 的连通图 G 的一个 k-树是从 G 的一个$(k-1)$-树中去掉任一树支而得到的一个子图。

k-树具有以下性质:

(1)k-树包括图 G 的全部节点。

(2)k-树具有 N_t-k 条支路,不含任何回路。

(3)k-树由 k 个分离的子图组成,每一子图是一个连通图,有$(k-1)$个子图可为孤立节点。

现在我们将应用 2-树的定义来导出 Δ_{jj} 的拓扑公式。式(3-4-15)中的 A_{-j} 是从网络 N 的关联矩阵 $\boldsymbol{A}$ 中划去第 j 行而得。从另一个角度来看,如果把网络 N 的节点 j 与参考节点 d 短接,得到一个新网络 N_{-j},则 N_{-j} 的关联矩阵也必定等于 $\boldsymbol{A}_{-j}$。据此,应用式(3-4-8)可将式(3-4-15)表示为

$$\Delta_{jj} = \det(\boldsymbol{A}_{-j}\boldsymbol{Y}_b\boldsymbol{A}_{-j}^{\mathrm{T}}) = \sum_{N_{-j}\text{的全部树}} N_{-j}\ \text{的树导纳积} \tag{3-4-16}$$

式(3-4-16)给出了从新网络 N_{-j} 的树导纳积求网络 N 的节点导纳行列式的对称代数余子式 Δ_{jj} 的拓扑公式。以下将寻求直接从网络 N 求 Δ_{jj} 的拓扑公式。

网络 N_{-j} 是将网络 N 的节点 j 与参考节点 d 短接后得到的,故 N_{-j} 的节点数为

N_t-1，N_{-j}的树T_{-j}的树支数为N_t-2，与网络N的2-树的树支数相等。N_{-j}任一树的树支在N_{-j}中不形成回路，这些支路在原网络N中也不可能形成回路，因此，N_{-j}任一树的树支支路集必定是网络N某一树的树支支路集的子集，这个子集的支路数为N_t-2。根据2-树的定义，显然，网络N_{-j}任一树的全部树支必定是网络N的某一2-树的全部树支。然而，并非网络N的任一2-树都对应于网络N_{-j}的一个树。这是因为，网络N的某些2-树的树支支路虽然在N中不构成回路，但当j、d二节点短接时便形成回路，换言之，N的这种2-树就不是N_{-j}的树。我们知道，2-树由两个分离部分构成，每一分离部分是一个连通的子图，如果在网络N的2-树中，节点j与d分别处于两个不同的分离部分内，则j、d二节点短接便不会导致原2-树的树支形成回路的情形，网络N的这种2-树树支支路集必为网络N_{-j}某一树的树支支路集。反之，如果节点j与d处于2-树同一分离部分内，则j、d二节点短接必然使原2-树的树支支路形成回路，网络N的这种2-树就不对应于网络N_{-j}的一个树。例如，设图3-27的网络为N，该网络的图G重绘于图3-30。将节点①与参考节点④短接而得的网络N_{-1}的图G_{-1}如图3-31所示。支路6因二端短接而形成自环，不可能出现在G_{-1}的任一树中，故图中略去。图3-32(a)、(b)、(c)表示图G_{-1}的三种树，树支分别为12、35和24，它们分别对应于图G的三种①、④两节点相分离的2-树，如图3-33(a)、(b)、(c)所示，从图中可以看出，这些2-树的树支也是12、35和24。图3-33(d)的2-树树支为2、5支路，节点①和④处于2-树的同一分离部分中，由于节点①与④短接时2、5两支路形成回路，故2、5支路不能构成图G_{-1}的树。

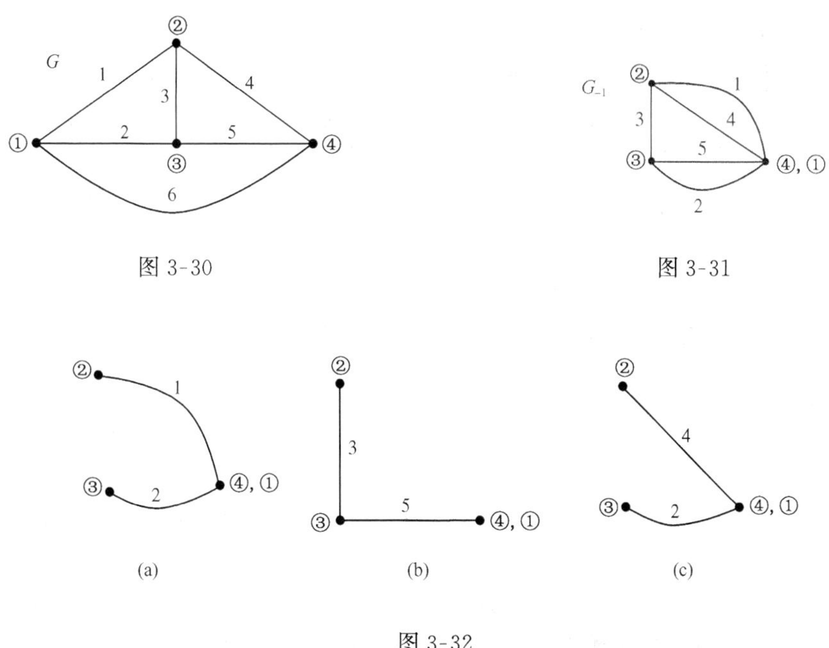

图3-30

图3-31

(a) (b) (c)

图3-32

由以上分析可知，式(3-4-16)求和号中的任一项——N_{-j}的一个树的树支导纳积，应当等于网络N的一个j、d分别属于不同分离部分的2-树的树支导纳积。所以，根据式(3-4-16)可以得到计算Δ_{jj}的拓扑公式：

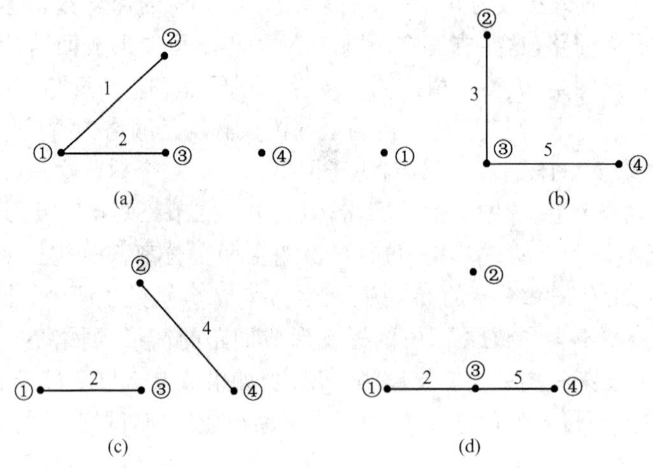

图 3-33

$$\begin{aligned}\Delta_{jj} &= \sum_{\text{全部2-树}(j,d)} 2\text{- 树}(j,d)\text{ 导纳积} \\ &= \sum_{\text{全部2-树}(j,d)} {}^{2}T_{j,d}(y) \end{aligned} \tag{3-4-17}$$

式中，d 为参考节点。2-树(j,d)表示节点 j,d 分别属于不同分离部分的 2-树，${}^{2}T_{j,d}(y)$ 则代表这种 2-树的树支导纳积。

例 3-9 用拓扑公式求图 3-27 所示网络的节点导纳矩阵的对称代数余子式 Δ_{11}。

解：图 3-27 网络的节点数为 4，故 2-树的树支数为 4－2＝2。列出全部 2-树(1,4)(括号中 4 为网络的参考节点号)，方法可采取先列出 6 条支路中取 2 条支路的组合，然后排除形成回路的以及使节点①、④连通的支路组合，于是得以下 2-树(1,4)的树支编号：

12,13,15,23,24,34,35,45

应用式(3-4-17)的拓扑公式，可写出所求对称代数余子式：

$$\begin{aligned}\Delta_{11} &= \sum_{\text{全部2-树}(1,4)} {}^{2}T_{1,4}(y) \\ &= G_1 sC_2 + G_1 G_3 + G_1 \cdot \frac{1}{sL_5} + sC_2 G_3 + s^2 C_2 C_4 + G_3 sC_4 + G_3 \cdot \frac{1}{sL_5} + sC_4 \cdot \frac{1}{sL_5} \\ &= s^2 C_2 C_4 + s(G_1 C_2 + G_3 C_2 + G_3 C_4) + (G_1 G_3 + C_4/L_5) + (G_1 + G_3)/sL_5 \end{aligned} \tag{3-4-18}$$

作为对拓扑公式计算结果的检验，读者可自行利用例 3-8 中式(3-4-10)所示节点导纳矩阵直接求 $\boldsymbol{Y}_{11}$ 元的代数余子式，也能得到式(3-4-18)的结果。

从对称代数余子式拓扑公式的推导中可知，我们也可以用式(3-4-16)来求 Δ_{11}。这时应首先将原网络 N 的节点①与参考节点④短接而得到网络 N_{-1}，其图 G_{-1} 见图 3-31，然后列出图 G_{-1} 全部树的树支编号：12,13,15,23,24,34,35,45，则

$$\Delta_{11} = \sum_{N_{-1}\text{的全部树}} N_{-1}\text{ 的树导纳积}$$

显然，结果与式(3-4-18)相同。

3-4-3 节点导纳行列式的不对称代数余子式 Δ_{ij} 的拓扑公式

从节点导纳矩阵的行列式中划去第 i 行 j 列元 Y_{ij} 所在的行和列，余下的元素构成的行列式称为元素 Y_{ij} 的余子式，记作 M_{ij}。元素 Y_{ij} 的代数余子式为

$$\Delta_{ij} = (-1)^{i+j} M_{ij} \tag{3-4-19}$$

当 $i=j$ 时，$\Delta_{ij}=M_{ij}$。而在一般情况下，$i\neq j$，M_{ij} 和 Δ_{ij} 分别称为 Y_{ij} 的不对称余子式和不对称代数余子式。

在节点导纳矩阵计算式

$$\boldsymbol{Y}_n = \boldsymbol{A}\boldsymbol{Y}_b\boldsymbol{A}^{\mathrm{T}}$$

中，如果我们先划去上式右端中矩阵 $\boldsymbol{A}$ 的第 i 行和 $\boldsymbol{A}^{\mathrm{T}}$ 的第 j 列后，再将三个矩阵相乘，乘积矩阵应等于从 $\boldsymbol{Y}_n$ 中划去第 i 行和第 j 列。因此，不对称余子式 M_{ij} 可按下式计算：

$$M_{ij} = \det(\boldsymbol{A}_{-i}\boldsymbol{Y}_b\boldsymbol{A}_{-j}^{\mathrm{T}}) \tag{3-4-20}$$

式中 $\boldsymbol{A}_{-i}$、$\boldsymbol{A}_{-j}$ 分别表示从矩阵 $\boldsymbol{A}$ 中划去第 i 行、第 j 行后得到的矩阵。由比内-柯西定理知，式(3-4-20)可改写为

$$M_{ij} = \sum_{\text{全部大子式}} \text{矩阵}(\boldsymbol{A}_{-i}\boldsymbol{Y}_b)\text{ 与 }\boldsymbol{A}_{-j}^{\mathrm{T}}\text{ 对应大子式之积} \tag{3-4-21}$$

将网络 N 的节点 j 短接于参考节点 d，这样得到的新网络 N_{-j} 的关联矩阵等于 $\boldsymbol{A}_{-j}$；将网络 N 的节点 i 短接于参考节点 d 所得新网络 N_{-i} 的关联矩阵等于 $\boldsymbol{A}_{-i}$。按照与上节相类似的分析可知，矩阵 $\boldsymbol{A}_{-j}^{\mathrm{T}}$ 的每一个 $(N-1)$ 阶非奇异子矩阵的行对应于网络 N_{-j} 的一个树的树支，即对应于原网络 N 的一个 2-树 (j,d) 的树支，该非奇异子矩阵的行列式(即 $\boldsymbol{A}_{-j}^{\mathrm{T}}$ 的大子式)之值为 ±1。矩阵 $\boldsymbol{A}_{-i}\boldsymbol{Y}_b$ 的每一个 $(N-1)$ 阶非奇异子矩阵的列对应于网络 N_{-i} 的一个树的树支，即对应于原网络 N 的一个 2-树 (i,d) 的树支，该非奇异子矩阵的行列式(即 $\boldsymbol{A}_{-i}\boldsymbol{Y}_b$ 的大子式)之值等于 ±1 乘上述 2-树 (i,d) 的树支导纳积。式(3-4-21)中的对应二字表明，上面所讨论的 2-树 (j,d) 和 2-树 (i,d) 的树支必须是同一支路集。换言之，我们要找到这样的 2-树，它既使节点 i 与 d 分离，又使节点 j 与 d 分离。由于 2-树有且仅有两个分离部分，故这种 2-树应当使节点 i、j 在同一分离部分中，而参考节点 d 在另一个分离部分，满足此条件的 2-树记作 2-树 (ij,d)。因此，式(3-4-21)求和号中每一项的绝对值等于一个 2-树 (ij,d) 的树支导纳积，即

$$|M_{ij}| = \sum_{\text{全部2-树}(ij,d)} {}^2T_{ij,d}(y) \tag{3-4-22}$$

式中 ${}^2T_{ij,d}(y)$ 表示一个 2-树 (ij,d) 的树支导纳积。

可以证明，$\boldsymbol{A}_{-i}\boldsymbol{Y}_b$ 与 $\boldsymbol{A}_{-j}^{\mathrm{T}}$ 对应大子式乘积的符号为 $(-1)^{i+j}$。故不对称余子式为

$$M_{ij} = (-1)^{i+j} \sum_{\text{全部2-树}(ij,d)} {}^2T_{ij,d}(y) \tag{3-4-23}$$

于是，不对称代数余子式的拓扑公式为

$$\Delta_{ij} = (-1)^{i+j} M_{ij} = \sum_{\text{全部2-树}(ij,d)} {}^2T_{ij,d}(y) \tag{3-4-24}$$

例3-10 用拓扑公式求图 3-27 所示网络的节点导纳行列式的不对称代数余子式 Δ_{13}。

解：在图 3-27 所示网络中，节点④为参考节点，按式(3-4-24)的拓扑公式，应找出全部 2-树(13,4)，在这种 2-树中，①、③两节点在同一分离部分，节点④在另一分离部分。

在例 3-9 所列出的 2-树中，有以下四种满足上述条件：

12，13，23，24，

如图 3-34 所示。

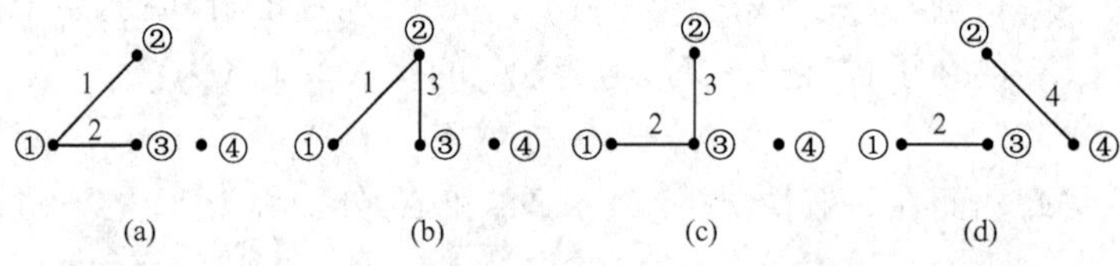

图 3-34

由此可得不对称代数余子式：

$$\Delta_{13} = \sum_{\text{全部2-树}(13,4)} {}^{2}T_{13,4}(y)$$

$$= sC_2G_1 + G_1G_3 + sC_2G_3 + s^2C_2C_4 \tag{3-4-25}$$

利用例 3-8 中式（3-4-10）所示节点导纳矩阵 $\boldsymbol{Y}_n$，求 Y_{13} 元的代数余子式 $\Delta_{13} = (-1)^{1+3}M_{13}$，得到的结果与式（3-4-25）相同。

例 3-11 用拓扑公式求图 3-35 所示网络的节点导纳矩阵 $\boldsymbol{Y}_n$ 的代数余子式 Δ_{12}。

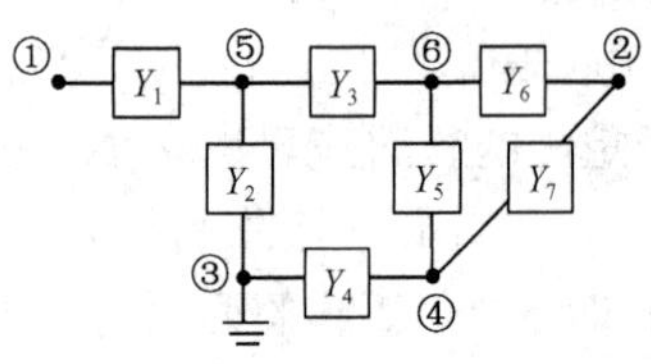

图 3-35

解：按题意，应找出全部 2-树（12，3），即①、②两节点在 2-树的同一分离部分，节点③在 2-树的另一分离部分。网络的节点数＝6，则 2-树的树支数＝6－2＝4。满足本题条件的 2-树有以下四种：

1 3 4 6，1 3 5 6，1 3 5 7，1 3 6 7

如图 3-36 所示。

应用式（3-4-24）的拓扑公式，可得

$$\Delta_{12} = \sum_{\text{全部2-树}(12,3)} {}^{2}T_{12,3}(y)$$

$$= Y_1Y_3Y_4Y_6 + Y_1Y_3Y_5Y_6 + Y_1Y_3Y_5Y_7 + Y_1Y_3Y_6Y_7 \tag{3-4-26}$$

上面是通过观察直接得到全部 2-树（12，3）的。如果用计算机辅助分析，则可首先分

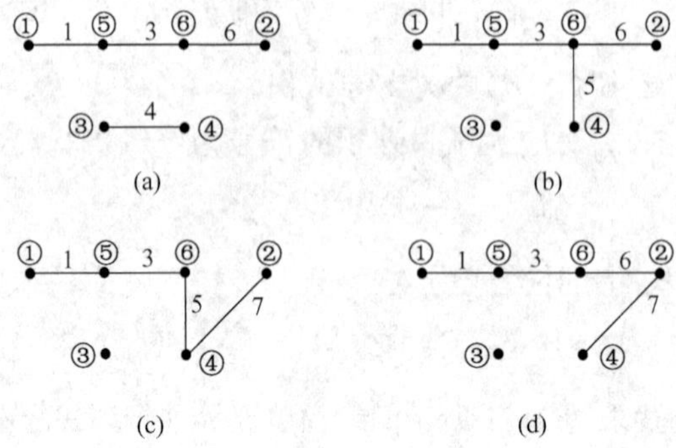

图 3-36

别找网络 N_{-1}(将 N 的节点①短接至参考节点③而得)和网络 N_{-2}(将 N 的节点②短接至节点③而得)的全部树,从而得到原网络的全部 2-树(1,3)和全部 2-树(2,3),求以上两个集合的交集,即得 2-树(12,3)的集合。N_{-1} 和 N_{-2} 的图 G_{-1} 和 G_{-2} 如图 3-37 所示,读者可自行用此方法练习。

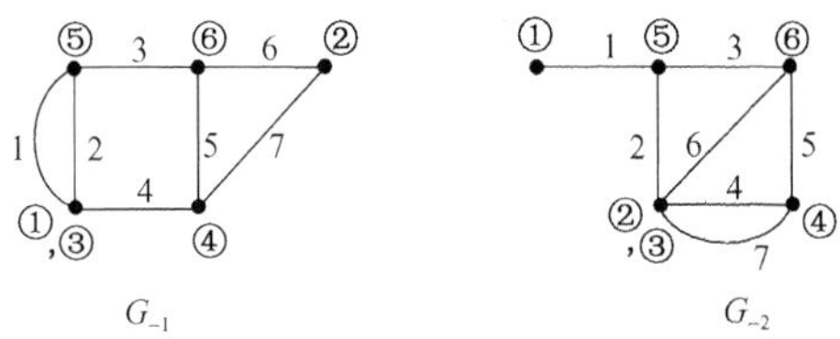

图 3-37

3-4-4 策动点函数和转移函数的拓扑公式

研究图 3-38 所示一端口网络 N,设网络由线性时不变电阻、电感、电容元件组成,节点 1′为参考节点。由式(3-4-2)所表示的节点方程的解可知,该网络的策动点阻抗为

$$Z_{\text{in}} = \frac{U_1(s)}{I_1(s)} = \frac{\Delta_{11}}{\Delta}$$

应用拓扑公式(3-4-8)、(3-4-17),有

$$Z_{\text{in}} = \frac{\Delta_{11}}{\Delta} = \frac{\sum^{2} T_{1,1'}(y)}{\sum T(y)} \tag{3-4-27}$$

策动点导纳:

$$Y_{\text{in}} = \frac{1}{Z_{\text{in}}} = \frac{\Delta}{\Delta_{11}} = \frac{\sum T(y)}{\sum^{2} T_{1,1'}(y)} \tag{3-4-28}$$

图 3-39 表示一个含线性时不变电阻、电感、电容元件的二端口网络,节点 1′为参考节点。第 1 端口接电流源 $I_1(s)$,第 2 端口接导纳为 Y_L 的元件。下面将寻求此有载二端口网络的转移函数的拓扑公式。

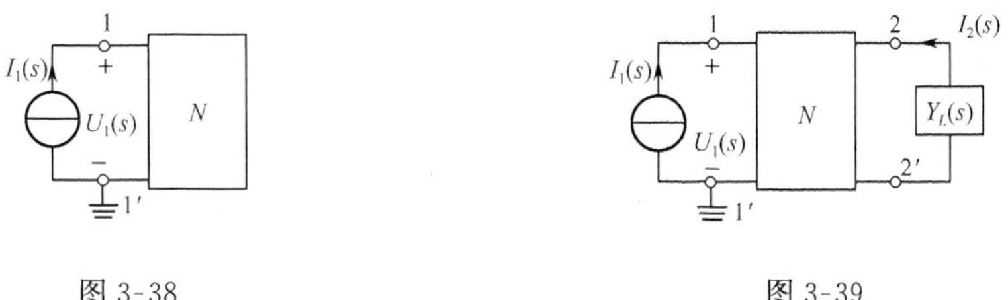

图 3-38　　　　图 3-39

网络的节点方程和节点电压向量如式(3-4-1)和式(3-4-2)所示。考虑到二端口网络端子节点标号,应将式(3-4-2)中的节点号 3 换为 2′,得

$$
\begin{bmatrix} U_1(s) \\ U_2(s) \\ U_{2'}(s) \\ \vdots \\ U_N(s) \end{bmatrix} = \begin{bmatrix} \frac{\Delta_{11}}{\Delta} & \frac{\Delta_{21}}{\Delta} & \frac{\Delta_{2'1}}{\Delta} & \cdots & \frac{\Delta_{N1}}{\Delta} \\ \frac{\Delta_{12}}{\Delta} & \frac{\Delta_{22}}{\Delta} & \frac{\Delta_{2'2}}{\Delta} & \cdots & \frac{\Delta_{N2}}{\Delta} \\ \frac{\Delta_{12'}}{\Delta} & \frac{\Delta_{22'}}{\Delta} & \frac{\Delta_{2'2'}}{\Delta} & \cdots & \frac{\Delta_{N2'}}{\Delta} \\ \vdots & \vdots & \vdots & \vdots & \vdots \\ \frac{\Delta_{1N}}{\Delta} & \frac{\Delta_{2N}}{\Delta} & \frac{\Delta_{2'N}}{\Delta} & \cdots & \frac{\Delta_{NN}}{\Delta} \end{bmatrix} \begin{bmatrix} I_1(s) \\ 0 \\ 0 \\ \vdots \\ 0 \end{bmatrix} \tag{3-4-29}
$$

由此得到二端口网络 4 个端子中除参考点 $1'$ 而外的 3 个端子的电压：

$$U_1(s) = \frac{\Delta_{11}}{\Delta} I_1(s)$$

$$U_2(s) = \frac{\Delta_{12}}{\Delta} I_1(s)$$

$$U_{2'}(s) = \frac{\Delta_{12'}}{\Delta} I_1(s)$$

第 2 端口电压为

$$U_{22'}(s) = U_2(s) - U_{2'}(s) = \frac{\Delta_{12} - \Delta_{12'}}{\Delta} I_1(s) \tag{3-4-30}$$

根据式(3-4-30)并应用节点导纳矩阵的行列式和代数余子式的拓扑公式，可得下列转移函数的拓扑公式。

转移阻抗函数：

$$Z_{21} = \frac{U_{22'}(s)}{I_1(s)} = \frac{\Delta_{12} - \Delta_{12'}}{\Delta} = \frac{\sum{}^2 T_{12,1'}(y) - \sum{}^2 T_{12',1'}(y)}{\sum T(y)} \tag{3-4-31}$$

转移导纳函数：

$$
\begin{aligned}
Y_{21} &= \frac{-I_2(s)}{U_1(s)} = \frac{Y_L U_{22'}(s)}{U_1(s)} = Y_L \frac{U_{22'}(s)/I_1(s)}{U_1(s)/I_1(s)} \\
&= Y_L \frac{\Delta_{12} - \Delta_{12'}}{\Delta_{11}} = Y_L \frac{\sum{}^2 T_{12,1'}(y) - \sum{}^2 T_{12',1'}(y)}{\sum{}^2 T_{1,1'}(y)}
\end{aligned} \tag{3-4-32}
$$

转移电压比函数：

$$\frac{U_{22'}(s)}{U_1(s)} = \frac{\Delta_{12} - \Delta_{12'}}{\Delta_{11}} = \frac{\sum{}^2 T_{12,1'}(y) - \sum{}^2 T_{12',1'}(y)}{\sum{}^2 T_{1,1'}(y)} \tag{3-4-33}$$

转移电流比函数：

$$
\begin{aligned}
\frac{-I_2(s)}{I_1(s)} &= \frac{Y_L U_{22'}(s)}{I_1(s)} = Y_L \frac{\Delta_{12} - \Delta_{12'}}{\Delta} \\
&= Y_L \frac{\sum{}^2 T_{12,1'}(y) - \sum{}^2 T_{12',1'}(y)}{\sum T(y)}
\end{aligned} \tag{3-4-34}
$$

例 3-12 图 3-40 表示一个第 2 端口接负载 G_7 的二端口网络。用拓扑公式求此二端口网络的转移导纳 $Y_{21}=I_2(s)/U_1(s)$。

解：根据式(3-4-32)，应找出全部 2-树$(1,1')$、2-树$(12,1')$和 2-树$(12',1')$。由网络的图(见图 3-41)，分别列出以上三类 2-树的树支编号如下：

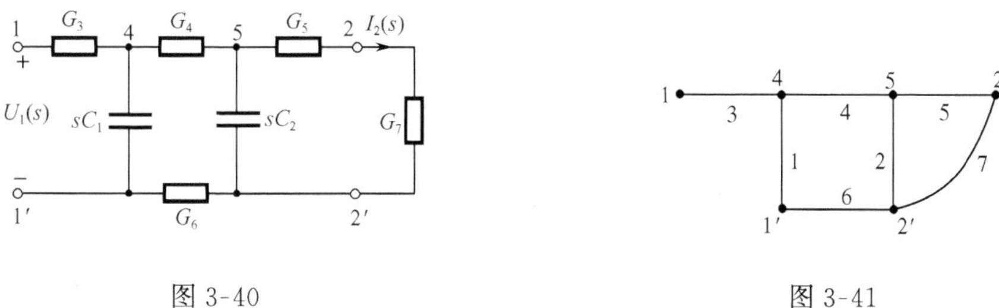

图 3-40　　　　　　　　　　　　　　图 3-41

2-树$(1,1')$：1245，1247，1256，1267，1456，1457，1467，1567，2345，2347，2356，2367，2456，2467，3456，3457，3467，3567，4567

2-树$(12,1')$：3456，3457，2345，2347

2-树$(12',1')$：2345，2347，3457

Y_{21}的分子为

$$\begin{aligned}N(s) &= Y_L\left(\sum{}^2 T_{12,1'}(y)-\sum{}^2 T_{12',1'}(y)\right)\\ &= G_7[(Y_3Y_4Y_5Y_6+Y_3Y_4Y_5Y_7+Y_2Y_3Y_4Y_5+Y_2Y_3Y_4Y_7)\\ &\quad -(Y_2Y_3Y_4Y_5+Y_2Y_3Y_4Y_7+Y_3Y_4Y_5Y_7)]\\ &= G_7Y_3Y_4Y_5Y_6=G_3G_4G_5G_6G_7\end{aligned}$$

Y_{21}的分母为

$$\begin{aligned}D(s) &= s^2C_1C_2(G_4G_5+G_4G_7+G_5G_6+G_6G_7)\\ &\quad +sC_1(G_4G_5G_6+G_4G_5G_7+G_4G_6G_7+G_5G_6G_7)\\ &\quad +sC_2(G_3G_4G_5+G_3G_4G_7+G_3G_5G_6+G_3G_6G_7+G_4G_5G_6+G_4G_6G_7)\\ &\quad +G_3G_4(G_5G_6+G_5G_7+G_6G_7)+G_3G_5G_6G_7+G_4G_5G_6G_7\end{aligned}$$

于是得到

$$Y_{21}=Y_L\frac{\sum{}^2 T_{12,1'}(y)-\sum{}^2 T_{12',1'}(y)}{\sum{}^2 T_{1,1'}(y)}=\frac{N(s)}{D(s)}$$

从上面的举例中可以看出，转移函数拓扑公式(3-4-31)～(3-4-34)的分子

$$\sum{}^2 T_{12,1'}(y)-\sum{}^2 T_{12',1'}(y) \tag{3-4-35}$$

中有公共项相消，换言之，以上拓扑公式不是最小工作量公式。为从公式中去掉式(3-4-35)中两类 2-树的相同项，特作如下讨论。

考察一个 2-树(ij,d)和另一个节点k。节点k必定包含在ij所在分离部分或d所在分离部分中。因此，全部 2-树(ijk,d)与全部 2-树(i,dk)的总和应等于全部 2-树(ij,d)，故有以下 2-树恒等式：

$$\sum{}^2 T_{ij,d}(y)\equiv\sum{}^2 T_{ijk,d}(y)+\sum{}^2 T_{ij,dk}(y) \tag{3-4-36}$$

将此 2-树恒等式应用于简化式(3-4-35)，可写出下面两个恒等式：

$$\sum{}^2 T_{12,1'}(y) \equiv \sum{}^2 T_{122',1'}(y) + \sum{}^2 T_{12,1'2'}(y)$$

$$\sum{}^2 T_{12',1'}(y) \equiv \sum{}^2 T_{122',1'}(y) + \sum{}^2 T_{12',1'2}(y)$$

注意到以上两式右端第一求和式是相同的，于是有

$$\sum{}^2 T_{12,1'}(y) - \sum{}^2 T_{12',1'}(y) = \sum{}^2 T_{12,1'2'}(y) - \sum{}^2 T_{12',1'2}(y) \quad (3\text{-}4\text{-}37)$$

上式右端的两个求和式之间是没有相同项的。因为在前一求和式里的各 2-树中，节点 2、2′分别属于节点 1、1′所在的相互分离的部分；而在后一求和式中的各 2-树则情况相反，节点 2、2′分别属于节点 1′、1 所在的分离部分。

将式(3-4-37)代入式(3-4-31)～(3-4-34)中，得到转移函数的最小工作量拓扑公式：

$$Z_{21} = \frac{\sum{}^2 T_{12,1'2'}(y) - \sum{}^2 T_{12',1'2}(y)}{\sum T(y)} \quad (3\text{-}4\text{-}38)$$

$$Y_{21} = Y_L \frac{\sum{}^2 T_{12,1'2'}(y) - \sum{}^2 T_{12',1'2}(y)}{\sum{}^2 T_{1,1'}(y)} \quad (3\text{-}4\text{-}39)$$

$$\frac{U_{22'}(s)}{U_1(s)} = \frac{\sum{}^2 T_{12,1'2'}(y) - \sum{}^2 T_{12',1'2}(y)}{\sum{}^2 T_{1,1'}(y)} \quad (3\text{-}4\text{-}40)$$

$$\frac{-I_2(s)}{I_1(s)} = Y_L \frac{\sum{}^2 T_{12,1'2'}(y) - \sum{}^2 T_{12',1'2}(y)}{\sum T(y)} \quad (3\text{-}4\text{-}41)$$

以上四式的分子可借助图 3-42 来记忆。

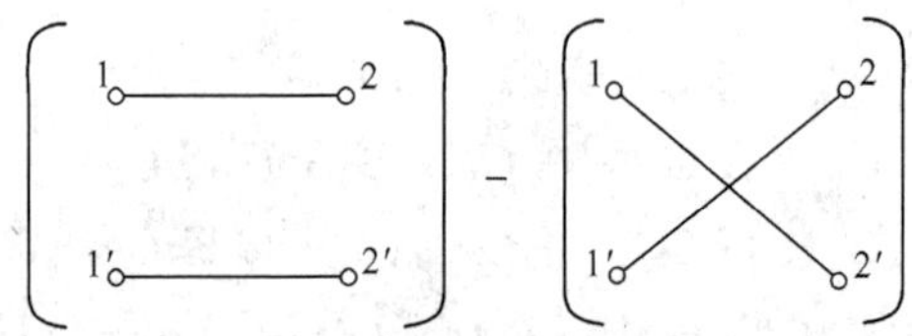

图 3-42

用式(3-4-39)的拓扑公式再来求例 3-12 中 Y_{21}的分子。由图 3-42 可方便地看出：

$$\sum{}^2 T_{12,1'2'}(y) = G_3G_4G_5G_6$$

$$\sum{}^2 T_{12',1'2}(y) = 0$$

由此得到 Y_{21}的分子：

$$N(s) = Y_L\left(\sum{}^2 T_{12,1'2'(y)} - \sum{}^2 T_{12',1'2(y)}\right) = G_3G_4G_5G_6G_7$$

所得结果与例 3-12 相同，但避免了出现正、负对消项，使求解过程简化。

3-4-5 二端口网络参数的拓扑公式

本节介绍二端口网络常用的 z、y 参数的拓扑公式。图 3-43 中 N 为含线性时不变电阻、电感、电容元件的二端口网络，为研究其开路阻抗参数，在 1、2 两端口分别接以电流为

$I_1(s)$、$I_2(s)$的电流源。选节点 1′为参考节点。为避免与端口电压符号混淆，节点电压用双下标表示。

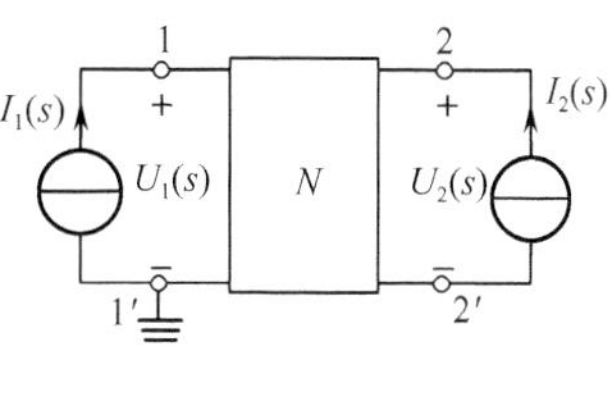

图 3-43

图 3-43 网络的节点方程为

$$\boldsymbol{A}\boldsymbol{Y}_b\boldsymbol{A}^{\mathrm{T}}\begin{bmatrix} U_{11'}(s) \\ U_{21'}(s) \\ U_{2'1'}(s) \\ \vdots \\ U_{N1'}(s) \end{bmatrix} = \begin{bmatrix} I_1(s) \\ I_2(s) \\ -I_2(s) \\ 0 \\ \vdots \\ 0 \end{bmatrix} \tag{3-4-42}$$

解以上方程得到节点电压向量：

$$\begin{bmatrix} U_{11'}(s) \\ U_{21'}(s) \\ U_{2'1'}(s) \\ \vdots \\ U_{N1'}(s) \end{bmatrix} = \begin{bmatrix} \frac{\Delta_{11}}{\Delta} & \frac{\Delta_{21}}{\Delta} & \frac{\Delta_{2'1}}{\Delta} & \cdots & \frac{\Delta_{N1}}{\Delta} \\ \frac{\Delta_{12}}{\Delta} & \frac{\Delta_{22}}{\Delta} & \frac{\Delta_{2'2}}{\Delta} & \cdots & \frac{\Delta_{N2}}{\Delta} \\ \frac{\Delta_{12'}}{\Delta} & \frac{\Delta_{22'}}{\Delta} & \frac{\Delta_{2'2'}}{\Delta} & \cdots & \frac{\Delta_{N2'}}{\Delta} \\ \vdots & \vdots & \vdots & & \vdots \\ \frac{\Delta_{1N}}{\Delta} & \frac{\Delta_{2N}}{\Delta} & \frac{\Delta_{2'N}}{\Delta} & \cdots & \frac{\Delta_{NN}}{\Delta} \end{bmatrix} \begin{bmatrix} I_1(s) \\ I_2(s) \\ -I_2(s) \\ 0 \\ \vdots \\ 0 \end{bmatrix} \tag{3-4-43}$$

二端口网络 1、2、2′三端对参考点 1′的电压为

$$U_{11'}(s) = \frac{\Delta_{11}}{\Delta}I_1(s) + \frac{\Delta_{21} - \Delta_{2'1}}{\Delta}I_2(s)$$

$$U_{21'}(s) = \frac{\Delta_{12}}{\Delta}I_1(s) + \frac{\Delta_{22} - \Delta_{2'2}}{\Delta}I_2(s)$$

$$U_{2'1'}(s) = \frac{\Delta_{12'}}{\Delta}I_1(s) + \frac{\Delta_{22'} - \Delta_{2'2'}}{\Delta}I_2(s)$$

端口电压：

$$U_1(s) = U_{11'}(s) = \frac{\Delta_{11}}{\Delta}I_1(s) + \frac{\Delta_{12} - \Delta_{12'}}{\Delta}I_2(s)$$

$$U_2(s) = U_{21'}(s) - U_{2'1'}(s) = \frac{\Delta_{12} - \Delta_{12'}}{\Delta}I_1(s) + \frac{\Delta_{22} + \Delta_{2'2'} - 2\Delta_{22'}}{\Delta}I_2(s)$$

上两式中已考虑到由网络性质所确定的关系：

$$\Delta_{21} = \Delta_{12}, \quad \Delta_{2'1} = \Delta_{12'}, \quad \Delta_{2'2} = \Delta_{22'}$$

将以上两方程写为向量方程：

$$\begin{bmatrix} U_1(s) \\ U_2(s) \end{bmatrix} = \begin{bmatrix} \frac{\Delta_{11}}{\Delta} & \frac{\Delta_{12} - \Delta_{12'}}{\Delta} \\ \frac{\Delta_{12} - \Delta_{12'}}{\Delta} & \frac{\Delta_{22} + \Delta_{2'2'} - 2\Delta_{22'}}{\Delta} \end{bmatrix} \begin{bmatrix} I_1(s) \\ I_2(s) \end{bmatrix} \tag{3-4-44}$$

式(3-4-44)即用开路阻抗参数表示的二端口网络方程。开路阻抗矩阵：

$$\boldsymbol{Z}_{oc} = \begin{bmatrix} \dfrac{\Delta_{11}}{\Delta} & \dfrac{\Delta_{12}-\Delta_{12'}}{\Delta} \\ \dfrac{\Delta_{12}-\Delta_{12'}}{\Delta} & \dfrac{\Delta_{22}+\Delta_{2'2'}-2\Delta_{22'}}{\Delta} \end{bmatrix} \tag{3-4-45}$$

利用前几节导出的 Δ、Δ_{jj}、Δ_{ij} 的拓扑公式，可以得到二端口网络开路阻抗参数的拓扑公式：

$$Z_{11} = \frac{\Delta_{11}}{\Delta} = \frac{\sum{}^2 T_{1,1'}(y)}{\sum T(y)} \tag{3-4-46}$$

$$\begin{aligned} Z_{12} = Z_{21} = \frac{\Delta_{12}-\Delta_{12'}}{\Delta} &= \frac{\sum{}^2 T_{12,1'}(y) - \sum{}^2 T_{12',1'}(y)}{\sum T(y)} \\ &= \frac{\sum{}^2 T_{12,1'2'}(y) - \sum{}^2 T_{12',1'2}(y)}{\sum T(y)} \end{aligned} \tag{3-4-47}$$

Z_{22} 的分子 $= \Delta_{22} + \Delta_{2'2'} - 2\Delta_{22'} = \sum{}^2 T_{2,1'}(y) + \sum{}^2 T_{2',1'}(y) - 2\sum{}^2 T_{22',1'}(y)$

式中第一、二项可写为

$$\sum{}^2 T_{2,1'}(y) = \sum{}^2 T_{22',1'}(y) + \sum{}^2 T_{2,1'2'}(y)$$

$$\sum{}^2 T_{2',1'}(y) = \sum{}^2 T_{22',1'}(y) + \sum{}^2 T_{2',1'2}(y)$$

由此可将 Z_{22}的分子写成最小工作量的拓扑公式：

$$\begin{aligned} \Delta_{22} + \Delta_{2'2'} - 2\Delta_{22'} &= \sum{}^2 T_{2,1'2'}(y) + \sum{}^2 T_{2',1'2}(y) \\ &= \sum{}^2 T_{2,2'}(y) \end{aligned} \tag{3-4-48}$$

$$Z_{22} = \frac{\Delta_{22}+\Delta_{2'2'}-2\Delta_{22'}}{\Delta} = \frac{\sum{}^2 T_{2,2'}(y)}{\sum T(y)} \tag{3-4-49}$$

于是得到开路阻抗矩阵的拓扑公式：

$$\boldsymbol{Z}_{oc} = \frac{1}{\sum T(y)} \begin{bmatrix} \sum{}^2 T_{1,1'}(y) & \sum{}^2 T_{12,1'2'}(y) - \sum{}^2 T_{12',1'2}(y) \\ \sum{}^2 T_{12,1'2'}(y) - \sum{}^2 T_{12',1'2}(y) & \sum{}^2 T_{2,2'}(y) \end{bmatrix} \tag{3-4-50}$$

短路导纳矩阵可以由开路阻抗矩阵求逆而得，即

$$\boldsymbol{Y}_{sc} = \boldsymbol{Z}_{oc}^{-1} = \begin{bmatrix} Z_{11} & Z_{12} \\ Z_{21} & Z_{22} \end{bmatrix}^{-1} = \frac{1}{\Delta_Z} \begin{bmatrix} Z_{22} & -Z_{12} \\ -Z_{21} & Z_{11} \end{bmatrix} \tag{3-4-51}$$

式中，$\boldsymbol{Z}_{oc}$ 的行列式可根据式(3-4-45)求出：

$$\begin{aligned} \Delta_Z &= \frac{1}{\Delta^2}(\Delta_{11}\Delta_{22} + \Delta_{11}\Delta_{2'2'} - 2\Delta_{11}\Delta_{22'} - \Delta_{12}^2 - \Delta_{12'}^2 + 2\Delta_{12}\Delta_{12'}) \\ &= \frac{1}{\Delta^2}[(\Delta_{11}\Delta_{22} - \Delta_{12}^2) + (\Delta_{11}\Delta_{2'2'} - \Delta_{12'}^2) - 2(\Delta_{11}\Delta_{22'} - \Delta_{12}\Delta_{12'})] \end{aligned} \tag{3-4-52}$$

对于上式中的行列式的代数余子式运算，可应用由雅可比定理而得的以下恒等式来化简：

$$\Delta_{ab}\Delta_{cd} - \Delta_{ad}\Delta_{cb} = \Delta\Delta_{abcd} \tag{3-4-53}$$

式中 Δ_{ab} 表示在 Δ 中删去 a 行、b 列的代数余子式；Δ_{abcd} 表示在 Δ 中删去 a 行、b 列、c 行、d 列的二阶代数余子式。据此有

$$\Delta_{11}\Delta_{22}-\Delta_{12}^2=\Delta\Delta_{1122}$$

$$\Delta_{11}\Delta_{2'2'}-\Delta_{12'}^2=\Delta\Delta_{112'2'}$$

$$\Delta_{11}\Delta_{22'}-\Delta_{12}\Delta_{12'}=\Delta\Delta_{1122'}$$

故式(3-4-52)可改写为

$$\Delta_Z=\frac{1}{\Delta}(\Delta_{1122}+\Delta_{112'2'}-2\Delta_{1122'}) \tag{3-4-54}$$

由式(3-4-51)、(3-4-54)、(3-4-45)得到短路导纳矩阵：

$$\boldsymbol{Y}_{sc}=\frac{1}{\Delta_{1122}+\Delta_{112'2'}-2\Delta_{1122'}}\begin{bmatrix}\Delta_{22}+\Delta_{2'2'}-2\Delta_{22'} & \Delta_{12'}-\Delta_{12}\\ \Delta_{12'}-\Delta_{12} & \Delta_{11}\end{bmatrix} \tag{3-4-55}$$

为求短路导纳参数的拓扑公式，现在需要寻求节点导纳行列式的二阶代数余子式的拓扑公式，这里将用到 3-树的概念。

由 3-4-2 节中关于 k-树的定义可知，一个节点数为 N_t 的连通图 G 的一个 3-树是从图 G 的一个 2-树中去掉任一树支(即从图 G 的一个树中去掉任意 2 条树支)而得到的一个子图。3-树包括图 G 的全部节点，3-树具有 N_t-3 条支路，不含任何回路。3-树由 3 个分离的子图组成，每一子图是一个连通图，有 2 个子图可为孤立节点。

按照与论证节点导纳行列式一阶代数余子式 Δ_{jj}、Δ_{ij} 的拓扑公式相类似的推理方法，可以证明式(3-4-55)分母中的二阶代数余子式的拓扑公式为

$$\Delta_{1122}=\sum {}^3T_{1,2,1'}(y) \tag{3-4-56}$$

$$\Delta_{112'2'}=\sum {}^3T_{1,2',1'}(y) \tag{3-4-57}$$

$$\Delta_{1122'}=\sum {}^3T_{1,22',1'}(y) \tag{3-4-58}$$

式(3-4-56)右端 ${}^3T_{1,2,1'}(y)$ 表示节点 1、2 与 $1'$ 各在一个分离部分的 3-树树支导纳积，求和是对全部这类 3-树进行的。式(3-4-58)右端的 ${}^3T_{1,22',1'}(y)$ 表示 1、$1'$ 各在一个分离部分、2 和 $2'$ 同在另一分离部分的 3-树树支导纳积。

为了将式(3-4-55)的分母表示为最小工作量的拓扑公式，特作如下推导：

$$\sum {}^3T_{1,2,1'}(y)=\sum {}^3T_{12',2,1'}(y)+\sum {}^3T_{1,22',1'}(y)+\sum {}^3T_{1,2,1'2'}(y)$$

$$\sum {}^3T_{1,2',1'}(y)=\sum {}^3T_{12,2',1'}(y)+\sum {}^3T_{1,22',1'}(y)+\sum {}^3T_{1,2',1'2}(y)$$

故短路导纳参数的分母可表示为

$$\begin{aligned}\Delta_{1122}+\Delta_{112'2'}-2\Delta_{1122'}&=\sum {}^3T_{1,2,1'}(y)+\sum {}^3T_{1,2',1'}(y)-2\sum {}^3T_{1,22',1'}(y)\\&=\sum {}^3T_{12',2,1'}(y)+\sum {}^3T_{1,2,1'2'}(y)+\sum {}^3T_{12,2',1'}(y)\\&\quad+\sum {}^3T_{1,2',1'2}(y)\\&=\sum {}^3T_D(y)\end{aligned} \tag{3-4-59}$$

上式中用 $\sum {}^3T_D(y)$ 表示式中四类 3-树的树支导纳积之和，应当注意，这并没有包含全部 3-树的树支导纳积。

现在我们可以写出短路导纳矩阵的拓扑公式：

$$\boldsymbol{Y}_{sc}=\begin{bmatrix}y_{11} & y_{12}\\ y_{21} & y_{22}\end{bmatrix}$$

$$=\frac{1}{\sum^3 T_D(y)}\begin{bmatrix}\sum^2 T_{2,2'}(y) & \sum^2 T_{12',1'2}(y)-\sum^2 T_{12,1'2'}(y)\\ \sum^2 T_{12',1'2}(y)-\sum^2 T_{12,1'2'}(y) & \sum^2 T_{1,1'}(y)\end{bmatrix}$$

(3-4-60)

例 3-13 用拓扑公式求图 3-44 中的二端口网络 N 的短路导纳参数。

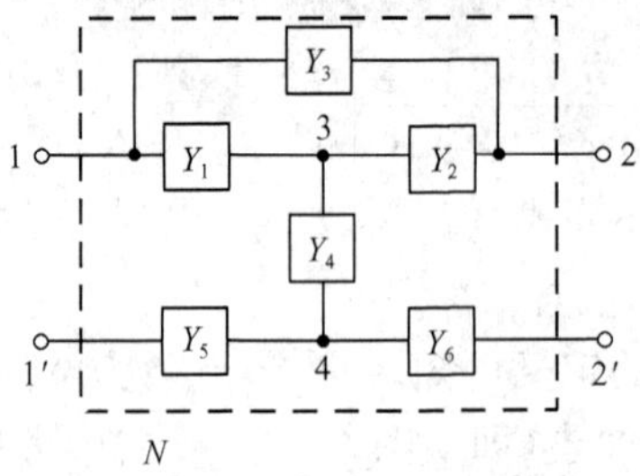

图 3-44

解:按照式(3-4-60)的拓扑公式,首先,为求各导纳参数的分母,列出式(3-4-59)中四类 3-树的树支编号。

3-树(12′,1′,2):146

3-树(1′2′,1,2):156,256,456

3-树(1′2,1,2′):245

3-树(12,1′,2′): 124,125,126,134,135,136,234,235,236,345,346

为求各导纳参数的分子,列出式(3-4-60)右端矩阵中的四类 2-树的树支编号。

2-树(2,2′): 1245,1256,1345,1356,1456,2345,3456

2-树(1,1′): 1246,1256,1346,1356,2346,2356,3456

2-树(12′,1′2):无

2-树(12,1′2′):1256,1356,2356,3456

短路导纳参数的分母:

$$\begin{aligned}\sum^3 T_D(y)&=\sum^3 T_{12',1',2}(y)+\sum^3 T_{1'2',1,2}(y)+\sum^3 T_{1'2,1,2'}(y)+\sum^3 T_{12,1',2'}(y)\\&=Y_1Y_4Y_6+Y_1Y_5Y_6+Y_2Y_5Y_6+Y_4Y_5Y_6+Y_2Y_4Y_5+Y_1Y_2Y_4\\&\quad+Y_1Y_2Y_5+Y_1Y_2Y_6+Y_1Y_3Y_4+Y_1Y_3Y_5+Y_1Y_3Y_6+Y_2Y_3Y_4\\&\quad+Y_2Y_3Y_5+Y_2Y_3Y_6+Y_3Y_4Y_5+Y_3Y_4Y_6\end{aligned}\qquad(3\text{-}4\text{-}61)$$

结果得到各短路导纳参数如下:

$$y_{11}=\frac{\sum^2 T_{2,2'}(y)}{\sum^3 T_D(y)}$$

$$= \frac{1}{\sum^3 T_D(y)}(Y_1Y_2Y_4Y_5 + Y_1Y_2Y_5Y_6 + Y_1Y_3Y_4Y_5 + Y_1Y_3Y_5Y_6 + Y_1Y_4Y_5Y_6 + Y_2Y_3Y_4Y_5 + Y_3Y_4Y_5Y_6)$$

$$y_{22} = \frac{\sum^2 T_{1,1'}(y)}{\sum^3 T_D(y)}$$

$$= \frac{1}{\sum^3 T_D(y)}(Y_1Y_2Y_4Y_6 + Y_1Y_2Y_5Y_6 + Y_1Y_3Y_4Y_6 + Y_1Y_3Y_5Y_6 + Y_2Y_3Y_4Y_6 + Y_2Y_3Y_5Y_6 + Y_3Y_4Y_5Y_6)$$

$$y_{12} = y_{21} = \frac{1}{\sum^3 T_D(y)}\left(\sum^2 T_{12',1'2}(y) - \sum^2 T_{12,1'2'}(y)\right)$$

$$= \frac{1}{\sum^3 T_D(y)}(-Y_1Y_2Y_5Y_6 - Y_1Y_3Y_5Y_6 - Y_2Y_3Y_5Y_6 - Y_3Y_4Y_5Y_6)$$

在上例求解中，寻求 y 参数的分母比较困难。在全部 3-树中判定具有式(3-4-59)中列出的四种性质的 3-树，在节点数、支路数较多时常会出错或漏掉一些。下面介绍解决这一问题的有效方法。

将二端口网络 N 的端口$(1,1')$、$(2,2')$分别短接，得到一个新网络 $N_{11',22'}$。可以证明，网络 $N_{11',22'}$ 的全部树的树支导纳积之和等于式(3-4-59)中列出的四种 3-树的树支导纳积之和。

证明：

图 3-45 表示一个二端口网络的三种不同端部连接情形。将图(a)中二端口网络 N 的第 2 端口短接(连接点记为 $2''$)，得到图(b)的网络 $N_{22'}$。再将网络 $N_{22'}$ 的第 1 端口短接(连接点记为 $1''$)，得到图(c)的网络 $N_{11',22'}$。按照 3-4-2 节中从式(3-4-16)得到式(3-4-17)的推理可知，图(c)$N_{11',22'}$ 的任一树 T 的树支导纳积必等于图(b)$N_{22'}$ 的一个 1 与 $1'$相分离的 2-树$(1,1')$的树支导纳积，即

$$\sum_{(N_{11',22'})} T(y) = \sum_{(N_{22'})} {}^2 T_{1,1'}(y) \tag{3-4-62}$$

式中求和号下的括号内标注了对哪一个网络计算树导纳积或 2-树导纳积。

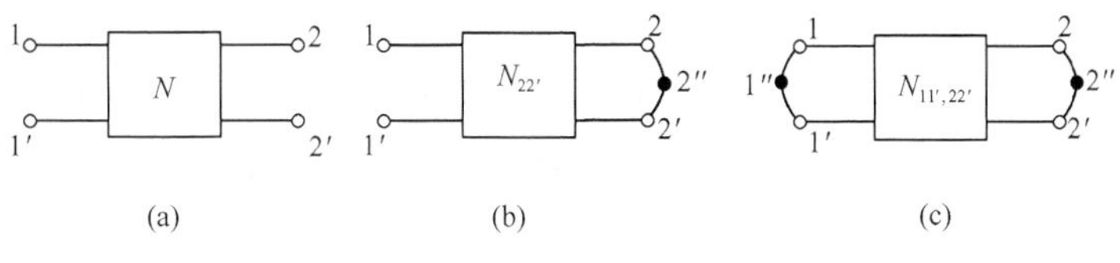

图 3-45

将式(3-4-62)右端加入节点 $2''$后改写为两类 2-树导纳积之和：

$$\sum_{(N_{22'})} {}^2 T_{1,1'}(y) = \sum_{(N_{22'})} {}^2 T_{12'',1'}(y) + \sum_{(N_{22'})} {}^2 T_{1,1'2''}(y) \tag{3-4-63}$$

上式右端第一求和号内任一项所表示的 2-树$(12'',1')$的树支支路集，应等于图(a)网络 N 的一个 2 与 $2'$相分离的 3-树$(12,2',1')$或 3-树$(12',2,1')$的树支支路集，因此，

$$\sum_{(N_{22'})}{}^{2}T_{12'',1'}(y)=\sum_{(N)}{}^{3}T_{12,2',1'}(y)+\sum_{(N)}{}^{3}T_{12',2,1'}(y) \tag{3-4-64}$$

同理,式(3-4-63)右端第二求和项可改写为

$$\sum_{(N_{22'})}{}^{2}T_{1,1'2''}(y)=\sum_{(N)}{}^{3}T_{1,1'2,2'}(y)+\sum_{(N)}{}^{3}T_{1,1'2',2}(y) \tag{3-4-65}$$

综合式(3-4-62)至式(3-4-65),得到以下关系:

$$\sum_{(N_{11',22'})}T(y)=\sum{}^{3}T_{12,2',1'}(y)+\sum{}^{3}T_{12',2,1'}(y)+\sum{}^{3}T_{1,1'2,2'}(y)+\sum{}^{3}T_{1,1'2',2}(y) \tag{3-4-66}$$

上式右端略去了求和号下面的符号(N)。不难看出,上式右端等于式(3-4-59)中列出的四类 3-树的树支导纳积之和,即

$$\sum_{(N_{11',22'})}T(y)=\sum{}^{3}T_{D}(y) \tag{3-4-67}$$

(证毕)

用上述方法再求例 3-13 中短路导纳参数的分母。将图 3-44 中网络 N 的端子 1 与 $1'$短接,2 与 $2'$短接,得到图 3-46 的网络 $N_{11',22'}$。

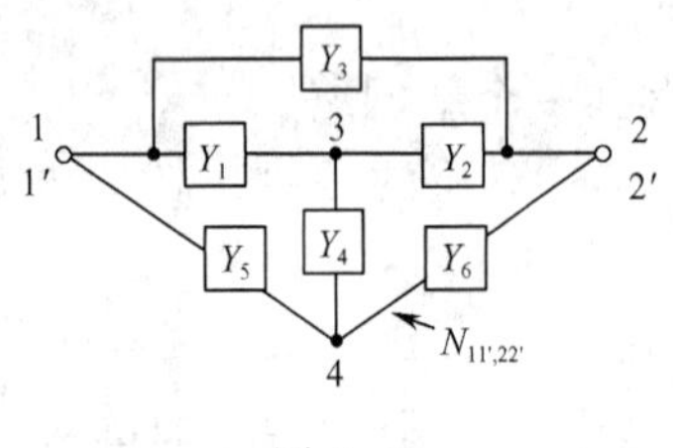

图 3-46

列出图 3-46 网络全部树的树支编号:

124,125,126,134,135,136,146,156,234,235,236,245,256,345,346,456

以上 16 种树支支路集与例 3-13 中为求$\sum{}^{3}T_{D}(y)$所列出的四类 3-树的树支支路集相同。因此,对网络 $N_{11',22'}$ 写出的全部树的树支导纳积之和必等于式(3-4-61)右端的 16 项,即等于$\sum{}^{3}T_{D}(y)$。显然,用这种方法要简便得多。

在结束本节之前尚需指出,以上所讨论的网络函数的拓扑公式是由麦克斯韦根据节点方程导出的。基尔霍夫提出了与之相对偶的、以回路方程为基础的拓扑公式,但它在某些方面的应用不如麦克斯韦公式方便。本书不再对此作详细介绍,有兴趣的读者可参阅有关参考书籍。

习　题

3-1　在图 3-47 的网络中,$R=\frac{1}{3}\text{k}\Omega, L=0.4\text{H}, C=10\mu\text{F}$。求二端网络的输入阻抗 $Z(s)$,并绘出其极零图。根据极零图求频域阻抗 $Z(j\omega)$的频率响应(要求绘出幅频特性和相频特性曲线)。

3-2　图 3-48 表示一个电阻三端网络,其中各电阻均为 1Ω。试求该三端网络的不定导纳矩阵。

3-3　根据不定导纳矩阵的定义,用式(3-3-4)求图 3-49 所示三端网络的不定导纳矩阵 $\boldsymbol{Y}_i(s)$。

3-4　用首先形成网络的原始不定导纳矩阵 $\boldsymbol{Y}'_i(s)$的方法,求图 3-49 所示三端网络的不定导纳矩阵 $\boldsymbol{Y}_i(s)$。

3-5　图 3-50 表示一个不含独立源的线性三端网络,其输出端③开路。分别以①端、

②端作为输入端的转移函数为

$$T_1(s) = \frac{U_3(s)}{U_1(s)}\bigg|_{U_2(s)=0}, T_2(s) = \frac{U_3(s)}{U_2(s)}\bigg|_{U_1(s)=0}$$

用不定导纳矩阵分析法证明 $T_1(s)$与 $T_2(s)$互为互补转移函数，即 $T_1(s)+T_2(s)=1$。

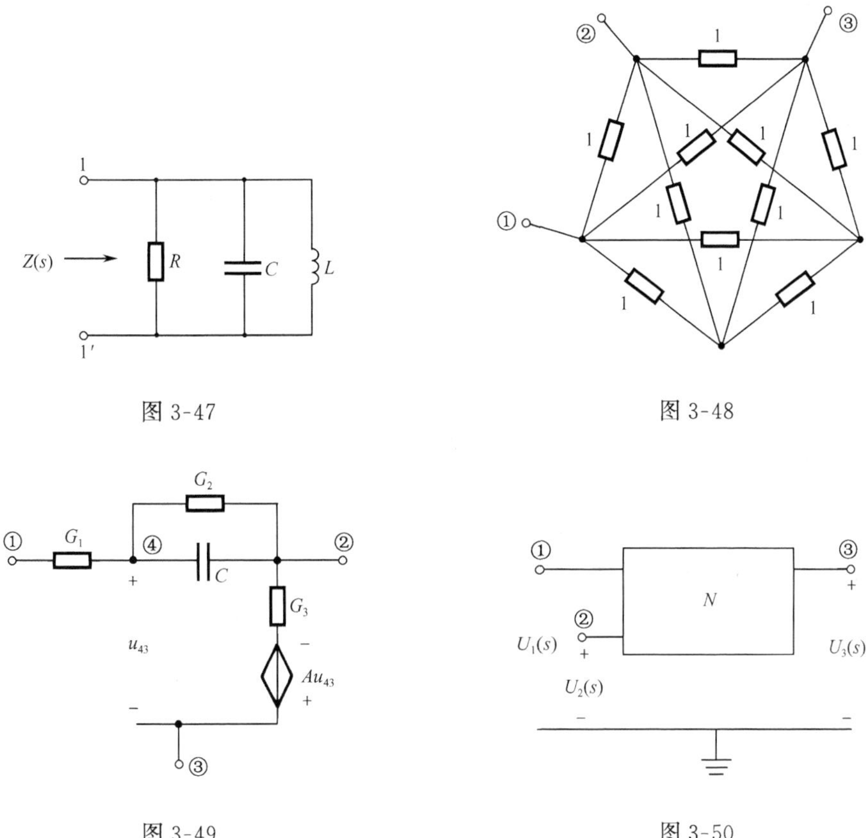

图 3-47

图 3-48

图 3-49

图 3-50

3-6 图 3-51 为以节点③为公共终端的二端口网络，用不定导纳矩阵分析法求该二端口网络的短路导纳矩阵 $\boldsymbol{Y}_{sc}(s)$。

3-7 用不定导纳矩阵分析法求图 3-52 所示滤波器的转移函数 $T(s)=\dfrac{U_o(s)}{U_{in}(s)}$(设运放为理想的)。

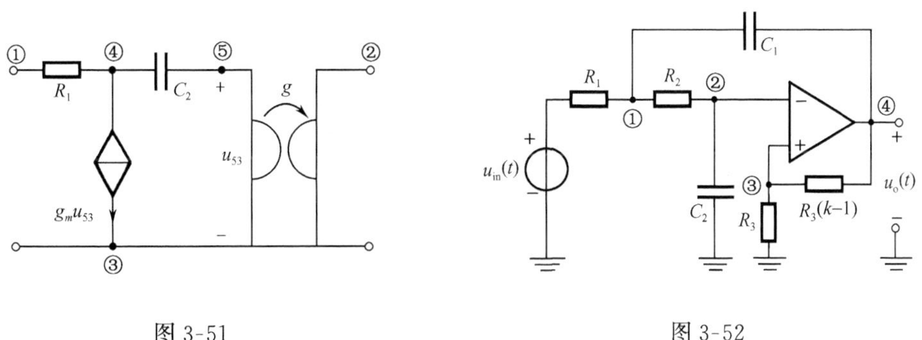

图 3-51

图 3-52

3-8　用拓扑公式求图 3-53 所示二端口网络的开路阻抗矩阵 $\mathbf{Z}_{oc}(s)$。

3-9　用拓扑公式求图 3-54 所示有载二端口网络的转移电压比 $T(s)=U_2(s)/U_1(s)$。

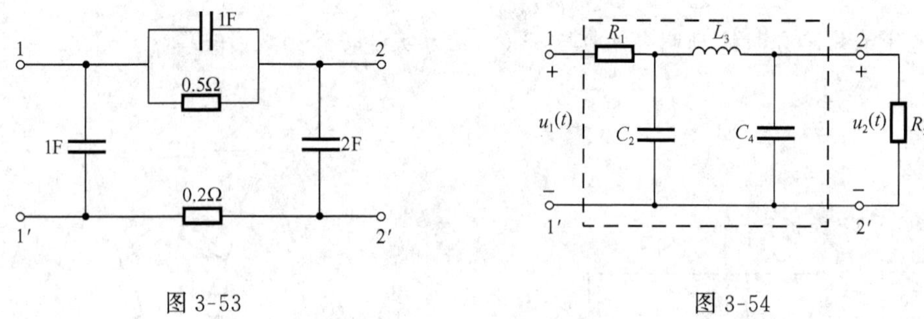

图 3-53　　　　图 3-54

3-10　在有源二阶滤波器中采用的一种桥 T 形 RC 网络如图 3-55 所示。其前馈转移函数和反馈转移函数分别定义为

$$T_{FF}(s)=\left.\frac{U_1(s)}{U_2(s)}\right|_{U_3(s)=0},\quad T_{FB}(s)=\left.\frac{U_1(s)}{U_3(s)}\right|_{U_2(s)=0}$$

式中 $U_1(s)$、$U_2(s)$、$U_3(s)$分别为①、②、③端对地的电压(象函数)。用拓扑公式求$T_{FF}(s)$和 $T_{FB}(s)$。

3-11　在单运放二阶陷波滤波器中采用的一种双 T 形 RC 网络结构如图 3-56 所示。试用拓扑公式证明该双 T 网络的前馈转移函数为

$$T_{FF}(s)=\left.\frac{U_1(s)}{U_2(s)}\right|_{U_3(s)=0}=\frac{Y_1Y_2Y_B+Y'_1Y'_2Y'_A}{Y_1(Y_2+Y_3)Y_B+Y'_1(Y'_2+Y'_3)Y_A}$$

式中,$Y_A=Y_1+Y_2+Y_3$,$Y_B=Y'_1+Y'_2+Y'_3$。$U_1(s)$、$U_2(s)$、$U_3(s)$分别为端点①、②、③对地的电压(象函数)。

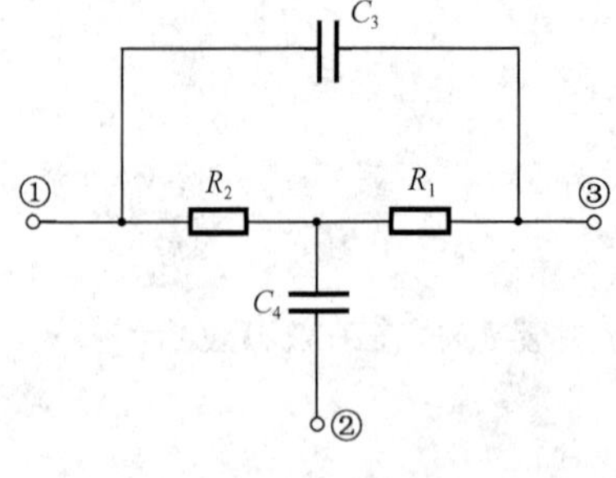

图 3-55

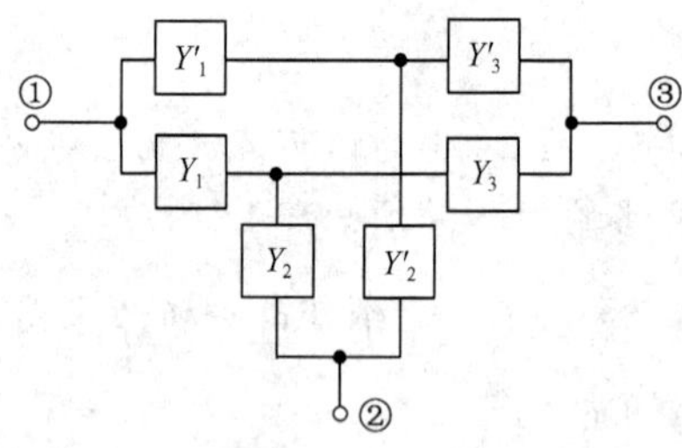

图 3-56

第四章　网络分析的状态变量法

导　　言

在第三章中，我们介绍了当连续时间信号作用于线性时不变网络时，激励和响应的象函数的关系可用网络函数来联系。这种方法是分析网络的输入-输出法，又称端部法。

本章将介绍另一种分析方法——状态变量法。状态变量法是现代控制理论发展的成果，它也被广泛应用于网络的分析与综合。因为状态变量法首先分析能够代表网络内部特性的状态变量，然后通过状态变量和输入激励求得所需要的输出响应，因此它是一种内部法。用状态变量分析法能方便地得到零输入响应的状态轨迹，它可用以判定系统的稳定性。在求出网络的状态变量后，便于分析网络的可控性和可观测性。状态变量分析法便于编制计算机程序。

状态变量分析法既能分析线性时不变网络，也能分析线性时变网络和非线性网络；既能分析单输入-单输出系统，也能分析多输入-多输出系统；既能分析连续时间信号系统，也能分析离散时间信号系统。因而，这种分析方法具有广泛的适应性。

网络分析的状态变量法主要包括两个方面。一个是状态方程的建立，另一个是状态方程的求解。本章在讨论状态变量分析法之前，首先介绍一些有关的基本概念。

4-1　状态变量法的基本概念

网络中的非源元件按其能否储存能量可以分为两大类——储能元件和非储能元件。由非储能元件构成的网络，在某一时刻的输出量只决定于该时刻的输入量，与它过去的工作状态无关，这样的网络称为即时网络或无记忆网络。如果以 $y(t)$ 表示输出，用 $f(t)$ 表示输入，则即时网络的输出与输入之间存在如下所示的函数关系

$$y(t)=G[f(t)] \tag{4-1-1}$$

在即时网络中，输入的过去的历史完全不影响现时的输出 y 的值。因为每当输入是一个确定的数值 f_1，输出就有一个完全被确定的数值$G(f_1)$，而与 f_1 在何时出现无关。因此，式(4-1-1)又可写为 $y=G(f)$。

若网络中含有储能元件，则网络在某一时刻的输出量不是仅取决于该时刻的输入量，而是取决于该时刻及该时刻以前所有的输入量。这种网络称为动态网络或记忆网络。动态网络的输出与输入之间的关系由积分微分方程联系，用积分微分算子 N 表示为

$$N[f(t),y(t)]=0$$

或另表示为

$$y(t)=F[f(t_0,t)] \tag{4-1-2}$$

式中 t_0 是激励开始作用的时间。此式表明，为了确定某一瞬时 t 的输出值$y(t)$，必须知道在区间$[t_0,t]$的全部输入值 $f(t_0,t)$。

动态系统的时域分析方法按照描述网络的微分方程的类型可分为输入-输出法和状态变量法。输入-输出法将动态网络的特性用联系网络的输入变量和输出变量的微积分方程来表征。求解输入-输出方程即可求得输出变量。状态变量法是借助于一组被称为状态变量的辅助变量,建立起一组联系状态变量与输入变量的一阶微分方程(称为状态方程),以及一组联系输出变量、状态变量和输入变量的代数方程(称为输出方程)。先求解状态方程得出状态变量,然后再根据输出方程求得输出变量。

网络在时刻 t_0 的状态是指能和 $t \geqslant t_0$ 的输入激励一起惟一地确定该网络在所有 $t \geqslant t_0$ 时的输出的为数最少(即线性无关)的信息量的集合。例如,线性时不变网络中各独立的电容电压(或电荷)和各独立的电感电流(或磁链)在任意瞬时 t_0 的值的集合,可构成网络在 t_0 时刻的状态。

能描述网络任一瞬时状态的为数最少(即线性无关)的网络变量集合中的各变量称为网络的状态变量(state variable)。例如线性时不变网络中各独立的电容电压(或电荷)和各独立的电感电流(或磁链)一起构成网络的一组状态变量。

在动态网络中,一般既含有记忆元件,又含有无记忆元件,可以将网络分为有记忆部分和无记忆部分。一个网络的状态模型(state model)是由有记忆部分和无记忆部分组成,它们相互联接如图 4-1 所示。其中 f 是输入量,y 是输出量,x 是状态变量,m 称为状态修正量(state update)。无记忆部分各量之间的函数关系为

$$m = h(f, x) \tag{4-1-3}$$

$$y = g(f, x) \tag{4-1-4}$$

有记忆部分各量之间的关系为

$$x(t) = H[m(t_0, t)] \qquad x(t_0) = x_0 \tag{4-1-5}$$

x_0 称为网络的初始状态。

以上各式中,h 是一个函数,该函数由给定的输入 f 及状态量 x 的值确定状态修正量 m 的值。g 也是一个函数,它是将输出量 y 表示为输入量 f 和状态变量 x 的函数。H 是一个泛函,它是由给定的初始状态 x_0 及在区间 $[t_0, t]$ $(t > t_0)$ 中的状态修正量 $m(t_0, t)$ 确定在任何时刻 t $(t > t_0)$ 的状态变量值的规则。

网络中的变量,包括输入变量、输出变量、状态变量和状态修正量都可以不只一个。状态修正量的数目与状态变量的数目相等。对于有 p 个输入、r 个输出、n 个状态变量和 n 个状态修正量的多变量系统,其状态模型如图 4-2 所示。

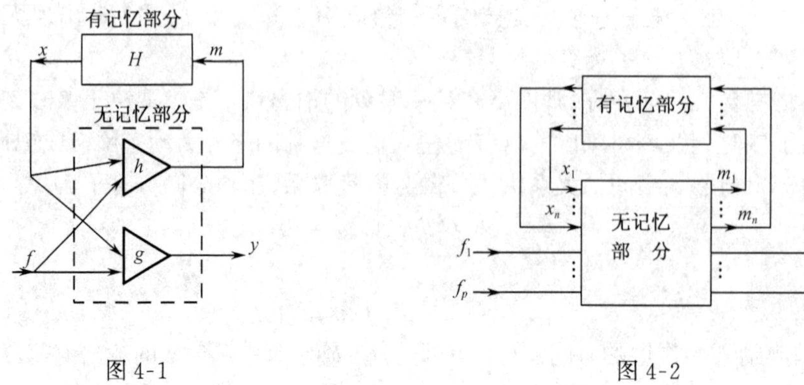

图 4-1　　　　图 4-2

一组表示状态变量与输入量之间关系的一阶微分方程称为状态方程。每一个状态方程只含有一个状态变量对时间的一阶导数。一组表示输出变量与状态变量和输入变量之间关系的代数方程称为输出方程。

例 4-1 列写图 4-3 所示线性时变网络的状态方程和以 $u_4(t)$、$u_5(t)$、$i_6(t)$ 作为输出变量的输出方程。

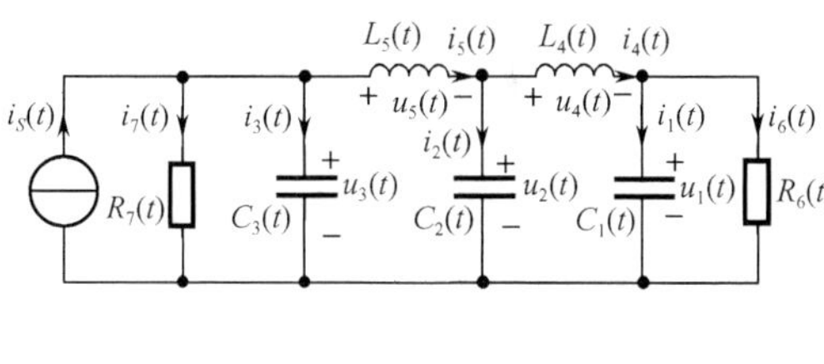

图 4-3

解:列写网络状态方程的步骤如下:

(1)选取网络的状态变量。因为是线性时变网络,选取各电容电荷和各电感磁链为状态变量,即

$$\boldsymbol{x}(t)=[q_1(t)\ q_2(t)\ q_3(t)\ \psi_4(t)\ \psi_5(t)]^{\mathrm{T}}$$

(2)列写独立的 KCL 和 KVL 方程,使各方程左端分别为一个状态修正量,即

$$i_1(t)=i_4(t)-i_6(t)$$

$$i_2(t)=i_5(t)-i_4(t)$$

$$i_3(t)=i_s(t)-i_5(t)-i_7(t)$$

$$u_4(t)=u_2(t)-u_1(t)$$

$$u_5(t)=u_3(t)-u_2(t)$$

(3)用状态变量的一阶导数替换状态修正量,并代入各动态元件的元件特性,得

$$\dot{q}_1(t)=\frac{\psi_4(t)}{L_4(t)}-i_6(t)$$

$$\dot{q}_2(t)=\frac{\psi_5(t)}{L_5(t)}-\frac{\psi_4(t)}{L_4(t)}$$

$$\dot{q}_3(t)=i_s(t)-\frac{\psi_5(t)}{L_5(t)}-i_7(t)$$

$$\dot{\psi}_4(t)=\frac{q_2(t)}{C_2(t)}-\frac{q_1(t)}{C_1(t)}$$

$$\dot{\psi}_5(t)=\frac{q_3(t)}{C_3(t)}-\frac{q_2(t)}{C_2(t)}$$

(4)消去非状态变量 $i_6(t)$ 和 $i_7(t)$:

$$i_6(t)=\frac{q_1(t)}{R_6(t)C_1(t)}$$

$$i_7(t)=\frac{q_3(t)}{R_7(t)C_3(t)}$$

(5)将 $i_6(t)$ 和 $i_7(t)$ 代入第(3)步方程中,经整理后得状态方程为

$$\dot{q}_1(t)=-\frac{q_1(t)}{R_6(t)C_1(t)}+\frac{\psi_4(t)}{L_4(t)}$$

$$\dot{q}_2(t)=-\frac{\psi_4(t)}{L_4(t)}+\frac{\psi_5(t)}{L_5(t)}$$

$$\dot{q}_3(t)=-\frac{q_3(t)}{R_7(t)C_3(t)}-\frac{\psi_5(t)}{L_5(t)}+i_s(t)$$

$$\dot{\psi}_4(t)=-\frac{q_1(t)}{C_1(t)}+\frac{q_2(t)}{C_2(t)}$$

$$\dot{\psi}_5(t)=-\frac{q_2(t)}{C_2(t)}+\frac{q_3(t)}{C_3(t)}$$

输出方程为

$$u_4(t)=\frac{q_2(t)}{C_2(t)}-\frac{q_1(t)}{C_1(t)}$$

$$u_5(t)=\frac{q_3(t)}{C_3(t)}-\frac{q_2(t)}{C_2(t)}$$

$$i_6(t)=\frac{q_1(t)}{R_6(t)C_1(t)}$$

在图 4-3 所示网络中,元件 $C_1(t)$、$C_2(t)$、$C_3(t)$、$L_4(t)$、$L_5(t)$ 属于有记忆部分,$R_6(t)$ 和 $R_7(t)$ 属于无记忆部分,$i_s(t)$ 为输入变量,$u_4(t)$、$u_5(t)$、$i_6(t)$ 为输出变量,5 个状态修正量分别为 $i_1(t)$,$i_2(t)$,$i_3(t)$,$u_4(t)$,$u_5(t)$。状态变量与状态修正量之间的关系为

$$q_1(t)=q_1(t_0)+\int_{t_0}^{t}i_1(\tau)\mathrm{d}\tau$$

$$q_2(t)=q_2(t_0)+\int_{t_0}^{t}i_2(\tau)\mathrm{d}\tau$$

$$q_3(t)=q_3(t_0)+\int_{t_0}^{t}i_3(\tau)\mathrm{d}\tau$$

$$\psi_4(t)=\psi_4(t_0)+\int_{t_0}^{t}u_4(\tau)\mathrm{d}\tau$$

$$\psi_5(t)=\psi_5(t_0)+\int_{t_0}^{t}u_5(\tau)\mathrm{d}\tau$$

对于一般线性常态网络,其范式状态方程的向量形式为

$$\dot{\boldsymbol{x}}=\boldsymbol{A}\boldsymbol{x}+\boldsymbol{B}\boldsymbol{f} \tag{4-1-6}$$

式中 $\boldsymbol{x}$ 是状态向量,$\boldsymbol{f}$ 是输入向量,$\boldsymbol{A}$ 是状态向量的系数矩阵,$\boldsymbol{B}$ 是输入向量的系数矩阵。输出方程的向量形式为

$$\boldsymbol{y}=\boldsymbol{C}\boldsymbol{x}+\boldsymbol{D}\boldsymbol{f} \tag{4-1-7}$$

式中 $\boldsymbol{y}$ 是输出向量,$\boldsymbol{C}$ 与 $\boldsymbol{D}$ 都是常数矩阵。

4-2 网络复杂性的阶数和状态变量的选取

网络状态变量的总数称为网络复杂性的阶数(order of complexity),又称网络的阶数。网络复杂性的阶数又等于网络中可指定的独立的初始条件的个数。它也等于网络输入-输出方程的通解中出现的待定积分常数的数目。由此看出,一个网络复杂性的阶数不可能大于该网络中储能元件的总数。

我们把仅由电容元件或仅由电容元件和独立电压源构成的回路称为纯电容回路(capacitor-only loop)。把仅由电感元件或仅由电感元件和独立电流源构成的割集称为纯电感割集(inductor-only cutset)。既无纯电容回路又无纯电感割集的网络称为常态网络(proper network)。含有纯电容回路或纯电感割集(或两者兼有)的网络称为非常态网络(improper network)。

在不含受控源的常态网络中,因为各电容电压(或电荷)和各电感电流(或磁链)都是独立的,故网络复杂性的阶数等于网络中储能元件的总数。在不含受控源的非常态网络中,对于每一个纯电容回路,按照 KVL,该回路各电容电压之间存在一个线性约束关系,使该回路独立的电容电压数较电容数少 1。而对于每一个纯电感割集,按照 KCL,该割集各电感电流之间存在一个线性约束关系,使该割集独立的电感电流数较电感数少 1。

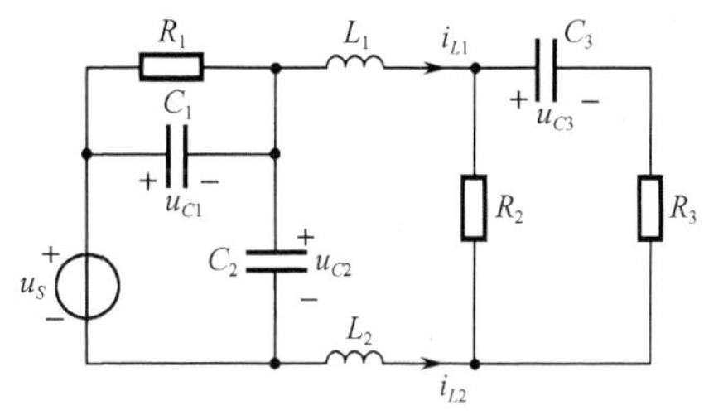

图 4-4

因此,非常态网络的阶数等于网络中储能元件的总数减去独立的纯电容回路数和独立的纯电感割集数。例如图 4-4 所示非常态网络共有五个储能元件、一个纯电容回路和一个纯电感割集。对纯电容回路列写 KVL 方程,有

$$u_{C1} + u_{C2} = u_s \tag{4-2-1}$$

对纯电感割集列写 KCL 方程有

$$i_{L1} + i_{L2} = 0 \tag{4-2-2}$$

从式(4-2-1)看出,两个电容电压只能选一个作为独立变量。同理式(4-2-2)中也只能选一个电感电流作为独立变量。因此该网络的阶数为 5-(1+1)=3。

对于一个复杂的非常态网络,由于储能元件数目多,有时很难直观地确定网络中独立的纯电容回路数和独立的纯电感割集数。为了确定独立的纯电容回路数,可将网络中所有电阻、电感、电流源断开,从而得到一个仅由电容和电压源构成的子网络 N_C。非常态网络中独立的纯电容回路数等于子网络 N_C 的独立回路数,即子网络 N_C 的基本回路数(连支数)。为了确定独立的纯电感割集数,可将网络中所有电阻、电容、电压源短路,从而得到一个仅由电感元件与电流源构成的子网络 N_L。非常态网络中独立的纯电感割集数等于子网络 N_L 的独立割集数,即子网络 N_L 的基本割集数(树支数)。

例 4-2 确定图 4-5(a)所示非常态网络的阶数。

解:此网络共有 12 个储能元件。由于只有一个纯电感割集,因此它是独立的。为确定有多少个独立的纯电容回路,我们将所有电感、电流源、电阻断开,得到具有两个分离部

分的子网络 N_C，如图 4-5(b)所示。子网络 N_C 具有 9 个节点、12 条支路，基本回路数为 $12-(9-2)=5$，因此有 5 个独立的纯电容回路。故图 4-5(a)所示非常态网络的阶数为 $12-(5+1)=6$。

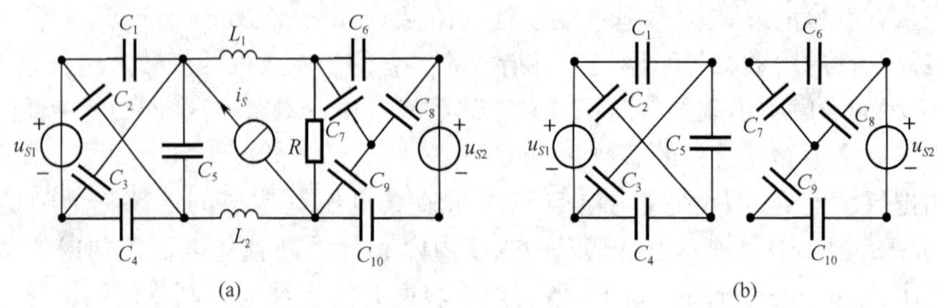

图 4-5

纯电容割集和纯电感回路对网络复杂性的阶数有无影响呢？下面以图 4-6 所示网络为例来讨论这个问题。该网络具有三个纯电感回路，对于由 L_1、L_2、L_3 构成的纯电感回路列写 KVL 方程，有

$$L_2\frac{\mathrm{d}i_{L2}}{\mathrm{d}t}+L_3\frac{\mathrm{d}i_{L3}}{\mathrm{d}t}-L_1\frac{\mathrm{d}i_{L1}}{\mathrm{d}t}=\frac{\mathrm{d}}{\mathrm{d}t}(L_2i_{L2}+L_3i_{L3}-L_1i_{L1})=0 \qquad (4\text{-}2\text{-}3)$$

将式(4-2-3)从 0_+ 到 t 积分得

$$L_2i_{L2}(t)+L_3i_{L3}(t)-L_1i_{L1}(t)=L_2i_{L2}(0_+)+L_3i_{L3}(0_+)-L_1i_{L1}(0_+)=k \qquad (4\text{-}2\text{-}4)$$

等式左端表示在任一时刻 t 沿纯电感回路某一方向计算的回路总磁通链，而右端表示该回路总磁链在 $t=0_+$ 时的值，它等于一个常数 k，该常数的值由磁通链守恒原理确定。根据磁通链守恒原理，回路的总磁通链不发生跳变，即

$$\sum Li(0_+)=\sum Li(0_-)$$

因此，式(4-2-4)中的常数 k 为

$$k=L_2i_{L2}(0_-)+L_3i_{L3}(0_-)-L_1i_{L1}(0_-)$$

式中三个电感电流在 $t=0_-$ 时刻的值完全可以独立地指定。因此，纯电感回路不会减少网络中独立的初始条件数，即不会改变网络复杂性的阶数。根据对偶关系，可以说明纯电容割集也不会影响网络复杂性的阶数。

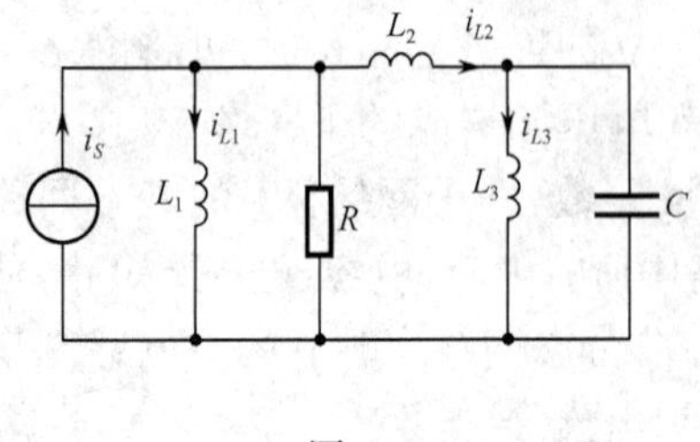

图 4-6

虽然纯电感回路和纯电容割集不影响网络复杂性的阶数，即不影响网络自然频率的数目，但它们却要影响网络自然频率的值。例如在图 4-6中，若以 $i_{L2}(t)$ 作为求解的网络变量，则其零输入响应有一个恒定电流绕纯电感回路流动，这时响应电流 $i_{L2}(t)$ 中存在一个自然频率 $s=0$ 的项。所以一个纯电感回路引起网络的一个零值自然频率。同理，一个纯电容割集也会引起网络的一个零值自然频率。$s=0$ 所对应的恒定分量在某一响应中是否出现，依赖于激励的

位置和选择什么量作响应。例如，若在图 4-6 中以电感电压 $u_{L2}(t)$ 为响应则不会出现恒定项。因为 $i_{L2}(t)$ 中的恒定项经微分运算后消失了，而 $i_{L2}(t)$ 中其余的自然频率在 $u_{L2}(t)$ 中仍会出现。网络的非零值自然频率的数目等于网络复杂性的阶数减去独立的纯电感回路数和独立的纯电容割集数。

当网络中存在受控源时，网络的阶数难于确定。下面举例说明受控源对网络阶数的影响。

在图 4-7(a)所示网络中，由于电容电压 $u_C=ri_1=r\dfrac{u_S}{R_1}$，$u_C$ 不独立，因此网络的阶数为零。说明受控源的存在使网络的阶数降低。对于图 4-7(b)所示网络，由于 $u_{C1}=ki_{C2}=kC_2\dfrac{\mathrm{d}u_{C2}}{\mathrm{d}t}$，$u_{C2}=ki_{C1}=kC_1\dfrac{\mathrm{d}u_{C1}}{\mathrm{d}t}$，由此可得该网络的状态方程为

$$\frac{\mathrm{d}u_{C1}}{\mathrm{d}t}=\frac{1}{kC_1}u_{C2}$$

$$\frac{\mathrm{d}u_{C2}}{\mathrm{d}t}=\frac{1}{kC_2}u_{C1}$$

两个电容电压 u_{C1}、u_{C2} 都是独立的，因此该网络的阶数为 2。说明受控源的存在对网络的阶数无影响。

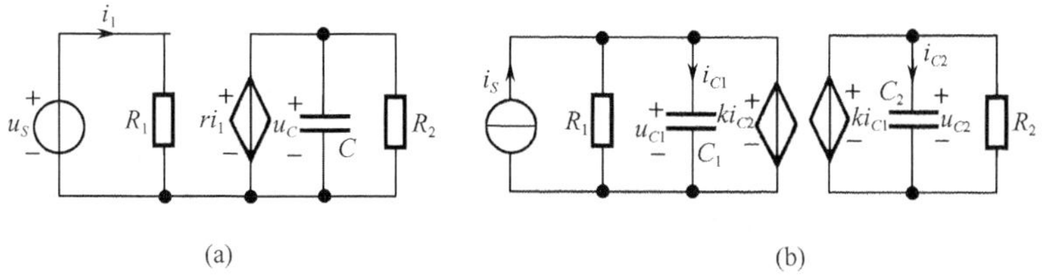

图 4-7

以上例子说明受控源的存在可能使网络复杂性的阶数降低，但有时也不一定会降低。对于受控源的存在会不会影响网络复杂性的阶数和如何影响，并没有一个明确的规律。一般而言，若网络中储能元件的总数为 N_{LC}，独立纯电容回路数为 N_C，独立纯电感割集数为 N_L，则网络复杂性的阶数 N 满足下列关系

$$N_{LC}-N_C-N_L\geqslant N\geqslant 0 \tag{4-2-5}$$

用状态变量法分析网络时，在得到网络复杂性的阶数后，需要选取一组适当的变量作为状态变量。由状态和状态变量的定义可知，网络在某时刻的状态实质上反映了该时刻网络的储能。电网络中储存的能量由电感磁链（或电流）和电容电荷（或电压）确定。只要知道给定网络中变量组（$\psi(t)$，$q(t)$）或（$i_L(t)$，$u_C(t)$）在 $t=t_0$ 时刻的值，同时又知道 $t\geqslant t_0$ 时刻的输入量，则给定网络在 $t\geqslant t_0$ 的任何时刻的行为将完全被确定。因此，一般情况下，可选一组独立的（$u_C(t)$，$i_L(t)$）或（$q(t)$，$\psi(t)$）作为状态变量。对于线性时不变网络，常选一组独立的电容电压和电感电流作为状态变量。由于线性时变网络中的参数 $C(t)$、$L(t)$ 是随时间变化的，当 $C(t)$、$L(t)$ 出现跳变时，电容电压 $u_C(t)$、电感电流 $i_L(t)$ 可能不连续，则 $\dfrac{\mathrm{d}u_C}{\mathrm{d}t}$、$\dfrac{\mathrm{d}i_L}{\mathrm{d}t}$ 将为无限大。但 $q(t)$、$\psi(t)$ 总是连续的，即 $\dfrac{\mathrm{d}q}{\mathrm{d}t}$、$\dfrac{\mathrm{d}\psi}{\mathrm{d}t}$ 总是有限的。因此，对线

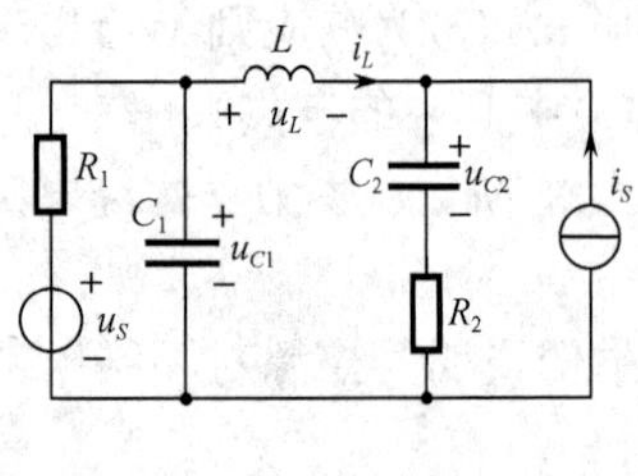

图 4-8

性时变网络宜选取一组独立的电容电荷和电感磁链作为状态变量。以上所述选取 u_C、i_L(或 q、ψ)作为状态变量的方案，并不排出选取其他变量作为状态变量的可能。对于一个网络，其状态变量组的选择并不是惟一的。在某些情况下，网络中的某些变量(如支路电流、节点电压、回路电流、割集电压以及它们的导数等)与一组独立的 u_C、i_L(或 q、ψ)之间存在非奇异的线性变换关系，则这些变量也可选作状态变量。例如在图 4-8所示网络中，因为

$$u_L = u_{C1} - u_{C2} - R_2(i_L + i_S)$$

所以，也可选变量组(u_{C1},u_{C2},u_L)作为网络的状态变量。这时，网络的状态方程为

$$\begin{aligned}
\frac{\mathrm{d}u_{C1}}{\mathrm{d}t} &= -\frac{R_1+R_2}{C_1R_1R_2}u_{C1} + \frac{1}{C_1R_2}u_{C2} + \frac{1}{C_1R_2}u_L + \frac{1}{C_1R_1}u_S + \frac{1}{C_1}i_S \\
\frac{\mathrm{d}u_{C2}}{\mathrm{d}t} &= \frac{1}{C_2R_2}u_{C1} - \frac{1}{C_2R_2}u_{C2} - \frac{1}{C_2R_2}u_L \\
\frac{\mathrm{d}u_L}{\mathrm{d}t} &= \frac{-R_1(C_1+C_2)+C_2R_2}{C_1C_2R_1R_2}u_{C1} + \frac{C_1+C_2}{C_1C_2R_2}u_{C2} \\
&\quad + \frac{L(C_1+C_2)-C_1C_2R_2^2}{LC_1C_2R_2}u_L + \frac{1}{C_1R_1}u_S + \frac{1}{C_1}i_S - R_2\dot{i}_S
\end{aligned}$$

该方程比以 u_{C1}、u_{C2}、i_L 为状态变量时列写的状态方程复杂，而且方程中还出现了激励函数的导数项。

对于非线性网络，不一定能建立起状态方程，因此非线性网络中状态变量的选取主要考虑能否建立起状态方程。例如在图 4-9 所示非线性网络中，如果非线性电阻的元件特性为

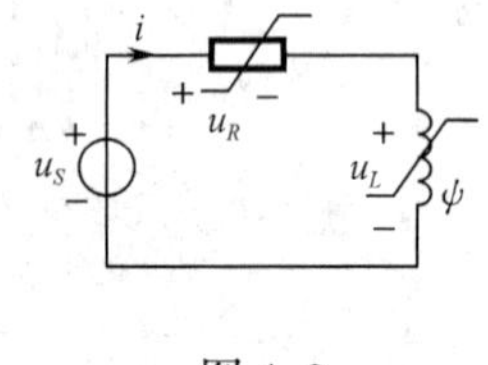

图 4-9

$$i = g_1(u_R)$$

非线性电感的元件特性为

$$\psi = f_2(i)$$

下面列写网络的状态方程。根据 KVL 有

$$u_R + u_L = u_S$$

代入元件特性得

$$u_R + \frac{\mathrm{d}\psi}{\mathrm{d}t} = u_S$$

$$u_R + f'_2(i)\frac{\mathrm{d}i}{\mathrm{d}t} = u_S$$

由于电阻元件为压控的，无法用 i 置换 u_R，所以不能列出状态方程。如果该电阻元件是流控的，即 $u_R = f_1(i)$，则可以写出网络的状态方程

$$\frac{\mathrm{d}i}{\mathrm{d}t} = \frac{1}{f'_2(i)}[u_S - f_1(i)]$$

4-3 线性非常态网络的状态方程

含有纯电容回路或纯电感割集(或两者兼有)的网络称为非常态网络。在建立线性非常态网络的状态方程时,为了选择一组独立的电容电压(或电荷)和独立的电感电流(或磁链)作为状态变量,可以选一种树,使其包含网络中的全部电压源、尽可能多的电容、尽可能少的电感和必要的电阻,但不包含任何电流源,这样的树称为规范树(normal tree)。规范树中所有树支电容电压和连支电感电流都是线性独立的,可构成一组状态变量。

下面举例说明线性非常态网络状态方程的建立。图 4-10(a)表示一个线性非常态网络,其中含有四个储能元件、一个独立的纯电容回路和一个独立的纯电感割集,因此,网络的阶数为 4－1－1＝2。

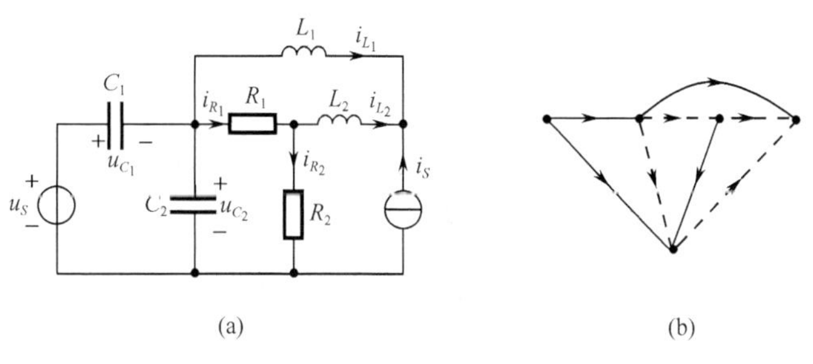

图 4-10

第一步:选取一个规范树,如图 4-10(b)中实线所示。

第二步:选取状态变量。以规范树中的树支电容电压 u_{C_1} 和连支电感电流 i_{L_2} 作为网络的状态变量,即

$$\boldsymbol{x} = [u_{C_1} \ i_{L_2}]^{\mathrm{T}}$$

第三步:建立电容树支所属基本割集的 KCL 方程和电感连支所属基本回路的 KVL 方程:

$$C_1 \frac{\mathrm{d}u_{C_1}}{\mathrm{d}t} = C_2 \frac{\mathrm{d}u_{C_2}}{\mathrm{d}t} + i_{R_1} - i_{L_2} - i_S$$

$$L_2 \frac{\mathrm{d}i_{L_2}}{\mathrm{d}t} = L_1 \frac{\mathrm{d}i_{L_1}}{\mathrm{d}t} + u_{C_1} - u_S + R_2 i_{R_2}$$

第四步:将上述方程中的非状态变量及其一阶导数用状态变量、输入量和它们的一阶导数表示:

$$i_{R_1} = \frac{u_S - u_{C_1} + R_2 i_{L_2}}{R_1 + R_2}$$

$$i_{R_2} = \frac{u_S - u_{C_1} - R_1 i_{L_2}}{R_1 + R_2}$$

$$\dot{u}_{C_2} = \dot{u}_S - \dot{u}_{C_1}$$

$$\dot{i}_{L_1} = - \dot{i}_{L_2} - \dot{i}_S$$

第五步：将以上各式代入第三步所得方程中，消去非状态变量及其一阶导数，经整理后写为矩阵形式：

$$\begin{bmatrix}\dot{u}_{C_1}\\ \dot{i}_{L_2}\end{bmatrix}=\begin{bmatrix}\dfrac{-1}{(C_1+C_2)(R_1+R_2)} & \dfrac{-R_1}{(C_1+C_2)(R_1+R_2)}\\ \dfrac{R_1}{(L_1+L_2)(R_1+R_2)} & \dfrac{-R_1R_2}{(L_1+L_2)(R_1+R_2)}\end{bmatrix}\begin{bmatrix}u_{C_1}\\ i_{L_2}\end{bmatrix}$$

$$+\begin{bmatrix}\dfrac{1}{(C_1+C_2)(R_1+R_2)} & \dfrac{-1}{C_1+C_2}\\ \dfrac{-R_1}{(L_1+L_2)(R_1+R_2)} & 0\end{bmatrix}\begin{bmatrix}u_S\\ i_S\end{bmatrix}+\begin{bmatrix}\dfrac{C_2}{C_1+C_2} & 0\\ 0 & \dfrac{-L_1}{L_1+L_2}\end{bmatrix}\begin{bmatrix}\dot{u}_S\\ \dot{i}_S\end{bmatrix}$$

如果以 i_{R_1}、i_{R_2}、u_{L_1} 和 u_{C_2} 作为网络的输出变量，则由图 4-10(a)可得

$$i_{R_1}=\frac{-1}{R_1+R_2}u_{C_1}+\frac{R_2}{R_1+R_2}i_{L_2}+\frac{1}{R_1+R_2}u_S$$

$$i_{R_2}=\frac{-1}{R_1+R_2}u_{C_1}-\frac{R_1}{R_1+R_2}i_{L_2}+\frac{1}{R_1+R_2}u_S$$

$$u_{L_1}=-\frac{R_1L_1}{(L_1+L_2)(R_1+R_2)}u_{C_1}+\frac{R_1R_2L_1}{(L_1+L_2)(R_1+R_2)}i_{L_2}+\frac{R_1L_1}{(L_1+L_2)(R_1+R_2)}u_S-\frac{L_1L_2}{L_1+L_2}\dot{i}_S$$

$$u_{C_2}=-u_{C_1}+u_S$$

写为矩阵形式：

$$\begin{bmatrix}i_{R_1}\\ i_{R_2}\\ u_{L_1}\\ u_{C_2}\end{bmatrix}=\begin{bmatrix}\dfrac{-1}{R_1+R_2} & \dfrac{R_2}{R_1+R_2}\\ \dfrac{-1}{R_1+R_2} & \dfrac{-R_1}{R_1+R_2}\\ \dfrac{-R_1L_1}{(L_1+L_2)(R_1+R_2)} & \dfrac{R_1R_2L_1}{(L_1+L_2)(R_1+R_2)}\\ -1 & 0\end{bmatrix}\begin{bmatrix}u_{C_1}\\ i_{L_2}\end{bmatrix}$$

$$+\begin{bmatrix}\dfrac{1}{R_1+R_2} & 0\\ \dfrac{1}{R_1+R_2} & 0\\ \dfrac{R_1L_1}{(L_1+L_2)(R_1+R_2)} & 0\\ 1 & 0\end{bmatrix}\begin{bmatrix}u_S\\ i_S\end{bmatrix}+\begin{bmatrix}0 & 0\\ 0 & 0\\ 0 & -\dfrac{L_1L_2}{L_1+L_2}\\ 0 & 0\end{bmatrix}\begin{bmatrix}\dot{u}_S\\ \dot{i}_S\end{bmatrix}$$

由以上举例可知，一般线性非常态网络的状态方程和输出方程的向量形式分别为

$$\dot{\boldsymbol{x}}=\boldsymbol{A}\boldsymbol{x}+\boldsymbol{B}_1\boldsymbol{f}+\boldsymbol{B}_2\dot{\boldsymbol{f}} \tag{4-3-1}$$

$$\dot{\boldsymbol{y}}=\boldsymbol{C}\boldsymbol{x}+\boldsymbol{D}_1\boldsymbol{f}+\boldsymbol{D}_2\dot{\boldsymbol{f}} \tag{4-3-2}$$

式中 $\boldsymbol{A}$、$\boldsymbol{B}_1$、$\boldsymbol{B}_2$ 和 $\boldsymbol{C}$、$\boldsymbol{D}_1$、$\boldsymbol{D}_2$ 为常数矩阵，$\dot{\boldsymbol{f}}$ 为由输入的一阶导数构成的向量。通过变量代换，可将式(4-3-1)化为式(4-1-6)所示范式状态方程的形式，因此，也可将式(4-3-1)称

为线性非常态网络的范式状态方程。

4-4 对不含受控源的线性网络建立状态方程的系统公式法

在建立网络状态方程的过程中，按 KCL 和 KVL 分别列写出电流方程和电压方程后，还要消去非状态变量。对于大型复杂网络而言，消去非状态变量这一步常常是很繁难的。本节将介绍一种建立状态方程的系统公式法，这种方法特别适用于大规模网络的计算机辅助分析。

本节考虑的网络不限于常态网络，即网络可以是非常态的。在这里我们将每一个二端元件视为一条支路。如果网络中出现仅由无伴电压源组成的回路或仅由无伴电流源组成的割集，因其中必有一个激励是不独立的，应予除去。

对于含线性电阻、电感、电容和独立源的非常态网络，选取网络的一个规范树，树中包含所有的电压源以及尽可能多的电容元件和尽可能少的电感元件，而不包含电流源。按先树支后连支的顺序对各支路编号。对于树支再按电压源、电容、电导和倒电感的顺序编号；对于连支再按倒电容、电阻、电感和电流源的顺序编号，则支路电压向量和支路电流向量可分块如下：

$$\boldsymbol{u}_b=[\boldsymbol{u}_V \quad \boldsymbol{u}_C \quad \boldsymbol{u}_G \quad \boldsymbol{u}_\Gamma \quad \boldsymbol{u}_S \quad \boldsymbol{u}_R \quad \boldsymbol{u}_L \quad \boldsymbol{u}_I]^{\mathrm{T}} \tag{4-4-1}$$

$$\boldsymbol{i}_b=[\boldsymbol{i}_V \quad \boldsymbol{i}_C \quad \boldsymbol{i}_G \quad \boldsymbol{i}_\Gamma \quad \boldsymbol{i}_S \quad \boldsymbol{i}_R \quad \boldsymbol{i}_L \quad \boldsymbol{i}_I]^{\mathrm{T}} \tag{4-4-2}$$

式中下标 V、C、G、Γ 分别表示树中的电压源、电容、电导和倒电感，S、R、L、I 分别表示树余中的倒电容、电阻、电感和电流源。

对于基本割集和基本回路分别按上述树支编号和连支编号的顺序编号，则基本割集矩阵 $\boldsymbol{Q}_f$ 中表示基本割集与连支关联关系的基本子阵 $\boldsymbol{Q}_l$ 可分块为

$$\boldsymbol{Q}_l=-\boldsymbol{B}_t^{\mathrm{T}}=\begin{bmatrix}\boldsymbol{Q}_{VS} & \boldsymbol{Q}_{VR} & \boldsymbol{Q}_{VL} & \boldsymbol{Q}_{VI}\\ \boldsymbol{Q}_{CS} & \boldsymbol{Q}_{CR} & \boldsymbol{Q}_{CL} & \boldsymbol{Q}_{CI}\\ \boldsymbol{Q}_{GS} & \boldsymbol{Q}_{GR} & \boldsymbol{Q}_{GL} & \boldsymbol{Q}_{GI}\\ \boldsymbol{Q}_{\Gamma S} & \boldsymbol{Q}_{\Gamma R} & \boldsymbol{Q}_{\Gamma L} & \boldsymbol{Q}_{\Gamma I}\end{bmatrix} \tag{4-4-3}$$

式中 $\boldsymbol{B}_t$ 为基本回路矩阵 $\boldsymbol{B}_f$ 中表示基本回路与树支关联关系的子阵。由于电容尽可能划在树中，由电容连支构成的基本回路中必定不含电阻和电感。所以，$\boldsymbol{Q}_{GS}=\boldsymbol{0}$，$\boldsymbol{Q}_{\Gamma S}=\boldsymbol{0}$。由于电感尽可能划在树余中，由电感树支决定的基本割集中必定不包含电阻和电容。所以 $\boldsymbol{Q}_{\Gamma R}=\boldsymbol{0}$，$\boldsymbol{Q}_{\Gamma S}=\boldsymbol{0}$。因此，可把子矩阵 $\boldsymbol{Q}_l$ 写为

$$\boldsymbol{Q}_l=\begin{bmatrix}\boldsymbol{Q}_{VS} & \boldsymbol{Q}_{VR} & \boldsymbol{Q}_{VL} & \boldsymbol{Q}_{VI}\\ \boldsymbol{Q}_{CS} & \boldsymbol{Q}_{CR} & \boldsymbol{Q}_{CL} & \boldsymbol{Q}_{CI}\\ \boldsymbol{0} & \boldsymbol{Q}_{GR} & \boldsymbol{Q}_{GL} & \boldsymbol{Q}_{GI}\\ \boldsymbol{0} & \boldsymbol{0} & \boldsymbol{Q}_{\Gamma L} & \boldsymbol{Q}_{\Gamma I}\end{bmatrix} \tag{4-4-4}$$

写出基本割集 KCL 方程和基本回路 KVL 方程：

$$\boldsymbol{Q}_f\boldsymbol{i}_b=[\boldsymbol{1}_t \quad \boldsymbol{Q}_l]\boldsymbol{i}_b=\boldsymbol{0} \tag{4-4-5}$$

$$\boldsymbol{B}_f\boldsymbol{u}_b=[-\boldsymbol{Q}_l^{\mathrm{T}} \quad \boldsymbol{1}_l]\boldsymbol{u}_b=\boldsymbol{0} \tag{4-4-6}$$

将式(4-4-2)、(4-4-1)和式(4-4-4)代入以上二式，分别展开后得

$$\boldsymbol{i}_V+\boldsymbol{Q}_{VS}\boldsymbol{i}_S+\boldsymbol{Q}_{VR}\boldsymbol{i}_R+\boldsymbol{Q}_{VL}\boldsymbol{i}_L+\boldsymbol{Q}_{VI}\boldsymbol{i}_I=\boldsymbol{0} \tag{4-4-7a}$$

$$\boldsymbol{i}_C+\boldsymbol{Q}_{CS}\boldsymbol{i}_S+\boldsymbol{Q}_{CR}\boldsymbol{i}_R+\boldsymbol{Q}_{CL}\boldsymbol{i}_L+\boldsymbol{Q}_{CI}\boldsymbol{i}_I=\boldsymbol{0} \tag{4-4-7b}$$

$$\boldsymbol{i}_G+\boldsymbol{Q}_{GR}\boldsymbol{i}_R+\boldsymbol{Q}_{GL}\boldsymbol{i}_L+\boldsymbol{Q}_{GI}\boldsymbol{i}_I=\boldsymbol{0} \tag{4-4-7c}$$

$$\boldsymbol{i}_\Gamma+\boldsymbol{Q}_{\Gamma L}\boldsymbol{i}_L+\boldsymbol{Q}_{\Gamma I}\boldsymbol{i}_I=\boldsymbol{0} \tag{4-4-7d}$$

和

$$-\boldsymbol{Q}_{VS}^{\mathrm{T}}\boldsymbol{u}_V-\boldsymbol{Q}_{CS}^{\mathrm{T}}\boldsymbol{u}_C+\boldsymbol{u}_S=\boldsymbol{0} \tag{4-4-8a}$$

$$-\boldsymbol{Q}_{VR}^{\mathrm{T}}\boldsymbol{u}_V-\boldsymbol{Q}_{CR}^{\mathrm{T}}\boldsymbol{u}_C-\boldsymbol{Q}_{GR}^{\mathrm{T}}\boldsymbol{u}_G+\boldsymbol{u}_R=\boldsymbol{0} \tag{4-4-8b}$$

$$-\boldsymbol{Q}_{VL}^{\mathrm{T}}\boldsymbol{u}_V-\boldsymbol{Q}_{CL}^{\mathrm{T}}\boldsymbol{u}_C-\boldsymbol{Q}_{GL}^{\mathrm{T}}\boldsymbol{u}_G-\boldsymbol{Q}_{\Gamma L}^{\mathrm{T}}\boldsymbol{u}_\Gamma+\boldsymbol{u}_L=\boldsymbol{0} \tag{4-4-8c}$$

$$-\boldsymbol{Q}_{VI}^{\mathrm{T}}\boldsymbol{u}_V-\boldsymbol{Q}_{CI}^{\mathrm{T}}\boldsymbol{u}_C-\boldsymbol{Q}_{GI}^{\mathrm{T}}\boldsymbol{u}_G-\boldsymbol{Q}_{\Gamma I}^{\mathrm{T}}\boldsymbol{u}_\Gamma+\boldsymbol{u}_I=\boldsymbol{0} \tag{4-4-8d}$$

为消去非状态变量，首先写出各非源二端元件的电压电流关系方程。对于电容元件有

$$\begin{bmatrix}\boldsymbol{i}_C\\ \boldsymbol{i}_S\end{bmatrix}=\frac{\mathrm{d}}{\mathrm{d}t}\left\{\begin{bmatrix}\boldsymbol{C}_C & \boldsymbol{0}\\ \boldsymbol{0} & \boldsymbol{C}_S\end{bmatrix}\begin{bmatrix}\boldsymbol{u}_C\\ \boldsymbol{u}_S\end{bmatrix}\right\} \tag{4-4-9}$$

对于电感元件，设电感树支与电感连支之间无耦合，则有

$$\begin{bmatrix}\boldsymbol{u}_\Gamma\\ \boldsymbol{u}_L\end{bmatrix}=\frac{\mathrm{d}}{\mathrm{d}t}\left\{\begin{bmatrix}\boldsymbol{L}_\Gamma & \boldsymbol{0}\\ \boldsymbol{0} & \boldsymbol{L}_L\end{bmatrix}\begin{bmatrix}\boldsymbol{i}_\Gamma\\ \boldsymbol{i}_L\end{bmatrix}\right\} \tag{4-4-10}$$

对于电阻元件有

$$\begin{bmatrix}\boldsymbol{i}_G\\ \boldsymbol{u}_R\end{bmatrix}=\begin{bmatrix}\boldsymbol{G}_G & \boldsymbol{0}\\ \boldsymbol{0} & \boldsymbol{R}_R\end{bmatrix}\begin{bmatrix}\boldsymbol{u}_G\\ \boldsymbol{i}_R\end{bmatrix} \tag{4-4-11}$$

其中 $\boldsymbol{C}_C$、$\boldsymbol{C}_S$、$\boldsymbol{G}_G$、$\boldsymbol{R}_R$ 都是由正实数组成的对角阵，而 $\boldsymbol{L}_\Gamma$、$\boldsymbol{L}_L$ 则是由正实数组成的对称阵。它们称为网络的一次参数矩阵。

由式(4-4-7b)得

$$\boldsymbol{i}_C+\boldsymbol{Q}_{CS}\boldsymbol{i}_S=-\boldsymbol{Q}_{CR}\boldsymbol{i}_R-\boldsymbol{Q}_{CL}\boldsymbol{i}_L-\boldsymbol{Q}_{CI}\boldsymbol{i}_l \tag{4-4-12}$$

根据式(4-4-9)，上式左端可改写为

$$\boldsymbol{i}_C+\boldsymbol{Q}_{CS}\boldsymbol{i}_S=[\boldsymbol{1}\quad \boldsymbol{Q}_{CS}]\begin{bmatrix}\boldsymbol{i}_C\\ \boldsymbol{i}_S\end{bmatrix}=[\boldsymbol{1}\quad \boldsymbol{Q}_{CS}]\frac{\mathrm{d}}{\mathrm{d}t}\left\{\begin{bmatrix}\boldsymbol{C}_C & \boldsymbol{0}\\ \boldsymbol{0} & \boldsymbol{C}_S\end{bmatrix}\begin{bmatrix}\boldsymbol{u}_C\\ \boldsymbol{u}_S\end{bmatrix}\right\} \tag{4-4-13}$$

利用式(4-4-8a)，可将 $\begin{bmatrix}\boldsymbol{u}_C\\ \boldsymbol{u}_S\end{bmatrix}$ 写为

$$\begin{bmatrix}\boldsymbol{u}_C\\ \boldsymbol{u}_S\end{bmatrix}=\begin{bmatrix}\boldsymbol{1}\\ \boldsymbol{Q}_{CS}^{\mathrm{T}}\end{bmatrix}\boldsymbol{u}_C+\begin{bmatrix}\boldsymbol{0}\\ \boldsymbol{Q}_{VS}^{\mathrm{T}}\end{bmatrix}\boldsymbol{u}_V \tag{4-4-14}$$

将式(4-4-14)代入式(4-4-13)后再代入式(4-4-12)得

$$\begin{aligned}\boldsymbol{i}_C+\boldsymbol{Q}_{CS}\boldsymbol{i}_S&=[\boldsymbol{1}\quad \boldsymbol{Q}_{CS}]\frac{\mathrm{d}}{\mathrm{d}t}\left\{\begin{bmatrix}\boldsymbol{C}_C & \boldsymbol{0}\\ \boldsymbol{0} & \boldsymbol{C}_S\end{bmatrix}\left[\begin{pmatrix}\boldsymbol{1}\\ \boldsymbol{Q}_{CS}^{\mathrm{T}}\end{pmatrix}\boldsymbol{u}_C+\begin{pmatrix}\boldsymbol{0}\\ \boldsymbol{Q}_{VS}^{\mathrm{T}}\end{pmatrix}\boldsymbol{u}_V\right]\right\}\\ &=\frac{\mathrm{d}}{\mathrm{d}t}[(\boldsymbol{C}_C+\boldsymbol{Q}_{CS}\boldsymbol{C}_S\boldsymbol{Q}_{CS}^{\mathrm{T}})\boldsymbol{u}_C+\boldsymbol{Q}_{CS}\boldsymbol{C}_S\boldsymbol{Q}_{VS}^{\mathrm{T}}\boldsymbol{u}_V]\\ &=-\boldsymbol{Q}_{CR}\boldsymbol{i}_R-\boldsymbol{Q}_{CL}\boldsymbol{i}_L-\boldsymbol{Q}_{CI}\boldsymbol{i}_I\end{aligned}$$

令

$$\widetilde{\boldsymbol{C}}=\boldsymbol{C}_C+\boldsymbol{Q}_{CS}\boldsymbol{C}_S\boldsymbol{Q}_{CS}^{\mathrm{T}} \tag{4-4-15}$$

得

$$\frac{\mathrm{d}}{\mathrm{d}t}[\widetilde{\boldsymbol{C}}\boldsymbol{u}_C+\boldsymbol{Q}_{CS}\boldsymbol{C}_S\boldsymbol{Q}_{VS}^{\mathrm{T}}\boldsymbol{u}_V]=-\boldsymbol{Q}_{CR}\boldsymbol{i}_R-\boldsymbol{Q}_{CL}\boldsymbol{i}_L-\boldsymbol{Q}_{CI}\boldsymbol{i}_I \tag{4-4-16}$$

由式(4-4-8c)得

$$\boldsymbol{u}_L-\boldsymbol{Q}_{\Gamma L}^{\mathrm{T}}\boldsymbol{u}_\Gamma=\boldsymbol{Q}_{VL}^{\mathrm{T}}\boldsymbol{u}_V+\boldsymbol{Q}_{CL}^{\mathrm{T}}\boldsymbol{u}_C+\boldsymbol{Q}_{GL}^{\mathrm{T}}\boldsymbol{u}_G \tag{4-4-17}$$

根据式(4-4-10),上式左端可改写为

$$\boldsymbol{u}_L-\boldsymbol{Q}_{\Gamma L}^{\mathrm{T}}\boldsymbol{u}_\Gamma=[-\boldsymbol{Q}_{\Gamma L}^{\mathrm{T}}\quad \boldsymbol{1}]\begin{bmatrix}\boldsymbol{u}_\Gamma\\ \boldsymbol{u}_L\end{bmatrix}=[-\boldsymbol{Q}_{\Gamma L}^{\mathrm{T}}\quad \boldsymbol{1}]\frac{\mathrm{d}}{\mathrm{d}t}\left\{\begin{bmatrix}\boldsymbol{L}_\Gamma & \boldsymbol{0}\\ \boldsymbol{0} & \boldsymbol{L}_L\end{bmatrix}\begin{bmatrix}\boldsymbol{i}_\Gamma\\ \boldsymbol{i}_L\end{bmatrix}\right\} \tag{4-4-18}$$

利用式(4-4-7d)又可将$\begin{bmatrix}\boldsymbol{i}_\Gamma\\ \boldsymbol{i}_L\end{bmatrix}$写为

$$\begin{bmatrix}\boldsymbol{i}_\Gamma\\ \boldsymbol{i}_L\end{bmatrix}=\begin{bmatrix}-\boldsymbol{Q}_{\Gamma L}\\ \boldsymbol{1}\end{bmatrix}\boldsymbol{i}_L+\begin{bmatrix}-\boldsymbol{Q}_{\Gamma I}\\ \boldsymbol{0}\end{bmatrix}\boldsymbol{i}_I \tag{4-4-19}$$

将式(4-4-19)代入式(4-4-18)后再代入式(4-4-17)得

$$\begin{aligned}\boldsymbol{u}_L-\boldsymbol{Q}_{\Gamma L}^{\mathrm{T}}\boldsymbol{u}_\Gamma&=[-\boldsymbol{Q}_{\Gamma L}^{\mathrm{T}}\quad \boldsymbol{1}]\frac{\mathrm{d}}{\mathrm{d}t}\left\{\begin{bmatrix}\boldsymbol{L}_\Gamma & \boldsymbol{0}\\ \boldsymbol{0} & \boldsymbol{L}_L\end{bmatrix}\left[\begin{pmatrix}-\boldsymbol{Q}_{\Gamma L}\\ \boldsymbol{1}\end{pmatrix}\boldsymbol{i}_L+\begin{pmatrix}-\boldsymbol{Q}_{\Gamma I}\\ \boldsymbol{0}\end{pmatrix}\boldsymbol{i}_I\right]\right\}\\ &=\frac{\mathrm{d}}{\mathrm{d}t}[(\boldsymbol{L}_L+\boldsymbol{Q}_{\Gamma L}^{\mathrm{T}}\boldsymbol{L}_\Gamma\boldsymbol{Q}_{\Gamma L})\boldsymbol{i}_L+\boldsymbol{Q}_{\Gamma L}^{\mathrm{T}}\boldsymbol{L}_\Gamma\boldsymbol{Q}_{\Gamma I}\boldsymbol{i}_I]\\ &=\boldsymbol{Q}_{VL}^{\mathrm{T}}\boldsymbol{u}_V+\boldsymbol{Q}_{CL}^{\mathrm{T}}\boldsymbol{u}_C+\boldsymbol{Q}_{GL}^{\mathrm{T}}\boldsymbol{u}_G\end{aligned}$$

令

$$\widetilde{\boldsymbol{L}}=\boldsymbol{L}_L+\boldsymbol{Q}_{\Gamma L}^{\mathrm{T}}\boldsymbol{L}_\Gamma\boldsymbol{Q}_{\Gamma L} \tag{4-4-20}$$

得

$$\frac{\mathrm{d}}{\mathrm{d}t}[\widetilde{\boldsymbol{L}}\boldsymbol{i}_L+\boldsymbol{Q}_{\Gamma L}^{\mathrm{T}}\boldsymbol{L}_\Gamma\boldsymbol{Q}_{\Gamma I}\boldsymbol{i}_I]=\boldsymbol{Q}_{VL}^{\mathrm{T}}\boldsymbol{u}_V+\boldsymbol{Q}_{CL}^{\mathrm{T}}\boldsymbol{u}_C+\boldsymbol{Q}_{GL}^{\mathrm{T}}\boldsymbol{u}_G \tag{4-4-21}$$

为消去式(4-4-16)和式(4-4-21)中的非状态变量 $\boldsymbol{i}_R$ 和 $\boldsymbol{u}_G$,将式(4-4-11)展开,并分别代入式(4-4-7c)和式(4-4-8b)得

$$\boldsymbol{G}_G\boldsymbol{u}_G+\boldsymbol{Q}_{GR}\boldsymbol{i}_R+\boldsymbol{Q}_{GL}\boldsymbol{i}_L+\boldsymbol{Q}_{GI}\boldsymbol{i}_I=\boldsymbol{0}$$

$$\boldsymbol{R}_R\boldsymbol{i}_R-\boldsymbol{Q}_{VR}^{\mathrm{T}}\boldsymbol{u}_V-\boldsymbol{Q}_{CR}^{\mathrm{T}}\boldsymbol{u}_C-\boldsymbol{Q}_{GR}^{\mathrm{T}}\boldsymbol{u}_G=\boldsymbol{0}$$

联立求解以上两式,得

$$\begin{aligned}\boldsymbol{i}_R=&\widetilde{\boldsymbol{R}}^{-1}\boldsymbol{Q}_{VR}^{\mathrm{T}}\boldsymbol{u}_V+\widetilde{\boldsymbol{R}}^{-1}\boldsymbol{Q}_{CR}^{\mathrm{T}}\boldsymbol{u}_C-\widetilde{\boldsymbol{R}}^{-1}\boldsymbol{Q}_{GR}^{\mathrm{T}}\boldsymbol{G}_G^{-1}\boldsymbol{Q}_{GL}\boldsymbol{i}_L\\ &-\widetilde{\boldsymbol{R}}^{-1}\boldsymbol{Q}_{GR}^{\mathrm{T}}\boldsymbol{G}_G^{-1}\boldsymbol{Q}_{GI}\boldsymbol{i}_I\end{aligned} \tag{4-4-22}$$

$$\begin{aligned}\boldsymbol{u}_G=&-\widetilde{\boldsymbol{G}}^{-1}\boldsymbol{Q}_{GR}\boldsymbol{R}_R^{-1}\boldsymbol{Q}_{VR}^{\mathrm{T}}\boldsymbol{u}_V-\widetilde{\boldsymbol{G}}^{-1}\boldsymbol{Q}_{GR}\boldsymbol{R}_R^{-1}\boldsymbol{Q}_{CR}^{\mathrm{T}}\boldsymbol{u}_C\\ &-\widetilde{\boldsymbol{G}}^{-1}\boldsymbol{Q}_{GL}\boldsymbol{i}_L-\widetilde{\boldsymbol{G}}^{-1}\boldsymbol{Q}_{GI}\boldsymbol{i}_I\end{aligned} \tag{4-4-23}$$

其中

$$\widetilde{\boldsymbol{R}}=\boldsymbol{R}_R+\boldsymbol{Q}_{GR}^{\mathrm{T}}\boldsymbol{G}_G^{-1}\boldsymbol{Q}_{GR} \tag{4-4-24}$$

$$\widetilde{\boldsymbol{G}}=\boldsymbol{G}_G+\boldsymbol{Q}_{GR}\boldsymbol{R}_R^{-1}\boldsymbol{Q}_{GR}^{\mathrm{T}} \tag{4-4-25}$$

$\widetilde{\boldsymbol{R}}$、$\widetilde{\boldsymbol{G}}$ 和 $\widetilde{\boldsymbol{C}}$、$\widetilde{\boldsymbol{L}}$ 称为网络的二次参数矩阵。

式(4-4-22)、(4-4-23)是用状态变量和输入量表示非状态变量 $\boldsymbol{i}_R$、$\boldsymbol{u}_G$ 的方程，将它们分别代入式(4-4-16)、(4-4-21)，整理后得

$$\frac{\mathrm{d}}{\mathrm{d}t}[\widetilde{\boldsymbol{C}}\boldsymbol{u}_C]=-\boldsymbol{Q}_{CR}\widetilde{\boldsymbol{R}}^{-1}\boldsymbol{Q}_{CR}^{\mathrm{T}}\boldsymbol{u}_C+[\boldsymbol{Q}_{CR}\widetilde{\boldsymbol{R}}^{-1}\boldsymbol{Q}_{GR}^{\mathrm{T}}\boldsymbol{G}_G^{-1}\boldsymbol{Q}_{GL}-\boldsymbol{Q}_{CL}]\boldsymbol{i}_L-\boldsymbol{Q}_{CR}\widetilde{\boldsymbol{R}}^{-1}\boldsymbol{Q}_{VR}^{\mathrm{T}}\boldsymbol{u}_V$$

$$+[\boldsymbol{Q}_{CR}\widetilde{\boldsymbol{R}}^{-1}\boldsymbol{Q}_{GR}^{\mathrm{T}}\boldsymbol{G}_G^{-1}\boldsymbol{Q}_{GI}-\boldsymbol{Q}_{CI}]\boldsymbol{i}_I-\frac{\mathrm{d}}{\mathrm{d}t}[\boldsymbol{Q}_{CS}\boldsymbol{C}_S\boldsymbol{Q}_{VS}^{\mathrm{T}}]\boldsymbol{u}_V \tag{4-4-26}$$

$$\frac{\mathrm{d}}{\mathrm{d}t}[\widetilde{\boldsymbol{L}}\boldsymbol{i}_L]=[\boldsymbol{Q}_{CL}^{\mathrm{T}}-\boldsymbol{Q}_{GL}^{\mathrm{T}}\widetilde{\boldsymbol{G}}^{-1}\boldsymbol{Q}_{GR}\boldsymbol{R}_R^{-1}\boldsymbol{Q}_{CR}^{\mathrm{T}}]\boldsymbol{u}_C-\boldsymbol{Q}_{GL}^{\mathrm{T}}\widetilde{\boldsymbol{G}}^{-1}\boldsymbol{Q}_{GL}\boldsymbol{i}_L$$

$$+[\boldsymbol{Q}_{VL}^{\mathrm{T}}-\boldsymbol{Q}_{GL}^{\mathrm{T}}\widetilde{\boldsymbol{G}}^{-1}\boldsymbol{Q}_{GR}\boldsymbol{R}_R^{-1}\boldsymbol{Q}_{VR}^{\mathrm{T}}]\boldsymbol{u}_V-\boldsymbol{Q}_{GL}^{\mathrm{T}}\widetilde{\boldsymbol{G}}^{-1}\boldsymbol{Q}_{GI}\boldsymbol{i}_I-\frac{\mathrm{d}}{\mathrm{d}t}[\boldsymbol{Q}_{IL}^{\mathrm{T}}\boldsymbol{L}_I\boldsymbol{Q}_{II}]\boldsymbol{i}_I \tag{4-4-27}$$

令混合矩阵

$$\boldsymbol{H}_{CC}=\boldsymbol{Q}_{CR}\widetilde{\boldsymbol{R}}^{-1}\boldsymbol{Q}_{CR}^{\mathrm{T}} \tag{4-4-28}$$

$$\boldsymbol{H}_{CL}=\boldsymbol{Q}_{CL}-\boldsymbol{Q}_{CR}\widetilde{\boldsymbol{R}}^{-1}\boldsymbol{Q}_{GR}^{\mathrm{T}}\boldsymbol{G}_G^{-1}\boldsymbol{Q}_{GL} \tag{4-4-29}$$

$$\boldsymbol{H}_{CV}=\boldsymbol{Q}_{CR}\widetilde{\boldsymbol{R}}^{-1}\boldsymbol{Q}_{VR}^{\mathrm{T}} \tag{4-4-30}$$

$$\boldsymbol{H}_{CI}=\boldsymbol{Q}_{CI}-\boldsymbol{Q}_{CR}\widetilde{\boldsymbol{R}}^{-1}\boldsymbol{Q}_{GR}^{\mathrm{T}}\boldsymbol{G}_G^{-1}\boldsymbol{Q}_{GI} \tag{4-4-31}$$

$$\boldsymbol{H}_{LC}=\boldsymbol{Q}_{GL}^{\mathrm{T}}\widetilde{\boldsymbol{G}}^{-1}\boldsymbol{Q}_{GR}\boldsymbol{R}_R^{-1}\boldsymbol{Q}_{CR}^{\mathrm{T}}-\boldsymbol{Q}_{CL}^{\mathrm{T}} \tag{4-4-32}$$

$$\boldsymbol{H}_{LL}=\boldsymbol{Q}_{GL}^{\mathrm{T}}\widetilde{\boldsymbol{G}}^{-1}\boldsymbol{Q}_{GL} \tag{4-4-33}$$

$$\boldsymbol{H}_{LV}=\boldsymbol{Q}_{GL}^{\mathrm{T}}\widetilde{\boldsymbol{G}}^{-1}\boldsymbol{Q}_{GR}\boldsymbol{R}_R^{-1}\boldsymbol{Q}_{VR}^{\mathrm{T}}-\boldsymbol{Q}_{VL}^{\mathrm{T}} \tag{4-4-34}$$

$$\boldsymbol{H}_{LI}=\boldsymbol{Q}_{GL}^{\mathrm{T}}\widetilde{\boldsymbol{G}}^{-1}\boldsymbol{Q}_{GL} \tag{4-4-35}$$

二次参数矩阵

$$\hat{\widetilde{\boldsymbol{C}}}=\boldsymbol{Q}_{CS}\boldsymbol{C}_S\boldsymbol{Q}_{VS}^{\mathrm{T}} \tag{4-4-36}$$

$$\hat{\widetilde{\boldsymbol{L}}}=\boldsymbol{Q}_{IL}^{\mathrm{T}}\boldsymbol{L}_I\boldsymbol{Q}_{II} \tag{4-4-37}$$

则式(4-4-26)和式(4-4-27)可写为

$$\frac{\mathrm{d}}{\mathrm{d}t}[\widetilde{\boldsymbol{C}}\boldsymbol{u}_C]=-\boldsymbol{H}_{CC}\boldsymbol{u}_C-\boldsymbol{H}_{CL}\boldsymbol{i}_L-\boldsymbol{H}_{CV}\boldsymbol{u}_V-\boldsymbol{H}_{CI}\boldsymbol{i}_I-\frac{\mathrm{d}}{\mathrm{d}t}[\hat{\widetilde{\boldsymbol{C}}}\boldsymbol{u}_V] \tag{4-4-38}$$

$$\frac{\mathrm{d}}{\mathrm{d}t}[\widetilde{\boldsymbol{L}}\boldsymbol{i}_L]=-\boldsymbol{H}_{LC}\boldsymbol{u}_C-\boldsymbol{H}_{LL}\boldsymbol{i}_L-\boldsymbol{H}_{LV}\boldsymbol{u}_V-\boldsymbol{H}_{LI}\boldsymbol{i}_I-\frac{\mathrm{d}}{\mathrm{d}t}[\hat{\widetilde{\boldsymbol{L}}}\boldsymbol{i}_I] \tag{4-4-39}$$

式中矩阵 $\boldsymbol{H}_{CC}$ 是电导矩阵，$\boldsymbol{H}_{LL}$ 是电阻矩阵，它们都是对称矩阵，而矩阵 $\boldsymbol{H}_{CL}$ 和 $\boldsymbol{H}_{LC}$ 则都是转移函数矩阵，且 $\boldsymbol{H}_{LC}=-\boldsymbol{H}_{CL}^{\mathrm{T}}$。

将以上两式写为一向量方程，得

$$\begin{bmatrix}\frac{\mathrm{d}}{\mathrm{d}t}(\widetilde{\boldsymbol{C}}\boldsymbol{u}_C)\\ \frac{\mathrm{d}}{\mathrm{d}t}(\widetilde{\boldsymbol{L}}\boldsymbol{i}_L)\end{bmatrix}=\begin{bmatrix}-\boldsymbol{H}_{CC} & -\boldsymbol{H}_{CL}\\ -\boldsymbol{H}_{LC} & -\boldsymbol{H}_{LL}\end{bmatrix}\begin{bmatrix}\boldsymbol{u}_C\\ \boldsymbol{i}_L\end{bmatrix}+\begin{bmatrix}-\boldsymbol{H}_{CV} & -\boldsymbol{H}_{CI}\\ -\boldsymbol{H}_{LV} & -\boldsymbol{H}_{LI}\end{bmatrix}\begin{bmatrix}\boldsymbol{u}_V\\ \boldsymbol{i}_I\end{bmatrix}-\begin{bmatrix}\frac{\mathrm{d}}{\mathrm{d}t}(\hat{\widetilde{\boldsymbol{C}}}\boldsymbol{u}_V)\\ \frac{\mathrm{d}}{\mathrm{d}t}(\hat{\widetilde{\boldsymbol{L}}}\boldsymbol{i}_I)\end{bmatrix} \tag{4-4-40}$$

若网络中不含纯电容回路或纯电容回路中不含电压源，由式(4-4-36)知 $\hat{\tilde{\boldsymbol{C}}}=\boldsymbol{0}$，因此式(4-4-40)中不存在电压源电压的导数项。类似地，若网络中不含纯电感割集，或纯电感割集中不含电流源，由式(4-4-37)可知 $\hat{\tilde{\boldsymbol{L}}}=\boldsymbol{0}$，因而式(4-4-40)中不含电流源电流的导数项。

式(4-4-40)既适用于线性时不变网络，也适用于线性时变网络，然而可以看出，它并不是具有式(4-3-1)形式的范式状态方程。对于线性时不变网络，由于矩阵 $\widetilde{\boldsymbol{C}}$、$\widetilde{\boldsymbol{L}}$、$\hat{\tilde{\boldsymbol{C}}}$、$\hat{\tilde{\boldsymbol{L}}}$ 以及参数矩阵 $\boldsymbol{H}_{CC}$、$\boldsymbol{H}_{CL}$、$\boldsymbol{H}_{CV}$、$\boldsymbol{H}_{CI}$、$\boldsymbol{H}_{LC}$、$\boldsymbol{H}_{LL}$、$\boldsymbol{H}_{LV}$、$\boldsymbol{H}_{LI}$ 均为常数矩阵，式(4-4-40)可以演变为

$$\begin{bmatrix}\dot{\boldsymbol{u}}_C\\ \dot{\boldsymbol{i}}_L\end{bmatrix}=\underbrace{\begin{bmatrix}\widetilde{\boldsymbol{C}} & \boldsymbol{0}\\ \boldsymbol{0} & \widetilde{\boldsymbol{L}}\end{bmatrix}^{-1}\begin{bmatrix}-\boldsymbol{H}_{CC} & -\boldsymbol{H}_{CL}\\ -\boldsymbol{H}_{LC} & -\boldsymbol{H}_{LL}\end{bmatrix}}_{\boldsymbol{A}}\underbrace{\begin{bmatrix}\boldsymbol{u}_C\\ \boldsymbol{i}_L\end{bmatrix}}_{\boldsymbol{x}}+\underbrace{\begin{bmatrix}\widetilde{\boldsymbol{C}} & \boldsymbol{0}\\ \boldsymbol{0} & \widetilde{\boldsymbol{L}}\end{bmatrix}^{-1}\begin{bmatrix}-\boldsymbol{H}_{CV} & -\boldsymbol{H}_{CI}\\ -\boldsymbol{H}_{LV} & -\boldsymbol{H}_{LI}\end{bmatrix}}_{\boldsymbol{B}_1}\underbrace{\begin{bmatrix}\boldsymbol{u}_V\\ \boldsymbol{i}_I\end{bmatrix}}_{\boldsymbol{f}}$$

$$-\underbrace{\begin{bmatrix}\widetilde{\boldsymbol{C}} & \boldsymbol{0}\\ \boldsymbol{0} & \widetilde{\boldsymbol{L}}\end{bmatrix}^{-1}\begin{bmatrix}\hat{\tilde{\boldsymbol{C}}} & \boldsymbol{0}\\ \boldsymbol{0} & \hat{\tilde{\boldsymbol{L}}}\end{bmatrix}}_{\boldsymbol{B}_2}\underbrace{\begin{bmatrix}\dot{\boldsymbol{u}}_V\\ \dot{\boldsymbol{i}}_I\end{bmatrix}}_{\dot{\boldsymbol{f}}} \tag{4-4-41}$$

式中 $\dot{\boldsymbol{u}}_C$、$\dot{\boldsymbol{i}}_L$、$\dot{\boldsymbol{u}}_V$、$\dot{\boldsymbol{i}}_I$ 分别表示各变量对时间的一阶导数所构成的向量。式(4-4-41)便是线性时不变网络以树支电容电压和连支电感电流作为状态变量的范式状态方程。

例 4-3 用系统公式法建立图 4-11(a)所示线性时不变网络的状态方程。

解：该网络中有六个动态元件、一个纯电容回路、两个独立的纯电感割集，故网络的复杂性阶数为 6－(1＋2)＝3。作出网络的线形图，选一规范树，支路 1、2、3、4、5、6 为树支，如图 4-11(b)中实线所示。状态变量为树支电容电压 u_{C2}、u_{C3} 和连支电感电流 i_{L9}。

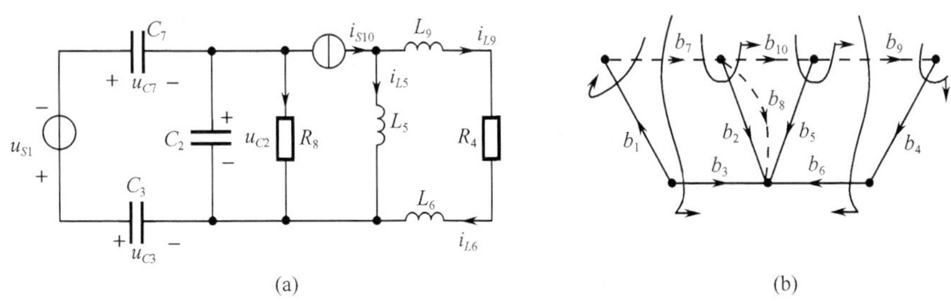

图 4-11

写出基本割集矩阵 $\boldsymbol{Q}_f$：

$$
\begin{array}{c}
\qquad\qquad V \quad \underbrace{C}\quad G \quad \underbrace{\Gamma} \qquad S \quad R \quad L \quad I \\
Q_f = \begin{array}{r} V \\ C\left\{\begin{array}{c} \\ \\ \end{array}\right. \\ G \\ \Gamma\left\{\begin{array}{c} \\ \\ \end{array}\right. \end{array}
\left[\begin{array}{cccccc:cccc}
1 & 0 & 0 & 0 & 0 & 0 & -1 & 0 & 0 & 0 \\
0 & 1 & 0 & 0 & 0 & 0 & -1 & 1 & 0 & 1 \\
0 & 0 & 1 & 0 & 0 & 0 & 1 & 0 & 0 & 0 \\
0 & 0 & 0 & 1 & 0 & 0 & 0 & 0 & -1 & 0 \\
0 & 0 & 0 & 0 & 1 & 0 & 0 & 0 & 1 & -1 \\
0 & 0 & 0 & 0 & 0 & 1 & 0 & 0 & -1 & 0
\end{array}\right] \\
\qquad\qquad \underbrace{\qquad\qquad\qquad}_{1} \underbrace{\qquad\qquad\qquad}_{Q_l}
\end{array}
$$

由此可得基本子阵 $\boldsymbol{Q}_l$ 的各分块阵为

$$
\boldsymbol{Q}_{VS}=[-1] \qquad \boldsymbol{Q}_{VR}=[0] \qquad \boldsymbol{Q}_{VL}=[0] \qquad \boldsymbol{Q}_{VI}=[0]
$$

$$
\boldsymbol{Q}_{CS}=\begin{bmatrix}-1\\1\end{bmatrix} \qquad \boldsymbol{Q}_{CR}=\begin{bmatrix}1\\0\end{bmatrix} \qquad \boldsymbol{Q}_{CL}=\begin{bmatrix}0\\0\end{bmatrix} \qquad \boldsymbol{Q}_{CI}=\begin{bmatrix}1\\0\end{bmatrix}
$$

$$
\boldsymbol{Q}_{GS}=[0] \qquad \boldsymbol{Q}_{GR}=[0] \qquad \boldsymbol{Q}_{GL}=[-1] \qquad \boldsymbol{Q}_{GI}=[0]
$$

$$
\boldsymbol{Q}_{\Gamma S}=\begin{bmatrix}0\\0\end{bmatrix} \qquad \boldsymbol{Q}_{\Gamma R}=\begin{bmatrix}0\\0\end{bmatrix} \qquad \boldsymbol{Q}_{\Gamma L}=\begin{bmatrix}1\\-1\end{bmatrix} \qquad \boldsymbol{Q}_{\Gamma I}=\begin{bmatrix}-1\\0\end{bmatrix}
$$

网络的元件参数矩阵为

$$
\boldsymbol{C}_C=\begin{bmatrix}C_2 & 0\\0 & C_3\end{bmatrix} \qquad \boldsymbol{C}_S=[C_7] \qquad \boldsymbol{R}_R=[R_8]
$$

$$
\boldsymbol{G}_G=\left[\frac{1}{R_4}\right] \qquad \boldsymbol{L}_\Gamma=\begin{bmatrix}L_5 & 0\\0 & L_6\end{bmatrix} \qquad \boldsymbol{L}_L=[L_9]
$$

计算式(4-4-40)中各系数矩阵的分块阵：

$$
\widetilde{\boldsymbol{C}}=\boldsymbol{C}_C+\boldsymbol{Q}_{CS}\boldsymbol{C}_S\boldsymbol{Q}_{CS}^{\mathrm{T}}=\begin{bmatrix}C_2 & 0\\0 & C_3\end{bmatrix}+\begin{bmatrix}-1\\1\end{bmatrix}[C_7][-1\quad 1]=\begin{bmatrix}C_2+C_7 & -C_7\\-C_7 & C_3+C_7\end{bmatrix}
$$

$$
\widetilde{\boldsymbol{L}}=L_L+\boldsymbol{Q}_{\Gamma L}^{\mathrm{T}}\boldsymbol{L}_\Gamma\boldsymbol{Q}_{\Gamma L}=[L_9]+[1\quad -1]\begin{bmatrix}L_5 & 0\\0 & L_6\end{bmatrix}\begin{bmatrix}1\\-1\end{bmatrix}=[L_5+L_6+L_9]
$$

$$
\widetilde{\boldsymbol{R}}=\boldsymbol{R}_R+\boldsymbol{Q}_{GR}^{\mathrm{T}}\boldsymbol{G}_G^{-1}\boldsymbol{Q}_{GR}=[R_8]+[0][R_4][0]=[R_8]
$$

$$
\widetilde{\boldsymbol{G}}=\boldsymbol{G}_G+\boldsymbol{Q}_{GR}\boldsymbol{R}_R^{-1}\boldsymbol{Q}_{GR}^{\mathrm{T}}=\left[\frac{1}{R_4}\right]
$$

$$
\boldsymbol{H}_{CC}=\boldsymbol{Q}_{CR}\widetilde{\boldsymbol{R}}^{-1}\boldsymbol{Q}_{CR}^{\mathrm{T}}=\begin{bmatrix}1\\0\end{bmatrix}\left[\frac{1}{R_8}\right][1\quad 0]=\begin{bmatrix}\frac{1}{R_8} & 0\\0 & 0\end{bmatrix}
$$

$$
\boldsymbol{H}_{CL}=\boldsymbol{Q}_{CL}-\boldsymbol{Q}_{CR}\widetilde{\boldsymbol{R}}^{-1}\boldsymbol{Q}_{GR}\boldsymbol{G}_G^{-1}\boldsymbol{Q}_{GL}=\begin{bmatrix}0\\0\end{bmatrix}
$$

$$
\boldsymbol{H}_{CV}=\boldsymbol{Q}_{CR}\widetilde{\boldsymbol{R}}^{-1}\boldsymbol{Q}_{VR}^{\mathrm{T}}=\begin{bmatrix}-1\\0\end{bmatrix}\left[\frac{1}{R_8}\right][0]=\begin{bmatrix}0\\0\end{bmatrix}
$$

$$
\boldsymbol{H}_{CI}=\boldsymbol{Q}_{CI}-\boldsymbol{Q}_{CR}\widetilde{\boldsymbol{R}}^{-1}\boldsymbol{Q}_{GR}^{\mathrm{T}}\boldsymbol{G}_G^{-1}\boldsymbol{Q}_{GI}=\begin{bmatrix}1\\0\end{bmatrix}
$$

$$\boldsymbol{H}_{LC}=-\boldsymbol{H}_{CL}^{\mathrm{T}}=[0\quad 0]$$

$$\boldsymbol{H}_{LL}=\boldsymbol{Q}_{GL}^{\mathrm{T}}\widetilde{\boldsymbol{G}}^{-1}\boldsymbol{Q}_{GL}=[-1][R_4][-1]=[R_4]$$

$$\boldsymbol{H}_{LI}=\boldsymbol{Q}_{GL}^{\mathrm{T}}\widetilde{\boldsymbol{G}}^{-1}\boldsymbol{Q}_{GI}=[-1][R_4][0]=[0]$$

$$\boldsymbol{H}_{LV}=\boldsymbol{Q}_{GL}^{\mathrm{T}}\widetilde{\boldsymbol{G}}^{-1}\boldsymbol{Q}_{GR}\boldsymbol{R}_R^{-1}\boldsymbol{Q}_{VR}^{\mathrm{T}}-\boldsymbol{Q}_{VL}^{\mathrm{T}}=[0]$$

$$\hat{\hat{\boldsymbol{C}}}=\boldsymbol{Q}_{CS}\boldsymbol{C}_S\boldsymbol{Q}_{VS}^{\mathrm{T}}=\begin{bmatrix}-1\\1\end{bmatrix}[C_7][-1]=\begin{bmatrix}C_7\\-C_7\end{bmatrix}$$

$$\hat{\hat{\boldsymbol{L}}}=\boldsymbol{Q}_{IL}^{\mathrm{T}}\boldsymbol{L}_I\boldsymbol{Q}_{II}=[1\quad -1]\begin{bmatrix}L_5 & 0\\0 & L_6\end{bmatrix}\begin{bmatrix}-1\\0\end{bmatrix}=[-L_5]$$

由式(4-4-40)可写出

$$\frac{\mathrm{d}}{\mathrm{d}t}\left\{\begin{bmatrix}C_2+C_7 & -C_7 & 0\\-C_7 & C_3+C_7 & 0\\0 & 0 & L_5+L_6+L_9\end{bmatrix}\begin{bmatrix}u_{C2}\\u_{C3}\\i_{L9}\end{bmatrix}\right\}$$

$$=\begin{bmatrix}-\dfrac{1}{R_8} & 0 & 0\\0 & 0 & 0\\0 & 0 & -R_4\end{bmatrix}\begin{bmatrix}u_{C2}\\u_{C3}\\i_{L9}\end{bmatrix}+\begin{bmatrix}0 & -1\\0 & 0\\0 & 0\end{bmatrix}\begin{bmatrix}u_{S1}\\i_{S10}\end{bmatrix}-\frac{\mathrm{d}}{\mathrm{d}t}\left\{\begin{bmatrix}C_7 & 0\\-C_7 & 0\\0 & -L_5\end{bmatrix}\begin{bmatrix}u_{S1}\\i_{S10}\end{bmatrix}\right\}$$

因网络是时不变的,且

$$\begin{bmatrix}C_2+C_7 & -C_7 & 0\\-C_7 & C_3+C_7 & 0\\0 & 0 & L_5+L_6+L_9\end{bmatrix}^{-1}$$

$$=\begin{bmatrix}\dfrac{C_3+C_7}{C_2C_3+C_2C_7+C_3C_7} & \dfrac{C_3}{C_2C_3+C_2C_7+C_3C_7} & 0\\ \dfrac{C_7}{C_2C_3+C_2C_7+C_3C_7} & \dfrac{C_2+C_7}{C_2C_3+C_2C_7+C_3C_7} & 0\\ 0 & 0 & \dfrac{1}{L_5+L_6+L_9}\end{bmatrix}$$

故状态方程为

$$\begin{bmatrix}\dot{u}_{C2}\\\dot{u}_{C3}\\\dot{i}_{L9}\end{bmatrix}=\begin{bmatrix}\dfrac{-(C_3+C_7)}{R_8(C_2C_3+C_2C_7+C_3C_7)} & 0 & 0\\ \dfrac{-C_7}{R_8(C_2C_3+C_2C_7+C_3C_7)} & 0 & 0\\ 0 & 0 & \dfrac{-R_4}{L_5+L_6+L_9}\end{bmatrix}\begin{bmatrix}u_{C2}\\u_{C3}\\i_{L9}\end{bmatrix}$$

$$+\begin{bmatrix}0 & \dfrac{-(C_3+C_7)}{C_2C_3+C_2C_7+C_3C_7}\\ 0 & \dfrac{-C_7}{C_2C_3+C_2C_7+C_3C_7}\\ 0 & 0\end{bmatrix}\begin{bmatrix}u_{S1}\\ \\ i_{S10}\end{bmatrix}-\begin{bmatrix}\dfrac{C_3C_7}{C_2C_3+C_2C_7+C_3C_7} & 0\\ \dfrac{-C_2C_7}{C_2C_3+C_2C_7+C_3C_7} & 0\\ 0 & \dfrac{-L_5}{L_5+L_6+L_9}\end{bmatrix}\begin{bmatrix}\dot{u}_{S1}\\ \\ \dot{i}_{S10}\end{bmatrix}$$

4-5 对含受控源的线性网络建立状态方程的系统公式法

对于含受控源和可化为受控源的二端口元件的线性网络，在用系统公式法建立状态方程时，其基本步骤与不含受控源的线性网络是相同的，这里只将不同部分进行论述和推导。假设网络中的受控源对网络复杂性的阶数无影响。

由于受控源是电阻性二端口元件。因此在写电阻支路的电压电流关系方程时还应包含受控源的电压电流关系。为此，将电阻类元件的电压电流关系表示为

$$\begin{bmatrix} \boldsymbol{i}_R \\ \boldsymbol{u}_G \end{bmatrix} = \begin{bmatrix} \boldsymbol{G}_R & \boldsymbol{\alpha} \\ \boldsymbol{\mu} & \boldsymbol{R}_G \end{bmatrix} \begin{bmatrix} \boldsymbol{u}_R \\ \boldsymbol{i}_G \end{bmatrix} \tag{4-5-1}$$

即

$$\boldsymbol{i}_R = \boldsymbol{G}_R \boldsymbol{u}_R + \boldsymbol{\alpha} \boldsymbol{i}_G \tag{4-5-2a}$$

$$\boldsymbol{u}_G = \boldsymbol{\mu} \boldsymbol{u}_R + \boldsymbol{R}_G \boldsymbol{i}_G \tag{4-5-2b}$$

式中 $\boldsymbol{i}_R$ 和 $\boldsymbol{u}_R$ 分别表示连支电阻支路的电流向量和电压向量，$\boldsymbol{u}_G$ 和 $\boldsymbol{i}_G$ 分别表示树支电阻支路的电压向量和电流向量。分块阵 $\boldsymbol{G}_R$ 中的元素为树余中的电导参数；$\boldsymbol{R}_G$ 中的元素为树中的电阻参数。$\boldsymbol{\alpha}$ 中的元素为电流比，$\boldsymbol{\mu}$ 中的元素为电压比，它们都是无量纲参数。

在选取规范树或常态树时，对于二端口电阻元件中两条支路的处理，以能够写出式(4-5-1)形式的元件 VCR 方程为依据。例如，由于回转器的电压电流关系为 $u_1 = -ri_2$，$u_2 = ri_1$ 或 $i_1 = gu_2$，$u_2 = -gu_1$，根据式(4-5-1)可知，回转器的两条支路必须同为树支或同为连支。同理，理想变量器和负阻抗变换器的两条支路中，应任选一条为树支，另一条为连支。VCCS 的两条支路均应为连支；CCVS 的两条支路均应为树支。对于 CCCS，应选控制支路为树支，受控支路为连支。而 VCVS 则应选控制支路为连支，受控支路为树支。

由式(4-4-7c)和式(4-4-8b)得

$$\boldsymbol{i}_G = -\boldsymbol{Q}_{GR} \boldsymbol{i}_R - \boldsymbol{Q}_{GL} \boldsymbol{i}_L - \boldsymbol{Q}_{GI} \boldsymbol{i}_I \tag{4-5-3}$$

$$\boldsymbol{u}_R = \boldsymbol{Q}_{VR}^{\mathrm{T}} \boldsymbol{u}_V + \boldsymbol{Q}_{CR}^{\mathrm{T}} \boldsymbol{u}_C + \boldsymbol{Q}_{GR}^{\mathrm{T}} \boldsymbol{u}_G \tag{4-5-4}$$

将式(4-5-3)和式(4-5-4)分别代入式(4-5-2a)和式(4-5-2b)，经整理得

$$[\mathbf{1} + \boldsymbol{\alpha} \boldsymbol{Q}_{GR}] \boldsymbol{i}_R - \boldsymbol{G}_R \boldsymbol{Q}_{GR}^{\mathrm{T}} \boldsymbol{u}_G = \boldsymbol{G}_R \boldsymbol{Q}_{CR}^{\mathrm{T}} \boldsymbol{u}_C - \boldsymbol{\alpha} \boldsymbol{Q}_{GL} \boldsymbol{i}_L + \boldsymbol{G}_R \boldsymbol{Q}_{VR}^{\mathrm{T}} \boldsymbol{u}_V - \boldsymbol{\alpha} \boldsymbol{Q}_{GI} \boldsymbol{i}_I \tag{4-5-5}$$

$$\boldsymbol{R}_G \boldsymbol{Q}_{GR} \boldsymbol{i}_R + [\mathbf{1} - \boldsymbol{\mu} \boldsymbol{Q}_{GR}^{\mathrm{T}}] \boldsymbol{u}_G = \boldsymbol{\mu} \boldsymbol{Q}_{CR}^{\mathrm{T}} \boldsymbol{u}_C - \boldsymbol{R}_G \boldsymbol{Q}_{GL} \boldsymbol{i}_L + \boldsymbol{\mu} \boldsymbol{Q}_{VR}^{\mathrm{T}} \boldsymbol{u}_V - \boldsymbol{R}_G \boldsymbol{Q}_{GI} \boldsymbol{i}_I \tag{4-5-6}$$

式(4-5-5)和式(4-5-6)可合写为一个向量方程

$$\begin{aligned} &\begin{bmatrix} \mathbf{1} + \boldsymbol{\alpha} \boldsymbol{Q}_{GR} & -\boldsymbol{G}_R \boldsymbol{Q}_{GR}^{\mathrm{T}} \\ \boldsymbol{R}_G \boldsymbol{Q}_{GR} & \mathbf{1} - \boldsymbol{\mu} \boldsymbol{Q}_{GR}^{\mathrm{T}} \end{bmatrix} \begin{bmatrix} \boldsymbol{i}_R \\ \boldsymbol{u}_G \end{bmatrix} \\ &= \begin{bmatrix} \boldsymbol{G}_R \boldsymbol{Q}_{CR}^{\mathrm{T}} & \boldsymbol{\mu} \boldsymbol{Q}_{CR}^{\mathrm{T}} \\ -\boldsymbol{\alpha} \boldsymbol{Q}_{GL} & -\boldsymbol{R}_G \boldsymbol{Q}_{GL} \end{bmatrix} \begin{bmatrix} \boldsymbol{u}_C \\ \boldsymbol{i}_L \end{bmatrix} + \begin{bmatrix} \boldsymbol{G}_R \boldsymbol{Q}_{VR}^{\mathrm{T}} & -\boldsymbol{\alpha} \boldsymbol{Q}_{GI} \\ \boldsymbol{\mu} \boldsymbol{Q}_{VR}^{\mathrm{T}} & -\boldsymbol{R}_G \boldsymbol{Q}_{GI} \end{bmatrix} \begin{bmatrix} \boldsymbol{u}_V \\ \boldsymbol{i}_I \end{bmatrix} \end{aligned} \tag{4-5-7}$$

如果式(4-5-7)中 $[\boldsymbol{i}_R \quad \boldsymbol{u}_G]^{\mathrm{T}}$ 的系数矩阵为非奇异的，则解出 $\boldsymbol{i}_R$ 和 $\boldsymbol{u}_G$ 后，将 $\boldsymbol{i}_R$ 代入式(4-4-16)消去非状态变量 $\boldsymbol{i}_R$，将 $\boldsymbol{u}_G$ 代入式(4-4-21)消去非状态变量 $\boldsymbol{u}_G$，整理后可得

到含受控源的线性网络的状态方程。若式(4-5-7)中$[\boldsymbol{i}_R \quad \boldsymbol{u}_G]^{\mathrm{T}}$的系数矩阵为奇异的,则不能用此种方法列写网络的状态方程。

例 4-4 用系统公式法建立图 4-12(a)所示有源网络的状态方程。

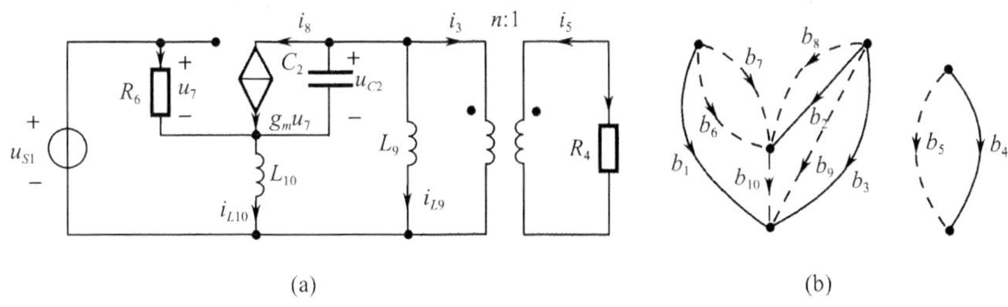

图 4-12

解:该网络为常态网络。作出网络的线形图,选一常态树。受控源 VCCS 的两条支路(b_7、b_8)均为连支,理想变量器一条支路(b_3)为树支,另一条支路(b_5)为连支。因此,常态树的树支为b_1、b_2、b_3、b_4,如图 4-12(b)中实线所示。由于该网络含有理想变量器,线形图是分离的,图 4-12(b)中由两个树构成一个林。

写出基本割集矩阵:

$$
\boldsymbol{Q}_f = \begin{array}{c} V \\ C \\ G\left\{\begin{array}{c} \\ \\ \end{array}\right. \end{array}
\left[\begin{array}{cccc:cccccc}
1 & 0 & 0 & 0 & 0 & 1 & 1 & 0 & 0 & 0 \\
0 & 1 & 0 & 0 & 0 & 1 & 1 & 1 & 0 & -1 \\
0 & 0 & 1 & 0 & 0 & -1 & -1 & 0 & 1 & 1 \\
0 & 0 & 0 & 1 & 1 & 0 & 0 & 0 & 0 & 0
\end{array}\right]
$$

(列分块:V、C、G | R、L;左侧四列为 $\boldsymbol{I}$,右侧六列为 $\boldsymbol{Q}_l$)

由此可得基本子阵$\boldsymbol{Q}_l$的各分块阵:

$$
\boldsymbol{Q}_{VR} = [0 \quad 1 \quad 1 \quad 0] \qquad \boldsymbol{Q}_{VL} = [0 \quad 0]
$$

$$
\boldsymbol{Q}_{CR} = [0 \quad 1 \quad 1 \quad 1] \qquad \boldsymbol{Q}_{CL} = [0 \quad -1]
$$

$$
\boldsymbol{Q}_{GR} = \begin{bmatrix} 0 & -1 & -1 & 0 \\ 1 & 0 & 0 & 0 \end{bmatrix} \qquad \boldsymbol{Q}_{GL} = \begin{bmatrix} 1 & 1 \\ 0 & 0 \end{bmatrix}
$$

由于无电感树支和独立电流源支路,因此

$$
\boldsymbol{Q}_{IR} = \boldsymbol{0} \quad \boldsymbol{Q}_{IL} = \boldsymbol{0} \quad \boldsymbol{Q}_{GI} = \boldsymbol{0}
$$

按式(4-5-1),写出电阻支路的电压电流关系方程:

$$
\begin{bmatrix} i_5 \\ i_6 \\ i_7 \\ i_8 \\ \hdashline u_3 \\ u_4 \end{bmatrix} =
\left[\begin{array}{cccc:cc}
0 & 0 & 0 & 0 & -n & 0 \\
0 & \dfrac{1}{R_6} & 0 & 0 & 0 & 0 \\
0 & 0 & 0 & 0 & 0 & 0 \\
0 & 0 & g_m & 0 & 0 & 0 \\
\hdashline
n & 0 & 0 & 0 & 0 & 0 \\
0 & 0 & 0 & 0 & 0 & R_4
\end{array}\right]
\begin{bmatrix} u_5 \\ u_6 \\ u_7 \\ u_8 \\ \hdashline i_3 \\ i_4 \end{bmatrix}
$$

由此得参数矩阵：

$$\boldsymbol{G}_R=\begin{bmatrix}0&0&0&0\\0&\dfrac{1}{R_6}&0&0\\0&0&0&0\\0&0&g_m&0\end{bmatrix}\qquad \boldsymbol{\alpha}=\begin{bmatrix}-n&0\\0&0\\0&0\\0&0\end{bmatrix}$$

$$\boldsymbol{\mu}=\begin{bmatrix}n&0&0&0\\0&0&0&0\end{bmatrix}\qquad \boldsymbol{R}_G=\begin{bmatrix}0&0\\0&R_4\end{bmatrix}$$

式(4-5-5)、(4-5-6)中各系数矩阵为

$$\mathbf{1}+\boldsymbol{\alpha Q}_{GR}=\begin{bmatrix}1&0&0&0\\0&1&0&0\\0&0&1&0\\0&0&0&1\end{bmatrix}+\begin{bmatrix}-n&0\\0&0\\0&0\\0&0\end{bmatrix}\begin{bmatrix}0&-1&-1&0\\1&0&0&0\end{bmatrix}=\begin{bmatrix}1&n&n&0\\0&1&0&0\\0&0&1&0\\0&0&0&1\end{bmatrix}$$

$$\boldsymbol{G}_R\boldsymbol{Q}_{GR}^{\mathrm{T}}=\begin{bmatrix}0&0&0&0\\0&\dfrac{1}{R_6}&0&0\\0&0&0&0\\0&0&g_m&0\end{bmatrix}\begin{bmatrix}0&1\\-1&0\\-1&0\\0&0\end{bmatrix}=\begin{bmatrix}0&0\\-\dfrac{1}{R_6}&0\\0&0\\-g_m&0\end{bmatrix}$$

$$\boldsymbol{G}_R\boldsymbol{Q}_{CR}^{\mathrm{T}}=\begin{bmatrix}0&0&0&0\\0&\dfrac{1}{R_6}&0&0\\0&0&0&0\\0&0&g_m&0\end{bmatrix}\begin{bmatrix}0\\1\\1\\1\end{bmatrix}=\begin{bmatrix}0\\\dfrac{1}{R_6}\\0\\g_m\end{bmatrix}$$

$$\boldsymbol{\alpha Q}_{GL}=\begin{bmatrix}-n&0\\0&0\\0&0\\0&0\end{bmatrix}\begin{bmatrix}1&1\\0&0\end{bmatrix}=\begin{bmatrix}-n&-n\\0&0\\0&0\\0&0\end{bmatrix}$$

$$\boldsymbol{G}_R\boldsymbol{Q}_{VR}^{\mathrm{T}}=\begin{bmatrix}0&0&0&0\\0&\dfrac{1}{R_6}&0&0\\0&0&0&0\\0&0&g_m&0\end{bmatrix}\begin{bmatrix}0\\1\\1\\0\end{bmatrix}=\begin{bmatrix}0\\\dfrac{1}{R_6}\\0\\g_m\end{bmatrix}$$

因为 $\boldsymbol{Q}_{GI}=\mathbf{0}$，所以 $\boldsymbol{\alpha Q}_{GI}=\mathbf{0}$，$\boldsymbol{R}_G\boldsymbol{Q}_{GI}=\mathbf{0}$。

$$\boldsymbol{R}_G\boldsymbol{Q}_{GR}=\begin{bmatrix}0&0\\0&R_4\end{bmatrix}\begin{bmatrix}0&-1&-1&0\\1&0&0&0\end{bmatrix}=\begin{bmatrix}0&0&0&0\\R_4&0&0&0\end{bmatrix}$$

$$\mathbf{1}-\boldsymbol{\mu Q}_{GR}^{\mathrm{T}}=\begin{bmatrix}1&0\\0&1\end{bmatrix}-\begin{bmatrix}n&0&0&0\\0&0&0&0\end{bmatrix}\begin{bmatrix}0&1\\-1&0\\-1&0\\0&0\end{bmatrix}=\begin{bmatrix}1&-n\\0&1\end{bmatrix}$$

$$\boldsymbol{\mu Q}_{CR}^{\mathrm{T}} = \begin{bmatrix} n & 0 & 0 & 0 \\ 0 & 0 & 0 & 0 \end{bmatrix} \begin{bmatrix} 0 \\ 1 \\ 1 \\ 1 \end{bmatrix} = \begin{bmatrix} 0 \\ 0 \end{bmatrix}$$

$$\boldsymbol{R}_G \boldsymbol{Q}_{GL} = \begin{bmatrix} 0 & 0 \\ 0 & R_4 \end{bmatrix} \begin{bmatrix} 1 & 1 \\ 0 & 0 \end{bmatrix} = \begin{bmatrix} 0 & 0 \\ 0 & 0 \end{bmatrix}$$

$$\boldsymbol{\mu Q}_{VR}^{\mathrm{T}} = \begin{bmatrix} n & 0 & 0 & 0 \\ 0 & 0 & 0 & 0 \end{bmatrix} \begin{bmatrix} 0 \\ 1 \\ 1 \\ 0 \end{bmatrix} = \begin{bmatrix} 0 \\ 0 \end{bmatrix}$$

由式(4-5-5)和式(4-5-6)可得

$$\begin{bmatrix} 1 & n & n & 0 \\ 0 & 1 & 0 & 0 \\ 0 & 0 & 1 & 0 \\ 0 & 0 & 0 & 1 \end{bmatrix} \begin{bmatrix} i_5 \\ i_6 \\ i_7 \\ i_8 \end{bmatrix} - \begin{bmatrix} 0 & 0 \\ \dfrac{-1}{R_6} & 0 \\ 0 & 0 \\ -g_m & 0 \end{bmatrix} \begin{bmatrix} u_3 \\ u_4 \end{bmatrix} = \begin{bmatrix} 0 \\ \dfrac{1}{R_6} \\ 0 \\ g_m \end{bmatrix} u_{C2} - \begin{bmatrix} -n & -n \\ 0 & 0 \\ 0 & 0 \\ 0 & 0 \end{bmatrix} \begin{bmatrix} i_{L9} \\ i_{L10} \end{bmatrix} + \begin{bmatrix} 0 \\ \dfrac{1}{R_6} \\ 0 \\ g_m \end{bmatrix} u_{S1} \tag{4-5-8}$$

$$\begin{bmatrix} 0 & 0 & 0 & 0 \\ R_4 & 0 & 0 & 0 \end{bmatrix} \begin{bmatrix} i_5 \\ i_6 \\ i_7 \\ i_8 \end{bmatrix} + \begin{bmatrix} 1 & -n \\ 0 & 1 \end{bmatrix} \begin{bmatrix} u_3 \\ u_4 \end{bmatrix} = \begin{bmatrix} 0 \\ 0 \end{bmatrix} \tag{4-5-9}$$

由式(4-5-9)得

$$\begin{bmatrix} u_3 \\ u_4 \end{bmatrix} = -\begin{bmatrix} 1 & -n \\ 0 & 1 \end{bmatrix}^{-1} \begin{bmatrix} 0 & 0 & 0 & 0 \\ R_4 & 0 & 0 & 0 \end{bmatrix} \begin{bmatrix} i_5 \\ i_6 \\ i_7 \\ i_8 \end{bmatrix} = \begin{bmatrix} -nR_4 & 0 & 0 & 0 \\ -R_4 & 0 & 0 & 0 \end{bmatrix} \begin{bmatrix} i_5 \\ i_6 \\ i_7 \\ i_8 \end{bmatrix} \tag{4-5-10}$$

将式(4-5-10)代入式(4-5-8)得

$$\begin{bmatrix} 1 & n & n & 0 \\ -\dfrac{nR_4}{R_6} & 1 & 0 & 0 \\ 0 & 0 & 1 & 0 \\ -nR_4 g_m & 0 & 0 & 1 \end{bmatrix} \begin{bmatrix} i_5 \\ i_6 \\ i_7 \\ i_8 \end{bmatrix} = \begin{bmatrix} 0 \\ \dfrac{1}{R_6} \\ 0 \\ g_m \end{bmatrix} u_{C2} + \begin{bmatrix} n & n \\ 0 & 0 \\ 0 & 0 \\ 0 & 0 \end{bmatrix} \begin{bmatrix} i_{L9} \\ i_{L10} \end{bmatrix} + \begin{bmatrix} 0 \\ \dfrac{1}{R_6} \\ 0 \\ g_m \end{bmatrix} u_{S1}$$

求解上式可得

$$\begin{bmatrix} i_5 \\ i_6 \\ i_7 \\ i_8 \end{bmatrix} = \frac{R_6}{R_6 + n^2 R_4} \begin{bmatrix} -\dfrac{n}{R_6} \\ \dfrac{1}{R_6} \\ 0 \\ g_m \end{bmatrix} u_{C2} + \frac{R_6}{R_6 + n^2 R_4} \begin{bmatrix} n & n \\ \dfrac{n^2 R_4}{R_6} & \dfrac{n^2 R_4}{R_6} \\ 0 & 0 \\ n^2 R_4 g_m & n^2 R_4 g_m \end{bmatrix} \begin{bmatrix} i_{L9} \\ i_{L10} \end{bmatrix}$$

$$
+\frac{R_6}{R_6+n^2R_4}\begin{bmatrix}-\dfrac{n}{R_6}\\ \dfrac{1}{R_6}\\ 0\\ g_m\end{bmatrix}u_{S1} \tag{4-5-11}
$$

将式(4-5-11)代入式(4-5-10)得

$$
\begin{bmatrix}u_3\\ u_4\end{bmatrix}=\frac{R_6}{R_6+n^2R_4}\begin{bmatrix}\dfrac{n^2R_4}{R_6}\\ \dfrac{nR_4}{R_6}\end{bmatrix}u_{C2}+\frac{R_6}{R_6+n^2R_4}\begin{bmatrix}-n^2R_4 & -n^2R_4\\ -nR_4 & -nR_4\end{bmatrix}\begin{bmatrix}i_{L9}\\ i_{L10}\end{bmatrix}
$$

$$
+\frac{R_6}{R_6+n^2R_4}\begin{bmatrix}\dfrac{n^2R_4}{R_6}\\ \dfrac{nR_4}{R_6}\end{bmatrix}u_{S1} \tag{4-5-12}
$$

因 $\boldsymbol{C}_S=\boldsymbol{0},\boldsymbol{L}_\Gamma=\boldsymbol{0}$，故式(4-4-16)和(4-4-21)中的参数矩阵为

$$
\widetilde{\boldsymbol{C}}=\boldsymbol{C}_C=[C_2],\qquad \widetilde{\boldsymbol{L}}=\boldsymbol{L}_L=\begin{bmatrix}L_9 & 0\\ 0 & L_{10}\end{bmatrix}
$$

将式(4-5-11)和式(4-5-12)分别代入式(4-4-16)和式(4-4-21)，经整理后写为矩阵形式，得

$$
\begin{bmatrix}\dot{u}_{C2}\\ \dot{i}_{L9}\\ \dot{i}_{L10}\end{bmatrix}=\begin{bmatrix}\dfrac{-(1+g_mR_6)}{C_2(R_6+n^2R_4)} & \dfrac{-n^2R_4(1+g_mR_6)}{C_2(R_6+n^2R_4)} & \dfrac{R_6(1-n^2R_4g_m)}{C_2(R_6+n^2R_4)}\\ \dfrac{n^2R_4}{L_9(R_6+n^2R_4)} & \dfrac{-n^2R_4R_6}{L_9(R_6+n^2R_4)} & \dfrac{-n^2R_4R_6}{L_9(R_6+n^2R_4)}\\ \dfrac{-R_6}{L_{10}(R_6+n^2R_4)} & \dfrac{-n^2R_4R_6}{L_{10}(R_6+n^2R_4)} & \dfrac{-n^2R_4R_6}{L_{10}(R_6+n^2R_4)}\end{bmatrix}\begin{bmatrix}u_{C2}\\ i_{L9}\\ i_{L10}\end{bmatrix}
$$

$$
+\begin{bmatrix}\dfrac{-(1+g_mR_6)}{C_2(R_6+n^2R_4)}\\ \dfrac{n^2R_4}{L_9(R_6+n^2R_4)}\\ \dfrac{n^2R_4}{L_{10}(R_6+n^2R_4)}\end{bmatrix}u_{S1} \tag{4-5-13}
$$

式(4-5-13)即是图 4-12(a)所示线性网络的状态方程。

最后尚需指出，如果对所给定的网络不能选出一种规范树(或常态树)，以写出式(4-5-1)形式的电阻类元件 VCR 方程，则不能用本节介绍的方法建立该网络的状态方程，这便是本节方法的局限性。另一种对含受控源网络建立状态方程的方法是，首先把受控源按同类型独立源对待，即将 VCCS 和 CCCS 视为电流源，CCVS 和 VCVS 视为电压源。按照上节介绍的方法写出(伪)状态方程，其输入向量中的一些元是受控源的受控变量。然后代入受控源元件特性方程，用控制量表示受控量，消去方程中的非状态变量，整

理后便可得到标准形式的状态方程。

4-6 建立状态方程的多端口公式

如果线性时不变网络中的纯电容回路不含电压源，纯电感割集不含电流源，则 $\boldsymbol{Q}_{VS}=\boldsymbol{0}$、$\boldsymbol{Q}_{\Gamma I}=\boldsymbol{0}$，由式(4-4-36)、(4-4-37)知 $\hat{\tilde{\boldsymbol{C}}}=\boldsymbol{0}$、$\hat{\tilde{\boldsymbol{L}}}=\boldsymbol{0}$，因此，网络的状态方程不含激励对时间的导数项。由式(4-4-38)、(4-4-39)得

$$\frac{\mathrm{d}}{\mathrm{d}t}[\tilde{\boldsymbol{C}}\boldsymbol{u}_C]=-\boldsymbol{H}_{CC}\boldsymbol{u}_C-\boldsymbol{H}_{CL}\boldsymbol{i}_L-\boldsymbol{H}_{CV}\boldsymbol{u}_V-\boldsymbol{H}_{CI}\boldsymbol{i}_I \tag{4-6-1a}$$

$$\frac{\mathrm{d}}{\mathrm{d}t}[\tilde{\boldsymbol{L}}\boldsymbol{i}_L]=-\boldsymbol{H}_{LC}\boldsymbol{u}_C-\boldsymbol{H}_{LL}\boldsymbol{i}_L-\boldsymbol{H}_{LV}\boldsymbol{u}_V-\boldsymbol{H}_{LI}\boldsymbol{i}_I \tag{4-6-1b}$$

考虑到 $\tilde{\boldsymbol{C}}=\boldsymbol{C}_C+\boldsymbol{Q}_{CS}\boldsymbol{C}_S\boldsymbol{Q}_{CS}^{\mathrm{T}}$，$\tilde{\boldsymbol{L}}=\boldsymbol{L}_L+\boldsymbol{Q}_{\Gamma L}^{\mathrm{T}}\boldsymbol{L}_\Gamma\boldsymbol{Q}_{\Gamma L}$，有

$$\begin{aligned}\frac{\mathrm{d}}{\mathrm{d}t}[\tilde{\boldsymbol{C}}\boldsymbol{u}_C]&=\frac{\mathrm{d}}{\mathrm{d}t}[\boldsymbol{C}_C\boldsymbol{u}_C]+\frac{\mathrm{d}}{\mathrm{d}t}[\boldsymbol{Q}_{CS}\boldsymbol{C}_S\boldsymbol{Q}_{CS}^{\mathrm{T}}\boldsymbol{u}_C]\\&=\boldsymbol{i}_C+\boldsymbol{Q}_{CS}\frac{\mathrm{d}}{\mathrm{d}t}[\boldsymbol{C}_S\boldsymbol{u}_S]=\boldsymbol{i}_C+\boldsymbol{Q}_{CS}\boldsymbol{i}_S\end{aligned} \tag{4-6-2a}$$

$$\begin{aligned}\frac{\mathrm{d}}{\mathrm{d}t}[\tilde{\boldsymbol{L}}\boldsymbol{i}_L]&=\frac{\mathrm{d}}{\mathrm{d}t}[\boldsymbol{L}_L\boldsymbol{i}_L]+\frac{\mathrm{d}}{\mathrm{d}t}[\boldsymbol{Q}_{\Gamma L}^{\mathrm{T}}\boldsymbol{L}_\Gamma\boldsymbol{Q}_{\Gamma L}\boldsymbol{i}_L]\\&=\boldsymbol{u}_L+\boldsymbol{Q}_{\Gamma L}^{\mathrm{T}}\frac{\mathrm{d}}{\mathrm{d}t}[\boldsymbol{L}_\Gamma\boldsymbol{i}_\Gamma]=\boldsymbol{u}_L+\boldsymbol{Q}_{\Gamma L}^{\mathrm{T}}\boldsymbol{u}_\Gamma\end{aligned} \tag{4-6-2b}$$

将式(4-6-2)代入式(4-6-1)后改写成如下矩阵形式：

$$\begin{aligned}\begin{bmatrix}\boldsymbol{i}_C\\\boldsymbol{u}_L\end{bmatrix}&=\begin{bmatrix}-\boldsymbol{H}_{CC}&-\boldsymbol{H}_{CL}\\-\boldsymbol{H}_{LC}&-\boldsymbol{H}_{LL}\end{bmatrix}\begin{bmatrix}\boldsymbol{u}_C\\\boldsymbol{i}_L\end{bmatrix}+\begin{bmatrix}-\boldsymbol{H}_{CV}&-\boldsymbol{H}_{CI}\\-\boldsymbol{H}_{LV}&-\boldsymbol{H}_{LI}\end{bmatrix}\begin{bmatrix}\boldsymbol{u}_V\\\boldsymbol{i}_I\end{bmatrix}\\&\quad+\begin{bmatrix}-\boldsymbol{Q}_{CS}&\boldsymbol{0}\\\boldsymbol{0}&-\boldsymbol{Q}_{\Gamma L}^{\mathrm{T}}\end{bmatrix}\begin{bmatrix}\boldsymbol{i}_S\\\boldsymbol{u}_\Gamma\end{bmatrix}\end{aligned} \tag{4-6-3}$$

如果我们能采用其他方法求得式(4-6-3)右端系数矩阵中的混合矩阵 $\boldsymbol{H}_{CC}$、$\boldsymbol{H}_{LL}$、$\boldsymbol{H}_{CL}$、$\boldsymbol{H}_{LC}$、$\boldsymbol{H}_{CV}$、$\boldsymbol{H}_{CI}$、$\boldsymbol{H}_{LV}$、$\boldsymbol{H}_{LI}$，由式(4-6-1)便可写出网络的状态方程。本节将介绍的多端口公式法的基本思想是，将全部动态元件和独立源从网络中抽出，网络的剩余部分形成一个多端口电阻网络，如图 4-13 所示。该多端口电阻网络的各网络函数便是 8 个混合矩阵中的各参数。在对网络选出一规范树后，对于图 4-13 中已抽出的各元件进一步按树支和连支分类，图 4-14(a)为其示意图，图中每一个元件都代表同一类元件组成的子网络，每一个端口变量表示全部同类元件的端口变量向量。如 $\boldsymbol{u}_C$ 代表电容树支电压向量，$\boldsymbol{u}_S$ 代表电容连支电压向量，$\boldsymbol{i}_\Gamma$ 和 $\boldsymbol{i}_L$ 分别代表树支电感电流向量和连支电感电流向量。

为了得到 $\boldsymbol{H}_{CC}$、$\boldsymbol{H}_{LC}$ 等 8 个混合矩阵，根据替代定理和式(4-6-3)，可设想将抽出的各类动态元件用适当的独立源代替，如图 4-14(b)所示。由于式(4-6-3)右端变量向量中含电压向量 $\boldsymbol{u}_C$、$\boldsymbol{u}_\Gamma$ 和电流向量 $\boldsymbol{i}_L$、$\boldsymbol{i}_S$，故用电压源替代树支电容和树支电感，用电流源替代连支电感和连支电容。参照 3-2 节中计算 $\boldsymbol{H}(s)$ 矩阵各元素的方法，便可计算出 8 个混合

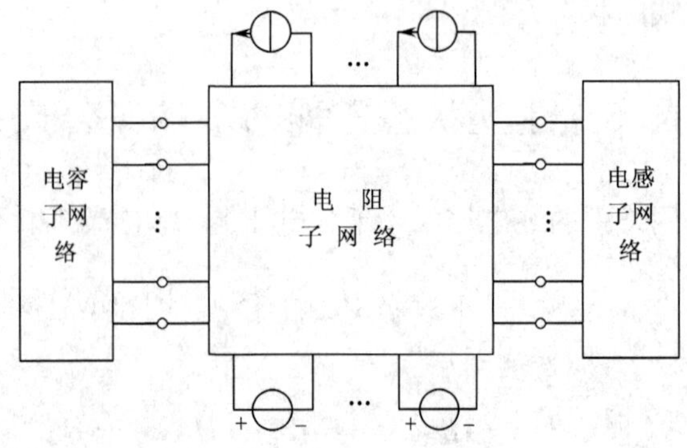

图 4-13

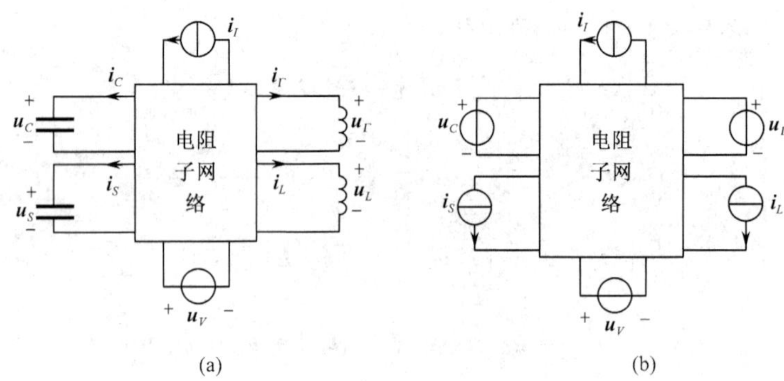

图 4-14

矩阵中的各元素。

假定除树支电容端口外的其余各类端口的激励源(含用以替代动态元件的电源)置于零,即断开连支电感、电容和电流源所接端口,短接树支电感和电压源所接端口,在树支电容端口电压 $\boldsymbol{u}_C$ 单独作用下求 $\boldsymbol{i}_C$ 和 $\boldsymbol{u}_L$。根据式(4-6-3)有

$$\boldsymbol{i}_C = -\boldsymbol{H}_{CC}\boldsymbol{u}_C \tag{4-6-4}$$

$$\boldsymbol{u}_L = -\boldsymbol{H}_{LC}\boldsymbol{u}_C \tag{4-6-5}$$

由此可确定 $\boldsymbol{H}_{CC}$ 和 $\boldsymbol{H}_{LC}$。

又令除连支电感端口外的其余各类端口的激励源(含替代电源)为零,即短接树支电容、电感和电压源所接端口,断开连支电容和电流源所接端口,在连支电感端口电流 $\boldsymbol{i}_L$ 单独作用下求 $\boldsymbol{i}_C$ 和 $\boldsymbol{u}_L$。根据式(4-6-3)有

$$\boldsymbol{i}_C = -\boldsymbol{H}_{CL}\boldsymbol{i}_L \tag{4-6-6}$$

$$\boldsymbol{u}_L = -\boldsymbol{H}_{LL}\boldsymbol{i}_L \tag{4-6-7}$$

由以上二式可求得 $\boldsymbol{H}_{CL}$ 和 $\boldsymbol{H}_{LL}$。

同理,断开全部连支电抗和独立电流源所接的端口,并将全部树支电抗所接的端口短接,在独立电压源 $\boldsymbol{u}_V$ 单独作用下求 $\boldsymbol{i}_C$ 和 $\boldsymbol{u}_L$,由式(4-6-3)有

$$\boldsymbol{i}_C = -\boldsymbol{H}_{CV}\boldsymbol{u}_V \tag{4-6-8}$$

$$\boldsymbol{u}_L = -\boldsymbol{H}_{LV}\boldsymbol{u}_V \tag{4-6-9}$$

这样,便可计算出 $\boldsymbol{H}_{CV}$ 和 $\boldsymbol{H}_{LV}$。

又若短接全部树支电抗和独立电压源所接的端口,断开全部连支电抗所接的端口,在独立电流源 $\boldsymbol{i}_I$ 单独作用下求 $\boldsymbol{i}_C$ 和 $\boldsymbol{u}_L$,由式(4-6-3)有

$$\boldsymbol{i}_C = -\boldsymbol{H}_{CI}\boldsymbol{i}_I \tag{4-6-10}$$

$$\boldsymbol{u}_L = -\boldsymbol{H}_{LI}\boldsymbol{i}_I \tag{4-6-11}$$

由此,可计算出 $\boldsymbol{H}_{CI}$ 和 $\boldsymbol{H}_{LI}$。

从以上分析可以看出,多端口公式法把对线性时不变动态网络建立一阶微分方程组的问题转化为对线性时不变多端口电阻网络计算转移函数的问题,可使分析计算过程得到简化。如果网络中含受控源,只要受控源的存在不影响网络的复杂性阶数,则多端口公式法仍然适用。

例 4-5 用多端口公式建立图 4-15(a)所示线性网络的状态方程。

解:该网络为常态网络,因此两个电感支路均为连支,电压源和电容支路全为树支。故式(4-6-3)中的 $\boldsymbol{Q}_{CS}=\boldsymbol{0}$, $\boldsymbol{Q}_{IL}^{\mathrm{T}}=\boldsymbol{0}$。

将两条电感支路断开、两个电压源支路短路,并以电压为 u_{C1}、u_{C2} 的两个电压源分别替代电容 C_1、C_2,如图 4-15(b)所示。对于图 4-15(b)求 i_{C1}、i_{C2} 和 u_{L1}、u_{L2},得

$$\begin{bmatrix} i_{C1} \\ i_{C2} \end{bmatrix} = \begin{bmatrix} 0 & g \\ -g & \dfrac{-(1+g^2R_1R_2)}{R_2} \end{bmatrix} \begin{bmatrix} u_{C1} \\ u_{C2} \end{bmatrix}$$

$$\begin{bmatrix} u_{L1} \\ u_{L2} \end{bmatrix} = \begin{bmatrix} 0 & gR_1 \\ 0 & -(1+gR_1) \end{bmatrix} \begin{bmatrix} u_{C1} \\ u_{C2} \end{bmatrix}$$

则有

$$-\boldsymbol{H}_{CC} = \begin{bmatrix} 0 & g \\ -g & -\dfrac{1+g^2R_1R_2}{R_2} \end{bmatrix} \qquad -\boldsymbol{H}_{LC} = \begin{bmatrix} 0 & gR_1 \\ 0 & -(1+gR_1) \end{bmatrix}$$

将图 4-15(a)网络中的全部电容支路和电压源支路短接,并以电流为 i_{L1}、i_{L2} 的两个电流源分别替代电感 L_1、L_2,如图 4-15(c)所示。对图 4-15(c)求 i_{C1}、i_{C2} 和 u_{L1}、u_{L2},得

$$\begin{bmatrix} i_{C1} \\ i_{C2} \end{bmatrix} = \begin{bmatrix} 0 & 0 \\ gR_1 & 1-gR_1 \end{bmatrix} \begin{bmatrix} i_{L1} \\ i_{L2} \end{bmatrix}$$

$$\begin{bmatrix} u_{L1} \\ u_{L2} \end{bmatrix} = \begin{bmatrix} -R_1 & R_1 \\ R_1 & -R_1 \end{bmatrix} \begin{bmatrix} i_{L1} \\ i_{L2} \end{bmatrix}$$

因此

$$-\boldsymbol{H}_{CL} = \begin{bmatrix} 0 & 0 \\ gR_1 & 1-gR_1 \end{bmatrix} \qquad -\boldsymbol{H}_{LL} = \begin{bmatrix} -R_1 & R_1 \\ R_1 & -R_1 \end{bmatrix}$$

将图 4-15(a)网络中的两条电感支路断开、两条电容支路短接,如图 4-15(d)所示。对图 4-15(d)求 i_{C1}、i_{C2} 和 u_{L1}、u_{L2},得

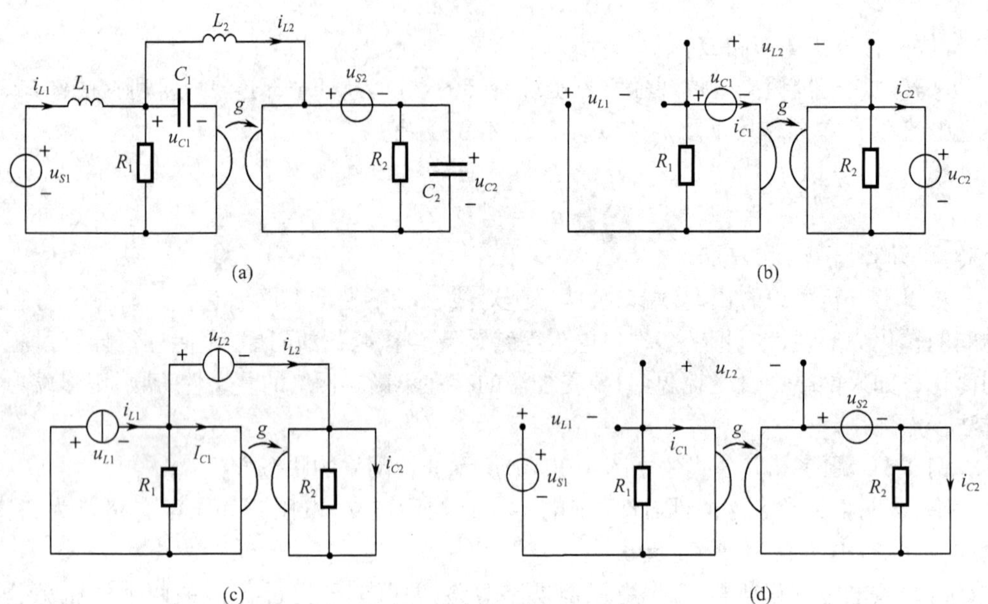

图 4-15

$$\begin{bmatrix} i_{C1} \\ i_{C2} \end{bmatrix} = \begin{bmatrix} 0 & g \\ 0 & -gR_1 \end{bmatrix} \begin{bmatrix} u_{S1} \\ u_{S2} \end{bmatrix}$$

$$\begin{bmatrix} u_{L1} \\ u_{L2} \end{bmatrix} = \begin{bmatrix} 1 & gR_1 \\ 0 & -(1+gR_1) \end{bmatrix} \begin{bmatrix} u_{S1} \\ u_{S2} \end{bmatrix}$$

故

$$-\boldsymbol{H}_{CV} = \begin{bmatrix} 0 & g \\ 0 & -gR_1 \end{bmatrix} \qquad -\boldsymbol{H}_{LV} = \begin{bmatrix} 1 & gR_1 \\ 0 & -(1+gR_1) \end{bmatrix}$$

由于网络中不含电流源，则 $\boldsymbol{H}_{CI}=\boldsymbol{0}$，$\boldsymbol{H}_{LI}=\boldsymbol{0}$。将以上所求系数矩阵代入式(4-6-1)并写成矩阵形式可得

$$\begin{bmatrix} C_1\dot{u}_{C1} \\ C_2\dot{u}_{C2} \\ L_1\dot{i}_{L1} \\ L_2\dot{i}_{L2} \end{bmatrix} = \begin{bmatrix} 0 & g & 0 & 0 \\ -g & -\dfrac{1+g^2R_1R_2}{R_2} & gR_1 & 1-gR_1 \\ 0 & gR_1 & -R_1 & R_1 \\ 0 & -(1+gR_1) & R_1 & -R_1 \end{bmatrix} \begin{bmatrix} u_{C1} \\ u_{C2} \\ i_{L1} \\ i_{L2} \end{bmatrix}$$

$$+ \begin{bmatrix} 0 & g \\ 0 & -gR_1 \\ 1 & gR_1 \\ 0 & -(1+gR_1) \end{bmatrix} \begin{bmatrix} u_{S1} \\ u_{S2} \end{bmatrix}$$

网络的状态方程为

$$
\begin{bmatrix} \dot{u}_{C1} \\ \dot{u}_{C2} \\ \dot{i}_{L1} \\ \dot{i}_{L2} \end{bmatrix} = \begin{bmatrix} 0 & \dfrac{g}{C_1} & 0 & 0 \\ \dfrac{-g}{C_2} & -\dfrac{1+g^2R_1R_2}{C_2R_2} & \dfrac{gR_1}{C_2} & \dfrac{1-gR_1}{C_2} \\ 0 & \dfrac{gR_1}{L_1} & \dfrac{-R_1}{L_1} & \dfrac{R_1}{L_1} \\ 0 & -\dfrac{1+gR_1}{L_2} & \dfrac{R_1}{L_2} & \dfrac{-R_1}{L_2} \end{bmatrix} \begin{bmatrix} u_{C1} \\ u_{C2} \\ i_{L1} \\ i_{L2} \end{bmatrix} + \begin{bmatrix} 0 & \dfrac{g}{C_1} \\ 0 & \dfrac{-gR_1}{C_2} \\ \dfrac{1}{L_1} & \dfrac{gR_1}{L_1} \\ 0 & -\dfrac{1+gR_1}{L_2} \end{bmatrix} \begin{bmatrix} u_{S1} \\ u_{S2} \end{bmatrix}
$$

例 4-6 用多端口公式建立图 4-16(a)所示线性网络的状态方程。

解:图 4-16(a)所示网络为非常态网络,含一个纯电感割集,不含纯电容回路,网络阶数为 3－1＝2。绘出该网络的线形图,并选择一规范树。对于网络中的 VCVS,应将控制支路作为连支,受控支路作为树支,故选支路 b_1、b_2、b_3、b_4、b_5 为树支,如图 4-16(b)中实线所示。状态变量为树支电容电压 u_C 和连支电感电流 i_{L1}。

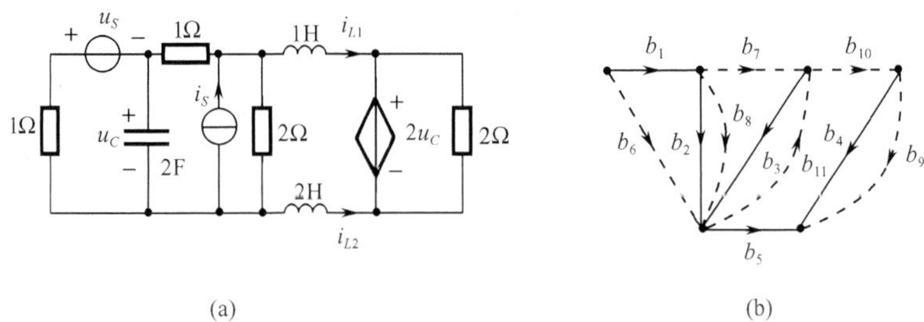

图 4-16

由于网络中只有一个电感树支(b_5),且它所决定的基本割集仅含一个电感连支(b_{10}),因此,式(4-6-3)中的 $Q_{\Gamma L}=[1]$,又因没有纯电容回路,$Q_{CS}=[0]$。根据式(4-4-15)和(4-4-20)可得二次参数矩阵:

$$\widetilde{C}=C_C+Q_{CS}C_SQ_{CS}^{\mathrm{T}}=2$$

$$\widetilde{L}=L_L+Q_{\Gamma L}^{\mathrm{T}}L_\Gamma Q_{\Gamma L}=3$$

对于图 4-16(a),将树支电容、树支电感分别用电压为 u_C 和 u_Γ 的电压源代替,将连支电感用电流为 i_{L1} 的电流源代替,其等效电路如图 4-17(a)所示。

在树支电容端口电压 u_C 单独作用下(图 4-17(b))求 i_C 和 u_L,得

$$i_C=-\frac{4}{3}u_C \qquad u_L=-\frac{4}{3}u_C$$

根据式(4-6-4)和(4-6-5)有

$$-H_{CC}=-\frac{4}{3} \qquad -H_{LC}=-\frac{4}{3}$$

在连支电感端口电流 i_{L1} 单独作用下(图 4-17(c))求 i_C 和 u_L,得

$$i_C=-\frac{2}{3}i_{L1} \qquad u_L=-\frac{2}{3}i_{L1}$$

由式(4-6-6)和(4-6-7)可得

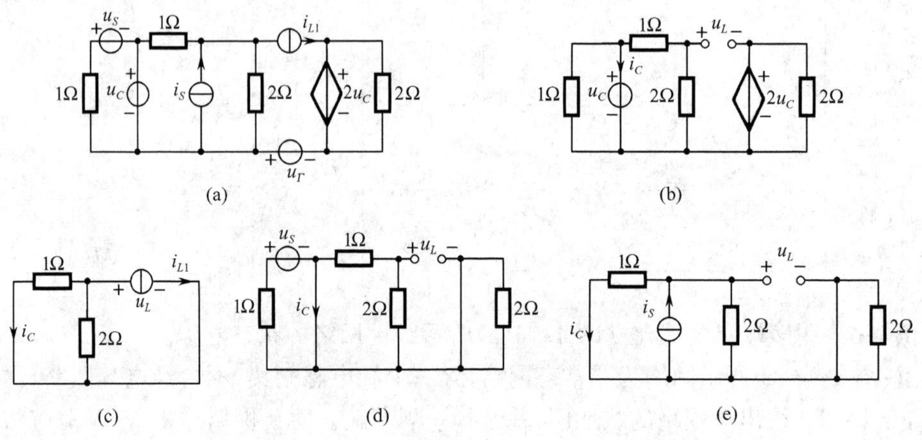

图 4-17

$$-H_{CL}=-\frac{2}{3}\qquad -H_{LL}=-\frac{2}{3}$$

在独立电压源 u_S 单独作用下(图 4-17(d))求 i_C 和 u_L,得

$$i_C=-u_S\qquad u_L=0$$

根据式(4-6-8)和(4-6-9)有

$$-H_{CV}=-1\qquad -H_{LV}=0$$

在独立电流源 i_S 单独作用下(图 4-17(e))求 i_C 和 u_L,得

$$i_C=\frac{2}{3}i_S\qquad u_L=\frac{2}{3}i_S$$

由式(4-6-10)和(4-6-11)可得

$$-H_{CI}=\frac{2}{3}\qquad -H_{LI}=\frac{2}{3}$$

将以上所求系数代入式(4-6-1)并写成矩阵形式

$$\begin{bmatrix}2\dot{u}_{C2}\\3\dot{i}_{L1}\end{bmatrix}=\begin{bmatrix}-\frac{4}{3}&-\frac{2}{3}\\-\frac{4}{3}&-\frac{2}{3}\end{bmatrix}\begin{bmatrix}u_C\\i_{L1}\end{bmatrix}+\begin{bmatrix}-1&\frac{2}{3}\\0&\frac{2}{3}\end{bmatrix}\begin{bmatrix}u_S\\i_S\end{bmatrix}$$

网络的状态方程为

$$\begin{bmatrix}\dot{u}_{C2}\\\dot{i}_{L1}\end{bmatrix}=\begin{bmatrix}-\frac{2}{3}&-\frac{1}{3}\\-\frac{4}{9}&-\frac{2}{9}\end{bmatrix}\begin{bmatrix}u_C\\i_{L1}\end{bmatrix}+\begin{bmatrix}-\frac{1}{2}&\frac{1}{3}\\0&\frac{2}{9}\end{bmatrix}\begin{bmatrix}u_S\\i_S\end{bmatrix}$$

4-7　状态方程的时域解

在第 4-3～4-5 节,我们介绍了建立线性网络状态方程的方法。只要给定初始条件和激励函数,我们就可以求解网络的状态方程。一般而言,线性时不变网络状态方程的解析

解是能够获得的。而线性时变网络或非线性网络的状态方程，则通常需要用数值方法求解。本节主要研究线性时不变网络状态方程的时域解法。首先介绍状态方程时域解的形式，然后介绍在时域解中出现的状态转移矩阵的计算方法。

4-7-1 状态方程时域解的形式

一个具有 n 个状态变量、m 个激励源的线性网络的状态方程一般可表示为

$$\dot{\boldsymbol{x}} = \boldsymbol{A}\boldsymbol{x} + \boldsymbol{B}_1\boldsymbol{f} + \boldsymbol{B}_2\dot{\boldsymbol{f}} \tag{4-7-1}$$

式中 $\boldsymbol{x}$ 和 $\boldsymbol{f}$ 分别表示状态变量的 n 维向量和输入激励的 m 维向量。$\dot{\boldsymbol{x}}$ 和 $\dot{\boldsymbol{f}}$ 分别表示状态变量和激励函数的一阶导数构成的向量。对于线性时不变网络，系数矩阵 $\boldsymbol{A}$、$\boldsymbol{B}_1$、$\boldsymbol{B}_2$ 均为常数矩阵。对于线性时变网络，系数矩阵 $\boldsymbol{A}$、$\boldsymbol{B}_1$ 和 $\boldsymbol{B}_2$ 均为函数矩阵，其中各元素是时间 t 的函数。令

$$\boldsymbol{x} = \bar{\boldsymbol{x}} + \boldsymbol{B}_2\boldsymbol{f} \tag{4-7-2}$$

则式(4-7-1)变成

$$\dot{\bar{\boldsymbol{x}}} = \boldsymbol{A}\bar{\boldsymbol{x}} + (\boldsymbol{B}_1 + \boldsymbol{A}\boldsymbol{B}_2)\boldsymbol{f} \tag{4-7-3}$$

令 $\boldsymbol{B}=\boldsymbol{B}_1+\boldsymbol{A}\boldsymbol{B}_2$，则式(4-7-3)可写为

$$\dot{\bar{\boldsymbol{x}}} = \boldsymbol{A}\bar{\boldsymbol{x}} + \boldsymbol{B}\boldsymbol{f} \tag{4-7-4}$$

可以看出，上式与式(4-1-6)所示线性常态网络的范式状态方程形式相同。因此，以下仅需寻求范式状态方程式(4-1-6)的解。如果网络的状态方程是式(4-7-1)的形式，可用式(4-7-2)变换为式(4-7-4)的形式，求出中间变量 $\bar{\boldsymbol{x}}$ 后，再根据式(4-7-2)求出原方程的解 $\boldsymbol{x}$。

设线性网络的状态方程及初始条件为

$$\dot{\boldsymbol{x}}(t) = \boldsymbol{A}\boldsymbol{x}(t) + \boldsymbol{B}\boldsymbol{f}(t) \tag{4-7-5a}$$

$$\boldsymbol{x}(t_0) = \boldsymbol{x}_0 \tag{4-7-5b}$$

下面用参数变易法求以上方程的解 $\boldsymbol{x}(t)$。令

$$\boldsymbol{x}(t) = \boldsymbol{W}(t)\boldsymbol{x}_1(t) \tag{4-7-6}$$

式中 $\boldsymbol{W}(t)$称为基本矩阵(fundamental matrix)，它是一个在 $t\geqslant t_0$ 的整个有限时域内的 n 阶非奇异方阵。将式(4-7-6)代入式(4-7-5a)，经整理得

$$\left(\frac{\mathrm{d}\boldsymbol{W}(t)}{\mathrm{d}t} - \boldsymbol{A}\boldsymbol{W}(t)\right)\boldsymbol{x}_1(t) = -\boldsymbol{W}\frac{\mathrm{d}\boldsymbol{x}_1(t)}{\mathrm{d}t} + \boldsymbol{B}\boldsymbol{f}(t) \tag{4-7-7}$$

为简化求解，将上式括号内的量设为零，即令

$$\frac{\mathrm{d}\boldsymbol{W}(t)}{\mathrm{d}t} - \boldsymbol{A}\boldsymbol{W}(t) = \boldsymbol{0} \tag{4-7-8}$$

则

$$\frac{\mathrm{d}\boldsymbol{x}_1(t)}{\mathrm{d}t} = \boldsymbol{W}^{-1}(t)\boldsymbol{B}\boldsymbol{f}(t) \tag{4-7-9}$$

将式(4-7-9)两端从 t_0 到 t 积分，得

$$\boldsymbol{x}_1(t) = \boldsymbol{x}_1(t_0) + \int_{t_0}^{t}\boldsymbol{W}^{-1}(\tau)\boldsymbol{B}\boldsymbol{f}(\tau)\mathrm{d}\tau \qquad (t \geqslant t_0) \tag{4-7-10}$$

由式(4-7-6)得

$$\boldsymbol{x}_1(t) = \boldsymbol{W}^{-1}(t)\boldsymbol{x}(t)$$

令 $t=t_0$，则

$$\boldsymbol{x}_1(t_0)=\boldsymbol{W}^{-1}(t_0)\boldsymbol{x}(t_0) \tag{4-7-11}$$

由式(4-7-6)、式(4-7-10)和式(4-7-11)得

$$\boldsymbol{x}(t)=\boldsymbol{W}(t)\boldsymbol{x}_1(t)=\boldsymbol{W}(t)\boldsymbol{W}^{-1}(t_0)\boldsymbol{x}(t_0)+\int_{t_0}^{t}\boldsymbol{W}(t)\boldsymbol{W}^{-1}(\tau)\boldsymbol{B}\boldsymbol{f}(\tau)\mathrm{d}\tau \quad (t\geqslant t_0) \tag{4-7-12}$$

定义状态转移矩阵为

$$\boldsymbol{\Phi}(t,\tau)=\boldsymbol{W}(t)\boldsymbol{W}^{-1}(\tau) \tag{4-7-13}$$

则式(4-7-12)改写为

$$\boldsymbol{x}(t)=\boldsymbol{\Phi}(t,t_0)\,\boldsymbol{x}_0+\int_{t_0}^{t}\boldsymbol{\Phi}(t,\tau)\boldsymbol{B}\boldsymbol{f}(\tau)\mathrm{d}\tau \quad (t\geqslant t_0) \tag{4-7-14}$$

式(4-7-13)所表示的向量函数即线性网络范式状态方程式(4-7-5)的解。对于时变网络，式中 $\boldsymbol{B}$ 为函数矩阵 $\boldsymbol{B}(\tau)$，$\boldsymbol{\Phi}(t,\tau)$ 的获得一般需用数值方法。

对于线性时不变网络，可以证明，$\boldsymbol{W}(t)\boldsymbol{W}^{-1}(\tau)$ 是变量 $(t-\tau)$ 的函数矩阵，即

$$\boldsymbol{\Phi}(t,\tau)=\boldsymbol{\Phi}(t-\tau)=\boldsymbol{W}(t)\boldsymbol{W}^{-1}(\tau) \tag{4-7-15}$$

则状态方程的时域解为

$$\boldsymbol{x}(t)=\boldsymbol{\Phi}(t-t_0)\,\boldsymbol{x}(t_0)+\int_{t_0}^{t}\boldsymbol{\Phi}(t-\tau)\boldsymbol{B}\boldsymbol{f}(\tau)\mathrm{d}\tau \quad (t\geqslant t_0) \tag{4-7-16}$$

在式(4-7-16)中，当激励函数 $\boldsymbol{f}(t)=\boldsymbol{0}$ 时，$\boldsymbol{x}(t)=\boldsymbol{\Phi}(t-t_0)\boldsymbol{x}(t_0)$，表明该网络从 t_0 时刻的状态向 t 时刻状态的转移决定于 $\boldsymbol{\Phi}(t)$，因此，矩阵 $\boldsymbol{\Phi}(t)$ 称为状态转移矩阵(state transition matrix)。

以下研究线性时不变网络的状态转移矩阵 $\boldsymbol{\Phi}(t)$ 的函数形式，为此，必须求解向量一阶齐次微分方程式(4-7-8)。首先考察一个标量一阶齐次微分方程的解。设一阶齐次微分方程和初始条件为

$$\frac{\mathrm{d}y}{\mathrm{d}t}-ay=0 \tag{4-7-17a}$$

$$y(t_0)=1 \tag{4-7-17b}$$

根据微分方程理论，以上方程的解为

$$y(t)=e^{a(t-t_0)} \tag{4-7-18}$$

对于向量方程式(4-7-8)，在给定初始条件 $\boldsymbol{W}(t_0)=\mathbf{1}$ 时也有类似形式的指数函数解，即

$$\boldsymbol{W}(t)=e^{\boldsymbol{A}(t-t_0)} \tag{4-7-19}$$

上式右端为矩阵指数函数，在其幂中含矩阵 $\boldsymbol{A}$。对式(4-7-19)形式的解现分析如下。

一个标量指数函数可以用一个无穷级数表示为

$$e^{at}=1+at+\frac{1}{2!}a^2t^2+\frac{1}{3!}a^3t^3+\cdots+\frac{1}{n!}a^nt^n+\cdots=\sum_{k=0}^{\infty}\frac{1}{k!}a^kt^k \tag{4-7-20}$$

仿照标量指数函数的做法，定义矩阵指数函数为

$$\begin{aligned} e^{\boldsymbol{A}t}&=\mathbf{1}+\boldsymbol{A}t+\frac{1}{2!}\boldsymbol{A}^2t^2+\frac{1}{3!}\boldsymbol{A}^3t^3+\cdots+\frac{1}{n!}\boldsymbol{A}^nt^n+\cdots \\ &=\sum_{k=0}^{\infty}\frac{1}{k!}\boldsymbol{A}^kt^k \end{aligned} \tag{4-7-21}$$

因为 $\boldsymbol{A}$ 是一个 n 阶方阵，所以 $e^{\boldsymbol{A}t}$ 也是一个 n 阶方阵。例如

$$\boldsymbol{A}=\begin{bmatrix}0 & 1\\3 & 2\end{bmatrix}\qquad \boldsymbol{A}^2=\begin{bmatrix}3 & 2\\6 & 7\end{bmatrix}\qquad \boldsymbol{A}^3=\begin{bmatrix}6 & 7\\21 & 20\end{bmatrix}$$

则

$$\begin{aligned}e^{\boldsymbol{A}t}&=\begin{bmatrix}1 & 0\\0 & 1\end{bmatrix}+\begin{bmatrix}0 & 1\\3 & 2\end{bmatrix}t+\frac{1}{2}\begin{bmatrix}3 & 2\\6 & 7\end{bmatrix}t^2+\frac{1}{6}\begin{bmatrix}6 & 7\\21 & 20\end{bmatrix}t^3+\cdots\\&=\begin{bmatrix}1+\dfrac{3}{2}t^2+t^3+\cdots & t+t^2+\dfrac{7}{6}t^3+\cdots\\3t+3t^2+\dfrac{7}{2}t^3+\cdots & 1+2t+\dfrac{7}{2}t^2+\dfrac{10}{3}t^3+\cdots\end{bmatrix}\end{aligned}$$

可以证明，对任何有限 t 值，矩阵 $e^{\boldsymbol{A}t}$ 中的每一个元素绝对收敛于时间 t 的一个连续函数，且在任何有限时间区间内一致收敛。因此，可将式(4-7-21)两端对 t 求导，得

$$\begin{aligned}\frac{\mathrm{d}}{\mathrm{d}t}[e^{\boldsymbol{A}t}]&=\boldsymbol{A}+\boldsymbol{A}^2t+\frac{1}{2!}\boldsymbol{A}^3t^2+\cdots\\&=\boldsymbol{A}\left(\boldsymbol{1}+\boldsymbol{A}t+\frac{1}{2!}\boldsymbol{A}^2t^2+\cdots\right)=\boldsymbol{A}e^{\boldsymbol{A}t}\end{aligned}\qquad(4\text{-}7\text{-}22)$$

由此看出，$\boldsymbol{W}(t)=e^{\boldsymbol{A}(t-t_0)}$ 是满足方程式(4-7-8)和初始条件 $\boldsymbol{W}(t_0)=\boldsymbol{1}$ 的惟一解答。

根据矩阵指数函数的定义式(4-7-21)，写出 $e^{-\boldsymbol{A}t}$ 的无穷级数展开式

$$e^{-\boldsymbol{A}t}=\sum_{k=0}^{\infty}(-1)^k\frac{1}{k!}\boldsymbol{A}^kt^k=\boldsymbol{1}-\boldsymbol{A}t+\frac{1}{2!}\boldsymbol{A}^2t^2-\frac{1}{3!}\boldsymbol{A}^3t^3+\cdots\qquad(4\text{-}7\text{-}23)$$

用式(4-7-21)右端的级数左乘式(4-7-23)中的级数，得

$$e^{\boldsymbol{A}t}\cdot e^{-\boldsymbol{A}t}=\boldsymbol{1}\qquad(4\text{-}7\text{-}24)$$

此式说明矩阵指数函数 $e^{\boldsymbol{A}t}$ 的逆矩阵存在，即 $\boldsymbol{W}(t)=e^{\boldsymbol{A}(t-t_0)}$ 对于 $t>t_0$ 是非奇异的。

矩阵

$$\boldsymbol{\Phi}(t-\tau)=\boldsymbol{W}(t)\boldsymbol{W}^{-1}(\tau)=e^{\boldsymbol{A}(t-t_0)}\cdot e^{-\boldsymbol{A}(\tau-t_0)}=e^{\boldsymbol{A}(t-\tau)}\qquad(4\text{-}7\text{-}25)$$

因此，状态转移矩阵的函数形式为

$$\boldsymbol{\Phi}(t)=e^{\boldsymbol{A}t}=\boldsymbol{1}+\boldsymbol{A}t+\frac{1}{2!}\boldsymbol{A}^2t^2+\frac{1}{3!}\boldsymbol{A}^3t^3+\cdots+\frac{1}{n!}\boldsymbol{A}^nt^n+\cdots\qquad(4\text{-}7\text{-}26)$$

于是，式(4-7-16)可表示为

$$\boldsymbol{x}(t)=e^{\boldsymbol{A}(t-t_0)}\boldsymbol{x}(t_0)+\int_{t_0}^{t}e^{\boldsymbol{A}(t-\tau)}\boldsymbol{Bf}(\tau)\mathrm{d}\tau\quad(t\geqslant t_0)\qquad(4\text{-}7\text{-}27)$$

式(4-7-27)就是线性时不变网络的状态方程式(4-7-5)的解。若初始时刻 $t_0=0$，则解为

$$\boldsymbol{x}(t)=e^{\boldsymbol{A}t}\boldsymbol{x}(0)+\int_{0}^{t}e^{\boldsymbol{A}(t-\tau)}\boldsymbol{Bf}(\tau)\mathrm{d}\tau\quad(t\geqslant 0)\qquad(4\text{-}7\text{-}28)$$

上式右端第一项为网络状态变量向量 $\boldsymbol{x}(t)$ 的零输入分量，第二项是状态变量向量 $\boldsymbol{x}(t)$ 的零状态分量。

4-7-2 状态转移矩阵的计算方法

由状态方程时域解的形式可知，计算状态转移矩阵是求状态方程时域解的关键。下

面介绍计算状态转移矩阵 $e^{\mathbf{A}t}$ 的几种方法。

(1)幂级数法

由于矩阵指数函数 $e^{\mathbf{A}t}$ 可以展开成收敛的幂级数，因此可取幂级数展开式中前 n 项作它的近似值，即

$$e^{\mathbf{A}t} = \mathbf{1} + \mathbf{A}t + \frac{1}{2!}\mathbf{A}^2t^2 + \frac{1}{3!}\mathbf{A}^3t^3 + \cdots + \frac{1}{n!}\mathbf{A}^nt^n \tag{4-7-29}$$

如果将 n 取得足够大，可使上式左右两端近似相等。当 t 值不大时，可用此关系式来计算 $e^{\mathbf{A}t}$。然而当 n 较大时，手工计算 $\mathbf{A}^n$ 是非常困难的，一般需用计算机计算。这种方法的优点是编制程序简单，主要缺点是当 t 值较大时，计算精度较差，计算时间较长，因此这种方法不常用。

(2)矩阵函数的有限项表示法。

首先介绍矩阵函数的定义和有关定理。

定义 4-1　矩阵函数。

若标量函数 $f(\lambda)$ 可用收敛的幂级数表示为

$$f(\lambda) = a_0 + a_1\lambda + a_2\lambda^2 + \cdots + a_k\lambda^k + \cdots = \sum_{k=0}^{\infty} a_k\lambda^k \tag{4-7-30}$$

则由下列关系确定的 $f(\mathbf{A})$ 称为矩阵 $\mathbf{A}$ 的函数：

$$f(\mathbf{A}) = a_0\mathbf{1} + a_1\mathbf{A} + a_2\mathbf{A}^2 + \cdots + a_k\mathbf{A}^k + \cdots = \sum_{k=0}^{\infty} a_k\mathbf{A}^k \tag{4-7-31}$$

其中 $\mathbf{A}^0$ 表示单位阵。

矩阵函数 $f(\mathbf{A})$ 本身就是一个矩阵，它的每一个元素都是一个无穷级数。如果每一个元素的级数收敛，则说明这个矩阵函数收敛。显然，状态转移矩阵 $e^{\mathbf{A}t}$ 是一种矩阵函数。

若 $\mathbf{A}$ 为 n 阶方阵，则 $\mathbf{A}$ 的特征多项式定义为

$$q(\lambda) = \det(\mathbf{A} - \lambda\mathbf{1}) \tag{4-7-32}$$

方程 $q(\lambda)=\det(\mathbf{A}-\lambda\mathbf{1})=0$ 称为 $\mathbf{A}$ 的特征方程。

可以看出，$q(\lambda)$ 是 λ 的 n 次多项式，可将其写为

$$q(\lambda) = \sum_{i=0}^{n} a_i\lambda^i \tag{4-7-33}$$

式中 a_i 是标量常数。

特征多项式 $q(\lambda)$ 的根称为矩阵 $\mathbf{A}$ 的特征值或特征根。因 $q(\lambda)$ 是 λ 的 n 次多项式，故 $\mathbf{A}$ 应有 n 个特征值。它们可能为实数，也可能为复数。

定理 4-1　凯莱-哈密顿定理。

任何方阵 $\mathbf{A}$ 都满足其本身的特征方程，即

$$q(\mathbf{A}) = \sum_{i=0}^{n} a_i\mathbf{A}^i = \mathbf{0} \tag{4-7-34}$$

证明：根据逆矩阵的计算式：

$$(\mathbf{A} - \lambda\mathbf{1})^{-1} = \frac{1}{\det(\mathbf{A} - \lambda\mathbf{1})}\operatorname{adj}(\mathbf{A} - \lambda\mathbf{1}) \tag{4-7-35}$$

式中 $\operatorname{adj}(\mathbf{A}-\lambda\mathbf{1})$ 为矩阵 $(\mathbf{A}-\lambda\mathbf{1})$ 的伴随矩阵，它仍为 n 阶方阵，但其各元素是关于 λ 的 $n-1$ 次多项式。因此，我们可以将它表示为

$$\mathrm{adj}(\boldsymbol{A}-\lambda\boldsymbol{1}) = \boldsymbol{B}_0 + \lambda\boldsymbol{B}_1 + \lambda^2\boldsymbol{B}_2 + \cdots + \lambda^{n-1}\boldsymbol{B}_{n-1} \tag{4-7-36}$$

式中 $\boldsymbol{B}_0$、$\boldsymbol{B}_1$、$\boldsymbol{B}_2$，…，$\boldsymbol{B}_{n-1}$ 是 n 阶常数矩阵。

由式(4-7-35)和式(4-7-32)得

$$\boldsymbol{q}(\lambda)\boldsymbol{1} = (\boldsymbol{A}-\lambda\boldsymbol{1})\mathrm{adj}(\boldsymbol{A}-\lambda\boldsymbol{1}) \tag{4-7-37}$$

即

$$\left(\sum_{i=0}^{n} a_i\lambda^i\right)\boldsymbol{1} = (\boldsymbol{A}-\lambda\boldsymbol{1})(\boldsymbol{B}_0 + \lambda\boldsymbol{B}_1 + \lambda^2\boldsymbol{B}_2 + \cdots + \lambda^{n-1}\boldsymbol{B}_{n-1}) \tag{4-7-38}$$

比较式(4-7-38)两端 λ 同次幂的系数，可得

$$\begin{aligned}
a_0\boldsymbol{1} &= \boldsymbol{A}\boldsymbol{B}_0 \\
a_1\boldsymbol{1} &= \boldsymbol{A}\boldsymbol{B}_1 - \boldsymbol{B}_0 \\
a_2\boldsymbol{1} &= \boldsymbol{A}\boldsymbol{B}_2 - \boldsymbol{B}_1 \\
&\vdots \\
a_{n-1}\boldsymbol{1} &= \boldsymbol{A}\boldsymbol{B}_{n-1} - \boldsymbol{B}_{n-2} \\
a_n\boldsymbol{1} &= -\boldsymbol{B}_{n-1}
\end{aligned}$$

以 $\boldsymbol{A}$ 左乘上列第二式，以 $\boldsymbol{A}^2$ 左乘上列第三式，依此类推，然后将各式相加得

$$a_0\boldsymbol{1} + a_1\boldsymbol{A} + a_2\boldsymbol{A}^2 + \cdots + a_{n-1}\boldsymbol{A}^{n-1} + a_n\boldsymbol{A}^n = \boldsymbol{0} \tag{4-7-39}$$

即

$$\sum_{i=0}^{n} a_i\boldsymbol{A}^i = q(\boldsymbol{A}) = \boldsymbol{0}$$

（证毕）

定理 4-2 若 $f(\boldsymbol{A})$ 为 n 阶方阵 $\boldsymbol{A}$ 的函数，则矩阵函数 $f(\boldsymbol{A})$ 可用 $\boldsymbol{A}$ 的 $(n-1)$ 次多项式表示为

$$f(\boldsymbol{A}) = a_0\boldsymbol{1} + a_1\boldsymbol{A} + a_2\boldsymbol{A}^2 + \cdots + a_{n-1}\boldsymbol{A}^{n-1} \tag{4-7-40}$$

其中 $a_0, a_1, a_2, \cdots, a_{n-1}$ 都是标量。

证明：首先考察与矩阵函数 $f(\boldsymbol{A})$ 相对应的标量函数 $f(\lambda)$ 的展开式。将式(4-7-30)中的无穷级数在 $k=i$ 处截断，并使 $i>n$，得到以下有限项的多项式

$$f_i(\lambda) = \sum_{k=0}^{i} a_k\lambda^k \tag{4-7-41}$$

多项式 $f_i(\lambda)$ 可表示为二多项式之积（使其中之一为 $\boldsymbol{A}$ 的特征多项式 $q(\lambda)$）再加余式，即

$$f_i(\lambda) = q(\lambda)g_i(\lambda) + \sum_{k=0}^{n-1} a_{ik}\lambda^k \tag{4-7-42}$$

上式右端第一项中的 $q(\lambda)$ 为 n 次，$g_i(\lambda)$ 为 $(i-n)$ 次多项式，第二项为余式，它是一个 $(n-1)$ 次多项式。因级数式(4-7-30)收敛，故可对式(4-7-42)取 $i\to\infty$ 时的极限，得

$$\lim_{i\to\infty} f_i(\lambda) = q(\lambda)\cdot\lim_{i\to\infty} g_i(\lambda) + \sum_{k=0}^{n-1}(\lim_{i\to\infty} a_{ik})\lambda^k$$

即

$$f(\lambda) = q(\lambda)g(\lambda) + \sum_{k=0}^{n-1} a_k\lambda^k \tag{4-7-43}$$

用 $\boldsymbol{A}$ 置换上式中的 λ，有

$$f(\mathbf{A}) = q(\mathbf{A})g(\mathbf{A}) + \sum_{k=0}^{n-1} a_k \mathbf{A}^k \tag{4-7-44}$$

根据凯莱-哈密顿定理，$q(\mathbf{A})=\mathbf{0}$，故

$$f(\mathbf{A}) = \sum_{k=0}^{n-1} a_k \mathbf{A}^k = a_0 \mathbf{1} + a_1 \mathbf{A} + a_2 \mathbf{A}^2 + \cdots + a_{n-1} \mathbf{A}^{n-1}$$

（证毕）

状态转移矩阵 $e^{\mathbf{A}t}$ 是一个特定的矩阵函数，根据定理 4-2，可将其用有限项的多项式表示为

$$e^{\mathbf{A}t} = a_0 \mathbf{1} + a_1 \mathbf{A} + a_2 \mathbf{A}^2 + \cdots + a_{n-1} \mathbf{A}^{n-1} \tag{4-7-45}$$

式中系数 $a_0, a_1, a_2, \cdots, a_{n-1}$ 都是时间的标量函数。显然，由式(4-7-45)计算 $e^{\mathbf{A}t}$ 比直接用式(4-7-21)计算节省许多工作量，且不引入误差。用式(4-7-45)计算 $e^{\mathbf{A}t}$，归结为求系数 a_i 的问题，下面就矩阵 $\mathbf{A}$ 的特征方程无重根和有重根两种情况分别进行讨论。

① 特征方程无重根。

设矩阵 $\mathbf{A}$ 的特征值分别为 $\lambda_1, \lambda_2, \cdots, \lambda_n$，且它们互不相同，则 $\mathbf{A}$ 的特征多项式为

$$q(\lambda) = (\lambda - \lambda_1)(\lambda - \lambda_2)\cdots(\lambda - \lambda_n) \tag{4-7-46}$$

由式(4-7-43)有

$$f(\lambda) = e^{\lambda t} = g(\lambda)(\lambda - \lambda_1)(\lambda - \lambda_2)\cdots(\lambda - \lambda_n) + \sum_{k=0}^{n-1} a_i \lambda^k \tag{4-7-47}$$

在上式中依次令 λ 等于 $\lambda_1, \lambda_2, \cdots, \lambda_n$，等式右端第一项均等于零，这样可得到关于 n 个未知函数 $a_0, a_1, \cdots, a_{n-1}$ 的 n 个方程：

$$\begin{aligned}
e^{\lambda_1 t} &= a_0 + a_1\lambda_1 + a_2\lambda_1^2 + \cdots + a_{n-1}\lambda_1^{n-1} \\
e^{\lambda_2 t} &= a_0 + a_1\lambda_2 + a_2\lambda_2^2 + \cdots + a_{n-1}\lambda_2^{n-1} \\
&\vdots \\
e^{\lambda_n t} &= a_0 + a_1\lambda_n + a_2\lambda_n^2 + \cdots + a_{n-1}\lambda_n^{n-1}
\end{aligned}$$

将以上 n 个方程写为一个矩阵形式的方程：

$$\begin{bmatrix} 1 & \lambda_1 & \lambda_1^2 & \cdots & \lambda_1^{n-1} \\ 1 & \lambda_2 & \lambda_2^2 & \cdots & \lambda_2^{n-1} \\ \vdots & \vdots & \vdots & & \vdots \\ 1 & \lambda_n & \lambda_n^2 & \cdots & \lambda_n^{n-1} \end{bmatrix} \begin{bmatrix} a_0 \\ a_1 \\ a_2 \\ \vdots \\ a_{n-1} \end{bmatrix} = \begin{bmatrix} e^{\lambda_1 t} \\ e^{\lambda_2 t} \\ \vdots \\ e^{\lambda_n t} \end{bmatrix} \tag{4-7-48}$$

上式左端的 $n \times n$ 系数矩阵称为范得蒙德矩阵(Vandermonde matrix)。因为 $\lambda_i (i=1, 2, \cdots, n)$ 中无相同值，因此它是一个非奇异阵。求出 $a_k (k=0, 1, 2, \cdots, n-1)$ 后代入式(4-7-45)，便可得到所求的状态转移矩阵 $e^{\mathbf{A}t}$。

例 4-7 若 $\mathbf{A} = \begin{bmatrix} 1 & 0 \\ 1 & -1 \end{bmatrix}$，试求状态转移矩阵 $e^{\mathbf{A}t}$。

解：因为矩阵 $\mathbf{A}$ 的特征多项式为

$$q(\lambda) = \det[\mathbf{A} - \lambda\mathbf{1}] = \begin{vmatrix} 1-\lambda & 0 \\ 1 & -(1+\lambda) \end{vmatrix} = (1+\lambda)(\lambda - 1)$$

$\boldsymbol{A}$ 的特征值为 $\lambda_1=-1,\lambda_2=1$。由于 $\boldsymbol{A}$ 矩阵为 2 阶，则由式(4-7-48)有

$$\begin{bmatrix}1 & -1\\1 & 1\end{bmatrix}\begin{bmatrix}a_0\\a_1\end{bmatrix}=\begin{bmatrix}e^{-t}\\e^{t}\end{bmatrix}$$

$$\begin{bmatrix}a_0\\a_1\end{bmatrix}=\frac{1}{2}\begin{bmatrix}1 & 1\\-1 & 1\end{bmatrix}\begin{bmatrix}e^{-t}\\e^{t}\end{bmatrix}=\begin{bmatrix}\frac{1}{2}e^{-t}+\frac{1}{2}e^{t}\\ \frac{1}{2}e^{t}-\frac{1}{2}e^{-t}\end{bmatrix}$$

根据式(4-7-45)可得状态转移矩阵：

$$\begin{aligned}e^{\boldsymbol{A}t}=a_0\boldsymbol{1}+a_1\boldsymbol{A}&=\left[\frac{1}{2}e^{-t}+\frac{1}{2}e^{t}\right]\begin{bmatrix}1 & 0\\0 & 1\end{bmatrix}\\&\quad+\left[\frac{1}{2}e^{t}-\frac{1}{2}e^{-t}\right]\begin{bmatrix}1 & 0\\1 & -1\end{bmatrix}\\&=\begin{bmatrix}e^{t} & 0\\ \frac{1}{2}(e^{t}-e^{-t}) & e^{-t}\end{bmatrix}\end{aligned}$$

② 特征方程有重根。

设 n 阶矩阵 $\boldsymbol{A}$ 的特征多项式有重根。λ_1 为 m_1 个重根，λ_2 为 m_2 个重根，…，λ_p 为 m_p 个重根，$\sum_{j=1}^{p}m_j=n$，p 为不相同的特征值的个数。则矩阵 $\boldsymbol{A}$ 的特征多项式为

$$q(\lambda)=\det(\boldsymbol{A}-\lambda\boldsymbol{1})=(\lambda-\lambda_1)^{m_1}(\lambda-\lambda_2)^{m_2}\cdots(\lambda-\lambda_p)^{m_p}\tag{4-7-49}$$

于是，式(4-7-43)可写为

$$f(\lambda)=g(\lambda)(\lambda-\lambda_1)^{m_1}(\lambda-\lambda_2)^{m_2}\cdots(\lambda-\lambda_p)^{m_p}+\sum_{k=0}^{n-1}a_k\lambda^k\tag{4-7-50}$$

在式(4-7-50)中，依次令 λ 等于 $\lambda_1,\lambda_2,\cdots,\lambda_p$，得到含有 n 个未知函数 $a_k(k=0,1,2,\cdots,n-1)$ 的 p 个线性独立方程：

$$\left.\begin{aligned}e^{\lambda_1 t}&=a_0+a_1\lambda_1+a_2\lambda_1^2+\cdots+a_{n-1}\lambda_1^{n-1}\\e^{\lambda_2 t}&=a_0+a_1\lambda_2+a_2\lambda_2^2+\cdots+a_{n-1}\lambda_2^{n-1}\\&\vdots\\e^{\lambda_p t}&=a_0+a_1\lambda_p+a_2\lambda_p^2+\cdots+a_{n-1}\lambda_p^{n-1}\end{aligned}\right\}\tag{4-7-51}$$

要求出未知函数 $a_k(k=0,1,2,\cdots,n-1)$，还需列出另外 $n-p$ 个线性独立方程。其方法是将式(4-7-50)对 λ 连续求导，从 1 阶至 m_1-1 阶，每次求导后令 λ 等于 λ_1，这样可获得 m_1-1 个方程。同理，对于特征方程的其他重根做类似处理，最后总计获得

$$(m_1-1)+(m_2-1)+\cdots+(m_p-1)=n-p$$

个方程。连同式(4-7-51)中的 p 个方程，得到下列含 n 个未知函数 $a_0,a_1,\cdots,a_{n-1}$ 的 n 个方程：

$$
\left.\begin{aligned}
e^{\lambda_1 t} &= a_0 + a_1\lambda_1 + a_2\lambda_1^2 + \cdots + a_{n-1}\lambda_1^{n-1} \\
\frac{d}{d\lambda}e^{\lambda t}\bigg|_{\lambda=\lambda_1} &= \frac{d}{d\lambda}(a_0 + a_1\lambda + a_2\lambda^2 + \cdots + a_{n-1}\lambda^{n-1})\bigg|_{\lambda=\lambda_1} \\
&\vdots \\
\frac{d^{m_1-1}}{d\lambda^{m_1-1}}e^{\lambda t}\bigg|_{\lambda=\lambda_1} &= \frac{d^{m_1-1}}{d\lambda^{m_1-1}}(a_0 + a_1\lambda + a_2\lambda^2 + \cdots + a_{n-1}\lambda^{n-1})\bigg|_{\lambda=\lambda_1} \\
&\vdots \\
e^{\lambda_p t} &= a_0 + a_1\lambda_p + a_2\lambda_p^2 + \cdots + a_{n-1}\lambda_p^{n-1} \\
\frac{d}{d\lambda}e^{\lambda t}\bigg|_{\lambda=\lambda_p} &= \frac{d}{d\lambda_p}(a_0 + a_1\lambda_p + a_2\lambda_p^2 + \cdots + a_{n-1}\lambda_p^{n-1})\bigg|_{\lambda=\lambda_p} \\
&\vdots \\
\frac{d^{m_p-1}}{d\lambda^{m_p-1}}e^{\lambda t}\bigg|_{\lambda=\lambda_p} &= \frac{d^{m_p-1}}{d\lambda^{m_p-1}}(a_0 + a_1\lambda + a_2\lambda^2 + \cdots + a_{n-1}\lambda^{n-1})\bigg|_{\lambda=\lambda_p}
\end{aligned}\right\} \quad (4\text{-}7\text{-}52)
$$

联立求解式(4-7-52)所示方程组,便可确定未知函数 $a_0, a_1, \cdots, a_{n-1}$。

例 4-8 已知 $\mathbf{A}=\begin{bmatrix}2 & 0 & 0\\0 & 2 & 0\\0 & 2 & 1\end{bmatrix}$,试求状态转移矩阵 $e^{\mathbf{A}t}$。

解:矩阵 **A** 的阶数为 $n=3$,其特征方程为

$$\det(\mathbf{A}-\lambda\mathbf{1}) = (2-\lambda)(2-\lambda)(1-\lambda) = 0$$

特征值为 $\lambda_1=2$(二重根) $\lambda_2=1$

由(4-7-52)得

$$
\begin{aligned}
e^{\lambda_1 t} &= a_0 + a_1\lambda_1 + a_2\lambda_1^2 \\
\frac{d}{d\lambda}e^{\lambda t}\bigg|_{\lambda=\lambda_1} &= a_1 + 2a_2\lambda_1 \\
e^{\lambda_2 t} &= a_0 + a_1\lambda_2 + a_2\lambda_2^2
\end{aligned}
$$

代入 $\lambda_1=2, \lambda_2=1$,则有

$$
\begin{aligned}
a_0 + 2a_1 + 4a_2 &= e^{2t} \\
a_1 + 4a_2 &= te^{2t} \\
a_0 + a_1 + a_2 &= e^t
\end{aligned}
$$

联立求解以上三式得

$$
\begin{aligned}
a_0 &= 2te^{2t} - 3e^{2t} + 4e^t \\
a_1 &= -3te^{2t} + 4e^{2t} - 4e^t \\
a_2 &= te^{2t} - e^{2t} + e^t
\end{aligned}
$$

由(4-7-45)可得状态转移矩阵

$$e^{\mathbf{A}t} = a_0\mathbf{1} + a_1\mathbf{A} + a_2\mathbf{A}^2 = \begin{bmatrix}e^{2t} & 0 & 0\\0 & e^{2t} & 0\\0 & 2(e^{2t}-e^t) & e^t\end{bmatrix}$$

(3)通过相似变换求状态转移矩阵 $e^{\mathbf{A}t}$。

定义 4-2 相似矩阵。

若 $\boldsymbol{A}$、$\boldsymbol{B}$ 都是 $n\times n$ 阵，如果存在 $n\times n$ 的非奇异矩阵 $\boldsymbol{P}$，以使

$$\boldsymbol{B}=\boldsymbol{P}^{-1}\boldsymbol{A}\boldsymbol{P} \tag{4-7-53}$$

则称 $\boldsymbol{A}$ 与 $\boldsymbol{B}$ 是相似矩阵(similar matrix)，$\boldsymbol{P}$ 称为模态矩阵(modal matrix)。上式右端的运算称为矩阵 $\boldsymbol{P}$ 对矩阵 $\boldsymbol{A}$ 进行相似变换。

因为 $\boldsymbol{P}$ 是非奇异的，式(4-7-53)又可写为

$$\boldsymbol{P}\boldsymbol{B}=\boldsymbol{A}\boldsymbol{P} \tag{4-7-54}$$

或

$$\boldsymbol{A}=\boldsymbol{P}\boldsymbol{B}\boldsymbol{P}^{-1} \tag{4-7-55}$$

定理 4-3 相似矩阵具有相同的特征多项式，因此，具有相同的特征值。

证明：若 $\boldsymbol{A}$ 与 $\boldsymbol{B}$ 为相似矩阵，即

$$\boldsymbol{B}=\boldsymbol{P}^{-1}\boldsymbol{A}\boldsymbol{P}$$

令 $q_A(\lambda)$ 和 $q_B(\lambda)$ 分别表示矩阵 $\boldsymbol{A}$ 和 $\boldsymbol{B}$ 的特征多项式，即

$$q_A(\lambda)=\det(\boldsymbol{A}-\lambda\boldsymbol{1})$$

$$q_B(\lambda)=\det(\boldsymbol{B}-\lambda\boldsymbol{1})$$

$$\begin{aligned}q_B(\lambda)&=\det(\boldsymbol{P}^{-1}\boldsymbol{A}\boldsymbol{P}-\lambda\boldsymbol{1})=\det(\boldsymbol{P}^{-1}\boldsymbol{A}\boldsymbol{P}-\lambda\boldsymbol{P}^{-1}\boldsymbol{P})=\det\lfloor\boldsymbol{P}^{-1}(\boldsymbol{A}-\lambda\boldsymbol{1})\boldsymbol{P}\rfloor\\&=\det(\boldsymbol{P}^{-1})\det(\boldsymbol{A}-\lambda\boldsymbol{1})\det(\boldsymbol{P})=\det(\boldsymbol{A}-\lambda\boldsymbol{1})=q_A(\lambda)\end{aligned}$$

(证毕)

下面讨论如何通过相似变换求状态转移矩阵 $e^{\boldsymbol{A}t}$。仍按 n 阶方阵 $\boldsymbol{A}$ 的特征方程有无重根分别讨论。

① 设 n 阶方阵 $\boldsymbol{A}$ 的特征方程无重根，且特征值为 $\lambda_1,\lambda_2,\cdots,\lambda_n$。定义对角阵 $\boldsymbol{\Lambda}$ 为

$$\boldsymbol{\Lambda}=\begin{bmatrix}\lambda_1 & 0 & \cdots & 0\\ 0 & \lambda_2 & \cdots & 0\\ \vdots & \vdots & \ddots & \vdots\\ 0 & 0 & \cdots & \lambda_n\end{bmatrix} \tag{4-7-56}$$

$\boldsymbol{\Lambda}$ 称为 $\boldsymbol{A}$ 的特征值矩阵。可以证明，$\boldsymbol{\Lambda}$ 与 $\boldsymbol{A}$ 是相似矩阵。即存在非奇异矩阵 $\boldsymbol{P}$，使

$$\boldsymbol{P}\boldsymbol{\Lambda}=\boldsymbol{A}\boldsymbol{P} \tag{4-7-57}$$

或

$$\boldsymbol{\Lambda}=\boldsymbol{P}^{-1}\boldsymbol{A}\boldsymbol{P} \tag{4-7-58}$$

因为

$$e^{\boldsymbol{A}}=\boldsymbol{1}+\boldsymbol{A}+\frac{1}{2!}\boldsymbol{A}^2+\cdots$$

$$e^{\boldsymbol{\Lambda}}=\boldsymbol{1}+\boldsymbol{\Lambda}+\frac{1}{2!}\boldsymbol{\Lambda}^2+\cdots$$

所以

$$\begin{aligned}\boldsymbol{P}^{-1}e^{\boldsymbol{A}}\boldsymbol{P}&=\boldsymbol{P}^{-1}\left[\boldsymbol{1}+\boldsymbol{A}+\frac{1}{2!}\boldsymbol{A}^2+\cdots\right]\boldsymbol{P}\\&=\boldsymbol{1}+\boldsymbol{P}^{-1}\boldsymbol{A}\boldsymbol{P}+\frac{1}{2!}\boldsymbol{P}^{-1}\boldsymbol{A}^2\boldsymbol{P}+\cdots\end{aligned}$$

$$= \mathbf{1} + \boldsymbol{\Lambda} + \frac{1}{2!}\boldsymbol{\Lambda}^2 + \cdots = e^{\boldsymbol{\Lambda}} \tag{4-7-59}$$

上式表明，矩阵 e^{At} 与 $e^{\Lambda t}$ 也是相似的。

由于 $\boldsymbol{\Lambda}$ 是对角阵，它的任意次幂可以直接写出

$$\boldsymbol{\Lambda}^k = \begin{bmatrix} \lambda_1^k & 0 & 0 & \cdots & 0 \\ 0 & \lambda_2^k & 0 & \cdots & 0 \\ 0 & 0 & \lambda_3^k & \cdots & 0 \\ \vdots & \vdots & \vdots & \ddots & \vdots \\ 0 & 0 & 0 & \cdots & \lambda_n^k \end{bmatrix} \tag{4-7-60}$$

因此

$$e^{\boldsymbol{\Lambda}} = \sum_{k=0}^{\infty} \frac{1}{k!}\boldsymbol{\Lambda}^k = \begin{bmatrix} \sum\limits_{k=0}^{\infty} \dfrac{\lambda_1^k}{k!} & 0 & \cdots & 0 \\ 0 & \sum\limits_{k=0}^{\infty} \dfrac{\lambda_2^k}{k!} & 0 & 0 \\ \vdots & \vdots & \ddots & \vdots \\ 0 & 0 & \cdots & \sum\limits_{k=0}^{\infty} \dfrac{\lambda_n^k}{k!} \end{bmatrix} = \begin{bmatrix} e^{\lambda_1} & 0 & \cdots & 0 \\ 0 & e^{\lambda_2} & \cdots & 0 \\ \vdots & \vdots & \ddots & \vdots \\ 0 & 0 & \cdots & e^{\lambda_n} \end{bmatrix} \tag{4-7-61}$$

由此可见，$e^{\boldsymbol{\Lambda}}$ 也是对角阵，其主对角线上的元素 $e^{\lambda_1}, e^{\lambda_2}, \cdots, e^{\lambda_n}$ 就是 $e^{\boldsymbol{\Lambda}}$ 的特征值。因为 $e^{\boldsymbol{A}}$ 与 $e^{\boldsymbol{\Lambda}}$ 是相似矩阵，所以 $e^{\lambda_1}, e^{\lambda_2}, \cdots, e^{\lambda_n}$ 也是矩阵 $e^{\boldsymbol{A}}$ 的特征值。

用相似变换求状态转换矩阵的步骤可归纳如下：

第 1 步：写出矩阵 $\boldsymbol{A}$ 的特征方程式，并求出特征根（假设无重根）。

第 2 步：用特征值为元素建立对角阵 $\boldsymbol{\Lambda}$。

第 3 步：求出模态矩阵 $\boldsymbol{P}$，使它满足 $\boldsymbol{P\Lambda}=\boldsymbol{AP}$。

第 4 步：按照下式计算状态转移矩阵

$$e^{\boldsymbol{A}t} = \boldsymbol{P}e^{\boldsymbol{\Lambda}t}\boldsymbol{P}^{-1}$$

其中

$$e^{\boldsymbol{\Lambda}t} = \begin{bmatrix} e^{\lambda_1 t} & 0 & \cdots & 0 \\ 0 & e^{\lambda_2 t} & \cdots & 0 \\ \vdots & \vdots & \ddots & \vdots \\ 0 & 0 & \cdots & e^{\lambda_n t} \end{bmatrix}$$

由此看出，用相似变换求状态转移矩阵 e^{At} 的关键问题是如何求出模态矩阵 $\boldsymbol{P}$。首先通过一个例子介绍一种根据式(4-7-57)直接求矩阵 $\boldsymbol{P}$ 的方法。

例 4-9 若 $\boldsymbol{A}=\begin{bmatrix} 2 & 0 \\ 1 & 3 \end{bmatrix}$，试求关于 $\boldsymbol{A}$ 的模态矩阵 $\boldsymbol{P}$。

解：矩阵 $\boldsymbol{A}$ 的特征方程为

$$\det(\boldsymbol{A} - \lambda\mathbf{1}) = (2-\lambda)(3-\lambda) = 0$$

特征值为

$$\lambda_1 = 2 \qquad \lambda_2 = 3$$

$\boldsymbol{A}$ 的特征值矩阵

$$\boldsymbol{\Lambda} = \begin{bmatrix} 2 & 0 \\ 0 & 3 \end{bmatrix}$$

设模态矩阵为

$$\boldsymbol{P} = \begin{bmatrix} P_{11} & P_{12} \\ P_{21} & P_{22} \end{bmatrix}$$

则有

$$\begin{bmatrix} P_{11} & P_{12} \\ P_{21} & P_{22} \end{bmatrix} \begin{bmatrix} 2 & 0 \\ 0 & 3 \end{bmatrix} = \begin{bmatrix} 2 & 0 \\ 1 & 3 \end{bmatrix} \begin{bmatrix} P_{11} & P_{12} \\ P_{21} & P_{22} \end{bmatrix}$$

展开得

$$\begin{aligned} 2P_{11} &= 2P_{11} \\ 3P_{12} &= 2P_{12} \\ 2P_{21} &= P_{11} + 3P_{21} \\ 3P_{22} &= P_{12} + 3P_{22} \end{aligned}$$

联立求解得

$$P_{11} = 1 \quad P_{12} = 0 \quad P_{21} = -1 \quad P_{22} = 1$$

故

$$\boldsymbol{P} = \begin{bmatrix} 1 & 0 \\ -1 & 1 \end{bmatrix}$$

下面再介绍一种通过找出 $\boldsymbol{A}$ 的 n 个线性无关的特征向量来求模态矩阵 $\boldsymbol{P}$ 的方法。

设矩阵 $\boldsymbol{A}$ 的特征方程有 n 个不相等的根 $\lambda_1, \lambda_2, \cdots, \lambda_n$，则

$$\det(\boldsymbol{A} - \lambda_i \boldsymbol{1}) = \begin{vmatrix} a_{11} - \lambda_i & a_{12} & \cdots & a_{1n} \\ a_{21} & a_{22} - \lambda_i & \cdots & a_{2n} \\ \vdots & \vdots & \ddots & \vdots \\ a_{n1} & a_{n2} & \cdots & a_{nn} - \lambda_i \end{vmatrix} = 0 \quad (i = 1, 2, 3, \cdots, n) \tag{4-7-62}$$

令 $i=1$，并将行列式按第一行展开得

$$(a_{11} - \lambda_1) A_{111} + a_{12} A_{112} + \cdots + a_{1n} A_{11n} = 0 \tag{4-7-63}$$

即

$$a_{11} A_{111} + a_{12} A_{112} + \cdots + a_{1n} A_{11n} = \lambda_1 A_{111} \tag{4-7-64}$$

式中 $A_{111}, A_{112}, \cdots, A_{11n}$ 是与特征根 λ_1 相对应的行列式的第一行各元的代数余子式。根据行列式的性质，某一行各元素的代数余子式与另一行同列相应元素乘积的代数和等于零。因此有

$$\left.\begin{aligned} a_{21} A_{111} + (a_{22} - \lambda_1) A_{112} + \cdots + a_{1n} A_{11n} &= 0 \\ \vdots \qquad\qquad & \\ a_{n1} A_{111} + a_{n2} A_{112} + \cdots + (a_{nn} - \lambda_1) A_{11n} &= 0 \end{aligned}\right\} \tag{4-7-65}$$

或写为

$$\left.\begin{aligned} a_{21}A_{111}+a_{22}A_{112}+\cdots+a_{1n}A_{11n}&=\lambda_1 A_{112}\\ &\vdots\\ a_{n1}A_{111}+a_{n2}A_{112}+\cdots+a_{nn}A_{11n}&=\lambda_1 A_{11n}\end{aligned}\right\}\tag{4-7-66}$$

将式(4-7-64)与(4-7-66)写为一个矩阵形式的方程：

$$\begin{bmatrix} a_{11} & a_{12} & \cdots & a_{1n}\\ a_{21} & a_{22} & \cdots & a_{2n}\\ \vdots & \vdots & \ddots & \vdots\\ a_{n1} & a_{n2} & \cdots & a_{nn}\end{bmatrix}\begin{bmatrix} A_{111}\\ A_{112}\\ \vdots\\ A_{11n}\end{bmatrix}=\lambda_1\begin{bmatrix} A_{111}\\ A_{112}\\ \vdots\\ A_{11n}\end{bmatrix}\tag{4-7-67}$$

对于每一个特征值都可以写出类似的矩阵表达式，即

$$\begin{bmatrix} a_{11} & a_{12} & \cdots & a_{1n}\\ a_{21} & a_{22} & \cdots & a_{2n}\\ \vdots & \vdots & \ddots & \vdots\\ a_{n1} & a_{n2} & \cdots & a_{nn}\end{bmatrix}\begin{bmatrix} A_{i11}\\ A_{i12}\\ \vdots\\ A_{i1n}\end{bmatrix}=\lambda_i\begin{bmatrix} A_{i11}\\ A_{i12}\\ \vdots\\ A_{i1n}\end{bmatrix}\quad(i=1,2,\cdots,n)\tag{4-7-68}$$

或写为

$$\boldsymbol{A}\boldsymbol{Z}_i=\lambda_i\boldsymbol{Z}_i\quad(i=1,2,\cdots,n)\tag{4-7-69}$$

式中

$$\boldsymbol{Z}_i=[A_{i11}\ A_{i12}\cdots A_{i1n}]^{\mathrm{T}}\tag{4-7-70}$$

称为矩阵 $\boldsymbol{A}$ 对应于特征值 λ_i 的特征向量。

不难看出，由 n 个 n 维特征向量组成的 $n\times n$ 矩阵是一个满足式(4-7-57)的模态矩阵，即

$$\boldsymbol{P}=[\boldsymbol{Z}_1\quad \boldsymbol{Z}_2\quad \cdots\quad \boldsymbol{Z}_n]=\begin{bmatrix} A_{111} & A_{211} & \cdots & A_{n11}\\ A_{112} & A_{212} & \cdots & A_{n12}\\ \vdots & \vdots & \ddots & \vdots\\ A_{11n} & A_{21n} & \cdots & A_{n1n}\end{bmatrix}\tag{4-7-71}$$

因为假定 $\boldsymbol{A}$ 的特征方程无重根，$\boldsymbol{P}$ 矩阵的各列相互独立，所以模态矩阵 $\boldsymbol{P}$ 是非奇异的。同一矩阵 $\boldsymbol{A}$ 的模态矩阵并不是惟一的，将每一特征向量乘以不等于 0 的常数所组成的矩阵都能使式(4-7-57)成立。因此，模态矩阵又可写成如下一般形式：

$$\boldsymbol{P}=\begin{bmatrix} k_1A_{111} & k_2A_{211} & \cdots & k_nA_{n11}\\ k_1A_{112} & k_2A_{212} & \cdots & k_nA_{n12}\\ \vdots & \vdots & \ddots & \vdots\\ k_1A_{11n} & k_2A_{21n} & \cdots & k_nA_{n1n}\end{bmatrix}\tag{4-7-72}$$

其中 $k_1,k_2,\cdots,k_n$ 为不等于零的常数。

若出现 $A_{111}=A_{112}=\cdots=A_{11n}=0$ 的情况，可将 $\det(\boldsymbol{A}-\lambda\boldsymbol{1})$ 按另一行展开，即改用 $[A_{ij1}\quad A_{ij2}\quad\cdots\quad A_{ijn}]^{\mathrm{T}}(j\neq1)$ 作为特征向量，从而求得模态矩阵 $\boldsymbol{P}$。

例 4-10 若 $\boldsymbol{A}=\begin{bmatrix}1 & 6\\ -2 & -6\end{bmatrix}$，试求模态矩阵 $\boldsymbol{P}$ 和状态转移矩阵 $e^{\boldsymbol{A}t}$。

解：矩阵

$$(\boldsymbol{A}-\lambda\boldsymbol{1})=\begin{bmatrix}1-\lambda & 6\\ -2 & -6-\lambda\end{bmatrix}$$

$\boldsymbol{A}$ 的特征方程为

$$\det(\boldsymbol{A}-\lambda\boldsymbol{1})=(\lambda+2)(\lambda+3)=0$$

特征值为

$$\lambda_1=-2 \qquad \lambda_2=-3$$

$$\det(\boldsymbol{A}-\lambda_1\boldsymbol{1})=\begin{vmatrix}3 & 6\\ -2 & -4\end{vmatrix}$$

$$A_{111}=-4 \qquad A_{112}=2$$

$$\det(\boldsymbol{A}-\lambda_2\boldsymbol{1})=\begin{vmatrix}4 & 6\\ -2 & -3\end{vmatrix}$$

$$A_{211}=-3 \qquad A_{212}=2$$

根据式(4-7-71)模态矩阵为

$$\boldsymbol{P}=\begin{bmatrix}A_{111} & A_{211}\\ A_{112} & A_{212}\end{bmatrix}=\begin{bmatrix}-4 & -3\\ 2 & 2\end{bmatrix} \qquad \boldsymbol{P}^{-1}=\begin{bmatrix}-1 & -1.5\\ 1 & 2\end{bmatrix}$$

$$e^{\boldsymbol{\Lambda}t}=\begin{bmatrix}e^{-2t} & 0\\ 0 & e^{-3t}\end{bmatrix}$$

状态转移矩阵为

$$e^{\boldsymbol{A}t}=\boldsymbol{P}e^{\boldsymbol{\Lambda}t}\boldsymbol{P}^{-1}=\begin{bmatrix}-4 & -3\\ 2 & 2\end{bmatrix}\begin{bmatrix}e^{-2t} & 0\\ 0 & e^{-3t}\end{bmatrix}\begin{bmatrix}-1 & -1.5\\ 1 & 2\end{bmatrix}$$

$$=\begin{bmatrix}4e^{-2t}-3e^{-3t} & 6(e^{-2t}-e^{-3t})\\ -2e^{-2t}+2e^{-3t} & -3e^{-2t}+4e^{-3t}\end{bmatrix}$$

② 设 n 阶方阵 $\boldsymbol{A}$ 的特征方程有重根。$\boldsymbol{A}$ 的特征多项式为

$$\det(\boldsymbol{A}-\lambda\boldsymbol{1})=(\lambda-\lambda_1)^{m_1}(\lambda-\lambda_2)^{m_2}\cdots(\lambda-\lambda_p)^{m_p}$$

则对角阵应改写成如下形式:

$$\boldsymbol{\Lambda}=\begin{bmatrix}\boldsymbol{\Lambda}_1 & \boldsymbol{0} & \cdots & \boldsymbol{0}\\ \boldsymbol{0} & \boldsymbol{\Lambda}_2 & \cdots & \boldsymbol{0}\\ \vdots & \vdots & \ddots & \vdots\\ \boldsymbol{0} & \boldsymbol{0} & \cdots & \boldsymbol{\Lambda}_p\end{bmatrix} \tag{4-7-73}$$

$\boldsymbol{\Lambda}$ 称为分块对角阵(partitioned diagonal matrix)或约当规范矩阵(Jordan normal matrix)。其中

$$\boldsymbol{\Lambda}_k=\begin{bmatrix}\lambda_k & 1 & 0 & \cdots & 0\\ 0 & \lambda_k & 1 & \ddots & \vdots\\ 0 & 0 & \ddots & \ddots & 0\\ \vdots & \vdots & \ddots & \ddots & 1\\ 0 & 0 & \cdots & 0 & \lambda_k\end{bmatrix} \tag{4-7-74}$$

是对应于矩阵 $\boldsymbol{A}$ 的特征值 λ_k 的 m_k 阶约当子块。约当块的矩阵指数函数为

$$e^{\boldsymbol{\Lambda}_k t}=\begin{bmatrix} e^{\lambda_k t} & te^{\lambda_k t} & \frac{1}{2!}t^2 e^{\lambda_k t} & \cdots & \frac{1}{(n-2)!}t^{(n-2)}e^{\lambda_k t} & \frac{1}{(n-1)!}t^{(n-1)}e^{\lambda_k t} \\ 0 & e^{\lambda_k t} & te^{\lambda_k t} & \cdots & \frac{1}{(n-3)!}t^{(t-3)}e^{\lambda_k t} & \frac{1}{(n-2)!}t^{(n-2)}e^{\lambda_k t} \\ \vdots & \vdots & \vdots & & \vdots & \vdots \\ 0 & 0 & 0 & \cdots & e^{\lambda_k t} & te^{\lambda_k t} \\ 0 & 0 & 0 & \cdots & 0 & e^{\lambda_k t} \end{bmatrix} \tag{4-7-75}$$

模态矩阵 $\boldsymbol{P}$ 可由式(4-7-57)求得。

例 4-11 若 $\boldsymbol{A}=\begin{bmatrix} -2 & 0 & 1 \\ 1 & -2 & 1 \\ 0 & 0 & 1 \end{bmatrix}$，求状态转移矩阵 $e^{\boldsymbol{A}t}$。

解:矩阵

$$(\boldsymbol{A}-\lambda\boldsymbol{1})=\begin{bmatrix} -2-\lambda & 0 & 1 \\ 1 & -2-\lambda & 1 \\ 0 & 0 & 1-\lambda \end{bmatrix}$$

$\boldsymbol{A}$ 的特征方程为 $\det(\boldsymbol{A}-\lambda\boldsymbol{1})=(2+\lambda)^2(1-\lambda)=0$

特征值为 $\lambda_1=-2$(二重根) $\lambda_2=1$

由式(4-7-73)和(4-7-74)得

$$\boldsymbol{\Lambda}=\left[\begin{array}{cc:c} -2 & 1 & 0 \\ 0 & -2 & 0 \\ \hdashline 0 & 0 & 1 \end{array}\right]$$

由式(4-7-75)可得

$$e^{\boldsymbol{\Lambda}t}=\begin{bmatrix} e^{-2t} & te^{-2t} & 0 \\ 0 & e^{-2t} & 0 \\ 0 & 0 & e^t \end{bmatrix}$$

根据式(4-7-57)有

$$\begin{bmatrix} P_{11} & P_{12} & P_{13} \\ P_{21} & P_{22} & P_{23} \\ P_{31} & P_{32} & P_{33} \end{bmatrix}\begin{bmatrix} -2 & 1 & 0 \\ 0 & -2 & 0 \\ 0 & 0 & 1 \end{bmatrix}=\begin{bmatrix} -2 & 0 & 1 \\ 1 & -2 & 1 \\ 0 & 0 & 1 \end{bmatrix}\begin{bmatrix} P_{11} & P_{12} & P_{13} \\ P_{21} & P_{22} & P_{23} \\ P_{31} & P_{32} & P_{33} \end{bmatrix}$$

展开经整理得

$$P_{11}=0 \qquad P_{31}=0 \qquad P_{32}=0$$

$$P_{12}=P_{21} \quad P_{13}=\frac{1}{3}P_{33} \quad P_{23}=\frac{4}{9}P_{33}$$

因为 $\boldsymbol{P}$ 是非惟一的，若令 $P_{12}=5, P_{22}=1, P_{33}=9$，则

$$
\boldsymbol{P}=\begin{bmatrix}0 & 5 & 3\\ 5 & 1 & 4\\ 0 & 0 & 9\end{bmatrix}\quad \boldsymbol{P}^{-1}=\begin{bmatrix}-\frac{1}{25} & \frac{1}{5} & -\frac{17}{225}\\ \frac{1}{5} & 0 & -\frac{1}{15}\\ 0 & 0 & \frac{1}{9}\end{bmatrix}
$$

状态转移矩阵

$$
e^{\boldsymbol{A}t}=\boldsymbol{P}e^{\boldsymbol{\Lambda}t}\boldsymbol{P}^{-1}=\begin{bmatrix}0 & 5 & 3\\ 5 & 1 & 4\\ 0 & 0 & 9\end{bmatrix}\begin{bmatrix}e^{-2t} & te^{-2t} & 0\\ 0 & e^{-2t} & 0\\ 0 & 0 & e^{t}\end{bmatrix}\begin{bmatrix}-\frac{1}{25} & \frac{1}{5} & -\frac{17}{225}\\ \frac{1}{5} & 0 & -\frac{1}{15}\\ 0 & 0 & \frac{1}{9}\end{bmatrix}
$$

$$
=\begin{bmatrix}e^{-2t} & 0 & \frac{1}{3}(e^{t}-e^{-2t})\\ te^{-2t} & e^{-2t} & \frac{4}{9}e^{t}-\frac{1}{3}\left(\frac{4}{3}+t\right)e^{-2t}\\ 0 & 0 & e^{t}\end{bmatrix}
$$

习　题

4-1　用观察法列写图 4-18 所示网络的状态方程。

(1)以电容电压和电感电流为状态变量;

(2)以电容电荷和电感的磁通链为状态变量。

4-2　用观察法列写图 4-19 所示网络的状态方程和以 u_{R3} 和 i_{R1} 为输出变量的输出方程。

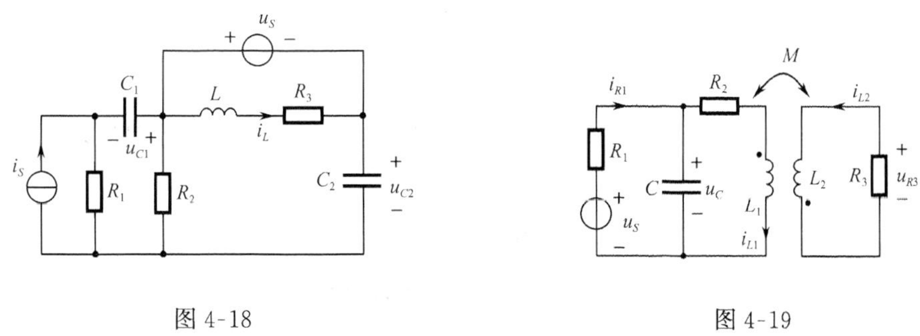

图 4-18　　　　图 4-19

4-3　确定图 4-20 所示网络复杂性的阶数。

4-4　用系统公式法建立图 4-21 所示网络的状态方程。

4-5　用系统公式法建立图 4-22 所示网络的状态方程。

4-6　用系统公式法建立图 4-23 所示网络的状态方程。

4-7　用系统公式法建立图 4-24 所示网络的状态方程。

4-8　用多端口公式列写图 4-21 所示网络的状态方程。

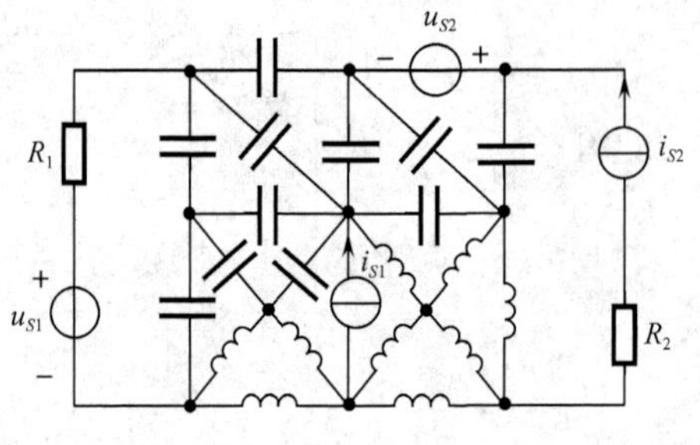

图 4-20

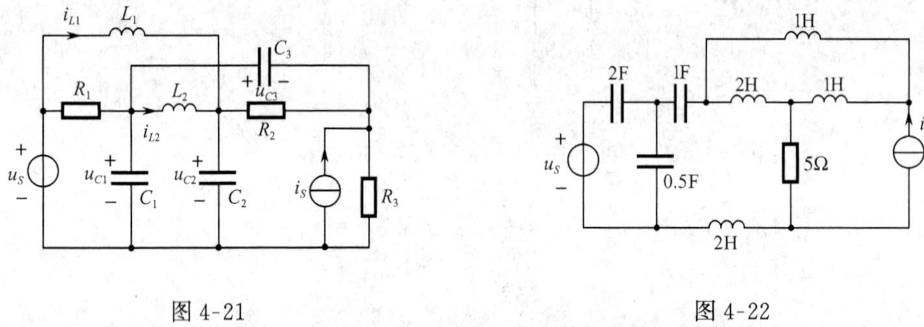

图 4-21　　　　图 4-22

4-9　用多端口公式列写图 4-23 所示网络的状态方程。

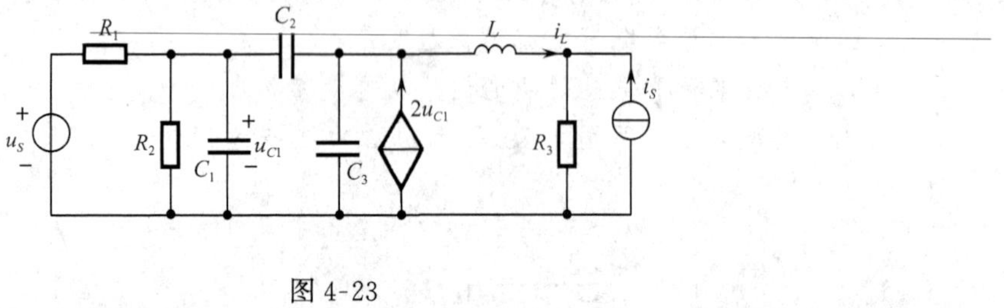

图 4-23

4-10　对于图 4-24 所示网络，若 $u_S=2\sin t\varepsilon(t)V$，$i_S=\varepsilon(t)A$，求状态方程的时域解。

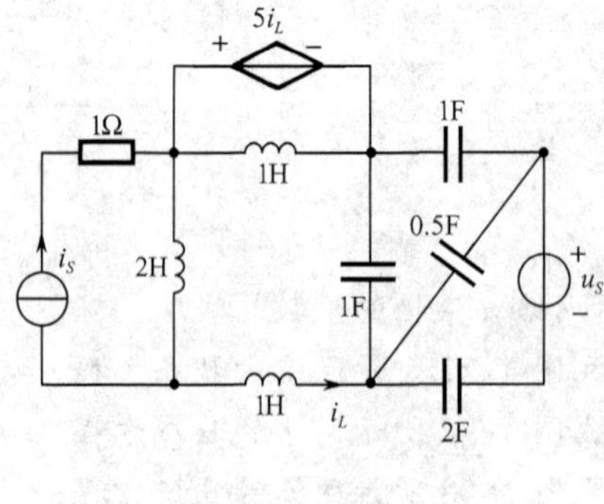

图 4-24

4-11　用相似变换求题 4-5 的状态转移矩阵 e^{At}。

第五章　线性网络的信号流图分析法

导　　言

信号流图(signal-flow graph,缩写 SFG)是表示线性代数方程组的一种加权有向图,它是图论应用的一个重要分支。

在用数学方法分析物理系统时,总是先建立数学模型,然后分析、求解。就电网络分析而言,即首先建立表征网络性能的变量之间关系的方程,再求解方程、得到结果。描述线性电网络的方程一般为线性微分(积分)方程,但在变换域(复频域、频域等)中总可以表示为线性代数方程,这便为 SFG 的应用提供了前提条件。

信号流图根据系统的线性代数方程组构成代表物理系统的图。SFG 用图的方式表示出线性代数方程组所包含的数学运算。描述了物理系统中各变量间的因果关系,直观地表现出系统中信号传输的情况,特别是对反馈过程给予了形象的表示。

方程组的代数变换与 SFG 的变换之间存在着对应关系,SFG 的图增益对应于代数方程组的解,因而代表了所描述系统的转移函数(或响应)。为了用信号流图分析电网络,我们需要研究确定 SFG 图增益的方法。在本章第 5-2、5-3 节中介绍的 SFG 的变换规则和 Mason 公式给出了计算 SFG 图增益的基本方法。

针对电网络的特点,基于网络图论的知识,在第 5-4 节中介绍了一种直接写出因果形式的网络方程,进而绘出 SFG 的方法。这种方法对于有源、非互易网络的分析尤为适用。

信号流图分析法具有直观、灵活、简便的优点,它是分析线性系统的一个有效工具,不但应用于对电网络进行分析,还在自动控制、机械、化工等工程领域得到应用。

5-1　信号流图

信号流图是一种表示线性代数方程组变量关系的加权有向图,它由节点和联接在节点之间的有向支路构成。一个信号流图对应于一个写为因果形式的线性代数方程组。信号流图中的节点用点或小圆圈表示,节点的权值代表所描述系统的变量,也称节点变量。权值为 x 的节点可称为节点 x。支路联接于存在因果关系的变量所对应的节点之间,用有向线段表示,其方向离开作为因的变量的节点,指向作为果的变量的节点,表示信号只能沿支路方向传输。支路的权值就是方程组中作为因的变量所乘的系数,也称支路传输值,信号沿支路传输时乘以该支路的传输值。例如在节点 x、y 之间有传输值为 a 的一条支路,箭头指向节点 y,如图 5-1 所示。该信号流图所对应的方程是

$$y = ax \tag{5-1-1}$$

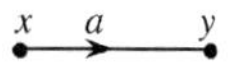

图 5-1

如果节点 x_i 有两条或两条以上的入支路,其对应方程为 $x_i = \sum$(入支

路传输值×该入支路起始处的节点变量)，其中求和是对节点 x_i 的所有入支路进行的。若节点 x_i 有两条或两条以上的出支路，则信号(x_i)要沿节点 x_i 的每一条出支路传输。

一个含 n 个变量的线性代数方程

$$\sum_{i=1}^{n} a_i x_i = 0 \tag{5-1-2}$$

可用以下方法写成以 x_j 为输出量的因果形式方程

$$x_j = \sum_{\substack{i=1 \\ i\neq j}}^{n} a_i x_i + (a_j + 1) \cdot x_j \tag{5-1-3}$$

通过移项也能得到因果形式的方程，即

$$x_j = -\frac{1}{a_j}\sum_{\substack{i=1 \\ i\neq j}}^{n} a_i x_i \tag{5-1-4}$$

用式(5-1-3)的形式，可避开过多的除法运算。

下面举例说明 SFG 的绘制规则及 SFG 和代数方程间的对应关系。

设线性代数方程为

$$x_3 = a_1 x_1 + a_2 x_2 + a_4 x_4 \tag{5-1-5}$$

其对应的 SFG 如图 5-2 所示。

如果将图 5-2 中各支路方向倒向，得到图 5-3 的 SFG，其对应方程则与图 5-2 中 SFG 所对应的式(5-1-5)完全不同。在图 5-3 中，三个节点有入支路，即有三个作为果的变量，因而对应于以下三个方程：

$$\begin{aligned} x_1 &= a_1 x_3 \\ x_2 &= a_2 x_3 \\ x_4 &= a_4 x_3 \end{aligned} \tag{5-1-6}$$

再考察图 5-4 中的 SFG，它也在三个节点有入支路，其对应方程为

$$\begin{aligned} x_3 &= a_1 x_1 + a_2 x_2 + a_4 x_4 \\ x_5 &= a_5 x_3 \\ x_6 &= a_6 x_3 \end{aligned} \tag{5-1-7}$$

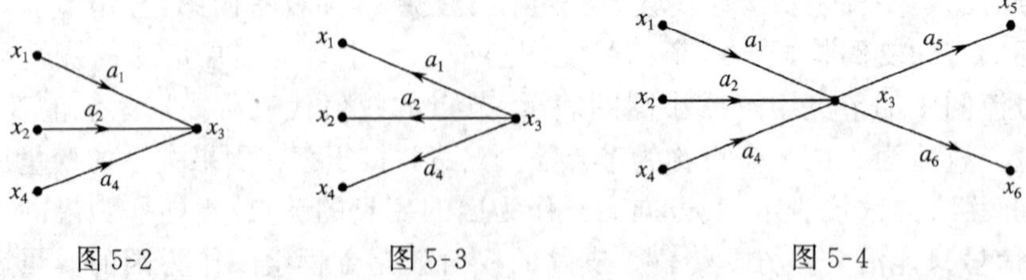

图 5-2　　图 5-3　　图 5-4

由此可见，在写出以某变量作为果的变量的方程时，只需考虑该节点的入支路的影响，而与其出支路无关。

用 SFG 求解线性方程组时，必须首先将每个方程写为因果形式的方程。需要注意的是，方程组中的每个变量必须有且仅有一次作为果出现在一个因果形式的方程中，在其他方程中则只能作为因出现。这样绘出的 SFG 才是正确的，否则将导致错误的

结果。

例 5-1 写出下列方程组的因果形式,并画出相应的 SFG。

$$-2x_1+17x_2+10x_3=3f_S$$
$$4x_1-2x_2-4x_3=10f_S$$
$$-4x_1+10x_2+9x_3=-7f_S$$

解:第一种形式

$$x_1=8.5x_2+5x_3-1.5f_S$$
$$x_2=2x_1-2x_3-5f_S$$
$$x_3=\frac{4}{9}x_1-\frac{10}{9}x_2-\frac{7}{9}f_S$$

其对应 SFG 如图 5-5(a)所示。

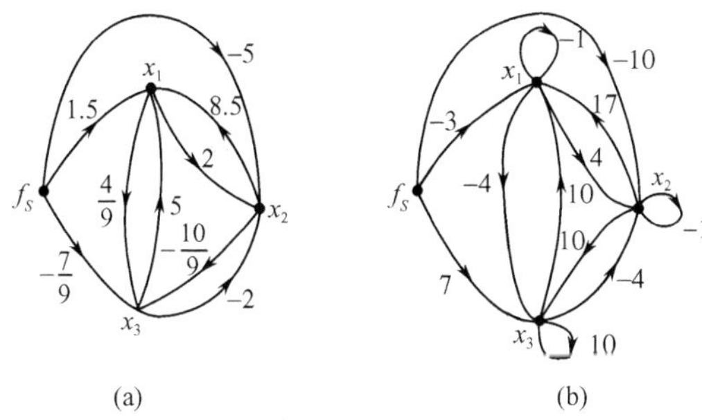

图 5-5

第二种形式

$$x_1=-x_1+17x_2+10x_3-3f_S$$
$$x_2=4x_1-x_2-4x_3-10f_S$$
$$x_3=-4x_1+10x_2+10x_3+7f_S$$

其对应 SFG 如图 5-5(b)所示。

以上例子表明,一个线性方程组所对应的 SFG 不是惟一的,但它们是相互等效的。

对于代表线性代数方程组的向量方程:

$$\boldsymbol{AX}=\boldsymbol{BF} \tag{5-1-8}$$

(其中 $\boldsymbol{A}$ 为 $n\times n$ 矩阵,$\boldsymbol{B}$ 为 $n\times p$ 矩阵,$\boldsymbol{X}$ 为 n 维变量向量,$\boldsymbol{F}$ 为 p 维输入向量)可以改写为以下因果形式的方程:

$$\boldsymbol{X}=(\boldsymbol{1}+\boldsymbol{A})\boldsymbol{X}-\boldsymbol{BF}=[\boldsymbol{1}+\boldsymbol{A}\ -\boldsymbol{B}]\begin{bmatrix}\boldsymbol{X}\\\boldsymbol{F}\end{bmatrix} \tag{5-1-9}$$

定义联接矩阵:

$$\boldsymbol{C}=[\boldsymbol{1}+\boldsymbol{A}\ -\boldsymbol{B}] \tag{5-1-10}$$

则式(5-1-9)可表示为

$$\boldsymbol{X}=\boldsymbol{C}\begin{bmatrix}\boldsymbol{X}\\\boldsymbol{F}\end{bmatrix} \tag{5-1-11}$$

联接矩阵 $\boldsymbol{C}$ 是一个 $n\times(n+p)$ 增广矩阵,它描述了图的关联性质和支路的权值。$\boldsymbol{C}$ 矩阵的每一行对应于一个作为果的变量;每一列对应于一个作为因的变量。它的元

素 C_{ij} 为零时表示节点 j 与节点 i 间没有支路；元素 C_{ij} 非零时表示节点 j 至节点 i 间有一条权值为 C_{ij} 的有向支路。根据联接矩阵 $\boldsymbol{C}$ 可以绘出表示方程式(5-1-11)的信号流图。

例 5-2 已知某电路节点电压方程为

$$\begin{aligned} 8U_1 - 2U_2 &= 16i_S \\ -2U_1 + 9U_2 &= 0 \end{aligned} \tag{5-1-12}$$

画出该方程组对应的 SFG。

解:将式(5-1-12)写为矩阵形式：

$$\begin{bmatrix} 8 & -2 \\ -2 & 9 \end{bmatrix}\begin{bmatrix} U_1 \\ U_2 \end{bmatrix} = \begin{bmatrix} 16 \\ 0 \end{bmatrix} \cdot i_S \tag{5-1-13}$$

其联接矩阵：

$$C=\begin{bmatrix} 9 & -2 & -16 \\ -2 & 10 & 0 \end{bmatrix} \tag{5-1-14}$$

在绘制 SFG 时，首先画出节点 U_1、U_2 和 i_S。节点位置的设置是任意的，一般应使 SFG 图形清晰，尽量避免支路相交叉。然后根据 C_{ij} 在节点间添加支路。如 $C_{23}=0$ 表示节点 U_2、i_S 之间无支路，$C_{12}=-2$ 表示从节点 U_2 至 U_1 有一条权值为(−2)的有向支路，等等。由此便可绘出式(5-1-13)对应的 SFG，如图 5-6 所示。

下面介绍在 SFG 分析中的一些常用术语。只有出支路的节点称为源节点。只有入支路的节点称为汇节点。从某一节点出发，沿支路方向连续经过一些不同的支路和节点而终止在另一节点，这样一种拓扑结构称为开路径。从源节点到汇节点的开路径，称为前向路径，其传输值就是路径上所有支路传输值之积。从某一节点出发，沿支路方向连续经过不同的支路和节点又回到该节点的闭路径，称为回路或环。从某一个节点出发，只经一条支路又终止在同一节点上的环称为自环。回路与回路之间无公共节点时，称为回路不相接触。

在图 5-6 所示 SFG 中，节点 i_S 是源节点，该图中无汇节点。如果令 $U_2^*=U_2$，相应地，在 SFG 中增添节点 U_2^* 和传输值为 1 的支路，如图 5-7 所示，U_2^* 便成为汇节点。由于 U_2^* 与 U_2 相等，所以也可都用 U_2 表示。

图 5-6　　　　图 5-7

在图 5-7 中，从源节点 i_S 出发沿传输值为(−16)的支路至节点 U_1，再沿传输值为(−2)的支路至节点 U_2，就是从 i_S 到 U_2 的一条前向路径，传输值为 32。节点 U_1、U_2 间两条(−2)的支路构成一个回路。节点 U_1、U_2 上分别有传输值为 9、10 的自环。这两个自环互不接触。

5-2 信号流图的变换规则

在解代数方程组时，常常用逐步消去一些变量的方法化简方程，最后得到待求变量的解。相应地，在 SFG 分析中，可以通过图的变换逐步消去一些节点，最终得到只剩下源节点和汇节点的图，由该图确定所需求解的变量值。这就是通过 SFG 求解线性方程组的方法之一。以下介绍 SFG 变换的几条基本规则。

5-2-1 同方向并联支路简化规则

同方向并联支路是指在二节点 x_i 与 x_j 之间所联接的方向相同的若干支路，如图 5-8(a)所示。其对应方程为

$$x_j = t_1x_i + t_2x_i + \cdots + t_nx_i \tag{5-2-1}$$

将上式改写为

$$x_j = \left(\sum_{k}^{n} t_k\right)x_i \tag{5-2-2}$$

与式(5-2-2)相对应的 SFG 如图 5-8(b)所示。由此可知，n 条同方向并联支路可用一条支路代替，该支路的传输值等于 n 条并联支路的支路传输值之和。

5-2-2 同方向级联支路简化规则

同方向级联支路是指从节点 x_0 出发连续经过 n 条同方向的支路而至节点 x_n，其中经过的节点 $x_1, x_2, \cdots, x_{n-1}$ 都只有一条入支路和一条出支路，如图 5-9(a)所示。其对应方程为

$$\begin{cases} x_1 = t_1x_0 \\ x_2 = t_2x_1 \\ \vdots \\ x_n = t_nx_{n-1} \end{cases} \tag{5-2-3}$$

以上方程组可合并为

$$x_n = t_1t_2t_3\cdots t_nx_0 = \left(\prod_{k=1}^{n} t_k\right)x_0 \tag{5-2-4}$$

与上式相对应的 SFG 如图 5-9(b)所示。由此可知，n 条同方向级联支路可用一条支路代替，该支路的传输值等于 n 条级联支路的支路传输值之积。

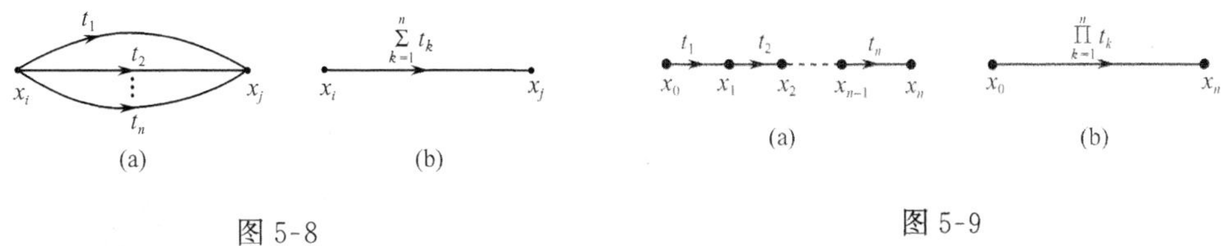

图 5-8　　图 5-9

例 5-3　已知线性方程组为

$$\begin{cases} U_1 = 11U_S \\ 8U_1 - I_1 = 3U_S \\ 9I_1 - U_2 = 0 \end{cases} \tag{5-2-5}$$

其中 $U_S=1\text{V}$。用 SFG 分析法求电压 U_2 之值。

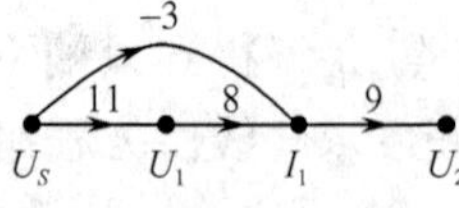

图 5-10

解:(1) 将方程组(5-2-5)改写为向量方程,为使 SFG 中节点 U_1 上无自环,式中已将原方程组的第一方程两端同时反号。

$$\begin{bmatrix} -1 & 0 & 0 \\ 8 & -1 & 0 \\ 0 & 9 & -1 \end{bmatrix} \begin{bmatrix} U_1 \\ I_1 \\ U_2 \end{bmatrix} = \begin{bmatrix} -11 \\ 3 \\ 0 \end{bmatrix} U_S$$

(2) 写出联接矩阵:

$$\boldsymbol{C} = \begin{bmatrix} -1+1 & 0 & 0 & 11 \\ 8 & -1+1 & 0 & -3 \\ 0 & 9 & -1+1 & 0 \end{bmatrix} = \begin{bmatrix} 0 & 0 & 0 & 11 \\ 8 & 0 & 0 & -3 \\ 0 & 9 & 0 & 0 \end{bmatrix} \tag{5-2-6}$$

(3) 根据联接矩阵 $\boldsymbol{C}$ 绘出其对应的 SFG,如图 5-10 所示。

(4) 将 U_S、I_1 间级联支路化简,得如图 5-11(a)所示的 SFG。

(5) U_S、I_1 间两支路为同方向并联支路,化简后的 SFG 如图 5-11(b)所示。

(6) U_S、U_2 间两支路为同方向级联支路,化简后的 SFG 如图 5-11(c)所示。则电压 U_2 之值为

$$U_2 = 85 \times 9 = 765\text{V}$$

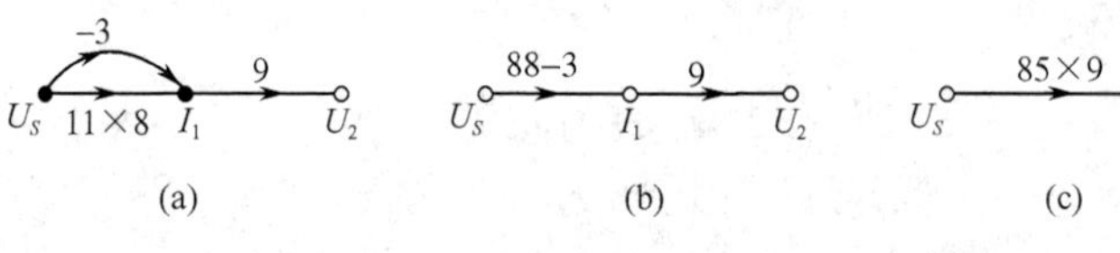

图 5-11

5-2-3 支路移动(节点消去)规则

为使 SFG 中的节点数减少,就要不断消去节点,采用规则为支路移动规则,也称为节点消去(或节点吸收)规则。

在方程组(5-1-7)中,若要消去变量 x_3,可将式(5-1-7)中第一个方程代入第二个、第三个方程,得

$$\begin{aligned} x_5 &= a_5(a_1x_1 + a_2x_2 + a_4x_4) \\ x_6 &= a_6(a_1x_1 + a_2x_2 + a_4x_4) \end{aligned} \tag{5-2-7}$$

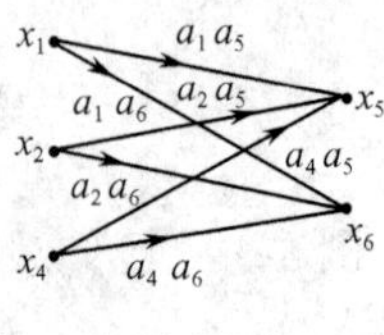

图 5-12

与式(5-2-7)对应的 SFG 如图 5-12 所示。将图 5-12 与图 5-4 相比较,可以看出,节点 x_3 已被消去,支路发生移动。移动的规则为:为了消去节点 x_3,使与 x_3 相联的每一条入支路的始端不动,而其末端则分别沿着每一条出支路作正向移动,移至该出支

路的末端，形成 $3\times2=6$ 条新支路。每条新支路的传输值为被移动支路与沿其移动支路二支路传输值之积。如果被消节点有 m 条入支路、n 条出支路，则支路移动后的新支路数为 $m\times n$。

例 5-4 在图 5-13 所示 SFG 中，u 为系统的输入，试做下列化简：

(1)保留节点 x_1、x_2，消去节点 x_3；

(2)保留节点 x_1、x_3，消去节点 x_2。

解：(1)消去图 5-13 所示 SFG 中节点 x_3。与节点 x_3 相联的入支路 a 的末端沿惟一的出支路 b 移动到节点 x_2；入支路 c 的末端沿同一条出支路移动，回到节点 x_2，形成自环，如图 5-14 所示。两条新支路的传输值分别为 ab 和 bc。

(2)消去图 5-13 所示 SFG 中节点 x_2。与节点 x_2 相联的有一条入支路和两条出支路。则一条新支路从节点 x_3 出发回到 x_3，形成传输值为 bc 的自环；另一条新支路从 x_3 出发终止于节点 x_1，传输值为 bd。其 SFG 如图 5-15 所示。

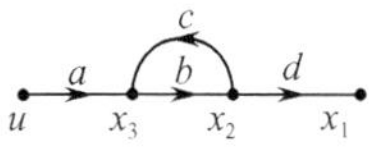

图 5-13

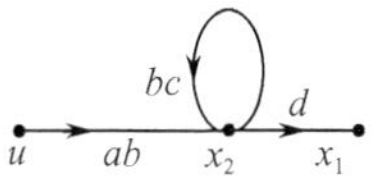

图 5-14

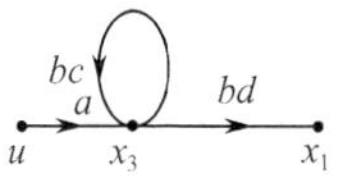

图 5-15

5-2-4 自环消去规则

在绘制 SFG 和简化 SFG 的过程中，常有自环出现。在此情况下，必须消去自环，才能使 SFG 进一步化简。

图 5-16 所示的 SFG 对应的线性方程组为

$$\begin{aligned} x_2 &= ax_2 + bx_3 + cu \\ x_1 &= dx_2 \end{aligned} \tag{5-2-8}$$

在式(5-2-8)的第一个式子中，等式两端均有 x_2，因而在 SFG 中出现自环，现将该式移项，得

$$\begin{aligned} x_2 &= \frac{b}{1-a}x_3 + \frac{c}{1-a}u \\ x_1 &= dx_2 \end{aligned} \tag{5-2-9}$$

对应于式(5-2-9)的 SFG 如图 5-17 所示，自环已消去。

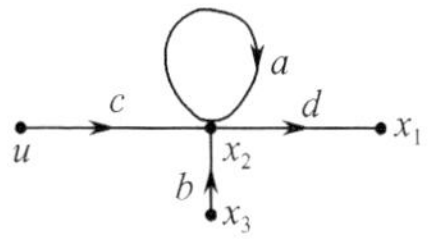

图 5-16

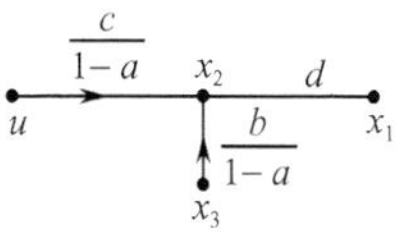

图 5-17

将上例中消去自环的方法推广到一般情形，可得消去自环的规则：

欲消去节点 x_0 上传输值为 a 的自环，将与节点 x_0 相联的每条入支路传输值分别除以$(1-a)$，同时去掉自环。消去自环对节点 x_0 的各条出支路无影响。

例 5-5 求图 5-6 所示 SFG 中电压 U_2 的解。

解:(1) 消去图 5-6 中节点 U_1 的自环,其 SFG 如图 5-18 所示。

(2) 吸收节点 U_1,如图 5-19 所示。此时 SFG 中节点 U_2 有两个自环。显然,当一个节点上有多个自环时,可简化为一个自环,其传输值为所有自环传输值之和。如图 5-20 所示。

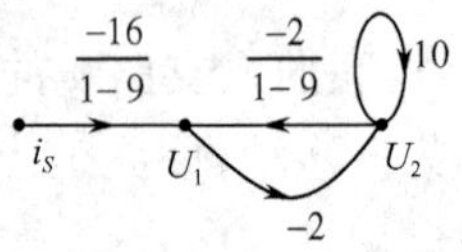

图 5-18 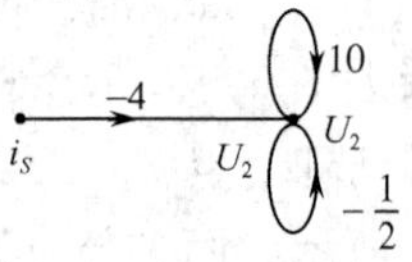　　　　图 5-19

(3) 消去节点 U_2 的自环,如图 5-21 所示。由此可得

$$U_2=\frac{4}{8.5}i_S=\frac{8}{17}i_S$$

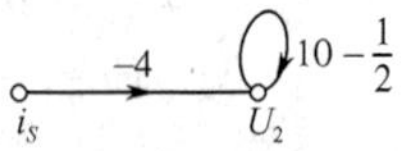

图 5-20 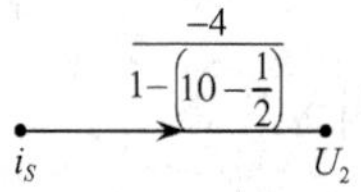　　　　图 5-21

5-2-5 倒向规则

如前所述,信号流图是表示以因果关系出现的线性代数方程组的图。同一线性代数方程组可改写为几种不同的因果形式的方程组,因而也可绘出几种不同的 SFG,它们是等效的非同构图。在代数方程中互换二变量的因果关系,相应地,在 SFG 中"因"、"果"两变量对应节点间的支路方向要反向,也称倒向。

例如,考察下列方程:

$$x_3=a_1x_1+a_2x_2+a_4x_4 \tag{5-2-10}$$

它所对应的 SFG 如图 5-22 所示。互换式(5-2-10)中变量 x_3 与 x_4 的位置,即

$$x_4=\frac{-a_1}{a_4}x_1-\frac{a_2}{a_4}x_2+\frac{1}{a_4}x_3 \tag{5-2-11}$$

则得图 5-23 所示的 SFG。

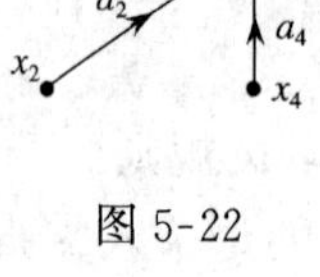

图 5-22 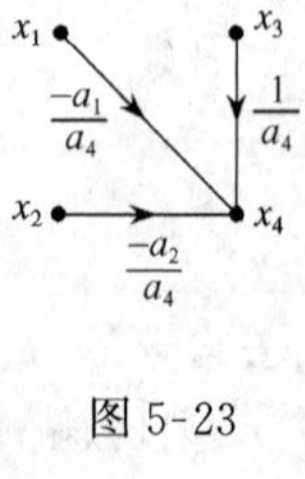　　　　图 5-23

比较图 5-22 与图 5-23，可以看出，节点 x_3、x_4 之间的支路方向已经倒向，其传输值为原传输值的倒数；原来终结在被倒向支路末端 x_3 的其他支路全部改为终结在倒向后支路的末端 x_4，其传输值为原传输值乘以倒向支路传输值的负倒数。

如果将以上举例中支路倒向的方法用于图 5-24 中 x_3、x_4 之间的支路，得到图 5-25 的 SFG。图 5-24 的对应方程为

$$\begin{aligned} x_3 &= a_1 x_1 + a_2 x_2 \\ x_4 &= a_4 x_3 \end{aligned} \tag{5-2-12}$$

而图 5-25 的对应方程则是

$$x_3 = a_1 x_1 + a_2 x_2 + \frac{1}{a_4} x_4 \tag{5-2-13}$$

显然，方程(5-2-13)与(5-2-12)是不等效的。这表明图 5-25 的支路倒向是错误的，原因是图 5-24 中的倒向支路不是从源节点出发的支路。

图 5-24　　　　图 5-25

通过以上讨论，得到 SFG 中支路倒向的如下规则：

(1) 从源节点出发的支路可以倒向；不是源节点出发的单支路不能倒向。

(2) 将两节点之间的支路倒向后，支路传输值为原支路传输值的倒数。

(3) 将原来终结在被倒向支路末端节点的其他支路全部改为终结在倒向后支路末端节点上，其传输值为原支路传输值乘以倒向支路传输值的负倒数。

例 5-6　用倒向规则求图 5-6 所示 SFG 中电压 U_2 的解。

解：(1) 将图 5-6 中源节点 i_S 与节点 U_1 之间的支路倒向，其中节点 U_1 的自环变换规则与一般入支路相同。倒向后的 SFG 如图 5-26 所示，此图中节点 U_1 为源节点，节点 i_S 为汇节点。

(2) 将图 5-26 中源节点 U_1 与节点 U_2 之间的支路倒向，如图 5-27 所示。此时节点 U_2 为源节点，节点 U_1 变为一般节点。

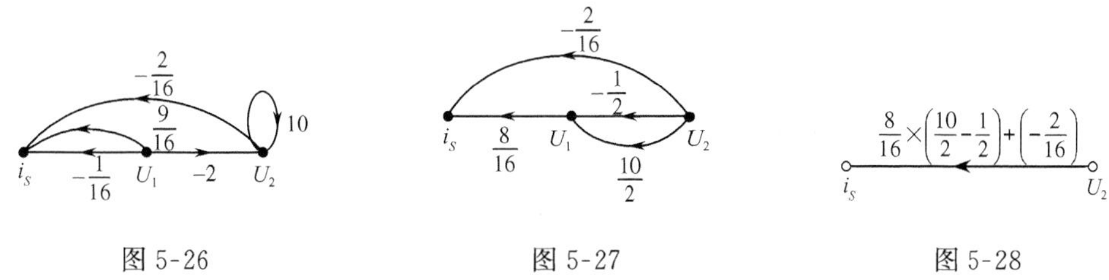

图 5-26　　　　图 5-27　　　　图 5-28

(3) 用并联、级联规则进一步化简为图 5-28 所示 SFG，由此可得

$$i_S = \left[-\frac{2}{16} + \frac{8}{16} \times \left(-\frac{1}{2} + \frac{10}{2}\right)\right] U_2 = \frac{17}{8} U_2$$

故

$$U_2=\frac{8}{17}i_S$$

SFG 的倒向变换不仅可用于简化 SFG，得到源节点与汇节点之间的关系，还可以灵活方便地将表示系统性能的一种参数变为另一种参数，例如，SFG 倒向可用于二端口网络六种参数矩阵间的相互转换。

例 5-7 已知某二端口网络的短路导纳矩阵 $\boldsymbol{Y}_{SC}$，用 SFG 分析求该网络的传输参数矩阵 $\boldsymbol{T}$。

解：写出用短路导纳矩阵 $\boldsymbol{Y}_{SC}$ 表示的二端口网络方程

$$\begin{bmatrix}I_1\\I_2\end{bmatrix}=\begin{bmatrix}y_{11}&y_{12}\\y_{21}&y_{22}\end{bmatrix}\begin{bmatrix}U_1\\U_2\end{bmatrix}\tag{5-2-14}$$

和用传输参数矩阵 $\boldsymbol{T}$ 表示的二端口网络方程

$$\begin{bmatrix}U_1\\I_1\end{bmatrix}=\begin{bmatrix}A&B\\C&D\end{bmatrix}\begin{bmatrix}U_2\\-I_2\end{bmatrix}\tag{5-2-15}$$

式(5-2-14)、(5-2-15)所对应的 SFG 分别如图 5-29(a)、(b)所示。

比较图 5-29(a)、(b)，两图中由节点 U_2 到 I_1 的支路方向是相同的，而 U_1、I_2 两节点间的支路方向是相反的。为了用短路导纳参数表示传输参数，对(a)图进行变换。考虑到(a)图中 U_1 是源节点，可以实施倒向。倒向后的 SFG 如图 5-29(c)所示。

将图 5-29(c)与图 5-29(b)相比较，节点 I_1 与 I_2 间缺少一条支路，而节点 U_1 与 I_1 间的支路则是不希望存在的。所以设置新节点 U_1^*，令 $U_1^*=U_1$，再消去原节点 U_1，得图 5-29(d)。通过并联化简，可得图 5-29(e)所示的 SFG。比较图 5-29(e)与图 5-29(b)，可以得出以下结果：

$$A=-\frac{y_{22}}{y_{11}}\qquad\qquad B=-\frac{1}{y_{21}}$$

$$C=y_{12}-\frac{y_{11}y_{22}}{y_{21}}=\frac{y_{12}y_{21}-y_{11}y_{22}}{y_{21}}\qquad D=-\frac{y_{11}}{y_{21}}$$

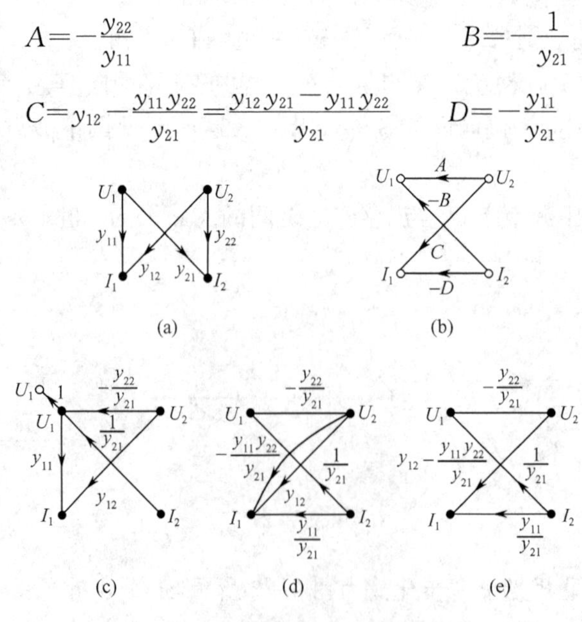

图 5-29

5-3 Mason 公式

在一个 SFG 中,设源节点变量为 F,汇节点变量为 X_j,定义 SFG 的图增益(传输值)为 $T_j=\dfrac{X_j}{F}$。对于 SFG 所表示的电网络来说,SFG 的图增益就是其网络函数。用上节中介绍的 SFG 的变换,可逐步化简 SFG,最后求得其图增益。

Mason 图增益公式(简称 Mason 公式)是求 SFG 图增益(传输值)的公式,它与用克莱姆法则求线性方程组解的方法相当。Mason 公式直接根据 SFG 的结构给出传输值的解,应用更加方便。

Mason 公式

$$T_j=\frac{X_j}{F}=\frac{\sum_m P_m\Delta_m}{\Delta} \tag{5-3-1}$$

式中 Δ 为图行列式,Δ 由下式确定:

$$\Delta=1-\sum L_k^1+\sum L_k^2-\sum L_k^3+\cdots+(-1)^i\sum L_k^i+\cdots \tag{5-3-2}$$

式(5-3-2)中,L_k^1 表示第 k 个一阶回路的传输值,求和 $\sum L_k^1$ 是对全部一阶回路进行的;L^i 表示第 k 组 i 阶回路的传输值,$\sum L_k^i$ 是对全部 i 阶回路进行的。在 SFG 中,定义 n 个互不接触回路的集合为 n 阶回路,它的传输值就是这 n 个互不接触回路传输值之积。一个一阶回路就是一个回路。

式(5-3-1)分子中的 P_m 为从源节点到汇节点的第 m 条前向路径的传输值;而 Δ_m 则是和第 m 条前向路径不相接触的子图的图行列式,又称 Δ_m 为第 m 条前向路径的路径因子。求和是对从源节点到汇节点的所有前向路径进行的。

Mason 公式可根据线性方程组的代数解得到证明,现简单说明如下。设 SFG 所对应的线性代数方程组用以下向量方程表示:

$$\boldsymbol{AX}=\boldsymbol{B}F \tag{5-3-3}$$

式中 $\boldsymbol{A}$ 为 n 阶矩阵,F 为标量。上式即式(5-1-8)当输入个数 $p=1$ 的情形,表明所描述的是单输入系统。用代数方法解方程(5-3-3),可得输出变量 X_j:

$$\boldsymbol{X}_j=\frac{\sum_{k=1}^{n} b_k\Delta_{kj}}{\det\boldsymbol{A}}F \tag{5-3-4}$$

上式中的 b_k 为向量 $\boldsymbol{B}$ 的第 k 元,Δ_{kj} 为 $\boldsymbol{A}$ 矩阵中的元素 a_{kj} 的代数余子式。分母是矩阵 $\boldsymbol{A}$ 的行列式。可以证明:

$$\det\boldsymbol{A}=(-1)^n\Delta \tag{5-3-5}$$

$$\sum_{k=1}^{n} b_k\Delta_{kj}=(-1)^n\sum_m P_m\Delta_m \tag{5-3-6}$$

因此

$$T_j=\frac{X_j}{F}=\frac{\sum_{k=1}^{n} b_k\Delta_{kj}}{\det\boldsymbol{A}}=\frac{\sum_m P_m\Delta_m}{\Delta} \tag{5-3-7}$$

例 5-8 用 Mason 公式求解图 5-30 所示电路的回路$\boxed{3}$的电流。

解:列写出图 5-30 所示电路的回路方程:

$$\begin{cases} z_{11}I_1 + z_{12}I_2 + z_{13}I_3 = U_S \\ z_{21}I_1 + z_{22}I_2 + z_{23}I_3 = 0 \\ z_{31}I_1 + z_{32}I_2 + z_{33}I_3 = 0 \end{cases} \tag{5-3-8}$$

其中 $z_{11}=z_1+z_2+z_5 \quad z_{22}=z_2+z_3+z_4 \quad z_{33}=z_4+z_5+z_6$

$z_{12}=z_{21}=-z_2 \quad z_{13}=z_{31}=-z_5 \quad z_{23}=z_{32}=-z_4$

将式(5-3-8)写为如式(5-1-9)的因果形式,可得联接矩阵为

$$\boldsymbol{C} = \begin{bmatrix} 1+z_{11} & z_{12} & z_{13} & -1 \\ z_{21} & 1+z_{22} & z_{23} & 0 \\ z_{31} & z_{31} & 1+z_{33} & 0 \end{bmatrix}$$

进而画出 SFG,如图 5-31 所示。

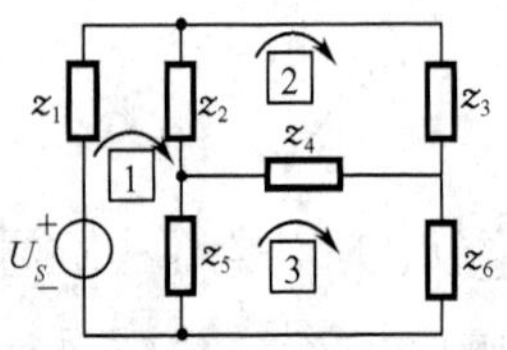

图 5-30 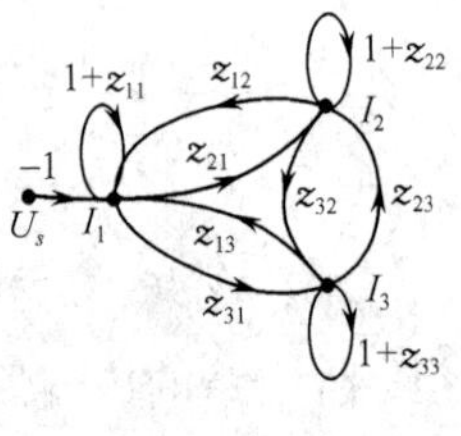　　图 5-31

图 5-31 中回路有 8 个,如图 5-32 所示;二阶回路共有 6 组,如图 5-33 所示;而三阶回路就只有一组,由三个自环构成。根据式(5-3-2),其图行列式为

$$\begin{aligned} \Delta = 1 &- [(1+z_{11})+(1+z_{22})+(1+z_{33})+z_{21}z_{12} \\ &+ z_{23}z_{32}+z_{13}z_{31}+z_{13}z_{32}z_{21}+z_{12}z_{23}z_{31}] \\ &+ [(1+z_{11})(1+z_{22})+(1+z_{22})(1+z_{33})+(1+z_{11})(1+z_{33}) \\ &+ (1+z_{11})z_{32}z_{23}+(1+z_{22})z_{31}z_{13} \\ &+ (1+z_{33})z_{21}z_{12}] - [(1+z_{11})(1+z_{22})(1+z_{33})] \end{aligned}$$

这里 U_s 为源节点,为求 I_3,把 I_3 作为汇节点(实为在节点 I_3 上引一条传输值为 1 的出支路,其末端节点 $I_3^*=I_3$ 即为汇节点),前向路径有 2 条,如图 5-34 所示。前向路径传输值为

$$P_1 = -z_{31} \qquad P_2 = -z_{21}z_{32}$$

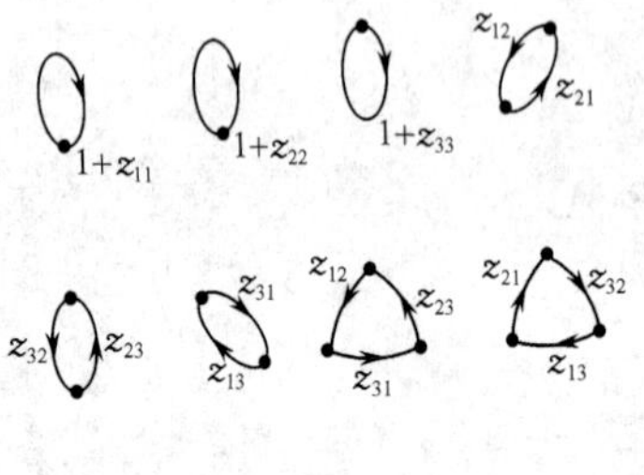

图 5-32 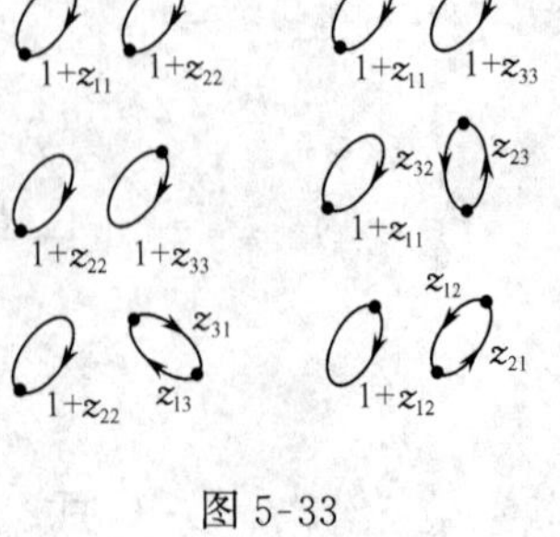　　图 5-33

去掉第一前向路径包含的节点U_S、I_1、I_3及与此相联的全部支路后，得到与第一前向路径不相接触的子图是传输值为$(1+z_{22})$的自环；而去掉第二条前向路径包含节点U_S、I_1、I_2、I_3及与此相联的全部支路后，已未剩下任何子图了。故对应的路径因子分别为

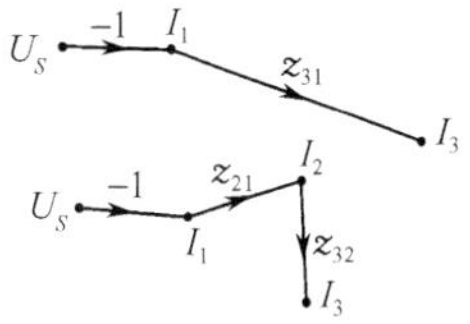

图 5-34

$$\Delta_1 = 1-(1+z_{22}) = -z_{22}$$

$$\Delta_2 = 1$$

由此可得图增益：

$$T_3 = \frac{I_3}{U_s} = \frac{P_1\Delta_1 + P_2\Delta_2}{\Delta}$$

$$= \frac{-z_{31}(-z_{22}) - z_{21}z_{32}}{\begin{aligned}1-[&(1+z_{11})+(1+z_{22})+(1+z_{33})+z_{21}z_{12}+z_{23}z_{32}+z_{31}z_{13}\\ &+z_{13}z_{32}z_{21}+z_{12}z_{23}z_{31}]+[(1+z_{11})(1+z_{22})+(1+z_{22})(1+z_{33})\\ &+(1+z_{11})(1+z_{33})+(1+z_{11})z_{23}z_{32}+(1+z_{22})z_{31}z_{13}\\ &+(1+z_{33})z_{21}z_{12}]-[(1+z_{11})(1+z_{22})(1+z_{33})]\end{aligned}} \tag{5-3-9}$$

则

$$I_3 = T_3U_s$$

当线性网络中有多个激励同时作用时，根据线性网络的可加性，可写出输出

$$x_j = T_{j1}F_1 + T_{j2}F_2 + \cdots + T_{jp}\ F_p$$

式中$F_1, F_2, \cdots, F_p$为网络的p个激励。$T_{ji}(i=1,2,\cdots,p)$代表以F_i为输入节点、x_j为输出节点的图增益。由 Mason 公式，上式可写为

$$x_j = \sum_{i=1}^{p} F_iT_{ji} = \frac{1}{\Delta}\sum_{i=1}^{p} F_i \sum_m P_{m(i)}\Delta_{m(i)} \tag{5-3-10}$$

式中$P_{m(i)}$代表从输入节点F_i到输出节点x_j的第m条前向路径的传输值；$\Delta_{m(i)}$则是上述前向路径的路径因子。式(5-3-10)表示了信号流图的叠加性。

从例 5-8 可以看出，用 Mason 公式求 SFG 的图增益是比较简便的。但在用计算机辅助分析时，计算图增益的分子和分母要涉及不同的子图，采用不同的程序。为了能进一步简化分析，我们从 SFG 的汇节点到源节点增添一条权值为$(-B)$的有向支路，该支路与每一前向路径均构成一个新的回路，修改后的 SFG 称为闭合 SFG(closed signal-flow graph)。

闭合 SFG 的图行列式用Δ_C表示为

$$\Delta_C = 1-\sum L_{kC}^1 + \sum L_{kC}^2 + \cdots(-1)^i\sum L_{kC}^i + \cdots$$

其中$\sum L_{kC}^i$包含原 SFG 的i阶回路的传输值和新增加i阶回路的传输值。具体地说，新增加的i阶回路就是含原前向路径与新增加支路所形成回路在内的i阶回路，其传输值等于$(-BP_k)$和与其对应的$(i-1)$阶回路传输值之乘积。因此，可将Δ_C改写为

$$\Delta_C = \Delta + B\sum_m P_m\Delta_m \tag{5-3-11}$$

式(5-3-11)表示，将闭合 SFG 的图行列式中所有的项按是否含B划分为两部分，对含B

各项之和提出因子 B 后，剩余部分便等于 Mason 公式的分子 $\sum_{m} P_m \Delta_m$，而不含 B 的各项之和则等于 Mason 公式的分母 Δ。这样，用一个计算程序便能同时得到 Mason 公式的分子和分母。

例 5-9 用闭合 SFG 求图 5-6 所示电压 U_2 的解。

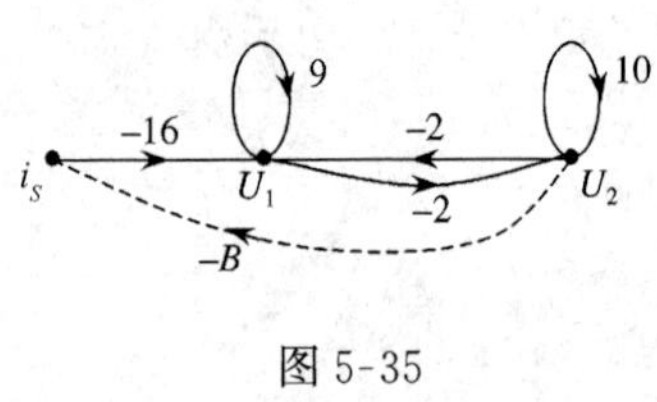

图 5-35

解：(1) 在图 5-6 所示 SFG 中添加一条从 U_2 到 i_S 的支路，其权值为 $(-B)$，得闭合 SFG 如图 5-35 所示。

(2) 在图 5-35 中，各阶回路传输值为：L_k^1：9，$(-2)\times(-2)$，10，$(-B)\times(-16)\times(-2)$；$L_k^2$：$9\times10$。

(3) 写出闭合 SFG 的图行列式：

$$\Delta_C = 1-(9+4+10-32B)+90 = 68+32B = \Delta + B\sum P_m\Delta_m$$

(4) 用 Mason 公式计算图增益：

$$T_{2S} = \frac{U_2}{i_S} = \frac{\sum P_m\Delta_m}{\Delta} = \frac{32}{68}$$

(5) 计算出结果：

$$U_2 = \frac{32}{68}i_S = \frac{8}{17}i_S$$

显然，结果与前吻合，而求解过程更加简捷。

5-4 线性网络的 SFG 分析

为了分析一个线性网络，必须选择一组适当的网络变量。在这组变量中，变量之间是相互独立的，变量数是足够的，而且这些变量和输入量的线性组合可以表示出该网络的任何响应。选择不同的网络变量所列写的方程组不同，因而绘出的 SFG 也不同。无论列写什么方程组，要能正确分析线性网络，必须满足：①方程组的方程数与变量数相同；②方程组中的方程是相互独立的。

毫无疑问，常用的回路方程、节点方程和割集方程等都满足上述条件，可以按一定步骤画出 SFG，最后解出待求量。从例 5-8 可以看出这一点。但节点方程和回路方程等方程组均为式(5-1-8)形式的方程，改写为式(5-1-9)的因果形式方程后，对应的 SFG 几乎每个节点都存在自环，对于自环较多的 SFG，无论用 Mason 公式或用化简 SFG 的方法求 SFG 传输值，过程都较复杂，计算量较大。此外，当网络含有源、非互易元件时，网络变量的选取受到限制，一般不能直接写出上述几类方程。

现在来寻找一组适当的混合变量，使之能适应不同类型的二端口网络元件，而且通过对网络的观察就能直接写出因果形式的网络方程。以下讨论均就网络的复频域(或频域)模型而言，为表示简捷起见，略去复频变量符号(s)。

我们知道，树支电压是一组独立的网络变量，网络中其他支路电压都可以用它们的线性组合表示出来；连支电流也是一组独立的网络变量，网络中其他支路电流都可以用它们的线性组合表示出来。故可以选取树支电压与连支电流构成的混合变量作为网络变量。

在常态网络中，将每一个独立源均作为一条支路，选择一树，树中包含网络中所有的电压源、但不含任何电流源，并按先树支后连支的顺序对支路编号。设 $\boldsymbol{U}_b$、$\boldsymbol{I}_b$ 分别为支路电压向量、支路电流向量。将它们按树支和连支分块为

$$\boldsymbol{U}_b = \begin{bmatrix}\boldsymbol{U}_{ta}\\ \boldsymbol{U}_{la}\end{bmatrix} \qquad \boldsymbol{I}_b = \begin{bmatrix}\boldsymbol{I}_{ta}\\ \boldsymbol{I}_{la}\end{bmatrix}$$

式中下标 t、l 分别表示树支、连支，下标 a 表示全部(all)。再将电压、电流向量的树支、连支分块分别按非源支路和独立源支路分块，即

$$\boldsymbol{U}_{ta} = \begin{bmatrix}\boldsymbol{U}_t\\ \boldsymbol{U}_V\end{bmatrix} \qquad \boldsymbol{U}_{la} = \begin{bmatrix}\boldsymbol{U}_l\\ \boldsymbol{U}_I\end{bmatrix} \qquad \boldsymbol{I}_{ta} = \begin{bmatrix}\boldsymbol{I}_t\\ \boldsymbol{I}_V\end{bmatrix} \qquad \boldsymbol{I}_{la} = \begin{bmatrix}\boldsymbol{I}_l\\ \boldsymbol{I}_I\end{bmatrix}$$

式中下标 V、I 分别表示电压源、电流源。$\boldsymbol{U}_t$、$\boldsymbol{I}_t$ 代表树支中非源支路的电压向量、电流向量。$\boldsymbol{U}_l$、$\boldsymbol{I}_l$ 代表连支中非源支路的电压向量、电流向量。

根据 KCL 方程

$$\boldsymbol{Q}_f \boldsymbol{I}_b = 0 \tag{5-4-1}$$

可得

$$\boldsymbol{I}_{ta} = -\boldsymbol{Q}_l \boldsymbol{I}_{la} \tag{5-4-2}$$

式(5-4-2)中 $\boldsymbol{Q}_l$ 为基本割集矩阵中对应于连支的分块，将该式分块展开为

$$\begin{bmatrix}\boldsymbol{I}_t\\ \boldsymbol{I}_V\end{bmatrix} = -\begin{bmatrix}\boldsymbol{Q}_{l1} & \boldsymbol{Q}_{I1}\\ \boldsymbol{Q}_{l2} & \boldsymbol{Q}_{I2}\end{bmatrix}\begin{bmatrix}\boldsymbol{I}_l\\ \boldsymbol{I}_I\end{bmatrix} \tag{5-4-3}$$

同理，根据 KVL 方程

$$\boldsymbol{B}_f \boldsymbol{U}_b = 0 \tag{5-4-4}$$

可得关系

$$\boldsymbol{U}_{la} = -\boldsymbol{B}_t \boldsymbol{U}_{ta} \tag{5-4-5}$$

式中 $\boldsymbol{B}_t$ 为基本回路矩阵的树支分块，展开式(5-4-5)得

$$\begin{bmatrix}\boldsymbol{U}_l\\ \boldsymbol{U}_I\end{bmatrix} = -\begin{bmatrix}\boldsymbol{B}_{t1} & \boldsymbol{B}_{V1}\\ \boldsymbol{B}_{t2} & \boldsymbol{B}_{V2}\end{bmatrix}\begin{bmatrix}\boldsymbol{U}_t\\ \boldsymbol{U}_V\end{bmatrix} \tag{5-4-6}$$

写出非源支路的混合变量形式的支路电流电压关系，使方程右端向量中的元素为连支电压和树支电流，左端向量中的元素为连支电流和树支电压，即

$$\begin{bmatrix}\boldsymbol{I}_l\\ \boldsymbol{U}_t\end{bmatrix} = \begin{bmatrix}\boldsymbol{Y}_l & \boldsymbol{G}_{12}\\ \boldsymbol{G}_{21} & \boldsymbol{Z}_t\end{bmatrix}\begin{bmatrix}\boldsymbol{U}_l\\ \boldsymbol{I}_t\end{bmatrix} \tag{5-4-7}$$

再将式(5-4-3)中的 $\boldsymbol{I}_t$ 和式(5-4-6)中的 $\boldsymbol{U}_l$ 代入式(5-4-7)中，即得关系

$$\begin{bmatrix}\boldsymbol{I}_l\\ \boldsymbol{U}_t\end{bmatrix} = -\begin{bmatrix}\boldsymbol{G}_{12}\boldsymbol{Q}_{l1} & \boldsymbol{Y}_l\boldsymbol{B}_{t1}\\ \boldsymbol{Z}_t\boldsymbol{Q}_{l1} & \boldsymbol{G}_{21}\boldsymbol{B}_{t1}\end{bmatrix}\cdot\begin{bmatrix}\boldsymbol{I}_l\\ \boldsymbol{U}_t\end{bmatrix} - \begin{bmatrix}\boldsymbol{G}_{12}\boldsymbol{Q}_{I1} & \boldsymbol{Y}_l\boldsymbol{B}_{V1}\\ \boldsymbol{Z}_t\boldsymbol{Q}_{I1} & \boldsymbol{G}_{21}\boldsymbol{B}_{V1}\end{bmatrix}\cdot\begin{bmatrix}\boldsymbol{I}_I\\ \boldsymbol{U}_V\end{bmatrix} \tag{5-4-8}$$

式(5-4-8)就是一组因果形式的混合变量方程。其网络变量为非源连支电流和树支电压。当网络中无受控源时，$\boldsymbol{G}_{12}$、$\boldsymbol{G}_{21}$ 两矩阵为零，R、L、C 支路都可用阻抗或导纳表示，式(5-4-8)比较容易写出。当有受控源等二端口元件存在时，不同的二端口元件将影响式(5-4-8)中不同的矩阵块。为了能写出式(5-4-7)形式的混合变量 VCR 方程，以便写出方程(5-4-8)，在选树时各类二端口元件的二支路须按一定规则选为树支或连支。现

将选树时对各类二端口元件的处理规则总结于表 5-1 中。

表 5-1　用 SFG 分析网络时的选树规则

元件	VCR	树支或连支	
		控制支路	受控支路
回转器	$u_1=-ri_2, u_2=ri_1$ 或 $i_1=gu_2, i_2=-gu_1$	树支 连支	树支 连支
VCCS	$i_2=gu_1$	连支	连支
VCVS	$u_2=\mu u_1$	连支	树支
CCCS	$i_2=\beta i_1$	树支	连支
CCVS	$u_2=ri_1$	树支	树支
理想变压器	$u_1=nu_2, i_2=-ni_1$	连支(树支)	树支(连支)
负阻抗变换器	$u_1=k_1u_2, i_2=k_2i_1$ $(u_1=-k_1u_2, i_2=-k_2i_1)$或 $u_2=\frac{1}{k_1}u_1, i_1=\frac{1}{k_2}i_2$ $\left(u_2=-\frac{1}{k_1}u_1, i_1=-\frac{1}{k_2}i_2\right)$	(支路 2)连支 (支路 1)连支	(支路 1)树支 (支路 2)树支

例 5-10　用 SFG 分析法写出图 5-36 所示网络的转移函数 $T_6=\frac{U_6}{U_S}$。

解:(1) 按每一个元件一条支路画出网络的图。选一树,树中含电压源支路,并使待求电压 U_6 为树支电压,如图 5-37 所示,实线表示树支。

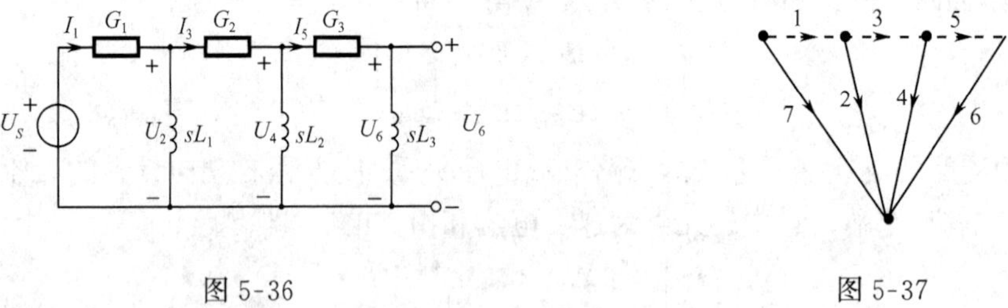

图 5-36　　　　图 5-37

(2) 据已知网络和所选的树,以连支电流 I_1、I_3、I_5 和非源树支电压 U_2、U_4、U_6 作为网络变量,写出因果形式的方程:

$$\begin{aligned}I_1&=G_1(U_S-U_2)\\I_3&=G_2(U_2-U_4)\\I_5&=G_3(U_4-U_6)\\U_2&=sL_1(I_1-I_3)\\U_4&=sL_2(I_3-I_5)\\U_6&=sL_3I_5\end{aligned}\tag{5-4-9}$$

(3) 据式(5-4-9)画 SFG，并从 U_6 到 U_s 添一条传输值为($-B$)的支路，形成闭合 SFG，如图 5-38 所示。

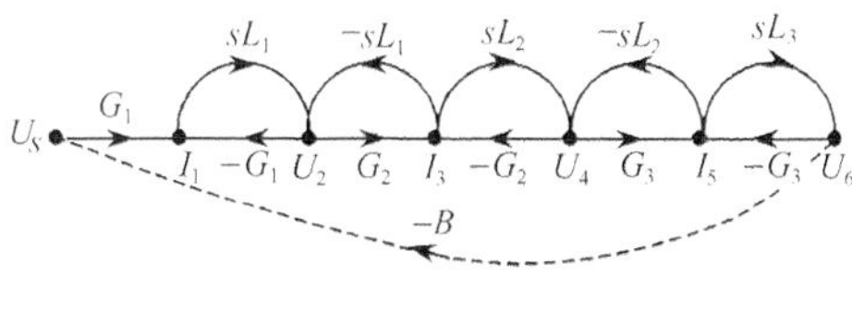

图 5-38

(4) 用 Mason 公式计算图增益。闭合 SFG 的图行列式为

$$
\begin{aligned}
\Delta_C = & 1-[-G_1sL_1-G_2sL_1-G_2sL_2-G_3sL_2-G_3sL_3-BG_1sL_1G_2sL_2G_3sL_3] \\
& +[(-G_1sL_1)(-G_2sL_2)+(-G_1sL_1)(-G_3sL_2)+(-G_1sL_1)(-G_3sL_3) \\
& +(-G_2sL_1)(G_3sL_2)+(-G_2sL_1)(-G_3sL_3)+(-G_2sL_2)(-G_3sL_3)] \\
& -[(-G_1sL_1)(-G_2sL_2)(-G_3sL_3)]=1+s(G_1L_1+G_2L_1+G_2L_2 \\
& +G_3L_2+G_3L_3)+s^2(G_1L_1G_2L_2+G_1L_1G_3L_2+G_1L_1G_3L_3 \\
& +G_2L_1G_3L_2+G_2L_1G_3L_3+G_2L_2G_3L_3) \\
& +s^3G_1L_1G_2L_2G_3L_3+Bs^3G_1L_1G_2L_2G_3L_3
\end{aligned}
$$

故转移函数

$$
T_6=\frac{s^3G_1L_1G_2L_2G_3L_3}{\begin{aligned}s^3G_1L_1G_2L_2G_3L_3+s^2(G_1L_1G_2L_2+G_1L_1G_3L_2+G_1L_1G_3L_3+G_2L_1G_3L_2+ \\ G_2L_1G_3L_3+G_2L_2G_3L_3)+s(G_1L_1+G_2L_1+G_2L_2+G_3L_2+G_3L_3)+1\end{aligned}}
$$

例 5-11 写出图 5-39 所示有源网络的转移函数 $T=\dfrac{U_C}{U_S}$。

解：(1) 画出网络的图并选一树，如图 5-40 所示。其中电压源为树支。另由表 5-1 知，VCVS 的控制支路 8(开路支路 $i_8=0$)为连支，受控支路 4 为树支；而 CCCS 的控制支路 2 为树支，受控支路 7 为连支。其他支路则按需要选定。

(2) 根据已知网络和所选的树，以非源树支电压 U_1、U_2、U_4 和连支电流 I_5、I_6、I_7 为网络变量，列写如下因果形式的方程。

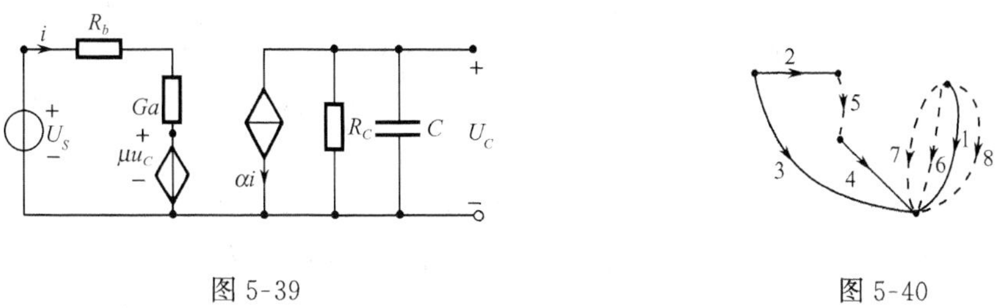

图 5-39　　　　图 5-40

连支电流：

$$I_5=G_a(U_S-U_2-U_4)$$

$$I_6 = \frac{U_1}{R_C} \tag{5-4-10}$$

$$I_7 = \alpha I_5$$

树支电压：

$$\begin{aligned} U_1 &= -\frac{1}{sC}(I_6 + I_7) \\ U_2 &= R_b I_2 = R_b I_5 \\ U_4 &= \mu U_1 \end{aligned} \tag{5-4-11}$$

(3) 据式(5-4-10)和式(5-4-11)即可画出 SFG。为计算方便，从 U_C 到 U_S 添一条传输值为$(-B)$的支路，形成闭合 SFG，如图 5-41 所示。

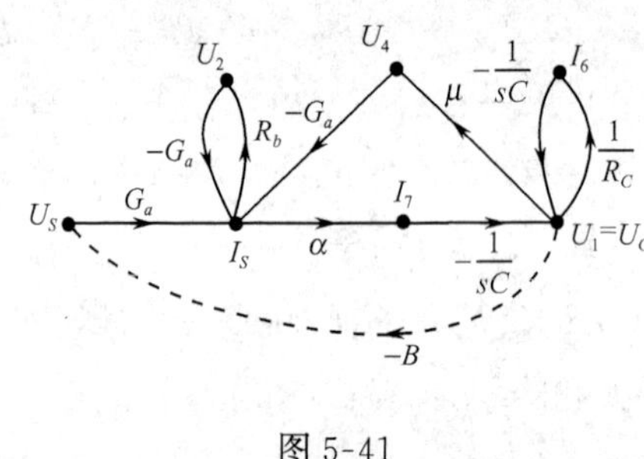

图 5-41

(4) 用 Mason 公式计算图增益。闭合 SFG 的图行列式为

$$\Delta_C = 1 - \left[-G_a R_b + \frac{\mu\alpha G_a}{sC} - \frac{1}{sCR_C} + B\frac{\alpha G_a}{sC}\right] + \left[\frac{G_a R_b}{sCR_C}\right]$$

故转移函数：

$$T = \frac{U_C}{U_S} = \frac{-\frac{\alpha G_a}{sC}}{1 + G_a R_b - \frac{\mu\alpha G_a}{sC} + \frac{1}{sCR_C} + \frac{G_a R_b}{sCR_C}}$$

$$= \frac{-\alpha G_a R_C}{(1 + G_a R_b)(sCR_C + 1) - \mu\alpha G_a R_C}$$

从以上举例中看出，在绘制网络的 SFG 时，并不需要先写 $\boldsymbol{Q}_f$、$\boldsymbol{B}_f$ 矩阵和建立式(5-4-3)、(5-4-6)和(5-4-7)的方程，即不需要找出式(5-4-8)右端系数矩阵中的各分块再列写方程(5-4-8)，而是通过观察直接写出因果形式的混合变量方程。式(5-4-1)至(5-4-8)的推导是为了证明式(5-4-8)形式方程的存在，并给出得到这种方程的依据。在以上二例中，列写方程组(5-4-9)、(5-4-10)和(5-4-11)时，首先写出的是如式(5-4-6)形式的混合变量 VCR 方程，然后利用基本割集 KCL 方程和基本回路 KVL 方程使前面写出的 VCR 方程右端的变量全部换为所选的网络变量(连支电流和树支电压)以及输入量。

5-5 状态转移图

一个线性系统的信号流图是按照系统的代数方程来构造的。如果动态系统用时域微分(积分)方程来描述,则必须先对方程进行拉氏变换,才能绘出 SFG。一般说来,从这样构成的 SFG 上难于看出与原时域微分方程的明显对应关系,这给 SFG 与方程之间的转换带来不便。本节介绍一种描述状态方程组的信号流图,即状态转移图(state transition diagram)。状态转移图与它所描述的时域状态方程之间有清晰的对应关系,而且它很容易根据系统的转移函数得到,因而在有源网络综合中是一种很有用的工具。

描述一个线性动态网络的状态方程的一般形式是

$$\dot{\boldsymbol{x}}(t)=\boldsymbol{A}\boldsymbol{x}(t)+\boldsymbol{B}\boldsymbol{f}(t) \tag{5-5-1}$$

对其进行拉氏变换后,可以得到

$$s\boldsymbol{X}(s)=\boldsymbol{A}\boldsymbol{X}(s)+\boldsymbol{B}\boldsymbol{F}(s)+\boldsymbol{x}(0_-) \tag{5-5-2}$$

将上式中等号左端的 s 移至右端,就写成了相应的因果形式的方程:

$$\boldsymbol{X}(s)=s^{-1}\boldsymbol{A}\boldsymbol{X}(s)+s^{-1}\boldsymbol{B}\boldsymbol{F}(s)+s^{-1}\boldsymbol{x}(0_-) \tag{5-5-3}$$

由此式可以画出相应的 SFG。

例如,研究一个二阶单输入线性网络,其状态方程为

$$\begin{cases}\dot{x}_1(t)=a_{11}x_1(t)+a_{12}x_2(t)+b_1f(t)\\ \dot{x}_2(t)=a_{21}x_1(t)+a_{22}x_2(t)+b_2f(t)\end{cases} \tag{5-5-4}$$

对状态方程进行拉氏变换,有

$$\begin{aligned}sX_1(s)&=a_{11}X_1(s)+a_{12}X_2(s)+b_1F(s)+x_1(0_-)\\ sX_2(s)&=a_{21}X_1(s)+a_{22}X_2(s)+b_2F(s)+x_2(0_-)\end{aligned} \tag{5-5-5}$$

将式(5-5-5)写为因果形式的方程

$$\begin{cases}X_1(s)=s^{-1}a_{11}X_1(s)+s^{-1}a_{12}X_2(s)+s^{-1}b_1F(s)+s^{-1}x_1(0_-)\\ X_2(s)=s^{-1}a_{21}X_1(s)+s^{-1}a_{22}X_2(s)+s^{-1}b_2F(s)+s^{-1}x_2(0_-)\end{cases} \tag{5-5-6}$$

画出相应的 SFG,如图 5-42 所示。

图 5-42 所示 SFG 未能将时域中各状态变量与其一阶导数间的关系明显地表达出来,换言之,根据图 5-42 难于直接写出状态方程。为了能得到一种与状态方程有明显对应关系的信号流图,除了将各状态变量和输入量的象函数以及状态初值作为 SFG 的节点变量外,另引入 $sX_1(s)$、$sX_2(s)$作为节点变量。这样,以 $X_1(s)$、$sX_1(s)$、$X_2(s)$、$sX_2(s)$作为变量的独立方程组为

$$\begin{cases}sX_1(s)=a_{11}X_1(s)+a_{12}X_2(s)+b_1F(s)+x_1(0_-)\\ sX_2(s)=a_{21}X_1(s)+a_{22}X_2(s)+b_2F(s)+x_2(0_-)\\ X_1(s)=s^{-1}[sX_1(s)]\\ X_2(s)=s^{-1}[sX_2(s)]\end{cases} \tag{5-5-7}$$

依据式(5-5-7)绘制的 SFG 如图 5-43 所示。图 5-43 称为状态转移图。在状态转移图中,从节点 sX_j 到 X_j 之间的支路传输值为 s^{-1},对应于时域中的积分运算;而其他支路传输值都是常数,对应于时域中乘以常数的运算。除 $F(s)$是 SFG 的源节点外,$x_1(0_-)$、$x_2(0_-)$也是 SFG 的源节点。状态转移图清晰地描述了系统中各状态变量、状态变量的导数和输入量之间的关系。由状态转移图不仅能方便地写出状态方程,而且可以求得网络的转移函数。

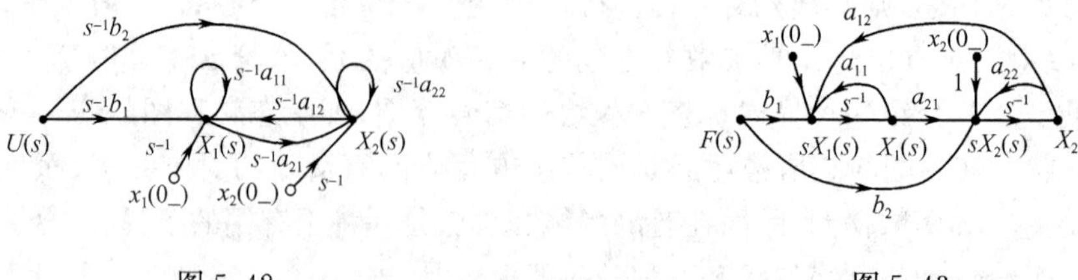

图 5-42　　　　　　　　　　图 5-43

根据状态转移图还可以求得它所描述的状态方程的预解矩阵，进而获得状态方程的复频域解和时域解，现分析如下。

对于状态方程式(5-5-1)进行拉氏变换，整理后得状态方程的复频域解：

$$\boldsymbol{X}(s)=(s\mathbf{1}-\boldsymbol{A})^{-1}[\boldsymbol{x}(0_-)+\boldsymbol{BF}(s)]=\boldsymbol{\Phi}(s)[\boldsymbol{x}(0_-)+\boldsymbol{BF}(s)] \tag{5-5-8}$$

式中

$$\boldsymbol{\Phi}(s)=(s\mathbf{1}-\boldsymbol{A})^{-1} \tag{5-5-9}$$

称为预解矩阵。如果网络的输入为零，则

$$\boldsymbol{X}(s)=\boldsymbol{\Phi}(s)\boldsymbol{x}(0_-) \tag{5-5-10}$$

预解矩阵中的元素：

$$\Phi_{ij}(s)=\left.\frac{X_i(s)}{x_j(0_-)}\right|_{x_k(0_-)=0(k=1,2,\cdots,n,k\neq j)} \tag{5-5-11}$$

可以看出，在状态转移图中求输入节点 $x_j(0_-)$ 至输出节点 $X_i(s)$ 的图增益便等于式(5-5-11)的 $\Phi_{ij}(s)$。用这种方法，令 $i=1,2,\cdots,n,j=1,2,\cdots,n$，便可求出 $n\times n$ 矩阵 $\boldsymbol{\Phi}(s)$ 的各元素。

例 5-12　已知状态方程为

$$\dot{i}_1(t)=-3i_1(t)-i_2(t)+2\varepsilon(t)$$
$$\dot{i}_2(t)=2i_1(t)$$

和初始值 $i_1(0_-)=2$，$i_2(0_-)=3$。画出其对应的状态转移图，并求转移函数 $T_1=\dfrac{I_1(s)}{E(s)}$、预解矩阵 $\boldsymbol{\Phi}(s)$ 和电流 $i_1(t)$。

解：(1) 将状态方程进行拉氏变换，有

$$sI_1(s)=-3I_1(s)-I_2(s)+2E(s)+i_1(0_-)$$
$$sI_2(s)=2I_1(s)+i_2(0_-)$$

其中，$E(s)=\dfrac{1}{s}$。

补上关系

$$I_1(s)=s^{-1}[sI_1(s)]$$
$$I_2(s)=s^{-1}[sI_2(s)]$$

即可画出相应的状态转移图，如图 5-44 所示。

(2) 通过化简 SFG 求 $I_1(s)$，首先消去图 5-44 所示 SFG 中节点 $I_2(s)$、$sI_2(s)$，得到图 5-45。再消去图 5-45 所示 SFG 中节点 $sI_1(s)$，得到图 5-46。

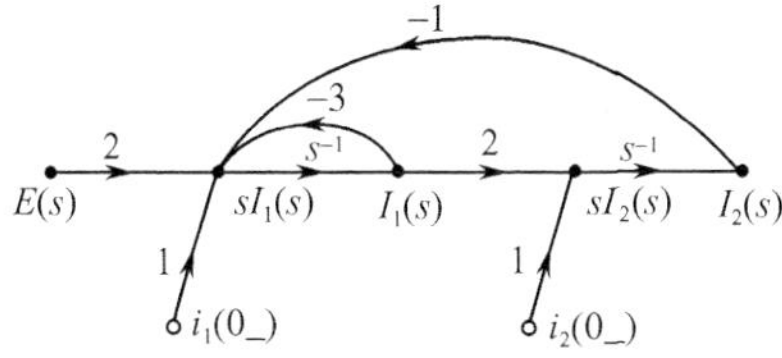

图 5-44

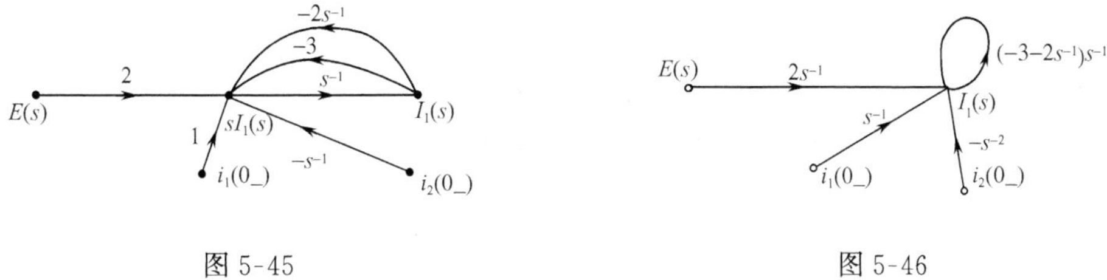

图 5-45　　　　　　图 5-46

最后消去图 5-46 所示 SFG 中节点 $I_1(s)$的自环,即可写出 $I_1(s)$的解:

$$I_1(s)=\frac{2s^{-1}E(s)+s^{-1}i_1(0_-)-s^{-2}i_2(0_-)}{1+3s^{-1}+2s^{-2}}$$

$$=\frac{2sE(s)+si_1(0_-)-i_2(0_-)}{s^2+3s+2} \tag{5-5-12}$$

(3)令式(5-5-8)中 $i_1(0_-)=i_2(0_-)=0$,可得转移函数

$$T_1=\frac{I_1(s)}{E(s)}=\frac{2s}{s^2+3s+2}$$

(4)根据状态转移图 5-44 求预解矩阵 $\boldsymbol{\Phi}(s)$。下面用 Mason 公式求 $\boldsymbol{\Phi}(s)$的各元素。

由式(5-5-11)可知,预解矩阵的元素应为

$$\Phi_{ij}(s)=\frac{\sum_m P_{m(ij)}\Delta_{m(ij)}}{\Delta}\qquad(i=1,2,\ j=1,2) \tag{5-5-13}$$

式中 $P_{m(ij)}$为从输入节点 $x_j(0_-)$至 $X_i(s)$的第 m 条前向路径传输值,$\Delta_{m(ij)}$为上述前向路径的路径因子。分别计算上式的分子、分母如下。

图行列式:

$$\Delta=1-(3s^{-1}-2s^{-2})=1+3s^{-1}+2s^{-2}$$

从 $i_1(0_-)$至 $X_1(s)$的前向路径:$P_{1(11)}=s^{-1}$,$\Delta_{1(11)}=1$

从 $i_1(0_-)$至 $X_2(s)$的前向路径:$P_{1(21)}=2s^{-2}$,$\Delta_{1(21)}=1$

从 $i_2(0_-)$至 $X_1(s)$的前向路径:$P_{1(12)}=-s^{-2}$,$\Delta_{1(12)}=1$

从 $i_2(0_-)$至 $X_2(s)$的前向路径:$P_{1(22)}=s^{-1}$,$\Delta_{1(22)}=1-(-3s^{-1})=1+3s^{-1}$

将以上结果代入式(5-5-13),得

$$\Phi_{11}(s)=\frac{s}{s^2+3s+2}\qquad \Phi_{12}(s)=\frac{-1}{s^2+3s+2}$$

$$\Phi_{21}(s)=\frac{2}{s^2+3s+2}\qquad \Phi_{22}(s)=\frac{s+3}{s^2+3s+2}$$

预解矩阵 $\boldsymbol{\Phi}(s)$ 为

$$\boldsymbol{\Phi}(s)=\begin{bmatrix}\dfrac{s}{s^2+3s+2} & \dfrac{-1}{s^2+3s+2}\\ \dfrac{2}{s^2+3s+2} & \dfrac{s+3}{s^2+3s+2}\end{bmatrix} \tag{5-5-14}$$

(5)将 $E(s)$、$i_1(0_-)$、$i_2(0_-)$之值代入式(5-5-12)可得

$$I_1=\frac{2s-1}{s^2+3s+2}=\frac{-3}{s+1}+\frac{5}{s+2}$$

进行拉氏反变换得

$$i_1(t)=(-3e^{-t}+5e^{-2t})\varepsilon(t)$$

前面介绍了根据状态方程建立系统的状态转移图的方法。对于单输入、单输出的线性动态系统,根据时域输入-输出方程或复频域转移函数也能够绘出系统的状态转移图。

考察一个单输入、单输出的线性动态系统,时域中用以下输入-输出方程描述:

$$\frac{\mathrm{d}^n r(t)}{\mathrm{d}t^n}+a_{n-1}\frac{\mathrm{d}^{n-1}r(t)}{\mathrm{d}t^{n-1}}+\cdots+a_0 r(t)=b_n\frac{\mathrm{d}^n e(t)}{\mathrm{d}t^n}+b_{n-1}\frac{\mathrm{d}^{n-1}e(t)}{\mathrm{d}t^{n-1}}+\cdots+b_0 e(t) \tag{5-5-15}$$

式中 $e(t)$为激励,$r(t)$为响应。在复频域中相应的转移函数为

$$T(s)=\frac{R(s)}{E(s)}=\frac{b_n s^n+b_{n-1}s^{n-1}+\cdots+b_0}{s^n+a_{n-1}s^{n-1}+\cdots+a_0} \tag{5-5-16}$$

为了画出系统的 SFG,将转移函数的分子分母同乘以中间变量 $s^{-n}Z$,于是可将分子、分母分别写为

$$\begin{aligned}R(s)&=(b_n s^n+b_{n-1}s^{n-1}+\cdots+b_0)\,s^{-n}Z\\ E(s)&=(s^n+a_{n-1}s^{n-1}+\cdots+a_0)s^{-n}Z\end{aligned} \tag{5-5-17}$$

定义变量集合$\{X_i\}$($i=1,2,\cdots,n$)

$$X_i=s^{-n+i-1}Z \tag{5-5-18}$$

则

$$sX_i=X_{i+1}\qquad(i=1,2,\cdots,n-1) \tag{5-5-19}$$

即

$$sX_1=X_2,\ sX_2=X_3,\ \cdots,\ sX_{n-1}=X_n \tag{5-5-20}$$

$$sX_n=Z \tag{5-5-21}$$

将式(5-5-17)改写为

$$R(s)=b_0X_1+b_1X_2+\cdots+b_{n-2}X_{n-1}+b_{n-1}X_n+b_nZ \tag{5-5-22}$$

$$sX_n=Z=-a_0X_1-a_1X_2-\cdots-a_{n-2}X_{n-1}-a_{n-1}X_n+E(s) \tag{5-5-23}$$

可以看出,式(5-5-20)中的 $n-1$ 个方程和式(5-5-23)构成一组(n 个)状态方程的复频域形式,其中 $X_1,X_2,\cdots,X_n$ 为状态变量 $x_1,x_2,\cdots,x_n$ 的拉氏变换式。而方程(5-5-22)则是输出方程的复频域形式。因此,根据式(5-5-20)、(5-5-23)和(5-5-22)便可绘出系统的状态转移图。

例如,已知转移函数

$$T(s)=\frac{R(s)}{E(s)}=\frac{b_3s^3+b_2s^2+b_1s+b_0}{s^3+a_2s^2+a_1s+a_0} \tag{5-5-24}$$

用 $s^{-3}Z$ 乘上式的分子、分母，并令

$$X_1=s^{-3}Z,X_2=s^{-2}Z,X_3=s^{-1}Z$$

则有

$$sX_1=X_2$$

$$sX_2=X_3$$

$$sX_3=Z \tag{5-5-25}$$

$$R(s)=b_0X_1+b_1X_2+b_2X_3+b_3Z_1 \tag{5-5-26}$$

$$Z(s)=E(s)-a_0X_1-a_1X_2-a_2X_3 \tag{5-5-27}$$

根据方程(5-5-25)至(5-5-27)可以绘出状态转移图(图 5-47)。

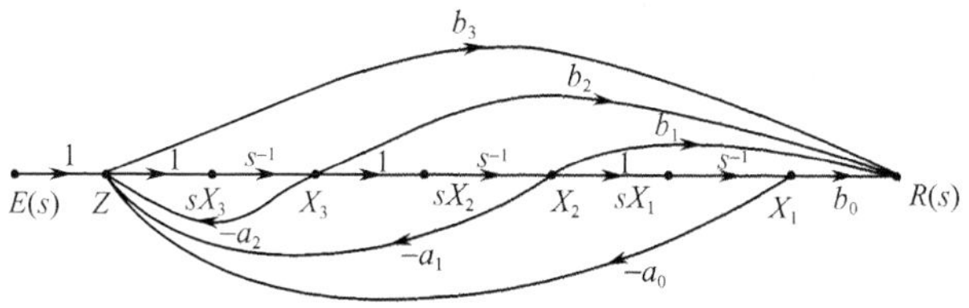

图 5-47

例 5-13 已知某网络转移函数为 $T(s)=\dfrac{R(s)}{E(s)}=\dfrac{s^2+5s+4}{s^3+7s^2+17s+15}$，绘出网络的状态转移图，并写出相应的状态方程和以 $r(t)$ 为输出的输出方程。

解：用 $s^{-3}Z$ 乘转移函数 $T(s)$ 的分子、分母，并命 $X_1=s^{-3}Z,X_2=s^{-2}Z,X_3=s^{-1}Z$，则

$$sX_1=X_2$$

$$sX_2=X_3 \tag{5-5-28}$$

$$sX_3=Z$$

$$R(s)=X_3+5X_2+4X_1 \tag{5-5-29}$$

$$Z(s)=E(s)-7X_3-17X_2-15X_1 \tag{5-5-30}$$

由式(5-5-28)至(5-5-30)绘出状态转移图，如图 5-48 所示。

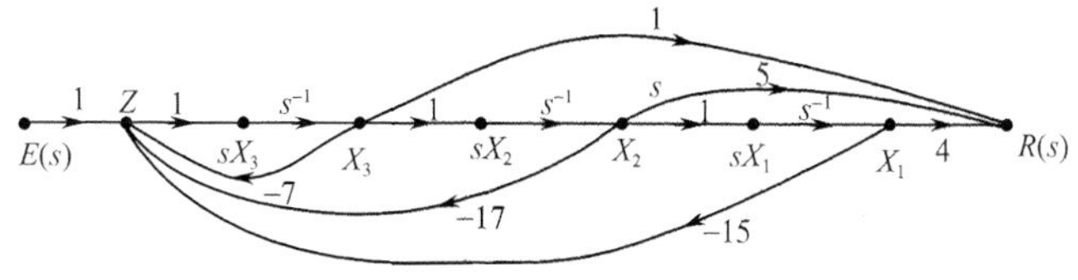

图 5-48

其对应的状态方程为

$$\dot{x}_1=x_2$$

$$\dot{x}_2=x_3 \tag{5-5-31}$$

$$\dot{x}_3=-15x_1-17x_2-7x_3+e(t)$$

输出方程为

$$r(t) = 4x_1 + 5x_2 + x_3 \tag{5-5-32}$$

在由转移函数画状态转移图,进而写出状态方程和输出方程的过程中,如该系统中对应初始状态不为零,则在式(5-5-19)所示的变量集合中令

$$sX_i = X_{i+1} + x_i(0_-) \tag{5-5-33}$$

即在 SFG 中的节点 sX_i 上增加一个传输值为 1 的入支路,支路另一端节点变量为初值$x_i(0_-)$。

习　题

5-1　已知某电网络的节点电压方程为

$$U_1 - U_2 - U_3 = U_s$$
$$-U_1 + 2U_2 - 3U_3 = 0$$
$$-U_1 - 3U_2 + 8U_3 = 0$$

试画出方程对应的 SFG。

5-2　列出图 5-49 所示网络的节点方程,并画出其对应的 SFG。已知图中 $G_1 = 1S$, $G_2 = 2S, G_3 = 3S, G_4 = 4S, G_5 = 5S, G_6 = 6S, G_7 = 7S, G_8 = 8S, G_9 = 9S, G_{10} = 10S$。

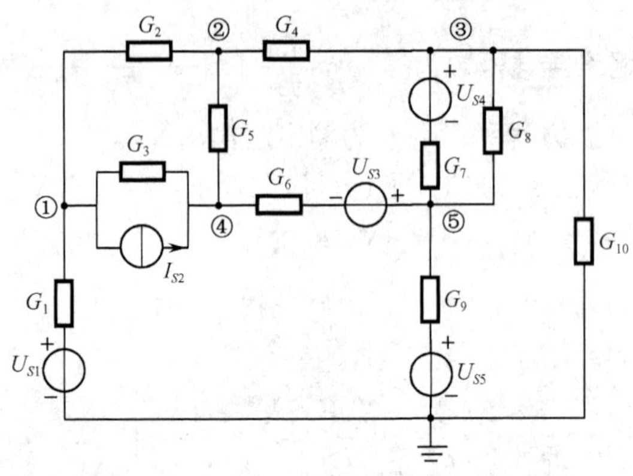

图 5-49

5-3　已知图 5-50 所示各 SFG 中的源节点变量 $E=1$,试通过化简 SFG 的方法求出汇节点变量之值。

5-4　已知某二端口网络的传输参数矩阵 $\boldsymbol{T}$,用 SFG 分析法求该网络的混合参数矩阵 $\boldsymbol{H}$。

5-5　已知图 5-51(a)所示 T 型网络的参数,Z_1、Z_2、Z_3,试用 SFG 分析法求出其等效 Π 型网络(如图(b)所示)的参数 Z_{12}、Z_{23}、Z_{31}。

5-6　用 Mason 公式求图 5-52 所示 SFG 的图增益 $T=\dfrac{y}{u}$。

5-7　用 Mason 公式求题 5-1 中网络以节点电压 U_2 为输出的转移函数 $T=\dfrac{U_2}{U_S}$。

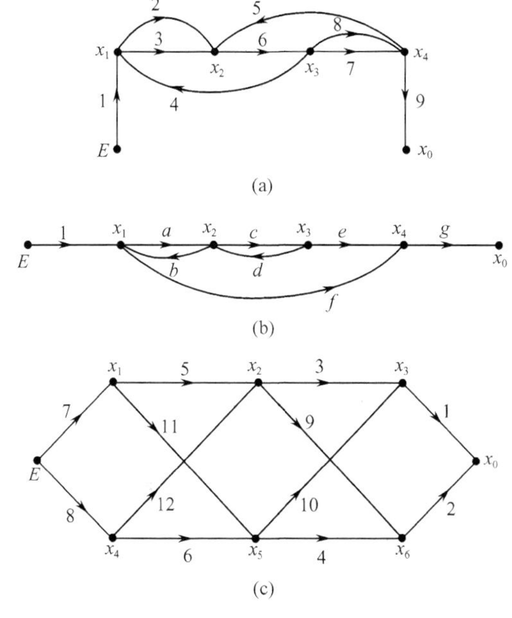

图 5-50

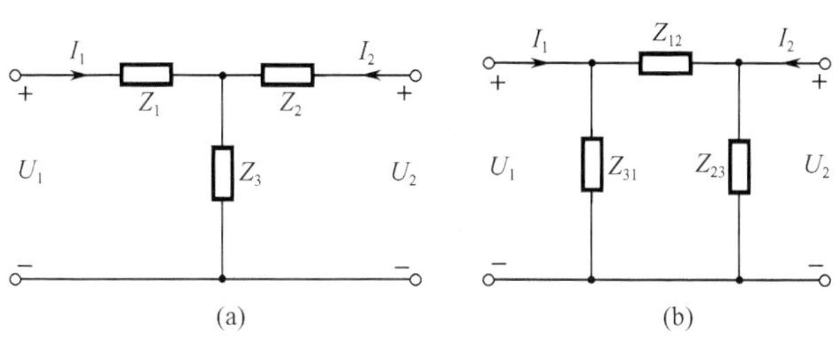

图 5-51

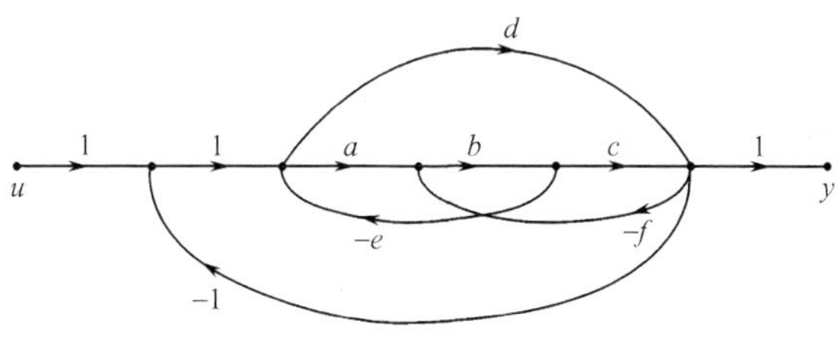

图 5-52

5-8　对图 5-53 所示网络选一适当的树，写出其因果形式的混合变量方程，绘出相应的 SFG，用 SFG 求电流 I_5。

5-9　用题 5-8 的方法求图 5-54 中以 I_x 为输出的转移函数 $T=\dfrac{I_x}{U_S}$。

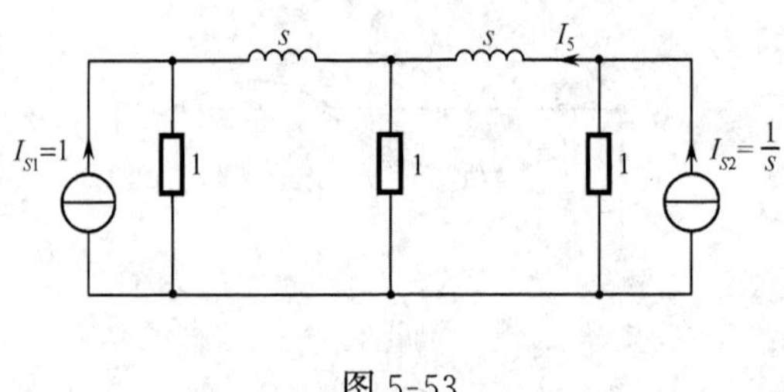

图 5-53

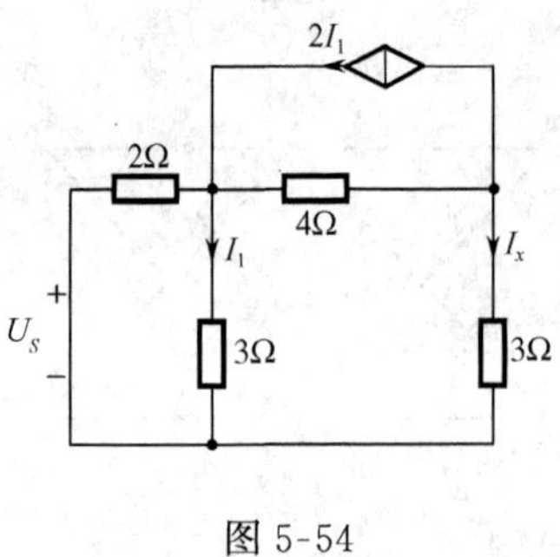

图 5-54

5-10 对图 5-55 所示网络选一适当的树，写出因果形式的网络方程，画出相应的 SFG。用闭合 SFG 求图增益 $T=\dfrac{U_o}{U_i}$。

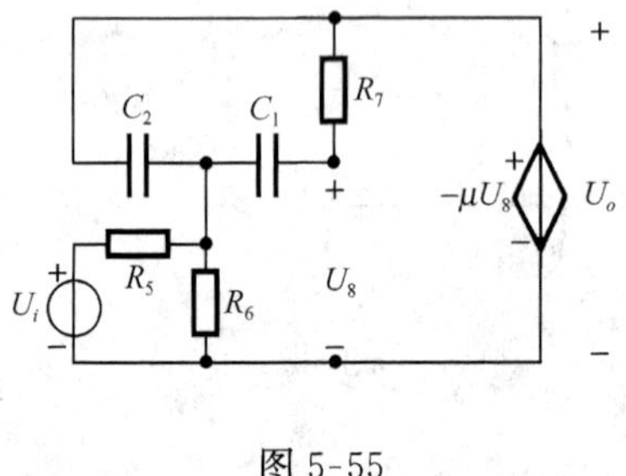

图 5-55

5-11 已知某网络的转移电压比 $H(s)=\dfrac{U_2(s)}{U_1(s)}=\dfrac{12s+32}{15s^3+32s^2+16s+32}$。写出该网络的状态方程和输出方程(复频域形式)，并画出状态转移图。

第六章　灵敏度分析

导　　言

本书第二至五章内容仅涉及网络分析的范畴，自第七章开始，将进而研究网络综合与设计问题，即根据给定的技术要求来构造所需电路的问题。在网络综合与设计时，无论设计者如何精确仔细地计算，但实际构成的电路总会包含一些非理想的因素。例如，实际电路元件的参数一般不可能完全等于标称值，而是接近标称值附近某一较小范围内的任意值，这个容许误差的范围称为“容差范围”，或称“容差”。规定各类元件的容差是电路设计人员的任务之一。除了元件值的容差外，电路工作环境温度和湿度的变化、元件的老化等因素也会导致元件参数的改变。此外，杂散电容、漏电导等寄生参数有时也会明显地影响电路的性能。

电路设计人员需要在设计时事先估计上述非理想因素对电路性能影响的大小，换言之，应当能够分析电路性能对各种非理想因素敏感的程度，以便使设计的电路不仅在工作环境下能满足设计的技术要求，而且有满意的性能/价格比。本章所介绍的网络灵敏度分析为解决以上问题提供了十分有用的工具。

6-1　网络的灵敏度

为引入网络灵敏度的概念，我们首先研究一个简单的例子。图 6-1 所示 Π 形电阻网络中，各电阻标称值分别为 $R_1=2\Omega$，$R_2=16\Omega$，$R_3=6\Omega$。在理想情况下，各电阻之值等于其标称值，当电流源电流 $I_i=2\text{A}$ 时，输出电压为设计时的期望值：

$$\begin{aligned}U_o&=\frac{R_3}{R_2+R_3}\times U_i\\&=\frac{R_3}{R_2+R_3}\times\frac{R_1(R_2+R_3)}{R_1+R_2+R_3}\times I_i\\&=\frac{R_1R_3}{R_1+R_2+R_3}\times I_i\\&=\frac{2\times 6}{2+16+6}\times 2=1(\text{V})\end{aligned}$$

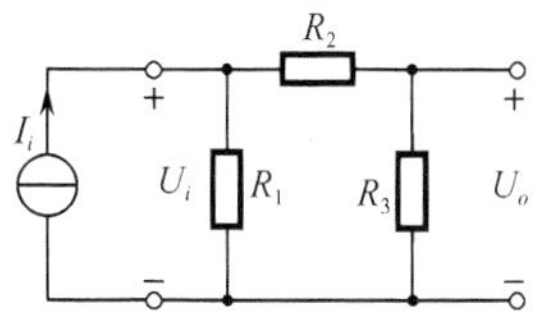

图 6-1

设各电阻的容差为 10%，则各电阻的实际值在以下范围内：$1.8\leqslant R_1\leqslant 2.2\Omega$，$14.4\leqslant R_2\leqslant 17.6\Omega$，$5.4\leqslant R_3\leqslant 6.6\Omega$。如果 $R_1=2.2\Omega$，R_2、R_3 为标称值，则 $U_o=1.092\text{V}$。又设 $R_2=17.6\Omega$，R_1、R_3 为标称值，则 $U_o=0.938\text{V}$。换言之，由于 R_1 存在 10% 的正误差，引起输出电压 U_o 有 9.2% 的正误差；而 R_2 若有 10% 的正误差，却引起输出电压 U_o 有 6.2% 的负误差。可见，不同元件参数的改变对网络性能的影响是不相同的。为了研究网络性能对网络中某些参数改变的敏感程度，以下将定义网络的灵敏度。

考察一个集总、线性、时不变网络 N，其某一网络函数为 $T(s)$。设 x 为与该网络某元件有关的参数，它可以是元件值，或是影响元件值的一些物理量(如温度、压力)。为研究 x 的微小变化对网络性能的影响，将网络函数表示为 $T(s,x)$。设参数 x 在标称值 x_0 附近有微小改变

$$\Delta x = x - x_0$$

将 $T(s,x)$ 在 x_0 附近用泰勒级数展开：

$$T(s,x) = T(s,x_0) + \left.\frac{\partial T(s,x)}{\partial x}\right|_{x=x_0} \Delta x + \frac{1}{2!} \cdot \frac{\partial^2 T(s \cdot x)}{\partial x^2} \Delta x^2 + \cdots \tag{6-1-1}$$

设函数 $T(s,x)$ 在 x_0 处连续，且 Δx 很小，忽略 Δx 的平方及各高次方项，可得

$$\Delta T = T(s,x) - T(s,x_0) = \left.\frac{\partial T(s,x)}{\partial x}\right|_{x=x_0} \Delta x \tag{6-1-2}$$

式中 ΔT 为由于参数 x 偏离标称值 x_0 而引起的网络函数 $T(s,x)$ 的偏差量。因此，网络函数 $T(s,x)$ 相对于参数 x 的未归一化灵敏度定义为

$$\hat{S}_x^T = \frac{\partial T}{\partial x} \tag{6-1-3}$$

网络函数 $T(s,x)$ 相对于参数 x 的归一化灵敏度(简称灵敏度)定义为

$$S_x^T = \frac{\partial T}{\partial x} \cdot \frac{x}{T} = \frac{\partial T}{T} \bigg/ \frac{\partial x}{x} = \frac{\partial \ln T}{\partial \ln x} \tag{6-1-4}$$

式(6-1-4)、(6-1-3)可表述为，网络的归一化灵敏度 S_x^T 是当参数 x 有微小变化 Δx 时，它所引起的网络函数 T 的相对改变量与参数 x 的相对改变量之比当 Δx 趋于零时的极限。而网络的未归一化灵敏度 $\hat{S}_x^T$ 则是网络函数 T 对参数 x 的偏导数，或解释为网络函数 T 的微小改变量与导致 T 改变的参数 x 的微小改变量之比当 Δx 趋于零时的极限。

网络函数的偏差及相对偏差与灵敏度的关系为

$$\Delta T = \frac{\partial T}{\partial x} \Delta x = \hat{S}_x^T \Delta x \tag{6-1-5}$$

$$\frac{\Delta T}{T} = S_x^T \frac{\Delta x}{x} \tag{6-1-6}$$

如果网络中有多个元件参数 $x_1, x_2, \cdots, x_n$ 同时产生微小变化，网络函数 T 对各元件参数的灵敏度分别为 $S_{x_1}^T, S_{x_2}^T, \cdots, S_{x_n}^T$，则这些参数同时改变所引起网络函数 T 的偏差和相对偏差分别为

$$\begin{aligned}\Delta T &= \frac{\partial T}{\partial x_1} \Delta x_1 + \frac{\partial T}{\partial x_2} \Delta x_2 + \cdots + \frac{\partial T}{\partial x_n} \Delta x_n \\ &= \sum_{k=1}^{n} \left(\frac{\partial T}{\partial x_k} \Delta x_k \right) = \sum_{k=1}^{n} \left(S_{x_k}^T \frac{\Delta x_k}{x_k} T \right)\end{aligned} \tag{6-1-7}$$

$$\frac{\Delta T}{T} = \sum_{k=1}^{n} S_{x_k}^T \frac{\Delta x_k}{x_k} \tag{6-1-8}$$

应当强调指出，上面所介绍的灵敏度只能用以预报当网络参数有微小变化时对网络性能的影响，而不能正确给出网络参数有较大改变时网络性能的改变。这是因为式(6-1-2)所表示的 ΔT 与 Δx 的关系是函数 $T(s,x)$ 在参数 $x = x_0$ 处一阶逼近的结果。

应用上述灵敏度定义来计算图 6-1 中 Π 形电阻网络的灵敏度。该网络的网络函数为

$$T = \frac{U_o}{I_i} = \frac{R_1 R_3}{R_1 + R_2 + R_3}$$

T 对各电阻的未归一化灵敏度分别为

$$\hat{S}_{R_1}^{T} = \frac{\partial T}{\partial R_1} = \frac{R_3(R_2 + R_3)}{(R_1 + R_2 + R_3)^2} = \frac{132}{576} = 0.2292$$

$$\hat{S}_{R_2}^{T} = \frac{\partial T}{\partial R_2} = \frac{-R_1 R_3}{(R_1 + R_2 + R_3)^2} = \frac{-12}{576} = -0.0208$$

$$\hat{S}_{R_3}^{T} = \frac{\partial T}{\partial R_3} = \frac{R_1(R_1 + R_2)}{(R_1 + R_2 + R_3)^2} = \frac{36}{576} = 0.0625$$

T 对各电阻的归一化灵敏度可计算如下：

$$S_{R_1}^{T} = \frac{\partial T}{\partial R_1} \cdot \frac{R_1}{T} = \frac{R_3(R_2 + R_3)}{(R_1 + R_2 + R_3)^2} \cdot \frac{R_1(R_1 + R_2 + R_3)}{R_1 R_3}$$

$$= \frac{R_2 + R_3}{R_1 + R_2 + R_3} = \frac{22}{24} = 0.9167$$

$$S_{R_2}^{T} = \frac{\partial T}{\partial R_2} \cdot \frac{R_2}{T} = \frac{-R_1 R_3}{(R_1 + R_2 + R_3)^2} \cdot \frac{R_2(R_1 + R_2 + R_3)}{R_1 R_3}$$

$$= \frac{-R_2}{R_1 + R_2 + R_3} = \frac{-16}{24} = -0.6667$$

$$S_{R_3}^{T} = \frac{\partial T}{\partial R_3} \cdot \frac{R_3}{T} = \frac{R_1(R_1 + R_2)}{(R_1 + R_2 + R_3)^2} \cdot \frac{R_3(R_1 + R_2 + R_3)}{R_1 R_3}$$

$$= \frac{R_1 + R_2}{R_1 + R_2 + R_3} = \frac{18}{24} = 0.750$$

有时人们需要计算作为网络输出的变量对该网络某些参数的偏导数以及灵敏度，这与计算相应网络函数对这些参数的偏导数、灵敏度基本上是相同的问题。一般而言，将网络函数表示为

$$T(s) = \frac{R(s)}{E(s)} \tag{6-1-9}$$

式中 $R(s)$、$E(s)$分别为网络输出变量、输入变量的象函数。$T(s)$对参数 x 的偏导数为

$$\frac{\partial T(s)}{\partial x} = \frac{\partial}{\partial x}\left(\frac{R(s)}{E(s)}\right) = \frac{1}{E(s)} \cdot \frac{\partial R(s)}{\partial x} \tag{6-1-10}$$

$T(s)$对 x 的灵敏度为

$$\begin{aligned} S_x^{T(s)} &= \frac{\partial T(s)}{\partial x} \cdot \frac{x}{T} = \frac{\partial}{\partial x}\left(\frac{R(s)}{E(s)}\right) \cdot \frac{xE(s)}{R(s)} \\ &= \frac{\partial R(s)}{\partial x} \cdot \frac{x}{R(s)} = S_x^{R(s)} \end{aligned} \tag{6-1-11}$$

以上两式表明，网络输出变量对参数 x 的偏导数等于相应的网络函数对参数 x 的偏导数乘以网络输入变量，而网络输出变量对参数 x 的灵敏度则与相应的网络函数对参数 x 的灵敏度相等。例如，对于图 6-1 的网络，电压 U_o 对电阻 R_1 的偏导数为

$$\frac{\partial U_o}{\partial R_1} = \frac{\partial T}{\partial R_1} I_i = 0.2292 \times 2 = 0.4584$$

U_o 对 R_1 的灵敏度则与 T 对 R_1 的灵敏度相等，即

$$S_{R_1}^{U_o} = S_{R_1}^{T} = 0.9167$$

式(6-1-3)、(6-1-4)所定义的灵敏度、未归一化灵敏度和式(6-1-5)至式(6-1-8)中关于网络函数偏差的讨论都是基于复频域网络函数 $T(s)$ 的。令 $s=j\omega$，即得频域中的网络函数 $T(j\omega)$，它是一个复数，可表示为

$$T(j\omega) = |T(j\omega)| e^{j\phi(\omega)} \tag{6-1-12}$$

$T(j\omega)$的模 $|T(j\omega)|$ 和辐角 $\phi(\omega)$ 是角频率 ω 的函数。如果网络函数 $T(j\omega)$ 代表网络的复增益，则 $|T(j\omega)|$ 为网络的增益，有时简化表示为 $|T|$。下面将介绍电路设计时经常关注的增益灵敏度和相位灵敏度。

频域网络函数对参数 x 的灵敏度为

$$S_x^{T(j\omega)} = \frac{\partial \ln T(j\omega)}{\partial \ln x} = x\frac{\partial \ln T(j\omega)}{\partial x} \tag{6-1-13}$$

由式(6-1-12)知

$$\ln T(j\omega) = \ln |T(j\omega)| + j\phi(\omega) \tag{6-1-14}$$

因此，

$$S_x^{T(j\omega)} = x\frac{\partial \ln |T(j\omega)|}{\partial x} + jx\frac{\partial \phi(\omega)}{\partial x} \tag{6-1-15}$$

分别对上式取实部和取虚部，得

$$\mathrm{Re}[S_x^{T(j\omega)}] = x\frac{\partial \ln |T|}{\partial x} = S_x^{|T|} \tag{6-1-16}$$

$$\mathrm{Im}[S_x^{T(j\omega)}] = x\frac{\partial \phi}{\partial x} = \phi S_x^{\phi} \tag{6-1-17}$$

在以上两式中，$S_x^{|T|}$ 为增益 $|T(j\omega)|$ 对 x 的灵敏度，S_x^{ϕ} 为相角 $\phi(\omega)$ 对 x 的灵敏度，它们分别可由网络的复增益 $T(j\omega)$ 对 x 的灵敏度取实部、取虚部而得，即

$$S_x^{|T|} = \mathrm{Re}[S_x^{T(j\omega)}] \tag{6-1-18}$$

$$S_x^{\phi} = \frac{1}{\phi}\mathrm{Im}[S_x^{T(j\omega)}] \tag{6-1-19}$$

6-2 灵敏度恒等式

本节介绍的灵敏度恒等式即灵敏度计算的若干基本规则。在对给定网络函数计算其灵敏度时，适当应用某些规则常常可使计算过程大为简化。以下的灵敏度恒等式均就归一化灵敏度而言。

根据式(6-1-4)的灵敏度定义，可导出下列灵敏度恒等式：

(1)如果 T 不是 x 的函数，则

$$S_x^T = 0 \tag{6-2-1}$$

(2)设 C 是任意常数，则

$$S_x^{Cx} = 1 \tag{6-2-2}$$

(3)

$$S_x^{1/T} = -S_x^T \tag{6-2-3}$$

证明：

$$S_x^{1/T}=\frac{\partial\left(\ln\dfrac{1}{T}\right)}{\partial(\ln x)}=\frac{\partial(-\ln T)}{\partial(\ln x)}=-S_x^T$$

(4) $$S_{1/x}^T=-S_x^T \tag{6-2-4}$$

(5)设 T 是 y 的函数，y 是 x 的函数,则

$$S_x^T=S_y^T S_x^y \tag{6-2-5}$$

(6) $$S_x^{T_1T_2}=S_x^{T_1}+S_x^{T_2} \tag{6-2-6}$$

证明：

$$S_x^{T_1T_2}=\frac{\partial(\ln T_1T_2)}{\partial(\ln x)}=\frac{\partial(\ln T_1+\ln T_2)}{\partial(\ln x)}=S_x^{T_1}+S_x^{T_2}$$

(7) $$S_x^{T_1/T_2}=S_x^{T_1}-S_x^{T_2} \tag{6-2-7}$$

(8) $$S_x^{T^n}=nS_x^T \tag{6-2-8}$$

证明：

$$S_x^{T^n}=\frac{\partial(\ln T^n)}{\partial(\ln x)}=\frac{\partial(n\ln T)}{\partial(\ln x)}=nS_x^T$$

在灵敏度恒等式(6-2-8)中,令 $T=x$,得

$$S_x^{x^n}=nS_x^x=n$$

由上式与灵敏度恒等式(6-2-6)可得

$$S_x^{Cx^n}=S_x^{x^n}=n \tag{6-2-9}$$

在灵敏度计算中,式(6-2-9)是经常用到的一个很有用的公式。

(9) $$S_{x^n}^T=\frac{1}{n}S_x^T \tag{6-2-10}$$

(10) $$S_x^{Cf(x)}=S_x^{f(x)} \tag{6-2-11}$$

(11) $$S_x^{(T_1+T_2)}=\frac{T_1}{T_1+T_2}S_x^{T_1}+\frac{T_2}{T_1+T_2}S_x^{T_2} \tag{6-2-12}$$

证明：

$$\begin{aligned}S_x^{(T_1+T_2)}&=\frac{x}{T_1+T_2}\cdot\frac{\partial(T_1+T_2)}{\partial x}\\&=\frac{1}{T_1+T_2}\left(T_1\frac{x}{T_1}\cdot\frac{\partial T_1}{\partial x}+T_2\frac{x}{T_2}\cdot\frac{\partial T_2}{\partial x}\right)\\&=\frac{1}{T_1+T_2}(T_1S_x^{T_1}+T_2S_x^{T_2})\\&=\frac{T_1}{T_1+T_2}S_x^{T_1}+\frac{T_2}{T_1+T_2}S_x^{T_2}\end{aligned}$$

例 6-1 图 6-1 中 Π 形电阻网络的网络函数为

$$T=\frac{U_o}{I_i}=\frac{R_1R_3}{R_1+R_2+R_3}$$

用灵敏度恒等式求 T 对 R_1 的灵敏度。

解:$S_{R_1}^{T}=S_{R_1}^{R_1R_3}-S_{R_1}^{(R_1+R_2+R_3)}$

$$=1-\left[\frac{R_1}{R_1+R_2+R_3}S_{R_1}^{R_1}+\frac{R_2+R_3}{R_1+R_2+R_3}S_{R_1}^{(R_2+R_3)}\right]$$

$$=1-\frac{R_1}{R_1+R_2+R_3}$$

$$=\frac{R_2+R_3}{R_1+R_2+R_3}$$

例 6-2 某二阶低通滤波器的转移函数为

$$T(s)=\frac{K}{s^2+\left(\frac{\omega_0}{Q}\right)s+\omega_0^2} \tag{6-2-13}$$

式中 ω_0 和 Q 分别为二阶滤波器的极点频率和极点 Q 值,K 为正实常数。试求增益 $|T(j\omega)|$ 对 ω_0 的灵敏度 $S_{\omega_0}^{|T|}$ 和对 Q 的灵敏度 $S_Q^{|T|}$。

解:由式(6-2-13),令 $s=j\omega$,得频域转移函数:

$$T(j\omega)=\frac{K}{(\omega_0^2-\omega^2)+j\omega\omega_0/Q}$$

对上式取模得增益函数:

$$|T(j\omega)|=\frac{K}{[(\omega_0^2-\omega^2)^2+(\omega\omega_0/Q)^2]^{\frac{1}{2}}} \tag{6-2-14}$$

增益对 ω_0 的灵敏度:

$$S_{\omega_0}^{|T|}=S_{\omega_0}^{K}-S_{\omega_0}^{[(\omega_0^2-\omega^2)^2+(\omega\omega_0/Q)^2]^{\frac{1}{2}}}$$

$$=-\frac{1}{2}\cdot\frac{1}{(\omega_0^2-\omega^2)^2+(\omega\omega_0/Q)^2}$$

$$\cdot[(\omega_0^2-\omega^2)^2\cdot S_{\omega_0}^{(\omega_0^2-\omega^2)^2}+(\omega\omega_0/Q)^2S_{\omega_0}^{(\omega\omega_0/Q)^2}]$$

式中 $S_{\omega_0}^{(\omega_0^2-\omega^2)^2}=2S_{\omega_0}^{(\omega_0^2-\omega^2)}=2\frac{\omega_0^2}{\omega_0^2-\omega^2}S_{\omega_0}^{\omega_0^2}=4\frac{\omega_0^2}{\omega_0^2-\omega^2}$

$S_{\omega_0}^{(\omega\omega_0/Q)^2}=2$

故

$$S_{\omega_0}^{|T|}=-\frac{1}{2}\cdot\frac{4\omega_0^2(\omega_0^2-\omega^2)+2(\omega\omega_0/Q)^2}{(\omega_0^2-\omega^2)^2+(\omega\omega_0/Q)^2}$$

分子、分母各项除以 ω_0^4,并令归一化频率:

$$\gamma=\frac{\omega}{\omega_0} \tag{6-2-15}$$

得

$$S_{\omega_0}^{|T|}=-\frac{2(1-\gamma^2)+\gamma^2/Q^2}{(1-\gamma^2)^2+\gamma^2/Q^2} \tag{6-2-16}$$

同理可求出增益对 Q 的灵敏度:

$$S_Q^{|T|}=-\frac{1}{2}\cdot\frac{(\omega\omega_0/Q)^2}{(\omega_0^2-\omega^2)^2+(\omega\omega_0/Q)^2}\cdot S_Q^{(\omega\omega_0/Q)^2}$$

$$=\frac{(\omega\omega_0/Q)^2}{(\omega_0^2-\omega^2)^2+(\omega\omega_0/Q)^2}$$

$$=\frac{\gamma^2/Q^2}{(1-\gamma^2)^2+\gamma^2/Q^2} \tag{6-2-17}$$

由上例可以看出，用本节介绍的方法来求灵敏度，由于避开了求偏导的运算，较直接用式(6-1-4)的灵敏度定义式来计算要简单得多。

6-3 增量网络法

在本节和以下两节中，我们将介绍线性网络频域灵敏度计算的几种方法。本节所讨论的增量网络法是一种根据给定电网络直接求网络变量对网络元件参数的非归一化灵敏度的方法。

当网络的拓扑结构和激励固定时，任意支路电流、电压均为网络元件参数的函数。下面通过分析支路导抗的微小改变所引起电流、电压的增量，进而确定网络变量对网络元件参数的非归一化灵敏度。

考察一个含线性时不变电阻、电感、电容元件、线性受控源和独立源的网络 N，指定参考节点并任选一树。网络 N 的关联矩阵为 $\boldsymbol{A}$，基本回路矩阵为 $\boldsymbol{B}_f$，网络 N 的 KCL、KVL 方程分别为

$$\boldsymbol{A}\boldsymbol{I}_b = \boldsymbol{0} \tag{6-3-1}$$

$$\boldsymbol{B}_f\boldsymbol{U}_b = \boldsymbol{0} \tag{6-3-2}$$

式中 $\boldsymbol{I}_b$、$\boldsymbol{U}_b$ 分别表示网络 N 的复频域支路电流向量和支路电压向量。此处及以下各节一般均略去复频变量符号(s)。

如果网络 N 中某些支路导抗发生微小改变，则各支路电流、电压也会有微小改变，我们将此网络称为“微扰网络”(perturbed network)，用符号 N_p 表示。由于网络 N_p 与 N 有相同的拓扑结构，两者有相同的关联矩阵和基本回路矩阵，故 N_p 的 KCL、KVL 方程为

$$\boldsymbol{A}(\boldsymbol{I}_b + \Delta\boldsymbol{I}_b) = \boldsymbol{0} \tag{6-3-3}$$

$$\boldsymbol{B}_f(\boldsymbol{U}_b + \Delta\boldsymbol{U}_b) = \boldsymbol{0} \tag{6-3-4}$$

由式(6-3-1)至式(6-3-4)可得

$$\boldsymbol{A}\Delta\boldsymbol{I}_b = \boldsymbol{0} \tag{6-3-5}$$

$$\boldsymbol{B}_f\Delta\boldsymbol{U}_b = \boldsymbol{0} \tag{6-3-6}$$

将以上二式与式(6-3-1)、(6-3-2)相比较，不难看出，增量电流 $\Delta\boldsymbol{I}_b$、增量电压 $\Delta\boldsymbol{U}_b$ 和原网络电流 $\boldsymbol{I}_b$、电压 $\boldsymbol{U}_b$ 满足相同的拓扑约束关系。因此，可以设想构造一个与原网络 N 拓扑结构相同的“增量网络”N_i(incremental network)，N_i 的各支路电流、电压就是增量电流向量 $\Delta\boldsymbol{I}_b$、增量电压向量 $\Delta\boldsymbol{U}_b$ 的各元，而 N_i 的支路特性则应按 N_p 中各支路增量电流与增量电压间的关系确定。

设原网络 N 的第 j 支路阻抗为 Z_j，则该支路电压电流关系方程为

$$U_j = Z_j I_j \tag{6-3-7}$$

当网络中某些参数有微小变动时，在微扰网络 N_p 中的第 j 支路特性为

$$\begin{aligned} U_j + \Delta U_j &= (Z_j + \Delta Z_j)(I_j + \Delta I_j) \\ &= Z_j I_j + Z_j \Delta I_j + I_j \Delta Z_j + \Delta Z_j \Delta I_j \end{aligned} \tag{6-3-8}$$

由式(6-3-8)减去式(6-3-7)，并忽略高阶无穷小项 $\Delta Z_j \Delta I_j$，得

$$\Delta U_j = Z_j \Delta I_j + I_j \Delta Z_j \tag{6-3-9}$$

上式表明，在增量网络 N_i 中，第 j 支路应由原网络 N 的第 j 支路阻抗 Z_j 与电压为 $I_j\Delta Z_j$ 的电压源串联构成，如表 6-1(a)所示。

表 6-1　增量网络的构成

	原网络 N 中的元件	增量网络 N_i 中的对应元件
(a)	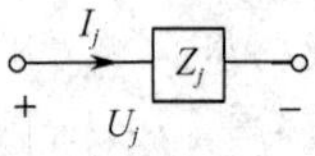 I_j　Z_j　+　U_j　−	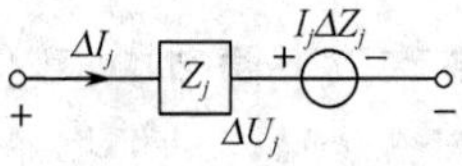 ΔI_j　Z_j　$I_j\Delta Z_j$　+　−　+　ΔU_j　−
(b)	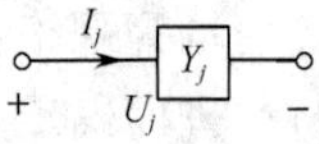 I_j　Y_j　+　U_j　−	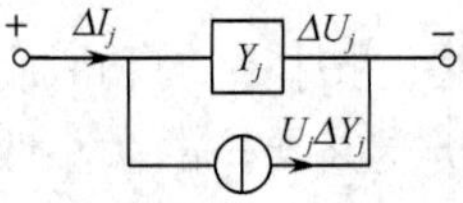 +　ΔI_j　Y_j　ΔU_j　−　$U_j\Delta Y_j$
(c)	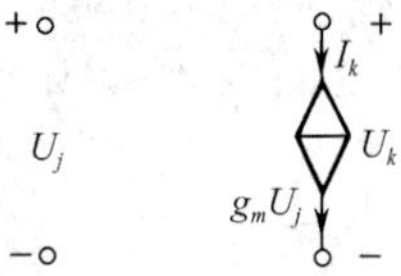 +　U_j　−　I_k　+　U_k　g_mU_j　−	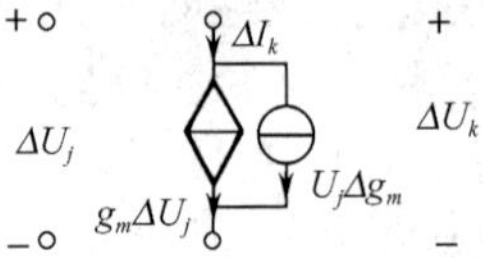 +　ΔU_j　−　ΔI_k　+　ΔU_k　$g_m\Delta U_j$　$U_j\Delta g_m$　−
(d)	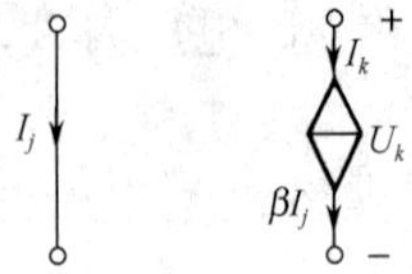 I_j　I_k　+　U_k　βI_j　−	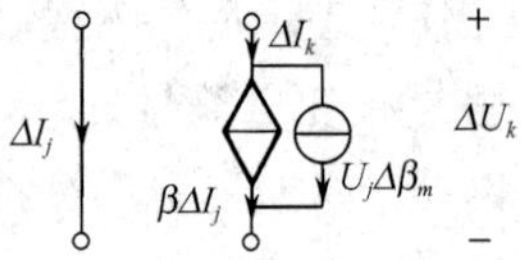 ΔI_j　ΔI_k　+　ΔU_k　$\beta\Delta I_j$　$U_j\Delta\beta_m$　−
(e)	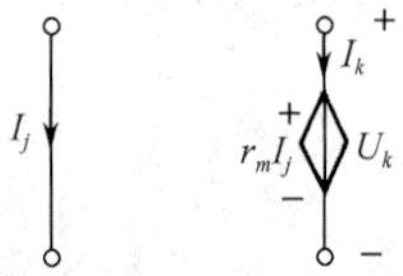 I_j　I_k　+　r_mI_j　U_k　−	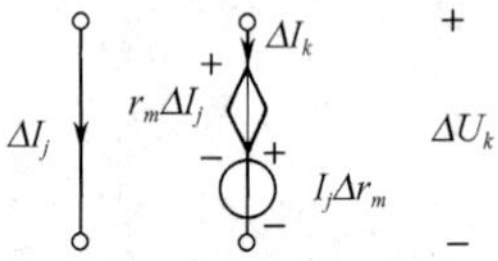 ΔI_j　ΔI_k　+　$r_m\Delta I_j$　ΔU_k　$I_j\Delta r_m$　−
(f)	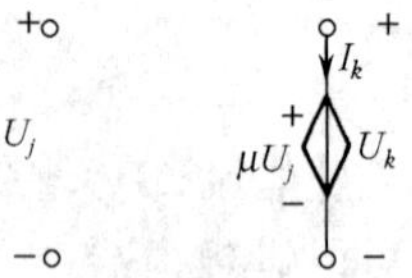 +　U_j　−　I_k　+　μU_j　U_k　−	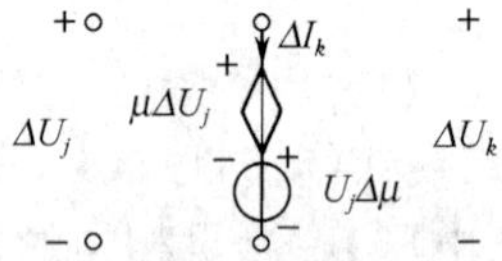 +　ΔU_j　−　ΔI_k　+　$\mu\Delta U_j$　ΔU_k　$U_j\Delta\mu$　−
(g)	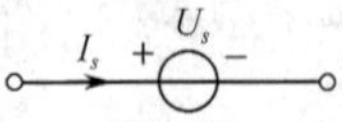 I_s　+　U_s　−	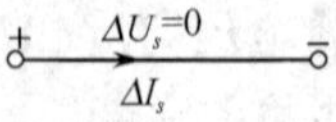 +　$\Delta U_s=0$　−　ΔI_s
(h)	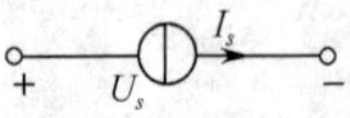 +　U_s　I_s　−	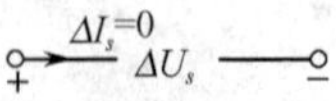 $\Delta I_s=0$　+　ΔU_s　−

如果网络 N 中第 j 支路特性用导纳参数表征，即

$$I_j = Y_jU_j \tag{6-3-10}$$

按照相同的推理可得，在网络发生扰动后增量电流与增量电压间的关系方程：

$$\Delta I_j = Y_j \Delta U_j + U_j \Delta Y_j \tag{6-3-11}$$

上式可解释为，在增量网络 N_i 中，第 j 支路由导纳 Y_j 与电流为 $U_j\Delta Y_j$ 的电流源并联构成，如表 6-1(b)所示。

对于四种线性受控源，其在增量网络中的对应元件见表 6-1(c)～(f)。其中下标 j 表示控制支路、k 表示受控支路。现就其中电流控电压源分析如下，其余类推。

在原网络 N 中，CCVS 的元件特性为

$$U_k = r_m I_j \tag{6-3-12}$$

在微扰网络 N_p 中，考虑到电流、电压以及控制参数 r_m 的微小改变，有

$$U_k + \Delta U_k = (r_m + \Delta r_m)(I_j + \Delta I_j) \tag{6-3-13}$$

由式(6-3-11)、(6-3-12)，并忽略高阶无穷小项，得

$$\Delta U_k = r_m \Delta I_j + I_j \Delta r_m \tag{6-3-14}$$

根据上式可绘出表 6-1(e)所示的 CCVS 在增量网络中的对应元件。

至于独立电压源与独立电流源，由于讨论网络灵敏度问题的前提是就固定的网络拓扑结构和激励而言的，因此在网络中某些元件参数有微小改变时，电压源电压和电流源电流是不产生扰动的，即

$$\Delta U_s = 0, \qquad \Delta I_s = 0$$

故在增量网络 N_i 中，原电压源支路对应于一个短路支路，电流源支路对应于一个开路支路，如表 6-1(f)、(g)所示。

表 6-1 中列出了各类常用网络元件在增量网络中所对应的支路，据此可由原网络 N 绘出增量网络 N_i。求解增量网络，便得到我们所感兴趣的网络变量增量与有关元件参数增量间的关系式，进而导出相应的非归一化灵敏度。应当注意，Z、Y 和受控源在增量网络中的对应支路分别较原网络增加了串联电压源或并联电流源，而这些电源的表示式均含原网络某些支路电流或电压，因此，求解增量网络之前必须先对原网络求解。

例 6-3　在图 6-2 所示有源网络中，各元件参数标称值为：$R_1=1\Omega$，$R_2=\dfrac{1}{3}\Omega$，$R_3=\dfrac{1}{2}\Omega$，$R_4=\dfrac{1}{8}\Omega$，$\beta=\dfrac{4}{3}$。用增量网络法求输出电压 U_o 对 R_2、R_4 及 β 的偏导数。设转移函数 $T=U_o/U_S$，求偏导数$\partial T/\partial\beta$。图中电压源电压 $U_S=4\text{V}$。

解：考虑参数 R_2、R_4 及 β 可能发生微小改变的情形，构造增量网络，如图 6-3 所示。增量网络中含原网络支路电流 I_2、I_4 的解，故首先对原网络求解。

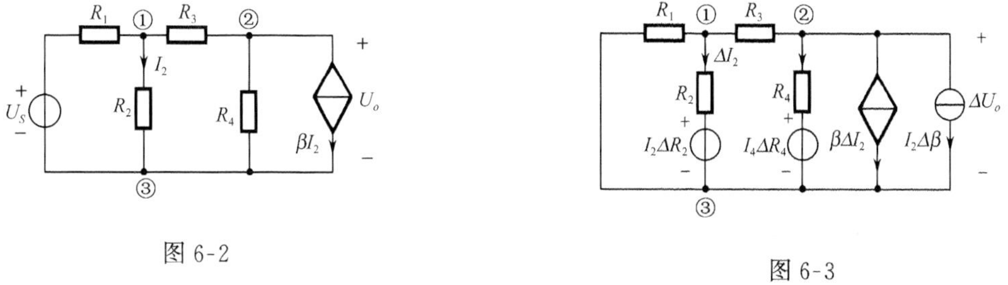

图 6-2　　　　图 6-3

以节点③为参考节点，写出原网络的节点方程：

$$(G_1+G_2+G_3)U_{①}-G_3U_{②}=G_1U_S \tag{6-3-15}$$

$$-G_3U_{①}+(G_3+G_4)U_{②}=-\beta I_2 \tag{6-3-16}$$

$$I_2=G_2U_{①} \tag{6-3-17}$$

代式(6-3-17)入式(6-3-16)，得

$$(\beta G_2-G_3)U_{①}+(G_3+G_4)U_{②}=0 \tag{6-3-18}$$

代元件参数入式(6-3-15)、(6-3-18)，有

$$6U_{①}-2U_{②}=4 \tag{6-3-19}$$

$$2U_{①}+10U_{②}=0 \tag{6-3-20}$$

联立求解以上二式可得

$$U_{①}=\frac{5}{8}\mathrm{V},U_{②}=-\frac{1}{8}\mathrm{V}$$

则电流

$$I_2=\frac{U_{①}}{R_2}=\frac{15}{8}\mathrm{A}$$

$$I_4=\frac{U_{①}}{R_2}=-1\mathrm{A}$$

对增量网络 N_i 求解 ΔU_o，仍采用节点分析法。N_i 的节点方程为

$$(G_1+G_2+G_3)\Delta U_{①}-G_3\Delta U_{②}=G_2I_2\Delta R_2 \tag{6-3-21}$$

$$-G_3\Delta U_{①}+(G_3+G_4)\Delta U_{②}=G_4I_4\Delta R_4-\beta\Delta I_2-I_2\Delta\beta \tag{6-3-22}$$

$$\Delta I_2=G_2(\Delta U_1-I_2\Delta R_2) \tag{6-3-23}$$

代式(6-3-23)入式(6-3-22)，得

$$(\beta G_2-G_3)\Delta U_{①}+(G_3+G_4)\Delta U_{②}=\beta G_2I_2\Delta R_2+G_4I_4\Delta R_4-I_2\Delta\beta \tag{6-3-24}$$

将元件参数和电流 I_2、I_4 之值代入式(6-3-21)和式(6-3-24)，有

$$6\Delta U_{①}-2\Delta U_{②}=\frac{45}{8}\Delta R_2 \tag{6-3-25}$$

$$2\Delta U_{①}+10\Delta U_{②}=\frac{15}{2}\Delta R_2-8\Delta R_4-\frac{15}{8}\Delta\beta \tag{6-3-26}$$

解以上二式，求 $\Delta U_{②}$，得

$$\Delta U_o=\Delta U_{②}=\frac{135}{256}\Delta R_2-\frac{3}{4}\Delta R_4-\frac{45}{256}\Delta\beta \tag{6-3-27}$$

为求偏导数$\frac{\partial U_o}{\partial R_2}$，令上式中 $\Delta R_4=0$，$\Delta\beta=0$，并令 $\Delta R_2\to 0$，于是有

$$\frac{\partial U_o}{\partial R_2}=\frac{135}{256}=0.5273$$

同理可得

$$\frac{\partial U_o}{\partial R_4}=-\frac{3}{4}=-0.75$$

$$\frac{\partial U_o}{\partial \beta}=-\frac{45}{256}=-0.1758$$

转移函数 T 对 β 的偏导数为

$$\frac{\partial T}{\partial \beta}=\frac{\partial}{\partial \beta}\left(\frac{U_o}{U_S}\right)=\frac{1}{U_S}\cdot\frac{\partial U_o}{\partial \beta}=\frac{1}{4}\times(-0.1758)=-0.04395$$

比较上例中增量网络 N_i 的节点方程和原网络 N 的节点方程，不难看出两者左端系数是相同的，换言之，两组节点方程的节点导纳矩阵是相同的，这是由于 N_i 与 N 两者的非强制网络完全相同所致。基于这一分析，无论我们采用何种网络方程法，如果列出网络 N 的方程为

$$\boldsymbol{PX}=\boldsymbol{Y} \tag{6-3-28}$$

则网络 N_i 的方程必为

$$\boldsymbol{P}\Delta\boldsymbol{X}=\hat{\boldsymbol{Y}} \tag{6-3-29}$$

显然，在求解网络 N 时所得到的式(6-3-28)右端系数矩阵 $\boldsymbol{P}$ 的逆阵可直接用以求解网络 N_i，从而使计算量大为减少。下面以节点分析为例讨论上述算法，支路划分采用第二章中定义的复合支路。

设网络 N 的关联矩阵为 $\boldsymbol{A}$，支路导纳矩阵为 $\boldsymbol{Y}_b$，节点电压、支路电流源电流及支路电压源电压向量分别为 $\boldsymbol{U}_n$、$\boldsymbol{I}_S$ 和 $\boldsymbol{U}_S$。网络 N 的节点方程为

$$\boldsymbol{AY}_b\boldsymbol{A}^{\mathrm{T}}\boldsymbol{U}_n=\boldsymbol{A}(\boldsymbol{I}_S-\boldsymbol{Y}_b\boldsymbol{U}_S) \tag{6-3-30}$$

当支路导纳矩阵有微小改变 $\Delta\boldsymbol{Y}_b$ 时，节点电压向量亦发生微小改变 $\Delta\boldsymbol{U}_n$，用类似于导出式(6-3-9)的推理，写出增量网络的节点方程的一阶近似式：

$$\boldsymbol{AY}_b\boldsymbol{A}^{\mathrm{T}}\Delta\boldsymbol{U}_n+\boldsymbol{A}\Delta\boldsymbol{Y}_b\boldsymbol{A}^{\mathrm{T}}\boldsymbol{U}_n=-\boldsymbol{A}\Delta\boldsymbol{Y}_b\boldsymbol{U}_S \tag{6-3-31}$$

即

$$\boldsymbol{Y}_n\Delta\boldsymbol{U}_n=-\boldsymbol{A}\Delta\boldsymbol{Y}_b(\boldsymbol{U}_S+\boldsymbol{A}^{\mathrm{T}}\boldsymbol{U}_n) \tag{6-3-32}$$

注意到支路电压向量 $\boldsymbol{U}_b$ 与节点电压向量 $\boldsymbol{U}_n$ 间的关系：

$$\boldsymbol{U}_b=\boldsymbol{A}^{\mathrm{T}}\boldsymbol{U}_n \tag{6-3-33}$$

以及由复合支路中各部分电压间的关系所给出的导抗元件电压向量：

$$\boldsymbol{U}=\boldsymbol{U}_b+\boldsymbol{U}_S \tag{6-3-34}$$

式(6-3-32)可改写为

$$\boldsymbol{Y}_n\Delta\boldsymbol{U}_n=-\boldsymbol{A}\Delta\boldsymbol{Y}_b(\boldsymbol{U}_S+\boldsymbol{U}_b) \tag{6-3-35}$$

$$\boldsymbol{Y}_n\Delta\boldsymbol{U}_n=-\boldsymbol{A}\Delta\boldsymbol{Y}_b\boldsymbol{U} \tag{6-3-36}$$

如果网络 N 中全部导抗元件均以导纳参数表示，且受控源一律换为等效的压控流源，按表 6-1 规则绘出其增量网络 N_i，对 N_i 列写出节点方程，直接便能得到式(6-3-36)的方程。根据式(6-3-36)可求 U_n 对任意参数 x 的偏导数：

$$\frac{\partial}{\partial x}\boldsymbol{U}_n=-\boldsymbol{Y}_n^{-1}\boldsymbol{A}\frac{\partial}{\partial x}\boldsymbol{Y}_b\cdot\boldsymbol{U} \tag{6-3-37}$$

例 6-4 用式(6-3-37)求图 6-2 网络的电压 U_O 对电导 G_2、G_4 和对 β 的偏导数。图中 $G_1=1\mathrm{S}$，$G_2=3\mathrm{S}$，$G_3=2\mathrm{S}$，$G_4=8\mathrm{S}$，$\beta=4/3$。

解：将图 6-2 中各电阻元件以电导参数标出，并用压控流源等效代换图中的流控流源，重绘电路如图 6-4 所示，图中标出了支路编号及参考方向。

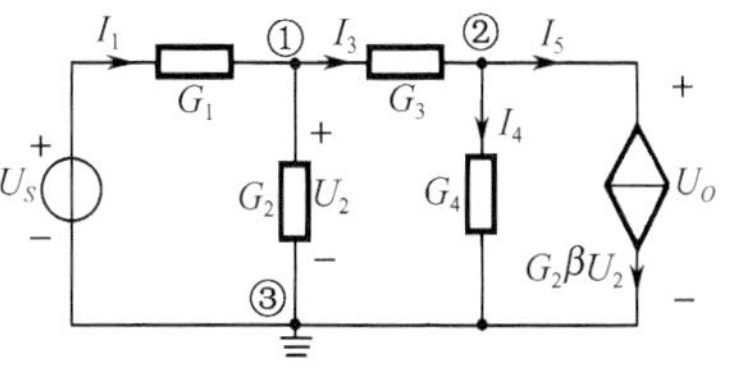

图 6-4

关联矩阵

$$\boldsymbol{A}=\begin{bmatrix}-1 & 1 & 1 & 0 & 0\\ 0 & 0 & -1 & 1 & 1\end{bmatrix} \tag{6-3-38}$$

支路导纳矩阵

$$\boldsymbol{Y}_b=\begin{bmatrix}G_1&0&0&0&0\\0&G_2&0&0&0\\0&0&G_3&0&0\\0&0&0&G_4&0\\0&G_2\beta&0&0&0\end{bmatrix}=\begin{bmatrix}1&0&0&0&0\\0&3&0&0&0\\0&0&2&0&0\\0&0&0&8&0\\0&4&0&0&0\end{bmatrix}\tag{6-3-39}$$

节点导纳矩阵

$$\boldsymbol{Y}_n=\boldsymbol{A}\boldsymbol{Y}_b\boldsymbol{A}^{\mathrm{T}}=\begin{bmatrix}G_1+G_2+G_3&-G_3\\G_2\beta-G_3&G_3+G_4\end{bmatrix}=\begin{bmatrix}6&-2\\2&10\end{bmatrix}\tag{6-3-40}$$

对$\boldsymbol{Y}_n$求逆

$$Y_n^{-1}=\begin{bmatrix}6&-2\\2&10\end{bmatrix}^{-1}=\frac{1}{64}\begin{bmatrix}10&2\\-2&6\end{bmatrix}=\frac{1}{32}\begin{bmatrix}5&1\\-1&3\end{bmatrix}\tag{6-3-41}$$

节点电源电流

$$\boldsymbol{A}(\boldsymbol{I}_S-\boldsymbol{Y}_b\boldsymbol{U}_S)=-\boldsymbol{A}\boldsymbol{Y}_b\boldsymbol{U}_S$$

$$=-\begin{bmatrix}-1&1&1&0&0\\0&0&-1&1&1\end{bmatrix}\begin{bmatrix}G_1&0&0&0&0\\0&G_2&0&0&0\\0&0&G_3&0&0\\0&0&0&G_4&0\\0&G_2\beta&0&0&0\end{bmatrix}\begin{bmatrix}U_S\\0\\0\\0\\0\end{bmatrix}$$

$$=\begin{bmatrix}G_1U_S\\0\end{bmatrix}=\begin{bmatrix}4\\0\end{bmatrix}\tag{6-3-42}$$

原网络节点方程的解

$$\boldsymbol{U}_n=\boldsymbol{Y}_n^{-1}\boldsymbol{A}(\boldsymbol{I}_S-\boldsymbol{Y}_b\boldsymbol{U}_S)$$

$$=\frac{1}{32}\begin{bmatrix}5&1\\-1&3\end{bmatrix}\begin{bmatrix}4\\0\end{bmatrix}=\frac{1}{32}\begin{bmatrix}20\\-4\end{bmatrix}=\begin{bmatrix}\frac{5}{8}\\-\frac{1}{8}\end{bmatrix}\tag{6-3-43}$$

支路电压向量

$$\boldsymbol{U}_b=\boldsymbol{A}^{\mathrm{T}}\boldsymbol{U}_n=\begin{bmatrix}-1&0\\1&0\\1&-1\\0&1\\0&1\end{bmatrix}\begin{bmatrix}\frac{5}{8}\\-\frac{1}{8}\end{bmatrix}=\begin{bmatrix}-\frac{5}{8}\\\frac{5}{8}\\\frac{3}{4}\\-\frac{1}{8}\\-\frac{1}{8}\end{bmatrix}\tag{6-3-44}$$

导抗元件电压向量

$$
\boldsymbol{U}=\boldsymbol{U}_b+\boldsymbol{U}_S=\begin{bmatrix}-\frac{5}{8}\\ \frac{5}{8}\\ \frac{3}{4}\\ -\frac{1}{8}\\ -\frac{1}{8}\end{bmatrix}+\begin{bmatrix}4\\0\\0\\0\\0\end{bmatrix}=\begin{bmatrix}\frac{27}{8}\\ \frac{5}{8}\\ \frac{3}{4}\\ -\frac{1}{8}\\ -\frac{1}{8}\end{bmatrix} \tag{6-3-45}
$$

将式(6-3-41)、(6-3-38)、(6-3-39)和式(6-3-45)代入式(6-3-37)，有

$$
\frac{\partial}{\partial x}\begin{bmatrix}U_{①}\\U_{②}\end{bmatrix}=-\frac{1}{32}\begin{bmatrix}5&1\\-1&3\end{bmatrix}\begin{bmatrix}-1&1&1&0&0\\0&0&-1&1&1\end{bmatrix}\frac{\partial}{\partial x}\begin{bmatrix}G_1&0&0&0&0\\0&G_2&0&0&0\\0&0&G_3&0&0\\0&0&0&G_4&0\\0&G_2\beta&0&0&0\end{bmatrix}\begin{bmatrix}\frac{27}{8}\\ \frac{5}{8}\\ -\frac{3}{4}\\ -\frac{1}{8}\\ -\frac{1}{8}\end{bmatrix} \tag{6-3-46}
$$

为求$\frac{\partial U_O}{\partial G_2}$，令 $x=G_2$，得

$$
\begin{aligned}
\frac{\partial U_O}{\partial G_2}&=\frac{\partial U_{②}}{\partial G_2}=-\frac{1}{32}\left(-\frac{5}{8}+\frac{15}{8}\beta\right)=-\frac{1}{32}\left(-\frac{5}{8}+\frac{15}{8}\times\frac{4}{3}\right)\\
&=-\frac{15}{256}=-0.05859
\end{aligned}
$$

同理

$$
\frac{\partial U_O}{\partial G_4}=\frac{\partial U_{②}}{\partial G_4}=-\frac{1}{32}\times 3\times\left(-\frac{1}{8}\right)=\frac{3}{256}=0.01172
$$

$$
\frac{\partial U_O}{\partial \beta}=\frac{\partial U_{②}}{\partial \beta}=-\frac{1}{32}\times 3\times\frac{5}{8}G_2=-\frac{3}{32}\times\frac{5}{8}\times 3=-\frac{45}{256}=-0.1758
$$

读者可根据$\frac{\partial U}{\partial x}$与$\frac{\partial U}{\partial(1/x)}$之间的关系，对比检验例 6-4 和例 6-3 的计算结果。

以上两例均采用节点分析，前者为观察法，后者为矩阵分析法。需要指出，增量网络法的应用是可以基于任一种网络方程法的。现将用增量网络法求网络变量(或网络函数)的非归一化灵敏度的基本步骤归纳如下：

(1)根据题意所要求的非归一化灵敏度确定哪些元件参数是可微变参数，构造相应的增量网络 N_i。

(2)解原网络 N，求出增量网络 N_i 中所需原网络 N 的网络变量。

(3)解增量网络 N_i，导出有关网络变量增量与各可微变参数增量间的关系式。

(4)应用第(3)步所得关系式求网络变量对元件参数的偏导数。将以上结果除以激励

电压(或电流),便可得到有关网络函数对该元件参数的偏导数。

6-4 伴随网络法

伴随网络法是计算任意网络函数对网络中各元件参数的非归一化灵敏度的有效方法,它的主要理论基础是特勒根定理,故在本节中首先研究特勒根定理,然后介绍伴随网络法。

6-4-1 特勒根定理

特勒根定理是表征电网络拓扑性质的一个重要定理,它可以根据基尔霍夫电流定律和基尔霍夫电压定律得到证明。特勒根定理具有普遍性和应用灵活性的特点,迄今,它不仅应用于电网络,以简捷的途径论证某些已知的网络定理和发展新的分析、计算方法,而且已推广应用于其他物理系统。以下就特勒根定理的两种基本形式进行论证。

研究一个集总网络 N,支路电流、电压取一致参考方向,时域中支路电流、电压向量用 $\boldsymbol{i}$、$\boldsymbol{u}$ 表示,节点电压向量用 $\boldsymbol{u}_n$ 表示。N 的关联矩阵为 $\boldsymbol{A}$,用关联矩阵表示的基尔霍夫电流定律和基尔霍夫电压定律分别为

$$\boldsymbol{A}\boldsymbol{i} = \boldsymbol{0} \tag{6-4-1}$$

$$\boldsymbol{u} = \boldsymbol{A}^{\mathrm{T}}\boldsymbol{u}_n \tag{6-4-2}$$

将各支路 u、i 相乘并求和

$$\sum ui = \boldsymbol{u}^{\mathrm{T}}\boldsymbol{i} = \boldsymbol{u}_n^{\mathrm{T}}\boldsymbol{A}\boldsymbol{i} = 0 \tag{6-4-3}$$

故对任意集总网络有

$$\boldsymbol{u}^{\mathrm{T}}\boldsymbol{i} = \boldsymbol{i}^{\mathrm{T}}\boldsymbol{u} = 0 \tag{6-4-4}$$

上式表明,任意集总网络任意时刻各支路吸收的瞬时功率之和为零,这是电网络瞬时功率守恒性的数学描述。

下面再考察 N 和另一个集总网络 $\hat{N}$,$\hat{N}$ 和 N 的拓扑结构相同,对应支路元件成分可不相同。将二网络按相同序号进行支路编号,则 $\hat{N}$ 与 N 的关联矩阵相等,即

$$\hat{\boldsymbol{A}} = \boldsymbol{A} \tag{6-4-5}$$

网络 $\hat{N}$ 的 KCL、KVL 方程分别为

$$\hat{\boldsymbol{A}}\hat{\boldsymbol{i}} = \boldsymbol{0} \tag{6-4-6}$$

$$\hat{\boldsymbol{u}} = \hat{\boldsymbol{A}}^{\mathrm{T}}\hat{\boldsymbol{u}}_n \tag{6-4-7}$$

将网络 N 的每一支路电压乘以网络 $\hat{N}$ 的对应支路电流然后求和,有

$$\sum u\hat{i} = \boldsymbol{u}^{\mathrm{T}}\hat{\boldsymbol{i}} = \boldsymbol{u}_n^{\mathrm{T}}\boldsymbol{A}\hat{\boldsymbol{i}} = \boldsymbol{u}_n^{\mathrm{T}}\hat{\boldsymbol{A}}\hat{\boldsymbol{i}} = 0 \tag{6-4-8}$$

故对任意两个关联矩阵相同的集总网络 N 和 $\hat{N}$ 有

$$\boldsymbol{u}^{\mathrm{T}}\hat{\boldsymbol{i}} = \hat{\boldsymbol{i}}^{\mathrm{T}}\boldsymbol{u} = \hat{\boldsymbol{u}}^{\mathrm{T}}\boldsymbol{i} = \boldsymbol{i}^{\mathrm{T}}\hat{\boldsymbol{u}} = 0 \tag{6-4-9}$$

上式即特勒根定理,而式(6-4-4)可视为式(6-4-9)在 $\hat{N}$ 与 N 为同一网络时的特殊情形。式(6-4-8)左端求和式中的每一项虽有功率的量纲,但实际上不代表任何功率,故有的著作称式(6-4-9)为特勒根似功率定理,称式(6-4-4)为特勒根功率定理。

以上对特勒根定理的论证是用电流、电压的时域变量和 KCL、KVL 的时域形式进行

的。在复频域、频域和相量分析中，我们用 $\boldsymbol{I}$、$\boldsymbol{U}$、$\hat{\boldsymbol{I}}$、$\hat{\boldsymbol{U}}$ 表示网络 N 和 $\hat{N}$ 的电流向量、电压向量的拉普拉斯变换、傅里叶变换或相量变换式，基于上述变换形式的 KCL、KVL 方程，用相同的论证方法可得出特勒根定理的变换形式：

$$\boldsymbol{U}^{\mathrm{T}}\hat{\boldsymbol{I}}=\hat{\boldsymbol{I}}^{\mathrm{T}}\boldsymbol{U}=\hat{\boldsymbol{U}}^{\mathrm{T}}\boldsymbol{I}=\boldsymbol{I}^{\mathrm{T}}\hat{\boldsymbol{U}}=0 \tag{6-4-10}$$

6-4-2 伴随网络

两个线性时不变的集总网络 N 与 $\hat{N}$ 如果满足下列三个条件，则称它们互为伴随网络：

(1) 网络 N 和 $\hat{N}$ 的拓扑结构相同，即关联矩阵 $\mathbf{A}=\hat{\mathbf{A}}$。

(2) 网络 N 和 $\hat{N}$ 的非独立源支路的参数矩阵间有以下关系：

a. 如果支路阻抗矩阵 $\boldsymbol{Z}_b$、$\hat{\boldsymbol{Z}}_b$ 存在，则

$$\boldsymbol{Z}_b^{\mathrm{T}}=\hat{\boldsymbol{Z}}_b \tag{6-4-11}$$

b. 如果支路导纳矩阵 $\boldsymbol{Y}_{\mathbf{b}}$、$\hat{\boldsymbol{Y}}_b$ 存在，则

$$\boldsymbol{Y}_b^{\mathrm{T}}=\hat{\boldsymbol{Y}}_b \tag{6-4-12}$$

c. 一般情形下，非独立源支路特性总可以用混合参数矩阵表征为

$$\begin{bmatrix}\boldsymbol{I}_{b1}\\ \boldsymbol{U}_{b2}\end{bmatrix}=\begin{bmatrix}\boldsymbol{H}_{11} & \boldsymbol{H}_{12}\\ \boldsymbol{H}_{21} & \boldsymbol{H}_{22}\end{bmatrix}\begin{bmatrix}\boldsymbol{U}_{b1}\\ \boldsymbol{I}_{b2}\end{bmatrix}=\boldsymbol{H}_b\begin{bmatrix}\boldsymbol{U}_{b1}\\ \boldsymbol{I}_{b2}\end{bmatrix} \tag{6-4-13}$$

$$\begin{bmatrix}\hat{\boldsymbol{I}}_{b1}\\ \hat{\boldsymbol{U}}_{b2}\end{bmatrix}=\begin{bmatrix}\hat{\boldsymbol{H}}_{11} & \hat{\boldsymbol{H}}_{12}\\ \hat{\boldsymbol{H}}_{21} & \hat{\boldsymbol{H}}_{22}\end{bmatrix}\begin{bmatrix}\hat{\boldsymbol{U}}_{b1}\\ \hat{\boldsymbol{I}}_{b2}\end{bmatrix}=\hat{\boldsymbol{H}}_b\begin{bmatrix}\hat{\boldsymbol{U}}_{b1}\\ \hat{\boldsymbol{I}}_{b2}\end{bmatrix} \tag{6-4-14}$$

则

$$\begin{bmatrix}\hat{\boldsymbol{H}}_{11} & \hat{\boldsymbol{H}}_{12}\\ \hat{\boldsymbol{H}}_{21} & \hat{\boldsymbol{H}}_{22}\end{bmatrix}=\begin{bmatrix}\boldsymbol{H}_{11}^{\mathrm{T}} & -\boldsymbol{H}_{21}^{\mathrm{T}}\\ -\boldsymbol{H}_{12}^{\mathrm{T}} & \boldsymbol{H}_{22}^{\mathrm{T}}\end{bmatrix} \tag{6-4-15}$$

(3) 网络 N 和 $\hat{N}$ 中的对应独立源支路具有相同的性质，即同为电流源或同为电压源，但可有不同的值。

以上即伴随网络的定义。可以看出，条件(2)中的 a、b 两种情形均属 c 的特例。如果网络 N 与 $\hat{N}$ 互为伴随网络，则称网络 N 与 $\hat{N}$ 具有相互互易性(interreciprocity)。

伴随网络的定义明确地给出了对于已知网络 N 构造其伴随网络 $\hat{N}$ 的方法。应当注意构造伴随网络时的支路划分，独立源应单独作为一个支路，受控源必须采用其二端口模型，即包括控制支路和受控支路，控制电流视为一个短路支路的电流，控制电压视为一个开路支路的电压。

例 6-5 对于图 6-5 所示网络 N 构成其伴随网络 $\hat{N}$。

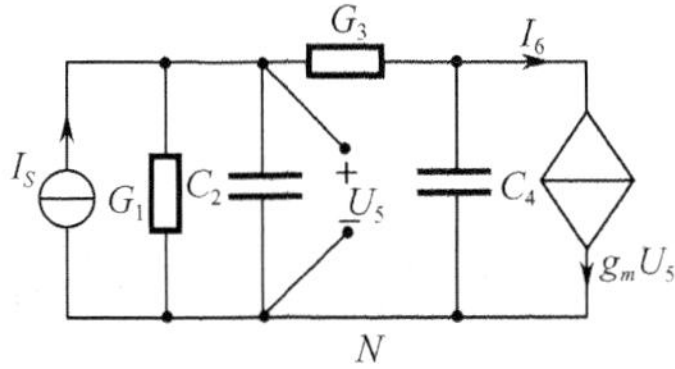

图 6-5

解:图 6-5 所示网络的支路导纳矩阵为

$$
\boldsymbol{Y}_b = \begin{bmatrix} G_1 & 0 & 0 & 0 & 0 & 0 \\ 0 & sC_2 & 0 & 0 & 0 & 0 \\ 0 & 0 & G_3 & 0 & 0 & 0 \\ 0 & 0 & 0 & sC_4 & 0 & 0 \\ 0 & 0 & 0 & 0 & 0 & 0 \\ 0 & 0 & 0 & 0 & g_m & 0 \end{bmatrix}
$$

则伴随网络的支路导纳矩阵为

$$
\hat{\boldsymbol{Y}}_b = \boldsymbol{Y}_b^{\mathrm{T}} = \begin{bmatrix} G_1 & 0 & 0 & 0 & 0 & 0 \\ 0 & sC_2 & 0 & 0 & 0 & 0 \\ 0 & 0 & G_3 & 0 & 0 & 0 \\ 0 & 0 & 0 & sC_4 & 0 & 0 \\ 0 & 0 & 0 & 0 & 0 & g_m \\ 0 & 0 & 0 & 0 & 0 & 0 \end{bmatrix}
$$

由 $\hat{\boldsymbol{Y}}_b$ 所给出的支路特性有

$$
\hat{I}_5 = g_m \hat{U}_6, \qquad \hat{I}_6 = 0
$$

$\hat{N}$ 的所有二端导抗元件支路特性均与原网络 N 中的对应支路特性相同。据此,构造伴随网络 $\hat{N}$,如图 6-6 所示。可以看出,原网络 N 中的 VCCS 所对应的伴随网络 $\hat{N}$ 中的元件仍为 VCCS,且控制参数不变,但控制支路与受控支路互换位置。

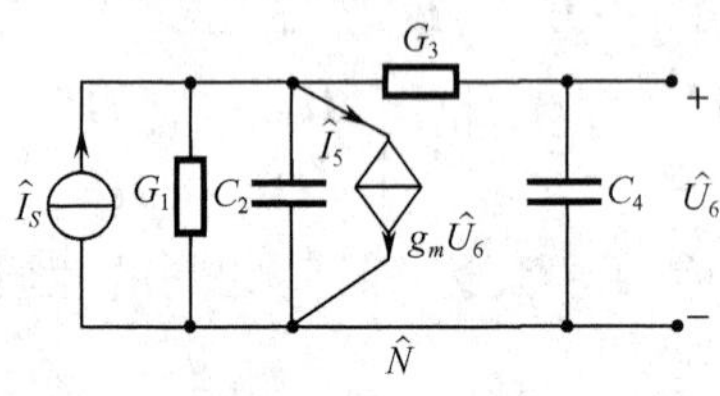

图 6-6

例 6-6 对于图 6-7 所示网络 N 构成其伴随网络 $\hat{N}$。

解:在原网络 N 中含一个理想变压器和一个 CCCS,它们的元件特性方程为

$$
U_3 = nU_4, \qquad I_4 = -nI_3
$$

$$
I_6 = \beta I_5, \qquad U_5 = 0
$$

据此写出网络 N 的非独立源支路的式(6-4-13)形式的混合变量方程:

$$
\begin{bmatrix} I_4 \\ I_6 \\ U_1 \\ U_2 \\ U_3 \\ U_5 \end{bmatrix} = \begin{bmatrix} 0 & 0 & 0 & 0 & -n & 0 \\ 0 & 0 & 0 & 0 & 0 & \beta \\ 0 & 0 & R_1 & 0 & 0 & 0 \\ 0 & 0 & 0 & R_2 & 0 & 0 \\ n & 0 & 0 & 0 & 0 & 0 \\ 0 & 0 & 0 & 0 & 0 & 0 \end{bmatrix} \begin{bmatrix} U_4 \\ U_6 \\ I_1 \\ I_2 \\ I_3 \\ I_5 \end{bmatrix}
$$

根据式(6-4-15),伴随网络 $\hat{N}$ 的非独立源支路有以下混合变量方程：

$$\begin{bmatrix} \hat{I}_4 \\ \hat{I}_6 \\ \hat{U}_1 \\ \hat{U}_2 \\ \hat{U}_3 \\ \hat{U}_5 \end{bmatrix} = \begin{bmatrix} 0 & 0 & 0 & 0 & -n & 0 \\ 0 & 0 & 0 & 0 & 0 & 0 \\ 0 & 0 & R_1 & 0 & 0 & 0 \\ 0 & 0 & 0 & R_2 & 0 & 0 \\ n & 0 & 0 & 0 & 0 & 0 \\ 0 & -\beta & 0 & 0 & 0 & 0 \end{bmatrix} \begin{bmatrix} \hat{U}_4 \\ \hat{U}_6 \\ \hat{I}_1 \\ \hat{I}_2 \\ \hat{I}_3 \\ \hat{I}_5 \end{bmatrix}$$

由上式所给出的第 3、4、5、6 支路的支路特性为

$$\hat{U}_3 = n\hat{U}_4, \qquad \hat{I}_4 = -n\hat{I}_3$$
$$\hat{U}_5 = -\beta\hat{U}_6, \qquad \hat{I}_6 = 0$$

由此可知,原网络 N 中的理想变压器所对应的伴随网络 $\hat{N}$ 中的元件仍为理想变压器,且变比不变。而网络 N 中的 CCCS 则对应于网络 $\hat{N}$ 中的 VCVS,控制支路与受控支路互换位置,且控制参数反号。根据以上结果构成伴随网络 $\hat{N}$,如图 6-8 所示。

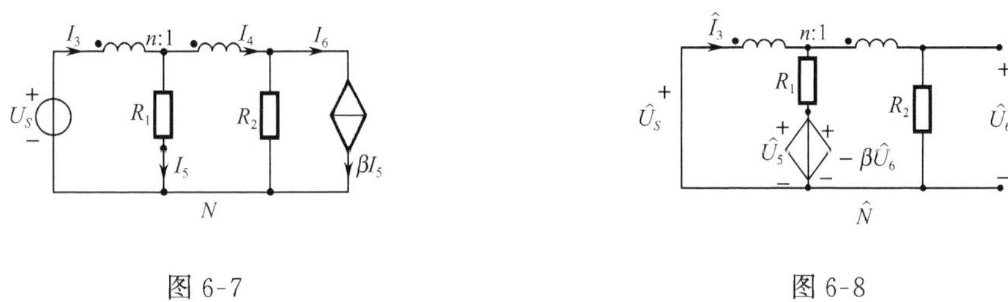

图 6-7　　　　图 6-8

在以上两例中,由已知网络 N 构成其伴随网络 $\hat{N}$,是根据伴随网络的定义,通过建立 N 和 $\hat{N}$ 的非独立源支路导纳矩阵或混合参数矩阵来构造伴随网络 $\hat{N}$ 的。实际上,我们可以采取更简便的方法,即事先按照伴随网络的定义确定出各类网络元件在伴随网络中的对应元件,如表 6-2 所示。这样,借助于查表便能直接由网络 N 得到其伴随网络 $\hat{N}$,而不必经由建立非独立源支路参数矩阵的步骤。从表 6-2 中不难看出,所有互易元件在伴随网络中的对应元件与其自身相同。

为了灵敏度计算及其他应用的需要,将网络 N 和伴随网络 $\hat{N}$ 的全部独立源抽出,形成多端口网络,如图 6-9 所示。以下讨论网络 N 和 $\hat{N}$ 的端口参数间的关系。

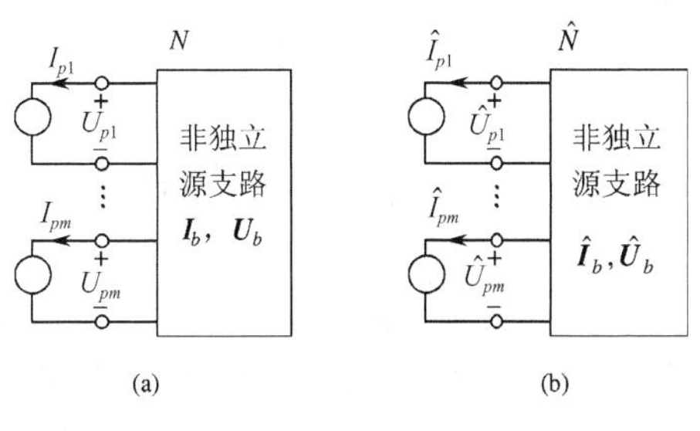

图 6-9

网络 N 和 $\hat{N}$ 的每一条支路(内部的和抽出的)电流、电压取一致参考方向。内部非独立源支路电流、电压向量用 $\boldsymbol{I}_b$、$\boldsymbol{U}_b$ 及 $\hat{\boldsymbol{I}}_b$、$\hat{\boldsymbol{U}}_b$ 表示。如果支路阻抗矩阵存在,则

表 6-2　伴随网络的构成

原网络 N 中的元件 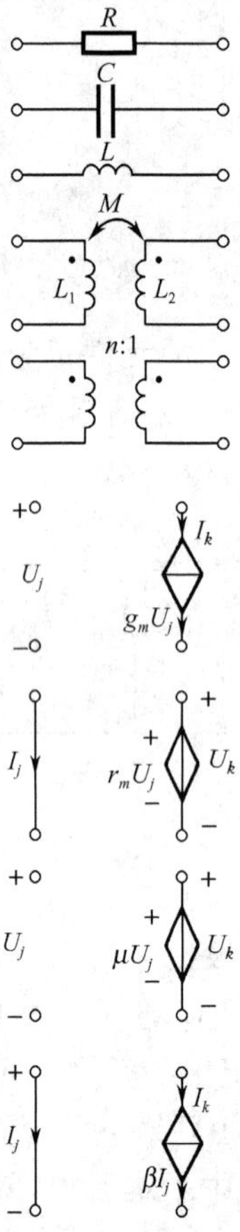	伴随网络 $\hat{N}$ 中的对应元件 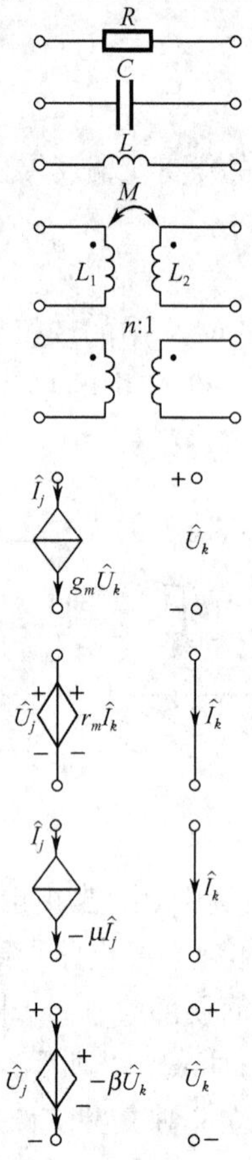
R	R
C	C
L	L
M, L_1, L_2	M, L_1, L_2
n:1	n:1
$+$, U_j, $-$; I_k, $g_m U_j$	$\hat{I}_j$, $g_m \hat{U}_k$; $+$, $\hat{U}_k$, $-$
I_j; $+$, $r_m U_j$, $-$; $+$, U_k, $-$	$+$, $\hat{U}_j$, $-$; $+$, $r_m \hat{I}_k$, $-$; $\hat{I}_k$
$+$, U_j, $-$; $+$, μU_j, $-$; $+$, U_k, $-$	$\hat{I}_j$, $-\mu \hat{I}_j$; $\hat{I}_k$
$+$, I_j, $-$; I_k, βI_j	$+$, $\hat{U}_j$, $-$; $+$, $-\beta \hat{U}_k$, $-$; $+$, $\hat{U}_k$, $-$

$$\boldsymbol{U}_b = \boldsymbol{Z}_b \boldsymbol{I}_b \tag{6-4-16}$$

$$\hat{\boldsymbol{U}}_b = \hat{\boldsymbol{Z}}_b \hat{\boldsymbol{I}}_b \tag{6-4-17}$$

且有

$$\hat{\boldsymbol{Z}}_b = \boldsymbol{Z}_b^{\mathrm{T}} \tag{6-4-18}$$

端口电流、电压向量用 $\boldsymbol{I}_p$、$\boldsymbol{U}_p$ 及 $\hat{\boldsymbol{I}}_p$、$\hat{\boldsymbol{U}}_p$ 表示。如果多端口网络的开路阻抗矩阵存在,则

$$\boldsymbol{U}_p = -\boldsymbol{Z}_{oc} \boldsymbol{I}_p \tag{6-4-19}$$

$$\hat{\boldsymbol{U}}_p = -\hat{\boldsymbol{Z}}_{oc} \hat{\boldsymbol{I}}_p \tag{6-4-20}$$

式中负号是考虑到开路阻抗矩阵是在端口支路电流、电压参考方向相反的情形下定义的。下面将证明

$$\hat{\boldsymbol{Z}}_{oc} = \boldsymbol{Z}_{oc}^{\mathrm{T}} \tag{6-4-21}$$

证明:根据特勒根定理,有

$$\hat{\boldsymbol{I}}^{\mathrm{T}}\boldsymbol{U}-\hat{\boldsymbol{U}}^{\mathrm{T}}\boldsymbol{I}=0 \tag{6-4-22}$$

按前述支路划分，上式中各电流、电压向量可写成如下分块形式：

$$\boldsymbol{I}=\begin{bmatrix}\boldsymbol{I}_p\\ \boldsymbol{I}_b\end{bmatrix},\boldsymbol{U}=\begin{bmatrix}\boldsymbol{U}_p\\ \boldsymbol{U}_b\end{bmatrix},\hat{\boldsymbol{I}}=\begin{bmatrix}\hat{\boldsymbol{I}}_p\\ \hat{\boldsymbol{I}}_b\end{bmatrix},\hat{\boldsymbol{U}}=\begin{bmatrix}\hat{\boldsymbol{U}}_p\\ \hat{\boldsymbol{U}}_b\end{bmatrix} \tag{6-4-23}$$

代入式(6-4-22)，得

$$(\hat{\boldsymbol{I}}_p^{\mathrm{T}}\boldsymbol{U}_p+\hat{\boldsymbol{I}}_b^{\mathrm{T}}\boldsymbol{U}_b)-(\hat{\boldsymbol{U}}_p^{\mathrm{T}}\boldsymbol{I}_p+\hat{\boldsymbol{U}}_b^{\mathrm{T}}\boldsymbol{I}_b)=0$$

即

$$\hat{\boldsymbol{I}}_b^{\mathrm{T}}\boldsymbol{U}_b-\hat{\boldsymbol{U}}_b^{\mathrm{T}}\boldsymbol{I}_b=-\hat{\boldsymbol{I}}_p^{\mathrm{T}}\boldsymbol{U}_p+\hat{\boldsymbol{U}}_p^{\mathrm{T}}\boldsymbol{I}_p \tag{6-4-24}$$

式(6-4-24)左端

$$\hat{\boldsymbol{I}}_b^{\mathrm{T}}\boldsymbol{U}_b-\hat{\boldsymbol{U}}_b^{\mathrm{T}}\boldsymbol{I}_b=\hat{\boldsymbol{I}}_b^{\mathrm{T}}\boldsymbol{Z}_b\boldsymbol{I}_b-\hat{\boldsymbol{I}}_b^{\mathrm{T}}\hat{\boldsymbol{Z}}_b^{\mathrm{T}}\boldsymbol{I}_b=0$$

故式(6-4-24)右端应等于零，即

$$-\hat{\boldsymbol{I}}_p\boldsymbol{U}_p+\hat{\boldsymbol{U}}_p^{\mathrm{T}}\boldsymbol{I}_p=-\hat{\boldsymbol{I}}_p^{\mathrm{T}}(-\boldsymbol{Z}_{\alpha}\boldsymbol{I}_p)+(-\hat{\boldsymbol{I}}_p^{\mathrm{T}}\hat{\boldsymbol{Z}}_{\alpha}^{\mathrm{T}})\boldsymbol{I}_p=0$$

上式在任何 $\boldsymbol{I}_p$ 和 $\hat{\boldsymbol{I}}_p$ 时均成立，必须有

$$\boldsymbol{Z}_{\alpha}=\hat{\boldsymbol{Z}}_{\alpha}^{\mathrm{T}}$$

即

$$\hat{\boldsymbol{Z}}_{\alpha}=\boldsymbol{Z}_{\alpha}^{\mathrm{T}}$$

（证毕）

如果多端口网络的短路导纳矩阵存在，即

$$\boldsymbol{I}_p=-\boldsymbol{Y}_{\mathrm{sc}}\boldsymbol{U}_p \tag{6-4-25}$$

$$\hat{\boldsymbol{I}}_p=-\hat{\boldsymbol{Y}}_{\mathrm{sc}}\hat{\boldsymbol{U}}_p \tag{6-4-26}$$

用同样的方法可以证明

$$\hat{\boldsymbol{Y}}_{\mathrm{sc}}=\boldsymbol{Y}_{\mathrm{sc}}^{\mathrm{T}} \tag{6-4-27}$$

在一般情况下，多端口网络的端口电流、电压关系总可以用混合参数矩阵表示为以下形式：

$$\begin{bmatrix}\boldsymbol{I}_E\\ \boldsymbol{U}_J\end{bmatrix}=\begin{bmatrix}\boldsymbol{H}_{EE} & \boldsymbol{H}_{EJ}\\ \boldsymbol{H}_{JE} & \boldsymbol{H}_{JJ}\end{bmatrix}\begin{bmatrix}\boldsymbol{U}_E\\ \boldsymbol{I}_J\end{bmatrix}=\boldsymbol{H}\begin{bmatrix}\boldsymbol{U}_E\\ \boldsymbol{I}_J\end{bmatrix} \tag{6-4-28}$$

$$\begin{bmatrix}\hat{\boldsymbol{I}}_E\\ \hat{\boldsymbol{U}}_J\end{bmatrix}=\begin{bmatrix}\hat{\boldsymbol{H}}_{EE} & \hat{\boldsymbol{H}}_{EJ}\\ \hat{\boldsymbol{H}}_{JE} & \hat{\boldsymbol{H}}_{JJ}\end{bmatrix}\begin{bmatrix}\hat{\boldsymbol{U}}_E\\ \hat{\boldsymbol{I}}_J\end{bmatrix}=\hat{\boldsymbol{H}}\begin{bmatrix}\hat{\boldsymbol{U}}_E\\ \hat{\boldsymbol{I}}_J\end{bmatrix} \tag{6-4-29}$$

式中下标 E 表示独立电压源，下标 J 表示独立电流源。可以证明，混合参数矩阵 $\boldsymbol{H}$ 和 $\hat{\boldsymbol{H}}$ 存在以下关系：

$$\begin{bmatrix}\hat{\boldsymbol{H}}_{EE} & \hat{\boldsymbol{H}}_{EJ}\\ \hat{\boldsymbol{H}}_{JE} & \hat{\boldsymbol{H}}_{JJ}\end{bmatrix}=\begin{bmatrix}\boldsymbol{H}_{EE}^{\mathrm{T}} & -\boldsymbol{H}_{JE}^{\mathrm{T}}\\ -\boldsymbol{H}_{EJ}^{\mathrm{T}} & \boldsymbol{H}_{JJ}^{\mathrm{T}}\end{bmatrix} \tag{6-4-30}$$

6-4-3 用伴随网络法计算灵敏度

研究图 6-9(a)所示线性 n 端口网络，如果我们能够计算端口参数 $\boldsymbol{Z}_{\alpha}$、$\boldsymbol{Y}_{\mathrm{sc}}$ 或 $\boldsymbol{H}$ 对非源支路参数 x 的非归一化灵敏度，则可求得所关注的支路电压、电流对参数 x 的非归一化灵敏度。上述结论对于求端口电压、端口电流灵敏度的情形是显而易见的，正如在 6-1 节中曾经指出的，我们能够很容易地根据$\partial\boldsymbol{Z}_{\alpha}/\partial x$、$\partial\boldsymbol{Y}_{\mathrm{sc}}/\partial x$ 分别得到$\partial\boldsymbol{U}_p/\partial x$、$\partial\boldsymbol{I}_p/\partial x$。为了计算非独立源支路电压、电流的非归一化灵敏度，可以用附加端口的方法使这些电压、电流变为端口变量。例如，欲求第 j 非源支路电压的偏导数$\partial U_j/\partial x$，可在 j 支路二端节点上并接以电流 $I_{pk}=0$ 的电流源端口，如图 6-10 所示，其端口电压 $U_{pk}=U_j$ 对参数 x 的偏导

数等于所求的$\partial U_j/\partial x$。同理,欲求非源支路电流的偏导数$\partial I_j/\partial x$,则在j支路中串接以电压$U_{pk}=0$的电压源端口,其端口电流$I_{pk}=I_j$对参数x的偏导数等于所求的$\partial I_j/\partial x$。根据以上分析,为了得到可用以计算任何网络函数或网络变量对参数x的非归一化灵敏度的方法,我们仅需寻求计算$\partial \boldsymbol{Z}_{oc}/\partial x$、$\partial \boldsymbol{Y}_{sc}/\partial x$和$\partial \boldsymbol{H}/\partial x$的方法。

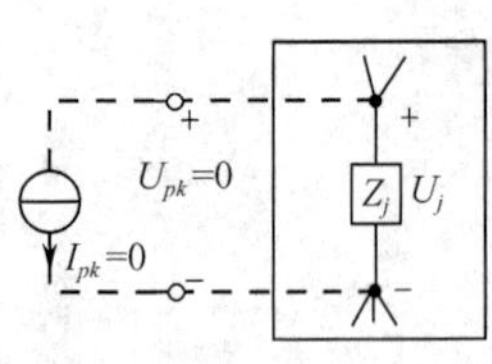

图 6-10

设网络N的微扰网络为N_p,伴随网络为$\hat{N}$,$\boldsymbol{I}$、$(\boldsymbol{I}+\Delta\boldsymbol{I})$、$\hat{\boldsymbol{I}}$和$\boldsymbol{U}$、$(\boldsymbol{U}+\Delta\boldsymbol{U})$、$\hat{\boldsymbol{U}}$分别为以上三个网络的电流向量和电压向量。由于$N$、$N_p$和$\hat{N}$三者有相同的拓扑结构,其中任意二网络的电流、电压均满足特勒根定理所给出的关系,故有

$$\hat{\boldsymbol{I}}^{\mathrm{T}}\boldsymbol{U}-\hat{\boldsymbol{U}}^{\mathrm{T}}\boldsymbol{I}=0 \tag{6-4-31}$$

$$\hat{\boldsymbol{I}}^{\mathrm{T}}(\boldsymbol{U}+\Delta\boldsymbol{U})-\hat{\boldsymbol{U}}^{\mathrm{T}}(\boldsymbol{I}+\Delta\boldsymbol{I})=0 \tag{6-4-32}$$

式(6-4-32)减式(6-4-31),得

$$\hat{\boldsymbol{I}}^{\mathrm{T}}\Delta\boldsymbol{U}-\hat{\boldsymbol{U}}^{\mathrm{T}}\Delta\boldsymbol{I}=0 \tag{6-4-33}$$

将上式中各电流、电压向量按端口支路与内部支路的划分写为式(6-4-23)的分块形式,得

$$(\hat{\boldsymbol{I}}_p^{\mathrm{T}}\Delta\boldsymbol{U}_p+\hat{\boldsymbol{I}}_b^{\mathrm{T}}\Delta\boldsymbol{U}_b)-(\hat{\boldsymbol{U}}_p^{\mathrm{T}}\Delta\boldsymbol{I}_p+\hat{\boldsymbol{U}}_b^{\mathrm{T}}\Delta\boldsymbol{I}_b)=0$$

即

$$-\hat{\boldsymbol{I}}_p^{\mathrm{T}}\Delta\boldsymbol{U}_p+\hat{\boldsymbol{U}}_p^{\mathrm{T}}\Delta\boldsymbol{I}_p=\hat{\boldsymbol{I}}_b^{\mathrm{T}}\Delta U_b-\hat{\boldsymbol{U}}_b^{\mathrm{T}}\Delta\boldsymbol{I}_b \tag{6-4-34}$$

式(6-4-34)是推导灵敏度计算公式的依据。以下按网络N的端口参数及内部(非源支路)参数的几种类型分别进行讨论。

(1)多端口网络N的开路阻抗矩阵$\boldsymbol{Z}_{oc}$存在,内部支路阻抗矩阵$\boldsymbol{Z}_b$存在,则

$$\boldsymbol{U}_b=Z_b\boldsymbol{I}_b \tag{6-4-35}$$

$$\boldsymbol{U}_p=-\boldsymbol{Z}_{oc}\boldsymbol{I}_p \tag{6-4-36}$$

当网络内部阻抗参数发生微小改变而引起网络扰动时,以上两式的一阶近似为

$$\Delta\boldsymbol{U}_b=\Delta\boldsymbol{Z}_b\boldsymbol{I}_b+\boldsymbol{Z}_b\Delta\boldsymbol{I}_b \tag{6-4-37}$$

$$\Delta\boldsymbol{U}_p=-\Delta\boldsymbol{Z}_{oc}\boldsymbol{I}_p-\boldsymbol{Z}_{oc}\Delta\boldsymbol{I}_p \tag{6-4-38}$$

考虑到式(6-4-37)、(6-4-35)和式(6-4-11),式(6-4-34)右端可改写为

$$\hat{\boldsymbol{I}}_b^{\mathrm{T}}(\Delta\boldsymbol{Z}_b\boldsymbol{I}_b+\boldsymbol{Z}_b\Delta\boldsymbol{I}_b)-(\hat{\boldsymbol{Z}}_b\hat{\boldsymbol{I}}_b)^{\mathrm{T}}\Delta\boldsymbol{I}_b=\hat{\boldsymbol{I}}_b^{\mathrm{T}}\Delta\boldsymbol{Z}_b\boldsymbol{I}_b \tag{6-4-39}$$

同时,由式(6-4-38)、(6-4-36)和式(6-4-21),式(6-4-34)左端应等于

$$-\hat{\boldsymbol{I}}_p^{\mathrm{T}}(-\Delta\boldsymbol{Z}_{oc}\boldsymbol{I}_p-\boldsymbol{Z}_{oc}\Delta\boldsymbol{I}_p)+(-\hat{\boldsymbol{Z}}_{oc}\hat{\boldsymbol{I}}_p)^{\mathrm{T}}\Delta\boldsymbol{I}_p=\hat{\boldsymbol{I}}_p^{\mathrm{T}}\Delta\boldsymbol{Z}_{oc}\boldsymbol{I}_p \tag{6-4-40}$$

于是

$$\hat{\boldsymbol{I}}_p^{\mathrm{T}}\Delta\boldsymbol{Z}_{oc}\boldsymbol{I}_p=\hat{\boldsymbol{I}}_b^{\mathrm{T}}\Delta\boldsymbol{Z}_b\boldsymbol{I}_b \tag{6-4-41}$$

式(6-4-41)给出了网络N的端口阻抗参数增量与内部阻抗参数增量间的关系,是用伴随网络法计算灵敏度的公式之一。

(2)多端口网络N的短路导纳矩阵$\boldsymbol{Y}_{sc}$存在,内部支路导纳矩阵$\boldsymbol{Y}_b$存在,则

$$\boldsymbol{I}_b=\boldsymbol{Y}_b\boldsymbol{U}_b \tag{6-4-42}$$

$$\boldsymbol{I}_p=-\boldsymbol{Y}_{sc}\boldsymbol{U}_p \tag{6-4-43}$$

当网络内部导纳参数发生微小改变而引起网络扰动时,用导出式(6-4-41)相同的分析方法可得以下结果:

$$\hat{\boldsymbol{U}}_p^{\mathrm{T}}\Delta\boldsymbol{Y}_{sc}\boldsymbol{U}_p=\hat{U}_b^{\mathrm{T}}\Delta\boldsymbol{Y}_b\boldsymbol{U}_b \tag{6-4-44}$$

式(6-4-44)给出了网络 N 的端口导纳参数增量与内部导纳参数增量间的关系，是用伴随网络法计算灵敏度的公式之二。

下面就以上两种情形举例，讨论如何用式(6-4-41)、(6-4-44)进行灵敏度计算。

例 6-7 图 6-11 所示网络的输入阻抗为 Z_{in}，$r_m=2\Omega$。用伴随网络法求非归一化灵敏度$\frac{\partial Z_{in}}{\partial R_1}$、$\frac{\partial Z_{in}}{\partial R_2}$、$\frac{\partial Z_{in}}{\partial R_3}$和$\frac{\partial Z_{in}}{\partial r_m}$。

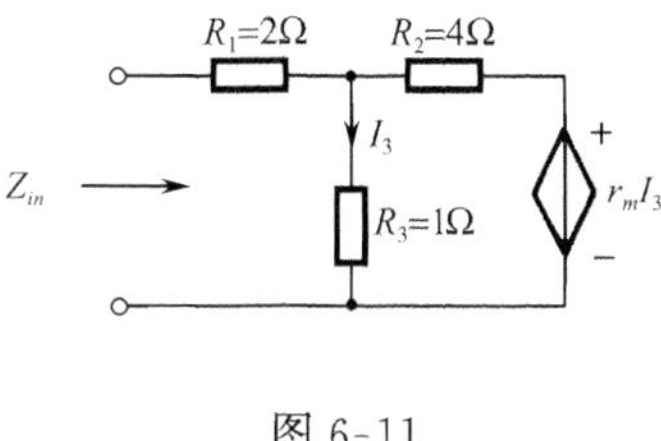

图 6-11

解：为应用伴随网络法求灵敏度，重绘原网络 N 于图 6-12(a)，图中绘出了端口电流源 I_{p1}，并设置了电流为 I_4 的短路支路作为 CCVS 的控制支路。又根据伴随网络的绘制规则绘出网络 N 的伴随网络 $\hat{N}$，如图 6-12(b)所示。

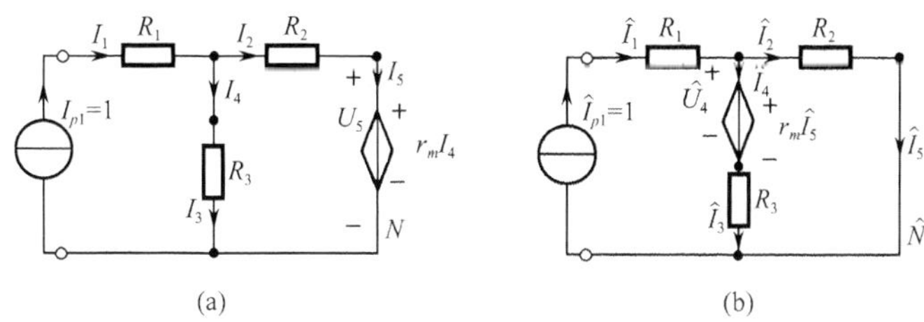

图 6-12

根据公式(6-4-41)，有

$$\hat{\boldsymbol{I}}_p^{\mathrm{T}}\Delta\boldsymbol{Z}_{oc}\boldsymbol{I}_p=\hat{\boldsymbol{I}}_b^{\mathrm{T}}\Delta\boldsymbol{Z}_b\boldsymbol{I}_b$$

本例中网络 N 为一端口网络，$\Delta\boldsymbol{Z}_{oc}=\Delta Z_{in}$，$\boldsymbol{I}_p=I_{p1}$，$\hat{\boldsymbol{I}}_p=\hat{I}_{p1}$。支路阻抗矩阵

$$\boldsymbol{Z}_b=\begin{bmatrix}R_1&0&0&0&0\\0&R_2&0&0&0\\0&0&R_3&0&0\\0&0&0&0&0\\0&0&0&r_m&0\end{bmatrix}\tag{6-4-45}$$

如果令 $I_{p1}=1$，$\hat{I}_{p1}=1$，分别求出 $\boldsymbol{I}_b$ 和 $\hat{\boldsymbol{I}}_b$，则可得到输入阻抗的增量 ΔZ_{in} 与网络内部非源支路参数增量间的关系式。

令网络 N 中 $I_{p1}=1\text{A}$，解各支路电流，得 $I_1=1\text{A}$，$I_2=I_5=-\frac{1}{3}\text{A}$，$I_3=I_4=\frac{4}{3}\text{A}$，则

$$\boldsymbol{I}_b=\begin{bmatrix}1&-\frac{1}{3}&\frac{4}{3}&\frac{4}{3}&-\frac{1}{3}\end{bmatrix}^{\mathrm{T}}\tag{6-4-46}$$

令伴随网络 $\hat{N}$ 中 $\hat{I}_{p1}=1\text{A}$，解各支路电流，得 $\hat{I}_1=1\text{A}$，$\hat{I}_2=\hat{I}_5=\frac{1}{3}\text{A}$，$\hat{I}_3=\hat{I}_4=\frac{2}{3}\text{A}$，则

$$\hat{\boldsymbol{I}}_b=\begin{bmatrix}1 & \frac{1}{3} & \frac{2}{3} & \frac{2}{3} & \frac{1}{3}\end{bmatrix}^{\mathrm{T}} \tag{6-4-47}$$

代式(6-4-45)、(6-4-46)、(6-4-47)入式(6-4-41)，有

$$1\cdot\Delta Z_{in}\cdot 1=\begin{bmatrix}1 & \frac{1}{3} & \frac{2}{3} & \frac{2}{3} & \frac{1}{3}\end{bmatrix}\begin{bmatrix}\Delta R_1 & 0 & 0 & 0 & 0\\ 0 & \Delta R_2 & 0 & 0 & 0\\ 0 & 0 & \Delta R_3 & 0 & 0\\ 0 & 0 & 0 & 0 & 0\\ 0 & 0 & 0 & \Delta r_m & 0\end{bmatrix}\begin{bmatrix}1\\ -\frac{1}{3}\\ \frac{4}{3}\\ \frac{4}{3}\\ -\frac{1}{3}\end{bmatrix} \tag{6-4-48}$$

令网络内部支路参数(即 $\boldsymbol{Z}_b$ 各元素)逐一分别产生无限小的改变，由式(6-4-48)可得

$$\frac{\partial Z_{in}}{\partial R_1}=1\times 1=1,\qquad \frac{\partial Z_{in}}{\partial R_2}=\frac{1}{3}\times\left(-\frac{1}{3}\right)=-\frac{1}{9}$$

$$\frac{\partial Z_{in}}{\partial R_3}=\frac{2}{3}\times\frac{4}{3}=\frac{8}{9},\qquad \frac{\partial Z_{in}}{\partial r_m}=\frac{1}{3}\times\frac{4}{3}=\frac{4}{9}$$

例 6-8　图 6-13 所示网络的转移函数为 $T=I_o/U_{in}$，用伴随网络法求以下偏导数：

$$\frac{\partial T}{\partial G_2},\frac{\partial T}{\partial G_3},\frac{\partial T}{\partial G_4},\frac{\partial T}{\partial g_m}$$

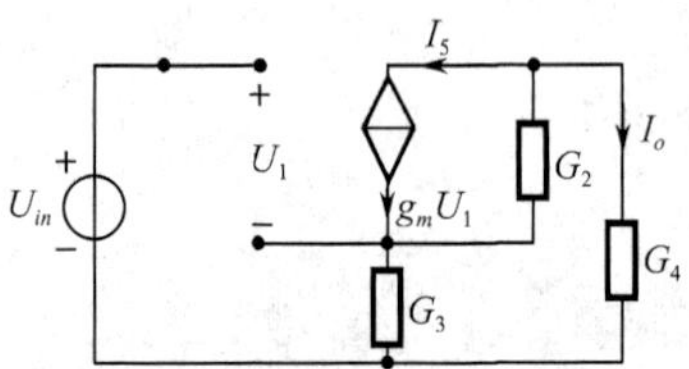

图 6-13

解：由于我们所关注的输出变量 I_o 为 G_4 支路的电流，故在 4 支路串接以电源电压 $U_{p2}=0$ 的电压源端口，构成图 6-14(a)中的二端口网络 N，其伴随网络 $\hat{N}$ 如图 6-14(b)所示。

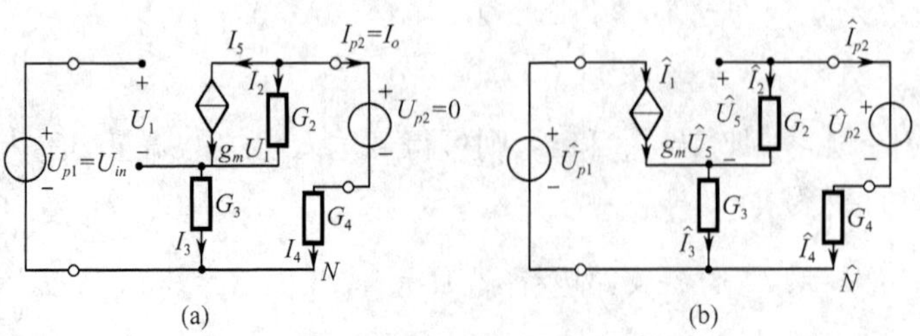

图 6-14

根据公式(6-4-44)

$$\hat{\boldsymbol{U}}_p^{\mathrm{T}}\Delta\boldsymbol{Y}_x\boldsymbol{U}_p=\hat{\boldsymbol{U}}_b^{\mathrm{T}}\Delta\boldsymbol{Y}_b\boldsymbol{U}_b$$

对于本例,转移函数为

$$T=\frac{I_o}{U_{in}}=\frac{I_{p2}}{U_{p1}}=-Y_{21}$$

式中 Y_{21} 是矩阵 $\boldsymbol{Y}_x$ 的二行一列元素。负号是考虑到此处各端口支路电压、电流取一致参考方向。

令

$$U_{p1}=1,\qquad U_{p2}=0$$
$$\hat{U}_{p1}=0,\qquad \hat{U}_{p2}=-1$$

则式(6-4-44)左端为

$$\hat{U}_p^{\mathrm{T}}\Delta\boldsymbol{Y}_x\boldsymbol{U}_p=\begin{bmatrix}0 & -1\end{bmatrix}\begin{bmatrix}\Delta Y_{11} & \Delta Y_{12}\\ \Delta Y_{21} & \Delta Y_{22}\end{bmatrix}\begin{bmatrix}1\\0\end{bmatrix}=-\Delta Y_{21}=\Delta T \tag{6-4-49}$$

网络 N 内部支路阻抗矩阵为

$$\boldsymbol{Y}_b=\begin{bmatrix}0&0&0&0&0\\0&G_2&0&0&0\\0&0&G_3&0&0\\0&0&0&G_4&0\\g_m&0&0&0&0\end{bmatrix} \tag{6-4-50}$$

代式(6-4-50)入式(6-4-44)右端,得

$$\hat{\boldsymbol{U}}_b^{\mathrm{T}}\Delta\boldsymbol{Y}_b\boldsymbol{U}_b=\begin{bmatrix}\hat{U}_1 & \hat{U}_2 & \hat{U}_3 & \hat{U}_4 & \hat{U}_5\end{bmatrix}\begin{bmatrix}0&0&0&0&0\\0&\Delta G_2&0&0&0\\0&0&\Delta G_3&0&0\\0&0&0&\Delta G_4&0\\\Delta g_m&0&0&0&0\end{bmatrix}\begin{bmatrix}U_1\\U_2\\U_3\\U_4\\U_5\end{bmatrix}$$

$$=\hat{U}_2U_2\Delta G_2+\hat{U}_3U_3\Delta G_3+\hat{U}_4U_4\Delta G_4+\hat{U}_5U_1\Delta g_m \tag{6-4-51}$$

故有

$$\Delta T=\hat{U}_2U_2\Delta G_2+\hat{U}_3U_3\Delta G_3+\hat{U}_4U_4\Delta G_4+\hat{U}_5U_1\Delta g_m \tag{6-4-52}$$

令 $U_{p1}=1\mathrm{V}$,$U_{p2}=0$,解网络 N,得

$$U_1=\frac{7}{9}\mathrm{V},U_2=U_5=-\frac{4}{9}\mathrm{V},U_3=\frac{2}{9}\mathrm{V},U_4=-\frac{2}{9}\mathrm{V}$$

即

$$U_b=\begin{bmatrix}\frac{7}{9} & -\frac{4}{9} & \frac{2}{9} & -\frac{2}{9} & -\frac{4}{9}\end{bmatrix}^{\mathrm{T}}$$

令 $\hat{U}_{p1}=0$,$\hat{U}_{p2}=-1\mathrm{V}$ 解伴随网络 $\hat{N}$,得

$$\hat{U}_1=-\hat{U}_3=\frac{4}{9}\mathrm{V},\hat{U}_2=\hat{U}_5=-\frac{4}{9}\mathrm{V},\hat{U}_4=\frac{1}{9}\mathrm{V}$$

即 $$\hat{U}_b=\begin{bmatrix}\frac{4}{9} & -\frac{4}{9} & -\frac{4}{9} & \frac{1}{9} & -\frac{4}{9}\end{bmatrix}^{\mathrm{T}}$$

令 $\boldsymbol{Y}_b$ 各元素逐一分别产生无限小的改变，根据式(6-4-52)可求出以下非归一化灵敏度：

$$\frac{\partial T}{\partial G_2}=\hat{U}_2U_2=-\frac{4}{9}\times\left(-\frac{4}{9}\right)=\frac{16}{81}$$

$$\frac{\partial T}{\partial G_3}=\hat{U}_3U_3=-\frac{4}{9}\times\frac{2}{9}=-\frac{8}{81}$$

$$\frac{\partial T}{\partial G_4}=\hat{U}_4U_4=\frac{1}{9}\times\left(-\frac{2}{9}\right)=-\frac{2}{81}$$

$$\frac{\partial T}{\partial g_m}=\hat{U}_5U_1=-\left(\frac{4}{9}\right)\times\frac{7}{9}=-\frac{28}{81}$$

(3)在一般情形下，多端口网络 N 的端口特性可用式(6-4-28)中的混合参数矩阵 $\boldsymbol{H}$ 表示；内部非源支路特性可用式(6-4-13)中的混合参数矩阵 $\boldsymbol{H}_b$ 表示，为讨论方便起见，现重书以上两式于下：

$$\begin{bmatrix}\boldsymbol{I}_E\\ \boldsymbol{U}_J\end{bmatrix}=\begin{bmatrix}\boldsymbol{H}_{EE} & \boldsymbol{H}_{EJ}\\ \boldsymbol{H}_{JE} & \boldsymbol{H}_{JJ}\end{bmatrix}\begin{bmatrix}\boldsymbol{U}_E\\ \boldsymbol{I}_J\end{bmatrix}=\boldsymbol{H}\begin{bmatrix}\boldsymbol{U}_E\\ \boldsymbol{I}_J\end{bmatrix} \tag{6-4-28}$$

$$\begin{bmatrix}\boldsymbol{I}_{b1}\\ \boldsymbol{U}_{b2}\end{bmatrix}=\begin{bmatrix}\boldsymbol{H}_{11} & \boldsymbol{H}_{12}\\ \boldsymbol{H}_{21} & \boldsymbol{H}_{22}\end{bmatrix}\begin{bmatrix}\boldsymbol{U}_{b1}\\ \boldsymbol{I}_{b2}\end{bmatrix}=\boldsymbol{H}_b\begin{bmatrix}\boldsymbol{U}_{b1}\\ \boldsymbol{I}_{b2}\end{bmatrix} \tag{6-4-13}$$

网络 N 的伴随网络 $\hat{N}$ 的相应参数矩阵分别为 $\hat{\boldsymbol{H}}$ 和 $\hat{\boldsymbol{H}}_b$。$\hat{N}$ 和 N 的对应参数矩阵间的关系如式(6-4-30)、(6-4-15)所示。

令网络 N 内部参数(矩阵 $\boldsymbol{H}_b$ 各元素)发生微小改变而引起网络扰动，基于由特勒根定理得到的式(6-4-34)，按照类似于在类型(1)中导出式(6-4-39)、(6-4-40)的步骤，可推导出下列两式：

$$\hat{\boldsymbol{I}}_b^{\mathrm{T}}\Delta\boldsymbol{U}_b-\hat{\boldsymbol{U}}_b^{\mathrm{T}}\Delta\boldsymbol{I}_b=\begin{bmatrix}-\hat{\boldsymbol{U}}_{b1}^{\mathrm{T}} & \hat{\boldsymbol{I}}_{b2}^{\mathrm{T}}\end{bmatrix}\begin{bmatrix}\Delta\boldsymbol{H}_{11} & \Delta\boldsymbol{H}_{12}\\ \Delta\boldsymbol{H}_{21} & \Delta\boldsymbol{H}_{22}\end{bmatrix}\begin{bmatrix}\boldsymbol{U}_{b1}\\ \boldsymbol{I}_{b2}\end{bmatrix} \tag{6-4-53}$$

$$-\hat{\boldsymbol{I}}_p^{\mathrm{T}}\Delta\boldsymbol{U}_p+\hat{\boldsymbol{U}}_p^{\mathrm{T}}\Delta\boldsymbol{I}_p=\begin{bmatrix}\hat{\boldsymbol{U}}_E^{\mathrm{T}} & -\hat{\boldsymbol{I}}_J^{\mathrm{T}}\end{bmatrix}\begin{bmatrix}\Delta\boldsymbol{H}_{EE} & \Delta\boldsymbol{H}_{EJ}\\ \Delta\boldsymbol{H}_{JE} & \Delta\boldsymbol{H}_{JJ}\end{bmatrix}\begin{bmatrix}\boldsymbol{U}_E\\ \boldsymbol{I}_J\end{bmatrix} \tag{6-4-54}$$

代以上两式入(6-4-34)，得

$$\begin{bmatrix}\hat{\boldsymbol{U}}_E^{\mathrm{T}} & -\hat{\boldsymbol{I}}_J^{\mathrm{T}}\end{bmatrix}\begin{bmatrix}\Delta\boldsymbol{H}_{EE} & \Delta\boldsymbol{H}_{EJ}\\ \Delta\boldsymbol{H}_{JE} & \Delta\boldsymbol{H}_{JJ}\end{bmatrix}\begin{bmatrix}\boldsymbol{U}_E\\ \boldsymbol{I}_J\end{bmatrix}=\begin{bmatrix}-\hat{\boldsymbol{U}}_{b1}^{\mathrm{T}} & \hat{\boldsymbol{I}}_{b2}^{\mathrm{T}}\end{bmatrix}\begin{bmatrix}\Delta\boldsymbol{H}_{11} & \Delta\boldsymbol{H}_{12}\\ \Delta\boldsymbol{H}_{21} & \Delta\boldsymbol{H}_{22}\end{bmatrix}\begin{bmatrix}\boldsymbol{U}_{b1}\\ \boldsymbol{I}_{b2}\end{bmatrix} \tag{6-4-55}$$

式(6-4-55)是用伴随网络法计算网络的非归一化灵敏度的一般公式，它包含了式(6-4-41)和式(6-4-44)两种特殊情形。式(6-4-55)左端向量 $\hat{\boldsymbol{U}}_E$、$\hat{\boldsymbol{I}}_J$、$\boldsymbol{U}_E$、$\boldsymbol{I}_J$ 的元素是伴随网络 $\hat{N}$ 和原网络 N 的端口激励电压、电流，在灵敏度计算时可以根据需要适当取值，使左端矩阵相乘的结果仅含我们所关注的网络函数的增量。

式(6-4-55)右端参数增量矩阵的元素决定于网络 N 内部非源支路特性。由式(6-4-13)不难看出，分块矩阵 $\boldsymbol{H}_{11}$、$\boldsymbol{H}_{22}$、$\boldsymbol{H}_{12}$ 和 $\boldsymbol{H}_{21}$ 的元素应分别为导纳、阻抗、电流比和电压比。因此，在式(6-4-55)右端矩阵乘积展开式中，各类非源元件的贡献分别属于下列各项：

导纳	$-\hat{\boldsymbol{U}}_{b1}^{\mathrm{T}}\Delta\boldsymbol{H}_{11}\boldsymbol{U}_{b1}$
阻抗	$\hat{\boldsymbol{I}}_{b2}^{\mathrm{T}}\Delta\boldsymbol{H}_{22}\boldsymbol{I}_{b2}$
电流比	$-\hat{\boldsymbol{U}}_{b1}^{\mathrm{T}}\Delta\boldsymbol{H}_{12}\boldsymbol{I}_{b2}$
电压比	$\hat{\boldsymbol{I}}_{b2}^{\mathrm{T}}\Delta\boldsymbol{H}_{21}\boldsymbol{U}_{b1}$

根据以上讨论，可将式(6-4-34)右端展开式

$$\hat{\boldsymbol{I}}_b^{\mathrm{T}}\Delta\boldsymbol{U}_b-\hat{\boldsymbol{U}}_b^{\mathrm{T}}\Delta\boldsymbol{I}_b=\sum(\hat{I}_b\Delta U_b-\hat{U}_b\Delta I_b)$$

所含各项(称为“灵敏度分量”)与各类元件参数的对应关系归纳于表 6-3 中。进行灵敏度计算时可以直接借助于该表求式(6-4-55)右端。

表 6-3　灵敏度分量

元件类型	N 中的描述	$\hat{N}$ 中的描述	$\sum(\hat{I}\Delta U-\hat{U}\Delta I)$
Z	$U=ZI$	$\hat{U}=Z\hat{I}$	$\hat{I}I\Delta Z$
Y	$I=YU$	$\hat{I}=Y\hat{U}$	$-\hat{U}U\Delta Y$
C	$I=j\omega CU$	$\hat{I}=j\omega C\hat{U}$	$-j\omega\hat{U}U\Delta C$
L	$U=j\omega LI$	$\hat{U}=j\omega L\hat{I}$	$j\omega\hat{I}I\Delta L$
g_m	$I_2=g_mU_1$	$\hat{I}_1=g_m\hat{U}_2$	$-U_2U_1\Delta g_m$
	$I_1=0$	$\hat{I}_2=0$	
r_m	$U_2=r_mI_1$	$\hat{U}_1=r_m\hat{I}_2$	$\hat{I}_2I_1\Delta r_m$
	$U_1=0$	$\hat{U}_2=0$	
μ	$U_2=\mu U_1$	$\hat{I}_1=-\mu\hat{I}_2$	$\hat{I}_2U_1\Delta\mu$
	$I_1=0$	$\hat{U}_2=0$	
β	$I_2=\beta I_1$	$\hat{U}_1=-\beta\hat{U}_2$	$-\hat{U}_2I_1\Delta\beta$
	$U_1=0$	$\hat{I}_2=0$	
T	$U_1=nU_2$	$\hat{U}_1=n\hat{U}_2$	$(\hat{I}_1U_2+\hat{U}_2I_1)\Delta n$
	$I_2=-nI_1$	$\hat{I}_2=-n\hat{I}_1$	

例 6-9　图 6-15 所示网络处于正弦稳态。正弦电压源电压 u_S 的角频率 $\omega=2000\mathrm{rad/s}$，$R_3=1\Omega$，$C_4=\dfrac{1}{2000}\mathrm{F}$，$\beta=2$，频域转移函数 $T=\dfrac{U_o(j\omega)}{U_S(j\omega)}=\dfrac{\dot{U}_o}{\dot{U}_S}$。用伴随网络法求转移函数对网络各参数的偏导数$\dfrac{\partial T}{\partial R_3}$、$\dfrac{\partial T}{\partial C_4}$、$\dfrac{\partial T}{\partial\beta}$。

解：本例的输出电压为受控电流源支路电压，故在该支路两端并接以电流为零的电流源，形成二端口网络 N，如图 6-16(a)所示，其伴随网络 $\hat{N}$ 见图 6-16(b)，图中各变量均以频域变量表示。

二端口网络 N 的混合参数端口电压、电流关系方程为

$$\begin{bmatrix}\dot{I}_E\\\dot{U}_J\end{bmatrix}=\begin{bmatrix}H_{EE}&H_{EJ}\\H_{JE}&H_{JJ}\end{bmatrix}\begin{bmatrix}\dot{U}_E\\\dot{I}_J\end{bmatrix}$$

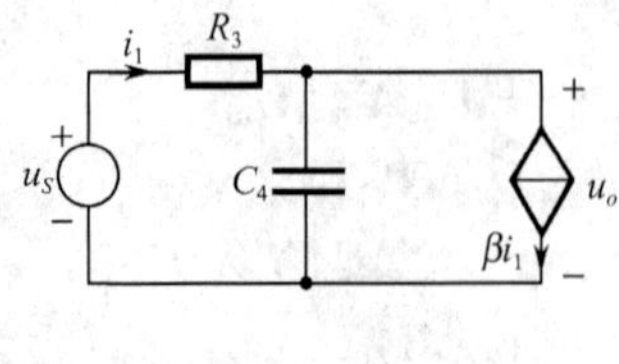

图 6-15

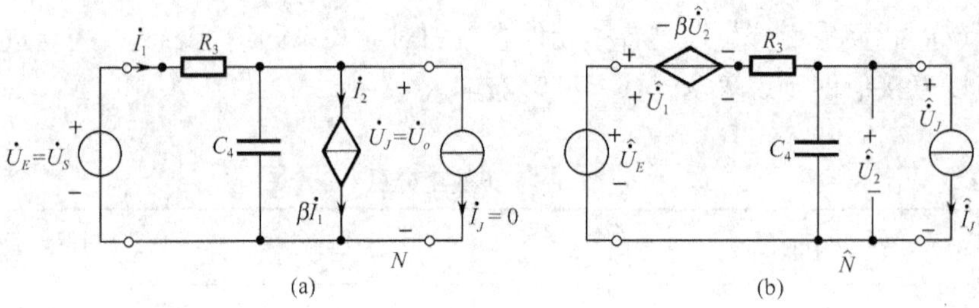

图 6-16

式中

$$H_{JE}=T=\frac{\dot U_J}{\dot U_E}\bigg|_{\dot I_J=0}=\frac{\dot U_o}{\dot U_S}$$

令 $\dot U_E=1,\dot I_J=0,\hat{\dot U}_E=0,\hat{\dot I}_J=-1$，则式(6-4-55)左端为

$$[\hat{\dot U}_E\ -\hat{\dot I}_J]\begin{bmatrix}\Delta H_{EE} & \Delta H_{EJ}\\ \Delta H_{JE} & \Delta H_{JJ}\end{bmatrix}\begin{bmatrix}\dot U_E\\ \dot I_J\end{bmatrix}=-\hat{\dot I}_J\dot U_E\Delta H_{JE}=\Delta T \qquad (6\text{-}4\text{-}56)$$

二端口网络 N 内部非源支路的混合参数 VCR 方程为

$$\begin{bmatrix}\dot I_2\\ \dot I_4\\ \dot U_1\\ \dot U_3\end{bmatrix}=\begin{bmatrix}0 & 0 & \beta & 0\\ 0 & j\omega C_4 & 0 & 0\\ 0 & 0 & 0 & 0\\ 0 & 0 & 0 & R_3\end{bmatrix}\begin{bmatrix}\dot U_2\\ \dot U_4\\ \dot I_1\\ \dot I_3\end{bmatrix}$$

式(6-4-55)右端为

$$[-\hat{\dot U}_2\quad -\hat{\dot U}_4\quad \dot I_1\quad \dot I_3]\begin{bmatrix}0 & 0 & \Delta\beta & 0\\ 0 & j\omega\Delta C_4 & 0 & 0\\ 0 & 0 & 0 & 0\\ 0 & 0 & 0 & \Delta R_3\end{bmatrix}\begin{bmatrix}\dot U_2\\ \dot U_4\\ \dot I_1\\ \dot I_3\end{bmatrix}$$

$$=-\hat{\dot U}_2\dot I_1\Delta\beta-\hat{\dot U}\dot U_4\cdot j\omega\Delta C_4+\hat{\dot I}_3\dot I_3\Delta R_3 \qquad (6\text{-}4\text{-}57)$$

由式(6-4-55)～(6-4-57)，得

$$\Delta T=-\hat{\dot U}_2\dot I_1\Delta\beta-\hat{\dot U}_4\dot U_4\cdot j\omega\Delta C_3+\hat{\dot I}_3\dot I_3\Delta R_3 \qquad (6\text{-}4\text{-}58)$$

令 $\dot U_E=1,\dot I_J=0$，解网络 N：

$$\dot{U}_4=\frac{\dfrac{\dot{U}_s}{R_3}-\beta\left(\dfrac{\dot{U}_s-\dot{U}_4}{R_3}\right)}{\dfrac{1}{R_3}+j\omega C_4}=\frac{1-2(1-\dot{U}_4)}{1+j1}$$

$$\dot{U}_4=\frac{1}{1-j1}$$

$$\dot{I}_3=\dot{I}_1=\frac{\dot{I}_s-\dot{U}_4}{R_3}=\frac{-j1}{1-j1}$$

令 $\hat{\dot{U}}_E=0,\hat{\dot{I}}_J=-1$,解伴随网络 $\hat{N}$:

$$\hat{\dot{U}}_2=\frac{\dfrac{1}{R_3}\cdot\beta\hat{\dot{U}}_2+(-\hat{\dot{I}}_{p2})}{\dfrac{1}{R_3}+j\omega C_4}=\frac{2\hat{\dot{U}}_2+1}{1+j1}$$

$$\hat{\dot{U}}_2=\hat{\dot{U}}_4=\frac{-1}{1-j1}$$

$$\hat{\dot{I}}_3=\frac{\beta\hat{\dot{U}}_2-\hat{\dot{U}}_2}{R_3}=\hat{\dot{U}}_2=\frac{-1}{1-j1}$$

根据式(6-4-58)可得

$$\frac{\partial T}{\partial R_3}=\hat{\dot{I}}_3\dot{I}_3=\left(\frac{-1}{1-j1}\right)\cdot\left(\frac{-j1}{1-j1}\right)=-\frac{1}{2}$$

$$\frac{\partial T}{\partial C_4}=-j\omega\hat{\dot{U}}_4\dot{U}_4=-j2000\times\frac{-1}{(1-j1)^2}=-1000$$

$$\frac{\partial T}{\partial \beta}=-\hat{\dot{U}}_2\dot{I}_1=\left(\frac{1}{1-j1}\right)\cdot\left(\frac{-j1}{1-j1}\right)=\frac{1}{2}$$

例 6-10 在图 6-17 所示网络中,$R_1=6\Omega,G_2=G_3=2\text{S},n=4$,转移函数 $T=\dfrac{I_3}{I_s}$。用伴随网络法求转移函数对网络各参数的偏导数$\dfrac{\partial T}{\partial R_1}$、$\dfrac{\partial T}{\partial G_2}$、$\dfrac{\partial T}{\partial G_3}$、$\dfrac{\partial T}{\partial n}$。

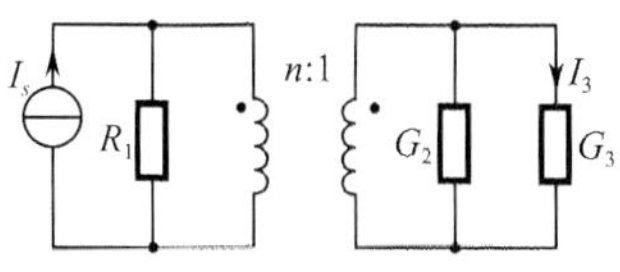

图 6-17

解:在本例中,我们所关注的输出是电导 G_3 支路的电流 I_3,为使之成为端口电流,在 G_3 支路串接以电压为零的电压源,其电流 $I_E=I_3$,形成二端口网络 N,如图 6-18(a)所示,其伴随网络见图 6-18(b)。

二端口网络 N 的混合参数方程为

$$\begin{bmatrix}I_E\\U_J\end{bmatrix}=\begin{bmatrix}H_{EE} & H_{EJ}\\H_{JE} & H_{JJ}\end{bmatrix}\begin{bmatrix}U_E\\I_J\end{bmatrix}$$

式中

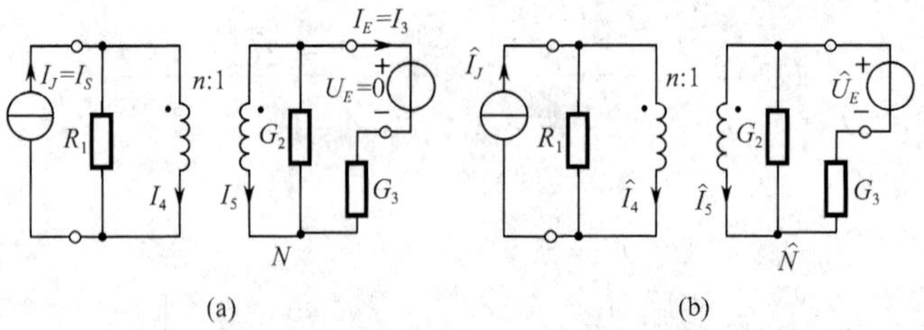

图 6-18

$$H_{EJ}=\frac{I_E}{I_J}\bigg|_{U_E=0}=\frac{I_3}{I_s}=T$$

令 $U_E=0,I_J=1,\hat{U}_E=1,\hat{I}_J=0$,则式(6-4-55)左端为

$$[\hat{U}_E\ -\hat{I}_J]\begin{bmatrix}\Delta H_{EE} & \Delta H_{EJ}\\ \Delta H_{JE} & \Delta H_{JJ}\end{bmatrix}\begin{bmatrix}U_E\\ I_J\end{bmatrix}=\Delta H_{EJ}=\Delta T$$

对于式(6-4-55)右端,本例将借助于表 6-3 来得到,即

$$\Delta T=\hat{I}_1I_1\Delta R_1-\hat{U}_2U_2\Delta G_2-\hat{U}_3U_3\Delta G_3+(\hat{I}_4U_5+\hat{U}_5I_4)\Delta n \qquad (6\text{-}4\text{-}59)$$

令 $U_E=0,I_J=1$,解网络 N:折算至原边的等效电路如图 6-19 所示,图中 R_{23} 代表 G_2 与 G_3 并联后的等效电阻。则

$$R_{23}=\frac{1}{G_2+G_3}=\frac{1}{4}\Omega$$

$$n^2R_{23}=4^2\times\frac{1}{4}=4\Omega$$

$$I_1=\frac{n_2R_{23}}{R_1+n^2R_{23}}=\frac{4}{6+4}=\frac{2}{5}\text{A}$$

$$I_4=1-I_1=\frac{3}{5}\text{A}$$

$$I_5=-nI_4=-4\times\frac{3}{5}=-\frac{12}{5}\text{A}$$

$$U_2=U_3=U_5=-I_5R_{23}=\frac{12}{5}\times\frac{1}{4}=\frac{3}{5}\text{V}$$

令 $\hat{U}_E=1,\hat{I}_J=0$,解网络 $\hat{N}$:折算至含电压源 $\hat{U}_E$ 边的等效电路如图 6-20 所示。图中

$$\frac{R_1}{n^2}=\frac{6}{4^2}=\frac{3}{8}\Omega$$

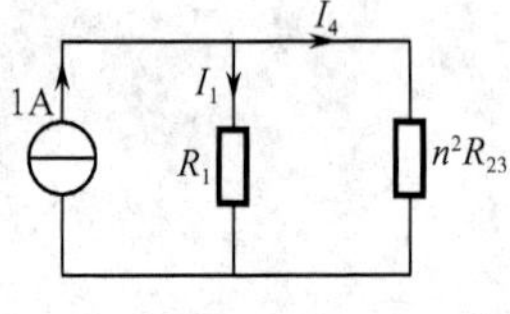

图 6-19

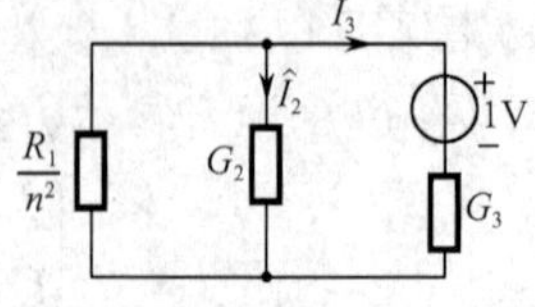

图 6-20

$\frac{R_1}{n^2}$与 G_2 并联的等效电阻

$$R_{12}=\frac{\frac{3}{8}\times\frac{1}{2}}{\frac{3}{8}+\frac{1}{2}}=\frac{3}{14}\Omega$$

则

$$\hat{I}_3=-\frac{1}{R_{12}+\frac{1}{G_3}}=-\frac{1}{\frac{3}{14}+\frac{1}{2}}=-\frac{7}{5}\text{A}$$

$$\hat{U}_3=\frac{\hat{I}_3}{G_3}=-\frac{7}{5}\times\frac{1}{2}=-\frac{7}{10}\text{V}$$

$$\hat{U}_2=\hat{U}_5=-I_3R_{12}=\frac{7}{5}\times\frac{3}{14}=\frac{3}{10}\text{V}$$

$$\hat{I}_5=\frac{\hat{U}_5}{R_1/n^2}=\frac{3}{10}\times\frac{8}{3}=\frac{4}{5}\text{V}$$

$$\hat{I}_4=-\frac{1}{n}\hat{I}_5=-\frac{1}{4}\times\frac{4}{5}=-\frac{1}{5}\text{A}$$

$$\hat{I}_1=-\hat{I}_4=\frac{1}{5}\text{A}$$

根据式(6-4-59)可得下列偏导数：

$$\frac{\partial T}{\partial R_1}=\hat{I}_1I_1=\frac{1}{5}\times\frac{2}{5}=\frac{2}{25}$$

$$\frac{\partial T}{\partial G_2}=-\hat{U}_2U_2=-\frac{3}{10}\times\frac{3}{5}=-\frac{9}{50}$$

$$\frac{\partial T}{\partial G_3}=-\hat{U}_3U_3=\frac{7}{10}\times\frac{3}{5}=\frac{21}{50}$$

$$\frac{\partial T}{\partial n}=\hat{I}_4U_5+\hat{U}_5I_4=-\frac{1}{5}\times\frac{3}{5}+\frac{3}{10}\times\frac{3}{5}=\frac{3}{50}$$

将此例与例 6-9 的求解过程相比较，可以看出，由于此例利用表 6-3 直接写出各灵敏度分量，避免了列写网络 N 内部非源支路的混合参数 VCR 方程和式(6-4-53)右端，使灵敏度计算大为简化。

6-5　符号网络函数法

在复频域和频域分析中，输出量与输入量之比称为网络函数。有时网络的支路特性不是用数值，而是用某些变量表示，这样得到的网络函数就是符号网络函数。按照是否全部网络元件参数用符号表示，可将符号网络函数分为以下三类：

第一类，全符号网络函数：全部元件参数(R、L、C 等)均用符号表示。复频域变量用 s 表示。

第二类，部分符号网络函数：部分元件参数用符号表示，另一部分元件参数用数值表示。复频域变量用 s 表示。

第三类，具有数值系数的 s 的有理函数：全部元件参数均用数值表示。复频域变量用 s 表示。

本节所介绍的符号网络函数法是计算全符号网络函数和部分符号网络函数对网络元件参数的归一化灵敏度的一种方法。这种方法的优点是计算步骤简单，而且灵敏度表达式能清楚地反映出各种因素对灵敏度的影响。此外，在频域分析中，如果需要计算的灵敏度项目较少、而频率采样点很多，在这种情况下，符号网络函数法更显示出其优越性。

设集总、线性、时不变网络 N 由二端电阻、电感、电容和四类受控源组成。将 N 中所有的(或部分的)网络元件参数分别用不同的变量(x_1, …, x_n)表示，网络 N 的网络函数 T(T 可为 U_o/U_{in}、U_o/I_{in}、I_o/I_{in} 或 I_o/U_{in})必定可以表示为两个多项式之比，且每一多项式对于代表元件参数的任一变量 x_i 都是一次的。即网络函数 T 可表示为

$$T=\frac{N(x_1,\cdots,x_n)}{D(x_1,\cdots,x_n)} \tag{6-5-1}$$

例如，将网络 N 中两个元件参数分别用 x_1、x_2 表示，其余元件参数用数值表示，则

$$T=\frac{A_0+A_1x_1+A_2x_2+A_{12}x_1x_2}{B_0+B_1x_1+B_2x_2+B_{12}x_1x_2} \tag{6-5-2}$$

式中 A_0、…、A_{12}、B_0、…、B_{12} 为常数。利用网络函数 T 的以上性质，我们可以导出灵敏度计算的符号网络函数法。

式(6-5-1)可改写为

$$\begin{aligned}H&=D(x_1,\cdots,x_n)-\frac{1}{T}N(x_1,\cdots,x_n)\\&=D(x_1,\cdots,x_n)-PN(x_1,\cdots,x_n)=0\end{aligned} \tag{6-5-3}$$

上式中，$P=\frac{1}{T}$。可以看出，式(6-5-3)中的 H 对于 P 以及对于每一个 x_i($i=1, 2,\cdots,n$)都是一次的，而 P 对于式中任一 x_i 都是隐函数的关系。

为寻求 T 对 x_i 的灵敏度，首先计算 P 对 x_i 的灵敏度。假设在式(6-5-3)中作为变量的元件参数为 x_i，则该式可表示为

$$H=A+Bx_i+CP+FPx_i=0 \tag{6-5-4}$$

式中 A、B、C、F 为常数。应用隐函数求导公式得

$$\frac{\partial P}{\partial x_i}=-\frac{\dfrac{\partial H}{\partial x_i}}{\dfrac{\partial H}{\partial P}}=-\frac{B+FP}{C+Fx_i} \tag{6-5-5}$$

P 对 x_i 的归一化灵敏度

$$S_{x_i}^{P}=\frac{x_i}{P}\cdot\frac{\partial P}{\partial x_i} \tag{6-5-6}$$

又由式(6-5-4)有

$$P=-\frac{A+Bx_i}{C+Fx_i} \tag{6-5-7}$$

$$x_i = -\frac{A+CP}{B+FP} \tag{6-5-8}$$

将式(6-5-5)、(6-5-7)、(6-5-8)代入式(6-5-6)，得

$$S_{x_i}^{P} = -\frac{A+CP}{B+FP} \cdot \frac{C+Fx_i}{A+Bx_i} \cdot \frac{B+FP}{C+Fx_i} = -\frac{A+CP}{A+Bx_i} \tag{6-5-9}$$

用灵敏度恒等式(6-2-3)可得 T 对 x_i 的灵敏度为

$$S_{x_i}^{T} = S_{x_i}^{\frac{1}{P}} = -S_{x_i}^{P} = \frac{A+CP}{A+Bx_i} \tag{6-5-10}$$

对比上式与式(6-5-4)，可以看出，上式右端分式的分子为 H 中不含 x_i 的各项之和；分母为 H 中不含 P 的各项之和，即

$$S_{x_i}^{T} = \frac{H\text{ 中不含 }x_i\text{ 的各项之和}}{H\text{ 中不含 }P\text{ 的各项之和}} \tag{6-5-11}$$

式(6-5-10)便是用符号网络函数法计算归一化灵敏度的公式。

例 6-11 在图 6-15 所示网络中，设 $R_3=100\text{k}\Omega$，$C_4=20\mu\text{F}$，$\beta=5$，频域转移函数 $T=\frac{U_0(j\omega)}{U_s(j\omega)}=\frac{\dot{U}_0}{\dot{U}_s}$。用符号网络函数求 T 对各元件参数的灵敏度 $S_{R_3}^{T}$、$S_{C_4}^{T}$、S_{β}^{T}；计算 T 对 C_4 的增益灵敏度 $S_{C_4}^{|T|}$ 及其在 $\omega=1,2,4,6,8,10$ 处之值。

解：首先求转移函数 T。由节点分析有

$$\dot{U}_0 - \frac{G_3\dot{U}_s - \beta\dot{I}_1}{G_3 + j\omega C_4} \tag{6-5-12}$$

式中

$$\dot{I}_1 = G_3(\dot{U}_s - \dot{U}_0) \tag{6-5-13}$$

代式(6-5-13)入式(6-5-12)，整理得

$$[G_3(1-\beta) + j\omega C_4]\dot{U}_0 = G_3(1-\beta)\dot{U}_s$$

故转移函数为

$$T = \frac{\dot{U}_0}{\dot{U}_s} = -\frac{G_3(1-\beta)}{G_3(1-\beta) + j\omega G_4}$$

即

$$T=\frac{N}{D}=\frac{1-\beta}{(1-\beta)+j\omega C_4R_3} \tag{6-5-14}$$

应用式(6-5-3)，有

$$H = D - \frac{1}{T}N = (1-\beta) + j\omega C_4R_3 - P(1-\beta) = 0$$

根据符号网络函数法可得以下灵敏度：

$$S_{R_3}^{T} = \frac{(1-\beta) - P(1-\beta)}{(1-\beta) + j\omega C_4R_3} = \frac{(1-P)(1-\beta)}{(1-\beta) + j\omega C_4R_3}$$

$$= \frac{-j\omega C_4R_3}{(1-\beta) + j\omega C_4R_3} = \frac{-j2\omega}{-4+j2\omega} = \frac{j2\omega}{4-j2\omega} \tag{6-5-15}$$

式中

$$P = \frac{1}{T} = \frac{(1-\beta) + j\omega C_4R_3}{1-\beta} = 1 + \frac{j\omega C_4R_3}{1-\beta}$$

$$1-P = -\frac{j\omega C_4R_3}{1-\beta}$$

同理有

$$S_{C_4}^{T}=\frac{(1-\beta)-P(1-\beta)}{(1-\beta)+j\omega C_4R_3}=\frac{-j\omega C_4R_3}{(1-\beta)+j\omega C_4R_3}=\frac{j2\omega}{4-j2\omega} \tag{6-5-16}$$

$$S_{\beta}^{T}=\frac{(1-P)+j\omega C_4R_3}{(1-\beta)+j\omega C_4R_3}=\frac{(-j\omega C_4R_3/(1-\beta))+j\omega C_4R_3}{(1-\beta)+j\omega C_4R_3}$$

$$=\frac{j\omega C_4R_3\beta/(1-\beta)}{(1-\beta)+j\omega C_4R_3}=\frac{j5\omega}{8-j4\omega} \tag{6-5-17}$$

式(6-5-16)可改写为

$$S_{C_4}^{T}=\frac{-4\omega^2}{16+4\omega^2}+j\frac{8\omega}{16+4\omega^2} \tag{6-5-18}$$

根据式(6-1-16),转移函数 T 对 C_4 的增益灵敏度为

$$S_{C_4}^{|T|}=\mathrm{Re}[S_{C_4}^{T}]=\frac{-4\omega^2}{16+4\omega^2} \tag{6-5-19}$$

将所给定的频率代入上式,得 $S_{C_4}^{|T|}$ 在各频率点之值,结果如表 6-4 所示。

表 6-4　$S_{C_4}^{|T|}$ 在各频率点之值

ω	1	2	4	6	8	10
$S_{C_4}^{\|T\|}$	−0.2	−0.5	−0.8	−0.9	−0.941	−0.962

在结束本节之前尚须强调指出,符号网络函数法的应用是有限定条件的。为使网络函数 $T=N/D$ 的分子多项式 N 和分母多项式 D 对于代表网络元件参数的任一变量都是一次的,要求这些元件必须符合前面所指出的元件类型范围,而且网络函数 T 也限定在所提出的四类之中。反之,如果理想变压器的变比 n、回转器的回转电阻 r 等出现在网络函数 T 中,或者 T 不属于所提出的四种类型,则应用符号网络函数法的前提不能成立。

习　题

6-1　用灵敏度恒等式求图 6-21 所示网络的输入阻抗 Z_{in} 对各参数的灵敏度 $S_{R_2}^{Z_{in}}$、$S_{R_3}^{Z_{in}}$ 和 $S_{r_m}^{Z_{in}}$。

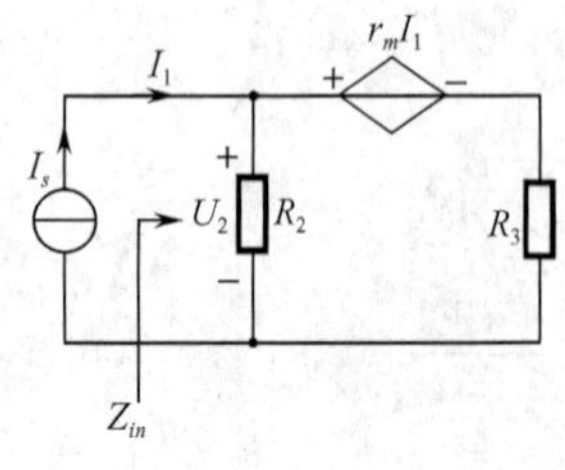

图 6-21

6-2　一个二阶滤波器转移函数的极点频率和极点 Q 分别为

$$\omega_0=\frac{1}{\sqrt{C_1C_2R_3R_4}}$$

$$Q=\frac{\sqrt{R_3/R_4}}{\sqrt{C_1/C_2}+\sqrt{C_2/C_1}-\frac{1}{k-1}(R_3/R_4)}$$

用灵敏度恒等式求 ω_0 的灵敏度 $S_{C_1}^{\omega_0}$、$S_{C_2}^{\omega_0}$、$S_{R_3}^{\omega_0}$、$S_{R_4}^{\omega_0}$,求 Q 的灵敏度 $S_{C_1}^{Q}$、$S_{C_2}^{Q}$、$S_{R_3}^{Q}$、$S_{R_4}^{Q}$ 和 S_{k}^{Q}。

6-3　用增量网络法求图 6-22 所示网络中的电压 U_3 对 μ 的非归一化灵敏度 $\frac{\partial U_3}{\partial \mu}$。图中，$R_1=3\Omega, R_2=6\Omega, R_3=4\Omega, \mu=2$。

6-4　用增量网络法求图 6-23 所示网络中的电压 U_4 对 β 和对 G_2 的非归一化灵敏度 $\frac{\partial U_4}{\partial \beta}$、$\frac{\partial U_4}{\partial G_2}$。图中，$G_1=3S, G_2=2S, G_3=6S, G_4=7S, \beta=2$。

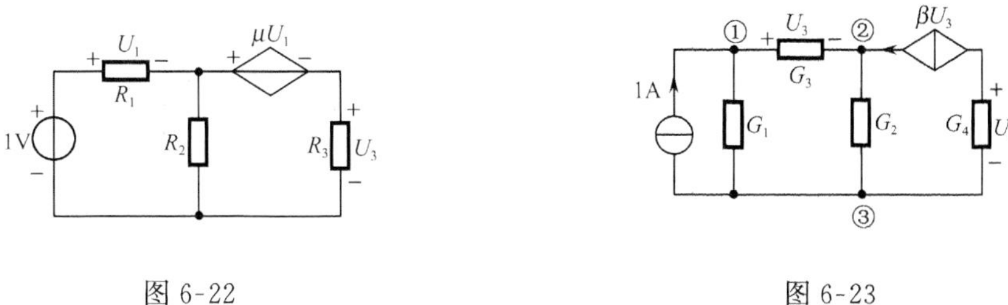

图 6-22　　　　图 6-23

6-5　根据伴随网络的定义确定图 6-24(a)、(b)给出的两个二端口元件在伴随网络中的对应元件及其参数。

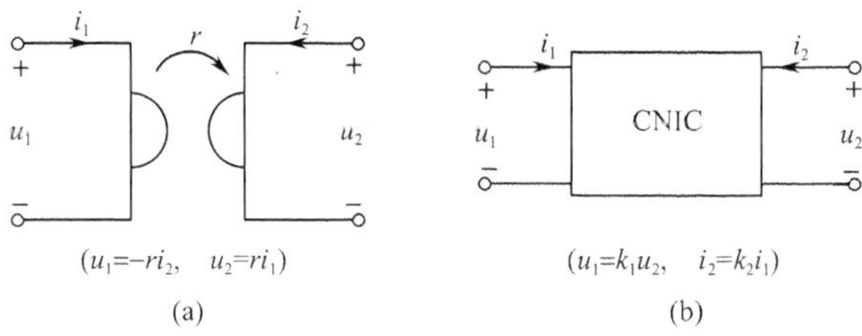

图 6-24

6-6　用伴随网络法求图 6-25 所示网络的输入导纳 Y_{in} 对、G_1、G_2、G_3 的非归一化灵敏度 $\frac{\partial Y_{in}}{\partial G_1}$、$\frac{\partial Y_{in}}{\partial G_2}$、$\frac{\partial Y_{in}}{\partial G_3}$。

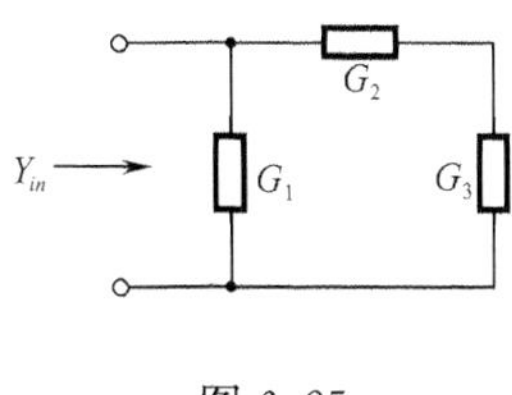

图 6-25

6-7　设图 6-21 所示网络中各元件参数为：$R_2=2\Omega, R_3=8\Omega, r_m=4\Omega$，电源电流 $I_s=\frac{1}{2}$A。用伴随网络法求以下偏导数：$\frac{\partial U_2}{\partial R_2}$、$\frac{\partial U_2}{\partial R_3}$、$\frac{\partial U_2}{\partial r_m}$。

6-8　试证明式(6-4-30)的关系式。(提示：可参照证明式(6-4-21)的方法。)

6-9　图 6-26 所示网络处于正弦稳态。电源角频率 $\omega=2$rad/s，$R_1=1\Omega, L_2=\frac{1}{2}$H，

$\mu=-2$，转移函数 $T=\frac{\dot{U}_2}{\dot{I}_s}$。用伴随网络法求以下偏导数：$\frac{\partial T}{\partial R_1}$、$\frac{\partial T}{\partial L_2}$、$\frac{\partial T}{\partial \mu}$。

6-10　图 6-27 所示网络的转移函数为 $T=\frac{I_o}{U_s}$。用符号网络函数法求灵敏度 $S_{G_2}^T$、$S_{G_3}^T$、$S_{G_4}^T$ 和 $S_{g_m}^T$。

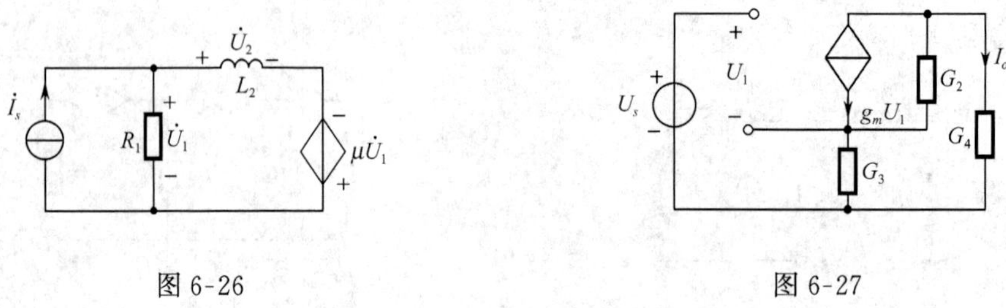

图 6-26　　　　图 6-27

6-11　用符号网络函数法求图 6-21 所示网络的灵敏度 $S_{R_2}^{Z_{in}}$、$S_{R_3}^{Z_{in}}$ 和 $S_{r_m}^{Z_{in}}$。

第七章　无源网络综合基础

导　　言

电网络理论主要包括两大类问题,即网络分析和网络综合。所谓网络分析,是给定网络的结构和参数,在已知激励下求网络的响应。而网络综合,则是给定网络的激励-响应关系特性,确定应有的网络结构和参数。对于线性电路而言,网络分析问题一般是具有惟一解的,比较简单。而网络综合问题则较为复杂,为了解决同一个网络综合问题,常常有各种不同的方法和步骤,可得到多个满足给定响应特性的解(有时在一定限制条件下也会无解)。无论何种网络综合方法,都是以网络分析的理论和方法为基础的。本书第一至六章为网络分析部分,从本章开始及以下各章则主要为网络综合的内容。

在通常的情况下,网络综合问题所预先给定的对网络响应特性的要求,并不是以有理函数形式出现的网络函数,而是根据实际需要提出的一组技术条件。对于传输、处理稳态信号的电路,它们一般用图 7-1 形式的图形或类似式(7-0-1)的不等式表示。图 7-1 表示,要求综合出来的网络的衰减特性(衰减特性的定义见 8-1 节)必须位于图中阴影区之外。式(7-0-1)也表示了相同的技术条件。

$$\begin{aligned}&\text{通带衰减}\quad A\leqslant 1\text{dB}\quad 0\leqslant f\leqslant 1000\text{Hz}\\&\text{阻带衰减}\quad A\geqslant 40\text{dB}\quad f\geqslant 1500\text{Hz}\end{aligned}\tag{7-0-1}$$

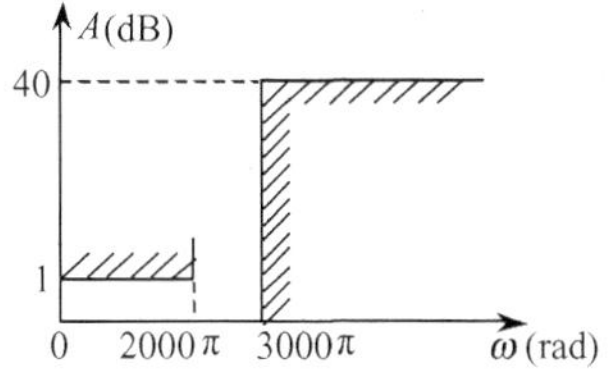

图 7-1

网络综合的一般步骤分为两步。第一步,根据给定的技术条件,找出能满足该条件的且为可实现的转移函数(或策动点函数),此步骤称为**逼近**。第二步,确定适当的电路(包括电路结构和各元件参数),其转移函数(或策动点函数)等于由逼近所得到的函数,此步骤称为**实现**。无论是逼近还是实现,均有各种不同的方法,均可有多个解答。

如果仅用集总、线性、时不变的无源元件电阻、电容、电感、互感及理想变压器来综合网络,称为无源网络综合。反之,如果在网络综合时采用了运算放大器、受控源、负阻抗变换器等有源元件,则称为有源网络综合。随着现代科技的发展,有源网络日益得到更广泛的应用,有源网络综合问题也显得更为重要。然而,无源网络综合的理论和方法,是进行有源网络综合的重要基础之一,而且在不少场合,无源网络仍具有不可用有源网络取代的重要地位。

本章介绍无源网络综合的基础知识，主要涉及无源网络综合的网络函数及其可实现性。

7-1 最小相位函数

网络函数是联系网络的输入-输出关系的复频域变量 s 的函数，定义为网络的零状态响应的拉普拉斯变换式与激励的拉普拉斯变换式之比。由于网络综合的第一步就是要找出满足给定技术条件的、可实现的网络函数，故有必要进一步研究网络函数的性质。

由集总、线性、时不变元件构成的网络，其网络函数 $F(s)$ 是复频率 s 的实系数有理函数，一般可写为以下形式：

$$F(s)=\frac{a_m s^m+a_{m-1}s^{m-1}+\cdots+a_1 s+a_0}{b_n s^n+b_{n-1}s^{n-1}+\cdots+b_1 s+b_0} \tag{7-1-1}$$

或

$$F(s)=K\frac{(s-s_{z1})(s-s_{z2})\cdots(s-s_{zm})}{(s-s_{p1})(s-s_{p2})\cdots(s-s_{pn})} \tag{7-1-2}$$

式中 $s_{z1},s_{z2},\cdots,s_{zm}$ 是 $F(s)$ 的零点，$s_{p1},s_{p2},\cdots,s_{pn}$ 是 $F(s)$ 的极点。出于稳定性的考虑，网络函数的极点不能位于右半 s 平面，$j\omega$ 轴上的极点也必须是单极点。如果是策动点函数，因策动点阻抗和策动点导纳都应有上述性质，且它们互为倒数，故策动点函数的极点和零点都不能位于右半 s 平面，$j\omega$ 轴上也不能有重极点和重零点。然而，转移函数的零点在 s 平面上的位置则不因稳定性要求而受到限制，一般而言，零点可位于 s 平面的任何位置。尽管如此，在滤波器设计时，最常用的转移函数在右半 s 平面没有零点。这种在右半 s 平面无零点的转移函数称为最小相位函数。反之，在右半 s 平面有零点的转移函数则称为非最小相位函数。下面对此做进一步的解释。首先介绍全通函数的概念。

如果一个转移函数的全部极点均在左半 s 平面，全部零点均在右半 s 平面，极、零点成对出现，且每一对极、零点对 $j\omega$ 轴对称，则称该转移函数为全通函数。例如，一阶全通函数表示为

$$T(s)=a_1\frac{s-\omega_0}{s+\omega_0} \tag{7-1-3}$$

式中 a_1、ω_0 为正实常数。令上式中 $s=j\omega$，得

$$T(j\omega)=a_1\frac{j\omega-\omega_0}{j\omega+\omega_0}=|T(j\omega)|e^{j\angle T(j\omega)}$$

幅频特性和相频特性分别为

$$|T(j\omega)|=a_1 \tag{7-1-4}$$

$$\angle T(j\omega)=-2\mathrm{tg}^{-1}\left(\frac{\omega}{\omega_0}\right) \tag{7-1-5}$$

由式(7-1-4)看出，幅频特性是与 ω 无关的常数，即对所有频率信号的传输能力是相同的，故称为全通函数。式(7-1-5)表明，对于所有正的频率，$\angle T(j\omega)$ 角均为负值，$\omega=0$ 时 $\angle T(j\omega)=0$，ω 无限增加时，$\angle T(j\omega)$ 趋于 $-\pi$。

二阶全通函数可表示为

$$T(s)=a_2\frac{(s-s_0)(s-\bar{s}_0)}{(s+s_0)(s+\bar{s}_0)} \tag{7-1-6}$$

式中 s_0 为实、虚部均为正值的复常数，$\bar{s}_0$ 为 s_0 的共轭复数。$T(s)$的极点共轭成对出现，零点也共轭成对出现，这是由 $T(s)$的分母多项式和分子多项式的所有系数均为实数所决定的。令 $s=j\omega$，得

$$T(j\omega)=a_2\frac{(j\omega-s_0)(j\omega-\bar{s}_0)}{(j\omega+s_0)(j\omega+\bar{s}_0)} \tag{7-1-7}$$

其幅频特性为 $|T(j\omega)|=a_2$

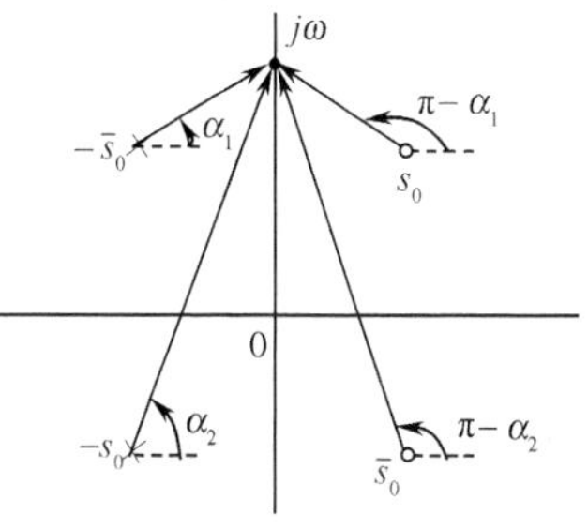

图 7-2

为研究式(7-1-7)所示二阶全通函数的相频特性，考察图 7-2 所示极零图。图中表示出右半 s 平面共轭成对出现的零点 s_0、$\bar{s}_0$，以及它们在左半平面的镜像位置上的共轭成对的极点$-\bar{s}_0$、$-s_0$。图中箭头线段表示零点向量 $j\omega-s_0$、$j\omega-\bar{s}_0$ 和极点向量 $j\omega+s_0$、$j\omega+\bar{s}_0$。角 α_1、α_2 和 $\pi-\alpha_1$、$\pi-\alpha_2$ 分别为极点向量 $j\omega+\bar{s}_0$、$j\omega+s_0$ 和零点向量 $j\omega-s_0$、$j\omega-\bar{s}_0$ 的辐角，由此可得二阶全通函数的相频特性：

$$\angle T(j\omega)=[(\pi-\alpha_1)+(\pi-\alpha_2)]-(\alpha_1+\alpha_2)=-2(\alpha_1+\alpha_2) \tag{7-1-8}$$

式中$(\alpha_1+\alpha_2)$随频率而改变，当 $\omega=0$ 时，$(\alpha_1+\alpha_2)=0$，ω 从 0 变到无穷大时，$(\alpha_1+\alpha_2)$从 0 变到 π，$\angle T(j\omega)$则从零变到-2π。总之，对于任何正的频率，辐角均为负值。

两个或两个以上全通函数之乘积仍为全通函数，故由以上一阶和二阶全通函数的频率特性可推广得知任意高阶全通函数的频率特性为：幅频特性为与 ω 无关的常数；相频特性对于所有正值的 ω 均为负值的辐角。

以全通函数的概念为基础，现在来研究一个非最小相位函数 $F_1(s)$。已知它在右半平面有共轭成对的零点 s_0 与 $\bar{s}_0$，则 $F_1(s)$可写为

$$F_1(s)=(s-s_0)(s-\bar{s}_0)F(s) \tag{7-1-9}$$

用左半平面的因子$(s+s_0)(s+\bar{s}_0)$乘上式分子、分母，得

$$F_1(s)=(s+s_0)(s+\bar{s}_0)F(s)\cdot\frac{(s-s_0)(s-\bar{s}_0)}{(s+s_0)(s+\bar{s}_0)}=F_2(s)\cdot F_0(s) \tag{7-1-10}$$

式中

$$F_0(s)=\frac{(s-s_0)(s-\bar{s}_0)}{(s+s_0)(s+\bar{s}_0)} \tag{7-1-11}$$

$$F_2(s)=(s+s_0)(s+\bar{s}_0)F(s) \tag{7-1-12}$$

$F_0(s)$为二阶全通函数，$F_2(s)$则是将 $F_1(s)$中右半平面的零点 s_0、$\bar{s}_0$ 用其左半平面的镜像$-s_0$ 和$-\bar{s}_0$ 代替而得的函数，故 $F_2(s)$中已不含右半平面零点 s_0 和 $\bar{s}_0$。由式(7-1-10)知：

$$\angle F_1(j\omega)=\angle F_2(j\omega)+\angle F_0(j\omega)$$

故

$$\angle F_1(j\omega)<\angle F_2(j\omega) \qquad (\omega>0) \tag{7-1-13}$$

上式成立是由于当 $\omega>0$ 时，$\angle F_0(\omega)<0$。

如果 $F_2(s)$尚含有其他右半平面的一对共轭复零点或一个实零点，则又可按上述方法，用它们在左半平面的镜像代替，得到 $F_3(s)$，且 $F_2(s)=F_3(s)F_{01}(s)$（$F_{01}(s)$为全通函数）。反复进行以上步骤，得到函数序列 $F_1(s)$，$F_2(s)$，$F_3(s)$，…，$F_m(s)$，函数序列的最后

一项 $F_m(s)$ 是一个没有右半平面零点的函数。由式(7-1-13)推广可知：

$$\angle F_1(j\omega) < \angle F_2(j\omega) < \cdots < \angle F_m(j\omega) \qquad (\omega > 0) \tag{7-1-14}$$

以上函数序列有相同的幅频特性，而相角则一个比一个大。$F_m(s)$ 是具有最大相角的一个函数，但它却称为“最小相位函数”，这是因为在以上的分析中，转移函数定义为输出(象函数)/输入(象函数)，而在网络综合、特别是滤波器综合与设计中，转移函数常定义为输入(象函数)/输出(象函数)，在后一定义下，式(7-1-14)的不等式关系应反过来。

上述过程的每一步中，均产生一个二阶或一阶全通函数，最后，$F_1(s)$ 表示为各全通函数之积再乘以一个最小相位函数。因若干个全通函数之积仍等于一个全通函数，由此可得如下结论：任一非最小相位函数均可表示为一个最小相位函数与一个全通函数之乘积，即

$$F(s) = F_m(s)F_a(s) \tag{7-1-15}$$

式中 $F_a(s)$ 为全通函数。

转移函数为最小相位函数的网络称为最小相位网络，这种网络在网络综合中有重要意义。例如，滤波器设计中常用的无源、互易且支路间没有相互耦合的梯形网络就是最小相位网络。反之，如果转移函数是非最小相位函数，则实现这种转移函数的滤波器的输入和输出之间就需要有互耦、多通道或它们的组合。

7-2 希尔伯特变换

在式(7-2-1)中，网络函数的分子多项式用 $N(s)$ 表示，分母多项式用 $D(s)$ 表示，并将每一多项式写为偶多项式与奇多项式之和，即

$$\begin{aligned} F(s) &= \frac{N(s)}{D(s)} = \frac{\sum_{j=0}^{m} a_j s^j}{\sum_{i=0}^{n} b_i s^i} \\ &= \frac{E_1(s) + O_1(s)}{E_2(s) + O_2(s)} \end{aligned} \tag{7-2-1}$$

式中 $E_1(s)$ 和 $O_1(s)$ 分别为 $N(s)$ 的偶多项式与奇多项式，$E_2(s)$ 和 $O_2(s)$ 分别为 $D(s)$ 的偶多项式与奇多项式。用 $D(-s)/D(-s)$ 乘式(7-2-1)，并注意到 $E_2(-s)=E_2(s)$，$O_2(-s)=-O_2(s)$，得

$$\begin{aligned} F(s) &= \frac{N(s)}{D(s)} \cdot \frac{D(-s)}{D(-s)} = \frac{[E_1(s) + O_1(s)] \cdot [E_2(s) - O_2(s)]}{E_2^2(s) - O_2^2(s)} \\ &= \frac{E_1(s)E_2(s) - O_1(s)O_2(s)}{E_2^2(s) - O_2^2(s)} + \frac{O_1(s)E_2(s) - O_2(s)E_1(s)}{E_2^2(s) - O_2^2(s)} \end{aligned} \tag{7-2-2}$$

考察式(7-2-2)，其中第一项为偶函数，第二项为奇函数，故定义 $F(s)$ 的偶部 $\mathrm{Ev}F(s)$ 和奇部 $\mathrm{Od}F(s)$ 分别为

$$\mathrm{Ev}F(s) = \frac{E_1(s)E_2(s) - O_1(s)O_2(s)}{E_2^2(s) - O_2^2(s)} \tag{7-2-3}$$

$$\mathrm{Od}F(s)=\frac{O_1(s)E_2(s)-O_2(s)E_1(s)}{E_2^2(s)-O_2^2(s)} \tag{7-2-4}$$

于是

$$F(s)=\mathrm{Ev}F(s)+\mathrm{Od}F(s) \tag{7-2-5}$$

显然

$$\mathrm{Ev}F(s)=\frac{1}{2}[F(s)+F(-s)] \tag{7-2-6}$$

$$\mathrm{Od}F(s)=\frac{1}{2}[F(s)-F(-s)] \tag{7-2-7}$$

由式(7-2-3)、(7-2-4)可以看出，$F(s)$的偶部和奇部的分母相同，且为一偶多项式。$\mathrm{Ev}F(s)$的分子是偶多项式，$\mathrm{Od}F(s)$的分子是奇多项式。

在式(7-2-5)中，令 $s=j\omega$，得

$$F(j\omega)=\mathrm{Ev}F(j\omega)+\mathrm{Od}F(j\omega) \tag{7-2-8}$$

式(7-2-8)中第一项 $\mathrm{Ev}F(j\omega)$必定是实数，第二项 $\mathrm{Od}F(j\omega)$必定是虚数。又因 $F(j\omega)$可表示为

$$F(j\omega)=\mathrm{Re}[F(j\omega)]+j\mathrm{Im}[F(j\omega)] \tag{7-2-9}$$

故 $F(j\omega)$的奇、偶部与其虚、实部之间有以下关系：

$$\mathrm{Ev}F(j\omega)=\mathrm{Re}[F(j\omega)] \tag{7-2-10}$$

$$\mathrm{Od}F(j\omega)=j\mathrm{Im}[F(j\omega)] \tag{7-2-11}$$

由以上讨论可知，如果给定频域网络函数 $F(j\omega)$，根据其实部与虚部便可求出复频域网络函数 $F(s)$的偶部和奇部，反之亦然。

下面研究网络函数 $F(j\omega)$的实部和虚部之间的关系。为简化写法，将 $F(j\omega)$表示为

$$F(j\omega)=R(\omega)+jX(\omega) \tag{7-2-12}$$

式中 $R(\omega)$与 $X(\omega)$分别是 $F(j\omega)$的实部与虚部。设 $F(s)$在右半 s 闭平面解析，且

$$\lim_{\omega\to\infty}F(j\omega)=R(\infty)=\text{有限实常数} \tag{7-2-13}$$

则 $R(\omega)$和 $X(\omega)$之间的关系为

$$X(\omega)=-\frac{1}{\pi}\int_{-\infty}^{\infty}\frac{R(\xi)}{\omega-\xi}\mathrm{d}\xi \tag{7-2-14}$$

$$R(\omega)=\frac{1}{\pi}\int_{-\infty}^{\infty}\frac{X(\xi)}{\omega-\xi}\mathrm{d}\xi+R(\infty) \tag{7-2-15}$$

式(7-2-14)、(7-2-15)称为希尔伯特变换(Hilbert transform)。如果网络函数 $F(s)$所对应的冲激响应 $f(t)=L^{-1}[F(s)]$不含 $t=0$ 时之冲激函数，则 $R(\infty)=0$，这时希尔伯特变换两积分式具有对称形式，可以用卷积表示如下：

$$X(\omega)=R(\omega)*\left(-\frac{1}{\pi\omega}\right) \tag{7-2-16}$$

$$R(\omega)=X(\omega)*\frac{1}{\pi\omega} \tag{7-2-17}$$

利用希尔伯特变换，我们可以由给定的网络函数的实部求其虚部，反之亦然。这里应当注意，希尔伯特变换是联系在右半 s 平面解析的复变函数实、虚部间的关系式。

前面曾经提到，在滤波器综合中常将转移函数定义为输入(象函数)与输出(象函数)

之比，即 $H(s)=\dfrac{1}{F(s)}$。若 $H(j\omega)$的辐角为 $\theta(\omega)$，则

$$H(j\omega)=|H(j\omega)|e^{j\theta(\omega)} \tag{7-2-18}$$

对上式取自然对数，并记为 $\gamma(j\omega)$，即

$$\gamma(j\omega)=\ln H(j\omega)=-\ln F(j\omega) \tag{7-2-19}$$

则

$$\gamma(j\omega)=\ln|H(j\omega)|+j\theta(\omega)=\alpha(\omega)+j\theta(\omega) \tag{7-2-20}$$

式中

$$\alpha(\omega)=\ln|H(j\omega)|=-\ln|F(j\omega)| \tag{7-2-21}$$

$$\theta(\omega)=\angle H(j\omega)=-\angle F(j\omega) \tag{7-2-22}$$

$\alpha(\omega)$称为滤波器的衰减函数或损耗函数，单位是奈培(Napier)。$\theta(\omega)$称为滤波器的相位函数①。

衰减函数和相位函数分别为 $\gamma(j\omega)$的实部和虚部，因此，如果 $\gamma(s)=-\ln F(s)$在右半 s 平面解析，则两者之间的关系也可用希尔伯特变换来联系，即

$$\theta(\omega)=-\frac{1}{\pi}\int_{-\infty}^{\infty}\frac{\alpha(\xi)}{\omega-\xi}\mathrm{d}\xi \tag{7-2-23}$$

$$\alpha(\omega)=\frac{1}{\pi}\int_{-\infty}^{\infty}\frac{\theta(\xi)}{\omega-\xi}\mathrm{d}\xi \tag{7-2-24}$$

综上所述，希尔伯特变换不仅是联系网络函数的实部和虚部，而且是联系网络函数的幅频特性和相频特性之间关系的积分变换式。然而在一般情况下，这种积分计算很困难，人们并不常用它来进行计算。在网络综合中，希尔伯特变换的重要作用在于，它表明了一个网络函部的实部与虚部、偶部与奇部不是相互独立的，给定了其中之一，另一个就完全确定了。同样地，一个网络函数的幅频特性与相频特性也不是相互独立的，如果给定了一个最小相移滤波器的幅频特性或相频特性，则滤波特性就已完全确定了。换言之，我们设计的滤波器，可以满足给定的衰减函数，或满足给定的相位函数，但一般不能同时满足给定的不符合式(7-2-23)、(7-2-24)关系的 $\alpha(\omega)$与 $\theta(\omega)$。

7-3 正实函数和无源性

本节研究无源网络策动点函数的必要和充分条件。这里所讲的无源网络是指仅由集总、线性、时不变且参数为正值的电阻、电容、电感、耦合电感和理想变压器构成的网络。

如果任意给定有理函数 $F(s)$，是否定能以它作为策动点函数综合出无源一端口网络呢？先考察下面的简单例子。已知两个有理函数：

$$F_1(s)=\frac{2s+1}{s}=2+\frac{1}{s},\qquad F_2(s)=\frac{-2s+1}{s}=-2+\frac{1}{s}$$

以 $F_1(s)$和 $F_2(s)$为策动点阻抗的一端口网络如图 7-3 和图 7-4 所示。可以看出，图 7-3 是无源网络，而图 7-4 则是有源网络。显然，$F_2(s)$是不能用无源网络实现的函数。此例说明了，在进行无源网络综合之前，应当先弄清楚什么样的有理函数才能作为一端口策动点函数用无源网络来实现。

---

①在滤波器设计中，常将$\dfrac{1}{H(j\omega)}=F(j\omega)$的辐角 $\phi(\omega)=-\theta(\omega)$也称为相位函数。

图 7-3　　　　图 7-4

布隆(Otto Brune)于 1931 年提出了一个关于无源网络综合的基本定理,现陈述如下。

定理 7-1　当且仅当有理函数 $F(s)$是正实函数时,$F(s)$才是可实现的无源网络的策动点函数。

正实函数的定义:一个有理函数 $F(s)$如果满足下列两个条件则是正实函数:

(1)当 s 是实数时,$F(s)$是实数;

(2)当 $\mathrm{Re}[s]\geqslant 0$ 时,$\mathrm{Re}[F(s)]\geqslant 0$。

正实函数的第一个条件(实的性质)很容易由观察来判断,只要 $F(s)$的分子多项式和分母多项式的全部系数均为实数,就满足了条件(1)。正实函数的第二个条件(正的性质)意味着复函数 $F(\cdot)$把右半 s 闭平面映射到 F 的右半闭平面。

下面用无源 RLC 网络来论证布隆定理中关于必要条件的方面。图 7-5 表示一个由线性无源 R、L、C 元件组成的一端口网络,其策动点阻抗函数为

$$Z(s)=\frac{U_1(s)}{I_1(s)}=\frac{\Delta_{11}}{\Delta}\tag{7-3-1}$$

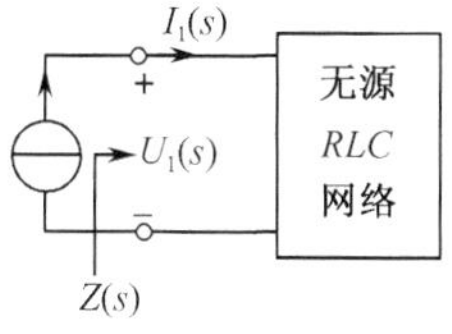

图 7-5

式中 Δ 是网络的节点导纳矩阵 $\boldsymbol{Y}_n(s)$的行列式,Δ_{11}是 Δ 的一阶代数余子式。节点导纳矩阵 $\boldsymbol{Y}_n(s)$各元是由支路导纳相加、减构成,支路导纳的一般式为

$$Y_k(s)=G_k+sC_k+\frac{1}{sL_k}$$

故 $\boldsymbol{Y}_n(s)$各元系数为实数。Δ 与 Δ_{11} 均由 $\boldsymbol{Y}_n(s)$各元素相加、减、乘而得,故必定是 s 的实系数有理函数,因此策动点阻抗$Z(s)$必定是 s 的实系数有理函数(即实有理函数),由此证明了 $Z(s)$满足正实函数的条件(1)。

设图 7-5 网络支路数为 b,外部支路编号 1,内部支路编号从 2 到 b。根据特勒根定理:

$$-U_1(s)\bar{I}_1(s)+\sum_{k=2}^{b}U_k(s)\bar{I}_k(s)=0\tag{7-3-2}$$

式中 $\bar{I}_k(s)$ 为 $I_k(s)$ 的共轭复函数。将上式改写为

$$U_1(s)\bar{I}_1(s) = \sum_{k=2}^{b} U_k(s)\bar{I}_k(s)$$

并用 $I_1(s)\cdot\bar{I}_1(s)$ 除等号两端，得

$$Z(s) = \frac{U_1(s)}{I_1(s)} = \frac{1}{|I_1(s)|^2}\sum_{k=2}^{b} U_k(s)\bar{I}_k(s) \tag{7-3-3}$$

式中第 k 支路电压的一般式为

$$U_k(s) = \left(R_k + \frac{1}{sC_k} + sL_k\right)I_k(s) \tag{7-3-4}$$

代式(7-3-4)入式(7-3-3)，有

$$Z(s) = \frac{1}{|I_1(s)|^2}\sum_{k=2}^{b}\left(R_k + \frac{1}{sC_k} + sL_k\right)|I_k(s)|^2 \tag{7-3-5}$$

定义能量函数

$$F_0(s) = \sum_{k=2}^{b} R_k |I_k(s)|^2 \tag{7-3-6}$$

$$V_0(s) = \sum_{k=2}^{b} \frac{1}{C_k}|I_k(s)|^2 \tag{7-3-7}$$

$$T_0(s) = \sum_{k=2}^{b} L_k |I_k(s)|^2 \tag{7-3-8}$$

在正弦稳态下，$F_0(s)$ 等于一端口网络内部电阻吸收的平均功率的 2 倍，而 $V_0(s)$ 和 $T_0(s)$ 则分别与网络内电容储存的平均电场能量以及电感储存的平均磁场能量有关。对于任意 s，$F_0(s)$、$V_0(s)$、$T_0(s)$ 均为非负的实数。用上述能量函数来表示 $Z(s)$，则式(7-3-5)改写为

$$Z(s) = \frac{1}{|I_1(s)|^2}\left[F_0(s) + \frac{1}{s}V_0(s) + sT_0(s)\right] \tag{7-3-9}$$

对上式等号二端取实部，有

$$\mathrm{Re}[Z(s)] = \frac{1}{|I_1(s)|^2}\left[F_0(s) + \frac{\sigma}{\sigma^2+\omega^2}V_0(s) + \sigma T_0(s)\right] \qquad (s = \sigma + j\omega) \tag{7-3-10}$$

由式(7-3-10)看出，当 $\mathrm{Re}[s]=\sigma\geqslant 0$，必有 $\mathrm{Re}[Z(s)]\geqslant 0$，这就证明了 $Z(s)$ 满足正实函数的条件(2)。以上论证了由线性无源 R、L、C 元件构成的一端口网络的策动点阻抗函数必定是正实函数。

同理，图 7-5 所示一端口无源网络的策动点导纳函数为

$$\begin{aligned}
Y(s) &= \frac{I_1(s)}{U_1(s)} = \frac{1}{|U_1(s)|^2}\sum_{k=2}^{b}\bar{U}_k(s)I_k(s) \\
&= \frac{1}{|U_1(s)|^2}\sum_{k=2}^{b}\left(R_k + \frac{1}{\bar{s}C_k} + \bar{s}L_k\right)|I_k(s)|^2 \\
&= \frac{1}{|U_1(s)|^2}\left[F_0(s) + \frac{1}{\bar{s}}V_0(s) + \bar{s}T_0(s)\right] \\
&= \frac{1}{|U_1(s)|^2}\left[F_0(s) + \frac{s}{|s|^2}V_0(s) + \frac{|s|^2}{s}T_0(s)\right]
\end{aligned} \tag{7-3-11}$$

$$\mathrm{Re}[Y(s)] = \frac{1}{|U_1(s)|^2}\left[F_0(s) + \frac{\sigma}{\sigma^2+\omega^2}V_0(s) + \sigma T_0(s)\right] \qquad (7\text{-}3\text{-}12)$$

当 $\mathrm{Re}[s]=\sigma\geqslant 0$，必有 $\mathrm{Re}[Y(s)]\geqslant 0$。

对于网络中含线性无源耦合电感元件的情形，可用类似方法证明上述结论。

以上论证表明，无源网络的策动点阻抗 $Z(s)$ 与策动点导纳 $Y(s)$ 均满足正实条件。换言之，任意可无源实现的 $Z(s)$ 或 $Y(s)$ 函数，正实条件是其必要条件。关于布隆定理充分性的证明，感兴趣的读者可参阅有关参考文献。

根据布隆定理，可得如下推论：$F(s)$ 是正实函数，当且仅当 $\frac{1}{F(s)}$ 是正实函数。

前面曾经提到，正实函数的第一个条件很容易判断，而第二个条件则要求在整个右半 s 平面和虚轴来判断，一般是非常困难的。实际上几乎不用条件(2)来直接检验，而是采用等效的正实条件来检验。下面首先介绍霍尔维茨(Hurwitz)多项式，然后介绍关于等效正实条件的一个定理。

霍尔维茨多项式的定义：如果多项式 $P(s)$ 的全部零点均位于左半 s 平面，则称 $P(s)$ 为严格霍尔维茨多项式。如果 $P(s)$ 的全部零点位于左半 s 闭平面，且在虚轴上的零点是单阶零点，则称 $P(s)$ 为霍尔维茨多项式。

定理 7-2 当且仅当函数 $F(s)=\frac{N(s)}{D(s)}$ 满足下列条件，$F(s)$ 是正实函数：

(1)当 s 是实数时，$F(s)$ 是实数；

(2)多项式 $D(s)$ 和 $N(s)$ 都是霍尔维茨多项式；

(3)$F(s)$ 在虚轴上的极点是单阶的，且具有正实留数；

(4)对所有的 ω，均有 $\mathrm{Re}[F(j\omega)]\geqslant 0$。

上述定理中的条件(1)检验实的性质，条件(2)、(3)、(4)检验正的性质。为检验第二项，下面研究霍尔维茨多项式的判别问题。

如果多项式 $P(s)$ 能方便地进行因式分解，则可得出全部零点，直接根据定义判定它是否为霍尔维茨多项式(或严格霍尔维茨多项式)。但一般情况下，寻求一个多项式的全部根是困难的，故下面介绍一些对于判定多项式的霍尔维茨性质很有用的必要条件以及充分条件。

设多项式

$$P(s) = a_n s^n + a_{n-1}s^{n-1} + a_{n-2}s^{n-2} + \cdots + a_1 s + a_0 \qquad (7\text{-}3\text{-}13)$$

如果 $P(s)$ 是霍尔维茨多项式，则其所有的系数必定有相同符号(同为正数或同为负数)。如果 $P(s)$ 是严格霍尔维茨多项式，则除系数同符号外，还必须无缺项，即所有的 $a_i\neq 0$ $(i=0,1,2,\cdots,n)$。显然，以上所述是霍尔维茨多项式的必要条件。

若多项式 $P(s)$ 是一次的或二次的，如果它没有缺项且全部系数同符号，则 $P(s)$ 是严格霍尔维茨多项式。两个或两个以上严格霍尔维茨多项式的乘积仍是严格霍尔维茨多项式。这两条是霍尔维茨多项式的充分条件。如果能将一个高次多项式分解为若干个一次式、二次式之乘积，可用这里讲的前一个充分条件检验，若每个一次式、二次式均是严格霍尔维茨多项式，则根据后一个充分条件便可断定原高次多项式是严格霍尔维茨多项式。

对多项式进行霍尔维茨检验有各种不同的方法，下面介绍一种用罗斯-霍尔维茨

(Routh-Hurwitz)数组来检验的方法。对式(7-3-13)所示多项式 $P(s)$ 可构成罗斯-霍尔维茨数组如下：

$$\begin{array}{lllll} s^n & a_n & a_{n-2} & a_{n-4} & \cdots \\ s^{n-1} & a_{n-1} & a_{n-3} & a_{n-5} & \cdots \\ s^{n-2} & b_n & b_{n-1} & b_{n-2} & \cdots \\ s^{n-3} & c_n & c_{n-1} & c_{n-2} & \cdots \\ \vdots & \vdots & \vdots & \vdots & \\ s^1 & \vdots & & & \\ s^0 & \vdots & & & \end{array}$$

式中

$$b_n = \frac{-\begin{vmatrix} a_n & a_{n-2} \\ a_{n-1} & a_{n-3} \end{vmatrix}}{a_{n-1}}, b_{n-1} = \frac{-\begin{vmatrix} a_n & a_{n-4} \\ a_{n-1} & a_{n-5} \end{vmatrix}}{a_{n-1}}, b_{n-2} = \frac{-\begin{vmatrix} a_n & a_{n-6} \\ a_{n-1} & a_{n-7} \end{vmatrix}}{a_{n-1}}, \cdots$$

$$c_n = \frac{-\begin{vmatrix} a_{n-1} & a_{n-3} \\ b_n & b_{n-1} \end{vmatrix}}{b_n}, c_{n-1} = \frac{-\begin{vmatrix} a_{n-1} & a_{n-5} \\ b_n & b_{n-2} \end{vmatrix}}{b_n}, \cdots$$

若罗斯-霍尔维茨数组第 1 列 a_n、a_{n-1}、b_n、c_n、…各项均非零，且有相同的正(或负)号，则 $P(s)$ 是严格霍尔维茨多项式。如果第 1 列出现不同的符号，则 $P(s)$ 不是霍尔维茨多项式。

例 7-1

$$P(s) = s^5 + 20s^4 + 147s^3 + 484s^2 + 612s + 336$$

其罗斯-霍尔维茨数组如下：

$$\begin{array}{llll} s^5 & 1 & 147 & 612 \\ s^4 & 20 & 484 & 336 \\ s^3 & 122.8 & 595.2 & \\ s^2 & 387.06 & 336 & \\ s^1 & 489 & & \\ s^0 & 336 & & \end{array}$$

可以看出，以上数组第 1 列均非零，且同为正号，因此 $P(s)$ 是严格霍尔维茨多项式。

例 7-2

$$P(s) = s^5 + 5s^4 + 6s^3 + s^2 + 5s + 6$$

其罗斯-霍尔维茨数组为

$$\begin{array}{llll} s^5 & 1 & 6 & 5 \\ s^4 & 5 & 1 & 6 \\ s^3 & 5.8 & 3.8 & \\ s^2 & -2.276 & 6 & \\ s^1 & 19.09 & & \\ s^0 & 6 & & \end{array}$$

数组第 1 列中有一个负数，其他为正数，故 $P(s)$ 不是霍尔维茨多项式。

在构成罗斯-霍尔维茨数组过程中，如果某行为零元，则 $P(s)$不是严格霍尔维茨多项式。为了检验 $P(s)$是否为霍尔维茨的，应通过构成辅助多项式来置换零元行。设出现零元的前一行是对应于 s^k 的行，先写出多项式：

$$P_k(s) = \alpha_k s^k + \alpha_{k-2} s^{k-2} + \cdots$$

式中 $\alpha_i(i=k,\ k-2,\ \cdots)$为第 k 行各元的系数。然后，构成辅助多项式：

$$P'_k(s) = \frac{\mathrm{d}P_k(s)}{\mathrm{d}s} = k\alpha_k s^{k-1} + (k-2)\alpha_{k-2} s^{k-3} + \cdots \tag{7-3-14}$$

用式(7-3-14)所示辅助多项式 $P'_k(s)$的系数去置换零元行而作为对应于 s^{k-1}行的系数，这样便可继续按前述方法写出罗斯-霍尔维茨数组。如果数组中第 1 列无符号改变，则 $P(s)$是霍尔维茨多项式，否则不是霍尔维茨的。

例 7-3

$$P(s) = s^5 + 9s^4 + 27s^3 + 33s^2 + 26s + 24$$

罗斯-霍尔维茨数组如下：

s^5	1	27	26	
s^4	9	33	24	
s^3	23.333	23.333		
s^2	24	24		$P_2(s)=24s^2+24$
s^1	48			$P'_2(s)=48s$
s^0	24			

数组中 s^1 对应行系数已置换。因第 1 列各元无符号改变，故 $P(s)$是霍尔维茨多项式。

例 7-4

$$P(s) = s^4 + 4s^2 + 3$$

由于 $P(s)$为仅含偶次项的多项式，显然它不是严格霍尔维茨多项式。为检验它是否为霍尔维茨多项式，按前述方法构成罗斯-霍尔维茨数组。该数组第二行为全零元，用辅助多项式系数置换后得

s^4	1	4	3	$P_4(s)=s^4+4s^2+3$
s^3	4	8		$P'_4(s)=4s^3+8s$
s^2	2	3		
s^1	2			
s^0	3			

数组中第一列各元均为正号，故 $P(s)$是霍尔维茨多项式。

为了判断一个多项式的霍尔维茨性质，应当先使用霍尔维茨多项式的必要条件(所有的系数有相同符号)，如果不满足此条件，则可确定不是霍尔维茨多项式，若满足此必要条件，才需要用构造罗斯-霍尔维茨数组等方法进行检验。

现在回到本节所研究的正实函数的问题上来，考察等效正实条件定理的第三条。$F(s)$在虚轴上的极点是单阶的，这不仅就 $j\omega$ 轴上有限远处的极点而言，而且应包括无限远处的极点。换言之，正实函数在无限远处不能有多重极点。又因正实函数的倒数必为正实函数，故正实函数在无限远处也不能具有多重零点。$s=0$ 处的极点和零点也只能是

单阶的。根据以上分析，若有理函数 $F(s)=\dfrac{N(s)}{D(s)}$ 是正实函数，则其分母多项式 $D(s)$ 与分子多项式 $N(s)$ 的最高方次之差最多只能为 1，$D(s)$ 与 $N(s)$ 的最低方次之差也只能为 1 或 0。使用这一条件，可通过观察而直接判定一些非正实函数。

综合应用等效正实条件的各个条件，便可完全确定一个有理函数 $F(s)$ 是否是正实函数。下面研究一组例子。

例 7-5 试判断以下 5 个有理函数的正实性质：

(1) $F_1(s)=\dfrac{2s^5+5s^4+7s^3+3s+6}{s^3+10s^2+1}$。

(2) $F_2(s)=\dfrac{3s^2+5s+1}{s^2+4s-6}$。

(3) $F_3(s)=\dfrac{s^2}{s+4}$。

(4) $F_4(s)=\dfrac{s^2+s+2}{s^2+2}$。

(5) $F_5(s)=\dfrac{s^4+10s^3+35s^2+50s+24}{s^5+5s^4+6s^3+s^2+5s+6}$。

解：(1)分子最高方次为 5，分母最高方次为 3，两者之差为 2，不是正实函数($s=\infty$ 处为二重极点)。

(2)分母中出现负系数，不是正实函数。

(3)分子最低次项与分母最低次项相比较，方次高 2 次，不是正实函数($s=0$ 处为二重零点)。

(4)分子为二次式，不缺项且系数均为正，故为严格霍尔维茨多项式。分母可写为

$$D(s)=s^2+2=(s-j\sqrt{2})(s+j\sqrt{2})$$

故 $F_4(s)$ 在 $j\omega$ 轴上有两个单阶极点：

$$s_1=j\sqrt{2},\qquad s_2=-j\sqrt{2}$$

尚需检验此二极点处之留数是否为正实数。在 $s=s_1$ 和 $s=s_2$ 处的留数分别为

$$\xi_1=(s-s_1)F_4(s)\Big|_{s=s_1}=\frac{s^2+s+2}{s+j\sqrt{2}}\Big|_{s=j\sqrt{2}}=\frac{j\sqrt{2}}{2j\sqrt{2}}=\frac{1}{2}>0$$

$$\xi_2=(s-s_2)F_4(s)\Big|_{s=s_2}=\frac{s^2+s+2}{s-j\sqrt{2}}\Big|_{s=-j\sqrt{2}}=\frac{-j\sqrt{2}}{-2j\sqrt{2}}=\frac{1}{2}>0$$

$F_4(s)$ 在 $j\omega$ 轴上二极点处的留数均为正实数。

最后，用等效正实条件第四条检验。

$$\mathrm{Re}[F_4(j\omega)]=\mathrm{Re}\left[\frac{-\omega^2+j\omega+2}{-\omega^2+2}\right]=\frac{-\omega^2+2}{-\omega^2+2}=1>0\qquad(\text{对所有的 }\omega)$$

由此可断定 $F_4(s)$ 是正实函数。

(5)分子多项式 $N(s)=s^4+10s^3+35s^2+50s+24$，其罗斯-霍尔维茨数组为

$$\begin{array}{llll} s^4 & 1 & 35 & 24 \\ s^3 & 10 & 50 & \\ s^2 & 30 & 24 & \\ s^1 & 42 & & \\ s^0 & 24 & & \end{array}$$

$N(s)$是严格霍尔维茨多项式。分母多项式 $D(s)$与例 7-2 中的 $P(s)$相同，前例中已判定它不是霍尔维茨多项式。由此可确定 $F_5(s)$不是正实函数。

7-4 电 抗 函 数

仅由电感元件和电容元件构成的网络称为电抗网络或无损网络。一端口电抗网络的策动点函数称为电抗函数，或称 LC 导抗(immittance)函数。本节研究电抗函数的性质及电抗函数的基本实现方法。

7-4-1 电抗函数的性质

由式(7-3-9)和式(7-3-11)可知，电抗网络的策动点阻抗函数和策动点导纳函数分别具有以下形式：

$$Z_{LC}(s)=\frac{1}{|I_1(s)|^2}\left[\frac{1}{s}V_0(s)+sT_0(s)\right] \tag{7-4-1}$$

$$Y_{LC}(s)=\frac{1}{|U_1(s)|^2}\left[\frac{1}{s}|s|^2T_0(s)+s\frac{V_0(s)}{|s|^2}\right] \tag{7-4-2}$$

在式(7-4-1)和式(7-4-2)中，$|I_1(s)|^2$、$|U_1(s)|^2$、$V_0(s)$、$T_0(s)$和$|s|^2$ 均为 s 的偶函数。因而 $Z_{LC}(s)$和 $Y_{LC}(s)$是 s 的奇函数，即

$$Z_{LC}(-s)=-Z_{LC}(s),Y_{LC}(-s)=-Y_{LC}(s)$$

由此可以确定电抗函数 $Z_{LC}(s)$和 $Y_{LC}(s)$的极点和零点的位置。设 s_0 为 $Z_{LC}(s)$之零点，即 $Z_{LC}(s_0)=0$，根据 $Z_{LC}(s)$为奇函数的性质，必有 $Z_{LC}(-s_0)=-Z_{LC}(s_0)=0$，这就表示，$Z_{LC}(s)$的零点一定成对地出现在 s 平面上对原点对称的位置上，若 $s_0=\sigma_0+j\omega_0$ 的实部 $\sigma_0\neq0$，则 $Z_{LC}(s)$将存在右半 s 平面的零点，这与电抗函数是正实函数的性质相矛盾。要同时满足电抗函数既是正实函数、又是奇函数这两方面性质的要求，只有使 $\sigma_0=0$，即 $Z(s)$的零点必共轭成对地出现在 $j\omega$ 轴上，$s_0=j\omega_0$，$\bar{s}_0=-j\omega_0$。用同样的推理可对$Y_{LC}(s)$的零点位置进行分析，再注意到 $Y_{LC}(s)$与 $Z_{LC}(s)$互为倒数，可得出如下结论：电抗函数($Z_{LC}(s)$、$Y_{LC}(s)$)所有的零点都共轭成对地出现在 $j\omega$ 轴上，$Z_{LC}(s)$、$Y_{LC}(s)$所有的极点也都共轭成对地出现在 $j\omega$ 轴上。又由电抗函数的正实性质可知，其在 $j\omega$ 轴上的所有的极点和所有的零点必定是单阶的。因此，电抗函数的分子多项式和分母多项式都具有如下的一般形式：

$$\begin{aligned}P(s)&=s(s-j\omega_1)(s+j\omega_1)(s-j\omega_2)(s+j\omega_2)\cdots\\&=s(s^2+\omega_1^2)(s^2+\omega_2^2)\cdots\end{aligned} \tag{7-4-3}$$

式中 s 项代表 $P(s)$在 $\omega=0$ 处的零点，此项也可能不存在。

设策动点阻抗函数 $Z_{LC}(s)=\dfrac{N(s)}{D(s)}$，由式(7-4-3)可知，$N(s)$、$D(s)$的形式或为仅

含奇次幂的奇多项式(当多项式在 $s=0$ 处有零点时),或为仅含偶次幂的偶多项式(当多项式在 $s=0$ 处无零点时)。如果 $N(s)$ 与 $D(s)$ 同为奇多项式或同为偶多项式,则 $Z_{LC}(s)$ 将是偶函数,这与前面已经确定的电抗函数为奇函数的性质相矛盾。因此 $N(s)$ 与 $D(s)$ 两者中,必定一个是奇多项式、另一个是偶多项式。$Z_{LC}(s)$ 有以下两种可能的形式:

$$Z_{LC}(s) = K\frac{s(s^2+\omega_{z1}^2)(s^2+\omega_{z2}^2)\cdots}{(s^2+\omega_{p1}^2)(s^2+\omega_{p2}^2)} \tag{7-4-4}$$

或

$$Z_{LC}(s) = K\frac{(s^2+\omega_{z1}^2)(s^2+\omega_{z2}^2)\cdots}{s(s^2+\omega_{p1}^2)(s^2+\omega_{p2}^2)\cdots} \tag{7-4-5}$$

再考虑到电抗函数的正实性质,式(7-4-4)、(7-4-5)中分子多项式与分母多项式次数之差必为 1。

对策动点阻抗函数 $Z_{LC}(s)$ 进行部分分式展开,可得

$$Z_{LC}(s) = K_\infty s + \frac{K_0}{s} + \frac{K_1 s}{s^2+\omega_{p1}^2} + \frac{K_2 s}{s^2+\omega_{p2}^2} + \cdots + \frac{K_N s}{s^2+\omega_{pN}^2} \tag{7-4-6}$$

式中 K_∞ 为 $Z_{LC}(s)$ 在 ∞ 处极点的留数;K_0 为 $Z_{LC}(s)$ 在原点处极点的留数;$K_i(i=1,2,\cdots,N)$ 为 $Z_{LC}(s)$ 在极点 $\pm j\omega_{pi}$ 处的留数乘以 2。由于 $Z_{LC}(s)$ 的正实性质,以上各留数均为正实数。严格讲,K_∞ 和 K_0 可能为零或为正实数。当 $Z_{LC}(s)$ 在 ∞ 处存在单阶极点(即 $N(s)$ 较 $D(s)$ 高一次)时,$K_\infty \neq 0$;当 $Z_{LC}(s)$ 在原点处存在单阶极点(即 $D(s)$ 为奇多项式)时,$K_0 \neq 0$。从物理概念分析,LC 网络策动点阻抗的特性是由电感、电容的阻抗 sL、$\frac{1}{sC}$ 决定的,当 $s\to 0$ 时,$sL\to 0$、$\frac{1}{sC}\to\infty$,而当 $s\to\infty$ 时,$sL\to\infty$、$\frac{1}{sC}\to 0$,故 $Z_{LC}(s)$ 在原点和在无穷远处必存在零点或极点,而不可能为某一非零的有限值。

下面将进一步研究电抗函数的极点和零点在 $j\omega$ 轴上的分布规律。令式(7-4-6)中 $s=j\omega$,得

$$Z_{LC}(j\omega) = j\left[K_\infty\omega - \frac{K_0}{\omega} + \frac{K_1\omega}{\omega_{p1}^2-\omega^2} + \frac{K_2\omega}{\omega_{p2}^2-\omega^2} + \cdots + \frac{K_N\omega}{\omega_{pN}^2-\omega^2}\right] = jX(\omega) \tag{7-4-7}$$

式中电抗

$$X(\omega) = K_\infty\omega - \frac{K_0}{\omega} + \frac{K_1\omega}{\omega_{p1}^2-\omega^2} + \frac{K_2\omega}{\omega_{p2}^2-\omega^2} + \cdots + \frac{K_N\omega}{\omega_{pN}^2-\omega^2} \tag{7-4-8}$$

将上式对 ω 求导,有

$$\frac{\mathrm{d}X(\omega)}{\mathrm{d}\omega} = K_\infty + \frac{K_0}{\omega^2} + \sum_{i=1}^{N}\frac{K_i(\omega_{pi}^2+\omega^2)}{(\omega_{pi}^2-\omega^2)^2} \tag{7-4-9}$$

对于任何有限实频率 ω,上式右端均为正值,即

$$\frac{\mathrm{d}X(\omega)}{\mathrm{d}\omega} > 0 \qquad (\omega < \infty)$$

$$\lim_{\omega\to\infty}\frac{\mathrm{d}X(\omega)}{\mathrm{d}\omega} = K_\infty \geqslant 0 \tag{7-4-10}$$

式(7-4-10)表明,$X(\omega)$ 为单调增函数。根据此性质,再考虑到 $X(\omega)$ 存在多个零点和极

点，以及 $\omega=0$ 和 $\omega\to\infty$ 时 $X(\omega)$ 只可能为 0 或趋于无穷大，由此可绘出电抗 $X(\omega)$ 的函数图形，如图 7-6 所示，(a)、(b)二图表示出在 $\omega=0$ 和 $\omega\to\infty$ 处 $X(\omega)$ 的两种不同取值的情况，另外两种情况读者可自行绘出 $X(\omega)$ 的函数图形。由图 7-6 看出，$X(\omega)$ 的极点和零点必定在 ω 轴上交替出现。

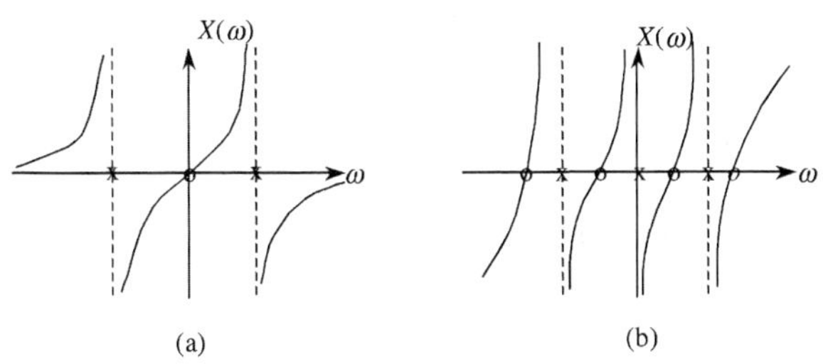

图 7-6

以上关于 LC 网络策动点阻抗 $Z_{LC}(s)$ 的函数形式、极零点分布等问题讨论所得结论，均适用于 LC 网络策动点导纳函数 $Y_{LC}(s)$，这可以从式(7-4-1)与式(7-4-2)看出，$Y_{LC}(s)$ 与 $Z_{LC}(s)$ 具有相同的函数形式。

综上所述，LC 导抗函数 $F_{LC}(s)=\dfrac{N(s)}{D(s)}$ 具有如下的性质：

(1) $F_{LC}(s)$ 为奇函数，且是奇(偶)次多项式与偶(奇)次多项式之比。

(2) $N(s)$ 与 $D(s)$ 的最高方次之差必为 1。

(3) $F_{LC}(s)$ 的全部极点和零点均为单阶的，且位于 $j\omega$ 轴上。极点处的留数均为正实数。

(4) 在原点和在无限远处，$F_{LC}(s)$ 必定有单阶极点或单阶零点。

(5) 对于任何 ω，$F_{LC}(j\omega)$ 皆为纯虚数。

(6) $\dfrac{F_{LC}(j\omega)}{j}$ 是 ω 的严格单调增函数，其极点和零点在 ω 轴上交替排列。

以上性质并不是完全相互独立的，概括起来，可用如下的充分必要条件表述。

定理 7-3 一个有理实函数 $F(s)$ 是 LC 网络策动点函数的充分必要条件是：

(1) $F(s)$ 的全部极点和零点均为 $j\omega$ 轴上交替排列的单阶极点和单阶零点；

(2) 在 $s=0$ 和 $s\to\infty$ 处，$F(s)$ 必有单阶极点或单阶零点。

上述 6 条性质和定理 7-3，可用以检验一个有理函数 $F(s)$ 是否为电抗函数，从而确定能否用 LC 网络来实现它。

7-4-2 电抗函数的实现

对于给定的电抗函数，一般有多个 LC 网络是可实现的，而且实现的方法也有各种不同的方法。本节介绍两种基本的方法，即福斯特(Forster)实现和考尔(Cauer)实现。

1. 福斯特实现

将电抗函数进行部分分式展开，然后逐项实现，这种方法称为福斯特实现。

设电抗函数 $F_{LC}(s)$ 展开为如下部分分式：

$$F_{LC}(s)=\frac{N(s)}{D(s)}=K_{\infty}s+\frac{K_0}{s}+\sum_{i=1}^{N}\frac{K_i s}{s^2+\omega_{pi}^2} \tag{7-4-11}$$

式中

$$K_{\infty}=\frac{F_{LC}(s)}{s}\bigg|_{s=\infty} \tag{7-4-12}$$

$$K_0=[sF_{LC}(s)]\Big|_{s=0} \tag{7-4-13}$$

$$K_i=\left[\frac{s^2+\omega_{pi}^2}{s}\cdot F_{LC}(s)\right]\bigg|_{s^2=-\omega_{pi}^2} \tag{7-4-14}$$

式(7-4-11)求和号中每一项可改写为

$$\frac{K_i s}{s^2+\omega_{pi}^2}=\frac{1}{\dfrac{1}{K_i}s+\dfrac{\omega_{pi}^2}{K_i}\cdot\dfrac{1}{s}} \tag{7-4-15}$$

实现式(7-4-11)中各项的电路单元如表 7-1 所示。当 $F_{LC}(s)$ 是策动点阻抗 $Z_{LC}(s)$ 时，其实现网络应将表 7-1 中第 2 列有关阻抗单元串联连接，如图 7-7 所示，这种结构称为福斯特Ⅰ型。若 $Z_{LC}(s)$ 在 $s=0$ 处有零点，则 $K_0=0$，因而实现网络中缺 C_0 单元；若 $Z_{LC}(s)$ 在 $s\to\infty$ 处有零点，则 $K_{\infty}=0$，因而实现网络中缺 L_0 单元。当 $F_{LC}(s)$ 是策动点导纳 $Y_{LC}(s)$ 时，其实现网络应将表 7-1 中第 3 列有关导纳单元并联连接，如图 7-8 所示，这种结构称为福斯特Ⅱ型。若 $Y_{LC}(s)$ 在 $s=0$ 处有零点，则其实现网络中缺 L_0 单元；若 $Y_{LC}(s)$ 在 $s\to\infty$ 处有零点，则其实现网络中缺 C_0 单元。

表 7-1　电抗函数的福斯特实现

$F_{LC}(s)$ 展开式中的项	电路实现	
	$F_{LC}(s)$ 为阻抗函数	$F_{LC}(s)$ 为导纳函数
$K_{\infty}s$	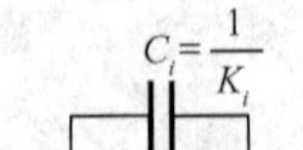 $L_{\infty}=K_{\infty}$	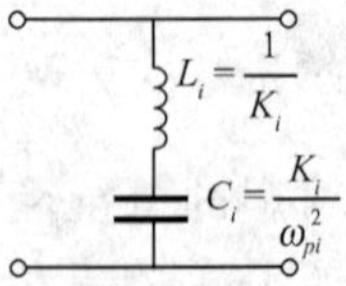 $C_{\infty}=K_{\infty}$
$\frac{K_0}{s}$	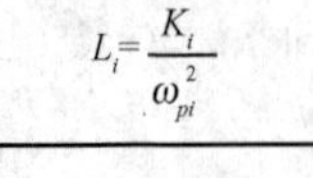 $C_0=\frac{1}{K_0}$	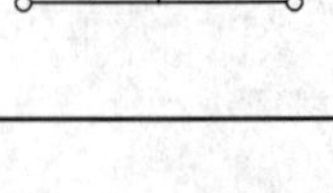 $L_0=\frac{1}{K_0}$
$\frac{K_i s}{s^2+\omega_{pi}^2}$	$C_i=\frac{1}{K_i}$，$L_i=\frac{K_i}{\omega_{pi}^2}$	$L_i=\frac{1}{K_i}$，$C_i=\frac{K_i}{\omega_{pi}^2}$

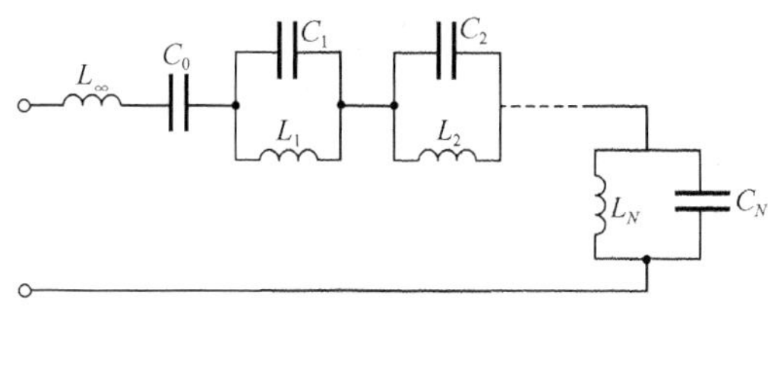

图 7-7

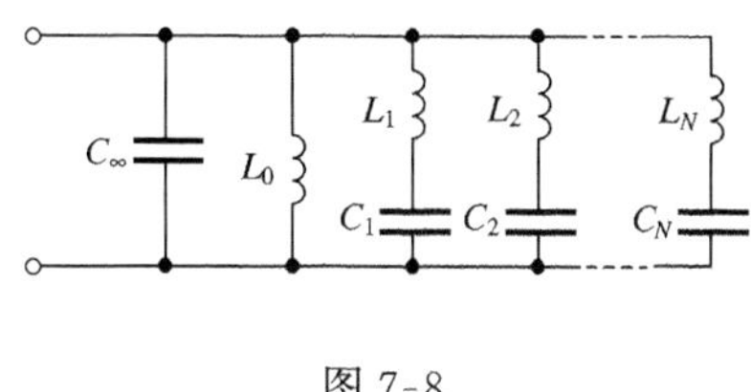

图 7-8

2. 考尔实现

首先考察图 7-9 中的梯形网络，其串联臂参数用阻抗 Z_1、Z_3、Z_5 标出，分流臂参数用导纳 Y_2、Y_4、Y_6 标出。梯形一端口网络的输入阻抗为

$$Z_{in} = Z_1 + \cfrac{1}{Y_2 + \cfrac{1}{Z_3 + \cfrac{1}{Y_4 + \cfrac{1}{Z_5 + \cfrac{1}{Y_6}}}}} \tag{7-4-16}$$

可以看出，梯形网络的策动点函数具有连分式的形式。将给定的电抗函数展开为连分式，然后用梯形网络实现，这种方法称为考尔实现。下面分别研究考尔Ⅰ型和考尔Ⅱ型。

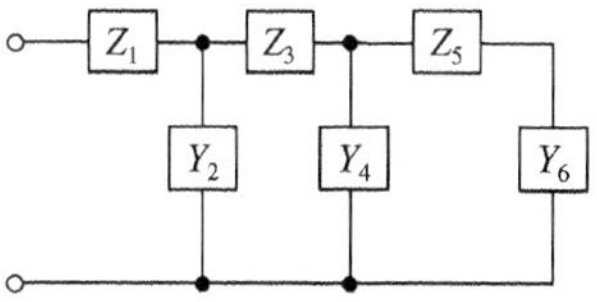

图 7-9

(1)考尔Ⅰ型。

对 $F_{LC}(s)=N(s)/D(s)$ 的分子和分母多项式 $N(s)$ 和 $D(s)$ 分别按降幂排序，进行连分式展开，得以下形式的展开式：

$$F_{LC}(s) = \alpha_1 s + \cfrac{1}{\alpha_2 s + \cfrac{1}{\alpha_3 s + \ddots + \cfrac{1}{\alpha_n s}}} \tag{7-4-17}$$

这里假设 $N(s)$ 较 $D(s)$ 高一次，即 $F(s)$ 具有在无穷处的单阶极点。分解出因子 $\alpha_1 s$，意味着移去了无穷远处的极点，则剩余函数在∞处应具有零点，其倒数必有∞处的极点。再对剩余函数的倒数移去其∞处的极点(分解出因子 $\alpha_2 s$)，……，此过程反复进行下去，直至得到最后一项 $\alpha_n s$。

例 7-6 用考尔Ⅰ型实现策动点导纳函数

$$Y(s)=\frac{s^5+20s^3+64s}{s^4+10s^2+9}$$

解:对 $Y(s)$ 展开为连分式

$$s^4+10s^2+9)s^5+20s^3+64s(s$$

$$\underline{s^5+10s^3+9s}$$

$$10s^3+55s)s^4+10s^2+9\left(\frac{1}{10}s\right.$$

$$\underline{s^4+5.5s^2}$$

$$4.5s^2+9)10s^3+55s\left(\frac{20}{9}s\right.$$

$$\underline{10s^3+20s}$$

$$35s)4.5s^2+9\left(\frac{9}{70}s\right.$$

$$\underline{4.5s^2}$$

$$9)35s\left(\frac{35}{9}s\right.$$

$$\underline{35s}$$

$$0$$

则

$$Y(s)=s+\cfrac{1}{\cfrac{1}{10}s+\cfrac{1}{\cfrac{20}{9}s+\cfrac{1}{\cfrac{9}{70}s+\cfrac{1}{\cfrac{35}{9}s}}}}$$

以上展开方法即一系列的颠倒相除。第一次的商 s 为分流臂导纳,这里移去了 $Y(s)$ 在 ∞ 处的一个极点;第二次的商 $\frac{1}{10}s$ 是串臂阻抗,这里移去的是第一次剩余函数的倒数在 ∞ 处的极点;……这样反复相除所得商 $\frac{20}{9}s$、$\frac{35}{9}s$ 为分流臂导纳,$\frac{9}{70}s$ 为串臂阻抗,于是可得图 7-10的梯形实现。

例 7-7 用考尔Ⅰ型实现策动点导纳函数

$$Y(s)=\frac{s^3+2s}{s^4+10s^2+9}$$

解:$Y(s)$ 在 ∞ 有一零点而无极点,故将 $Y(s)$ 取倒数,所得 $Z(s)$ 必在 ∞ 有极点,先对 $Z(s)$ 展开再取倒数。故先以 $Y(s)$ 的分母为被除式,辗转相除如下:

$$s^3+2s)s^4+10s^2+9(s$$

$$\underline{s^4+2s^2}$$

$$8s^2+9)s^3+2s\left(\frac{1}{8}s\right.$$

$$\underline{s^3+\frac{9}{8}s}$$

$$\frac{7}{8}s)8s^2+9\left(\frac{64}{7}s\right.$$

$$\underline{8s^2}$$

$$9)\frac{7}{8}s\left(\frac{7}{72}s\right.$$

$$\frac{\frac{7}{8}s}{0}$$

由此可得 $Y(s)$ 的连分式展开式：

$$Y(s)=\frac{1}{Z(s)}=\cfrac{1}{s+\cfrac{1}{\frac{1}{8}s+\cfrac{1}{\frac{64}{7}s+\cfrac{1}{\frac{7}{72}s}}}}$$

$Y(s)$ 的考尔Ⅰ型实现电路如图 7-11 所示。

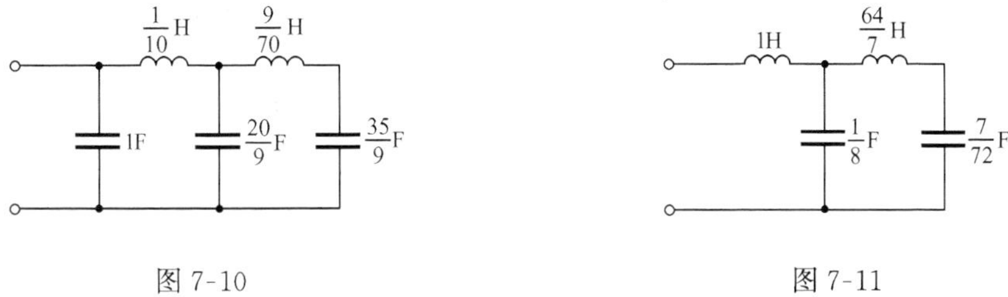

图 7-10　　　　图 7-11

(2)考尔Ⅱ型。

对 $F_{LC}(s)=N(s)/D(s)$ 的分子和分母多项式 $N(s)$ 和 $D(s)$ 分别按升幂排序后进行一系列颠倒相除，可得如下形式的连分式展开式：

$$F_{LC}(s)=\frac{1}{\beta_1 s}+\cfrac{1}{\frac{1}{\beta_2 s}+\cfrac{1}{\frac{1}{\beta_3 s}+\ddots+\cfrac{1}{\frac{1}{\beta_n s}}}} \tag{7-4-18}$$

这里设 $N(s)$ 为偶次式、$D(s)$ 为奇次式，即 $F(s)$ 具有在原点处的单阶极点。析出因子 $\frac{1}{\beta_1 s}$，意味着移去了 $F(s)$ 在 $s=0$ 处的极点，则剩余函数在 $s=0$ 处应具有零点，其倒数在原点处必有极点。再对剩余函数的倒数移去其原点处的极点$\left(析出因子\frac{1}{\beta_2 s}\right)$，……，此过程反复进行，最后得 $\frac{1}{\beta_n s}$。

例 7-8　用考尔Ⅱ型实现策动点阻抗函数

$$Z(s)=\frac{s^4+10s^2+9}{s^3+2s}$$

解：将 $Z(s)$ 改写为 $N(s)$、$D(s)$ 均按升幂排序的形式

$$Z(s)=\frac{9+10s^2+s^4}{2s+s^3}$$

上式分母最低次项较分子最低次项高 1 次，必存在 $s=0$ 处的单阶极点，可直接进行辗转相除如下：

$$
\begin{array}{l}
2s+s^3\,)\,9+10s^2+s^4\,\Big(\dfrac{9}{2s}\\
\qquad\qquad 9+\dfrac{9}{2}s^2\\
\qquad\qquad \overline{\qquad\qquad\qquad}\\
\qquad\qquad\quad \dfrac{11}{2}s^2+s^4\,)\,2s+s^3\,\Big(\dfrac{4}{11s}\\
\qquad\qquad\qquad\qquad\qquad 2s+\dfrac{4}{11}s^3\\
\qquad\qquad\qquad\qquad\qquad \overline{\qquad\qquad}\\
\qquad\qquad\qquad\qquad\qquad\quad \dfrac{7}{11}s^3\,)\,\dfrac{11}{2}s^2+s^4\,\Big(\dfrac{121}{14s}\\
\qquad\qquad\qquad\qquad\qquad\qquad\qquad \dfrac{11}{2}s^2\\
\qquad\qquad\qquad\qquad\qquad\qquad\qquad \overline{\qquad\qquad}\\
\qquad\qquad\qquad\qquad\qquad\qquad\qquad\qquad s^4\,)\,\dfrac{7}{11}s^3\,\Big(\dfrac{7}{11s}\\
\qquad\qquad\qquad\qquad\qquad\qquad\qquad\qquad\qquad \dfrac{7}{11}s^3\\
\qquad\qquad\qquad\qquad\qquad\qquad\qquad\qquad\qquad \overline{\quad 0\quad}
\end{array}
$$

式中 $\frac{2}{9}=0.222$，$\frac{11}{4}=2.75$，$\frac{14}{121}=0.116$，$\frac{11}{7}=1.571$，故

$$Z(s)=\frac{1}{0.222s}+\cfrac{1}{\cfrac{1}{2.75s}+\cfrac{1}{\cfrac{1}{0.116s}+\cfrac{1}{1/1.571s}}}$$

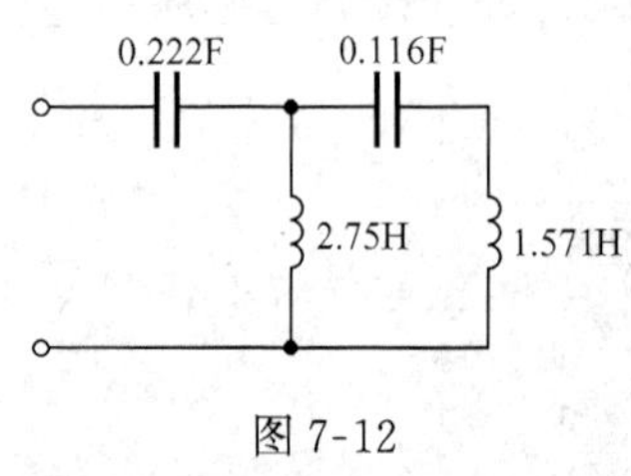

图 7-12

以上展开式中，第一次的商 $\frac{1}{0.222s}$ 为串臂阻抗，这里移去了 $Z(s)$ 在 $s=0$ 处的一个极点；第二次的商 $\frac{1}{2.75s}$ 为分流臂导纳，这里移去的是第一次相除后剩余函数的倒数在 $s=0$ 处的一个极点；……，按此规律，$\frac{1}{0.116s}$ 为串臂阻抗，$\frac{1}{1.571s}$ 为分流臂导纳。由此可得对 $Z(s)$ 的考尔Ⅱ型实现电路，如图 7-12 所示。

若给定的策动点函数 $Z_{LC}(s)$ 或 $Y_{LC}(s)$ 的分母为偶次式、分子为奇次式，则应先取倒数，再按上述方法展开。

小结本节研究的考尔实现，考尔Ⅰ型是从 $Z(s)$ 和 $Y(s)$ 函数中交替地移去 $s\to\infty$ 处的极点。每移出一个 $Z_{LC}(s)$ 的极点，对应电路中出现一个串臂电感；每移出一个 $Y_{LC}(s)$ 的极点，对应电路中出现一个分流臂电容。最后得到的考尔Ⅰ型电路是串臂均为电感、分流臂均为电容的梯形电路。考尔Ⅱ型是从 $Z_{LC}(s)$ 和 $Y_{LC}(s)$ 函数中交替地移去 $s=0$ 处的极点。每移出一个 $Z_{LC}(s)$ 的极点，对应电路中出现一个串臂电容；每移出一个 $Y_{LC}(s)$ 的极点，对应电路中出现一个分流臂电感。这样，考尔Ⅱ型电路是串臂均为电容、分流臂均为电感的梯形电路。对于给定的 LC 导抗函数的考尔实现是梯形电路实现的两种典型的形式。

综上所述，本节介绍了对于给定的 LC 导抗函数的四种实现电路：福斯特Ⅰ型、福斯特Ⅱ型、考尔Ⅰ型和考尔Ⅱ型。对于同一个电抗函数 $F_{LC}(s)$，若用以上四种不同形式的电路实现，所用电路元件数是相同的，都等于 $F_{LC}(s)$的分子、分母中 s 的最高次幂的次数，而且我们不可能用更少的元件来实现 $F_{LC}(s)$，因而称这些实现形式为正则形式(canonic forms)。

7-5 RC 函数

仅由电阻元件和电容元件构成的网络称为 RC 网络。一端口 RC 网络的策动点函数称为 RC 函数。本节研究 RC 函数的性质和 RC 函数的基本实现方法。

7-5-1 RC 函数的性质

由式(7-3-9)和式(7-3-11)可知，RC 网络的策动点阻抗函数和策动点导纳函数分别具有以下形式：

$$Z_{RC}(s)=\frac{1}{|I_1(s)|^2}\left[F_0(s)+\frac{1}{s}V_0(s)\right] \tag{7-5-1}$$

$$Y_{RC}(s)=\frac{1}{|U_1(s)|^2}\left[F_0(s)+s\frac{V_0(s)}{|s|^2}\right] \tag{7-5-2}$$

根据以上二式，研究 RC 函数的零点和极点位置如下。设 s_0 为 $Z_{RC}(s)$之零点，即 $Z_{RC}(s_0)=0$，由式(7-5-1)得

$$F_0(s_0)+\frac{1}{s_0}V_0(s_0)=0 \tag{7-5-3}$$

则零点

$$s_0=-\frac{V_0(s_0)}{F_0(s_0)} \tag{7-5-4}$$

式中能量函数 $V_0(s_0)$、$F_0(s_0)$均为非负实数，故阻抗函数 $Z_{RC}(s)$之零点 s_0 必定是非正实数。又根据式(7-5-2)，同理可知，RC 网络策动点导纳函数 $Y_{RC}(s)$的零点也必定是非正实数。又因 $Y_{RC}(s)$与 $Z_{RC}(s)$互为倒数，故可得以下结论：RC 函数(阻抗函数、导纳函数)所有的零点和极点都出现在 s 平面的负实轴上。因此，RC 函数的分子多项式和分母多项式一般具有如下形式：

$$P(s)=(s+\sigma_1)(s+\sigma_2)(s+\sigma_3)\cdots \tag{7-5-5}$$

式中 σ_1、σ_2、…为非负实数。

为了进一步研究 RC 函数的特点，将 RC 函数与电抗函数作一比较。为此，重书式(7-5-1)与式(7-4-1)如下：

$$Z_{RC}(s)=\frac{1}{|I_1(s)|^2}\left[F_0(s)+\frac{1}{s}V_0(s)\right] \tag{7-5-1}$$

$$Z_{LC}(s)=\frac{1}{|I_1(s)|^2}\left[sT_0(s)+\frac{1}{s}V_0(s)\right] \tag{7-4-1}$$

比较以上二式可以发现，如果 $F_0(s)=T_0(s)$。则有

$$\frac{1}{p}Z_{LC}(p)\Big|_{p^2=s}=\frac{1}{|I_1(s)|^2}\left[T_0(s)+\frac{1}{s}V_0(s)\right]$$

$$= \frac{1}{|I_1(s)|^2}\left[F_0(s) + \frac{1}{s}V_0(s)\right] = Z_{RC}(s) \tag{7-5-6}$$

换言之，如果将 $Z_{LC}(p)$ 函数除以 p，再用 s 替换 p^2，结果所得函数与 $Z_{RC}(s)$ 有相同的形式。应用这一结论，可根据 LC 阻抗函数的性质来导出 RC 阻抗函数的性质。

研究式(7-4-6)所示 LC 阻抗函数的部分分式展开式，对其进行式(7-5-6)的变换，即

$$\frac{1}{p}Z_{LC}(p)\Big|_{p^2=s} = K_\infty + \frac{K_0}{s} + \sum_{i=1}^{n}\frac{K_i}{s+\omega_{pi}^2}$$

则 RC 阻抗函数的部分分式展开式应具有以下形式：

$$Z_{RC}(s) = K_\infty + \frac{K_0}{s} + \sum_{i=1}^{N}\frac{K_i}{s+\sigma_{pi}} \tag{7-5-7}$$

式中，$-\sigma_{pi}(i=1,2,\cdots,N)$ 是 $Z_{RC}(s)$ 在负实轴上有限远处的极点。K_i 和 K_0 为 $Z_{RC}(s)$ 在 $-\sigma_{pi}$ 处和 $s=0$ 处的极点的留数，分别按下式计算：

$$K_i = (s+\sigma_{pi})Z_{RC}(s)\Big|_{s=-\sigma_{pi}} \tag{7-5-8}$$

$$K_0 = sZ_{RC}(s)\Big|_{s=0} \tag{7-5-9}$$

此外

$$K_\infty = \lim_{s\to\infty} Z_{RC}(s) \tag{7-5-10}$$

由式(7-5-7)可知，$Z_{RC}(s)$ 的极点都是单阶的，且极点处之留数为正实数。在 $s=0$ 处，$Z_{RC}(s)$ 可能出现单阶极点($K_0\neq 0$)，也可能等于一有限值($K_0=0$)，其值等于：

$$Z_{RC}(0) = K_\infty + \sum_{i=1}^{N}\frac{K_i}{\sigma_{pi}} \tag{7-5-11}$$

然而，在 $s=0$ 处不可能出现 $Z_{RC}(s)$ 的零点。在 $s\to\infty$ 处，$Z_{RC}(s)$ 可能出现零点($K_\infty=0$)，也可能等于一有限值 K_∞，但不可能出现极点。根据 RC 网络支路阻抗的一般式

$$Z_k(s) = R_k + \frac{1}{sC_k} \tag{7-5-12}$$

可从物理概念来解释上述结论。此外，后面的分析将指出，RC 导纳函数 $Y_{RC}(s)$ 的极点都是单阶的，由此可知，$Z_{RC}(s)$ 的全部零点也都是单阶的。

为了确定 RC 阻抗函数的极点和零点在负实轴上的分布规律，现考察 $Z_{RC}(s)$ 随 σ 的变化情况。令式(7-5-7)中 $s=\mathrm{Re}[s]=\sigma$，有

$$Z_{RC}(\sigma) = K_\infty + \frac{K_0}{\sigma} + \sum_{i=1}^{N}\frac{K_i}{\sigma+\sigma_{pi}} \tag{7-5-13}$$

$$\frac{\mathrm{d}Z_{RC}(\sigma)}{\mathrm{d}\sigma} = -\frac{K_0}{\sigma^2} - \sum_{i=1}^{N}\frac{K_i}{(\sigma+\sigma_{pi})^2} < 0 \tag{7-5-14}$$

上式表明，$Z_{RC}(\sigma)$ 随 σ 的变化是单调减函数。根据此性质，再考虑到 $Z_{RC}(s)$ 存在多个出现在 σ 轴上的零点和极点，显然它们也是 $Z_{RC}(\sigma)$ 的零点和极点。要同时满足以上两方面，$Z_{RC}(s)$ 的零点和极点必定交替出现在负实轴上，据此可绘出 $Z_{RC}(\sigma)$ 的函数图形，如图 7-13 所示。其中，图(a)表示 $K_\infty\neq 0$ 而 $K_0=0$ 的情形，此时 $Z_{RC}(\infty)$ 和 $Z_{RC}(0)$ 均为有限正实数，且必有

$$Z_{RC}(0) > Z_{RC}(\infty) \tag{7-5-15}$$

这可从式(7-5-11)看出。图(b)表示 $K_{\infty}=0$ 而 $K_0 \neq 0$ 的情形，此时 RC 阻抗函数在无穷远处有零点、在原点处有极点。对于另外两种情形，读者不难绘出 $Z_{RC}(\sigma)$ 的函数图形。

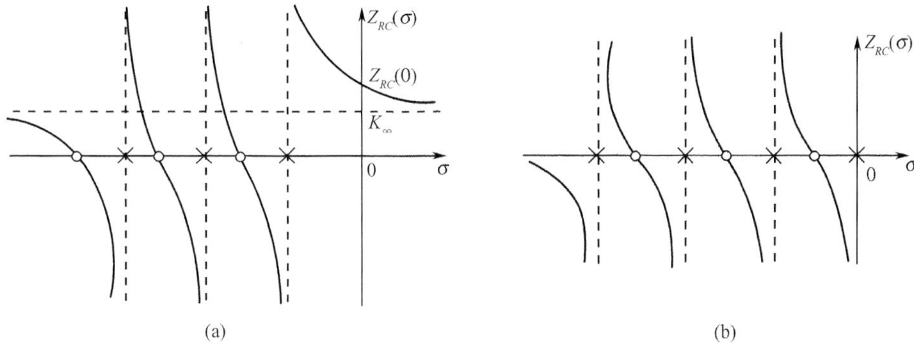

图 7-13

根据以上讨论，RC 阻抗函数应有以下形式：

$$Z_{RC}(s) - K\frac{(s+\sigma_{z1})(s+\sigma_{z2})\cdots(s+\sigma_{zm})}{(s+\sigma_{p1})(s+\sigma_{p2})\cdots(s+\sigma_{pn})} \tag{7-5-16}$$

$$0 \leqslant \sigma_{p1} < \sigma_{z1} < \sigma_{p2} < \sigma_{z2} < \cdots < \sigma_{pn} < \sigma_{zm}$$

式中 $m=n$，或 $m=n-1$。式(7-5-16)表明，在负实轴上距原点最近处(含原点上)必为极点，距原点最远处(含无限远)必为零点。

综上所述，RC 阻抗函数 $Z_{RC}(s)$ 有下列性质：

(1) $Z_{RC}(s)$ 的零点和极点均位于 s 平面的负实轴上，且都是单阶的。

(2) $Z_{RC}(\sigma)$ 是 σ 的严格单调减函数。$Z_{RC}(s)$ 的零点和极点在负实轴上交替排列。

(3) $Z_{RC}(s)$ 在原点可能有极点，但不可能有零点。$Z_{RC}(s)$ 在 $s\to\infty$ 处可能有零点，但不可能有极点。当 $Z_{RC}(0)$ 和 $Z_{RC}(\infty)$ 均为有限值时，必有 $Z_{RC}(0)>Z_{RC}(\infty)$。

(4) 若 $Z_{RC}(s)=\dfrac{N(s)}{D(s)}$，则 $D(s)$ 与 $N(s)$ 的阶数相等，或 $D(s)$ 较 $N(s)$ 高一次。

(5) $Z_{RC}(s)$ 在所有的极点处的留数均为正实数。

(6) 对于所有的 ω 值，均有 $\mathrm{Re}[Z_{RC}(j\omega)]\geqslant 0$。

比较式(7-5-1)与式(7-5-2)，可以看出，如果将 $Y_{RC}(s)$ 除以 s，所得结果与 $Z_{RC}(s)$ 有相同形式。据此，我们可以利用 $Z_{RC}(s)$ 的性质来导出 $Y_{RC}(s)$ 的性质。对 $Y_{RC}(s)/s$ 进行部分分式展开，应与式(7-5-7)形式相同，即

$$\frac{Y_{RC}(s)}{s} = K_{\infty} + \frac{K_0}{s} + \sum_{i=1}^{N}\frac{K_i}{s+\sigma_{pi}}$$

故 $Y_{RC}(s)$ 可展开为

$$Y_{RC}(s) = K_{\infty}s + K_0 + \sum_{i=1}^{N}\frac{K_i s}{s+\sigma_{pi}} \tag{7-5-17}$$

式中

$$K_\infty = \frac{1}{s}Y_{RC}(s)\bigg|_{s=\infty} \tag{7-5-18}$$

$$K_i = \frac{s+\sigma_{pi}}{s}Y_{RC}(s)\bigg|_{s=-\sigma_{pi}} \tag{7-5-19}$$

$$K_0 = Y_{RC}(s)\bigg|_{s=0} \tag{7-5-20}$$

$Y_{RC}(s)$在无穷远处可能出现单阶极点，极点处的留数为K_∞，也可能在$s\to\infty$时趋于一有限值：

$$Y_{RC}(\infty) = K_0 + \sum_{i=1}^{N} K_i \tag{7-5-21}$$

但$Y_{RC}(s)$在无穷远处不可能有零点。在$s=0$处，$Y_{RC}(s)$可能有零点(若$K_0=0$)，也可能等于一个有限值，即$Y_{RC}(0)=K_0$，然而在$s=0$处不可能出现$Y_{RC}(s)$的极点。

令式(7-5-17)中$s=\sigma$，得

$$Y_{RC}(\sigma) = K_\infty\sigma + K_0 + \sum_{i=1}^{N}\frac{K_i\sigma}{\sigma+\sigma_{pi}} \tag{7-5-22}$$

$$\frac{\mathrm{d}Y_{RC}(\sigma)}{\mathrm{d}\sigma} = K_\infty + \sum_{i=1}^{N}\frac{K_i\sigma_{pi}}{(\sigma+\sigma_{pi})^2} > 0 \tag{7-5-23}$$

式(7-5-23)表明，$Y_{RC}(\sigma)$是σ的严格单调增函数。故$Y_{RC}(s)$的零点与极点必定交替出现在负实轴上。由此可绘出$Y_{RC}(\sigma)$的函数图形，如图7-14所示。图(a)表示$K_0\neq0$而$K_\infty=0$的情形，此时$Y_{RC}(0)$和$Y_{RC}(\infty)$均为有限正实数，且由式(7-5-21)知：

$$Y_{RC}(\infty) > Y_{RC}(0) \tag{7-5-24}$$

图(b)表示$K_0=0$而$K_\infty\neq0$的情形，RC导纳函数在无穷远处有极点、在原点处有零点。

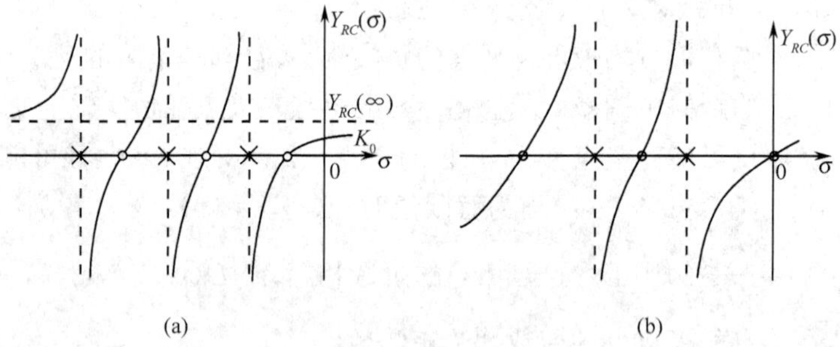

图7-14

根据以上讨论，RC导纳函数的形式为

$$Y_{RC}(s) = K\frac{(s+\sigma_{z1})(s+\sigma_{z2})\cdots(s+\sigma_{zm})}{(s+\sigma_{p1})(s+\sigma_{p2})\cdots(s+\sigma_{pn})} \tag{7-5-25}$$

$$0\leqslant\sigma_{z1}<\sigma_{p1}<\sigma_{z2}<\sigma_{p2}<\cdots<\sigma_{zm}<\sigma_{pn}$$

式中$m=n$，或$m=n+1$。上式表明，在负实轴上距原点最近处(含原点上)必为$Y_{RC}(s)$的零点，距原点最远处(含无限远)必为$Y_{RC}(s)$的极点。

综上所述，RC导纳函数$Y_{RC}(s)$的性质如下：

(1)$Y_{RC}(s)$的零点和极点均位于 s 平面的负实轴上，且都是单阶的。

(2)$Y_{RC}(\sigma)$是 σ 的严格单调增函数。$Y_{RC}(s)$的零点和极点在负实轴上交替排列。

(3)$Y_{RC}(s)$在原点可能有零点，但不可能有极点。$Y_{RC}(s)$在 $s\to\infty$ 处可能有极点，但不可能有零点。当 $Y_{RC}(0)$和 $Y_{RC}(\infty)$均为有限值时，必有 $Y_{RC}(\infty)>Y_{RC}(0)$。

(4)若 $Y_{RC}(s)=\dfrac{N(s)}{D(s)}$，则 $D(s)$与 $N(s)$的阶数相等，或 $D(s)$较 $N(s)$低一次。

(5)$Y_{RC}(s)$在所有的有限值极点处的留数均为负实数。

(6)对于所有的 ω 值，均有 $\mathrm{Re}[Y_{RC}(j\omega)]\geqslant 0$。

以上关于 $Z_{RC}(s)$和 $Y_{RC}(s)$的性质，可以用来检验一个有理函数是否为 RC 函数，以及是 RC 阻抗函数或 RC 导纳函数，以便确定用什么网络来实现它。

7-5-2　*RC* 函数的实现

在 7-4-2 节中介绍的福斯特实现和考尔实现，也是实现 RC 函数的基本方法，现分别研究于后。

1. 福斯特实现

(1)福斯特Ⅰ型。

将 RC 阻抗函数写为部分分式展开式：

$$Z_{RC}(s)=K_\infty+\frac{K_0}{s}+\sum_{i=1}^{N}\frac{K_i}{s+\sigma_{pi}} \tag{7-5-26}$$

实现式(7-5-26)中各项的电路单元如表 7-2 所示。将各有关的阻抗单元串联连接，便得到图7-15所表示的福斯特Ⅰ型电路。若 $Z_{RC}(s)$在原点无极点，则 $K_0=0$，因而实现电路中缺 C_0 单元。若 $Z_{RC}(s)$在无穷远处有零点，则 $K_\infty=0$，因而实现电路中缺 R_∞单元。

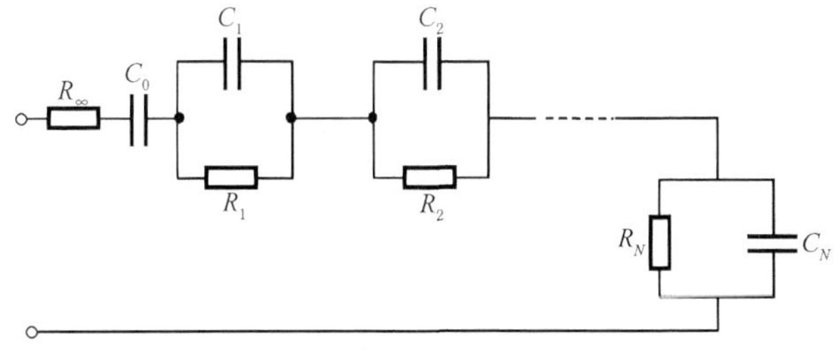

图 7-15

(2)福斯特Ⅱ型。

由式(7-5-17)，$Y_{RC}(s)$的展开式为以下形式：

$$Y_{RC}(s)=K_\infty s+K_0+\sum_{i=1}^{N}\frac{K_i s}{s+\sigma_{pi}} \tag{7-5-27}$$

实现式(7-5-27)中各项的电路单元如表 7-3 所示。将各导纳单元并联连接，便得到图7-16所表示的福斯特Ⅱ型电路。若 $Y_{RC}(s)$在原点有一零点，$K_0=0$，则实现电路中缺电阻 R_0。若 $Y_{RC}(s)$在无穷远处没有极点，$K_\infty=0$，则实现电路中缺电容 C_∞。

表 7-2　*RC* 阻抗函数的福斯特实现

$Z_{RC}(s)$展开式中的项	电路实现
K_∞	$R_\infty=K_\infty$
$\dfrac{K_0}{s}$	$C_0=\dfrac{1}{K_0}$
$\dfrac{K_i}{s+\sigma_{pi}}$	$C_i=\dfrac{1}{K_i}$，$R_i=\dfrac{K_i}{\sigma_{pi}}$

表 7-3　*RC* 导纳函数的福斯特实现

$Y_{RC}(s)$展开式中的项	电路实现
$K_\infty s$	$C_\infty=K_\infty$
K_0	$R_0=\dfrac{1}{K_0}$
$\dfrac{K_i s}{s+\sigma_{pi}}$	$R_i=\dfrac{1}{K_i}$，$C_i=\dfrac{K_i}{\sigma_{pi}}$

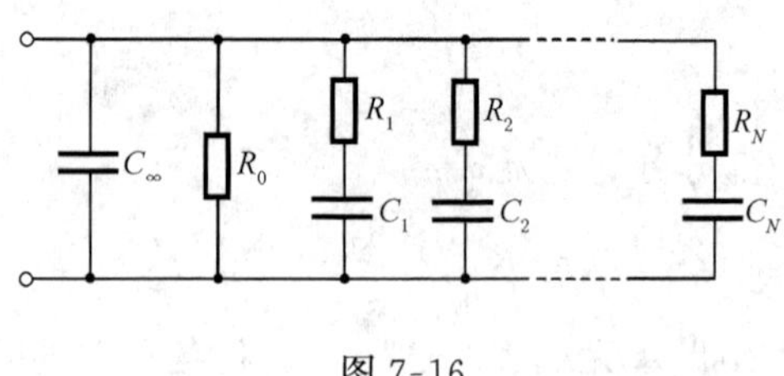

图 7-16

例 7-9　判断函数 $F(s)$是否为 *RC* 函数。若为 *RC* 函数，用福斯特Ⅰ型和Ⅱ型实现 $F(s)$。

$$F(s)=\frac{2s^2+12s+16}{s^2+4s+3}$$

解：对 $F(s)$作因式分解，得

$$F(s)=2\frac{(s+2)(s+4)}{(s+1)(s+3)}$$

$F(s)$的极点和零点分别为$-\sigma_{p1}=-1$，$-\sigma_{p2}=-3$，$-\sigma_{z1}=-2$，$-\sigma_{z2}=-4$，极点、零点均为负实数，并且都是单阶的。分子、分母均为二次式。此外

$$0<\sigma_{p1}<\sigma_{z1}<\sigma_{p2}<\sigma_{z2}$$

在负实轴上极点、零点交替出现，最靠近原点的是极点$(-\sigma_{p1})$，最远离原点的是零点$(-\sigma_{z2})$。$F(0)$和 $F(\infty)$均为有限值：

$$F(0)=2\times\frac{8}{3}=5.33,\quad F(\infty)=2$$

$$F(0)>F(\infty)$$

根据以上分析可知，$F(s)$是 *RC* 阻抗函数。

福斯特Ⅰ型实现：

$$Z_{RC}(s)=F(s)=\frac{2s^2+12s+16}{s^2+4s+3}$$

其部分分式展开式为

$$Z_{RC}(s)=2+\frac{3}{s+1}+\frac{1}{s+3}$$

图 7-17 中绘出了实现 $F(s)$的福斯特Ⅰ型电路。

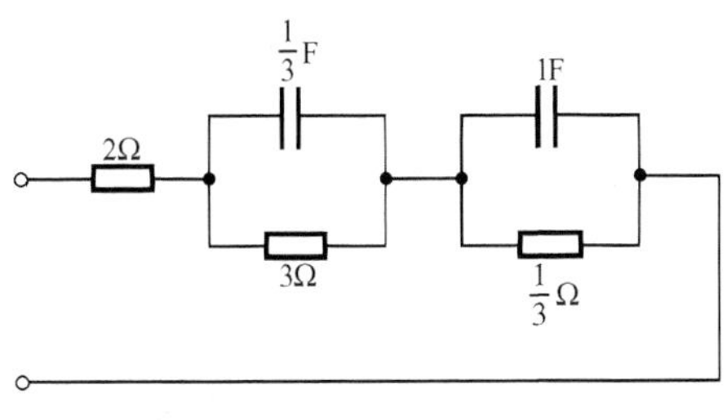

图 7-17

福斯特Ⅱ型实现：

$$Y_{RC}(S)=\frac{1}{F(s)}=\frac{s^2+4s+3}{2s^2+12s+16}$$

如果直接对 $Y_{RC}(s)$进行部分分式展开，得

$$Y_{RC}(s)=\frac{1}{2}+\frac{-\frac{1}{4}}{s+2}+\frac{-\frac{3}{4}}{s+4}$$

可见，在 $Y_{RC}(s)$的极点−2、−4 处，留数均为负值，这样就不能用无源元件实现。因此，对 $Y_{RC}(s)$按以下方法展开：

$$\begin{aligned}Y_{RC}(s)&=\frac{3+4s+s^2}{16+12s+2s^2}=\frac{3}{16}+\frac{\frac{7}{4}s+\frac{5}{8}s^2}{16+12s+2s^2}\\&=\frac{3}{16}+s\left[\frac{\frac{5}{16}s+\frac{7}{8}}{(s+2)(s+4)}\right]=\frac{3}{16}+Y_1(s)\end{aligned}$$

式中

$$Y_1(s)=s\left[\frac{\frac{5}{16}s+\frac{7}{8}}{(s+2)(s+4)}\right]$$

现在，对 $Y_1(s)/s$ 进行部分分式展开，得

$$Y_1(s)/s=\frac{\frac{1}{8}}{s+2}+\frac{\frac{3}{16}}{s+4}$$

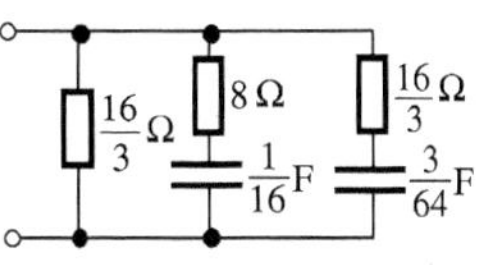

图 7-18

由此得到 $Y_{RC}(s)$的展开式

$$Y_{RC}(s)=\frac{3}{16}+\frac{\frac{1}{8}s}{s+2}+\frac{\frac{3}{16}s}{s+4}$$

图 7-18 中绘出了实现 $F(s)$的福斯特Ⅱ型电路。

2. 考尔实现

(1)考尔Ⅰ型。

考尔Ⅰ型根据 RC 阻抗函数和 RC 导纳函数在 $s\to\infty$ 时的特性进行展开。若 $Z_{RC}(s)=\dfrac{N(s)}{D(s)}$，$N(s)$ 与 $D(s)$ 有相同的次数，则将 $N(s)$ 与 $D(s)$ 按降幂排列，$N(s)$ 被 $D(s)$ 除，表示为

$$Z_{RC}(s)=\alpha_1+Z_1(s),\alpha_1=Z_{RC}(\infty)$$

式中 α_1 为商，$Z_1(s)$ 为剩余函数。$Z_1(s)$ 之分子较分母必低一次，在 $s\to\infty$ 处有零点，则 $Y_1(s)=\dfrac{1}{Z_1(s)}$ 必在 $s\to\infty$ 有极点。将 $Y_1(s)$ 的分子被分母除，得

$$Y_1(s)=\alpha_2 s+Y_2(s),\alpha_2=\frac{1}{s}Y_1(s)\Big|_{s=\infty}$$

式中 $\alpha_2 s$ 为商，$Y_2(s)$ 为剩余函数。$Y_2(s)$ 之分子与分母必有相同次数，取倒数得 $Z_2(s)=\dfrac{1}{Y_2(s)}$，然后又按第一步骤进行，……，如此反复地颠倒相除，最后得到 $Z_{RC}(s)$ 的以下形式的连分式展开式：

$$Z_{RC}(s)=\alpha_1+\cfrac{1}{\alpha_2 s+\cfrac{1}{\alpha_3+\cfrac{1}{\alpha_4 s+\ddots+\cfrac{1}{\alpha_n s}}}} \tag{7-5-28}$$

根据式(7-5-28)，可得到实现 $Z_{RC}(s)$ 的梯形网络。α_1、α_3、…对应于串臂电阻元件，$\alpha_2 s$、$\alpha_4 s$、…对应于分流臂电容元件，如图 7-19 所示，这就是实现 RC 函数的考尔Ⅰ型电路。

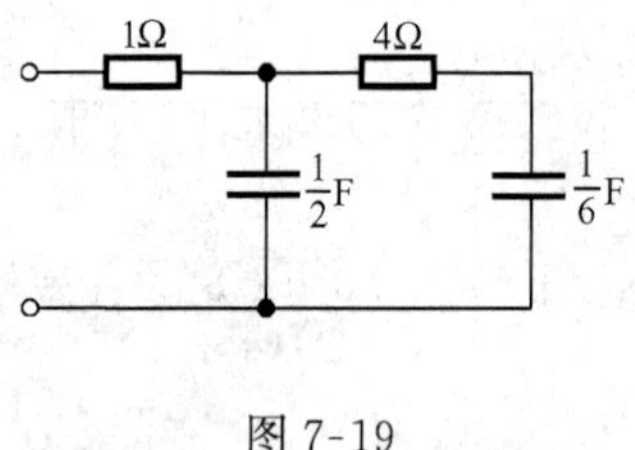

图 7-19

例 7-10 用考尔Ⅰ型电路实现函数 $F(s)$。

$$F(s)=\frac{s(s+2)}{(s+1)(s+3)}$$

解：根据 $F(s)$ 的极点和零点的分布，可以判断出 $F(s)$ 是 RC 导纳函数，即 $F(s)=Y_{RC}(s)$。$Y_{RC}(s)$ 的分子、分母次数相同，如果直接进行连分式展开，会得到不能无源实现的结果(读者可自行验证)。因此，必须先取倒数，即对 $Z_{RC}(s)=\dfrac{1}{F(s)}$ 进行连分式展开：

$$\frac{1}{F(s)}=\frac{s^2+4s+3}{s^2+2s}=Z_{RC}(s)$$

$$
\begin{array}{l}
s^2+2s)\,s^2+4s+3\,(1 \\
\qquad \underline{s^2+2s} \\
\qquad\qquad 2s+3)\,s^2+2s\,\left(\frac{1}{2}s\right. \\
\qquad\qquad\qquad \underline{s^2+\frac{3}{2}s} \\
\qquad\qquad\qquad\quad \frac{1}{2}s)\,2s+3\,(4 \\
\qquad\qquad\qquad\qquad\quad \underline{2s} \\
\qquad\qquad\qquad\qquad\qquad 3)\,\frac{1}{2}s\,\left(\frac{1}{6}s\right. \\
\qquad\qquad\qquad\qquad\qquad\quad \underline{\frac{1}{2}s} \\
\qquad\qquad\qquad\qquad\qquad\quad 0
\end{array}
$$

由此得到 $F(s)$的连分式展开式：

$$F(s)=\frac{1}{Z_{RC}(s)}=\cfrac{1}{1+\cfrac{1}{\frac{1}{2}s+\cfrac{1}{4+\cfrac{1}{\frac{1}{6}s}}}}$$

实现以上 RC 导纳函数的考尔Ⅰ型电路如图 7-19 所示。

由以上讨论可知，对 RC 函数的考尔Ⅰ型实现，其过程为反复地移去 RC 导纳函数在∞处的极点和 RC 阻抗函数在∞处所趋于的常数 $Z_{RC}(\infty)$。每次移出 RC 导纳函数的一个极点，对应于电路实现中的一个分流臂电容；而每次移出的 RC 阻抗函数在∞处所趋于的常数，则对应于电路实现中的一个串臂电阻。

(2)考尔Ⅱ型。

考尔Ⅱ型是根据 RC 阻抗函数和 RC 导纳函数在 $s=0$ 处的特性进行展开的。若 RC 阻抗函数在 $s=0$ 处有极点，即 $Z_{RC}(s)=\dfrac{N(s)}{D(s)}$中 $D(s)$较 $N(s)$最低次项高一次，则将 $Z_{RC}(s)$的分子、分母均按升幂排列，然后反复地进行颠倒相除，可得如下的连分式展开式

$$Z_{RC}(s)=\frac{1}{\beta_1 s}+\cfrac{1}{\frac{1}{\beta_2}+\cfrac{1}{\frac{1}{\beta_3 s}+\cfrac{1}{\frac{1}{\beta_4}+\ddots+\frac{1}{\beta_n}}}} \tag{7-5-29}$$

根据式(7-5-29)，可得实现 $Z_{RC}(s)$的梯形网络。$\dfrac{1}{\beta_1 s},\dfrac{1}{\beta_3 s},\cdots$对应于串臂电容元件，$\dfrac{1}{\beta_2},\dfrac{1}{\beta_4},\cdots$对应于分流臂电阻元件，如图 7-20 所示。这就是实现 RC 函数的考尔Ⅱ型电路。

例 7-11 用考尔Ⅱ型电路实现以下的 RC 阻抗函数

$$Z_{RC}(s)=\frac{(s+2)(s+4)}{s(s+3)(s+5)}$$

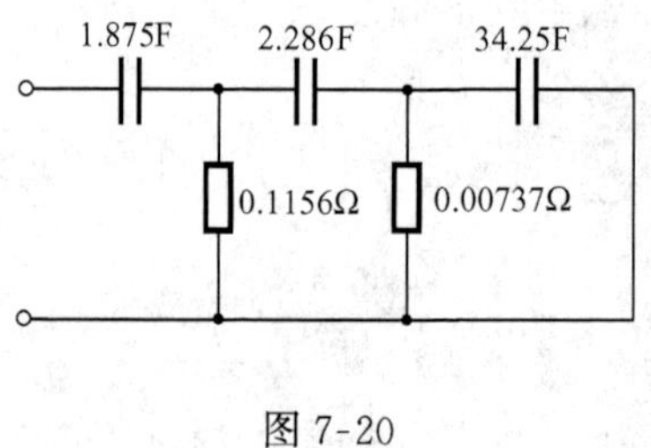

图 7-20

解:

$$Z_{RC}(s)=\frac{s^2+6s+8}{s^3+8s^2+15s}=\frac{8+6s+s^2}{15s+8s^2+s^3}$$

为便于书写,用以下列表方式进行颠倒相除的运算:

	分　子	分　母	
$\frac{0.5333}{s}$	$8+\ \ 6s+\ \ s^2$	$15s+\ \ 8s^2+\ \ s^3$	8.654
	$\frac{8+4.267s+0.5333s^2}{1.733s+0.4667s^2}$	$\frac{15s+4.039s^2}{3.961s^2+s^3}$	135.7
$\frac{0.4375}{s}$	$\frac{1.733s+0.4375s^2}{0.0292s^2}$	$\frac{3.961s^2}{s^3}$	
$\frac{0.0292}{s}$	$\frac{0.0292s^2}{0}$		

$Z_{RC}(s)$的连分式展开式如下:

$$Z_{RC}(s)=\frac{0.5333}{s}+\cfrac{1}{8.654+\cfrac{1}{\cfrac{0.4375}{s}+\cfrac{1}{135.7+\cfrac{1}{\cfrac{0.0292}{s}}}}}$$

实现 $Z_{RC}(s)$的考尔Ⅱ型电路如图 7-20 所示。

分析以上举例中对 $Z_{RC}(s)$的展开过程,可以看出,第一次相除的商$\frac{0.5333}{s}$,移出了 $Z_{RC}(s)$在 $s=0$ 处的一个极点,第二次相除的商 8.654,移出了剩余函数的倒数(导纳函数)在 $s=0$ 处之值,……如此反复地移去 RC 阻抗函数在 $s=0$ 处的极点和 RC 导纳函数在 $s=0$ 处之值,每相除一次,得到一个对应的电路元件,最后得到一个串臂均为电容、分流臂均为电阻的梯形电路,这就是 RC 函数的考尔Ⅱ型实现。

7-6　双线性转移函数和双二次转移函数

以上三节介绍了无源网络策动点函数的性质,以及在网络综合中常用的 LC 网络和 RC 网络策动点函数的性质和基本实现方法。然而,在网络综合中大量涉及的是根据给定的转移特性来综合二端口网络的问题。本节首先研究无源二端口网络转移函数的性质，然后介绍两种在滤波器综合中最简单而且常用的转移函数，即双线性函数和双二次函数。

由线性无源 RLC 元件构成的二端口网络的转移函数 $T(s)$ 必满足无源网络的网络函数的一般性质，这些性质是：

(1) $T(s)$ 是 s 的实系数有理函数。

(2) $T(s)$ 的全部极点都位于 s 平面的左半平面，或为 $j\omega$ 轴上的单阶极点。

(3) $T(s)$ 的零点可以在 s 平面的任何位置。

(4)复数极点必共轭成对出现；复数零点也必共轭成对出现。

7-6-1 双线性转移函数

转移函数的分子、分母均为 s 的一次式者称为双线性转移函数，一般具有以下形式：

$$T(s)=\frac{a_1 s+a_0}{s+\omega_0} \tag{7-6-1}$$

$T(s)$ 的极点 $s_{p1}=-\omega_0$，即 $T(s)$ 的自然频率，在滤波器设计中常称为自然模(natural mode)。$T(s)$ 的零点 $s_{z1}=-\frac{a_0}{a_1}$，在滤波器设计中常称为传输零点(transmission zero)，或损耗极点(loss pole)。

转移函数分母多项式的系数，决定了它的极点(自然模)，因而决定了网络的自然暂态特性。由于双线性转移函数仅有一个单阶极点，它必定位于 s 平面的负实轴上，故其对应的冲激响应是单调衰减的。转移函数分子多项式的系数决定了它的零点(传输零点，即损耗极点)，进而决定了网络的频率特性，即网络的稳态响应特性，对于滤波器而言，就决定了它的滤波类型。现分别研究双线性转移函数分子一次式系数的几种特殊取值的情形。

1. $a_1=0$，$a_0\neq 0$

$$T(s)=\frac{a_0}{s+\omega_0} \tag{7-6-2}$$

$T(s)$ 在 $s=\infty$ 处有一传输零点。令 $s=j\omega$，有

$$T(j\omega)=\frac{a_0}{\omega_0+j\omega} \tag{7-6-3}$$

幅频特性

$$|T(j\omega)|=\frac{|a_0|}{\sqrt{\omega_0^2+\omega^2}} \tag{7-6-4}$$

对上式取常用对数后乘以 20，得到以分贝为单位的增益函数，即

$$G(\omega)=20\log|T(j\omega)| \tag{7-6-5}$$

此处

$$G(\omega)=20\log\left|\frac{a_0}{\sqrt{\omega_0^2+\omega^2}}\right| \text{(dB)} \tag{7-6-6}$$

当 $\omega=0$ 时，增益 $G(0)=20\log\left|\frac{a_0}{\omega_0}\right|$ 为最大可能值，称为直流增益。当 $\omega=\omega_0$ 时，增益

$$G(\omega_0)=20\log\left[\left|\frac{a_0}{\omega_0}\right|\Big/\sqrt{2}\right]=G(0)-3(\text{dB})$$

增益较 $\omega=0$ 时下降了 3dB，故从 0 至 ω_0 的频带宽度称为 3 分贝带宽。随着 ω 的加大，增益单调减小，得到图 7-21(b)所示的增益的频率特性。图 7-21(a)绘出了 $T(s)$的极零点在 s 平面上的分布。由图 7-21(b)看出，这是一个低通滤波器的增益特性。因此，式(7-6-2)的转移函数是低通转移函数的一种形式。实现这种转移函数的一种 RC 电路，如图 7-21(c)所示。

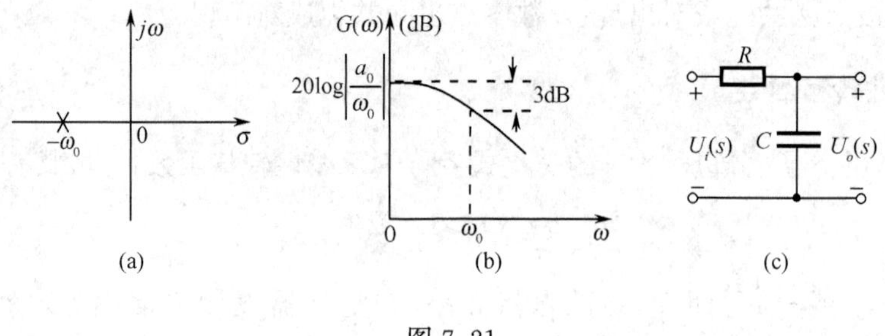

图 7-21

2. $a_1\neq0$ ，$a_0=0$

$$T(s)=\frac{a_1 s}{s+\omega_0} \tag{7-6-7}$$

$T(s)$在 $s=0$ 处有一传输零点。幅频特性

$$|T(j\omega)|=\frac{|a_1\omega|}{\sqrt{\omega_0^2+\omega^2}}$$

增益函数

$$G(\omega)=20\log\left|\frac{a_1\omega}{\sqrt{\omega_0^2+\omega^2}}\right| \tag{7-6-8}$$

当 $\omega=0$ 时，幅频特性$|T(j\omega)|=0$，即在零频率时传输信号为零。$|T(j\omega)|$随 ω 增大而增大，若 $\omega\to\infty$，则$|T(j\omega)|=|a_1|$，增益 $G(\infty)=20\log|a_1|$为最大可能值，称为高频增益。当 $\omega=\omega_0$ 时，增益

$$G(\omega_0)=20\log\big|\,|a_1|/\sqrt{2}\,\big|=G(\infty)-3(\text{dB}) \tag{7-6-9}$$

较高频增益下降 3dB。据此绘出图 7-22(b)的增益频率特性。可以看出，这是高通滤波器的增益特性，故式(7-6-7)的转移函数是一种高通转移函数。图 7-22(a)绘出了其极零点分布，图 7-22(c)给出一种实现上述转移函数的 RC 电路。

3. $\dfrac{a_0}{a_1}=-\omega_0$

$$T(s)=a_1\,\frac{s-\omega_0}{s+\omega_0} \tag{7-6-10}$$

$T(s)$在 $s=\omega_0$ 处有一传输零点，零点与极点对 $j\omega$ 轴对称，这是一阶全通函数。其频率响应在 7-1 节中曾介绍过，即

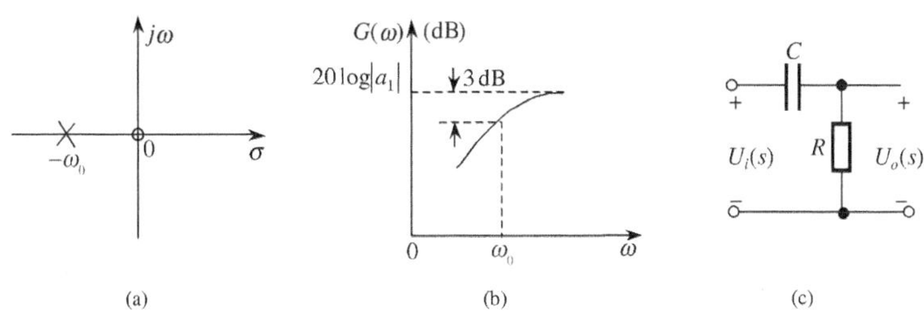

图 7-22

$$|T(j\omega)|=|a_1|$$

$$\Phi(\omega)=\angle T(j\omega)=-2\mathrm{tg}^{-1}\left(\frac{\omega}{\omega_0}\right)$$

图 7-23(a)、(b)、(c)分别绘出一阶全通转移函数的极零点分布、幅频特性和相频特性以及实现一阶全通函数的一种 RC 电路。

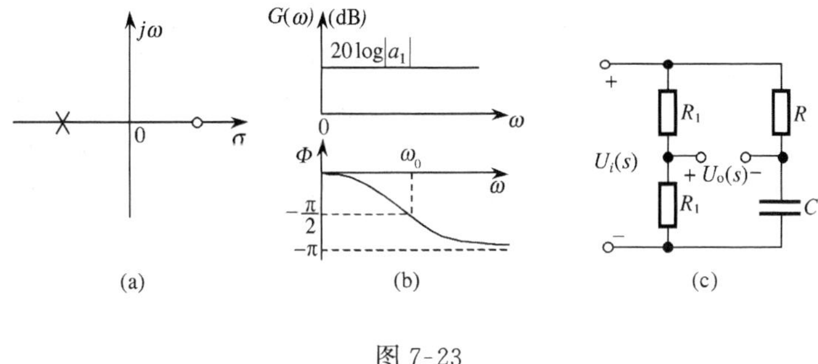

图 7-23

式(7-6-1)所示双线性函数的一般情形,其极零点分布、幅频特性和一种 RC 实现电路,绘于图 7-24 中。对于图(c)中电路,有 $\omega_0=\left(\frac{1}{R_1}+\frac{1}{R_2}\right)\Big/(C_1+C_2)$,$\frac{a_0}{a_1}=\frac{1}{C_1R_1}$,直流增益 $20\log\left(\frac{R_2}{R_1+R_2}\right)$,高频增益 $20\log\left(\frac{C_1}{C_1+C_2}\right)$。

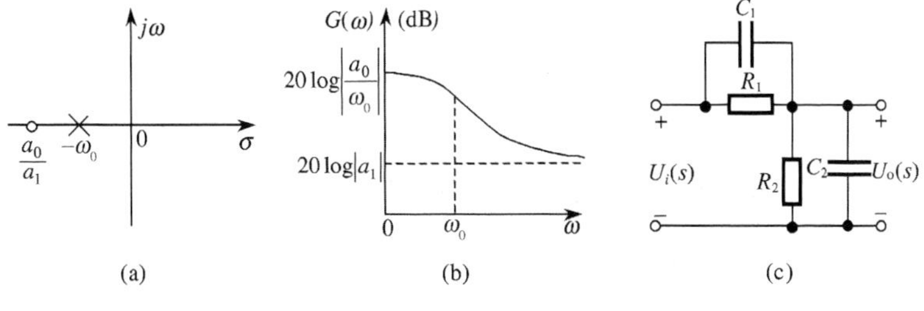

图 7-24

7-6-2 双二次转移函数

转移函数的分子、分母均为 s 的二次式者称为双二次转移函数,一般具有以下形式:

$$T(s)=\frac{a_2 s^2+a_1 s+a_0}{s^2+b_1 s+b_0} \tag{7-6-11}$$

或写为

$$T(s)=\frac{a_2 s^2+a_1 s+a_0}{s^2+\left(\frac{\omega_0}{Q}\right)s+\omega_0^2} \tag{7-6-12}$$

上式分母中的正实常数 ω_0 称为自然模频率，或极点频率，Q 称为自然模品质因数，或 Q 因子、极点 Q。ω_0 和 Q 决定了双二次函数的自然模（$T(s)$的极点），即

$$\begin{matrix} s_{p1} \\ s_{p2} \end{matrix}=-\frac{\omega_0}{2Q}\pm\frac{1}{2}\sqrt{\left(\frac{\omega_0}{Q}\right)^2-4\omega_0^2}=-\frac{\omega_0}{2Q}\pm\omega_0\sqrt{\frac{1}{4Q^2}-1} \tag{7-6-13}$$

在滤波器设计中，人们常常感兴趣的是共轭复数极点的情形，在式(7-6-13)中，若$\frac{1}{4Q^2}<1$，即 $Q>0.5$，有

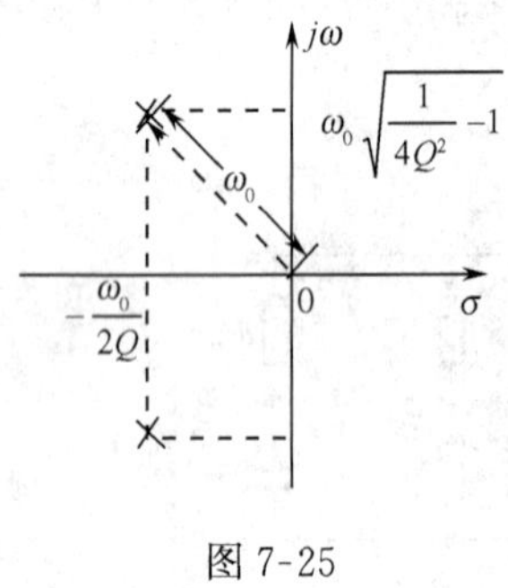

图 7-25

$$\begin{matrix} s_{p1} \\ s_{p2} \end{matrix}=-\frac{\omega_0}{2Q}\pm j\omega_0\sqrt{1-\frac{1}{4Q^2}} \tag{7-6-14}$$

图 7-25 表示共轭复数自然模在 s 平面上的位置。由自然模距实、虚轴的距离不难看出，自然模与原点间的距离等于自然模频率 ω_0。在 ω_0 一定时，参数 Q 便决定了自然模与 $j\omega$ 轴的距离，从而决定了滤波器的选择性。Q 值愈高，自然模距 $j\omega$ 轴愈近，滤波器的选择性愈好。如果 $Q\to\infty$，则

$$\begin{matrix} s_{p1} \\ s_{p2} \end{matrix}=\pm j\omega_0$$

自然模位于虚轴上，这是滤波器设计中通常希望实现的选择性最好的情形。左半 s 平面的共轭复数自然模所对应的自然暂态响应是衰减振荡波形，而共轭虚数自然模所对应的自然暂态响应则是等幅振荡波形。

式(7-6-11)中分子二次式的系数 a_0、a_1 和 a_2 决定了双二次转移函数的传输零点，进而决定了双二次函数的滤波类型。下面分别研究五种情况。

1. 低通滤波函数($a_2=0, a_1=0$)

$$T(s)=\frac{a_0}{s^2+\left(\frac{\omega_0}{Q}\right)s+\omega_0^2} \tag{7-6-15}$$

$T(s)$在 $s=\infty$处有二阶传输零点。$T(j\omega)$的幅频特性为

$$|T(j\omega)|=\frac{|a_0|}{\sqrt{(\omega_0^2-\omega^2)^2+(\omega\cdot\omega_0/Q)^2}} \tag{7-6-16}$$

由上式可知，当 $\omega=0$ 时，$|T(j\omega)|=\frac{|a_0|}{\omega_0^2}$，当 $\omega\to\infty$时，$|T(j\omega)|\to 0$。又令

$$\frac{\mathrm{d}}{\mathrm{d}\omega}|T(j\omega)|=0$$

可求得$|T(j\omega)|$出现极值的频率 ω_{max}以及极大值$|T|_{max}$，它们分别为

$$\omega_{\max}=\omega_0\sqrt{1-\frac{1}{2Q^2}} \tag{7-6-17}$$

$$|T|_{\max}=\frac{|a_0|Q}{\omega_0^2\sqrt{1-\frac{1}{4Q^2}}} \tag{7-6-18}$$

根据式(7-6-17)可知,仅当 $Q>\frac{1}{\sqrt{2}}$时,$|T(j\omega)|$才会出现极值。当 $Q=\frac{1}{\sqrt{2}}$时电路的响应称为最大平坦响应。由该式还可以看出,Q 值愈高,$\omega_{\max}$之值愈接近于自然模频率 ω_0,当 $Q>5$时,可认为 $\omega_{\max}\approx\omega_0$。

图 7-26 中绘出了二阶低通滤波函数的极零点分布和幅频特性。图(b)中的幅频特性是对应于 $Q>0.707$ 的情况。

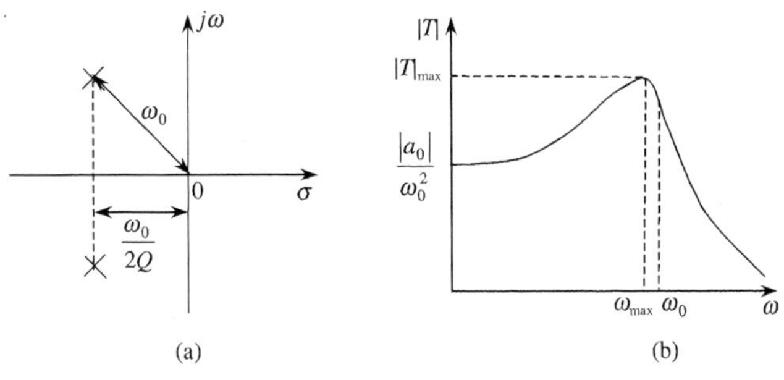

图 7-26

2. 高通滤波函数($a_1=0,a_0=0$)

$$T(s)=\frac{a_2s^2}{s^2+\left(\frac{\omega_0}{Q}\right)s+\omega_0^2} \tag{7-6-19}$$

$T(s)$在 $s=0$ 处有二阶传输零点。$T(j\omega)$的幅频特性为

$$|T(j\omega)|=\frac{|a_2|\omega^2}{\sqrt{(\omega_0^2-\omega^2)^2+(\omega\cdot\omega_0/Q)^2}} \tag{7-6-20}$$

由上式可知,当 $\omega=0$ 时,$|T(j\omega)|=0$,当 $\omega\to\infty$时,$|T(j\omega)|\to|a_2|$。$|T(j\omega)|$出现极值的频率 $\omega_{\max}$和极大值$|T|_{\max}$分别为

$$\omega_{\max}=\omega_0\cdot\frac{1}{\sqrt{1-\frac{1}{2Q^2}}} \tag{7-6-21}$$

$$|T|_{\max}=\frac{|a_2|Q}{\sqrt{1-\frac{1}{4Q^2}}} \tag{7-6-22}$$

由式(7-6-21)知,仅当 $Q>\frac{1}{\sqrt{2}}$才会出现$|T(j\omega)|$的极值。图 7-27 绘出了二阶高通滤波函数的极零点分布和 $Q>\frac{1}{\sqrt{2}}$时的幅频特性。

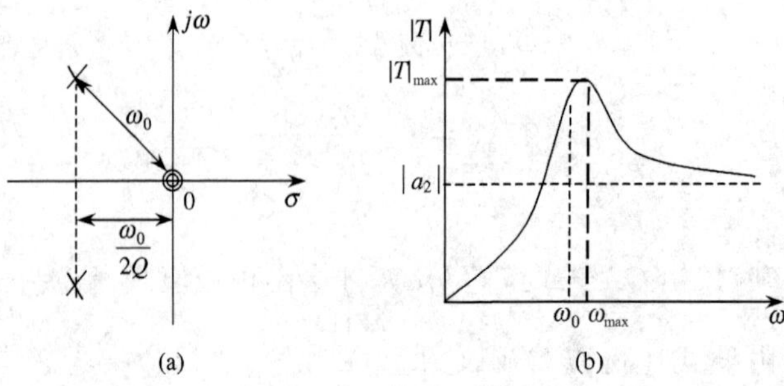

图 7-27

3. 带通滤波函数($a_2=0, a_0=0$)

$$T(s)=\frac{a_1 s}{s^2+\left(\frac{\omega_0}{Q}\right)s+\omega_0^2} \tag{7-6-23}$$

$T(s)$在 $s=0$ 处有单阶传输零点。$T(j\omega)$的幅频特性为

$$|T(j\omega)|=\frac{|a_1|\omega}{\sqrt{(\omega_0^2-\omega^2)^2+(\omega\cdot\omega_0/Q)^2}} \tag{7-6-24}$$

由上式可知,在 $\omega=0$ 和 $\omega=\infty$时$|T(j\omega)|$均为零。而当 $\omega=\omega_0$ 时,$|T(j\omega)|$出现极大值

$$|T|_{\max}=\frac{|a_1|Q}{\omega_0} \tag{7-6-25}$$

带通滤波器的幅频特性呈现峰值的频率称为中心频率,故二阶带通滤波函数的中心频率等于其自然模频率 ω_0。二阶带通滤波器不失真地传送信号的频率范围称为通频带,通频带通常用 3dB 带宽来表征。3dB 带宽即增益函数由峰值下降 3dB(对应幅频特性$|T(j\omega)|$下降至峰值的$\frac{1}{\sqrt{2}}$)的频带宽度。在式(7-6-24)中,令左端等于$\frac{1}{\sqrt{2}}|T|_{\max}=\frac{1}{\sqrt{2}}\cdot\frac{|a_1|Q}{\omega_0}$,可解得 3dB 带宽的边界频率 ω_1 和 ω_2:

$$\begin{matrix}\omega_1\\ \omega_2\end{matrix}=\omega_0\sqrt{1+\frac{1}{4Q_2}}\mp\frac{\omega_0}{2Q} \tag{7-6-26}$$

由式(7-6-26)可以得到 3dB 带宽

$$\mathrm{BW}=\omega_2-\omega_1=\frac{\omega_0}{Q} \tag{7-6-27}$$

图 7-28(a)、(b)分别绘出了二阶带通函数的极零点分布和幅频特性。

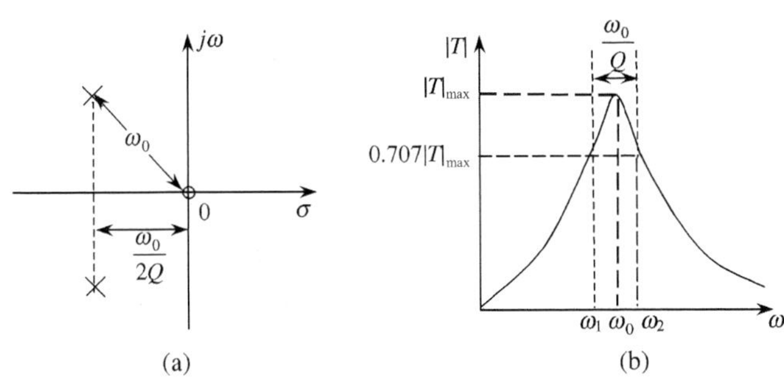

图 7-28

4. 带阻(陷波)滤波函数($a_1=0$)

$$T(s)=\frac{a_2 s^2+a_0}{s^2+\left(\frac{\omega_0}{Q}\right)s+\omega_0^2} \tag{7-6-28}$$

或写为

$$T(s)=a_2\frac{s^2+\omega_z^2}{s^2+\left(\frac{\omega_0}{Q}\right)s+\omega_0^2} \tag{7-6-29}$$

$T(s)$的传输零点为$\pm j\omega_z$,即虚轴上的共轭零点,故$T(j\omega)$的幅频特性$|T(j\omega)|$在$\omega=\omega_z$时出现零值(极小值)。在直流和高频时$T(j\omega)$的幅度为

当$\omega=0$时:$|T(j0)|=|a_2|\frac{\omega_z^2}{\omega_0^2}$;

当$\omega\to\infty$时:$|T(j\infty)|\to|a_2|$。

根据零点频率ω_z与极点频率ω_0的相对大小,可分为三种情形:

(1)$\omega_z=\omega_0$:直流增益=高频增益$=20\log|a_2|$。极零点分布图和幅频特性如图 7-29 所示。这种情形一般称为陷波滤波。

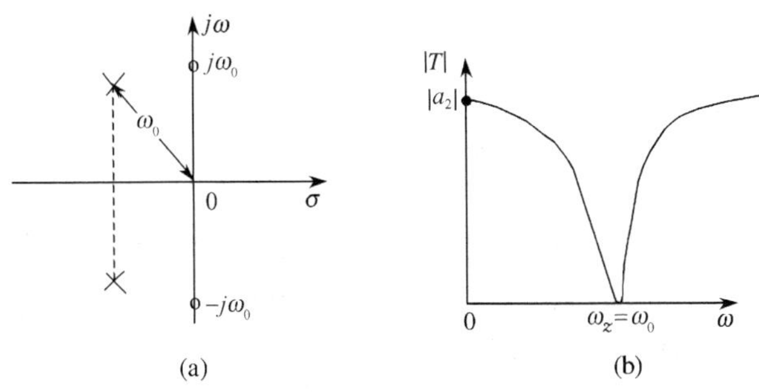

图 7-29

(2)$\omega_z>\omega_0$:直流增益>高频增益。极零点分布和幅频特性如图 7-30 所示。这种情形称为低通陷波。

(3)$\omega_z<\omega_0$:直流增益<高频增益。极零点分布和幅频特性如图 7-31 所示。这种情

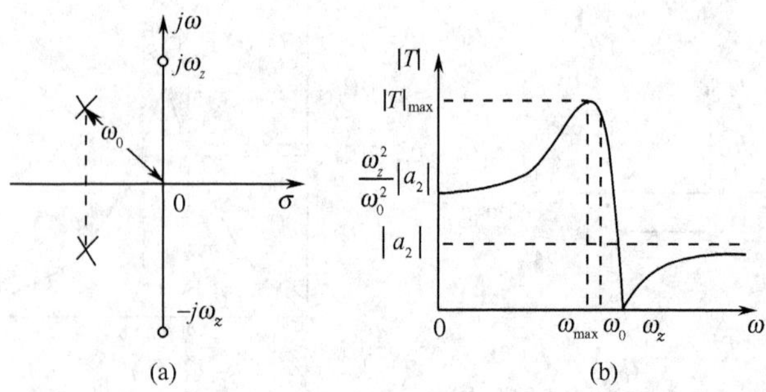

图 7-30

形称为高通陷波。

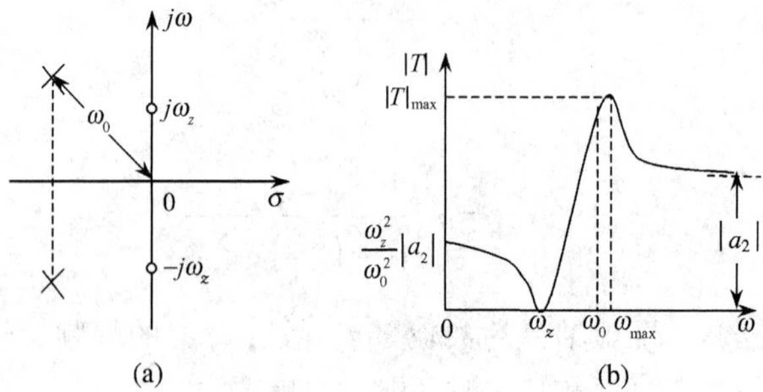

图 7-31

5. 全通滤波函数$\left(\frac{a_0}{a_2}=\omega_0^2,\frac{a_1}{a_2}=-\frac{\omega_0}{Q}\right)$

$$T(s)=a_2\frac{s^2-\left(\frac{\omega_0}{Q}\right)s+\omega_0^2}{s^2+\left(\frac{\omega_0}{Q}\right)s+\omega_0^2} \tag{7-6-30}$$

$T(s)$的传输零点为

$$\begin{matrix}s_{z1}\\ s_{z2}\end{matrix}=\frac{\omega_0}{2Q}\pm j\omega_0\sqrt{1-\frac{1}{4Q^2}} \tag{7-6-31}$$

零点是一对位于右半 s 平面的共轭复数，与式(7-6-14)比较可知，零点 s_{z1}、s_{z2}分别与位于左半 s 平面的极点 s_{p1}、s_{p2}对虚轴对称，故式(7-6-30)所表示的转移函数是二阶全通函数。$T(j\omega)$的幅频特性和相频特性分别为

$$|T(j\omega)|=|a_2| \tag{7-6-32}$$

$$\Phi(\omega)=\angle T(j\omega)=-2\mathrm{tg}^{-1}\left(\frac{\omega_0\omega/Q}{\omega_0^2-\omega^2}\right) \tag{7-6-33}$$

全通函数的幅频特性是与 ω 无关的常数，即对所有的频率分量的传输能力是相同的。

全通函数的相频特性 $\Phi(\omega)$是频率 ω 的函数，换言之，其相角具有频率选择性。相角

随频率而改变的特性也可以用群延迟来表示。群延迟(group delay)定义为

$$\tau(\omega)=-\frac{\mathrm{d}\Phi(\omega)}{\mathrm{d}\omega} \tag{7-6-34}$$

在信号处理和传输系统中,往往用群延迟 $\tau(\omega)$较用相角 $\Phi(\omega)$更方便。例如,在脉冲传输系统中,为了防止产生波形畸变,需要系统具有线性相角特性,即 $\Phi(\omega)$是 ω 的线性函数,若用群延迟表示,则要求 $\tau(\omega)=$常数。如果原系统相角特性是非线性的,即 $\tau(\omega)\neq$常数,则可对该系统级联以适当的延迟均衡器。延迟均衡器实际上就是全通滤波器,接上以后并不改变系统的增益(或衰减)特性,但却能补偿原系统的非线性相角特性,使全系统具有均衡的群延迟。

图 7-32(a)、(b)、(c)、(d)分别绘出二阶全通函数的极零点分布、幅频特性、相频特性和群延迟。

以上讨论了双二次转移函数的五种特殊情况,对应于五种不同的滤波类型。在一般情况下,式(7-6-12)的双二次转移函数也可以写为以下形式:

$$T(s)=K\frac{s^2+\left(\frac{\omega_z}{Q_z}\right)s+\omega_z^2}{s^2+\left(\frac{\omega_0}{Q}\right)s+\omega_0^2} \tag{7-6-35}$$

式中 ω_z 称为零点频率,Q_z 称为零点 Q。$T(s)$的传输零点一般为

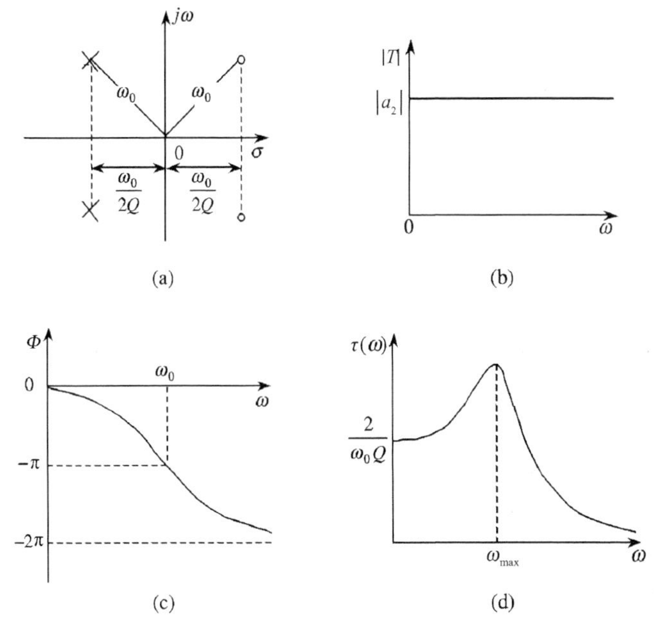

图 7-32

$$\begin{matrix} s_{z1} \\ s_{z2} \end{matrix}=-\frac{\omega_z}{2Q_z}\pm\omega_z\sqrt{\frac{1}{4Q_z^2}-1} \tag{7-6-36}$$

若 $Q_z>0.5$,则为

$$\begin{matrix} s_{z1} \\ s_{z2} \end{matrix} = -\frac{\omega_z}{2Q_z} \pm j\omega_z \sqrt{1 - \frac{1}{4Q_z^2}} \tag{7-6-37}$$

参数 ω_0、Q、ω_z、Q_z 对双二次转移函数幅频特性的影响可概括为以下几点：

(1)$|T(j\omega)|$的最大值出现在 ω_0 附近。

(2)$|T(j\omega)|$的最小值出现在 ω_z 附近。

(3)Q 愈大，在$|T(j\omega)|$的最大值频率附近幅频特性变化愈陡。

(4)Q_z 愈大，在$|T(j\omega)|$的最小值频率附近幅频特性变化愈陡。

习 题

7-1 检验下列多项式，判断其是否为霍尔维茨多项式，是否为严格霍尔维茨多项式。

(1)$P(s) = s^5 + 12s^4 + 45s^3 + 60s^2 + 44s + 48$；

(2)$P(s) = s^6 + s^5 + 4s^4 + 2s^3 + 5s^2 + s + 2$；

(3)$P(s) = s^4 + 16s^3 + 86s^2 + 176s + 105$；

(4)$P(s) = s^4 + 6s^3 + 9s^2 + 24s + 20$。

7-2 判断下列函数是否为正实函数，并说明理由。

(1)$F(s) = \frac{s^2 + 4s + 3}{s^2 + 6s + 8}$；

(2)$F(s) = \frac{s + 4}{s^2 + s + 15}$；

(3)$F(s) = \frac{s^2 + 1}{s^4 + 2s^2 + 4}$；

(4)$F(s) = \frac{s^2 - 4s + 3}{s^2 + 6s + 8}$；

(5)$F(s) = \frac{s^4 + 2s^3 + 3s^2 + s + 1}{2s^5 + 10s^4 + 12s^3 + 2s^2 + 10s + 12}$；

(6)$F(s) = \frac{s^2 + 4s}{s^2 + 7s + 6}$。

7-3 对下列函数进行分类，判断其属于以下四类中的哪一类（并说明理由）：(a)电抗函数；(b) RC 阻抗函数；(c) RC 导纳函数；(d)其他。

(1)$F(s) = \frac{s^3 + 10s^2 + 24s}{s^2 + 7s + 10}$；

(2)$F(s) = \frac{s^4 + 4s^2 + 3}{s^5 + 6s^3 + 8s}$；

(3)$F(s) = \frac{s^2 + 7s + 10}{s^2 + 4s + 3}$；

(4)$F(s) = \frac{s^5 + 5s^3 + 4s}{s^4 + 5s^2 + 6}$；

(5)$F(s) = \frac{s^2 + 4s + 3}{s^2 + 6s + 8}$；

(6)$F(s) = \frac{s^2 + 7s + 12}{s^2 + 3s + 2}$。

7-4 对于电抗函数

$$F(s)=\frac{(s^2+0.5)(s^2+1.5)(s^2+3)}{s(s^2+1)(s^2+2)}$$

分别用福斯特Ⅰ型和福斯特Ⅱ型实现。

7-5 对于电抗函数

$$F(s)=\frac{2s^4+20s^2+18}{s^3+4s}$$

分别用考尔Ⅰ型和考尔Ⅱ型实现。

7-6 对于 RC 函数

$$F(s)=\frac{s^2+6s+8}{s^2+3s}$$

分别用福斯特Ⅰ型和福斯特Ⅱ型实现。

7-7 对于 RC 函数

$$F(s)=\frac{2s^2+14s+20}{s^2+10s+24}$$

分别用考尔Ⅰ型和考尔Ⅱ型实现。

7-8 试证明：

(1)图 7-23(c)是实现一阶全通转移函数的一种电路。

(2)图 7-24(c)是实现一般双线性函数的一种电路。

7-9 一个双二次转移函数的极点频率 $\omega_0=251.2\text{rad/s}$，极点 $Q=8$，零点频率 $\omega_z=314\text{rad/s}$，零点位于虚轴上，直流增益为 6dB。试写出该双二次函数，说明其滤波类型、滤波作用，并定性绘出其幅频特性曲线。

第八章 滤波器逼近方法

导 言

电气滤波器(简称滤波器)是一种电信号的处理电路,它是一个二端口网络。输入端口接收需要处理的电信号,滤波器按一定方式产生输出信号送至输出端口。本书所涉及的滤波器是具有频率选择性的电路,它具有区分输入信号的各种不同频率成分的功能,容许某些频率成分的信号通过,而阻止其他频率成分的信号。

滤波器的转移函数一般为转移电压比,即

$$T(s)=\frac{U_o(s)}{U_i(s)} \tag{8-0-1}$$

式中$U_o(s)$、$U_i(s)$分别为滤波器的输出电压和输入电压的象函数。令上式中$s=j\omega$,得

$$T(j\omega)=\frac{U_o(j\omega)}{U_i(j\omega)} \tag{8-0-2}$$

$T(j\omega)$具有模$|T(j\omega)|$和相角$\phi(\omega)$,即

$$T(j\omega)=|T(j\omega)|e^{j\phi(\omega)} \tag{8-0-3}$$

为了综合一个滤波器电路,基本的步骤分逼近和实现两步。滤波器的逼近方法就是本章所研究的主题。

逼近的一般数学概念是指用简单的函数$y(x)$近似地代替函数$f(x)$。这里所谓简单的函数,主要指可以用四则运算进行计算的函数,其一般形式是有理分式函数或多项式。$f(x)$称为被逼近函数,$y(x)$称为逼近函数。在网络综合中的逼近问题,是特指根据需要综合的网络的技术条件,寻求一个可实现的网络函数以满足给定的技术条件。例如,一个理想的低通滤波器要求对从0至ω_p频带内所有频率的信号有同样的传输能力,而对超过ω_p的任何频率的信号均完全阻止其通过。以上技术要求可用下式表示:

$$|T(j\omega)|^2=\begin{cases}G & (0\leqslant\omega\leqslant\omega_p)\\ 0 & (\omega>\omega_p)\end{cases} \tag{8-0-4}$$

然而,没有任何集总、线性、时不变电路转移函数的幅度平方能精确地符合式(8-0-4)。这是因为,任何集总、线时、时不变电路的转移函数都是频率的有理函数,而任一有理函数均不可能具有式(8-0-4)的形式。因此需要用可实现的转移函数来逼近式(8-0-4),这就是网络综合中逼近问题的一种主要类型——频域幅度响应的逼近。

本章在引入滤波器逼近的有关基础知识后,侧重介绍了几种常用的经典逼近,应用这些逼近方法,可以根据给定的技术条件求得低通滤波器转移函数。为了能用经典逼近方法设计高通、带通和带阻滤波器,本章最后还讨论了频带变换问题。

8-1 滤波器的转移函数和特征函数

在滤波器逼近中,通常习惯于将转移函数定义为

$$H(s)=\frac{\text{输入(象函数)}}{\text{输出(象函数)}} \tag{8-1-1}$$

它等于以前各章中所称转移函数 $T(s)=$输出(象函数)/输入(象函数)的倒数,即 $H(s)=\frac{1}{T(s)}$。

将 $H(s)$表示为两个多项式之比,即

$$H(s)=\frac{E(s)}{P(s)} \tag{8-1-2}$$

转移函数 $H(s)$分子多项式 $E(s)$的零点是 $H(s)$的零点,它们也就是 $T(s)$的极点,称为自然模,故 $E(s)$称为自然模多项式。分母多项式 $P(s)$的零点即 $H(s)$的极点,它们应等于 $T(s)$的零点,即传输零点。故 $P(s)$称为损耗(衰减)极点多项式或传输零点多项式。若滤波器是 N 阶的,则自然模多项式 $E(s)$为 N 次多项式。设损耗极点多项式 $P(s)$为 M 次多项式($M\leqslant N$),则两者次数之差

$$n_i=N-M$$

为滤波器在 $s=\infty$处的损耗极点(传输零点)的阶数。

频域中的滤波器转移函数为

$$H(j\omega)=|H(j\omega)|e^{j\angle H(j\omega)}$$

滤波器的幅频响应常用下式定义的衰减函数表示

$$A(\omega)=10\log_{10}|H(j\omega)|^2 \tag{8-1-3}$$

可以看出,$A(\omega)$与式(7-6-5)定义的增益函数的关系为

$$A(\omega)=-G(\omega) \tag{8-1-4}$$

$A(\omega)$是以分贝为单位的衰减函数,它与式(7-2-21)中定义的以奈培为单位的衰减函数 $\alpha(\omega)$的关系是

$$A(\omega)=8.686\alpha(\omega) \tag{8-1-5}$$

滤波器转移函数 $H(j\omega)$的幅角$\angle H(j\omega)=\angle-T(j\omega)=-\phi(\omega)$,故群延迟

$$\tau(\omega)=-\frac{\mathrm{d}\phi(\omega)}{\mathrm{d}\omega}=\frac{\mathrm{d}\angle H(j\omega)}{\mathrm{d}\omega} \tag{8-1-6}$$

通常滤波器逼近问题是要寻求适当的转移函数 $H(s)$,其衰减函数 $A(\omega)=10\log_{10}|H(j\omega)|^2$能满足给定的用衰减表示的技术条件。

滤波器的归一化技术条件规定通频带的理想衰减 $A(\omega)=0$,据式(8-1-3)可知,$|H(j\omega)|^2=1$,故在通频带中应使滤波器转移函数的模$|H(j\omega)|$逼近于 1。为了便于逼近,另外引入一个特征函数 $K(s)$,它与滤波器转移函数 $H(s)$的关系是

$$|H(j\omega)|^2=1+|K(j\omega)|^2 \tag{8-1-7}$$

即

$$|K(j\omega)|^2=|H(j\omega)|^2-1$$

于是,对于通频带的理想情形,$A(\omega)=0$,$|H(j\omega)|^2=1$,$|K(j\omega)|^2=0$。衰减函数与特征函数的关系为

$$A(\omega)=10\log_{10}[1+|K(j\omega)|^2] \tag{8-1-8}$$

特征函数与衰减函数的零点相同,逼近特征函数较逼近转移函数更方便。

根据式(8-1-7)，可导出复频域转移函数 $H(s)$ 与特征函数 $K(s)$ 的关系，即

$$H(s)H(-s)\big|_{s=j\omega} = 1 + K(s)K(-s)\big|_{s=j\omega}$$

对上式解析延拓，有

$$H(s)H(-s) = 1 + K(s)K(-s) \tag{8-1-9}$$

式(8-1-9)称为费尔德凯勒(Feldkeller)方程，在无源滤波器综合中有重要作用。费尔德凯勒方程使人们可以通过特征函数 $K(s)$ 来确定滤波器转移函数 $H(s)$。故滤波器逼近最简便的途径是先对特征函数 $K(s)$ 逼近，然后再用 $K(s)$ 根据式(8-1-9)的关系来计算转移函数 $H(s)$。

由式(8-1-9)可以看出，$K(s)$ 的极点必定与 $H(s)$ 相同，故特征函数 $K(s)$ 与转移函数 $H(s)$ 有相同的分母多项式 $P(s)$。因此，可将 $K(s)$ 写为

$$K(s) = \frac{F(s)}{P(s)} \tag{8-1-10}$$

式中，分子多项式 $F(s)$ 确定 $K(s)$ 的零点。在 $K(s)$ 的零点处，$|K|^2=0$，$|H|^2=1$，而衰减 $A(\omega)=0$，即它们也是衰减的零点，故 $F(s)$ 称为衰减零点多项式。而分母多项式 $P(s)$ 则是前面介绍的衰减(损耗)极点多项式。

根据式(8-1-2)、(8-1-10)和式(8-1-9)，可以导出费尔德凯勒方程的另一种表示形式：

$$E(s)E(-s) = P(s)P(-s) + F(s)F(-s) \tag{8-1-11}$$

上式是联系自然模多项式 $E(s)$、衰减极点多项式 $P(s)$ 和衰减零点多项式 $F(s)$ 三者关系的方程。如果能确定特征函数 $K(s)$，则由其分子多项式 $F(s)$ 和分母多项式 $P(s)$ 便可求得自然模多项式 $E(s)$，因而能确定滤波器转移函数 $H(s)=E(s)/P(s)$。

根据以上讨论，滤波器逼近过程，应首先确定特征函数 $K(s)$。这就涉及确定 $K(s)$ 的极点和零点在 s 平面的位置的问题。为了获得最好的幅频响应(使在极点、零点附近有较理想的频率特性)，同时也尽可能使逼近的数学计算简化，通常把衰减极点($P(s)$ 的零点)和衰减零点($F(s)$ 的零点)均置于 s 平面的虚轴上(含 $s=0$ 和 $s=\infty$)。在有限远处的极零点，当然都必须共轭成对出现。因此，特征函数一般具有如下形式：

$$K(s) = \frac{F(s)}{P(s)} = k\,\frac{(s^2+\omega_{r1}^2)(s^2+\omega_{r2}^2)\cdots}{(s^2+\omega_{l1}^2)(s^2+\omega_{l2}^2)\cdots} \tag{8-1-12}$$

式中，ω_{r1}，ω_{r2}，…为衰减零点，ω_{l1}，ω_{l2}，…为衰减极点。

8-2 滤波器的技术条件

在式(8-0-3)中，度量滤波器传输的转移函数 $T(j\omega)$ 的模 $|T(j\omega)|$ 反映了传输幅度的频率特性，$T(j\omega)$ 的幅角 $\phi(\omega)$ 反映了相角的频率特性。在滤波器应用的许多场合，人们感兴趣的是幅频特性，因此，在一般情况下，滤波器的技术条件是用能反映幅频特性的量来表示的。

图 8-1(a)表示一个理想的低通滤波器的传输特性，图中纵坐标为 $|T(j\omega)|$。对于从 0 至 ω_p 的低频信号，$|T(j\omega)|=1$，而对于超过 ω_p 的高频信号，$|T(j\omega)|=0$。$0\leqslant\omega\leqslant\omega_p$ 的频率范围称为通带，$\omega>\omega_p$ 的频率范围称为阻带。图 8-1(b)表示上述理想低通滤波器的

衰减特性，图中纵坐标是衰减 $A(\omega)$。在通带（$0 \leqslant \omega < \omega_p$）内，$A(\omega)=0$，在阻带（$\omega > \omega_p$），$A(\omega)=\infty$。

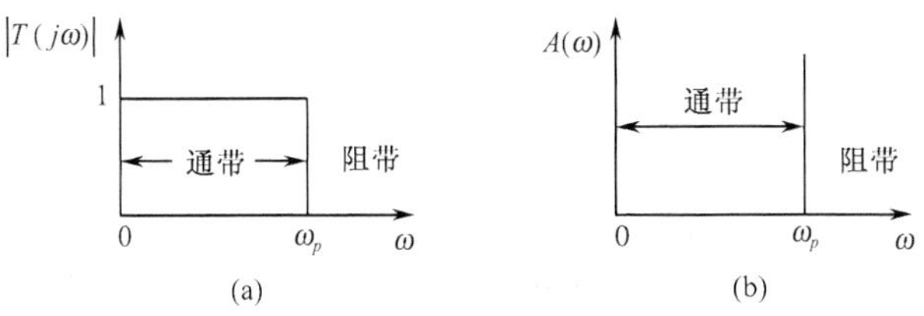

图 8-1

前面已经提到，如图 8-1 所表示的理想低通滤波器特性，是不可能用集总、线性、时不变元件组成的电路实现的。实际上，没有必要要求在整个通带内衰减都等于零，而只要滤波器在通带内的衰减小于事先规定的通带最大衰减 A_{max} 即可。对于阻带，也不可能要求其衰减为无限大，而只要在阻带内的衰减大于事先规定的阻带最小衰减 A_{min} 即可。此外，实际可实现的技术要求，通带与阻带之间有一过渡带，即通带边界频率 ω_p 与阻带边界频率 ω_s 之间的频带（$\omega_p < \omega < \omega_s$）。由此得到图 8-2(a)所示低通滤波器技术条件。

图 8-2(a)中的阴影区表示衰减函数曲线不能进入的部分，图中表示的低通滤波器技术条件也可表述为

通带：$0 \leqslant f \leqslant f_p$ Hz，通带最大衰减 A_{max} dB。

阻带：$f \geqslant f_s$ Hz，阻带最小衰减 A_{min} dB。

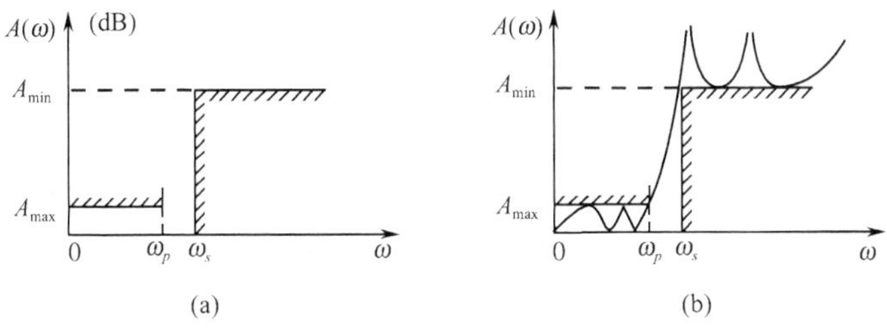

图 8-2

图 8-2(b)中绘出了一个满足图 8-2(a)技术条件的衰减函数的曲线。可以看出，在通带内，衰减 $A(\omega)$ 呈纹波状地起伏变化于 0 与 A_{max} 之间。在阻带内，$A(\omega)$ 也随 ω 而起伏变化，其最大值为无限大，即阻带的理想衰减，其最小值为阻带容许的最小衰减 A_{min}。在通带边界 ω_p 和阻带边界 ω_s 处，衰减分别等于 A_{max} 和 A_{min}。过渡带的带宽（$\omega_s - \omega_p$）愈窄，则过渡带中 $A(\omega)$ 曲线变化愈陡，滤波器的频率选择性愈好，因此，可将 $\frac{\omega_s}{\omega_p}$ 作为选频性能的量度，称为选择性比。$\frac{\omega_s}{\omega_p} \geqslant 1$，此值愈接近于 1，选择性愈好。

下面着重研究滤波器的通带技术指标，它们也可转换为用 $|H(j\omega)|^2$ 和 $|K(j\omega)|^2$ 表示。对于通带的理想情况和容许最大偏差情况，$A(\omega)$、$|H(j\omega)|^2$ 和 $|K(j\omega)|^2$ 三者的对

应关系为

	$A(\omega)$	$\|H(j\omega)\|^2$	$\|K(j\omega)\|^2$
通带的理想情况	0	1	0
通带容许最大偏差	A_{max}	$1+\varepsilon^2$	ε^2

式中 ε 为特征函数幅值$|K(j\omega)|$在通带所容许的最大偏差,称为“通带纹波系数”(passband ripple parameter),而通带最大衰减 A_{max}则又可称为“通带纹波”(passband ripple)。在整个通带,转移函数的幅值平方(以下简称“平方转移函数”)$|H(j\omega)|^2$ 以小于 ε^2 的偏差而逼近于 1。对应地,特征函数的幅值平方(以下简称“平方特征函数”)$|K(j\omega)|^2$ 以小于 ε^2 的偏差而逼近于零。图 8-3 中分别用 $A(\omega)$、$|H(j\omega)|^2$ 和$|K(j\omega)|^2$ 表示出低通滤波器的技术指标。其中,通带纹波 A_{max}与通带纹波系数 ε 的关系为

$$A_{max} = 10\log_{10}(1+\varepsilon^2) \tag{8-2-1}$$

$$\varepsilon = \sqrt{10^{A_{max}/10} - 1} \tag{8-2-2}$$

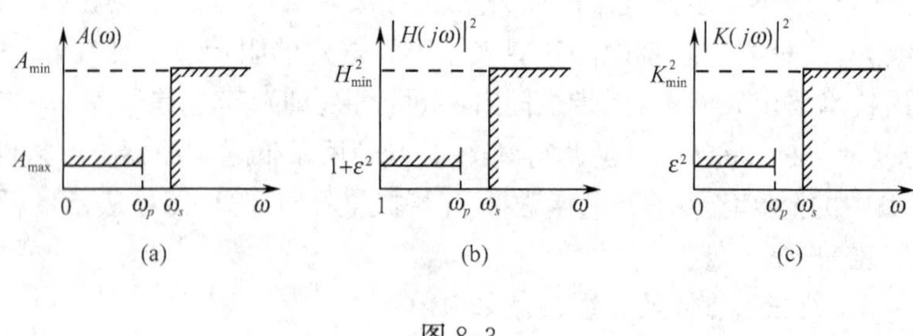

图 8-3

8-3 逼近函数和逼近类型

在 8-1 节中曾经指出,滤波器逼近不需要直接对转移函数 $H(s)$进行,而是对特征函数 $K(s)$逼近更为简便。平方特征函数$|K(j\omega)|^2$ 在通带以不超过最大偏差 ε^2 而逼近于零。为了去掉因子 ε^2,定义逼近函数 $R(\omega)$,它与特征函数的关系为

$$|K(j\omega)|^2 = \varepsilon^2 |R(\omega)|^2 \tag{8-3-1}$$

即

$$|K(j\omega)| = \varepsilon |R(\omega)| \tag{8-3-2}$$

显然,$|R(\omega)|^2$ 在通带内以最大偏差 1 而逼近于零,换言之,$|R(\omega)|$曲线在通带内是在0～1之间波动。图 8-4(a)中绘出了一种逼近函数 $R(\omega)$的图形,在$-1\leqslant\omega\leqslant+1$ 频带内,$R(\omega)$波动于$+1$ 和-1 之间。图 8-4(b)和(c)分别绘出了$|K(j\omega)|=\varepsilon|R(\omega)|$和$|K(j\omega)|^2$的函数图形。可以看出,$|R(\omega)|$与$|K(j\omega)|$(因而也与 $A(\omega)$)有相同的零点、相同的极点。图中通带边界为 1,这是由于采用了归一化频率 ω/ω_p 所致(本书以符号 Ω 表示归一化频率)。

逼近函数较特征函数更具有一般性。同一类型的滤波器有相同的逼近函数 $R(\omega)$,在不同的通带纹波系数 ε 的情况下,可以得到一族$|K(j\omega)|^2$ 曲线,因而有一族衰减曲线 $A(\omega)$,它们有相同的衰减零点和衰减极点,但因 ε 取值不同,从而有不同的通带性能和阻

带性能。研究图 8-5 中的两条平方特征函数曲线，它们出自同一逼近函数 $R(\omega)$，曲线 1 的通带纹波系数为 ε_1，曲线 2 的通带纹波系数为 ε_2，$\varepsilon_2>\varepsilon_1$。两曲线的通带边界 ω_p、阻带边界 ω_s 分别相同。两者的衰减零点、衰减极点也分别相同。不难看出，曲线 1 有较好的通带特性（其纹波较曲线 2 小），但却有较差的阻带特性（其阻带最小衰减较曲线 2 小）。换言之，在同样的逼近函数的条件下，通带纹波愈小，则阻带最小衰减也愈小，改善通带性能，必然导致阻带性能变坏。在此两者的确定上应统一考虑、权衡利弊。

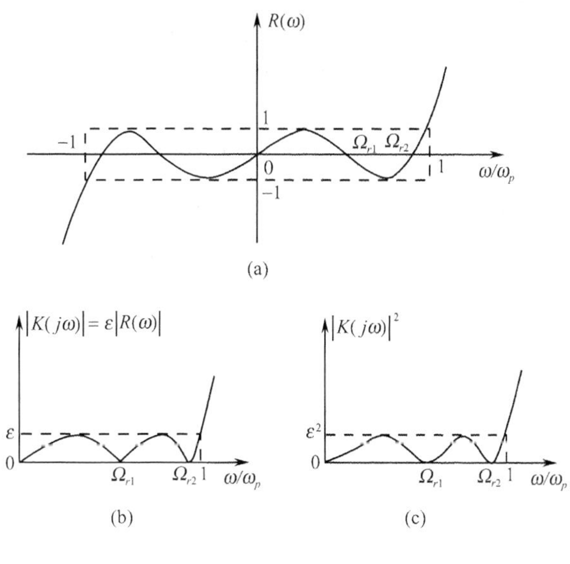

图 8-4

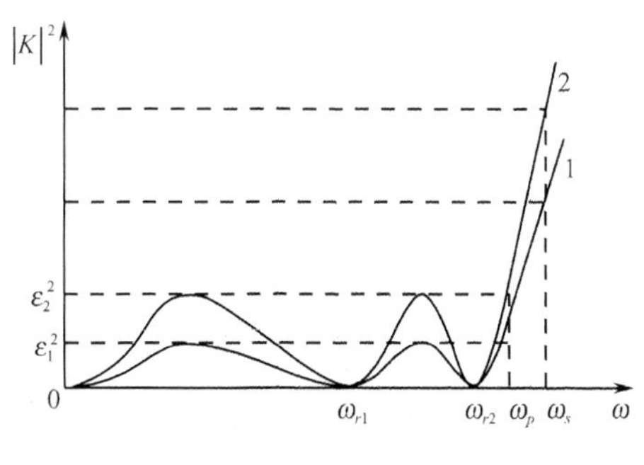

图 8-5

不同的逼近函数决定了不同的逼近类型，现对常见的通带逼近类型和阻带逼近类型分别介绍于后。

通带逼近有两类，第一类是最大平坦通带，如图 8-6 所示，图(a)为平方特征函数，图(b)为逼近函数。这种逼近方法是将所有的衰减零点都放置在通带内的 ω_0 频率处。ω_0 的选择根据应是使逼近函数 $R(\omega)$ 在通带边界 ω_{p1}、ω_{p2} 处之绝对值等于 1，如此则 $|K|^2$ 函数在通带边界之值为 ε^2。最大平坦通带逼近方法的基本思想是在通带内的一点（$\omega=\omega_0$）

进行完全的逼近，而使在该点的邻域内衰减也接近于零。滤波器的阶数愈高，$|K|^2$ 曲线在 ω_0 频率附近愈平坦，即通带内衰减能更好地逼近零的频率范围愈宽，当然，其实现电路也愈复杂。图 8-6(a)中虚线表示高阶滤波器的$|K|^2$ 曲线。通带逼近的第二类是等纹波逼近，如图 8-7 所示，图(a)为平方特征函数，图(b)为逼近函数。这种逼近方法是将各个衰减零点分别置于通带内的不同位置处，因而使$|K|^2$ 曲线在通带内呈纹波状。各衰减零点位置的确定，应使通带内$|K|^2$ 曲线的峰值彼此相等，并且均等于通带边界 ω_{p1}、ω_{p2}处$|K|^2$之值 ε^2。等纹波通带逼近方法的基本思想是在 $\omega_{p1}\leqslant\omega\leqslant\omega_{p2}$ 的一个频段内进行逼近，以达到使通带内衰减偏离零值的最大偏差最小化的目的。滤波器的阶数愈高，衰减零点数愈多，则通带中纹波数愈多，在同样的 ε 下，阻带可获得更大的衰减。

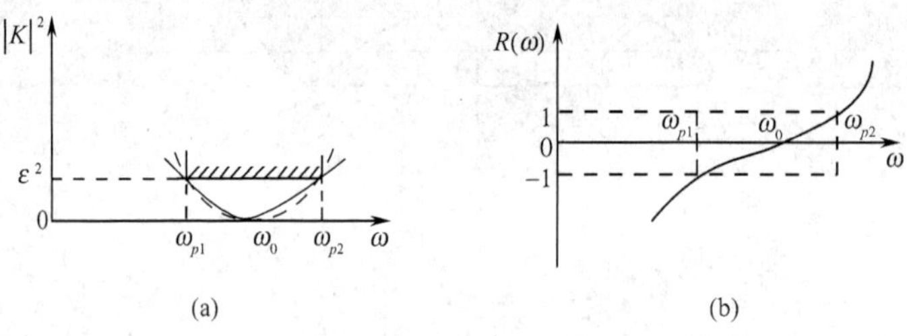

图 8-6

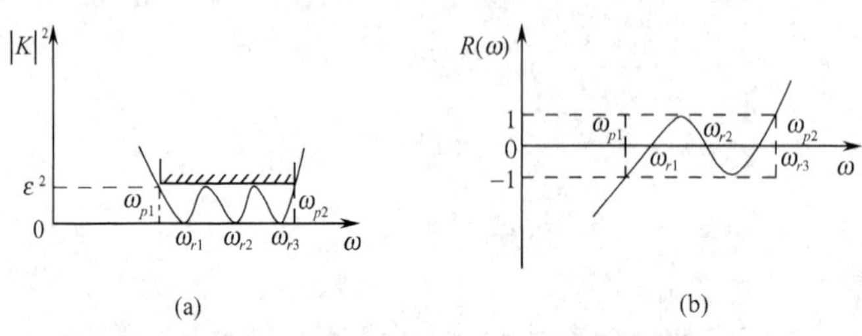

图 8-7

将最大平坦通带与等纹波通带两种逼近方式相比较，如果两者具有相等的通带纹波系数 ε，而且有相同的滤波器阶数 N，则后者较前者有更好的阻带性能。换言之，等纹波通带逼近可得到更大的阻带衰减。图 8-8 中对此作了定性的解释。最大平坦通带较等纹波通带有更好的群延迟特性，即其群延迟更接近于常数，这是在某些特殊情况下选用最大平坦通带逼近更为适宜的原因。

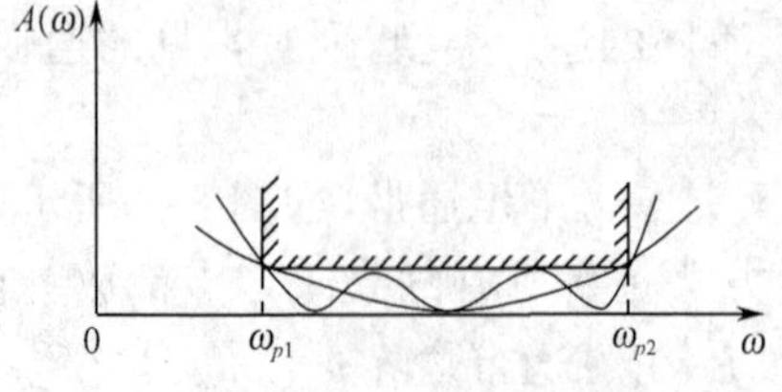

图 8-8

阻带逼近也有两类，即单调阻带和等最小值阻带，分别表示于图 8-9 和图 8-10 中。图 8-9 所示带通滤波器的衰减函数 $A(\omega)$，无论在下阻带（$0\leqslant\omega\leqslant\omega_{s1}$）或上阻带（$\omega_{s2}\leqslant\omega<\infty$），衰减特性都是单调变化的。因此，在下阻带内，所有的衰减极点均位于 $\omega=0$ 处；在上阻带内，所有的衰减极点均在 $\omega=\infty$处。图 8-10 所示带通滤波器的衰减函数$A(\omega)$，在下阻带和上阻带内的几个有限频率处，出现衰减极点。衰减极点频率的确定，应使阻带内衰减曲线的极小值彼此相等，并与阻带边界 ω_{s1}、ω_{s2}处 $A(\omega)$之值相等，其值等于技术指标规定的阻带最小衰减 $A_{\min}$。将以上两种阻带逼近方式相比较，等最小值阻带逼近有更好的选择性。换言之，在其他条件相同的情况下，等最小值阻带逼近可以得到更窄的过渡带。

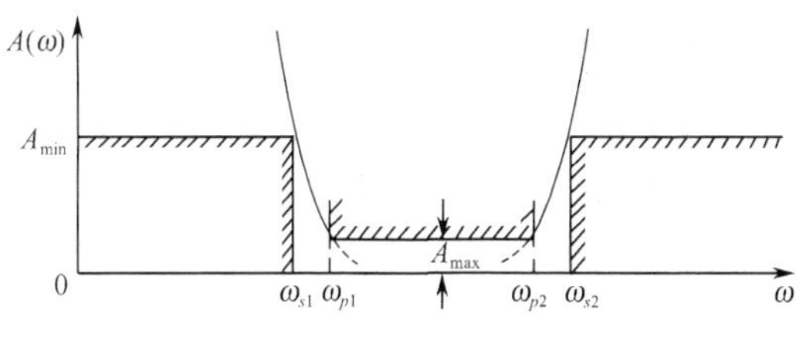

图 8-9

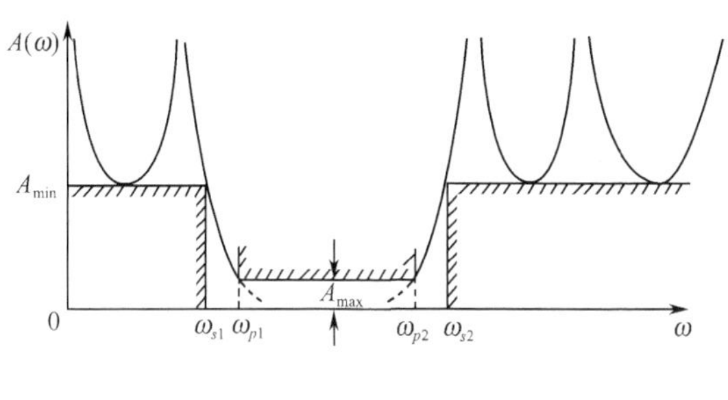

图 8-10

以上对逼近类型的研究均以带通滤波器为例。应该指出，低通和高通滤波器均可视为带通滤波器的特殊情形。

例 8-1 一个二阶带通滤波器的通带从 $\omega_{p1}=0.64\text{rad/s}$ 到 $\omega_{p2}=1\text{rad/s}$。通带类型为最大平坦通带，通带最大衰减 $A_{\max}=3\text{dB}$。阻带类型为单调阻带，在 $\omega=0$ 和 $\omega=\infty$处有单阶衰减极点。试求此滤波器的衰减零点 ω_0，并确定其特征函数 $K(s)$和转移函数$H(s)$。

解：由于滤波器是二阶的，且为最大平坦通带，仅有一个衰减零点 ω_0，故衰减零点多项式有如下形式：

$$F(s)=k(s^2+\omega_0^2)$$

式中 k 和ω_0 为待确定的常数。又因 $s=0$ 和 $s=\infty$处各有一个单阶衰减极点，而 $F(s)$是二次式，则衰减极点多项式必定是

$$P(s)=s$$

代入式(8-1-10)，得到特征函数（含待定常数）

$$K(s) = k\frac{s^2 + \omega_0^2}{s} \tag{8-3-3}$$

根据通带最大衰减 A_{max} 可以确定通带纹波系数 ε，即应用式(8-2-2)的关系，得

$$\varepsilon = \sqrt{10^{\frac{3}{10}} - 1} = 1$$

用通带边界的约束条件求式(8-3-3)中的 k、ω_0。

由于在 $\omega=\omega_{p1}$ 和 $\omega=\omega_{p2}$ 处，$|K(j\omega)|=\varepsilon=1$，故有以下两个关系式：

$$|K(j0.64)| = k\frac{\omega_0^2 - 0.64^2}{0.64} = 1 \tag{8-3-4}$$

$$|K(j1)| = k\frac{|\omega_0^2 - 1^2|}{1} = k\frac{1^2 - \omega_0^2}{1} = 1 \tag{8-3-5}$$

对式(8-3-4)、(8-3-5)联立求解，得

$$k = 2.778, \quad \omega_0 = 0.8\text{rad/s}$$

ω_0 即所求的衰减零点。代 k 与 ω_0 入式(8-3-3)，得到特征函数

$$K(s) = 2.778\frac{s^2 + 0.8^2}{s} \tag{8-3-6}$$

用式(8-1-11)的费尔德凯勒方程确定自然模多项式如下：

$$\begin{aligned} E(s)E(-s) &= P(s)P(-s) + F(s)F(-s) \\ &= -s^2 + 2.778^2(s^2 + 0.64)^2 \\ &= \frac{1}{0.36^2}(s^4 + 1.1504s^2 + 0.64^2) \end{aligned} \tag{8-3-7}$$

根据上式，可暂设 $E(s)$ 为下式：

$$E(s) = \frac{1}{0.36}(s^2 + as + 0.64)$$

式中 a 为待定系数。于是

$$E(s)E(-s) = \frac{1}{0.36^2}(s^2 + as + 0.64)(s^2 - as + 0.64) \tag{8-3-8}$$

式(8-3-8)与式(8-3-7)等号左端相同，则两者等号右端中 s 的同次项系数应相等，从而有

$$2 \times 0.64 - a^2 = 1.1504$$

解得

$$a = 0.36$$

故

$$E(s)E(-s) = \frac{1}{0.36^2}(s^2 + 0.36s + 0.64)(s^2 - 0.36s + 0.64)$$

根据自然模多项式的零点必须位于左半 s 平面的原则，应选取

$$E(s) = \frac{1}{0.36}(s^2 + 0.36s + 0.64) \tag{8-3-9}$$

最后可写出转移函数：

$$H(s) = \frac{E(s)}{P(s)} = \frac{s^2 + 0.36s + 0.64}{0.36s} \tag{8-3-10}$$

例 8-2 一低通滤波器的通带边界频率为 $\omega_p=1\text{rad/s}$，通带纹波系数 $\varepsilon=1$。通带最

大平坦于 $\omega=0\text{rad/s}$ 处。滤波器的衰减极点为 $\omega_l=\sqrt{2}\text{rad/s}$，另在无限远处有一单阶极点。试求该低通滤波器的特征函数 $K(s)$，并确定在 $\omega=2\text{rad/s}$ 处的衰减。

解：因衰减极点 $\omega_l=\sqrt{2}\text{rad/s}$，由式(8-1-12)知，衰减极点多项式为

$$P(s)=s^2+2$$

本例为最大平坦通带，只有一个衰减零点 ω_0，据题意知，$\omega_0=0$。因此，衰减零点多项式 $F(s)$ 的形式应为 s^N，N 为滤波器阶数。由于无限远处有一单阶衰减极点，这就表明 $F(s)$ 应较 $P(s)$ 高一次。由此可得

$$K(s)=\frac{F(s)}{P(s)}=k\frac{s^3}{s^2+2} \tag{8-3-11}$$

因在通带边界 $\omega=\omega_p=1\text{rad/s}$ 处，$|K(j\omega)|=1$，故可确定式(8-3-11)中的 k 值如下：

$$|K(j1)|=k\frac{1}{2-1}=1$$

则

$$k=1$$

故特征函数为

$$K(s)=\frac{s^3}{s^2+2} \tag{8-3-12}$$

衰减函数

$$A(\omega)=10\log_{10}[1+|K(j\omega)|^2]=10\log_{10}\left[1+\left|\frac{\omega^3}{2-\omega^2}\right|^2\right]$$

在 $\omega=2\text{rad/s}$ 处的衰减

$$A(2)=10\log_{10}\left[1+\left|\frac{8}{2-4}\right|^2\right]=12.3\text{dB}$$

本例的 $|K|^2$ 曲线如图 8-11 所示。

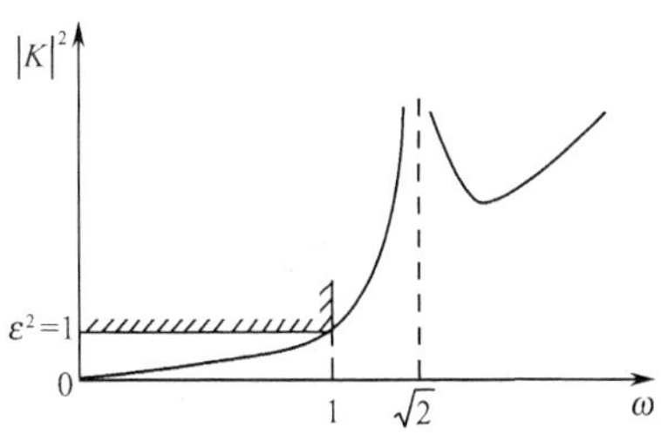

图 8-11

以上两例说明了在给定最大平坦通带技术指标和阻带衰减极点位置的条件下确定特征函数 $K(s)$ 闭式解的方法。两例的已知条件中，实质上均给出了滤波器的阶数。但实际上一般滤波器的逼近问题仅给出滤波器在通带和阻带的技术指标，滤波器的阶数以及衰减极点的位置，都是在逼近计算中有待确定的。如果衰减曲线在阻带内不是单调变化的，为了确定阻带中衰减极点的位置，一般需要一个迭代过程。即首先试选阶数 N 和衰减极点的初始位置，从而便可计算 $P(s)$、$K(s)$ 和衰减函数 $A(\omega)$，然后计算阻带衰减的误差函

数 $E(\omega)$，即 $A(\omega)$与阻带技术指标 $A_{\min}$之差，$E(\omega)$的极小值称为裕度(margin)。如果几个裕度互不相等，则调整衰减极点位置，重新计算，如此反复迭代，以使阻带中各个裕度彼此相等。然后再用改变阶数 N 的办法来调整裕度的正负和大小，最后使各裕度以小于规定误差而逼近于同一个小正数。

以上所述，通过迭代进行滤波器逼近的方法，计算量较大，通常应采用专用程序，用计算机完成迭代工作。对于具有频率相关阻带技术条件(如图 8-12 所示)的高阶滤波器设计，则需要用以上介绍的方法。图 8-12 中同时绘出了通过迭代逼近后得到的衰减曲线 $A(\omega)$。可以看出，阻带中衰减曲线与滤波器技术指标 $A_{\min}$之间的几个最短的距离(裕度)彼此接近相等。

如果阻带技术条件很简单，即 $A_{\min}$是与频率无关的某一常数，则没必要用上述迭代方法逼近，而只需要选用下面三节中介绍的三种经典逼近方法之一即可。这些经典逼近的参数，有许多现存公式和图表可供使用。

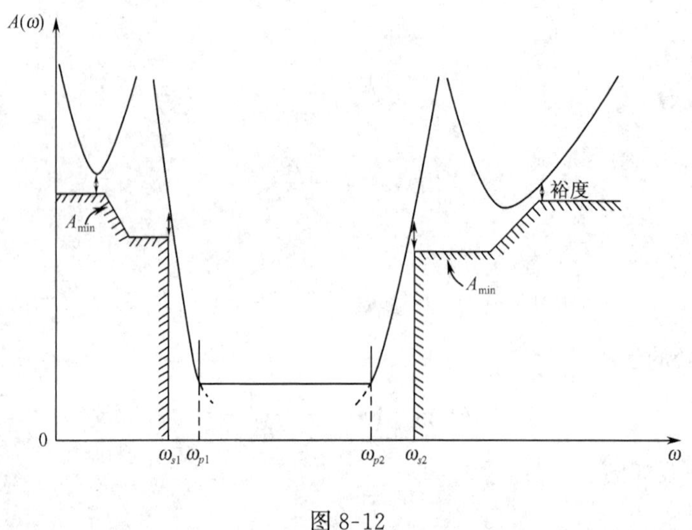

图 8-12

8-4 巴特沃思逼近

在介绍经典逼近方法之前，有几个问题需要事先加以说明。从本节开始研究的巴特沃思逼近、切比雪夫逼近和椭圆逼近等经典逼近方法，都只能直接应用于低通滤波器综合。对于高通、带通等类滤波器综合，借助于频带变换(见 8-8 节)方可应用上述经典逼近法。各种经典逼近法的滤波器技术条件应具有恒定的阻带容许最小衰减 $A_{\min}$。经典逼近的公式、图表中的频率，均系归一化频率：

$$\Omega = \frac{\omega}{\omega_p} \tag{8-4-1}$$

式中 ω_p 为通带边界频率。因此，逼近结果得到的转移函数 $H(s)$需要进行去归一化处理，即用$\left(\frac{s}{\omega_p}\right)$代换 s。此外，由于通带的理想衰减 $A(\omega)=0$，即通带的理想传输(幅值)

$|T(j\omega)|=1$，$|H(j\omega)|=1$，得到的 $T(s)=\dfrac{1}{H(s)}$，最后要乘以通带的实际最大传输。

通常将归一化低通滤波器称为低通原型滤波器，其通带边界频率 $\Omega_p=1$。

巴特沃思(Butterworth)逼近是一种最简单的逼近方法，其通带最大平坦于 $\Omega=0$ 处，其阻带为单调增的。换言之，所有的衰减零点均在 $s=0$ 处，而所有的衰减极点均在 $s=\infty$ 处。其衰减函数如图 8-13 所示。

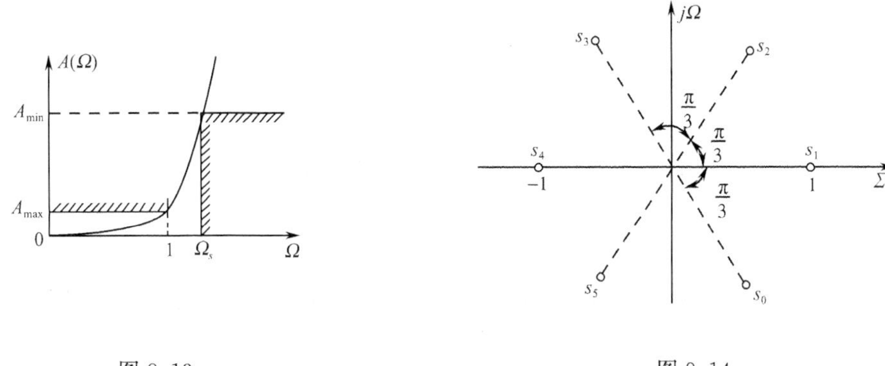

图 8-13　　　　图 8-14

由衰减极点和衰减零点的位置可知，N 阶巴特沃思滤波器的特征函数应为

$$K(s)=ks^N \tag{8-4-2}$$

式中常数 k 可由下式确定

$$|K(j1)|=\varepsilon=k$$

故

$$K(s)=\varepsilon s^N \tag{8-4-3}$$

逼近函数

$$R(\Omega)=\frac{1}{\varepsilon}|K(j\Omega)|=\Omega^N \tag{8-4-4}$$

按式(8-1-8)求衰减函数

$$A(\Omega)=10\log_{10}[1+\varepsilon^2\Omega^{2N}] \tag{8-4-5}$$

又由式(8-4-3)可知，巴特沃思逼近的衰减零点多项式 $F(s)$ 和衰减极点多项式 $P(s)$ 分别为

$$F(s)=K(s)=\varepsilon s^N \tag{8-4-6}$$

$$P(s)=1 \tag{8-4-7}$$

频域转移函数的幅值为

$$|H(j\Omega)|=\sqrt{1+\varepsilon^2\Omega^{2N}} \tag{8-4-8}$$

为研究这种逼近在通带 $\Omega=0$ 附近的性质，将式(8-4-8)在 $\Omega=0$ 附近($\varepsilon^2\Omega^{2N}\ll 1$)展开，得

$$(1+\varepsilon^2\Omega^{2N})^{\frac{1}{2}}=1+\frac{1}{2}\varepsilon^2\Omega^{2N}-\frac{1}{8}\varepsilon^4\Omega^{4N}+\frac{1}{16}\varepsilon^6\Omega^{6N}+\cdots \tag{8-4-9}$$

以上展开式表明，在 $\Omega=0$ 处，函数 $|H(j\Omega)|$ 的前 $2N-1$ 阶导数均为零，故巴特沃思逼近

所得到的转移函数的幅频特性最大平坦于 $\Omega=0$ 处。

由式(8-4-3)看出，确定滤波器的阶数 N 是写出特征函数的关键步骤。巴特沃思滤波器的阶数可根据技术条件通过计算求得。由于滤波器在阻带边界频率处的衰减 $A(\Omega_s)$ 应等于技术条件规定的阻带最小衰减 $A_{\min}$，故有

$$A_{\min}=10\log_{10}[1+\varepsilon^2\Omega_s^{2N}] \tag{8-4-10}$$

则

$$\Omega_s^N=\frac{1}{\varepsilon}\sqrt{10^{A_{\min}/10}-1} \tag{8-4-11}$$

式中，通带纹波系数 ε 与通带最大衰减 $A_{\max}$ 的关系已由式(8-2-2)给出，即

$$\varepsilon=\sqrt{10^{A_{\max}/10}-1}$$

对式(8-4-11)等式两端取对数，并将上式代入，可解得阶数 N

$$N=\log_{10}\sqrt{\frac{10^{A_{\min}/10}-1}{10^{A_{\min}/10}-1}}\Big/\log_{10}\Omega_s \tag{8-4-12}$$

上式给出了满足技术条件所需阶数的最小值。因滤波器阶数应为整数，故实际上应选取不小于以上计算值的最小整数作为滤波器的阶数。

应用费尔德凯勒方程，即可由特征函数 $K(s)$ 求得转移函数 $H(s)$。根据

$$H(s)H(-s)=1+K(s)K(-s)$$

将式(8-4-3)代入，得

$$H(s)H(-s)=1+(-1)^N\varepsilon^2s^{2N} \tag{8-4-13}$$

解方程

$$1+(-1)^N\varepsilon^2s^{2N}=0 \tag{8-4-14}$$

其左半平面的 N 个根就是自然模。令上式中的 $\varepsilon=1$，方程化简为

$$1+(-1)^Ns^{2N}=0 \tag{8-4-15}$$

则

$$s^{2N}=(-1)^{1-N}=(e^{j\pi})^{1-N}$$

于是可求得方程(8-4-15)的 $2N$ 个根为

$$s_k=e^{j\left(-\frac{\pi}{2}+\frac{\pi}{2N}+k\frac{\pi}{N}\right)}\qquad(k=0,1,2,\cdots,2N-1) \tag{8-4-16}$$

取以上 $2N$ 个根中在左半平面的 N 个根为自然模，则可直接写出 $H(s)$。例如，若 $N=2$，则 $s_0=e^{-j\frac{\pi}{4}}$，$s_1=e^{j\frac{\pi}{4}}$，$s_2=e^{j\frac{3}{4}\pi}$，$s_3=e^{-j\frac{3}{4}\pi}$，其中 s_2 与 s_3 为左半平面的两个根，应将它们作为 $H(s)$ 的根，则 s_0 与 s_1 就是 $H(-s)$ 的根。故有

$$\begin{aligned}H(s)&=(s-s_2)(s-s_3)\\&=\left(s+\frac{1}{\sqrt{2}}-j\frac{1}{\sqrt{2}}\right)\left(s+\frac{1}{\sqrt{2}}+j\frac{1}{\sqrt{2}}\right)\\&=s^2+1.4142s+1\end{aligned} \tag{8-4-17}$$

又若 $N=3$，则 $s_0=e^{-j\frac{\pi}{3}}$，$s_1=1$，$s_2=e^{j\frac{\pi}{3}}$，$s_3=e^{j\frac{2}{3}\pi}$，$s_4=-1$，$s_5=e^{-j\frac{2}{3}\pi}$，同理可得

$$\begin{aligned}H(s)&=(s-s_3)(s-s_4)(s-s_5)\\&=(s+1)\left(s+\frac{1}{2}-j\frac{\sqrt{3}}{2}\right)\left(s+\frac{1}{2}+j\frac{\sqrt{3}}{2}\right)\end{aligned}$$

$$=(s+1)(s^2+s+1) \tag{8-4-18}$$

$H(s)H(-s)$的六个根如图 8-14 所示，它们以$\frac{\pi}{3}\left(即\frac{2\pi}{2N}\right)$弧度的间隔分布于单位圆上。

表 8-1 中列出了 $N=1$ 至 5 的归一化巴特沃思转移函数 $H(s)$，它们又可称为巴特沃思多项式。应当注意，表 8-1 中的 $H(s)$是在 $\varepsilon=1$ 的条件下求得的。在一般情况下，由该表中查出多项式后，在去归一化时，应将 ε 取值与频率问题一并考虑，即用$\left(\varepsilon^{\frac{1}{N}}\cdot\frac{s}{\omega_p}\right)$代换 s。这是因为，由式(8-4-14)变为式(8-4-15)，实质上进行了由变量 s 到 $p=\varepsilon^{\frac{1}{N}}s$ 的置换，只不过仍以符号 s 代表置换后的变量。

表 8-1　巴特沃思转移函数

N	$H(s)$
1	$s+1$
2	$s^2+1.4142s+1$
3	$(s+1)(s^2+s+1)$
4	$(s^2+0.76537s+1)(s^2+1.84776s+1)$
5	$(s+1)(s^2+0.61803s+1)(s^2+1.61803s+1)$

例 8-3　一低通滤波器的技术条件为：通带从 0 至 500Hz，通带纹波系数 $\varepsilon=0.7$，阻带边界频率 1000Hz，阻带容许最小衰减 14dB。用巴特沃思逼近确定该滤波器的转移函数 $H(s)$。

解：由题意可知

$$\omega_p = 500\times 2\pi\text{rad/s},$$
$$\omega_s = 1000\times 2\pi\text{rad/s}$$

故

$$\Omega_s=\frac{\omega_s}{\omega_p}=\frac{1000}{500}=2$$

通带容许最大衰减为

$$A_{\max}=10\log_{10}(1+\varepsilon^2)=10\log_{10}(1+0.7^2)=1.732$$

由此可求得滤波器的阶数

$$N=\log_{10}\sqrt{\frac{10^{0.1A_{\min}}-1}{10^{0.1A_{\max}}-1}}\Big/\log_{10}\Omega_s=\log_{10}\sqrt{\frac{10^{1.4}-1}{10^{0.1732}-1}}\Big/\log_{10}2=2.81$$

取 $N=3$。查表 8-1 得巴特沃思多项式为

$$H_N(s)=(s+1)(s^2+s+1) \tag{8-4-19}$$

去归一化，即以

$$\varepsilon^{\frac{1}{N}}\cdot\frac{s}{\omega_p}=\frac{0.7^{\frac{1}{3}}}{1000\pi}s$$

代换式(8-4-19)中的 s，经整理后得

$$H(s) = \frac{s^3 + 7076.3s^2 + 25.037 \times 10^6 s + 44295 \times 10^6}{44295 \times 10^6}$$

8-5 切比雪夫逼近

切比雪夫(Chebyshev)逼近的衰减函数具有等纹波通带和单调增的阻带。其衰减零点位于通带内几个不同频率处,而所有的衰减极点均在无限远,衰减函数如图 8-15 所示。

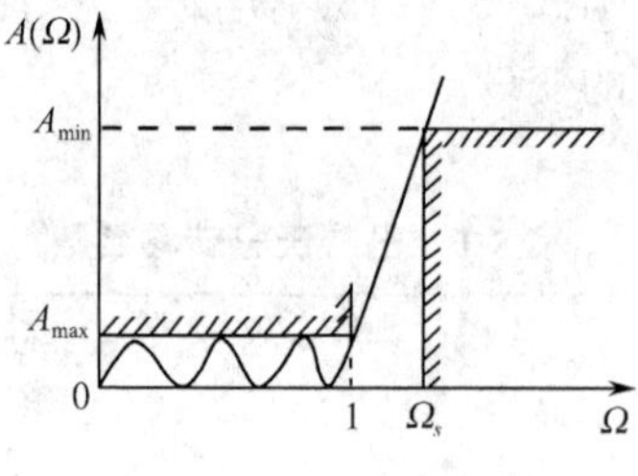

图 8-15

为了使滤波器的平方特征函数$|K(j\Omega)|^2$ 在通带内为等纹波、在阻带内单调增,其逼近函数定义为

$$C_N(\Omega) = \cos(N\cos^{-1}\Omega), \ |\Omega| \leqslant 1 \tag{8-5-1}$$

$$C_N(\Omega) = \mathrm{ch}(N\mathrm{ch}^{-1}\Omega), \ |\Omega| > 1 \tag{8-5-2}$$

式中 N 为滤波器阶数。其中归一化频率

$$\Omega = \cos\phi \qquad |\Omega| \leqslant 1 \tag{8-5-3}$$

$$\Omega = \mathrm{ch}\phi \qquad |\Omega| > 1 \tag{8-5-4}$$

于是,平方特征函数为

$$|K(j\Omega)|^2 = \varepsilon^2 \cos^2(N\cos^{-1}\Omega) \qquad |\Omega| \leqslant 1 \tag{8-5-5}$$

$$|K(j\Omega)|^2 = \varepsilon^2 \mathrm{ch}^2(N\mathrm{ch}^{-1}\Omega) \qquad |\Omega| > 1 \tag{8-5-6}$$

由以上各式可以看出,在通带边界频率($\Omega=1$)处,$C_N(\Omega)=1$,$|K|^2=\varepsilon^2$;在通带内($0\leqslant\Omega\leqslant1$),$0\leqslant|C_N(\Omega)|\leqslant1$,$0\leqslant|K|^2\leqslant\varepsilon^2$,即$|K|^2$ 在 0 与 ε^2 之间波动;在阻带($\Omega>1$),$|C_N(\Omega)|$单调增加,$|K|^2$ 单调增加。因此,式(8-5-1)、(8-5-2)给出的逼近函数是满足低通原型滤波器技术要求的。

式(8-5-1)、(8-5-2)中的逼近函数,可按以下方法展开为多项式。首先,我们可以直接观察得到 0 阶和 1 阶的切比雪夫逼近函数,即

$$C_0(\Omega) = 1 \tag{8-5-7}$$

$$C_1(\Omega) = \Omega \tag{8-5-8}$$

至于 $N=2$、$3\cdots$各阶逼近函数,根据下列递推公式

$$C_{N+1}(\Omega) = 2\Omega C_N(\Omega) - C_{N-1}(\Omega) \tag{8-5-9}$$

利用前面 2 阶的逼近函数便可确定。下面就$|\Omega|\leqslant1$ 的情况,证明式(8-5-9)的递推公式:

$$C_{N+1}(\Omega) = \cos[(N+1)\phi]$$

$$=\cos N\phi\cos\phi-\sin N\phi\sin\phi$$
$$=2\cos\phi\cos N\phi-[\cos N\phi\cos\phi+\sin N\phi\sin\phi]$$
$$=2\Omega\cos N\phi-\cos[(N-1)\phi]$$
$$=2\Omega C_N(\Omega)-C_{N-1}(\Omega)$$

（证毕）

同理可对$|\Omega|>1$的情况证明。这就表明，任何阶数的切比雪夫逼近函数都可以写为一个多项式，因此称为切比雪夫多项式。

由式(8-5-9)的递推公式得到的2～5阶切比雪夫多项式如下：

$$C_2(\Omega)=2\Omega^2-1 \tag{8-5-10}$$

$$C_3(\Omega)=4\Omega^3-3\Omega \tag{8-5-11}$$

$$C_4(\Omega)=8\Omega^4-8\Omega^2+1 \tag{8-5-12}$$

$$C_5(\Omega)=16\Omega^5-20\Omega^3+5\Omega \tag{8-5-13}$$

不难看出，N阶切比雪夫多项式的最高次方项为$2^{N-1}\Omega^N$，故当$\Omega\gg1$时，

$$C_N(\Omega)\doteq 2^{N-1}\Omega^N \tag{8-5-14}$$

图8-16中绘出了$N=2$、3、4、5时的切比雪夫逼近函数的曲线。图8-17中绘出了以上各阶切比雪夫滤波器的平方特征函数的曲线。各阶切比雪夫滤波器的衰减曲线与同阶$|K|^2$曲线有相同的极点、零点、相同的极值点，因而可从$|K|^2$曲线得到与之相似的$A(\Omega)$曲线。又若将$|K|^2$曲线向上平移一个单位值，则得对应的平方转移函数$|H|^2$曲线。

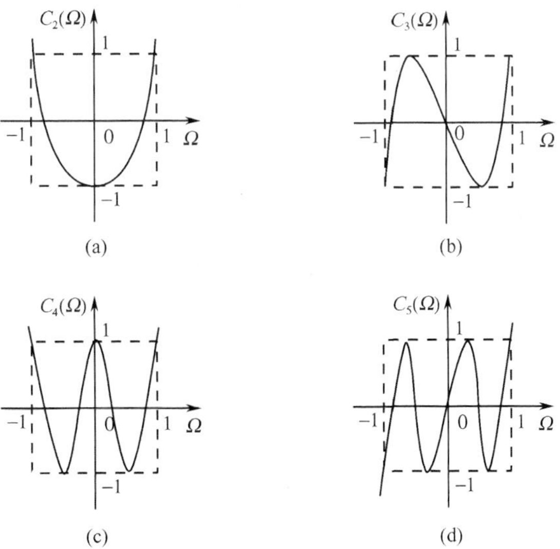

图 8-16

由图8-17可以看出，衰减函数在通带内的纹波数随阶数的增加而增加，纹波极值点的个数等于滤波器的阶数N。阶数愈高，通带纹波数愈多，衰减函数在阻带内的性能愈好（阻带内衰减曲线愈陡）。

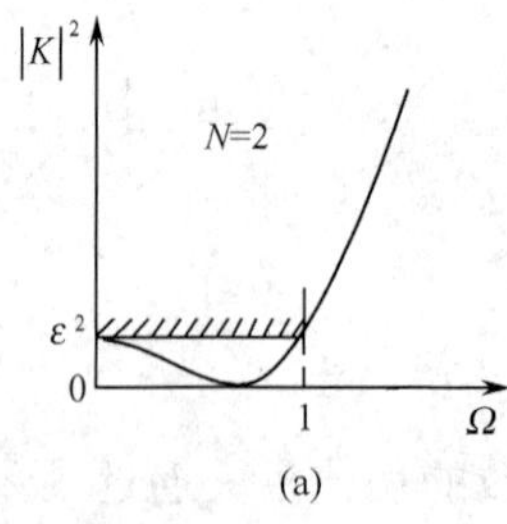

(a)

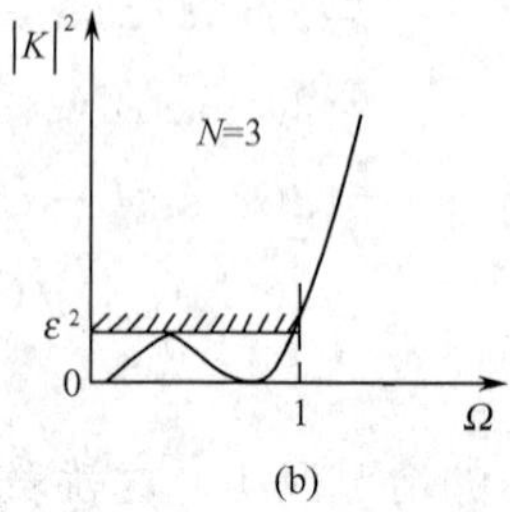

(b)

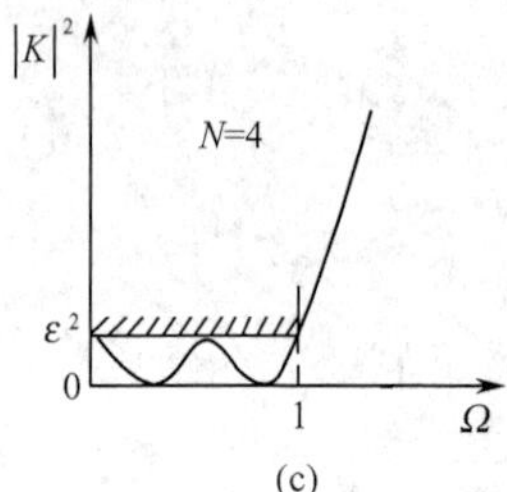

(c)

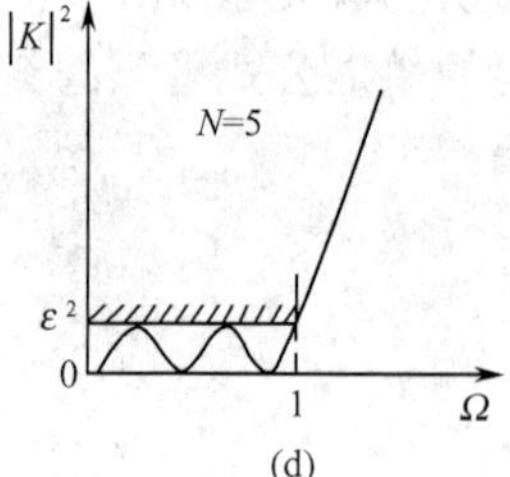

(d)

图 8-17

切比雪夫滤波器阶数的确定，可按照类似于巴特沃思滤波器阶数计算公式的推导过程，得出 N 的计算式。在阻带边界频率处：

$$A(\Omega_s) = A_{\min} = 10\log_{10}[1+\varepsilon^2 C_N^2(\Omega_s)] \tag{8-5-15}$$

则

$$C_N(\Omega_s) = \frac{1}{\varepsilon}\sqrt{10^{A_{\min}/10}-1} \tag{8-5-16}$$

将式(8-2-2)与(8-5-2)代入式(8-5-16)，经整理得

$$N = \mathrm{ch}^{-1}\sqrt{\frac{10^{A_{\min}/10}-1}{10^{A_{\min}/10}-1}}\Big/\mathrm{ch}^{-1}\Omega_s \tag{8-5-17}$$

式(8-5-17)给出了满足技术条件所需的切比雪夫滤波器阶数的最小值。由于式(8-5-17)涉及较烦琐的反双曲余弦函数的计算，故一般不直接用该式来求阶数。一种代替的方法是，在式(8-5-15)中，考虑到 $1\ll\varepsilon^2 C_N^2(\Omega_s)$，写出近似的关系式：

$$A_{\min} \doteq 10\log_{10}\varepsilon^2 C_N^2(\Omega_s) = 20\log_{10}\varepsilon + 20\log_{10}C_N(\Omega_s)$$

即

$$A_{\min} + 20\log_{10}\frac{1}{\varepsilon} \doteq 20\log_{10}[\mathrm{ch}(N\mathrm{ch}^{-1}\Omega_s)] \tag{8-5-18}$$

根据式(8-5-18)，对于每一确定的阶数 N，以 Ω_s 为横坐标、$A_{\min}+20\log_{10}\frac{1}{\varepsilon}$ 为纵坐标，可绘出一条曲线，由此得到在各不同 N 值时的曲线族，成为图 8-18 所示的切比雪夫设计图表。在应用该图时，由滤波器技术条件可确定纵、横坐标，从而得到图中一个点，与该点相邻且位于其上方的一条曲线的阶数，就是我们应选取的滤波器阶数。

滤波器阶数 N 的另一种确定方法是，对于每一个通带最大衰减 $A_{\max}$，在各不同 N 值下得到一族衰减曲线，图 8-19、图 8-20、图 8-21 中分别绘出了 $A_{\max}=0.25$dB、0.5dB 和 1dB 时的 $A(\Omega)$ 曲线族。应用这些图表时，在与给定技术条件 $A_{\max}$ 相应的曲线族中，根据

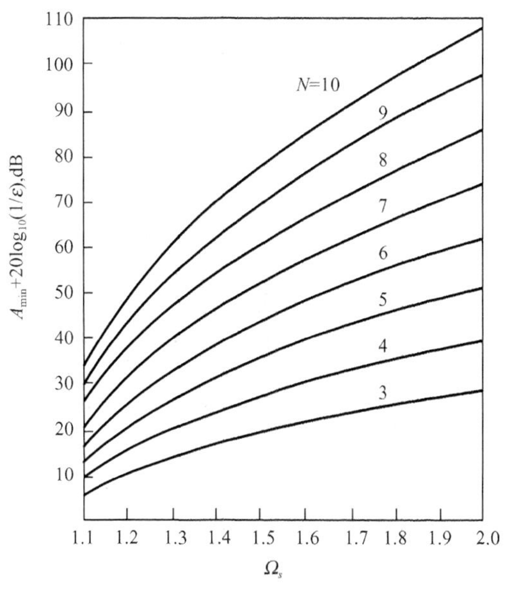

图 8-18

阻带边界频率 Ω_s 和阻带最小衰减 A_{min} 可找到适当的衰减曲线，从而决定滤波器阶数 N。各种滤波器设计手册中还有其他不同方法用以确定 N，在此不一一列举。

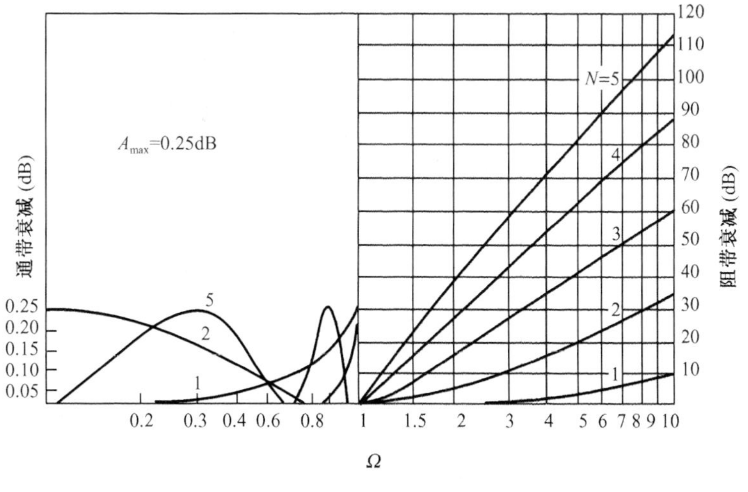

图 8-19

切比雪夫滤波器在其通带内有若干个衰减零点，根据滤波器阶数便可确定各衰减零点的位置。设衰减零点为 Ω_{rk}，由式(8-5-1)得

$$C_N(\Omega_{rk}) = \cos(N\cos^{-1}\Omega_{rk}) = 0$$

则

$$N\cos^{-1}\Omega_{rk} = (2k+1)\frac{\pi}{2}, \quad k = 0,1,2,\cdots$$

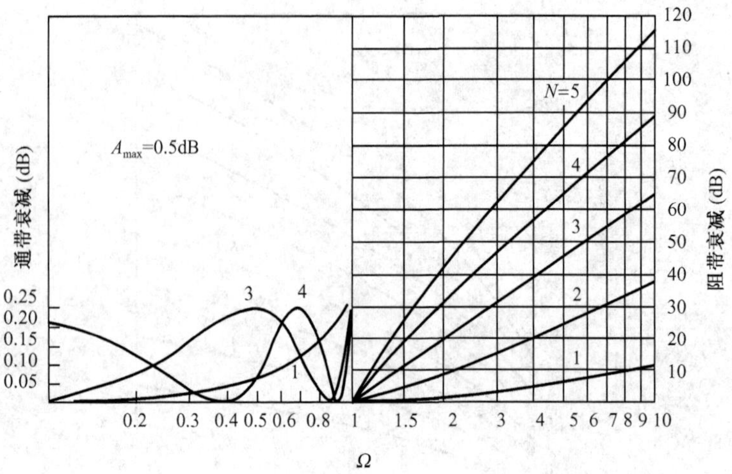

图 8-20

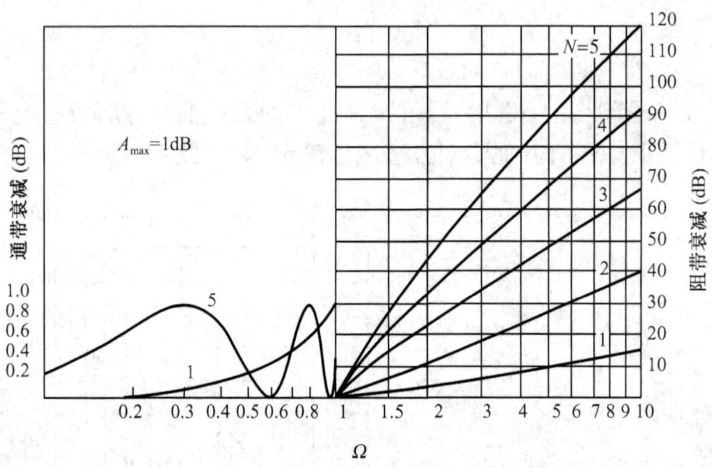

图 8-21

故衰减零点可按下式求出：

$$\Omega_{rk} = \cos(2k+1)\frac{\pi}{2N}, \quad k = 0,1,2,\cdots \tag{8-5-19}$$

例如，当 $N=5$，有

$$\Omega_{r0} = \cos\frac{\pi}{10} = 0.951$$

$$\Omega_{r1} = \cos\frac{3\pi}{10} = 0.588$$

$$\Omega_{r2} = \cos\frac{5\pi}{10} = 0$$

又若 $N=4$，则

$$\Omega_{r0}=\cos\frac{\pi}{8}=0.924$$

$$\Omega_{r1}=\cos\frac{3\pi}{8}=0.383$$

不难看出，当 N 为奇数时，衰减零点数为$\frac{N+1}{2}$，故 k 的取值为 $0,1,2,\cdots,\frac{N-1}{2}$；当 N 为偶数时，衰减零点数为$\frac{N}{2}$，故 k 的取值为 $0,1,2,\cdots,\frac{N}{2}-1$。

由于切比雪夫滤波器具有单调增的阻带衰减，即衰减极点在无限远，因此，其特征函数为一多项式，即

$$\begin{aligned}&K(s)=bs(s^2+\Omega_{r0}^2)(s^2+\Omega_{r1}^2)\cdots \qquad (N\text{ 为奇数})\\&K(s)=b(s^2+\Omega_{r0}^2)(s^2+\Omega_{r1}^2)\cdots \qquad (N\text{ 为偶数})\end{aligned} \tag{8-5-20}$$

在求得各衰减零点后，可直接写出如式(8-5-20)形式的特征函数，再根据通带边界条件确定其中常数 b。对于高阶滤波器，用这种方法较通过逼近函数确定 $K(s)$ 更为简便。

应用式(8-1-9)或式(8-1-11)所表示的费尔德凯勒方程，由 $K(s)$ 可求出 $H(s)H(-s)$，它是 $2N$ 次多项式。$H(s)H(-s)$ 的 $2N$ 个根中，在左半平面的 N 个就是 $H(s)$ 的零点，即自然模。若自然模用 s_m 表示，$m=0,1,\cdots,N-1$，则 $H(s)$ 可表示为

$$H(s)=\varepsilon 2^{N-1}\prod_{m=0}^{N-1}(s-s_m) \tag{8-5-21a}$$

或

$$H(s)=\frac{1}{K}\prod_{m=0}^{N-1}(s-s_m) \tag{8-5-21b}$$

式中，常系数写为 $\varepsilon 2^{N-1}$，是因为切比雪夫多项式(逼近函数) $C_N(\Omega)$ 的最高次方项系数为 2^{N-1}。根据费尔德凯勒方程求解的结果，得到自然模 s_m 的表达式：

$$s_m=-\sin\left(\frac{2m+1}{N}\cdot\frac{\pi}{2}\right)\mathrm{sh}\left(\frac{1}{N}\mathrm{sh}^{-1}\frac{1}{\varepsilon}\right)+j\cos\left(\frac{2m+1}{N}\cdot\frac{\pi}{2}\right)\mathrm{ch}\left(\frac{1}{N}\mathrm{sh}^{-1}\frac{1}{\varepsilon}\right) \tag{8-5-22}$$

$$m=0,1,2,\cdots,N-1$$

若把自然模简捷地表示为

$$s_m=\sigma_m+j\Omega_m \tag{8-5-23}$$

不难看出，s_m 的实部 σ_m 与虚部 Ω_m 之间存在如下关系：

$$\left[\frac{\sigma_m}{\mathrm{sh}\left(\frac{1}{N}\mathrm{sh}^{-1}\frac{1}{\varepsilon}\right)}\right]^2+\left[\frac{\Omega_m}{\mathrm{ch}\left(\frac{1}{N}\mathrm{sh}^{-1}\frac{1}{\varepsilon}\right)}\right]^2=1 \tag{8-5-24}$$

由此可知，$H(s)H(-s)$ 的 $2N$ 个根分布在一个椭圆上，该椭圆在实轴和虚轴上的截距分别为

$$a=\mathrm{sh}\left(\frac{1}{N}\mathrm{sh}^{-1}\frac{1}{\varepsilon}\right) \tag{8-5-25}$$

$$b=\mathrm{ch}\left(\frac{1}{N}\mathrm{sh}^{-1}\frac{1}{\varepsilon}\right) \tag{8-5-26}$$

在实际进行滤波器设计时，根据 A_{max} 和已求得的阶数 N，直接查表便可得到转移函数 $H(s)$。表 8-2 中列出了 $A_{max}=0.25$dB、0.5dB 和 1dB，$N=1\sim5$ 阶的 $H(s)$ 表示式。

例 8-4 用切比雪夫逼近确定一低通滤波器的转移函数 $H(s)$，使之满足下列技术条件：

$$f_p = 500\text{Hz}, \quad f_s = 1000\text{Hz}$$

通带 $A_{max}=1$dB，阻带 $A_{min}=20$dB。

解：

$$\Omega_s = \frac{\omega_s}{\omega_p} = \frac{2\pi\times1000}{2\pi\times500} = 2$$

$$\varepsilon = \sqrt{10^{A_{max}/10}-1} = \sqrt{10^{0.1}-1} = 0.5088$$

$$A_{min} + 20\log_{10}\frac{1}{\varepsilon} = 20 + 20\log_{10}\frac{1}{0.5088} = 25.87$$

查图 8-18 可知，滤波器阶数 $N=3$。

表 8-2 切比雪夫转移函数

A_{max}	N	$H(s)$的分子	$H(s)$的分母 K
0.25dB	1	$s+4.10811$	4.10811
	2	$s^2+1.78668s+2.11403$	2.05405
	3	$(s^2+0.76722s+1.33863)(s+0.76722)$	1.02702
	4	$(s^2+0.42504s+1.16195)(s^2+1.02613s+0.45485)$	0.51352
	5	$(s^2+0.27005s+1.09543)(s^2+0.70700s+0.53642)(s+0.43695)$	0.25676
0.5dB	1	$s+2.86278$	2.86278
	2	$s^2+1.42562s+1.51620$	1.43139
	3	$(s^2+0.62646s+1.14245)(s+0.62646)$	0.71570
	4	$(s^2+0.35071s+1.06352)(s^2+0.84668s+0.35641)$	0.35785
	5	$(s^2+0.22393s+1.03578)(s^2+0.58625s+0.47677)(s+0.36233)$	0.17892
1dB	1	$s+1.96523$	1.96523
	2	$s^2+1.09773s+1.10251$	0.98261
	3	$(s^2+0.49417s+0.99420)(s+0.49417)$	0.49130
	4	$(s^2+0.27907s+0.98650)(s^2+0.67374s+0.27940)$	0.24565
	5	$(s^2+0.17892s+0.98831)(s^2+0.46841s+0.42930)(s+0.28949)$	0.12283

由 $A_{max}=1$ 和 $N=3$，查表 8-2 得

$$H_N(s) = \frac{(s^2+0.49417s+0.99420)(s+0.49417)}{0.49130} \tag{8-5-27}$$

去归一化，即以

$$\frac{s}{\omega_p}=\frac{s}{1000\pi}$$

代换式(8-5-27)中的 s,整理后得

$$H(s)=\frac{(s^2+1552.4s+9812400)(s+1552.5)}{15233\times10^6} \tag{8-5-28}$$

在结束本节之前,将切比雪夫逼近和巴特沃思逼近作一比较。这两种逼近的共同点是,它们的阻带类型都是单调增的,其所有衰减极点均在无限远。换言之,其所有的传输零点均在无限远。由于两者表征衰减的转移函数 $H(s)$均为

$$H(s)=\frac{\text{多项式}}{\text{常数}}$$

因而表征传输的转移函数 $T(s)$的形式是

$$T(s)=\frac{\text{常数}}{\text{多项式}}$$

就 $T(s)$而言,在有限值的频率处,只存在极点而不存在零点,故这两种滤波器都称为全极点(all-pole)滤波器。

由于两种逼近方法的通带类型的区别,逼近函数的不同,两者的滤波性能有明显的差别。研究衰减函数

$$A(\Omega)=10\log_{10}[1+\varepsilon^2R^2(\Omega)]$$

对于巴特沃思逼近和切比雪夫逼近,上式分别为

$$A_B(\Omega)=10\log_{10}[1+\varepsilon^2\Omega^{2N}] \tag{8-5-29}$$

$$A_C(\Omega)=10\log_{10}[1+\varepsilon^2C_N^2(\Omega)] \tag{8-5-30}$$

研究阻带衰减特性时,可忽略上两式方括号中的 1,从而有

$$A_B(\Omega)\doteq20\log_{10}[\varepsilon\Omega^N] \tag{8-5-31}$$

$$\begin{aligned}A_C(\Omega)&\doteq20\log_{10}[\varepsilon C_N(\Omega)]\\&\doteq20\log_{10}[\varepsilon2^{N-1}\Omega^N]\\&=20\log_{10}[\varepsilon\Omega^N]+20\log_{10}2^{N-1}\end{aligned} \tag{8-5-32}$$

可见,在阶数 N、纹波系数 ε 相同的条件下,在阻带中相同频率处,切比雪夫逼近的衰减较巴特沃思逼近的衰减大,两者之差约为

$$A_C(\Omega)-A_B(\Omega)\doteq20\log_{10}2^{N-1}\doteq6(N-1)\text{dB} \tag{8-5-33}$$

因此,为满足相同的衰减技术条件,切比雪夫逼近较巴特沃思逼近所需阶数低。例如,为满足例 8-4 的技术条件,若用巴特沃思逼近,阶数应不小于 $N=\log_{10}\sqrt{\dfrac{10^{0.1\times20}-1}{10^{0.1\times1}-1}}\Big/\log_{10}2=4.289$,即应取 $N=5$,而用切比雪夫逼近则只需取 $N=3$。

8-6 椭圆逼近

椭圆逼近(elliptic approximation)又称考尔逼近(Cauer approximation),其衰减函数具有等纹波通带和等最小值阻带。椭圆逼近与前两节中介绍的巴特沃思逼近、切比雪夫逼近的区别在于,椭圆逼近函数是具有有限零点和有限极点的有理函数,而巴特沃思逼近和切比雪夫逼近的逼近函数都是多项式,它们的衰减极点均在无限大频率处。由于椭圆

逼近在阻带内有限频率处存在若干个衰减极点，因而其阻带性能显著地好于另外两种逼近。

图 8-22 和图 8-23 中分别绘出了 5 阶和 6 阶椭圆逼近的衰减函数。可以看出，椭圆逼近的衰减特性由以下四个参数表征：通带纹波 A_{max}，选择性因子 Ω_s，阻带最小衰减 A_{min} 和阶数 N，其中任意三个参数可以独立地确定。

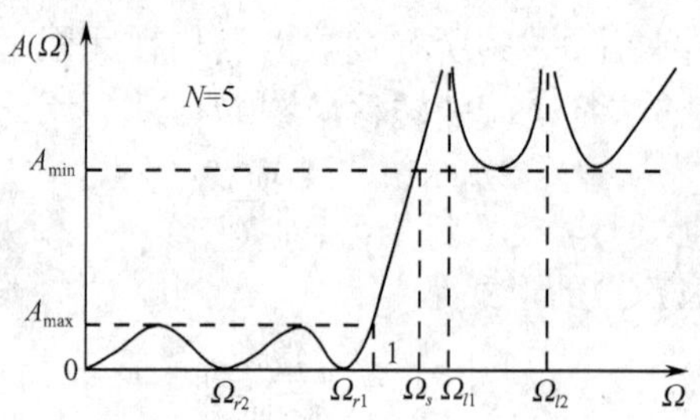

图 8-22

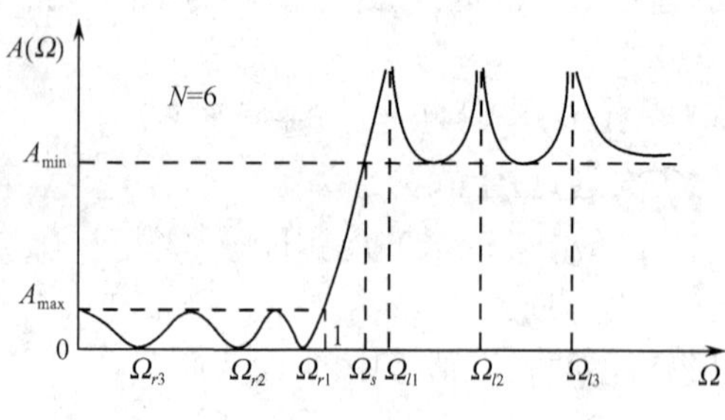

图 8-23

椭圆逼近的特征函数一般具有以下形式：

$$K(s)=k\frac{s\prod\limits_{i=1}^{(N-1)/2}(s^2+\Omega_{ri}^2)}{\prod\limits_{i=1}^{(N-1)/2}(s^2+\Omega_{li}^2)}\qquad(N\text{ 为奇数})\tag{8-6-1}$$

$$K(s)=k\frac{\prod\limits_{i=1}^{N/2}(s^2+\Omega_{ri}^2)}{\prod\limits_{i=1}^{N/2}(s^2+\Omega_{li}^2)}\qquad(N\text{ 为偶数})\tag{8-6-2}$$

奇数阶的椭圆滤波器具有原点处的衰减零点和无限频率处的衰减极点，而偶数阶的椭圆滤波器则不同，在 $\Omega=0$ 处衰减为 A_{max}，在无限频率处衰减趋于 A_{min}。此外，在非零值的有限频率处，奇数阶椭圆滤波器在通带内有 $(N-1)/2$ 个衰减零点 Ω_{ri}（$i=1, 2, \cdots, \frac{N-1}{2}$），在阻带有 $(N-1)/2$ 个衰减极点 Ω_{li}（$i=1, 2, \cdots, \frac{N-1}{2}$）；偶数阶椭圆滤波器在通带内有 $N/2$ 个衰减零点 Ω_{ri}（$i=1,2,\cdots,\frac{N}{2}$），在阻带有 $N/2$ 个衰减极点 Ω_{li}（$i=1,2,\cdots,$

$\frac{N}{2}$)。这些衰减零点和极点的位置由滤波器阶数 N 和选择性因子 Ω_s 惟一确定。

根据椭圆逼近的特征函数，可以得到相应的逼近函数：

$$R_N(\Omega) = k_R \frac{\Omega \prod_{i=1}^{(N-1)/2} (\Omega^2 - \Omega_{ri}^2)}{\prod_{i=1}^{(N-1)/2} (\Omega^2 - \Omega_{li}^2)} \quad (N \text{ 为奇数}) \tag{8-6-3}$$

$$R_N(\Omega) = k_R \frac{\prod_{i=1}^{N/2} (\Omega^2 - \Omega_{ri}^2)}{\prod_{i=1}^{N/2} (\Omega^2 - \Omega_{li}^2)} \quad (N \text{ 为偶数}) \tag{8-6-4}$$

式中 k_R 为式(8-6-1)、(8-6-2)中的常数 k 除以 ε 而得的常数。式(8-6-3)、(8-6-4)所表示的逼近函数是归一化角频率 Ω 的有理函数，称为切比雪夫有理函数。(注意与切比雪夫多项式相区别，后者是切比雪夫逼近的逼近函数。)

椭圆逼近的衰减极点和衰减零点呈几何对称性。为了解这一特点，考察图 8-24 所示 5 阶椭圆逼近函数的图形。图中 Ω_{r1}、Ω_{r2} 为衰减零点，Ω_{l1}、Ω_{l2} 为衰减极点，$\hat{\Omega}_1$、$\hat{\Omega}_2$ 为逼近函数在通带内的极值点，$\check{\Omega}_1$、$\check{\Omega}_2$ 为逼近函数在阻带内的极值点。上述反映逼近函数特征的频率点之间存在如下关系：

$$\Omega_{r1} \cdot \Omega_{l1} = \Omega_{r2} \cdot \Omega_{l2} = \hat{\Omega}_1 \cdot \check{\Omega}_1 = \hat{\Omega}_2 \cdot \check{\Omega}_2 = 1 \cdot \Omega_s \tag{8-6-5}$$

上式表明，在切比雪夫有理函数图形上，反映通带特性的频率点与反映阻带特性的频率点呈几何对称性，几何对称的中心是过渡带的几何中心 $\sqrt{\Omega_s}$。

在滤波器阶数 N 一定的条件下，增大 Ω_s，使过渡带变宽，则选择性变差，然而逼近函数在阻带的最小值 $R_{\min}$ 却随之而增加，即阻带最小衰减 $A_{\min}$ 增加。因此，应综合考虑选择性和阻带衰减两方面因素，适当选取 Ω_s。

切比雪夫逼近的逼近函数(切比雪夫多项式)仅决定于滤波器阶数 N。而椭圆逼近的逼近函数(切比雪夫有理函数)则决定于阶数 N 和选择性因子 Ω_s 两个参数。故一般应表示为 $R_{N,\Omega_s}(\Omega)$，例如，图 8-24 所表示的 5 阶椭圆逼近函数为

$$R_{5,\Omega_s}(\Omega) = k_R \frac{\Omega(\Omega^2 - \Omega_{r1}^2)(\Omega^2 - \Omega_{r2}^2)}{(\Omega^2 - \Omega_{l1}^2)(\Omega^2 - \Omega_{l2}^2)} \tag{8-6-6}$$

为了设计椭圆滤波器，首先应根据技术条件确定阶数 N。下面介绍一种由曲线查找阶数的方法。在阻带边界频率 Ω_s 处的衰减：

$$A(\Omega_s) = A_{\min} = 10\log_{10}[1 + \varepsilon^2 R_{N,\Omega_s}^2(\Omega_s)] \doteq 10\log_{10}\varepsilon^2 R_{N,\Omega_s}^2(\Omega_s)$$

则

$$A_{\min} + 20\log_{10}\frac{1}{\varepsilon} \doteq 20\log_{10} | R_{N,\Omega_s}(\Omega_s) | \tag{8-6-7}$$

式中 $R_{N,\Omega_s}(\Omega_s) = R_{\min}$。根据式(8-6-7)，以 Ω_s 为横坐标、$A_{\min} + 20\log_{10}\frac{1}{\varepsilon}$ 为纵坐标，对于每一个阶数 N 之值，可绘出一条曲线，从而得到在各不同 N 值时的曲线族，即图 8-25 所示的用以确定椭圆滤波器阶数的设计图表。应用该图表时，由滤波器技术条件 $A_{\max}$ 和 $A_{\min}$ 算出纵坐标，以 Ω_s 为横坐标，得到图中的一个点，与该点相邻且位于其上方的一条曲

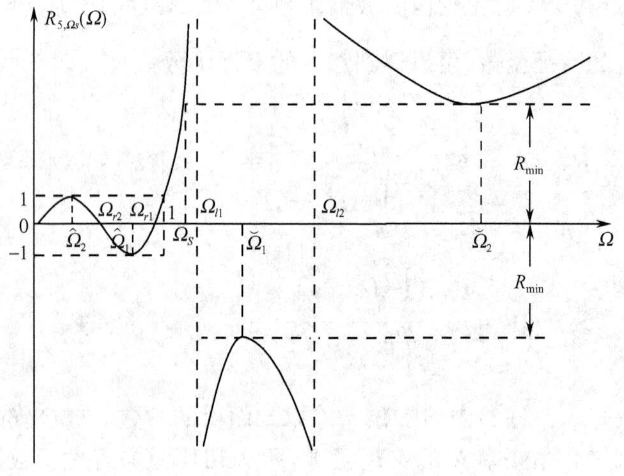

图 8-24

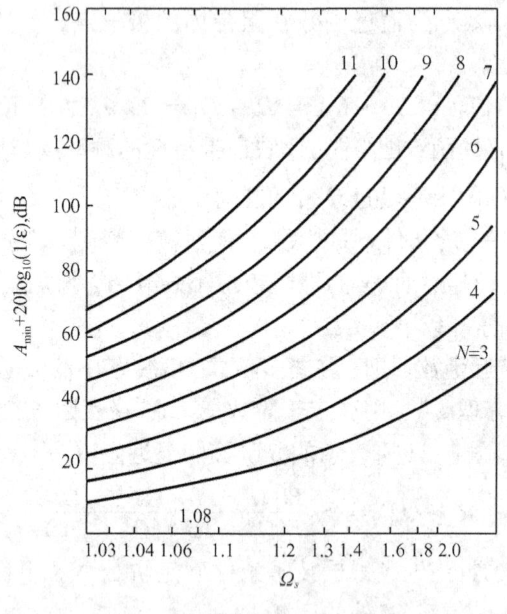

图 8-25

线的 N 值,即所设计椭圆滤波器的阶数。

在阶数 N 确定后,可以求得椭圆逼近的逼近函数和转移函数。椭圆逼近的数学推导涉及经典场论的椭圆函数理论,计算过程很复杂。在进行滤波器设计时,一般可利用实用的设计手册或参考书,通过查表,直接得到椭圆滤波器的转移函数 $H(s)$。例如,在表 8-3 中给出了 $A_{\max}=0.5\text{dB}$,$\Omega_s=1.5,2.0,3.0$ 时,2～5 阶椭圆逼近的转移函数 $H(s)$。表中分别列出对应于一定的 $A_{\max}$、Ω_s 和一定阶数 N 之 $H(s)$的分母多项式、分子多项式、分母常数 K 和阻带最小衰减 $A_{\min}$。

表 8-3 椭圆逼近的转移函数($A_{max}=0.5$dB)

(a) $\Omega_s=1.5$

N	分母常数 K	$H(s)$的分母	$H(s)$的分子	A_{min}
2	0.38540	$s^2+3.92705$	$s^2+1.03153s+1.60319$	8.3
3	0.31410	$s^2+2.80601$	$(s^2+0.45286s+1.14917)(s+0.766952)$	21.9
4	0.015397	$(s^2+2.53555)(s^2+12.09931)$	$(s^2+0.25496s+1.06044)(s^2+0.92001s+0.47183)$	36.3
5	0.019197	$(s^2+2.42551)(s^2+5.43764)$	$(s^2+0.16346s+1.03189)(s^2+0.57023s+0.57601)(s+0.42597)$	50.6

(b) $\Omega_s=2.0$

N	分母常数 K	$H(s)$的分母	$H(s)$的分子	A_{min}
2	0.20133	$s^2+7.4641$	$s^2+1.24504s+1.59179$	13.9
3	0.15424	$s^2+5.15321$	$(s^2+0.53787s+1.14849)(s+0.69212)$	31.2
4	0.0036987	$(s^2+4.59326)(s^2+24.22720)$	$(s^2+0.30116s+1.06258)(s^2+0.88456s+0.41032)$	48.6
5	0.0046205	$(s^2+4.36495)(s^2+10.56773)$	$(s^2+0.19255s+1.03402)(s^2+0.58054s+0.52500)(s+0.392612)$	66.1

(c) $\Omega_s=3.0$

N	分母常数 K	$H(s)$的分母	$H(s)$的分子	A_{min}
2	0.083974	$s^2+17.48528$	$s^2+1.35715s+1.55532$	21.5
3	0.063211	$s^2+11.82781$	$(s^2+0.58942s+1.14559)(s+0.65263)$	42.8
4	0.00062046	$(s^2+10.4554)(s^2+58.471)$	$(s^2+0.32979s+1.063231)(s^2+0.86258s+0.37787)$	64.1
5	0.00077547	$(s^2+9.8955)(s^2+25.0769)$	$(s^2+0.21066s+1.0351)(s^2+0.58441s+0.496388)(s+0.37452)$	85.5

例 8-5 用椭圆逼近确定一低通滤波器的转移函数 $H(s)$，使之满足以下技术条件：

$$f_p=500\text{Hz},\qquad f_s=1000\text{Hz}$$

通带 $A_{max}=0.5$dB，阻带 $A_{min}=30$dB。

解：

$$\Omega_s=\frac{2\pi f_s}{2\pi f_p}=\frac{f_s}{f_p}=\frac{1000}{500}=2$$

$$\varepsilon=\sqrt{10^{A_{\max}/10}-1}=\sqrt{10^{0.05}-1}=0.3493$$

$$A_{\min}+20\log_{10}\frac{1}{\varepsilon}=30+20\log_{10}\frac{1}{0.3493}=39.136$$

查图 8-24 中的曲线可得 $N=3$，又由表 8-3 可确定归一化转移函数

$$H_N(s)=\frac{(s^2+0.53787s+1.14849)(s+0.69212)}{0.15424(s^2+5.15321)} \tag{8-6-8}$$

去归一化，即以$\frac{s}{\omega_p}=\frac{s}{1000\pi}$代换式(8-6-8)中的 s，整理后得

$$H(s)=\frac{(s^2+1689.8s+11335\times10^3)(s+2174.4)}{484.56(s^2+50860\times10^3)} \tag{8-6-9}$$

将上例与例 8-4 比较，可以看出：两例的 Ω_s 相同，阶数 N 也相同，而椭圆滤波器的通带性能和阻带性能均较切比雪夫滤波器为好。

8-7　贝塞尔逼近

在 8-4 至 8-6 节中的几种经典逼近，其技术指标都是以衰减函数给出的，换言之，都是对滤波器转移函数幅频特性的逼近，均未研究转移函数的相频特性问题。在滤波器的很多应用场合，忽略相位特性是允许的。如在一般声音信号传输中，便无需关心各频率分量的相位情况。然而在某些情形下，滤波器的相位特性是十分重要的。例如，在数字传输系统中，信息是以时域脉冲来传送的，为使脉冲波形不失真地传输，不仅要求滤波器在通带内有平直的幅度特性，而且要求有理想的相位特性。

图 8-26(a)的脉冲信号 $u_{in}(t)$经传输系统后的输出为 $u_o(t)$，如果脉冲波形不失真，则 $u_o(t)$如图 8-26(b)所示，两者关系为

$$u_o(t)=Ku_{in}(t-T_0) \tag{8-7-1}$$

式中 K 与 T_0 为常数，分别表示脉冲高度放大倍数和脉冲沿时间轴的后移(时延)。

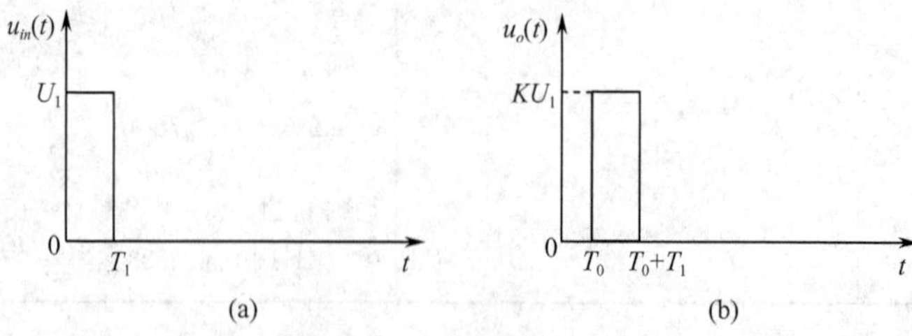

图 8-26

对上式取拉普拉斯变换，得

$$U_o(s)=KU_{in}(s)\cdot e^{-sT_0} \tag{8-7-2}$$

反映传输系统增益的转移函数

$$T(s)=\frac{U_o(s)}{U_{in}(s)}=Ke^{-sT_0} \tag{8-7-3}$$

令 $s=j\omega$，得

$$T(j\omega)=Ke^{-j\omega T_0} \tag{8-7-4}$$

则幅频特性和相频特性分别为

$$|T(j\omega)|=K \tag{8-7-5}$$

$$\phi(\omega)=\angle T(j\omega)=-\omega T_0 \tag{8-7-6}$$

群延迟为

$$\tau(\omega)=-\frac{\mathrm{d}\phi(\omega)}{\mathrm{d}\omega}=T_0 \tag{8-7-7}$$

式(8-7-5)至(8-7-7)表明，如果转移函数的相位特性 $\phi(\omega)$是 ω 的线性函数，即群延迟是不随 ω 改变的常数，加上转移函数恒定的幅度特性，就能够不失真地传输脉冲信号。由式(8-7-7)可以看出，恒定的群延迟 $\tau(\omega)$等于传输系统引起所传输信号的时延 T_0。

图 8-27　　图 8-28

在研究贝塞尔逼近以前，首先比较一下巴特沃思逼近和切比雪夫逼近的相位特性。图 8-27 和图 8-28 分别绘出了 4 阶巴特沃思逼近和 4 阶切比雪夫逼近的群延时特性。前者在通带内较为平坦，后者在通带内高频段较低频段群延迟大得多，与平坦群延迟要求相差很远。在 8-4、8-5 节中已经指出，上述两种逼近幅频特性的区别是：巴特沃思逼近具有最大平坦通带，切比雪夫逼近则是等纹波通带。由此可见，幅度特性愈平滑，群延时特性就愈平滑，但这是以较小的阻带衰减为代价的。

由式(8-7-3)可知，具有理想群延迟特性的滤波器的(衰减)转移函数为

$$H(s)=e^{sT_0} \tag{8-7-8}$$

式中，令式(8-7-3)的 $K=1$。

贝塞尔(Bessel)逼近是在通带内具有最大平坦群延迟特性的一种逼近，是对式(8-7-8)的多项式逼近。令式(8-7-8)中直流时延 $T_0=1$，得到该式的归一化函数

$$H(s)=e^s \tag{8-7-9}$$

对式(8-7-9)的贝塞尔逼近为

$$H(s)=\frac{B_N(s)}{B_N(0)} \tag{8-7-10}$$

式中分子 $B_N(s)$是 N 阶贝塞尔多项式

$$B_N(s)=\sum_{k=0}^{N}b_k s^k \tag{8-7-11}$$

贝塞尔多项式的系数

$$b_k=\frac{(2N-k)!}{2^{N-k}k!(N-k)!} \tag{8-7-12}$$

式(8-7-10)的分母为常数

$$B_N(0)=b_0 \tag{8-7-13}$$

由式(8-7-11)和(8-7-12)可知

$$B_0(s)=1 \tag{8-7-14}$$

$$B_1(s)=s+1 \tag{8-7-15}$$

对于 $N\geqslant 2$ 的各阶贝塞尔多项式,可以用以下递推公式确定

$$B_N(s)=(2N-1)B_{N-1}(s)+s^2B_{N-2}(s) \tag{8-7-16}$$

表 8-4 给出了 $N\leqslant 7$ 各阶的归一化贝塞尔转移函数的分子多项式 $B_N(s)$。如果直流时延 $T_0\neq 1$,则在贝塞尔逼近转移函数中应当用 sT_0 代换 s,表 8-5 中列出了各阶归一化贝塞尔转移函数的极点。

表 8-4 贝塞尔转移函数的分子多项式

N	$B_N(s)$
1	$s+1$
2	s^2+3s+3
3	$s^3+6s^2+15s+15$
4	$s^4+10s^3+45s^2+105s+105$
5	$s^5+15s^4+105s^3+420s^2+945s+945$
6	$s^6+21s^5+210s^4+1260s^3+4725s^2+10395s+10395$
7	$s^7+28s^6+378s^5+3150s^4+17325s^3+62370s^2+135135s+135135$

表 8-5 贝塞尔转移函数的极点

N	极 点
1	-1
2	$-1.5\pm j0.8660$
3	-2.3222, $-1.8390\pm j1.7543$
4	$-2.1039\pm j2.6575$, $-2.8961\pm j0.8672$
5	-3.6467, $-2.3247\pm j3.5710$, $-3.3520\pm j1.7427$
6	$-2.5158\pm j4.4927$, $-3.7357\pm j2.6263$, $-4.2484\pm j0.8675$
7	-4.9716, $-2.6857\pm j5.4206$, $-4.0701\pm j3.5173$, $-4.7584\pm j1.7393$

图 8-29 和图 8-30 中分别绘出了 1～5 阶贝塞尔逼近的衰减特性和群延迟特性。不难看出,阶数 N 愈高,平坦群延迟的频带愈宽。如果仅就群延迟特性比较,贝塞尔逼近远比巴特沃思逼近和切比雪夫逼近为好。然而,贝塞尔逼近平坦的群延迟是以牺牲其阻带衰减为代价的,它的阻带衰减比巴特沃思逼近还低。在应用图 8-29、8-30 的曲线时应当注意,图中 Ω 是归一化频率,与实际频率 ω 的关系为

$$\Omega = \omega T_0 \tag{8-7-17}$$

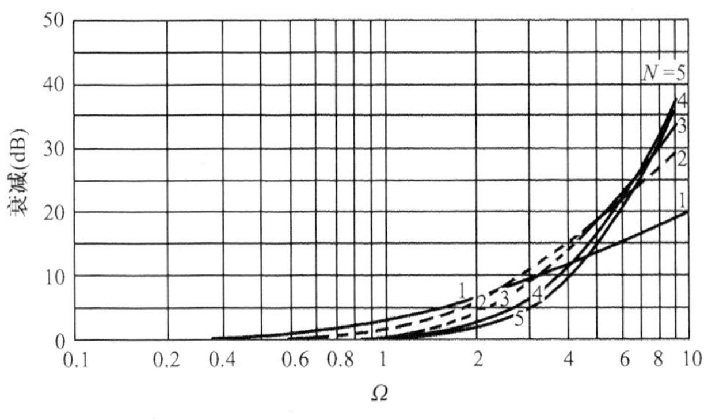

图 8-29

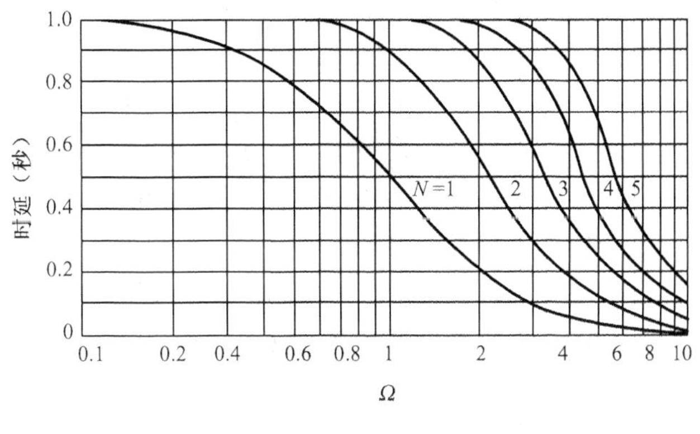

图 8-30

例 8-6 求满足以下技术条件的贝塞尔逼近转移函数：(a)1kHz 以下时延是平坦的，与直流时延值相差不超过 1%；(b)3kHz 处之衰减不小于 20dB。

解：(1)试选滤波器阶数 $N=3$，由图 8-30 可知，3 阶贝塞尔逼近在归一化频率 $\Omega=1$ 以下时延均为平坦的。则 $\Omega_p=1$ 应对应于实际频率 $f_p=1\text{kHz}$，于是实际频率 $f_s=3\text{kHz}$ 所对应的归一化频率应为

$$\Omega_s = \frac{3}{1} \times 1 = 3$$

查图 8-29 所示衰减曲线，3 阶贝塞尔逼近在 $\Omega=3$ 处的衰减只有 9dB，故 3 阶贝塞尔滤波器不能满足衰减技术条件。

(2) 再试选滤波器阶数 $N=4$，由图 8-30 查出 4 阶贝塞尔逼近在归一化频率 $\Omega=1.9$ 以下时延曲线接近平坦，差值在 1%之内。因此 $\Omega_p=1.9$ 应对应于实际频率 $f_p=1\text{kHz}$，故 $f_s=3\text{kHz}$ 所对应的归一化频率为

$$\Omega_s = \frac{3}{1} \times 1.9 = 5.7$$

查图 8-29 得，4 阶贝塞尔逼近在 $\Omega=5.7$ 处的衰减为 20dB，因此 4 阶贝塞尔逼近既满足时延要求，又满足衰减要求。

(3) 由式(8-7-10)并查表 8-4 可得,归一化 4 阶贝塞尔逼近转移函数:

$$H_N(s)=\frac{1}{105}(s^4+10s^3+45s^2+105s+105)$$

为了去归一化,应以 sT_0 代换上式中的 s。根据式(8-7-17)有

$$T_0=\frac{\Omega_p}{\omega_p}=\frac{1.9}{2\pi\times1000}=\frac{1}{3.307\times10^3}\text{秒}$$

则去归一化转移函数为

$$\begin{aligned}H(s)&=H_N(s)|_{s=sT_0}\\&=\frac{1}{105}(s^4T_0^4+10s^3T_0^3+45s^2T_0^2+105sT_0+105)\\&=7.963\times10^{-17}(s^4+33.07\times10^3s^3+492.12\times10^6s^2+3397.43\times10^9s\\&\quad+12558.1\times10^{12})\end{aligned}$$

8-8 频带变换

本章前几节中介绍的几种经典逼近方法,均可直接用于低通滤波器综合。为了将经典逼近方法应用于高通、带通和带阻滤波器综合,应当借助于频带变换。本节将研究三种频带变换,即低通到高通的变换、低通到带通的变换、低通到带阻的变换。

应用频带变换进行滤波器逼近的步骤如下:

(1) 由给定的高通、带通或带阻滤波器的技术条件确定与之对应的低通滤波器的技术条件。这个对应的低通滤波器称为低通原型(low-pass prototype,缩写为 LPP)滤波器。

(2) 根据低通原型滤波器的技术条件,用经典逼近方法求出其转移函数。

(3) 对低通原型滤波器的转移函数实施频带变换,从而得到所需高通、带通或带阻滤波器的转移函数。

8-8-1 低通-高通变换

设高通滤波器的通带边界频率为 ω_p,则低通到高通的变换式为

$$s=\frac{\omega_p}{p} \tag{8-8-1}$$

式中 s 表示低通原型域复频变量,p 表示高通域复频变量。设低通原型滤波器的通带边界频率为 1rad/s。将式(8-8-1)的关系转换到频域,即令 $s=j\Omega$,$p=j\omega$,则有

$$\Omega=-\frac{\omega_p}{\omega} \tag{8-8-2}$$

式中 Ω 和 ω 分别表示低通原型和高通滤波器的角频率。式(8-8-2)给出了 LPP 复平面的 $j\Omega$ 轴上的点与 HP 复平面的 $j\omega$ 轴上的点之间的对应关系。根据这个对应关系可以证明式(8-8-1)的确实现了低通衰减函数 $A(\Omega)$ 和与之对应的高通衰减函数 $A_{HP}(\omega)$ 之间的变换。

考察图 8-31 所示低通原型滤波器的衰减函数,这是一个 3 阶椭圆逼近衰减函数。由衰减函数的一般表达式

$$A(\Omega)=10\log_{10}\left[1+|K(j\Omega)|^2\right]$$

可以看出，$A(\Omega)$是Ω的偶函数。故图 8-31 中绘出的完全的衰减函数(Ω不仅取正值而且取负值)曲线是对纵轴对称的图形。

经低通到高通变换后的衰减函数为

$$A_{\mathrm{HP}}(\omega)=A(\Omega)\Big|_{\Omega=-\frac{\omega_p}{\omega}} \tag{8-8-3}$$

换言之，将式(8-8-2)应用于图 8-31 的$A(\Omega)$曲线，逐点地便可得到对应的高通滤波器的衰减函数$A_{\mathrm{HP}}(\omega)$的曲线，结果如图 8-32 所示。

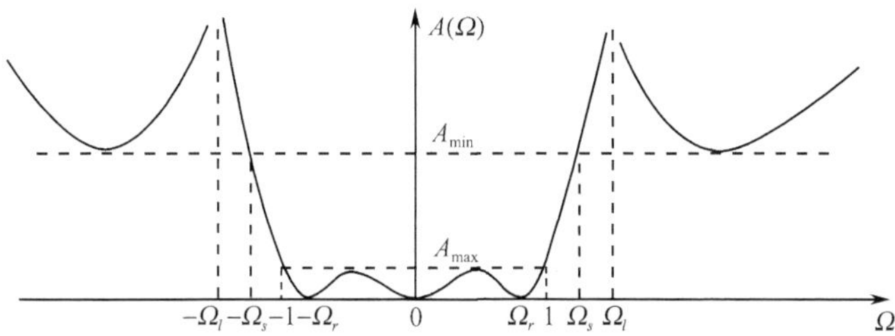

图 8-31

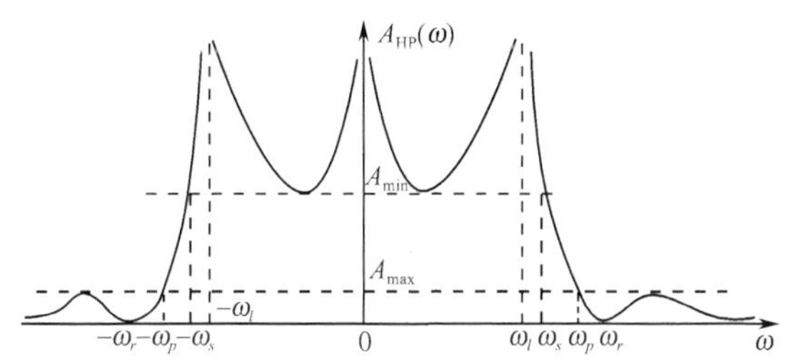

图 8-32

比较图 8-32 与图 8-31，可以看出，这种变换把 LPP 的负Ω轴映射到 HP 的正ω轴，把 LPP 的低频段映射到 HP 的高频段，反之亦如此。LPP 的$\Omega=0$的点映射至 HP 的$\omega=\infty$，$\Omega=\infty$映射至$\omega=0$。LPP 的通带边界频率$\Omega=\pm1$映射为 HP 的$\omega=\mp\omega_p$，阻带边界频率$\Omega=\pm\Omega_s$映射为$\omega=\mp\dfrac{\omega_p}{\Omega_s}=\mp\omega_s$。LPP 低频段通带内的零点$\Omega=\pm\Omega_r$映射为 HP 高频段通带内的零点$\omega=\mp\dfrac{\omega_p}{\Omega_r}=\mp\omega_r$，LPP 高频段阻带内的极点$\Omega=\pm\Omega_l$映射为 HP 低频段阻带内的极点$\omega=\mp\dfrac{\omega_p}{\Omega_l}=\mp\omega_l$。显然，上述映射关系将低通原型滤波函数变换为高通滤波函数。

下面将通过实例讨论如何应用式(8-8-1)的变换进行高通滤波器设计。

例 8-7 一高通滤波器的技术条件为：等纹波通带边界频率 1.5kHz，通带容许最大衰减 1dB；阻带边界频率 1kHz，单调增阻带容许的最小衰减为 30dB。试确定此高通滤波器的转移函数。

解:由题意知,应当用切比雪夫逼近求转移函数。高通滤波器的技术条件可用图 8-33(a)表示出来,即

通带:$A_{max}=1\text{dB}, f_p=1500\text{Hz}$

阻带:$A_{min}=30\text{dB}, f_s=1000\text{Hz}$

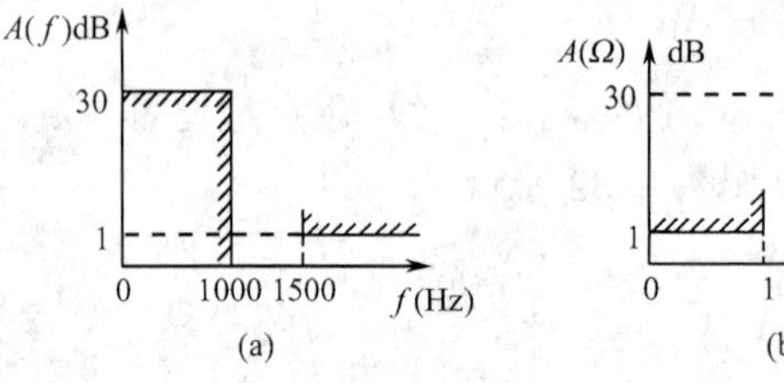

图 8-33

与之相应的 LPP 技术条件为

通带:$A_{max}=1\text{dB}, \Omega_p=1\text{rad/s}$

阻带:$A_{min}=30\text{dB}, \Omega_s=\frac{1500}{1000}=1.5\text{rad/s}$

如图 8-33(b)所示。

通带纹波系数

$$\varepsilon=\sqrt{10^{A_{max}/10}-1}=\sqrt{10^{0.1}-1}=0.5088$$

为求滤波器阶数,根据式(8-5-18),计算方程的左端:

$$A_{min}+20\log_{10}\frac{1}{\varepsilon}=30+20\log_{10}\left(\frac{1}{0.5088}\right)=35.87\text{dB}$$

查图 8-18 中的曲线,由纵坐标 35.87dB 和横坐标 $\Omega_s=1.5$,可以确定应选取 $N=5$。

根据表 8-2,可以得到满足 LPP 技术条件的切比雪夫逼近转移函数:

$$H(s)=\frac{1}{0.12283}(s^2+0.17892s+0.98831)\cdot(s^2+0.46841s+0.42930)(s+0.28949)$$

令上式中 $s=\omega_p/p=2\pi\times1500/p=3000\pi/p$,便可得到所求高通滤波器转移函数,即

$$H_{HP}(p)=H(s)\Big|_{s=\frac{3000\pi}{p}}$$

$$=\frac{p^2+1706.2p+89877\times10^3}{p^2}\times\frac{p^2+10283p+206910\times10^3}{p^2}\times\frac{p+32556}{p}$$

通过低通-高通变换设计高通滤波器,还可以在得到 LPP 转移函数后,直接用 LC 电路实现 LPP 滤波器,然后对 LPP 网络实施低通-高通变换。下面介绍这种方法。

设 LPP 滤波器电路中的电感、电容分别用 l、c 表示,HP 滤波器电路中的电感、电容分别用 L、C 表示。将变换 $s=\frac{\omega_p}{p}$ 施加于 LPP 网络中电感、电容的阻抗,则有如下公式。

对于 LPP 中的电感 l,其阻抗的变换为

$$sl=\frac{\omega_p}{p}l=1/(p/\omega_p l)=1/pC \tag{8-8-4}$$

式中

$$C = \frac{1}{\omega_p l} \tag{8-8-5}$$

对于 LPP 中的电容 c，其阻抗的变换为

$$1/(sc) = 1/\left(\frac{\omega_p}{p} \cdot c\right) = p \cdot (1/\omega_p c) = pL \tag{8-8-6}$$

式中

$$L = \frac{1}{\omega_p c} \tag{8-8-7}$$

式(8-8-4)至(8-8-7)表明：LPP 中的电感 l 变换为 HP 电路中的电容 $C=\frac{1}{\omega_p l}$；而 LPP 中的电容 c 则变换为 HP 电路中的电感 $L=\frac{1}{\omega_p c}$。由此可以证明，LPP 中由 l 和 c 构成的串联或并联谐振电路，如果其谐振角频率用 Ω_0 表示，则变换成为 HP 电路中谐振频率为$\frac{\omega_p}{\Omega_0}$的同样结构的谐振电路。

8-8-2 低通-带通变换

设带通滤波器的通带中心频率为 ω_0，通频带宽度为 B，则低通到带通的变换式为

$$s = \frac{p^2 + \omega_0^2}{pB} \tag{8-8-8}$$

式中 s 表示低通原型域复频变量，p 表示带通域复频变量。设低通原型滤波器的通带边界频率为 1rad/s。将式(8-8-8)的关系转换到频域，即令 $s=j\Omega$，$p=j\omega$，则有

$$\Omega = \frac{\omega^2 - \omega_0^2}{B\omega} \tag{8-8-9}$$

根据上式，可将 ω 用 Ω 表示为

$$\omega = \frac{1}{2}B\Omega \pm \sqrt{\omega_0^2 + \frac{1}{4}B^2\Omega^2} \tag{8-8-10}$$

式中 Ω 和 ω 分别表示低通原型和带通滤波器的角频率。以上两式给出了 LPP 复平面的 $j\Omega$ 轴上的点与 BP 复平面的 $j\omega$ 轴上的点之间的对应关系。由这个对应关系可以证明变换式(8-8-8)实现了低通衰减函数 $A(\Omega)$ 和与之对应的带通衰减函数 $A_{BP}(\omega)$之间的变换。

对图 8-31 所示 3 阶椭圆逼近 LPP 滤波器的衰减函数 $A(\Omega)$进行以下低通到带通的变换：

$$A_{BP}(\omega) = A(\Omega)\big|_{\Omega=\frac{\omega^2-\omega_0^2}{B\omega}} \tag{8-8-11}$$

由式(8-8-10)可知，LPP 衰减曲线 $A(\Omega)$上的点与 BP 衰减曲线 $A_{BP}(\omega)$上的点有如下对应关系：

(1) $\Omega=0$ 的点对应于 $\omega=\pm\omega_0$，即带通滤波器的中心频率。

(2) LPP 正频率轴上的点 Ω_x，对应于 BP 频率轴上的以下两点：

$$\omega'_{x1} = \frac{1}{2}B\Omega_x - \sqrt{\omega_0^2 + \frac{1}{4}B^2\Omega_x^2} \tag{8-8-12}$$

$$\omega_{x2} = \frac{1}{2}B\Omega_x + \sqrt{\omega_0^2 + \frac{1}{4}B^2\Omega_x^2} \tag{8-8-13}$$

LPP 负频率轴上的点$-\Omega_x$,对应于 BP 频率轴上的以下两点:

$$\omega_{x1} = -\frac{1}{2}B\Omega_x + \sqrt{\omega_0^2 + \frac{1}{4}B^2\Omega_x^2} \tag{8-8-14}$$

$$\omega'_{x2} = -\frac{1}{2}B\Omega_x - \sqrt{\omega_0^2 + \frac{1}{4}B^2\Omega_x^2} \tag{8-8-15}$$

在式(8-8-12)至(8-8-15)中,式(8-8-13)与式(8-8-14)为正值。于是,LPP 的点$\pm\Omega_x$ 对应于 BP 正频率轴上的两点为

$$\omega_{x1} = -\frac{1}{2}B\Omega_x + \sqrt{\omega_0^2 + \frac{1}{4}B^2\Omega_x^2} \tag{8-8-14}$$

$$\omega_{x2} = \frac{1}{2}B\Omega_x + \sqrt{\omega_0^2 + \frac{1}{4}B^2\Omega_x^2} \tag{8-8-13}$$

且以上两点坐标间有如下关系:

$$\omega_{x2} - \omega_{x1} = B\Omega_x \tag{8-8-16}$$

$$\omega_{x1} \cdot \omega_{x2} = \omega_0^2 \tag{8-8-17}$$

(3) LPP 的通带边界频率点$\Omega=\pm1$,对应于 BP 正频率轴上的两点为

$$\omega_{p1} = -\frac{1}{2}B + \sqrt{\omega_0^2 + \frac{1}{4}B^2} \tag{8-8-18}$$

$$\omega_{p2} = \frac{1}{2}B + \sqrt{\omega_0^2 + \frac{1}{4}B^2} \tag{8-8-19}$$

则

$$\omega_{p2} - \omega_{p1} = B \tag{8-8-20}$$

且

$$\omega_{p1} \cdot \omega_{p2} = \omega_0^2 \tag{8-8-21}$$

式(8-8-20)意即,ω_{p2}与ω_{p1}之间的频率间隔等于带通滤波器的带宽B,故ω_{p1}和ω_{p2}是带通滤波器通带的两个边界频率。式(8-8-21)表明,带通滤波器的中心频率ω_0 等于其两个通带边界频率ω_{p1}、ω_{p2}的几何中心。

(4) LPP 的阻带边界频率点$\Omega=\pm\Omega_s$,对应于 BP 正频率轴上的两点为

$$\omega_{s1} = -\frac{1}{2}B\Omega_s + \sqrt{\omega_0^2 + \frac{1}{4}B^2\Omega_s^2} \tag{8-8-22}$$

$$\omega_{s2} = \frac{1}{2}B\Omega_s + \sqrt{\omega_0^2 + \frac{1}{4}B^2\Omega_s^2} \tag{8-8-23}$$

同理有

$$\omega_{s2} - \omega_{s1} = B\Omega_s \tag{8-8-24}$$

$$\omega_{s1} \cdot \omega_{s2} = \omega_0^2 \tag{8-8-25}$$

上式表明,BP 滤波器阻带边界频率ω_{s1}、ω_{s2}的几何中心也是中心频率ω_0。

(5) LPP 的$\Omega=\infty$映射至 BP 滤波器$\omega=0$ 和$\omega=\infty$。因此,LPP 的$\Omega=\infty$处的损耗

极点变换为 BP 滤波器的两个损耗极点，一个位于 $\omega=0$，一个位于 $\omega=\infty$。

在 LPP 和 BP 滤波器的上述各对应频率点处，两者的衰减 $A(\Omega)$ 和 $A_{BP}(\omega)$ 相等。一个衰减曲线与图 8-31 相似的 3 阶椭圆 LPP 滤波器的衰减函数经低通-带通变换后，得到图 8-34 中的衰减函数。为简单清晰起见，图中未绘出对称于正频率衰减曲线的负频率范围的衰减曲线。

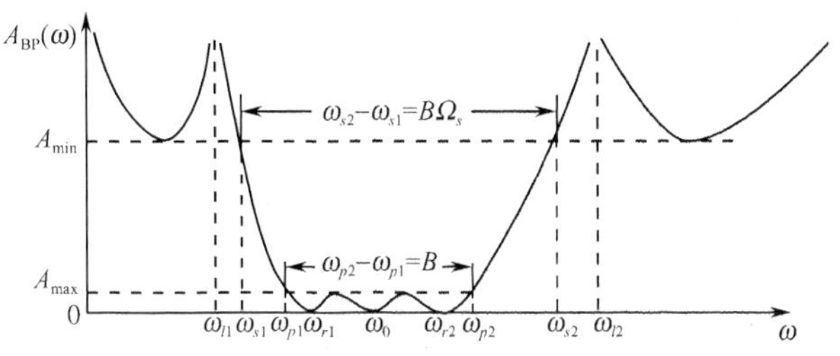

图 8-34

由图 8-34 不难看出，这是一个 6 阶椭圆逼近带通滤波器的衰减曲线，由此表明，低通-带通变换使滤波器的阶数加倍，从变换式(8-8-8)也可得出此结论。衰减函数曲线 $A_{BP}(\omega)$ 几何对称于中心频率 ω_0。于是，不仅两个通带边界频率 ω_{p1} 与 ω_{p2} 几何对称于 ω_0、两个阻带边界频率 ω_{s1} 与 ω_{s2} 几何对称于 ω_0，而且两个衰减零点 ω_{r1} 与 ω_{r2} 存在 $\omega_{r1}\cdot\omega_{r2}=\omega_0^2$ 的关系、两个损耗极点 ω_{l1} 与 ω_{l2} 也存在 $\omega_{l1}\cdot\omega_{l2}=\omega_0^2$ 的关系。

由式(8-8-20)和(8-8-24)可得

$$\frac{\omega_{s2}-\omega_{s1}}{\omega_{p2}-\omega_{p1}}=\Omega_s \tag{8-8-26}$$

这就是说，两个阻带边界频率间隔与通频带宽度之比等于 LPP 的阻带边界频率 Ω_s。显然，$\Omega_s\geqslant 1$，Ω_s 之值愈小，意味着过渡带愈窄，即选择性愈好。因此 Ω_s 可以作为带通滤波器选择性的量度，称为边缘选择性(skirt selectivity)。

下面将讨论如何应用低通-带通变换进行带通滤波器设计。

设给定带通衰减技术条件如图 8-35(a)所示。为了用低通-带通变换设计带通滤波器，首先应修正衰减技术条件，使之满足用低通-带通变换设计的需要。修正技术条件应满足两点要求：第一，上阻带和下阻带的衰减相等；第二，二通带边界和二阻带边界应分别几何对称于中心频率 ω_0。修正后的技术条件只能比原技术条件的要求更严，而不能放宽。据此，首先使上、下阻带衰减相等，都等于原给定阻带衰减的最大值。然后修正技术条件使之满足几何对称性。用二通带边界频率按下式计算中心频率：

$$\omega_0=\sqrt{\omega_{p1}\omega_{p2}} \tag{8-8-27}$$

再调整阻带边界使之几何对称于 ω_0。假设原给定阻带边界是 ω_1 和 $\omega_2(\omega_1<\omega_2)$，则计算 ω_0^2/ω_2，如果结果大于(或等于)ω_1，则取 $\omega_{s1}=\omega_0^2/\omega_2$，$\omega_{s2}=\omega_2$。如果 $\omega_0^2/\omega_2<\omega_1$，就不能按上述取值修正阻带边界。另计算 ω_0^2/ω_1，必定有 $\omega_0^2/\omega_1<\omega_2$，于是取阻带边界为 $\omega_{s1}=\omega_1$，$\omega_{s2}=\omega_0^2/\omega_1$。这样修正后的技术条件如图 8-35(b)所示。

根据修正后的带通滤波器技术条件，很容易确定其对应的 LPP 技术条件，即：$\Omega_p=1$，$\Omega_s=(\omega_{s2}-\omega_{s1})/(\omega_{p2}-\omega_{p1})$，$A_{max}$ 和 A_{min} 直接由修正后的 BP 技术条件得到。

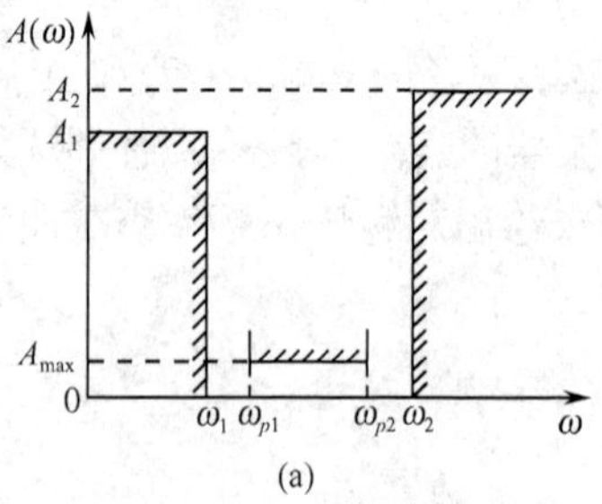

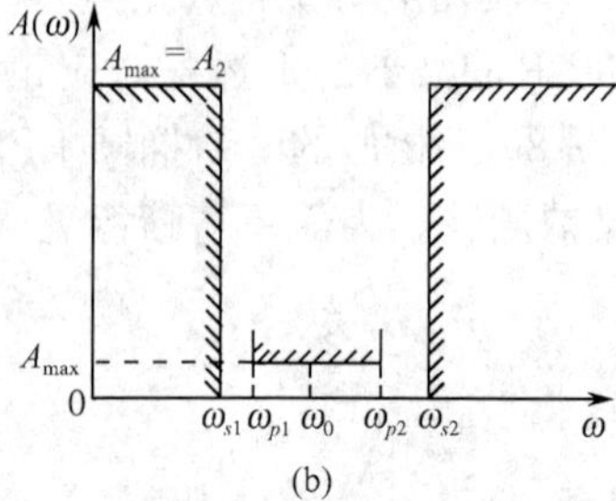

图 8-35

根据已经得到的 LPP 技术条件,用经典逼近的一种方法,求出转移函数 $H(s)$。然后,应用以下变换式即可得到带通滤波器转移函数:

$$H_{\mathrm{BP}}(p)=H(s)\bigg|_{s=\frac{p^2+\omega_0^2}{pB}} \tag{8-8-28}$$

通过低通-带通变换设计带通滤波器,还可以在得到 LPP 转移函数后,直接用 LC 电路实现 LPP 滤波器,然后对 LPP 网络实施以下的低通-带通变换。

设 LPP 滤波器电路中的电感、电容分别用 l、c 表示,BP 滤波器电路中的电感、电容分别用 L、C 表示。将变换 $s=(p^2+\omega_0^2)/pB$ 施加于 LPP 网络中电感、电容的阻抗,则对于 LPP 中的电感 l,其阻抗的变换为

$$sl=\frac{p^2+\omega_0^2}{pB}l=p\left(\frac{l}{B}\right)+\frac{1}{p\,\dfrac{B}{\omega_0^2 l}}=pL+\frac{1}{pC} \tag{8-8-29}$$

式中

$$L=\frac{l}{B} \tag{8-8-30}$$

$$C=\frac{B}{\omega_0^2 l}=\frac{1}{\omega_0^2 L} \tag{8-8-31}$$

不难看出,$1/\sqrt{LC}=\omega_0$。这表明,LPP 电路中的电感 l 经低通-带通变换后,变换为 BP 电路中的 LC 串联谐振电路,其谐振频率等于带通滤波器的中心频率 ω_0。

同理,对于 LPP 中的电容 c,其导纳的变换为

$$sc=\frac{p^2+\omega_0^2}{pB}c=p\left(\frac{c}{B}\right)+\frac{1}{p\,\dfrac{B}{\omega_0^2 c}}=pC+\frac{1}{pL} \tag{8-8-32}$$

式中

$$C=\frac{c}{B} \tag{8-8-33}$$

$$L=\frac{B}{\omega_0^2 c}=\frac{1}{\omega_0^2 C} \tag{8-8-34}$$

以上三式表明,LPP 电路中的电容 c 经低通-带通变换后,变换为 BP 电路中的谐振频率为 ω_0 的 LC 并联谐振电路。

图 8-36(a)、(b)、(c)分别表示出低通-带通变换施加于电感 l、电容 c 以及一个 3 阶全极点 lc 梯形网络的情形。

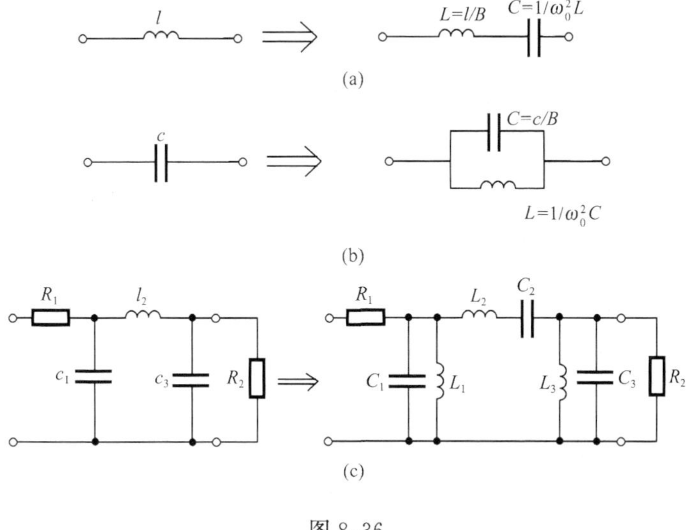

图 8-36

8-8-3 低通-带阻变换

由低通到带阻的变换式为

$$s=\frac{pB}{p^2+\omega_0^2} \tag{8-8-35}$$

式中 s 表示低通原型域复频变量，p 表示带阻域复频变量。ω_0 为带阻滤波器阻带中心频率，B 为二通频带边界的频率间隔，即 $B=\omega_{p2}-\omega_{p1}$。令 $s=j\Omega$，$p=j\omega$，可得频域中的变换式：

$$\Omega=\frac{B\omega}{\omega_0^2-\omega^2} \tag{8-8-36}$$

同样，设 LPP 的通带边界频率为 1rad/s。

为了说明变换式(8-8-35)实现了低通衰减函数 $A(\Omega)$ 与带阻衰减函数 $A_{BR}(\omega)$ 之间的变换，研究图 8-37(a)中的 3 阶椭圆逼近 LPP 衰减函数 $A(\Omega)$。首先对 $A(\Omega)$ 应用低通到高通的变换：

$$s=\frac{1}{s'} \tag{8-8-37}$$

式中 s' 表示高通域复频变量，这里设通带边界频率 $\omega_p=1$。变换后的衰减函数 $A\left(\frac{1}{\Omega}\right)$ 如图 8-37(b)所示。然后，对 $A\left(\frac{1}{\Omega}\right)$ 实施低通-带通的变换：

$$s'=\frac{p^2+\omega_0^2}{pB} \tag{8-8-38}$$

得到图 8-37(c)中的衰减函数 $A_{BR}(\omega)$（图中未画出负频率范围的曲线），显然，这是一个带阻滤波器的衰减曲线。可以看出，变换式(8-8-35)是将式(8-8-38)代入式(8-8-37)的结果。换言之，低通-带阻变换可视为由低通-高通变换和低通-带通变换相结合而得到的一种变换。

由于在低通-带阻的变换中应用了低通-带通的变换，因此衰减曲线也具有对于中心

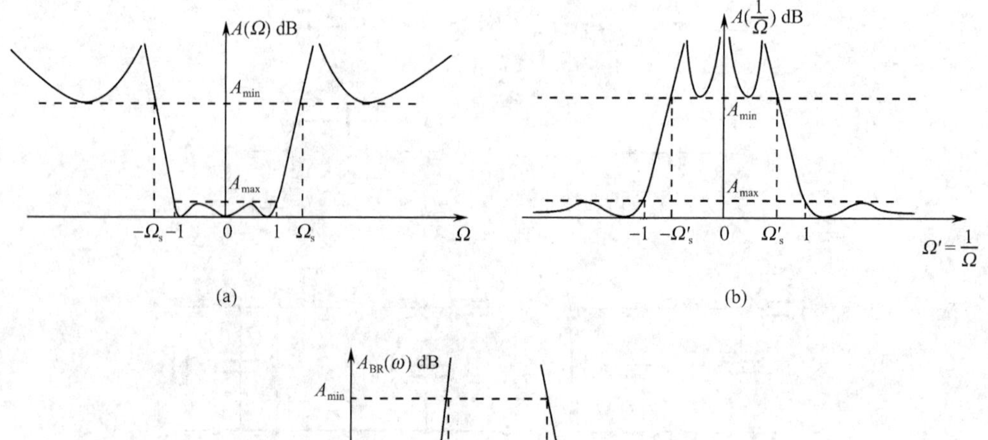

图 8-37

频率 ω_0 的几何对称性，图 8-37(c)反映出了这种对称关系。

应用低通-带阻变换进行带阻滤波器设计的步骤如下：

(1) 给定带阻滤波器的技术条件，如图 8-38(a)所示。对技术条件进行修正，使之具有几何对称性。即用二阻带边界频率按下式计算中心频率：

$$\omega_0 = \sqrt{\omega_{s1}\omega_{s2}}$$

设原给定的通带边界为 ω_1、ω_2，如果 $\omega_0^2/\omega_2 > \omega_1$，则取 $\omega_{p1}=\omega_0^2/\omega_2$，$\omega_{p2}=\omega_2$。反之，则取 $\omega_{p1}=\omega_1$，$\omega_{p2}=\omega_0^2/\omega_1$。这样便可绘出修正后的技术条件，如图 8-38(b)所示。于是可以确定 $B=\omega_{p2}-\omega_{p1}$。

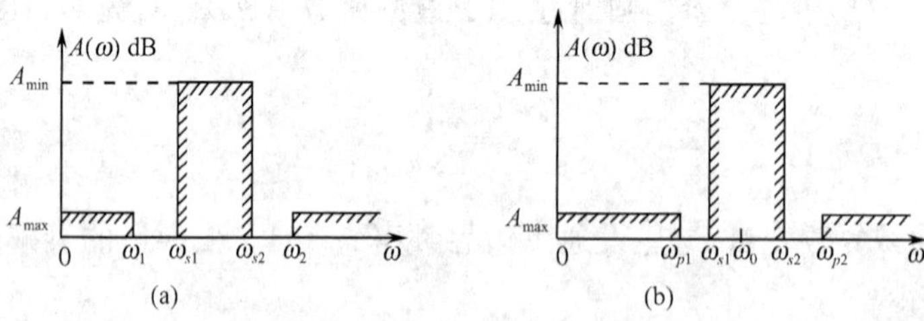

图 8-38

(2) LPP 滤波器的技术要求为：A_{max}，A_{min} 和 Ω_s，其中 Ω_s 按下式计算

$$\Omega_s=\frac{\omega_{p2}-\omega_{p1}}{\omega_{s2}-\omega_{s1}} \tag{8-8-39}$$

(3) 用经典逼近方法求转移函数 $H(s)$，使之满足 LPP 技术要求。

(4) 应用低通-带阻变换求带阻滤波器的转移函数：

$$H_{BR}(p)=H(s)\Big|_{s=\frac{pB}{p^2+\omega_0^2}} \qquad (8\text{-}8\text{-}40)$$

通过低通-带阻变换设计带阻滤波器，也可以用对 LPP 网络实行变换的方法来实现。读者可自行证明，在这种情况下，LPP 中的电容变换为 BR 电路中的 LC 串联谐振电路；LPP 中的电感变换为 BR 电路中的 LC 并联谐振电路。

习　题

8-1　一个二阶滤波器，通带从 $\omega=0$ 到 $\omega_p=1\text{rad/s}$，通带最大衰减 $A_{max}=1\text{dB}$。在通带内 $\omega_r(\omega_r\neq0)$ 处有一衰减零点。在无限远处有二阶衰减极点。求衰减零点 ω_r、特征函数 $K(s)$ 和转移函数 $H(s)$，并求 $\omega=2\text{rad/s}$ 处的衰减。

8-2　设低通滤波器的通带边界频率 $\omega_p=1\text{rad/s}$，通带纹波系数 $\varepsilon=0.5$。对于下列情形分别确定滤波器在 $\omega=2\text{rad/s}$ 处的衰减 $A(\omega)$，并对所得到的结果进行比较。

(1) 阶数分别为 $N=3$ 和 $N=5$ 的巴特沃思滤波器；

(2) 阶数分别为 $N=3$ 和 $N=5$ 的切比雪夫滤波器。

8-3　用巴特沃思逼近求满足以下技术条件的低通滤波器的转移函数 $H(s)$：通带边界频率 $f_p=1000\text{Hz}$，通带最大衰减 $A_{max}=2\text{dB}$，阻带边界频率 $f_s=2500\text{Hz}$，阻带最小衰减 $A_{min}=16\text{dB}$。

8-4　一个低通滤波器的技术条件为

通带：$f_p=1000\text{Hz}$，$A_{max}=0.5\text{dB}$；

阻带：$f_s=1500\text{Hz}$，$A_{max}=24\text{dB}$。

用切比雪夫逼近求满足以上技术条件的转移函数 $H(s)$，并绘出其衰减曲线。

8-5　一个低通滤波器的通带边界频率、阻带边界频率和通带纹波均与 8-4 题相同。如果采用椭圆逼近且阶数与 8-4 题得到的阶数相同，其阻带边界处的衰减可达多少？

8-6　定性绘出以下滤波器的衰减曲线：

(1) 8 阶切比雪夫带通滤波器。通带从 8kHz 到 12.5kHz，下阻带边界 7.5kHz，通带 $A_{max}=2\text{dB}$。

(2) 7 阶椭圆低通滤波器。通带边界频率为 1kHz，阻带边界频率为 1.2kHz，通带 $A_{max}=1\text{dB}$。

(3) 6 阶切比雪夫带阻滤波器。阻带从 40 Hz 到 62 Hz，阻带 $A_{min}=40\text{dB}$，通带 $A_{max}=2\text{dB}$。

8-7　一个带通滤波器的技术条件为：通带边界频率 $f_{p1}=2760\text{Hz}$，$f_{p2}=2850\text{Hz}$，通带最大衰减 $A_{max}=0.5\text{dB}$。阻带边界频率 $f_{s1}=2630\text{Hz}$，$f_{s2}=2995\text{Hz}$，阻带最小衰减 $A_{min}=20\text{dB}$。用切比雪夫逼近求满足以上技术条件的转移函数 $H(s)$。

8-8　要求一个低通滤波器在通带边界频率 2.7kHz 以下是平坦的，与直流时延差值在 1%之内，在频率为 21kHz 处的衰减不小于 30dB。试确定满足以上技术条件的贝塞尔逼近转移函数。

第九章　电抗梯形滤波器综合

导　言

无源网络综合的理论和技术，涉及面较宽。然而在实际应用中，大多数无源滤波问题的解决，常采用双端接载电抗梯形滤波器。故本章将介绍这种广泛应用的无源滤波器的综合方法，并希望在研究其他类型的滤波器时，能起到举一反三的效果。

仅由电感和电容构成的梯形网络，称为电抗梯形网络。在电抗梯形二端口网络的输出端接以电阻负载，输入端所接电源的内阻抗亦为纯电阻，这样便构成了双端接载电抗梯形滤波器。这种滤波器的每一个衰减极点（传输零点）直接和 LC 梯形中某串臂或分流臂上的 L、C 参数相关。通常，滤波器衰减极点出现的频率等于串臂阻抗极点频率或分流臂导纳极点频率。存在于梯形臂和衰减极点间的上述一一对应关系给滤波网络的设计和调试带来极大方便。电抗梯形滤波器的另一优点是，当滤波器设计为在给定通带频率范围从阻性内阻电源向阻性负载传输最大功率时，转移函数对梯形中 L、C 参数的灵敏度以及对端接电阻的灵敏度都是很小的，在通带内的反射零点处，对端接电阻的灵敏度的理论值为零。双端接载电抗梯形滤波器的以上两个突出的优点，使之成为无源滤波器实现技术中应用最为广泛的一种电路结构，并常被选用为设计有源滤波器和其他现代滤波器的原型滤波器电路。

9-1　电抗二端口网络的参数

由电感和电容元件构成的二端口网络称为电抗二端口网络。本节研究终端接电阻负载的电抗二端口网络的转移参数（转移电压比、转移电流比）与电抗二端口网络的开路阻抗参数、短路导纳参数之间的关系。

首先考察图 9-1(a)中的无源二端口网络。端口 2 接电阻负载 R_2、端口 1 接电源。二端口电压、电流（复频变量）如图所示。用开路阻抗参数表示的二端口网络方程为

$$U_1(s)=z_{11}(s)I_1(s)+z_{12}(s)I_2(s) \tag{9-1-1a}$$

$$U_2(s)=z_{21}(s)I_1(s)+z_{22}(s)I_2(s) \tag{9-1-1b}$$

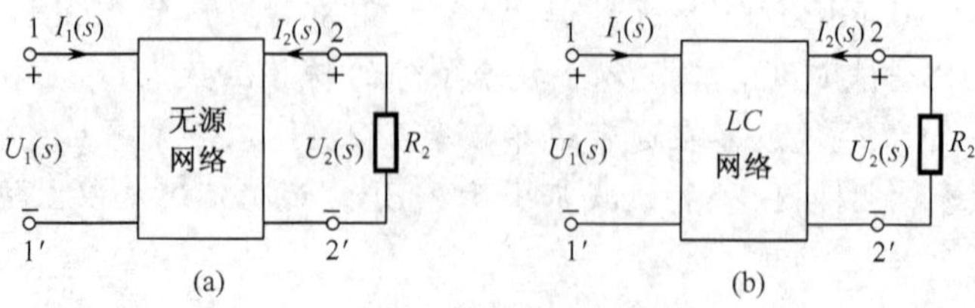

图 9-1

用短路导纳参数表示的二端口网络方程为

$$I_1(s) = y_{11}(s)U_1(s) + y_{12}(s)U_2(s) \tag{9-1-2a}$$

$$I_2(s) = y_{21}(s)U_1(s) + y_{22}(s)U_2(s) \tag{9-1-2b}$$

由于端口 2 接 R_2，输出电压、电流关系为

$$U_2(s) = -R_2 I_2(s) \tag{9-1-3}$$

按滤波器设计的习惯，定义输入电压与输出电压之比为转移电压比 $N(s)$，输入电流与输出电流之比为转移电流比 $M(s)$。代式(9-1-3)入式(9-1-1b)，得转移电流比

$$M(s) = \frac{I_1(s)}{-I_2(s)} = \frac{R_2 + z_{22}(s)}{z_{12}(s)} \tag{9-1-4}$$

同理，由式(9-1-3)和式(9-1-2b)可得转移电压比

$$N(s) = \frac{U_1(s)}{U_2(s)} = \frac{\dfrac{1}{R_2} + y_{22}(s)}{-y_{12}(s)} \tag{9-1-5}$$

式(9-1-4)、(9-1-5)中已引用了一般无源二端口网络所应满足的关系：$z_{12}(s)=z_{21}(s)$，$y_{12}(s)=y_{21}(s)$。对于图 9-1(b)中的电抗二端口网络，由于纯电抗网络的任何频域网络函数必定实部为零，又根据式(7-2-10)和式(7-2-11)，频域网络函数的实部等于其偶部、虚部等于其奇部，因此，电抗二端口网络的全部开路阻抗参数和短路导纳参数必定均为奇有理函数。故由式(9-1-4)得

$$M(-s) = \frac{R_2 - z_{22}(s)}{-z_{12}(s)} \tag{9-1-6}$$

式(9-1-4)和式(9-1-6)可改写为

$$M(s)z_{12}(s) - z_{22}(s) = R_2 \tag{9-1-7}$$

$$-M(-s)z_{12}(s) + z_{22}(s) = R_2 \tag{9-1-8}$$

由以上两式解得

$$z_{12}(s) = \frac{2R_2}{M(s) - M(-s)} \tag{9-1-9}$$

$$z_{22}(s) = R_2\frac{M(s) + M(-s)}{M(s) - M(-s)} \tag{9-1-10}$$

同理，根据式(9-1-5)，用相同的步骤可得

$$y_{12}(s) = \frac{-2/R_2}{N(s) - N(-s)} \tag{9-1-11}$$

$$y_{22}(s) = \frac{1}{R_2}\frac{N(s) + N(-s)}{N(s) - N(-s)} \tag{9-1-12}$$

应用二端口网络开路阻抗参数与短路导纳参数之间的转换关系，有

$$z_{11}(s) = -z_{12}(s)\frac{y_{22}(s)}{y_{12}(s)} \tag{9-1-13}$$

$$y_{11}(s) = -y_{12}(s)\frac{z_{22}(s)}{z_{12}(s)} \tag{9-1-14}$$

将式(9-1-9)至式(9-1-12)代入式(9-1-13)和式(9-1-14)，整理后得到

$$z_{11}(s) = R_2\frac{N(s) + N(-s)}{M(s) - M(-s)} \tag{9-1-15}$$

$$y_{11}(s)=\frac{1}{R_2}\frac{M(s)+M(-s)}{N(s)-N(-s)} \tag{9-1-16}$$

至此，我们已经导出了用有载电抗二端口网络的转移电压比 $N(s)$ 和转移电流比 $M(s)$ 表示电抗二端口网络的全部开路阻抗参数和短路导纳参数的表达式。下面，把开路策动点阻抗 $z_{11}(s)$、$z_{22}(s)$ 称为开路电抗，用 X_{1O}、X_{2O} 表示；把短路策动点导纳的倒数 $1/y_{11}(s)$、$1/y_{22}(s)$ 称为短路电抗，用 X_{1S}、X_{2S} 表示，则

$$X_{1O}=z_{11}(s)=R_2\left(\frac{N(s)+N(-s)}{M(s)-M(-s)}\right) \tag{9-1-17}$$

$$X_{2O}=z_{22}(s)=R_2\left(\frac{M(s)+M(-s)}{M(s)-M(-s)}\right) \tag{9-1-18}$$

$$X_{1S}=\frac{1}{y_{11}(s)}=R_2\left(\frac{N(s)-N(-s)}{M(s)+M(-s)}\right) \tag{9-1-19}$$

$$X_{2S}=\frac{1}{y_{22}(s)}=R_2\left(\frac{N(s)-N(-s)}{N(s)+N(-s)}\right) \tag{9-1-20}$$

以上四式是将电抗二端口网络的开路电抗 X_{1O}、X_{2O} 及短路电抗 X_{1S}、X_{2S} 用终端接电阻 R_2 的电抗二端口网络的转移电流比和转移电压比表示的方程。开路电抗 X_{1O}、X_{2O} 和短路电抗 X_{1S}、X_{2S} 是直接用以进行 LC 梯形综合的设计参数。

9-2 电抗函数的极点移出和部分极点移出运算

电抗网络的策动点函数称为电抗函数，上节中的开路电抗、短路电抗都是电抗函数。电抗函数的实现是进行二端口电抗网络综合的基础，故本节将在 7-4 节的基础上进一步研究用极点移出和部分极点移出的方法实现电抗函数。

9-2-1 四类电抗函数

在 7-4-1 节中曾经指出，电抗函数为奇函数，是奇次多项式与偶次多项式之比，或偶次多项式与奇次多项式之比，分子多项式与分母多项式最高方次之差必等于 1。根据上述性质，可将电抗函数分为四类。下面用 O 和 E 分别表示分子分母多项式是奇次和偶次，用 H 和 L 分别表示分子分母多项式方次的高和低。用 0、1、2、3 为类型编号。电抗函数的类型决定了它在 $s=0$ 处和 $s=\infty$ 处是否存在极点或零点，进而决定了将该函数展开为部分分式后所含的项，这些也将在下面的分类中一并给出。此外，与第七章的符号对照是：$X(s)=Z_{LC}(s)$，$B(s)=Y_{LC}(s)$。以下对 $X(s)$ 的分类，同样适用于 $B(s)$。

类型 0：$\left(\frac{O,L}{E,H}\right)$

$$X_{(0)}(s)=k\frac{s\prod_{m=1}^{N-1}(s^2+\omega_{zm}^2)}{\prod_{n=1}^{N}(s^2+\omega_{pn}^2)} \tag{9-2-1a}$$

$$X_{(0)}(s)=\sum_{n}\frac{1}{C_n s+\frac{1}{L_n s}} \tag{9-2-1b}$$

类型 0 在 $s=0$ 和 $s=\infty$ 处各有一个一阶零点。即 $X_{(0)}(0)=0, X_{(0)}(\infty)=0$。因而,在 0 和 ∞ 处均无极点。

类型 1:$\left(\frac{E,L}{O,H}\right)$

$$X_{(1)}(s)=k\frac{\prod_{m=1}^{N}(s^2+\omega_{zm}^2)}{s\prod_{n=1}^{N}(s^2+\omega_{pn}^2)} \tag{9-2-2a}$$

$$X_{(1)}(s)=\frac{1}{C_0 s}+\sum_{n}\frac{1}{C_n s+\frac{1}{L_n s}} \tag{9-2-2b}$$

类型 1 在 $s=0$ 处有一阶极点,在 $s=\infty$ 处有一阶零点。即 $X_{(1)}(0)=\infty, X_{(1)}(\infty)=0$。

类型 2:$\left(\frac{O,H}{E,L}\right)$

$$X_{(2)}(s)=k\frac{s\prod_{m=1}^{N}(s^2+\omega_{zm}^2)}{\prod_{n=1}^{N}(s^2+\omega_{pn}^2)} \tag{9-2-3a}$$

$$X_{(2)}(s)=L_{\infty}s+\sum_{n}\frac{1}{C_n s+\frac{1}{L_n s}} \tag{9-2-3b}$$

类型 2 在 $s=0$ 处有一阶零点,在 $s=\infty$ 处有一阶极点。即 $X_{(2)}(0)=0, X_{(2)}(\infty)=\infty$。

类型 3:$\left(\frac{E,H}{O,L}\right)$

$$X_{(3)}(s)=k\frac{\prod_{m=1}^{N}(s^2+\omega_{zm}^2)}{s\prod_{n=1}^{N-1}(s^2+\omega_{pn}^2)} \tag{9-2-4a}$$

$$X_{(3)}(s)=L_{\infty}s+\frac{1}{C_0 s}+\sum_{n}\frac{1}{C_n s+\frac{1}{L_n s}} \tag{9-2-4b}$$

类型 3 在 $s=0$ 处有一阶极点,在 $s=\infty$ 处有一阶极点。即 $X_{(3)}(0)=\infty, X_{(3)}(\infty)=\infty$。

总之,分子、分母的奇偶性,决定 $s=0$ 处是极点还是零点,$\left(\frac{E}{O}\right)$则 $s=0$ 处为极点,反之是零点。分子、分母的方次高低,决定 $s=\infty$ 处是极点还是零点,$\left(\frac{H}{L}\right)$则 $s=\infty$ 处为极点,反之是零点。在以下的极点移除运算中,我们将主要关注何处存在极点。此外还应指出,类型 0 与类型 3 互为倒数;类型 1 与类型 2 互为倒数。

9-2-2 极点移出运算

极点移出是无源网络综合的一种基本运算。这种运算是,将给定的策动点函数$F_1(s)$

表示为

$$F_1(s) = E(s) + F_2(s) \tag{9-2-5}$$

式中 $E(s)$ 是 $F_1(s)$ 的部分分式展开式中的一项，称为单元函数(elementary function)，$F_2(s)$ 称为剩余函数(remainder function)。如果 $F_1(s)$ 是阻抗，则式(9-2-5)可解释为，具有阻抗 $E(s)$ 和 $F_2(s)$ 的两个子网络串联而得到阻抗 $F_1(s)$。如果 $F_1(s)$ 是导纳，则式(9-2-5)可解释为，具有导纳 $E(s)$ 和 $F_2(s)$ 的两个子网络并联而得导纳 $F_1(s)$。这里，$E(s)$ 代表单个元件或少数元件的简单组合的参数(阻抗或导纳)，而 $F_2(s)$ 则通常是较 $F_1(s)$ 低次的函数，在确定了 $E(s)$ 后，可求出

$$F_2(s) = F_1(s) - E(s)$$

单元函数 $E(s)$ 的极点必定是 $F_1(s)$ 的一个极点，将 $E(s)$ 从 $F_1(s)$ 中析出后，则剩余函数 $F_2(s)$ 中一般不再含此极点，故称这种运算为“极点移出”。在对 $F_1(s)$ 作极点移出后，又对 $F_2(s)$ 或 $1/F_2(s)$ 作极点移出，……，此过程一直进行到不再存在剩余函数，由此便可得到对 $F_1(s)$ 的网络实现。一次极点移出运算所对应的网络实现如图 9-2 所示，图(a)中 $F_1(s)$ 是阻抗函数，图(b)中 $F_1(s)$ 是导纳函数。

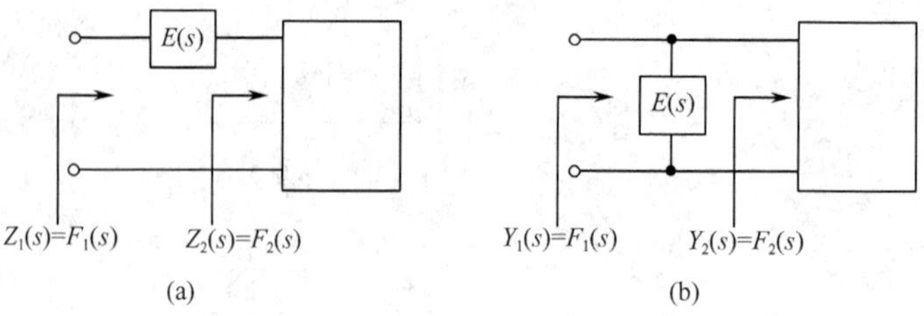

图 9-2

以下将介绍根据电抗函数综合 LC 梯形网络的六种极点移出运算。

1. 移出阻抗在 $s=0$ 处的极点

移出运算式如下：

$$X_1(s) = \frac{1}{sC} + X_2(s) \tag{9-2-6}$$

$$C = \lim_{s\to 0}\left(\frac{1}{sX_1(s)}\right) \tag{9-2-7}$$

其电路实现是，对于给定的阻抗 $X_1(s)$，移出一个串联的电容 C，如图 9-3 所示。电容 C 之值等于 $X_1(s)$ 在 $s=0$ 处极点的留数的倒数。剩余函数为

$$X_2(s) = X_1(s) - \frac{1}{sC}$$

能够进行这种移出运算的是电抗函数类型 1 和类型 3，相应的剩余函数分别是类型 0 和类型 2。移出引起的类型转换为

$X_1(s)$		$X_2(s)$
类型 1	$\longrightarrow$	类型 0
类型 3	$\longrightarrow$	类型 2

换言之，第 1 种移出运算使类型号减 1。

2. 移出导纳在 $s=0$ 处的极点

移出运算式如下：

$$B_1(s) = \frac{1}{sL} + B_2(s) \tag{9-2-8}$$

$$L = \lim_{s\to 0}\left(\frac{1}{sB_1(s)}\right) = \lim_{s\to 0}\left(\frac{X_1(s)}{s}\right) \tag{9-2-9}$$

式中
$$X_1(s) = \frac{1}{B_1(s)}$$

其电路实现是，对于给定的导纳 $B_1(s)=1/X_1(s)$，移出一个分流的电感 L，如图 9-4 所示。电感 L 之值等于 $B_1(s)$ 在 $s=0$ 处极点的留数的倒数。剩余函数为

$$B_2(s) = B_1(s) - \frac{1}{sL}$$

或写为

$$\frac{1}{X_2(s)} = \frac{1}{X_1(s)} - \frac{1}{sL}$$

式中
$$X_2(s) = \frac{1}{B_2(s)}$$

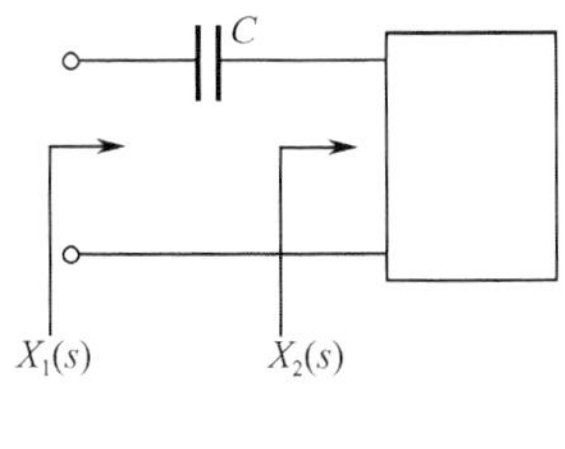

图 9-3

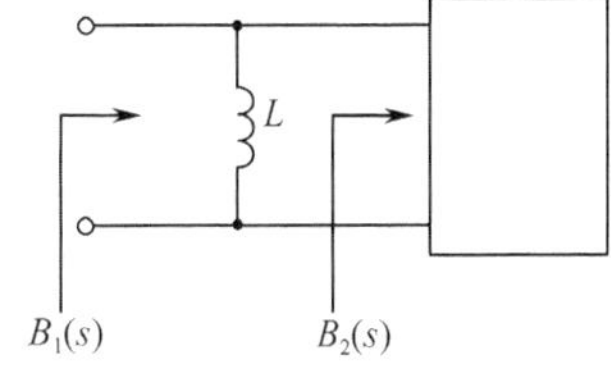

图 9-4

能够进行这种移出运算的电抗函数，以导纳参数($B_1(s)$)表示时是类型 1 和类型 3，剩余函数分别是导纳参数($B_2(s)$)的类型 0 和类型 2。注意到电抗函数的类型 0 与类型 3 互为倒数；类型 1 与类型 2 互为倒数，因此，能够作此移出的阻抗参数($X_1(s)$)应是类型 2 和类型 0，剩余函数以阻抗参数($X_2(s)$)表示，则分别是类型 3 和类型 1。故用阻抗参数表示时，此种移出所引起的类型转换为

$$\begin{array}{ccc} X_1(s) & & X_2(s) \\ \text{类型 } 0 & \longrightarrow & \text{类型 } 1 \\ \text{类型 } 2 & \longrightarrow & \text{类型 } 3 \end{array}$$

换言之，第 2 种移出运算使类型号增加 1。

3. 移出阻抗在 $s=\infty$ 处的极点

移出运算式如下：

$$X_1(s) = sL + X_2(s) \tag{9-2-10}$$

$$L = \lim_{s \to \infty}\left(\frac{X_1(s)}{s}\right) \tag{9-2-11}$$

其电路实现是，对于给定的阻抗 $X_1(s)$，移出一个串联的电感 L，如图 9-5 所示。电感 L 之值等于 $X_1(s)$在 $s=\infty$处极点的留数。剩余函数为

$$X_2(s) = X_1(s) - sL$$

能够进行此种移出运算的电抗函数是类型 2 和类型 3，相应的剩余函数是类型 0 和类型 1。移出引起的类型转换为

$X_1(s)$		$X_2(s)$
类型 2	$\longrightarrow$	类型 0
类型 3	$\longrightarrow$	类型 1

换言之，第 3 种移出运算使类型号减 2。

4. 移出导纳在 $s=\infty$处的极点

移出运算式如下：

$$B_1(s) = sC + B_2(s) \tag{9-2-12}$$

$$C = \lim_{s \to \infty}\left(\frac{B_1(s)}{s}\right) = \lim_{s \to \infty}\left(\frac{1}{sX_1(s)}\right) \tag{9-2-13}$$

其电路实现是，对于给定的导纳 $B_1(s)=1/X_1(s)$，移出一个分流的电容 C，如图 9-6 所示。电容 C 之值等于 $B_1(s)$在 $s=\infty$处极点的留数。剩余函数为

$$B_2(s) = B_1(s) - sC$$

或写为

$$\frac{1}{X_2(s)} = \frac{1}{X_1(s)} =- sC$$

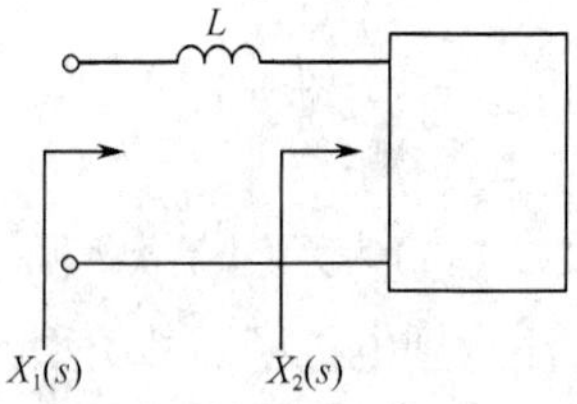

图 9-5

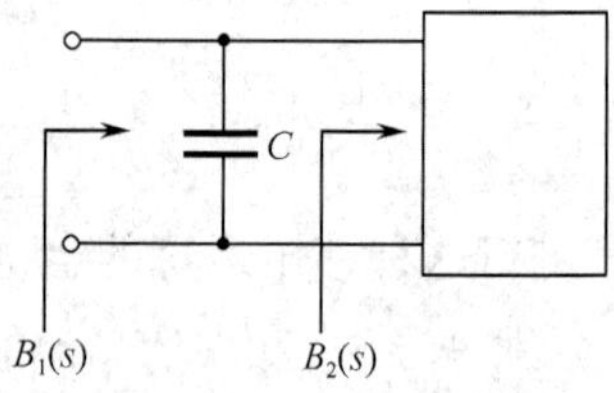

图 9-6

能够进行这种移出运算的电抗函数，是导纳参数的类型 2 和类型 3，剩余函数分别是导纳参数的类型 0 和类型 1。以阻抗参数表示时，能作此种移出的是类型 1 和类型 0，剩余函数分别是类型 3 和类型 2。故移出引起的阻抗参数的类型转换为

$X_1(s)$		$X_2(s)$
类型 0	$\longrightarrow$	类型 2
类型 1	$\longrightarrow$	类型 3

换言之，第 4 种移出运算使类型号增加 2。

5. 移出导纳在 $s=\pm j\omega_{pn}$ 处的极点

移出运算式如下：

$$B_1(s)=\frac{K_n s}{s^2+\omega_{pn}^2}+B_2(s)=\frac{1}{\dfrac{1}{K_n}s+\dfrac{\omega_{pn}^2}{K_n}\cdot\dfrac{1}{s}}+B_2(s) \tag{9-2-14}$$

$$K_n=\lim_{s^2\to-\omega_{pn}^2}\left[B_1(s)\cdot\frac{s^2+\omega_{pn}^2}{s}\right]=\lim_{s^2\to-\omega_{pn}^2}\left[\frac{s^2+\omega_{pn}^2}{sX_1(s)}\right] \tag{9-2-15}$$

如果令

$$L_n=\frac{1}{K_n},\qquad C_n=\frac{K_n}{\omega_{pn}^2} \tag{9-2-16}$$

则由式(9-2-14)可以看出，对于给定导纳 $B_1(s)=1/X_1(s)$ 移出在有限频率 $s=\pm j\omega_{pn}$ 处的共轭极点，其电路实现是移出一个由电感 L_n 和电容 C_n 串联构成的分流支路，如图 9-7 所示。剩余函数为

$$B_2(s)=B_1(s)-\frac{K_n s}{s^2+\omega_{pn}^2}$$

当导纳参数表示的电抗函数具有极点 $s=\pm j\omega_{pn}$，即其分母多项式含因子$(s^2+\omega_{pn}^2)$时，可以进行这种移出运算。四类电抗函数中的任一种均可能含此种因子，故四类电抗函数都可作这种移出。此外，剩余函数 $B_2(s)$将不再含 $s=\pm j\omega_n$ 处的极点，其方次较 $B_1(s)$低 2 次。但因移出这种极点并不影响 $s=0$ 处和 $s=\infty$处的极点，所以第 5 种移出不改变电抗函数的类型号。

6. 移出阻抗在 $s=\pm j\omega_{pn}$ 处的极点

移出运算式如下：

$$X_1(s)=\frac{K_n s}{s^2+\omega_{pn}^2}+X_2(s)=\frac{1}{\dfrac{1}{K_n}s+\dfrac{\omega_{pn}^2}{K_n}\cdot\dfrac{1}{s}}+X_2(s) \tag{9-2-17}$$

$$K_n=\lim_{s^2\to-\omega_{pn}^2}\left[X_1(s)\cdot\frac{s^2+\omega_{pn}^2}{s}\right] \tag{9-2-18}$$

令

$$C_n=\frac{1}{K_n},L_n=\frac{K_n}{\omega_{pn}^2} \tag{9-2-19}$$

由式(9-2-17)看出，对于给定阻抗 $X_1(s)$移出在有限频率 $s=\pm j\omega_{pn}$处的共轭极点，其电路实现是移出一个由电感 L_n 和电容 C_n 并联构成的与剩余电路相串联的电路部分，如图 9-8所示。剩余函数为

$$X_2(s)=X_1(s)-\frac{K_n s}{s^2+\omega_{pn}^2}$$

四类电抗函数均可作此种移出运算，只要阻抗函数的分母含因子$(s^2+\omega_{pn}^2)$。与第 5 种移出一样，第 6 种移出并不改变电抗函数的类型号。

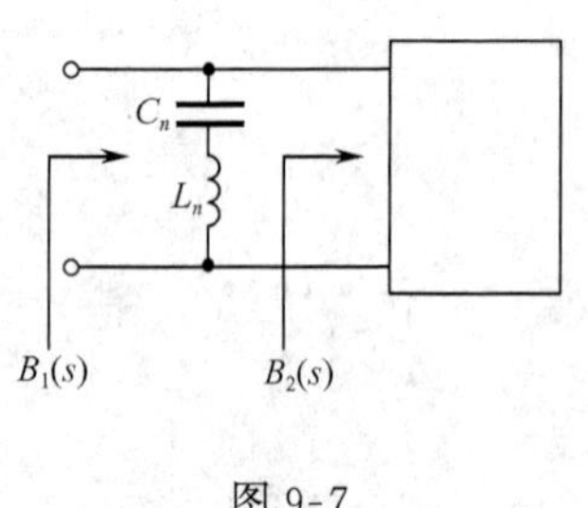

图 9-7

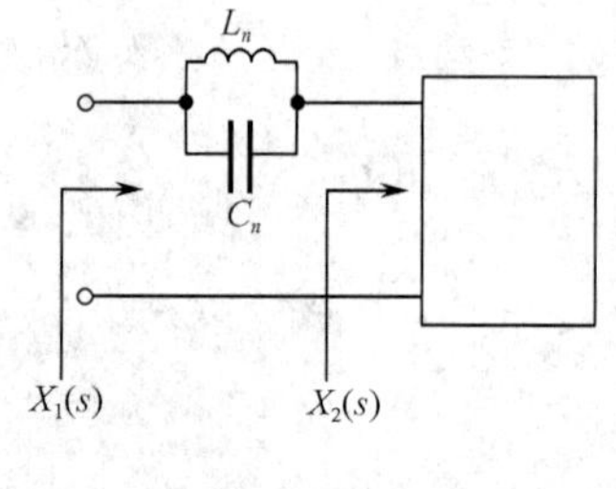

图 9-8

9-2-3 极点的部分移出

根据以上极点移出运算，可以由给定的电抗函数综合 LC 一端口网络。在 LC 梯形滤波器综合中，用上小节中的第 1～4 种极点移出方法可以进行全极点滤波器综合。但是，当滤波器存在有限、非零值的衰减极点（传输零点）时，则还需要应用以下介绍的部分极点移出方法。

在一般梯形滤波器设计中，转移函数的传输零点可由串臂开路或分流臂短路形成。在图 9-9(a)中，串臂上的 LC 并联谐振电路于频率 $f_0=1/2\pi\sqrt{LC}$ 时阻抗为∞，相当于串臂开路；图 9-9(b)中，分流臂上的 LC 串联谐振电路于频率 $f_0=1/2\pi\sqrt{LC}$ 时阻抗为零，相当于分流臂短路，因此图 9-9 是形成梯形滤波器传输零点的基本结构。

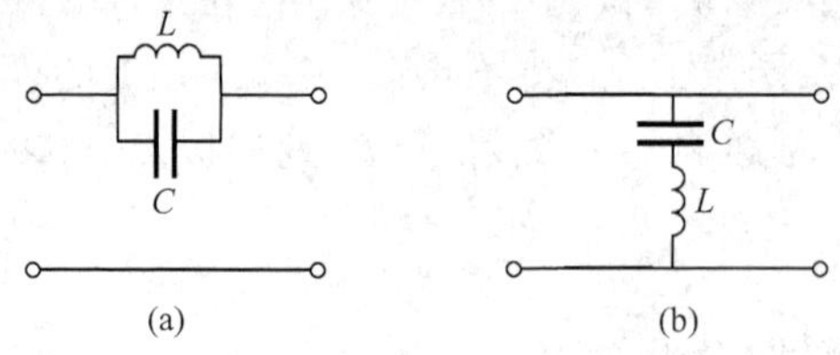

图 9-9

将图 9-9(a)、(b)分别与图 9-8、图 9-7 相比较，可以看出，转移函数传输零点的电路实现与移出 LC 策动点阻抗、策动点导纳在有限频率处极点的电路实现结构相同。然而，滤波器技术条件中给定的有限频率传输零点一般并不等于直接用以进行 LC 梯形二端口综合的设计参数在有限频率处的极点。因此，对于存在有限传输零点的情形，在通过极点移出形成梯形网络时，需要对设计参数作某种处理，使串臂阻抗极点和分流臂导纳极点正好出现在给定的有限传输零点的位置。

一个有理函数的极点即其倒数的零点。为控制某一阻抗函数的极点位置，可通过控制其倒数的零点位置来实现。用 9-2-2 节中的极点移出运算移出一个极点后，剩余函数的极点除了减少此极点外，其余极点不变，而剩余函数的零点则与原函数的零点不同。例如，第 3 种移出对阻抗函数 $X_1(s)$ 移出其在 $s=\infty$ 处的极点，相应的电路见图 9-5。移出串联电感 L 之值等于 $X_1(s)$ 在 $s=\infty$ 处极点之留数：

$$L=\lim_{s\to\infty}\left(\frac{X_1(s)}{s}\right) \tag{9-2-20}$$

剩余函数为

$$X_2(s) = X_1(s) - sL \tag{9-2-21}$$

上式的频域形式为

$$X_2(\omega)=X_1(\omega)-\omega L \tag{9-2-22}$$

$X_1(\omega)$与 ωL 的频率特性如图 9-10 所示。图中用・表示 $X_1(\omega)$的零点，用◦表示 $X_2(\omega)$的零点，即

$$X_1(\omega)-\omega L=0 \tag{9-2-23}$$

时之 ω。从图中可以看出，极点移出使零点发生位移，由式(9-2-23)可知，零点位移后的位置与移出电感 L 之值有关。

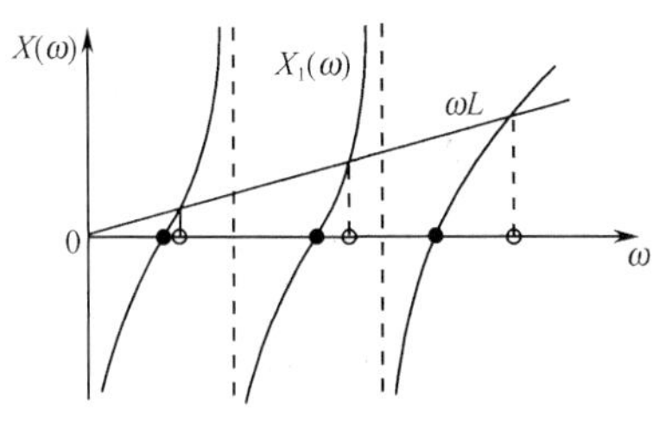

图 9-10

一般而言，电抗函数的部分分式展开式具有如下形式：

$$F_{LC}(s)=K_{\infty}s+\frac{K_0}{s}+\sum_n\frac{K_ns}{s^2+\omega_{pn}^2} \tag{9-2-24}$$

式中 K_{∞}、K_0 分别为电抗函数在 $s=\infty$和 $s=0$ 处极点的留数，K_n 为电抗函数在 $s=\pm j\omega_{pn}$ 处极点留数的 2 倍。如果完全移出上述极点之一，则剩余函数降阶，且零点位移。为控制零点位移的位置，采用部分移出无穷处或零处极点的方法。以部分移出阻抗在 $s=\infty$处的极点为例进行分析，则式(9-2-24)中的 $F_{LC}(s)$代表阻抗函数 $X_1(s)$。设滤波器技术条件中给定的传输零点位于 $s=\pm j\omega_l$ 处，则我们希望部分移出 $X_1(s)$在 $s=\infty$的极点后的剩余函数的零点为 ω_l，即

$$X_2(s)=X_1(s)-sL$$

于 $s=\pm j\omega_l$(即 $s^2=-\omega_l^2$)处为零值，于是令

$$[X_1(s)-sL]\big|_{s^2=-\omega_l^2}=0 \tag{9-2-25}$$

则

$$L=\frac{X_1(s)}{s}\Big|_{s^2=-\omega_l^2} \tag{9-2-26}$$

用式(9-2-26)计算的电感值作为移出的串臂电感参数，剩余函数 $X_2(s)$便具有 ω_l 处的零点，因而 $X_2(s)$的倒数，即导纳

$$B_2(s)=\frac{1}{X_2(s)} \tag{9-2-27}$$

必定在 $s=\pm j\omega_l$ 处有极点，可写为

$$B_2(s)=\frac{K_1s}{s^2+\omega_l^2}+B_3(s) \tag{9-2-28}$$

于是可按第 5 种移出运算，对于导纳函数 $B_2(s)$移出在有限频率 ω_l 处的极点，相应的电路实现是移出一个由电感 L_1 和电容 C_1 串联而成的分流支路。参看式(9-2-15)和(9-2-16)可知

$$L_1=\left[\frac{sX_2(s)}{s^2+\omega_l^2}\right]_{s^2=-\omega_l^2},C_1=\frac{1}{\omega_l^2 L_1} \tag{9-2-29}$$

L_1 和 C_1 串联谐振于频率 ω_l，因而形成一个 ω_l 处的传输零点。以上极点移出过程的电路实现如图 9-11 所示。首先通过对阻抗函数部分移出其在 $s=\infty$ 处的极点，即移出一个串臂电感 L，然后对剩余函数的倒数移出在 ω_l 处的极点，即移出分流臂的 L_1C_1 串联电路，这样便形成了 ω_l 处的传输零点。

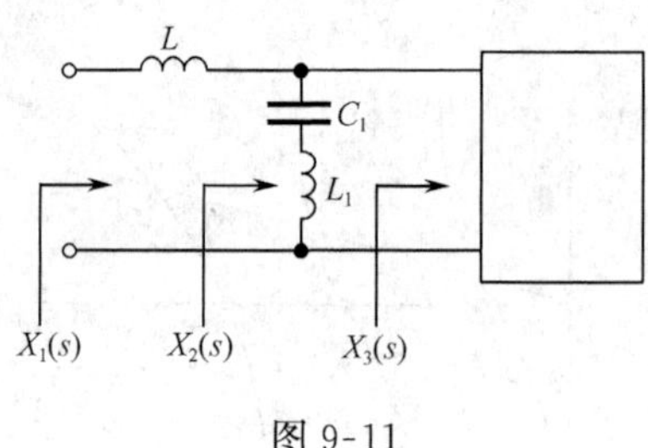

图 9-11

应当注意，这里移出的串臂电感 L 之值并不等于阻抗函数 $X_1(s)$在 $s=\infty$处极点的留数：

$$K_\infty=\lim_{s\to\infty}\left(\frac{X_1(s)}{s}\right) \tag{9-2-30}$$

L 的移出虽能引起所需要的零点位移，但剩余函数并不降阶。换言之，剩余函数仍保留了 $s=\infty$处的极点，故称为极点的部分移出。在以后完全地形成 LC 梯形网络的过程中，还要移出阻抗在 $s=\infty$处的极点，所以这是一种非最少元件实现的移出运算，它是以多移出一个串臂电感为代价而形成一个满足技术要求的传输零点。由于这种部分移出运算首先移出一个串臂电感，要求 LC 阻抗函数具有∞处的极点，因此，能够进行这种部分移出的是类型 2 和类型 3 的电抗函数。显然，部分移出后的剩余函数类型号不变。

按照上述分析方法，同理可以论证通过对 LC 阻抗函数 $s=0$ 处极点的部分移出、对 LC 导纳函数在$s=\infty$处和 $s=0$ 处极点的部分移出以实现给定的传输零点的步骤。总之，极点的部分移出存在以下四种可能的情形：

(1) 在部分移出一个串臂电容之后完全移出分流臂的 LC 串联电路；

(2) 在部分移出一个分流臂电感之后完全移出串臂上的 LC 并联电路；

(3) 在部分移出一个串臂电感之后完全移出分流臂的 LC 串联电路；

(4) 在部分移出一个分流臂电容之后完全移出串臂上的 LC 并联电路。这四种部分极点移出分别与 9-2-2 节中第 1、2、3、4 种极点移出相对应。例如，当电抗函数属于类型 1 或类型 3，则可进行 9-2-2 节中的第 1 种极点移出，相应地，也可进行这里介绍的第 1 种部分极点移出。

除了以上四种部分移出之外，还可以接着移出一个串臂电感和一个串臂电容，此后则接着两次完全移出分流臂 LC 串联支路，形成两个不同频率的传输零点。也可以接着移出一个分流臂电感和一个分流臂电容，其后接着两次完全移出串臂上的 LC 并联电路，形成两个不同频率的传输零点。

表 9-1 中详细列举了本节介绍的十种极点移出运算，包括四种极点完全移出和六种极点部分移出。表中给出了各种移出的电路结构、元件参数和剩余函数。

表 9-1 LC 梯形移出运算

类型	移出电路结构	部分移出元件参数	剩余函数	完全移出元件参数	剩余函数
1	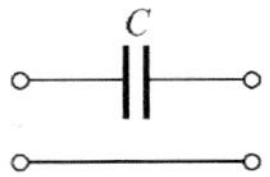 C			$C=\left[\frac{1}{sX_1}\right]_{s=0}$	$X_2=X_1-\frac{1}{sC}$
2	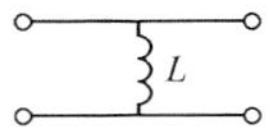 L			$L=\left[\frac{1}{sB_1}\right]_{s=0}$	$B_2=B_1-\frac{1}{sL}$
3	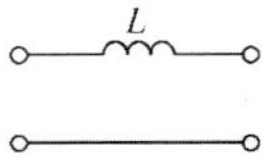 L			$L=\left[\frac{X_1}{s}\right]_{s=\infty}$	$X_2=X_1-sL$
4	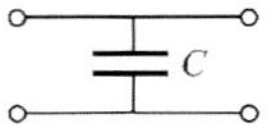 C			$C=\left[\frac{B_1}{s}\right]_{s=\infty}$	$B_2=B_1-sC$
5	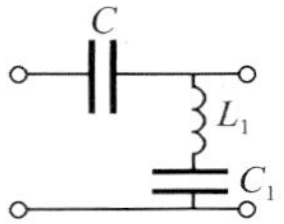 C L_1 C_1	$C=\left[\frac{1}{sX_1}\right]_{s^2=-\omega_l^2}$	$X_2=X_1-\frac{1}{sC}$	$L_1=\left[\frac{sX_2}{s^2+\omega_l^2}\right]_{s^2=-\omega_l^2}$ $C_1=\frac{1}{\omega_l^2L_1}$	$\frac{1}{X_3}=\frac{1}{X_2}-\frac{s\left(\frac{1}{L_1}\right)}{s^2+\omega_l^2}$
6	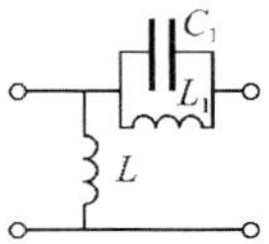 C_1 L_1 L	$L=\left[\frac{1}{sB_1}\right]_{s^2=-\omega_l^2}$	$B_2=B_1-\frac{1}{sL}$	$C_1=\left[\frac{sB_2}{s^2+\omega_l^2}\right]_{s^2=-\omega_l^2}$ $L_1=\frac{1}{\omega_l^2C_1}$	$\frac{1}{B_3}=\frac{1}{B_2}-\frac{s\left(\frac{1}{C_1}\right)}{s^2+\omega_l^2}$

续表

类型	移出电路结构	部分移出元件参数	剩余函数	完全移出元件参数	剩余函数
7	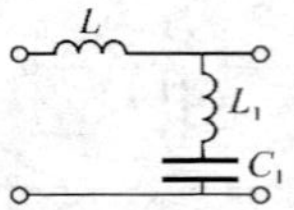	$L=\left[\frac{X_1}{s}\right]_{s^2=-\omega_l^2}$	$X_2=X_1-sL$	$L_1=\left[\frac{sX_2}{s^2+\omega_l^2}\right]_{s^2=-\omega_l^2}$ $C_1=\frac{1}{\omega_l^2 L_1}$	$\frac{1}{X_3}=\frac{1}{X_2}-\frac{s\left(\frac{1}{L_1}\right)}{s^2+\omega_l^2}$
8	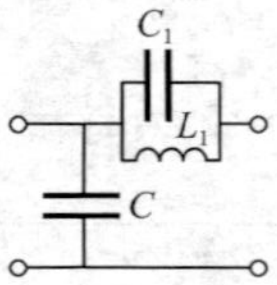	$C=\left[\frac{B_1}{s}\right]_{s^2=-\omega_l^2}$	$B_2=B_1-sC$	$C_1=\left[\frac{sB_2}{s^2+\omega_l^2}\right]_{s^2=-\omega_l^2}$ $L_1=\frac{1}{\omega_l^2 C_1}$	$\frac{1}{B_3}=\frac{1}{B_2}-\frac{s\left(\frac{1}{C_1}\right)}{s^2+\omega_l^2}$
9	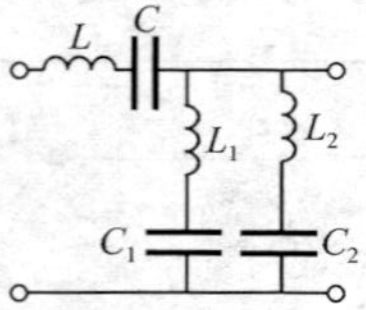	$A_k=[sX_1]_{s^2=-\omega_{lk}^2}$ $(k=1,2)$ $L=\frac{A_1-A_2}{\omega_{l2}^2-\omega_{l1}^2}$ $C=\frac{1}{A_k+\omega_{lk}^2 L}$ ($k=1$ 或 $k=2$)	$X_2=X_1-sL-\frac{1}{sC}$	$L_k=\left[\frac{sX_2}{s^2+\omega_{lk}^2}\right]_{s^2=-\omega_{lk}^2}$ $C_k=\frac{1}{\omega_{lk}^2 L_k}$ $(k=1,2)$	$\frac{1}{X_3}=\frac{1}{X_2}-\sum_{k=1}^{2}\frac{s\left(\frac{1}{L_k}\right)}{s^2+\omega_{lk}^2}$
10	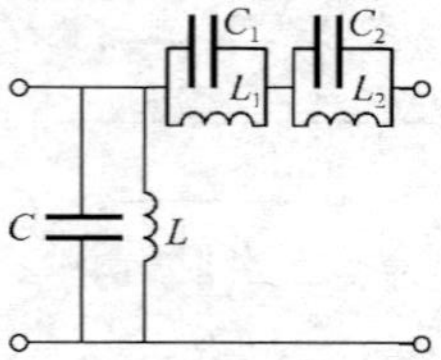	$A_k=[sB_1]_{s^2=-\omega_{lk}^2}$ $(k=1,2)$ $C=\frac{A_1-A_2}{\omega_{l2}^2-\omega_{l1}^2}$ $L=\frac{1}{A_k+\omega_{lk}^2 C}$ ($k=1$ 或 $k=2$)	$B_2=B_1-sC-\frac{1}{sL}$	$C_k=\left[\frac{sB_2}{s^2+\omega_{lk}^2}\right]_{s^2=-\omega_{lk}^2}$ $L_k=\frac{1}{\omega_{lk}^2 C_k}$ $(k=1,2)$	$\frac{1}{B_3}=\frac{1}{B_2}-\sum_{k=1}^{2}\frac{s\left(\frac{1}{C_k}\right)}{s^2+\omega_{lk}^2}$

为了在 LC 梯形综合时应用方便，图 9-12 以状态图的形式总结了十种移出运算。图中圆圈代表节点，四个节点表示四类电抗函数，十种标号的支路表示十种移出运算。每一节点标号所代表的状态是指一种电抗函数的类型；节点上的支路标号是指该类电抗函数能够执行的移出类编号，支路箭头所指向节点的状态，是执行此种移出后剩余函数的类型。

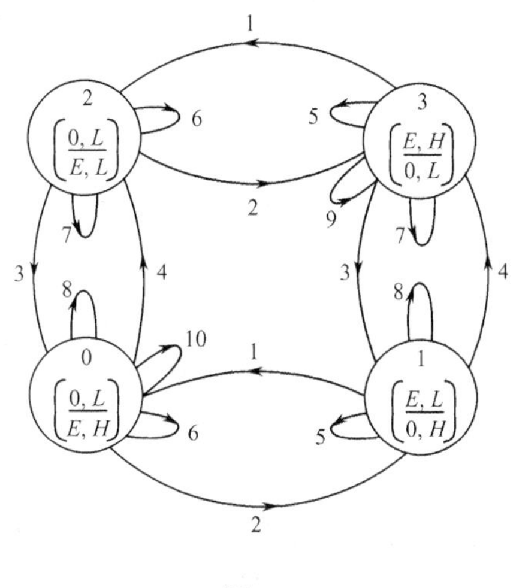

图 9-12

9-3　双端接载 LC 滤波器

在网络综合中，将输出端接纯阻性负载、输入端所接电源的内阻亦为纯电阻的 LC 二端口网络称为双端接载电抗二端口网络，它是应用十分广泛的双端接载 LC 滤波器的电路模型。通常将双端接载 LC 滤波器设计为能在通频带范围传输最大功率，因为这时其工作状态非常接近滤波性能的最优实现。本节将讨论这样的双端接载电抗二端口网络的特性，定义其表征信号衰减的转移函数 $H(s)$ 以及与之相关的特征函数 $K(s)$ 等，使之与第八章中这些函数的特点相吻合，以便进而可由滤波器逼近得到的转移函数 $H(s)$ 导出直接用以进行 LC 梯形滤波器设计的设计参数。

9-3-1　转移函数 $H(s)$

在图 9-13 所示双端接载电抗二端口网络中，电抗二端口网络输入端所接电源的开路电压为 $U_{O1}(s)$、内阻为 R_1，输出端所接电阻 R_2。两个端口的电压和电流分别为 $U_1(s)$、$U_2(s)$ 和 $I_1(s)$、$I_2(s)$。第 1 端口的输入阻抗为 $Z_1(s)$。该网络如果于端口 1 达成匹配，即 $Z_1(s)=R_1$，则电源输出最大功率。为了定义一个转移函数 $H(s)$，使之具有第八章中转移函数 $H(s)$ 的以下特点：在通频带理想传输情况下，$|H(j\omega)|^2=1$，在所有非理想传输情况下，$|H(j\omega)|^2>1$，同时考虑到使电源输出最大功率时滤波器处于理想传输状态，特引用散射参数理论的分析方法，人为地将端口电压分解为入射电压和反射电压之叠加，相应

地，二端口网络传输的功率也视为入射功率与反射功率之差。规定电源向端口 1 传送的入射功率之值等于端口 1 达成匹配时电源输出的最大功率：

$$P_{\max} = \left(\frac{U_{O1}}{2}\right)^2 \Big/ R_1 = \frac{U_{O1}^2}{4R_1} \tag{9-3-1}$$

而端口 1 实际传输的功率应等于负载 R_2 吸收的功率（因 LC 二端口网络是无损的），即

$$P_2 = \frac{U_2^2}{R_2} \tag{9-3-2}$$

在以上两式中，U_{O1}、U_2 分别为 $U_{O1}(s)$、$U_2(s)$ 所对应的频域变量有效值。为使有载二端口网络的平方转移函数（即频域转移函数模的平方）为

$$|H(j\omega)|^2 = \frac{P_{\max}}{P_2} = \frac{R_2}{4R_1}\left(\frac{U_{O1}}{U_2}\right)^2 \tag{9-3-3}$$

复频域转移函数定义为

$$H(s) = \sqrt{\frac{R_2}{4R_1}} \cdot \frac{U_{O1}(s)}{U_2(s)} \tag{9-3-4}$$

由于仅当电源输出最大功率时，$P_2 = P_{\max}$，而在其他情况下，均为 $P_2 < P_{\max}$，因而有

$$|H(j\omega)|^2 \geqslant 1 \tag{9-3-5}$$

且仅在理想传输时 $|H(j\omega)|^2 = 1$。此外，从式(9-3-4)看出，$H(s)$ 是输入与输出电压之比乘以常数，具有表征信号衰减的特征，这也与第八章中所采用的转移函数相一致。

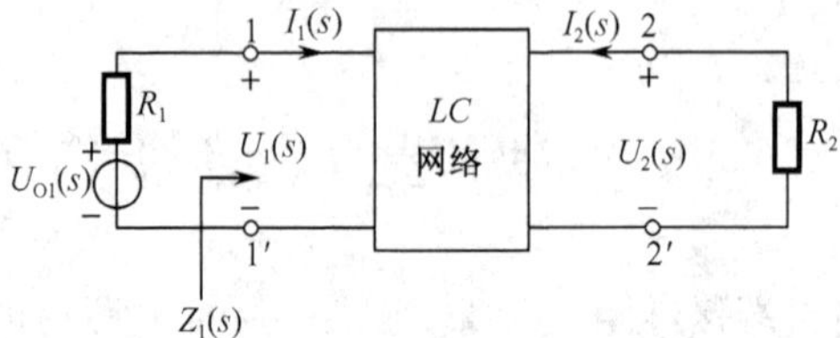

图 9-13

频域转移函数 $H(j\omega)$ 的幅频和相频特性可用以下定义的有效传输常数 $\gamma(j\omega)$ 表示：

$$\gamma(j\omega) = \ln[H(j\omega)] = \ln|H(j\omega)| + j\arg H(j\omega) \tag{9-3-6}$$

$\gamma(j\omega)$ 的实、虚部分别用 $\alpha(\omega)$、$\theta(\omega)$ 表示，则

$$\gamma(j\omega) = \alpha(\omega) + j\theta(\omega) \tag{9-3-7}$$

式中

$$\alpha(\omega) = \ln|H(j\omega)| \tag{9-3-8}$$

是以奈培为单位的衰减函数，而

$$\theta(\omega) = \arg H(j\omega) \tag{9-3-9}$$

是相位函数。在滤波器设计中，通常使用的是以分贝为单位的衰减函数

$$A(\omega) = 20\log|H(j\omega)| \tag{9-3-10}$$

两种衰减函数间的关系为

$$A(\omega) = 8.68\alpha(\omega) \tag{9-3-11}$$

9-3-2 反射系数与特征函数

将端口 1 的电压分解为两个分量之和，即

$$U_1(s) = U_i(s) + U_r(s) \tag{9-3-12}$$

其中 $U_i(s)$代表入射电压，$U_r(s)$代表反射电压。当端口 1 仅传送入射功率时的电压为入射电压，故入射电压等于端口 1 达成匹配时之电压：

$$U_i(s) = \frac{U_{O1}(s)}{2} \tag{9-3-13}$$

因而反射电压为

$$\begin{aligned} U_r(s) &= U_1(s) - U_i(s) \\ &= U_{O1}(s)\frac{Z_1(s)}{Z_1(s)+R_1} - \frac{U_{O1}(s)}{2} \\ &= \frac{U_{O1}(s)}{2} \cdot \frac{Z_1(s)-R_1}{Z_1(s)+R_1} = U_i(s) \cdot \rho_1(s) \end{aligned} \tag{9-3-14}$$

式中 $\rho_1(s)$称为始端反射系数，定义为

$$\rho_1(s) = \frac{U_r(s)}{U_i(s)} = \frac{Z_1(s)-R_1}{Z_1(s)+R_1} \tag{9-3-15}$$

式(9-3-14)表明，反射电压等于入射电压乘以始端反射系数。由于 $Z_1(s)$是正实函数，R_1是正实数，由式(9-3-15)可知

$$0 \leqslant |\rho_1(j\omega)| \leqslant 1 \tag{9-3-16}$$

反射系数的模为零的条件是

$$Z_1(s) = R_1 \tag{9-3-17}$$

即当二端口网络输入端与电源达成匹配时，反射系数为零，因而反射电压为零。在此情况下，输入端电压 $U_1(s)$等于入射电压 $U_i(s)$。

根据功率守恒性，端口 1 的入射功率减去传输功率应等于反射功率，即

$$P_r = P_{\max} - P_2 \tag{9-3-18}$$

式中 $P_{\max}$见式(9-3-1)，P_2 可表示为

$$P_2 = I_1^2 \cdot \mathrm{Re}[Z_1] \tag{9-3-19}$$

其中 I_1 为 $I_1(s)$对应之频域变量的有效值，$\mathrm{Re}[Z_1]$表示端口 1 的频域阻抗取实部。注意到

$$I_1 = \frac{U_{O1}}{|Z_1 + R_1|} \tag{9-3-20}$$

故由式(9-3-18)有

$$\begin{aligned} P_r &= \frac{U_{O1}^2}{4R_1} - \frac{U_{O1}^2}{|Z_1+R_1|^2} \cdot \mathrm{Re}[Z_1] \\ &= \frac{U_{O1}^2}{4R_1} \cdot \frac{|Z_1+R_1|^2 - 4R_1 \cdot \mathrm{Re}[Z_1]}{|Z_1+R_1|^2} \end{aligned}$$

$$=\frac{U_{O1}^2}{4R_1}\cdot\frac{|Z_1-R_1|^2}{|Z_1+R_1|^2} \tag{9-3-21}$$

根据式(9-3-15)可以看出，上式中

$$\frac{|Z_1-R_1|^2}{|Z_1+R_1|^2}=|\rho_1(j\omega)|^2$$

因此

$$P_r=P_{max}|\rho_1(j\omega)|^2 \tag{9-3-22}$$

上式表明，反射功率等于入射功率乘以始端反射系数的模的平方。

因为转移函数 $H(s)$是根据入射功率和传输功率来定义的，所以通过功率守恒关系的分析可以得到转移函数、反射系数等参数间的关系，现讨论如下。

由式(9-3-18)有

$$P_2+P_r=P_{max} \tag{9-3-23}$$

上式等号两端同除以 P_{max}，得

$$\frac{P_2}{P_{max}}+\frac{P_r}{P_{max}}=1$$

即

$$\frac{1}{|H(j\omega)|^2}+|\rho_1(j\omega)|^2=1$$

定义平方传输系数为

$$|t(j\omega)|^2=\frac{1}{|H(j\omega)|^2} \tag{9-3-24}$$

则平方传输系数与平方反射系数之和为 1，即

$$|t(j\omega)|^2+|\rho_1(j\omega)|^2=1 \tag{9-3-25}$$

将式(9-3-23)等号两端同除以 P_2，得

$$1+\frac{P_r}{P_2}=|H(j\omega)|^2$$

重书第八章的式(8-1-7)于此

$$1+|K(j\omega)|^2=|H(j\omega)|^2 \tag{9-3-26}$$

对比以上两式可知，P_r/P_2 正是逼近中的平方特征函数，即

$$|K(j\omega)|^2=\frac{P_r}{P_2} \tag{9-3-27}$$

由式(9-3-22)，上式中的反射功率可表示为

$$P_r=\frac{\left(\frac{U_{O1}}{2}\right)^2}{R_1}\cdot|\rho_1(j\omega)|^2=\frac{U_r^2}{R_1} \tag{9-3-28}$$

代式(9-3-28)、(9-3-2)入式(9-3-27)，得

$$|K(j\omega)|^2=\frac{U_r^2/R_1}{U_2^2/R_2}=\frac{R_2}{R_1}\cdot\left(\frac{U_r}{U_2}\right)^2 \tag{9-3-29}$$

又若代式(9-3-22)入式(9-3-27),则有

$$|K(j\omega)|^2 = \frac{P_{\max}}{P_2}|\rho_1(j\omega)|^2$$

即

$$|K(j\omega)|^2 = |\rho_1(j\omega)|^2 |H(j\omega)|^2 \tag{9-3-30}$$

平方特征函数$|K(j\omega)|^2$是特征函数$K(s)$对应之频域参数$K(j\omega)$的模的平方。在第八章中曾指出,由于特征函数和衰减函数的零点相同、极点相同,对特征函数逼近较对转移函数$H(s)$逼近更方便,因而在滤波器逼近中,常通过$K(s)$来求得$H(s)$。对于双端接载电抗二端口网络,转移函数和平方转移函数由式(9-3-4)、(9-3-3)定义,在此情况下,平方特征函数等于反射功率与传输功率之比,并正比于反射电压与负载电压比的平方,如式(9-3-27)、(9-3-29)所示。而平方特征函数与平方转移函数之间,除了第八章式(8-1-7)所规定的关系外,还存在式(9-3-30)所示的关系,即平方特征函数等于平方反射系数乘平方转移函数。

9-3-3 多项式 $P(s)$、$E(s)$和$F(s)$

在第八章研究滤波器逼近时,将转移函数$H(s)$和特征函数$K(s)$均表示为两个多项式之比,即

$$H(s) = \frac{E(s)}{P(s)} \tag{9-3-31}$$

$$K(s) = \frac{F(s)}{P(s)} \tag{9-3-32}$$

式中$P(s)$、$E(s)$和$F(s)$分别称为衰减极点多项式、自然模多项式和反射零点多项式。由式(9-3-24)、(9-3-30)看出,本章介绍的传输系数$t(s)$和反射系数$\rho_1(s)$也可用以上三个多项式分别表示为

$$t(s) = \frac{1}{H(s)} = \frac{P(s)}{E(s)} \tag{9-3-33}$$

$$\rho_1(s) = \pm\frac{K(s)}{H(s)} = \pm\frac{F(s)}{E(s)} \tag{9-3-34}$$

式中正、负号可任取一种,习惯上常取负号。由此可知,多项式$P(s)$、$E(s)$、$F(s)$完全决定了有理函数$H(s)$、$K(s)$、$t(s)$和$\rho_1(s)$,式(9-3-33)、(9-3-34)表明,以上四个有理函数中的后两个可由前两个确定,反之亦如此。在滤波器设计中,实际上只需用$H(s)$与$K(s)$或$t(s)$与$\rho_1(s)$,它们中的任一对函数均完全反映了一个滤波器的特性。

多项式$P(s)$、$E(s)$和$F(s)$间的关系,由以下费尔德凯勒方程描述

$$E(s)E(-s) = P(s)P(-s) + F(s)F(-s) \tag{9-3-35}$$

上式两端同除以$E(s)E(-s)$,得

$$t(s)t(-s) + \rho_1(s)\rho_1(-s) = 1 \tag{9-3-36}$$

令上式中$s=j\omega$,有

$$|t(j\omega)|^2 + |\rho_1(j\omega)|^2 = 1$$

上式与由功率守恒关系导出的式(9-3-25)相同。

对于所考察的双端接载 LC 梯形滤波器，研究其 $P(s)$、$E(s)$、$F(s)$三个多项式的根在 s 平面上的位置，有助于正确地确定三个多项式。自然模多项式 $E(s)$必须是严格霍尔维茨多项式，这是基于电路稳定性的考虑，因此 $E(s)$的全部根应位于左半 s 平面。在设计中，得到平方转移函数 $H(s)H(-s)$后，我们仅取其左半平面的零点，即 $E(s)E(-s)$左半平面的根作为 $E(s)$的根。由于 LC 梯形二端口网络的衰减极点(传输零点)是由串臂上 LC 并联电路的阻抗极点和分流臂上 LC 串联电路的导纳极点所形成，故衰减极点多项式 $P(s)$的根必定共轭成对地出现在虚轴上，也可能出现在原点。因此，$P(s)$一般有以下形式

$$P(s) = s^{n_0} \prod_{k=1}^{n_f} (s^2 + \omega_{lk}^2) \tag{9-3-37}$$

式中 n_0 为在原点的衰减极点数，n_f 为在虚轴上的非零有限衰减极点共轭对数。由式(9-3-37)看出，$P(s)$为纯偶次或纯奇次多项式，其奇偶性与 n_0 的奇偶性相同。在设计中，当由 $H(s)H(-s)$的分母得到 $P(s)P(-s)$后，仅需指定其一半的根(非零根应共轭成对)作为 $P(s)$的根，而不需要作什么选择。衰减极点多项式的次数 $\deg(P)$为

$$\deg(P) = n_0 + 2n_f \tag{9-3-38}$$

设无穷远处衰减极点数为 n_i，则等于自然模多项式次数 $\deg(E)$ 的网络阶数 N 应为

$$N = \deg(E) = n_0 + n_i + 2n_f \tag{9-3-39}$$

且有

$$\deg(P) \leqslant \deg(E) \tag{9-3-40}$$

根据费尔德凯勒方程

$$H(s)H(-s) = 1 + K(s)K(-s) \tag{9-3-41}$$

和方程

$$K(s)K(-s) = \frac{F(s)F(-s)}{P(s)P(-s)} \tag{9-3-42}$$

在已求得 $H(s)H(-s)$因而 $K(s)K(-s)$为已知时，如果能决定反射零点多项式 $F(s)$，特征函数 $K(s)$便可确定，因为 $K(s)$的分母 $P(s)$已经确定。在许多情况下，所有的反射零点均位于虚轴上，即 $F(s)F(-s)$的根均位于虚轴，这时仅需将其一半作为 $F(s)$的根，不会有不同的选择方案，只是在 $F(s)$前要注以(+)或(−)号。然而，在另外的一些情况下，$F(s)F(-s)$的零点位于 s 平面的其他位置，我们可以指定左半 s 平面或右半 s 平面的根作为 $F(s)$的根(非实根需共轭成对出现)。对 $F(s)$根的不同选取导致特征函数有不同的幅角，但其频域函数的模$|K(j\omega)|$却是相同的。换言之，在给定 $F(s)F(-s)$情况下，$F(s)$的不同选取虽然产生不同的 $K(s)$却不会影响转移函数 $H(s)$，因为 $H(s)$和$K(s)$之间是由式(9-3-41)所示平方函数间的关系相联系的。在此尚需指出，由式(9-3-34)、(9-3-15)可知，$F(s)$的不同选取将影响始端反射系数 $\rho_1(s)$，从而影响输入阻抗$Z_1(s)$，这就意味着有不同的网络实现。

9-4 设计阻抗

在上节中，我们已经定义了双端接载 LC 梯形滤波器的转移函数 $H(s)$，并讨论了特

征函数 $K(s)$、始端反射系数 $\rho_1(s)$ 以及有关的多项式 $E(s)$、$F(s)$、$P(s)$。在此基础上，本节将导出用这些函数表示电抗二端口网络的开路电抗 X_{1O}、X_{2O} 和短路电抗 X_{1S}、X_{2S} 的关系式。以上这些端口参数是直接用以进行 LC 梯形综合的设计参数，统称为“设计阻抗”。

对于图 9-13 所示双端接载电抗二端口网络，其转移函数为

$$H(s) = \sqrt{\frac{R_2}{4R_1}} \cdot \frac{U_{O1}(s)}{U_2(s)}$$

其中电源电压和负载电压可分别表示为

$$U_{O1}(s) = U_1(s) + R_1 I_1(s)$$
$$U_2(s) = -R_2 I_2(s)$$

由此可得

$$H(s) = \frac{1}{2}\sqrt{\frac{R_2}{R_1}}\left[\frac{U_1(s)}{U_2(s)} + \frac{R_1}{R_2} \cdot \left(\frac{I_1(s)}{-I_2(s)}\right)\right]$$

在上式中，$U_1(s)/U_2(s) = N(s)$、$I_1(s)/-I_2(s) = M(s)$ 分别为 9-1 节中定义的转移电压比和转移电流比。于是有

$$H(s) = \frac{1}{2}\left[\sqrt{\frac{R_2}{R_1}} \cdot N(s) + \sqrt{\frac{R_1}{R_2}} \cdot M(s)\right] \tag{9-4-1}$$

由始端反射系数的定义式(9-3-15)可得

$$\rho_1(s) = \frac{\dfrac{U_1(s)}{I_1(s)} - R_1}{\dfrac{U_1(s)}{I_1(s)} + R_1}$$

式中

$$\frac{U_1(s)}{I_1(s)} = \frac{U_1(s)}{U_2(s)} \cdot \left[\frac{-R_2 I_2(s)}{I_1(s)}\right] = \frac{N(s)}{M(s)} \cdot R_2$$

故得

$$\rho_1(s) = \frac{\dfrac{N(s)}{M(s)}R_2 - R_1}{\dfrac{N(s)}{M(s)}R_2 + R_1} = \frac{\sqrt{\dfrac{R_2}{R_1}}N(s) - \sqrt{\dfrac{R_1}{R_2}}M(s)}{\sqrt{\dfrac{R_2}{R_1}}N(s) + \sqrt{\dfrac{R_1}{R_2}}M(s)} \tag{9-4-2}$$

根据式(9-3-34)，特征函数可表示为

$$K(s) = -\rho_1(s)H(s) \tag{9-4-3}$$

代式(9-4-2)、(9-4-1)入式(9-4-3)，得

$$K(s) = \frac{1}{2}\left[\sqrt{\frac{R_1}{R_2}}M(s) - \sqrt{\frac{R_2}{R_1}}N(s)\right] \tag{9-4-4}$$

式(9-4-1)和(9-4-4)给出了用 $N(s)$、$M(s)$ 表示 $H(s)$、$K(s)$ 的关系式。对以上两式联立解 $N(s)$ 和 $M(s)$，得到将 $N(s)$、$M(s)$ 用 $H(s)$、$K(s)$ 表示的方程

$$N(s) = \sqrt{\frac{R_1}{R_2}}[H(s) - K(s)] \tag{9-4-5}$$

$$M(s) = \sqrt{\frac{R_2}{R_1}}[H(s) + K(s)] \tag{9-4-6}$$

在 9-1 节中，式(9-1-17)至(9-1-20)是用 $N(s)$、$M(s)$表示电抗二端口网络端口参数 X_{1O}、X_{2O}、X_{1S}、X_{2S}的方程。这些方程的分子、分母分别可用两个函数的偶部 $N_{ev}(s)$、$M_{ev}(s)$或奇部 $N_{od}(s)$、$M_{od}(s)$表示，例如，

$$N(s)+N(-s)=2N_{ev}(s) \tag{9-4-7}$$

$$N(s)-N(-s)=2N_{od}(s) \tag{9-4-8}$$

于是

$$X_{1O}=R_2\frac{N_{ev}(s)}{M_{od}(s)} \tag{9-4-9}$$

$$X_{2O}=R_2\frac{M_{ev}(s)}{M_{od}(s)} \tag{9-4-10}$$

$$X_{1S}=R_2\frac{N_{od}(s)}{M_{ev}(s)} \tag{9-4-11}$$

$$X_{2S}=R_2\frac{N_{od}(s)}{N_{ev}(s)} \tag{9-4-12}$$

式中 $N(s)$与 $M(s)$的奇、偶部可根据式(9-4-5)、(9-4-6)用 $H(s)$与 $K(s)$的奇、偶部表示，即

$$N_{od}(s)=\sqrt{\frac{R_1}{R_2}}[H_{od}(s)-K_{od}] \tag{9-4-13}$$

$$N_{ev}(s)=\sqrt{\frac{R_1}{R_2}}[H_{ev}(s)-K_{ev}(s)] \tag{9-3-14}$$

$$M_{od}(s)=\sqrt{\frac{R_2}{R_1}}[H_{od}(s)+K_{od}(s)] \tag{9-4-15}$$

$$M_{ev}(s)=\sqrt{\frac{R_2}{R_1}}[H_{ev}(s)+K_{ev}(s)] \tag{9-4-16}$$

将式(9-4-13)至(9-4-16)代入式(9-4-9)至(9-4-12)，得到用 $H(s)$、$K(s)$表示端口电抗的公式

$$X_{1O}=R_1\left[\frac{H_{ev}(s)-K_{ev}(s)}{H_{od}(s)+K_{od}(s)}\right] \tag{9-4-17}$$

$$X_{2O}=R_2\left[\frac{H_{ev}(s)+K_{ev}(s)}{H_{od}(s)+K_{od}(s)}\right] \tag{9-4-18}$$

$$X_{1S}=R_1\left[\frac{H_{od}(s)-K_{od}(s)}{H_{ev}(s)+K_{ev}(s)}\right] \tag{9-4-19}$$

$$X_{2S}=R_2\left[\frac{H_{od}(s)-K_{od}(s)}{H_{ev}(s)-K_{ev}(s)}\right] \tag{9-4-20}$$

在以上四个公式中，$H(s)$和 $K(s)$的奇、偶部都是有理函数，由式(9-3-31)、(9-3-32)知，它们的分母都是 $P(s)$，代入式(9-4-17)至(9-4-20)后则 $P(s)$消去，仅需将四个端口电抗公式中的 $H(s)$换为 $E(s)$、$K(s)$换为 $F(s)$即可。但是应当注意，在用 $E(s)$和 $F(s)$表示四个端口电抗的公式时，它们是奇部还是偶部要受 $P(s)$的奇偶性的影响。前面曾经指出，衰减极点多项式 $P(s)$为纯奇次或纯偶次多项式。一个有理函数，如果其

分子、分母多项式的奇偶性相同，则该有理函数为偶函数，反之则为奇函数。因此，这里有两种可能的情况。当 $P(s)$ 为偶次多项式时，$H(s)$ 与 $E(s)$ 的奇偶性相同、$K(s)$ 与 $F(s)$ 的奇偶性相同；当 $P(s)$ 为奇次多项式时，$H(s)$ 与 $E(s)$ 的奇偶性相反、$K(s)$ 与 $F(s)$ 的奇偶性相反。这样，因 $P(s)$ 的奇偶性不同而得到不同的两组公式，由表 9-2 给出。

当我们由滤波器逼近得到转移函数 $H(s)$ 以及相应的多项式 $E(s)$、$F(s)$ 和 $P(s)$ 后，根据表 9-2 中的公式便可计算出一个 LC 二端口网络两端口的开路电抗和短路电抗，这个 LC 二端口网络工作于端接电阻 R_1、R_2 之间时，将产生所需要的转移函数 $H(s)$。应用这四个端口电抗作为设计参数，可以综合出满足技术要求的 LC 梯形滤波器。

表 9-2　双端接载 *LC* 梯形滤波器的设计阻抗

$P(s)$ 为偶函数	$P(s)$ 为奇函数
$X_{1O}=R_1\left[\frac{E_{ev}(s)-F_{ev}(s)}{E_{od}(s)+F_{od}(s)}\right]$	$X_{1O}=R_1\left[\frac{E_{od}(s)-F_{od}(s)}{E_{ev}(s)+F_{ev}(s)}\right]$
$X_{2O}=R_2\left[\frac{E_{ev}(s)+F_{ev}(s)}{E_{od}(s)+F_{od}(s)}\right]$	$X_{2O}=R_2\left[\frac{E_{od}(s)+F_{od}(s)}{E_{ev}(s)+F_{ev}(s)}\right]$
$X_{1S}=R_1\left[\frac{E_{od}(s)-F_{od}(s)}{E_{ev}(s)+F_{ev}(s)}\right]$	$X_{1S}=R_1\left[\frac{E_{ev}(s)-F_{ev}(s)}{E_{od}(s)+F_{od}(s)}\right]$
$X_{2S}=R_2\left[\frac{E_{od}(s)-F_{od}(s)}{E_{ev}(s)-F_{ev}(s)}\right]$	$X_{2S}=R_2\left[\frac{E_{ev}(s)-F_{ev}(s)}{E_{od}(s)-F_{od}(s)}\right]$

9-5　用十种极点移出运算综合电抗梯形滤波器

本节研究如何根据设计阻抗应用十种极点移出运算综合出满足技术要求的双端接载 LC 梯形滤波器网络。

根据开路电抗 X_{1O}、X_{2O}，短路电抗 X_{1S}、X_{2S} 四个参数中的任一个，都可以应用 9-2 节介绍的极点移出和部分极点移出运算综合出一个 LC 一端口网络，使之具有给定的衰减极点（传输零点）。从表 9-2 所列出的设计阻抗计算公式可以看出，对于同一个 LC 二端口网络，四个端口电抗的分子、分母多项式次数不相等，这就意味着综合出来的 LC 网络阶数不同。为了综合出完全的 LC 梯形，应首先选取四个电抗中次数最高的来设计。例如，考察图 9-14 中的两个梯形网络，图中每一元件为一个电感或一个电容，不难看出，对于图(a)，X_{1O} 的次数低于 X_{1S} 的次数，如果首先用 X_{1O} 来进行梯形综合，便会丢失串臂元件 5，故应首先用 X_{1S} 来综合。而对于图(b)，则 X_{1O} 的次数高于 X_{1S} 的次数，应首先用 X_{1O} 来综合。

在滤波器设计中需要综合的是二端口网络，如何应用 9-2 节中综合 LC 一端口网络

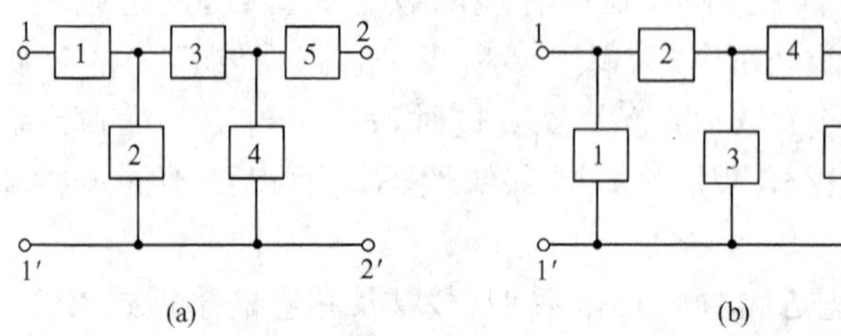

图 9-14

的极点移出和部分极点移出的方法综合 LC 梯形二端口网络，使之从左、右两端口看去的开路电抗、短路电抗分别为 X_{1O}、X_{1S} 和 X_{2O}、X_{2S}，且具有给定的传输零点，这是下面将要研究的问题。表 9-2 中的二端口电抗公式表明，在 $E(s)$、$F(s)$ 和 $P(s)$ 一定时，$X_{1O}\propto R_1$，$X_{1S}\propto R_1$，$X_{2O}\propto R_2$，$X_{2S}\propto R_2$，结合表 9-1 列出的 L、C 参数计算式分析可知，如果用第 1 端口电抗 X_{1O} 或 X_{1S} 从左端开始进行 LC 梯形综合，得到的 LC 梯形网络中任一电感正比于 R_1，任一电容反比于 R_1，即

$$L_l = R_1 l_l,\quad C_l = \frac{1}{R_1}c_l$$

式中下标 l 表示从左(left)端开始综合而得的参数。当端接电阻为 1 时的电感、电容之值用小写 l、c 表示。同理，如果用第 2 端口电抗 X_{2O} 或 X_{2S} 从右端开始进行 LC 梯形综合，则 LC 梯形中任一电感正比于 R_2，任一电容反比于 R_2，即

$$L_r = R_2 l_r,\qquad C_r = \frac{1}{R_2}c_r$$

式中下标 r 表示从右(right)端开始综合而得的参数。根据以上分析，我们可以用下面的方法综合 LC 梯形二端口网络。例如，设 X_{1O} 是四个端口电抗中方次最高的一个，则按设计需要给定 R_1，用 X_{1O} 从左端开始综合一个完全的 LC 梯形，然后，取 X_{2O} 或 X_{2S}，并初选负载端电阻为 R'_2，从右端开始进行梯形综合。选 LC 梯形中电感 L_k 作为校验元件，则从左、右两端综合得到的参数应相等，即应有 $L_{kr}=L_{kl}=L_k$，故

$$R_2 l_{kr} = R_1 l_{kl} \tag{9-5-1}$$

但事先指定的 R'_2 一般不会正好等于上式中的 R_2，因此，用 R'_2 从右端综合而得的 $L'_{kr}=R'_2 l_{kr}\neq L_{kl}$，应当改变终端电阻之值，使之等于

$$R_2 = R_1\frac{l_{kl}}{l_{kr}} = R'_2\frac{L_{kl}}{L'_{kr}} \tag{9-5-2}$$

为简单起见，可初选 $R'_2=1$，则 $R_2=\dfrac{L_{kl}}{L'_{kr}}$。也可以选电容 C_k 为校验元件，则根据 $C_{kr}=C_{kl}$，同理可证，负载端电阻之值应调整为

$$R_2=R_1\frac{c_{kr}}{c_{kl}}=R'_2\frac{C'_{kr}}{C'_{kl}} \tag{9-5-3}$$

若初选 $R'_2=1$，则 $R_2=\dfrac{C'_{kr}}{C_{kl}}$。式中 C'_{kr} 为初选终端电阻等于 R'_2 时从右端开始综合而得的第 k 电容之值。由以上综合二端口 LC 梯形的方法可以看出，当我们已经完成了从左端开始的 LC 梯形综合以后，再从右端开始综合来校正 R_2 的取值时，只需要进行至所考察

的 L_k（或 C_k）即可，而不必要综合一个完全的 LC 梯形。

用十种移出运算综合 LC 梯形滤波器时，首先应确定移出运算次数和得到的 LC 梯形中的元件数。由 9-2 节可知，通常，LC 梯形滤波器的阶数为

$$N = n_0 + n_i + 2n_f \tag{9-5-4}$$

式中 n_0 为在原点的衰减极点数，n_f 为在虚轴上的非零有限共轭衰减极点对数，n_i 为在无穷远处的衰减极点数。极点移出运算的步数(以第 1 至第 8 种移出计)应为

$$N_{rem} = n_0 + n_i + n_f \leqslant N \tag{9-5-5}$$

结果得到的 LC 梯形中的元件数为

$$N_{el} = n_0 + n_i + 3n_f \geqslant N \tag{9-5-6}$$

由于对于每一对有限非零衰减极点均需进行一次部分极点移出运算，对应地产生一个多余的元件，故在式(9-5-6)中出现 $3n_f$。

选用哪些类型的移出运算以及移出步骤的次序是在进行 LC 梯形综合计算之前应当确定的。对于一个给定的电抗函数，用图 9-12 所示梯形移出运算状态图可定性地描绘出若干种不同的电路方案去实现该电抗函数。但是应当注意，在无源网络综合中，任何一种方案必须保证所有元件参数为正值，所以并非由状态图得出的所有方案都是可无源实现的。前人对此问题的理论研究已取得部分成果。例如，用衰减极点与策动点阻抗 Z_1 奇偶部的根的相对位置给出一组很复杂的充分必要条件，以保证至少存在一种极点移出顺序使网络元件均为正值。然而它并不能指出可无源实现的移出顺序，而且实际上在大多数情况下，滤波器的技术条件均能满足上述充要条件。因此，在滤波器设计中一般并不用这些条件来检验，而是定性分析与经验相结合，来确定适当的极点移出步骤。下面提出几点在选取极点移出次序时一般应考虑的问题。

在表 9-1 的十种极点移出运算中，根据滤波器功能的类型，可首先排除一部分不应选用的种类。例如，设计低通滤波器时，不应采用第 1、2 种极点移出及相应的第 5、6 种部分极点移出；而设计高通滤波器时，则不应采用第 3、4 种极点移出及相应的第 7、8 种部分极点移出。观察表 9-1 中移出电路结构，分析其对信号传输的作用，便可得出以上结论。对于带通滤波器设计，第 5、6 种部分极点移出仅应当用以移出下阻带的有限衰减极点，因为其中部分移出串臂电容或分流臂电感产生阻止低频信号通过的作用，符合衰减极点在低频段的特性。同理，第 7、8 种部分极点移出仅应当用以移出上阻带的有限衰减极点，因为其中部分移出串臂电感或分流臂电容产生阻止高频信号通过的作用，符合衰减极点在高频段的特性。通常，部分极点移出的步骤宜于放在梯形网络的中部。因为对 $s=0$ 或 $s=\infty$ 处极点的一次部分移出，意味着该处极点还应有一次完全的移出。故无论以什么顺序进行极点移出，最后一次移出均应为第 1～4 种完全的移出。通常，把最接近于通带的衰减极点的移出置于梯形网络中心位置。

例 9-1　一带通滤波器的技术条件如下：通带从 $f_{P1}=1\text{kHz}$ 到 $f_{P2}=1.4\text{kHz}$，阻带边界频率 $f_{s1}=0.7\text{kHz}$，$f_{s2}=1.7\text{kHz}$。通带纹波 $A_{\max}=0.4\text{dB}$，阻带最小衰减 $A_{\min}=40\text{dB}$。频率坐标用通带上边界归一化，则 $\Omega_{p1}=0.7143$，$\Omega_{p2}=1$，$\Omega_{S1}=0.5$，$\Omega_{S2}=1.2143$。通过滤波器逼近求得滤波器特性为，有二对有限非零衰减极点，分别位于 $s_{l1}=\pm j0.3996$，$s_{l2}=\pm j1.2501$；在 $s=0$ 处有 2 阶衰减极点；在 $s=\infty$ 处有 2 阶衰减极点；四对反射零点(即衰减零点)分别位于 $s_{r1}=\pm j0.7239$，$s_{r2}=\pm j0.7970$，$s_{r3}=\pm j0.9095$，$s_{r4}=\pm j0.9892$，反射

零点多项式首项系数为 733.35。故特征函数为

$$K(s)=\frac{F(s)}{P(s)}$$
$$=733.35\frac{(s^2+0.9892^2)(s^2+0.9095^2)(s^2+0.7970^2)(s^2+0.7239^2)}{s^2(s^2+1.2501^2)(s^2+0.3996^2)} \tag{9-5-7}$$

下面通过本例说明在得到转移函数后综合 LC 梯形滤波器的过程。

根据式(9-3-35)所示费尔德凯勒方程，由式(9-5-7)中的 $F(s)$ 和 $P(s)$ 可求得自然模多项式 $E(s)$：

$$E(s)=kE_1(s)E_2(s)E_3(s)E_4(s)$$

式中

$$E_i(s)=s^2+\frac{\omega_{0i}}{Q_i}s+\omega_{0i}^2\quad(i=1,2,3,4)$$

各自然模极点频率 ω_{0i} 和极点 Q_i 分别为

$$\omega_{01}=0.7106\qquad Q_1=15.256$$
$$\omega_{02}=0.7911\qquad Q_2=6.192$$
$$\omega_{03}=0.9188\qquad Q_3=6.743$$
$$\omega_{04}=1.0048\qquad Q_4=19.113$$

$E(s)$之导前项系数 k 与 $F(s)$同。由此可写出带通滤波器的转移函数 $H(s)$。

根据衰减极点和反射零点在频率轴上的位置，可定性绘出衰减特性 $A(\Omega)$，如图 9-15 所示。

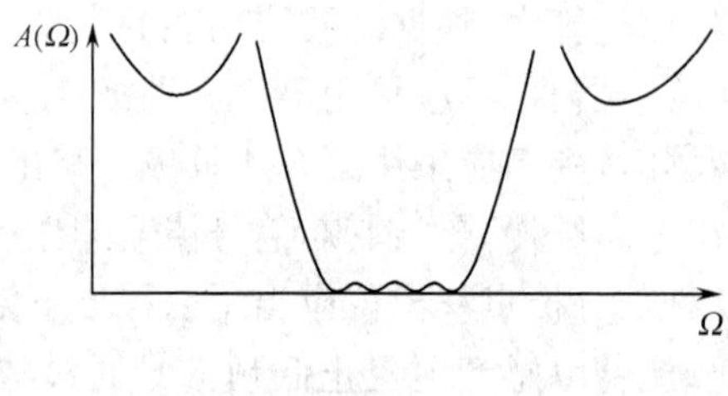

图 9-15

由滤波器逼近所得结果可知，该带通滤波器 $n_0=2,n_i=2,n_f=2$，故滤波器阶数

$$N=n_0+n_i+2nf=8$$

进行 LC 梯形滤波器综合时所需移出运算次数

$$N_{rem}=n_0+n_i+n_f=6$$

结果得到的梯形网络的电抗元件(L 和 C)数

$$N_d=n_0+n_i+3n_f=10$$

由于反射零点多项式 $F(s)$为偶次式，故 $F(s)=F_{ev}(s)$，$F_{od}(s)=0$。考虑到 $F(s)$多项式可指定为正号或负号，当指定正号时 $E_{ev}-F_{ev}$为 6 次式；而指定负号时则 $E_{ev}-F_{ev}$仍为 8 次式，这时 $E_{ev}+F_{ev}$为 6 次式。利用表 9-2 的设计阻抗公式，考虑到上述情况，以及 $P(s)$为偶函数，可得表 9-3 所示设计阻抗公式，表中同时列出了电抗函数分子多项式和分母多项项

式次数和电抗函数的类型号。

表 9-3 例 9-1 的设计参数公式

公 式	$F(s)$取正号		$F(s)$取负号	
	分子次数/分母次数	类型	分子次数/分母次数	类型
$\frac{X_{1O}}{R_1}=\frac{E_{ev}-F_{ev}}{E_{od}}$	6 次/7 次	1	8 次/7 次	3
$\frac{X_{2O}}{R_2}=\frac{E_{ev}+F_{ev}}{E_{od}}$	8 次/7 次	3	6 次/7 次	1
$\frac{X_{1S}}{R_1}=\frac{E_{od}}{E_{ev}+F_{ev}}$	7 次/8 次	0	7 次/6 次	2
$\frac{X_{2S}}{R_2}=\frac{E_{od}}{E_{ev}-F_{ev}}$	7 次/6 次	2	7 次/8 次	0

在四个设计参数中，我们必须选择最高阶(8 阶)的来开始梯形综合。表 9-3 表明，当 $F(s)$取正号时应选 X_{2O}或 X_{1S}；当 $F(s)$取负号时应选 X_{1O}或 X_{2S}。仔细研究表 9-3，不难看出，某一端口的开路参数与另一端口的短路参数在 $F(s)$取相同符号的情况下互为倒数；两端口的开路参数在 $F(s)$取相异符号的情况下互等；两端口的短路参数在 $F(s)$取相异符号的情况下互等。所以实际上可在上述四种 8 阶的参数中任选一个来综合出一个 LC 梯形，而其余三种 8 阶 LC 梯形均能从前一个 LC 梯形导出。例如，$F(s)$取负号，选 X_{1O}从左端综合得到 8 阶梯形网络 N_{1O}，将 N_{1O}二端口对调即得当 $F(s)$取正号时用 X_{2O}从右端综合而得的 8 阶梯形网络 N_{2O}。N_{1O}的对偶网络是当 $F(s)$取正号时用 X_{1S}从左端综合而得的 8 阶网络 N_{1S}；N_{2O}的对偶网络则是当 $F(s)$取负号时用 X_{2S}从右端综合而得的 8 阶网络 N_{2S}。下面用 $F(s)$取负号时的 X_{1O}来进行极点移出运算。

考虑到本例中的带通滤波器有一个下阻带衰减极点，需用一次第 5 或第 6 种部分极点移出；有一个上阻带衰减极点，需用一次第 7 或第 8 种部分极点移出。两个 $s=0$ 处的衰减极点，需要用第 1、2 两种极点移出共两次；两个 $s=\infty$处的衰减极点，需要用第 3、4 种极点移出共两次。利用图 9-12 中的梯形移出运算状态图，并考虑上述因素，可得若干种移出方案，现列举两种如图 9-16 所示。

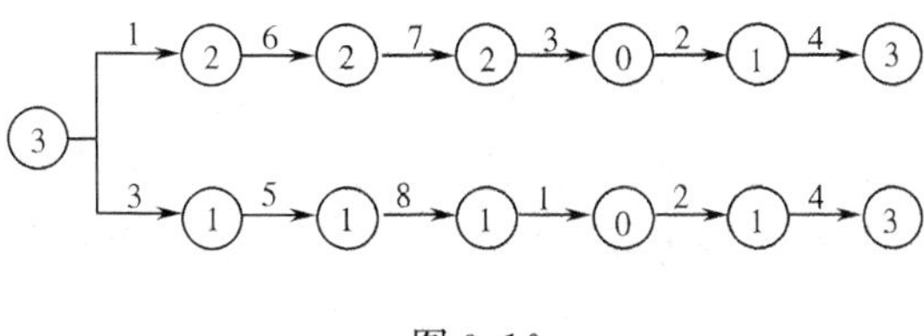

图 9-16

图 9-16 中节点标号为电抗函数类型号，支路标号为极点移出种类号。按照以上两种移出顺序得到的两个 LC 梯形网络如图 9-17、图 9-18 所示。图 9-18 的对偶网络如图 9-

19 所示，它实际上就是当 $F(s)$取正号时用 X_{1S}从左端综合而得的 8 阶梯形网络。

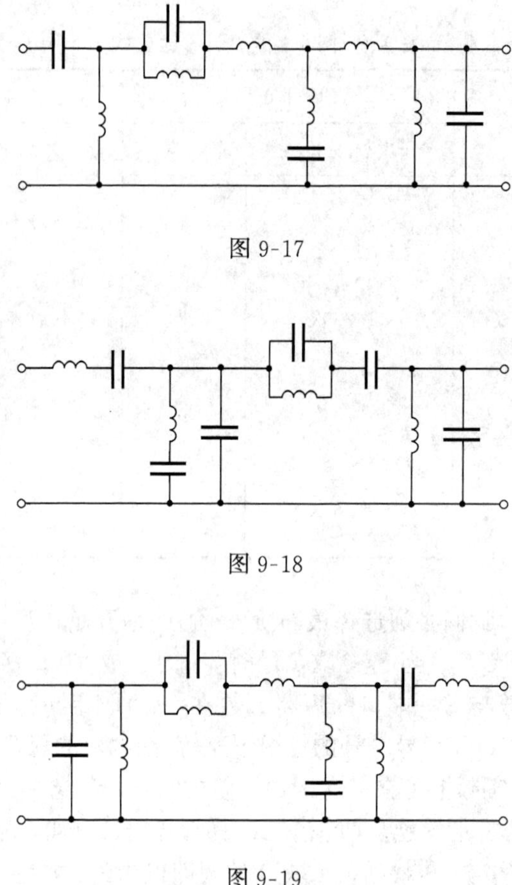

图 9-17

图 9-18

图 9-19

在各种实现方案中，应选取具有较少电感的电路结构，因此在以上列举的三种电路中应选取图 9-18 所示的方案，它含 4 个电感、6 个电容。此外，在选择最佳方案时还应考虑具有最小的分散性。这里包含两方面：一是指同类元件参数的分散性要小，以降低成本和减小寄生效应；二是指各电感电流最大值之差异、各电容电压最大值之差异应尽可能小，以提高滤波器的动态范围。

9-6 网络定标

在滤波器综合时，为了便于利用统一的公式和图表以简化计算，通常采用归一化频率和阻抗等级进行计算。最后，还必须通过去归一化的步骤才能得到符合实际需要的网络参数。为此，本节将介绍阻抗和频率定标的概念，并研究定标后网络与原网络的网络函数间的关系。

设有二网络 N 与 N'，两者拓扑结构相同，对应支路元件类型相同但有不同的元件值，在网络 N 中第 k 支路元件参数为 R_k、C_k、L_k，网络 N' 中第 k 支路元件参数为 R'_k、C'_k、L'_k。二网络对应支路上同类元件的参数间有以下关系：

$$R'_k = bR_k \tag{9-6-1}$$

$$C'_k = \frac{1}{ab}C_k \tag{9-6-2}$$

$$L'_k = \frac{b}{a}L_k \tag{9-6-3}$$

式中 b 为阻抗定标因子，a 为频率定标因子。当 $a=1$ 时，网络 N' 中任一导抗支路上的阻抗均为网络 N 中对应支路阻抗的 b 倍，换言之，网络 N' 中元件的阻抗等级为 N 中元件的阻抗等级的 b 倍。又如果令 $b=1$，则有

$$C'_k = \frac{1}{a}C_k, \quad L'_k = \frac{1}{a}L_k$$

$$sC'_k = \left(\frac{s}{a}\right)C_k, \quad sL'_k = \left(\frac{s}{a}\right)L_k$$

由此可知，网络 N' 中电容、电感元件产生的导抗，可以由网络 N 的对应元件得到，这时仅需将复频率 s 换为 (s/a)。于是，N' 称为网络 N 各元件经阻抗定标和频率定标后得到的网络。

为了研究网络定标对网络函数的影响，用节点分析列出两个网络的方程。网络 N 的节点方程为

$$\boldsymbol{Y}_n(s)\boldsymbol{U}_n(s) = \boldsymbol{I}_n(s)$$

节点导纳矩阵 $\boldsymbol{Y}_n(s)$ 中的 (j,k) 元为

$$Y_{jk}(s) = \frac{1}{R_{jk}} + \frac{1}{sL_{jk}} + sC_{jk}$$

网络 N' 的节点方程为

$$\boldsymbol{Y}'_n(s)\boldsymbol{U}'_n(s) = \boldsymbol{I}'_n(s)$$

$\boldsymbol{Y}'_n(s)$ 中的 (j, k) 元为

$$Y'_{jk}(s) = \frac{1}{bR_{jk}} + \frac{a}{sbL_{jk}} + \frac{sC_{jk}}{ba} = \frac{1}{b}Y_{jk}\left(\frac{s}{a}\right) \tag{9-6-4}$$

于是

$$\boldsymbol{Y}'_n(s) = \frac{1}{b}\boldsymbol{Y}_n\left(\frac{s}{a}\right) \tag{9-6-5}$$

式(9-6-4)表明，网络 N' 的节点导纳矩阵中的任一元素等于网络 N 在复频率为 (s/a) 时的节点导纳矩阵中对应元素的 b 分之一。在第三章中曾经指出，任何网络函数（无论是转移函数还是策动点函数）的计算，都可以由网络的节点导纳矩阵 $\boldsymbol{Y}_n(s)$ 的行列式及其余因子求得。如果是转移电压比、转移电流比这类无量纲转移函数，可由 $\boldsymbol{Y}_n(s)$ 的同阶余因子之比得到。因而在计算网络 N' 的这些转移函数时，阻抗定标因子 b 以相同的方次出现在分子和分母中而被消去，故有 N' 与 N 的无量纲转移函数间的以下关系：

$$\frac{U'_x(s)}{U'_y(s)} = \frac{U_x(s/a)}{U_y(s/a)} \tag{9-6-6}$$

$$\frac{I'_x(s)}{I'_y(s)} = \frac{I_x(s/a)}{I_y(s/a)} \tag{9-6-7}$$

式中 x、y 分别为输出和输入端口标号。在以上两式右端并不出现阻抗定标因子 b,表明阻抗定标不影响网络的转移电压比、转移电流比。

对于量纲为 Ω 或 $1/\Omega$ 的网络函数,诸如策动点阻抗、策动点导纳或转移阻抗、转移导纳,由于它们是由 $\boldsymbol{Y}_n(s)$ 的行列式与余因子之比、余因子与行列式之比或不同阶余因子之比求得,故阻抗定标因子 b 将影响 N' 与 N 对应网络函数间的关系。例如,N 网络中 m、n 端口间的转移阻抗为 $Z_{mn}(s)$、转移导纳为 $Y_{mn}(s)$,则 N' 网络中的这两个转移函数应为

$$Z'_{mn}(s) = bZ_{mn}(s/a) \tag{9-6-8}$$

$$Y'_{mn}(s) = \frac{1}{b}Z_{mn}(s/a) \tag{9-6-9}$$

在滤波器设计中,最常用的是转移电压比这种无量纲网络函数,在得到滤波器的初始参数组后,通常可用阻抗定标的方法调整元件参数,使参数值成为可实现的、合理的。

频率定标的概念在滤波器逼近中实际上已经用到。例如,在应用几种经典逼近方法确定滤波器的转移函数时,一般以通带边界频率 ω_p 进行频率归一化,归一化频率变量 $\Omega=\omega/\omega_p$ 所对应的复频变量为 p。这样通过逼近求得的转移函数 $T_N(p)$ 是满足归一化技术条件的。为得到满足原技术条件的转移函数 $T(s)$,必须去归一化,即令

$$T(s) = T_N(p)\big|_{p=\frac{s}{\omega_p}} \tag{9-6-10}$$

对照式(9-6-6)可以看出,频率去归一化的过程实际上就是频率定标,这里的频率定标因子等于 ω_p。

9-7 双端接载 LC 滤波器的灵敏度

双端接载 LC 滤波器的主要优点之一是具有很好的灵敏度性能,本节将对此问题进行分析。

首先研究一般无源 RLC 网络的灵敏度关系式。考察一个无源 RLC 网络 N,N 中含 r 个电阻、l 个电感、c 个电容,$r+l+c=n$,各类元件的第 k 元件参数分别用 R_k、L_k 和 C_k 表示。$H(s)$ 是网络 N 的一个转移函数(电压比或电流比),为研究 $H(s)$ 对各类元件的灵敏度关系式,现将 $H(s)$ 表示为 $H(R_k,L_k,C_k,s)$。

设各元件值有微小改变,同一类元件的单位偏差相同,且产生微小改变后的各类元件值为

$$R'_k = \gamma R_k,\quad L'_k = \gamma L_k,\quad C'_k = \frac{C_k}{\gamma} \tag{9-7-1}$$

式中 $\gamma=1+\Delta$,$|\Delta|\ll 1$。以上元件值的改变相当于用阻抗定标因子 $b=\gamma$ 进行阻抗定标,各元件阻抗均乘以 γ,网络的无量纲转移函数不会改变,故有

$$H(R'_k,L'_k,C'_k,s) = H(R_k,L_k,C_k,s) \tag{9-7-2}$$

$$\frac{\partial H(R'_k,L'_k,C'_k,s)}{\partial \gamma} = 0 \tag{9-7-3}$$

式(9-7-3)可改写为

$$\sum_{k=1}^{r}\frac{\partial H(R'_k,L'_k,C'_k,s)}{\partial R'_k}\cdot\frac{\mathrm{d}R'_k}{\mathrm{d}\gamma}+\sum_{k=1}^{l}\frac{\partial H(R'_k,L'_k,C'_k,s)}{\partial L'_k}\cdot\frac{\mathrm{d}L'_k}{\mathrm{d}\gamma}$$
$$+\sum_{k=1}^{c}\frac{\partial H(R'_k,L'_k,C'_k,s)}{\partial C'_k}\cdot\frac{\mathrm{d}C'_k}{\mathrm{d}\gamma}=0 \tag{9-7-4}$$

注意到上式中

$$\frac{\mathrm{d}R'_k}{\mathrm{d}\gamma}=R_k,\frac{\mathrm{d}L'_k}{\mathrm{d}\gamma}=L_k,\frac{\mathrm{d}C'_k}{\mathrm{d}\gamma}=-\frac{C_k}{\gamma^2} \tag{9-7-5}$$

将式(9-7-4)中各项除以 $H(R_k,L_k,C_k,s)$，并令 $\Delta\to 0$，得

$$\sum_{k=1}^{r}S_{R_k}^{H(s)}+\sum_{k=1}^{l}S_{L_k}^{H(s)}-\sum_{k=1}^{c}S_{C_k}^{H(s)}=0 \tag{9-7-6}$$

式(9-7-6)给出了一般无源 RLC 网络的无量纲转移函数对各类元件参数的灵敏度之间的关系。对于 LC 网络则有

$$\sum_{k=1}^{l}S_{L_k}^{H(s)}-\sum_{k=1}^{c}S_{C_k}^{H(s)}=0 \tag{9-7-7}$$

又设各 L、C 元件有相同的单位偏差，R 元件值不变，产生微小改变后的各类元件值为

$$L'_k=\gamma L_k,C'_k=\gamma C_k,R'_k=R_k\qquad(\gamma\text{ 同前}) \tag{9-7-8}$$

相当于用频率定标因子 $a=\frac{1}{\gamma}$ 进行频率定标，参数微小改变后的网络函数可由原网络函数令其中 s 换为 $\frac{s}{a}=\gamma s$ 而得，即

$$H(L'_k,C'_k,s)=H(L_k,C_k,\gamma s) \tag{9-7-9}$$

将上式二端对 γ 求导，得

$$\sum_{k=1}^{l}\frac{\partial H(L'_k,C'_k,s)}{\partial L'_k}\cdot\frac{\mathrm{d}L'_k}{\mathrm{d}\gamma}+\sum_{k=1}^{c}\frac{\partial H(L'_k,C'_k,s)}{\partial C'_k}\cdot\frac{\mathrm{d}C'_k}{\mathrm{d}\gamma}$$
$$=\frac{\partial H(L_k,C_k,\gamma s)}{\partial(\gamma s)}\cdot\frac{\mathrm{d}(\gamma s)}{\mathrm{d}\gamma} \tag{9-7-10}$$

式(9-7-10)各项除以 $H(L_k,C_k,s)$，并令 $\Delta\to 0$，得

$$\sum_{k=1}^{l}S_{L_k}^{H(s)}+\sum_{k=1}^{c}S_{C_k}^{H(s)}=\frac{s}{H(s)}\cdot\frac{\mathrm{d}H(s)}{\mathrm{d}s}=\frac{\mathrm{d}\ \ln H(s)}{\mathrm{d}\ \ln s} \tag{9-7-11}$$

在频域中有

$$\sum_{k=1}^{l}S_{L_k}^{H(j\omega)}+\sum_{k=1}^{c}S_{C_k}^{H(j\omega)}=\frac{\mathrm{d}\{\ln[\mid H(j\omega)\mid e^{j\theta(\omega)}]\}}{\mathrm{d}\omega/\omega}$$
$$=\omega\frac{\mathrm{d}\alpha(\omega)}{\mathrm{d}\omega}+j\omega\frac{\mathrm{d}\theta(\omega)}{\mathrm{d}\omega} \tag{9-7-12}$$

式(9-7-12)反映了频域网络函数 $H(j\omega)$ 对 L、C 元件参数的灵敏度与频率特性之间的关系。例如，在衰减特性变化很陡的频段，$H(j\omega)$ 对 L、C 的灵敏度也较高，这种关系不依赖于电路结构和元件值，有助于设计前的定性分析。

对于图 9-13 所示双端接载 LC 滤波器，其复频域转移函数按式(9-3-4)定义为

$$H(s)=\sqrt{\frac{R_2}{4R_1}}\cdot\frac{U_{O1}(s)}{U_2(s)} \tag{9-7-13}$$

由于

$$U_{O1}(s)=[R_1+Z_1(s)]I_1(s)$$
$$U_2(s)=Z_{21}(s)I_1(s)$$

故式(9-7-13)可表示为

$$H(s)=\sqrt{\frac{R_2}{4R_1}}\cdot\frac{R_1+Z_1(s)}{Z_{21}(s)} \tag{9-7-14}$$

应用 6-2 节中的灵敏度恒等式求 $H(s)$对 R_1 的灵敏度：

$$S_{R1}^{H(s)}=S_{R_1}^{\sqrt{\frac{R_2}{4R_1}}}+S_{R_1}^{\frac{R_1+Z_1(s)}{Z_{21}(s)}}$$

式中

$$S_{R_1}^{\sqrt{\frac{R_2}{4R_1}}}=S_{R_1}^{\sqrt{R_2}}-S_{R_1}^{\sqrt{4R_1}}=-\frac{1}{2}$$

$$S_{R_1}^{\frac{R_1+Z_1(s)}{Z_{21}(s)}}=S_{R_1}^{R_1+Z_1(s)}-S_{R_1}^{Z_{21}(s)}=\frac{R_1}{R_1+Z_1(s)}$$

因此

$$S_{R_1}^{H(s)}=-\frac{1}{2}+\frac{R_1}{R_1+Z_1(s)}=\frac{1}{2}\cdot\frac{R_1-Z_1(s)}{R_1+Z_1(s)} \tag{9-7-15}$$

注意到式(9-3-15)所定义的始端反射系数 $\rho_1(s)$，故

$$S_{R_1}^{H(s)}=-\frac{1}{2}\rho_1(s) \tag{9-7-16}$$

同理有

$$S_{R_2}^{H(s)}=-\frac{1}{2}\rho_2(s) \tag{9-7-17}$$

式中 $\rho_2(s)$为终端反射系数，定义为

$$\rho_2(s)=\frac{Z_2(s)-R_2}{Z_2(s)+R_2} \tag{9-7-18}$$

$Z_2(s)$为当第 1 端口外接电源激励置于零时第 2 端口的输入阻抗。

由式(9-7-16)、(9-7-17)得

$$\sum_{k=1}^{2}S_{R_k}^{H(s)}=-\frac{\rho_1(s)+\rho_2(s)}{2} \tag{9-7-19}$$

式(9-7-16)、(9-7-17)和(9-7-19)表明，通过调整始端和终端反射系数便可以控制 $H(s)$对二端接电阻的灵敏度。例如，在通带理想传输的情况下，$|H(j\omega)|^2=\frac{1}{|t(j\omega)|^2}=1$，由式(9-3-25)知，始端反射系数 $\rho_1(s)=0$，又使终端匹配，即 $\rho_2(s)=0$，则 $S_{R_1}^{H(s)}=0$，$S_{R_2}^{H(s)}=0$，换言之，R_1、R_2 的微小改变将不会影响 $H(s)$。实际上，只要使通带纹波尽可能小，则在我们所关注的通频带内有很小的端接灵敏度。

由式(9-7-6)、(9-7-19)有

$$\sum_{k=1}^{l}S_{L_K}^{H(s)}-\sum_{k=1}^{c}S_{C_k}^{H(s)}=\frac{\rho_1(s)+\rho_2(s)}{2} \tag{9-7-20}$$

对式(9-7-11)和式(9-7-20)联立求解，得

$$\sum_{k=1}^{l} S_{L_k}^{H(s)} = \frac{1}{2}\left[\frac{\mathrm{d}\ \ln H(s)}{\mathrm{d}\ \ln s} + \frac{\rho_1(s)+\rho_2(s)}{2}\right] \tag{9-7-21}$$

$$\sum_{k=1}^{c} S_{C_k}^{H(s)} = \frac{1}{2}\left[\frac{\mathrm{d}\ \ln H(s)}{\mathrm{d}\ \ln s} - \frac{\rho_1(s)+\rho_2(s)}{2}\right] \tag{9-7-22}$$

设同类元件有相同的相对偏差，即

$$\varepsilon_R = \frac{\Delta R_1}{R_1} = \frac{\Delta R_2}{R_2}, \varepsilon_L = \frac{\Delta L_k}{L_k}(k=1,2,\cdots,l), \varepsilon_C = \frac{\Delta C_k}{C_k}(k=1,2,\cdots,c)$$

各元件值微小偏差所导致的转移函数的相对偏差（一阶近似）为

$$\begin{aligned}\frac{\Delta H(s)}{H(s)} &= \sum_{k=1}^{2} S_{R_k}^{H(s)} \cdot \varepsilon_R + \sum_{k=1}^{l} S_{L_k}^{H(s)} \cdot \varepsilon_L + \sum_{k=1}^{c} S_{C_k}^{H(s)} \cdot \varepsilon_C \\ &= -\varepsilon_R\left[\frac{\rho_1(s)+\rho_2(s)}{2}\right] + \frac{\varepsilon_L}{2}\left[\frac{\rho_1(s)+\rho_2(s)}{2} + \frac{\mathrm{d}\ \ln H(s)}{\mathrm{d}\ \ln s}\right] \\ &\quad + \frac{\varepsilon_C}{2}\left[-\frac{\rho_1(s)+\rho_2(s)}{2} + \frac{\mathrm{d}\ \ln H(s)}{\mathrm{d}\ \ln s}\right]\end{aligned} \tag{9-7-23}$$

衰减 α 的偏差

$$\Delta\alpha = \alpha \cdot \sum_{k=1}^{n} S_{x_k}^{\alpha} \cdot \frac{\Delta x_k}{x_k} \tag{9-7-24}$$

式中 α 对 x_k 的灵敏度

$$S_{x_k}^{\alpha} = \frac{x_k}{\alpha} \cdot \frac{\partial \alpha}{\partial x_k} = \frac{x_k}{\alpha} \cdot \frac{\partial \ln |H(j\omega)|}{\partial x_k} = \frac{1}{\alpha}\mathrm{Re}[S_{x_k}^{H(j\omega)}] \tag{9-7-25}$$

将上式代入式(9-7-24)，得

$$\begin{aligned}\Delta\alpha &= \sum_{k=1}^{n} \mathrm{Re}[S_{x_k}^{H(j\omega)}] \cdot \frac{\Delta x_k}{x_k} \\ &= -\varepsilon_R \cdot \mathrm{Re}\left[\frac{\rho_1(j\omega)+\rho_2(j\omega)}{2}\right] + \frac{\varepsilon_L}{2} \cdot \mathrm{Re}\left[\frac{\rho_1(j\omega)+\rho_2(j\omega)}{2} + \frac{\mathrm{d}\ \ln H(j\omega)}{\mathrm{d}\omega/\omega}\right] \\ &\quad + \frac{\varepsilon_c}{2} \cdot \mathrm{Re}\left[-\frac{\rho_1(j\omega)+\rho_2(j\omega)}{2} + \frac{\mathrm{d}\ \ln H(j\omega)}{\mathrm{d}\omega/\omega}\right] \\ &= -\varepsilon_R \cdot \mathrm{Re}\left[\frac{\rho_1(j\omega)+\rho_2(j\omega)}{2}\right] + \frac{\varepsilon_L}{2} \cdot \left\{\mathrm{Re}\left[\frac{\rho_1(j\omega)+\rho_2(j\omega)}{2}\right] + \omega\frac{\mathrm{d}\alpha}{\mathrm{d}\omega}\right\} \\ &\quad + \frac{\varepsilon_c}{2} \cdot \left\{\mathrm{Re}\left[-\frac{\rho_1(j\omega)+\rho_2(j\omega)}{2}\right] + \omega\frac{\mathrm{d}\alpha}{\mathrm{d}\omega}\right\}\end{aligned} \tag{9-7-26}$$

式(9-7-26)第一项反映两端电阻对衰减偏差的影响，第二、三项分别表示电感、电容元件对衰减偏差的影响。不难看出，由于 R、L、C 元件值的偏差所引起的衰减偏差 $\Delta\alpha$ 一方面与各元件的相对偏差有关，另一方面也决定于始端、终端反射系数以及衰减随频率的变化率等因素。如果使双端接载 LC 滤波器工作于接近理想的工作状态，即在人们主要关注的通带内电源向负载传输最大功率，通带纹波非常小，则不仅转移函数对端接电阻的灵敏度接近于零，而且转移函数对 L、C 元件参数的灵敏度也是很小的，由此论证了双端接载 LC 滤波器是具有优良的灵敏度特性的一种滤波器。

习　题

9-1　一个低通滤波器的归一化技术条件为：通带边界频率 $\Omega_p=1\mathrm{rad/s}$，阻带边界频

率 $\Omega_s=1.5\text{rad/s}$，通带纹波 $A_{max}=0.5\text{dB}$，阻带最小衰减 $A_{min}=20\text{dB}$。用切比雪夫逼近确定转移函数 $H(s)$，据此求设计阻抗 X_{1O}、X_{2O}、X_{1S}、X_{2S}。

9-2 根据 9-1 题得到的设计阻抗，用 9-5 节介绍的方法综合一个双端接载 LC 梯形滤波器。

9-3 滤波器技术条件与 9-1 题相同。用椭圆逼近确定转移函数 $H(s)$，据此求设计阻抗 X_{1O}、X_{2O}、X_{1S}、X_{2S}。

9-4 根据 9-3 题得到的设计阻抗，用 9-5 节介绍的方法综合一个双端接载 LC 梯形滤波器。

第十章 有源滤波器综合基础

导 言

近代电子学和集成技术的一个重要课题是不断减小信号传输、处理系统中器件的尺寸,使之日趋小型化、微型化。滤波器通常是信号传输、处理系统不可缺少的部件。在由电阻、电感、电容组成的无源滤波器中,*LC* 滤波器虽有种种优点,但是电感器不可集成的问题使此类滤波器难以实现小型化。尤其在低频情况下,因电感器体积大、品质低而不适合采用。

早在 20 世纪 50 年代,人们已经认识到用有源网络可以取代电感,这样不仅使滤波器体积减小,而且能降低成本。自有源滤波器出现以来,受到有关领域科技人员的极大关注。随着电子器件工艺的飞速进步,有源滤波技术得到很大提高,目前已广泛应用于语音和数据通信系统、电视、无线电及高保真音频系统等。

本章主要介绍有源滤波器的一种基本类型,即 *RC*-运放有源滤波器(简称有源 *RC* 滤波器),在对有源滤波器及双二次型电路做一般介绍的基础上,侧重研究高阶有源 *RC* 滤波器的综合方法。

对于近二三十年发展起来的各种现代滤波器,如开关电容滤波器(SCF)、开关电流滤波器(SIF)、运算跨导-电容(OTA-C)滤波器、MOSFET-C 滤波器等,读者在了解其基本工作原理和本书的知识基础上自行学习研究,是不难掌握其分析和综合方法的。

10-1 有源滤波器

无源 *LC* 滤波器因其自然模共轭成对地出现在虚轴(考虑电感器的电阻存在则在接近虚轴的左半平面)上,故有很好的选频特性。但是,*LC* 滤波器中的电感器除了不能实现集成外,还有以下主要缺点:

(1) 在低频情况下,电感器不仅笨重、价格昂贵,而且损耗大,品质因数 Q_L 低。

(2) 含磁芯的电感器是非线性器件,在系统中产生高次谐波,导致信号失真。

(3) 为满足一定的技术要求,电感器常需特别的设计和制作,不像电阻器、电容器那样有批量生产的产品可供选用。

由电阻、电容构成的无源 *RC* 二端口网络也有滤波作用,但因 *RC* 网络的自然模全部位于 s 平面的负实轴上,其频率选择性远不及 *LC* 网络。*RC* 网络要有大量的实数自然模才能达到 *LC* 网络少量共轭复数自然模的滤波效果,这样的 *RC* 滤波器不仅需用较多元件,而且吸收不少信号功率,所以在实际应用中很少采用。

基于对无源 *LC*、*RC* 滤波器优、缺点的分析研究,人们提出用有源器件和电阻、电容构成有源 *RC* 滤波器,这是既不含电感器又可实现 *LC* 滤波器很高选频特性的一类滤波器。从本质上讲,有源 *RC* 滤波器是在一定的 *RC* 网络中适当地接入有源器件,有源器件

将位于 s 平面负实轴的自然模变换为左半 s 平面中尽量接近虚轴的共轭复数对自然模。

一般有源 RC 滤波器综合的主要步骤是：

第一步：统一定义几种理想有源元件，它们易于用标准线性 IC 技术实现，且能方便地用以综合所需有源网络。

第二步：用上述理想有源元件作为积木块(building block)，和电阻、电容元件一起综合出满足滤波器技术条件的有源网络。

在有源网络理论中常用的理想有源元件有：①运算放大器；②负阻抗变换器；③负阻抗逆变器；④回转器(就其构成元件来看视为有源元件)；⑤广义导抗变换器(GIC)；⑥频变负阻(FDNR)。最后两种有源元件将在研究高阶有源滤波器综合时介绍。

以上所列举的理想有源元件虽然在有源网络理论研究中经常出现，然而大多数并未广泛应用于实际的有源滤波器综合。出于经济以及技术的考虑，只有质优、价廉、适用性广而且应用方便的元件才会得到广泛应用。因此，实际上在有源 RC 滤波器中普遍采用的有源器件是集成运放。自 20 世纪 40 年代运算放大器诞生以来，随着电子器件产品从电子管到晶体管，到中小规模集成电路和大规模、超大规模集成电路的发展，运算放大器的生产工艺也得到快速地提高。例如，1964 年研制成功第一片单片集成运放，到 1973 年已发展到列入大规模集成电路的第四代集成运放，其性能指标接近于理想运算放大器。此后，质优、价廉的集成运放-RC 有源滤波器日益广泛地应用于音频范围的各种技术领域，并在许多场合逐步取代无源滤波器。

除上述有源 RC 滤波器外，近 20 年来又研制出一些新型的有源滤波器。例如，用于高频的有源 R 滤波器和有源 C 滤波器，便于单片集成的有源开关电容(SC)滤波器，以及对电流信号进行处理的开关电流(SI)滤波器等。

与无源滤波器相比较，有源滤波器除体积小、重量轻外，还有以下主要优点：

(1) 采用自动化工序批量生产，成本低，可靠性高。

(2) 有源滤波器和数字电路可集成在同一块硅片上。例如，有源开关电容滤波器已体现了这一优点。

(3) 设计和调试过程比无源滤波器简单。

(4) 从滤波器理论的角度看，有源滤波器可实现的滤波函数类型比无源滤波器广泛。有源滤波器可提供增益，即在滤波的同时还可对信号进行放大。

虽然有源滤波器有许多优点，但迄今在一些应用场合仍不能用它取代无源滤波器。这是由于有源滤波器还存在一些难以解决的问题，这就是：

(1) 有源元件的有限带宽限制了有源滤波器应用的频率范围，一般主要用于音频。而无源滤波器则可在频率高达 500MHz 时应用。

(2) 与无源滤波器相比较，有源滤波器的转移函数及各特性参数对元件参数的灵敏度较高。

(3) 有源滤波器需要电源，而无源滤波器则不需要。

有源滤波器有许多不同的电路结构，其综合设计方法也有不同的分类方式。下面首先介绍有源二阶节，它是最简单的有源滤波器，也是构成级联型和多环反馈结构高阶有源滤波器的基本积木块。然后介绍四类综合高阶有源滤波器的方法，即：直接实现；级联实现；对 LC 梯形滤波器的元件模拟；对 LC 梯形滤波器的运算模拟。用对 LC 梯形的运算模拟法综合得到的是一种多环反馈结构的有源滤波器。多环反馈的其他结构形式可借助于第 5-5 节中的状态转移图综合,有兴趣的读者可参阅有关文献。

10-2 双二次型有源滤波器

在 7-6-2 节中曾经介绍双二次转移函数,其一般形式为

$$T(s)=\frac{a_2s^2+a_1s+a_0}{s^2+b_1s+b_0}=\frac{a_2s^2+a_1s+a_0}{s^2+\left(\frac{\omega_0}{Q}\right)s+\omega_0^2} \tag{10-2-1}$$

实现双二次转移函数的有源滤波器称为双二次型有源滤波器,它是用级联法实现高阶转移函数的基本组成环节,常简称为“二阶节”或“双二次节”(biquad)。二阶节还作为主要模块用于多环反馈结构的有源滤波器中。在滤波要求较低的情形,二阶节也可单独使用。

二阶节可由一个运放或者多个运放和 R、C 元件构成。本节介绍由一个运放和 R、C 元件构成的二阶节,即单运放双二次节(Single Amplifier Biquad,缩写为 SAB)。关于含多个运放的二阶节,将在讨论有源滤波器综合方法的有关小节中介绍(见 10-6 节)。

对于种类繁多的单运放双二次节电路结构,按 RC 网络对运算放大器的反馈类型分为负反馈型和正反馈型两大类,现分别讨论如下。

10-2-1 负反馈型单运放双二次节

将作为反馈路径的 RC 网络接至运算放大器的反相输入端,便构成了负反馈型 SAB,其基本电路结构如图 10-1 所示。图中,RC 网络的②端接信号源,①、③端分别接运放的反相输入端和输出端。运放的同相输入端接地。

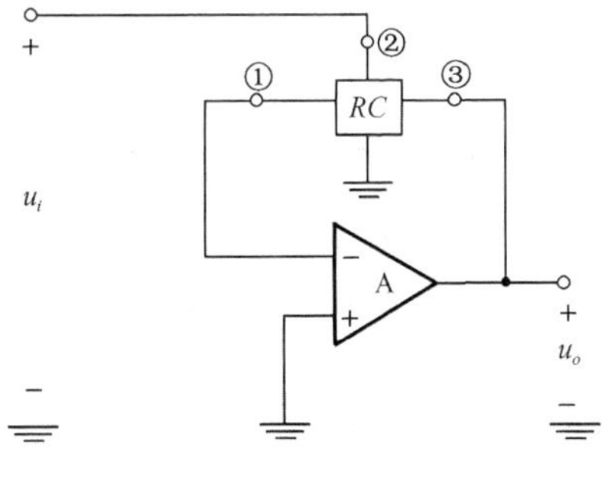

图 10-1

图 10-1 所示负反馈型 SAB 电路的转移函数可以用其中无源 RC 网络的前馈转移函数和反馈转移函数来表述。这两个转移函数定义为

前馈转移函数①

① 为简化表示符号,在本章中,无特别需要时,$T(s)$、$Y(s)$、$Z(s)$分别以 T、Y、Z 表示。

$$T_{FF}=T_{12}=\frac{U_1(s)}{U_2(s)}\bigg|_{U_3=0} \tag{10-2-2}$$

反馈转移函数

$$T_{FB}=T_{13}=\frac{U_1(s)}{U_3(s)}\bigg|_{U_2=0} \tag{10-2-3}$$

式中 $U_1(s)$、$U_2(s)$ 和 $U_3(s)$ 分别为①、②和③端对地的电压。由叠加定理知

$$U_1(s)=T_{FF}U_2(s)+T_{FB}U_3(s)=T_{FF}U_i(s)+T_{FB}U_o(s)$$

根据运放的元件特性有

$$\begin{aligned}U_o(s)&=A(U^+(s)-U^-(s))=-AU_1(s)\\&=-A(T_{FF}U_i(s)+T_{FB}U_o(s))\end{aligned}$$

故负反馈型 SAB 的转移函数

$$T=\frac{U_o(s)}{U_i(s)}=-\frac{AT_{FF}}{AT_{FB}+1}=-\frac{T_{FF}}{T_{FB}+\dfrac{1}{A}} \tag{10-2-4}$$

考虑到 $\frac{1}{A}\ll|T_{FB}|$，可近似地认为

$$T=-\frac{T_{FF}}{T_{FB}} \tag{10-2-5}$$

将 RC 网络的前馈转移函数和反馈转移函数分别写为两个多项式之比，即

$$T_{FF}=\frac{N_{FF}}{D_{FF}},\quad T_{FB}=\frac{N_{FB}}{D_{FB}}$$

在一般情况下，同一网络的不同转移函数的极点是相同的，即分母多项式是相同的，故

$$D_{FF}=D_{FB}=D$$

因此，式(10-2-5)可改写为

$$T=-\frac{N_{FF}}{N_{FB}} \tag{10-2-6}$$

上式给出了负反馈型 SAB 的转移函数与 RC 网络的前馈转移函数、反馈转移函数之间的关系。式(10-2-6)表明，RC 网络前馈转移函数的零点即 SAB 转移函数的零点；RC 网络反馈转移函数的零点即 SAB 转移函数的极点。RC 网络转移函数的负实数极点对 SAB 转移函数的极点并无影响。由 7-6 节知，无源 RC 网络转移函数的零点可以位于 s 平面的任何位置，因此，我们能够通过设置图 10-1 中 RC 网络反馈转移函数零点的位置来控制负反馈型 SAB 转移函数的极点位置。例如，使之共轭成对地出现在靠近虚轴的左半 s 平面上，则可得到很好的选频特性。

为实现转移函数的共轭复数极点，在负反馈型 SAB 电路中常用的 RC 网络是桥 T(Bridged-T缩写为 BT)型网络，其一般电路结构如图 10-2 所示。

用任一种网络分析方法均可求出图 10-2 网络的前馈转移函数和反馈转移函数。最简便的方法是采用式(3-4-40)中的求二端口网络转移电压比的拓扑公式。只要正确确定二端口网络的输入端口与输出端口，即可直接写出以下结果：

前馈转移函数

$$T_{FF}=\frac{U_1(s)}{U_2(s)}\bigg|_{U_3(s)=0}=\frac{Y_2Y_4}{Y_1Y_2+Y_1Y_3+Y_2Y_3+Y_2Y_4+Y_3Y_4} \tag{10-2-7}$$

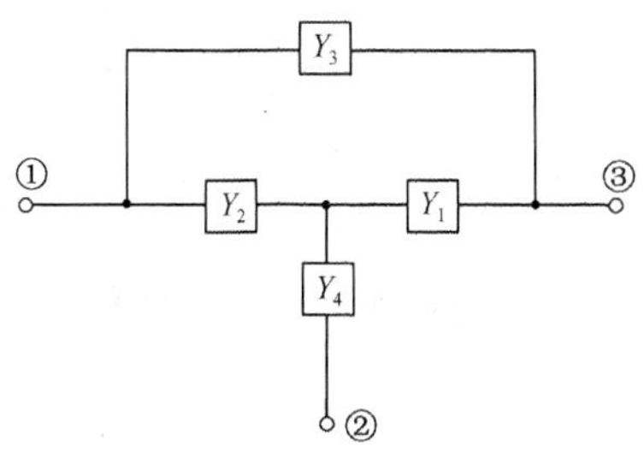

图 10-2

反馈转移函数

$$T_{FB}=\frac{U_1(s)}{U_3(s)}\bigg|_{U_2(s)=0}=\frac{Y_1Y_2+Y_1Y_3+Y_2Y_3+Y_3Y_4}{Y_1Y_2+Y_1Y_3+Y_2Y_3+Y_2Y_4+Y_3Y_4} \tag{10-2-8}$$

SAB 的转移函数

$$T=-\frac{N_{FF}}{N_{FB}}=\frac{Y_2Y_4}{Y_1Y_2+Y_1Y_3+Y_2Y_3+Y_3Y_4} \tag{10-2-9}$$

1. 桥 T1 型(BT 1)

图 10-3 所示网络称为桥 T1 型 RC 网络,其相应的负反馈型 SAB 电路如图 10-4 所示。由式(10-2-9)知,此 SAB 的转移函数为

$$\begin{aligned}T&=-\frac{sG_2C_4}{G_1G_2+sG_1C_3+sG_2C_3+s^2C_3G_4}\\&=-\frac{\dfrac{1}{R_2C_3}s}{s^2+\left(\dfrac{1}{R_1C_4}+\dfrac{1}{R_2C_4}\right)s+\dfrac{1}{R_1R_2C_3C_4}}\end{aligned} \tag{10-2-10}$$

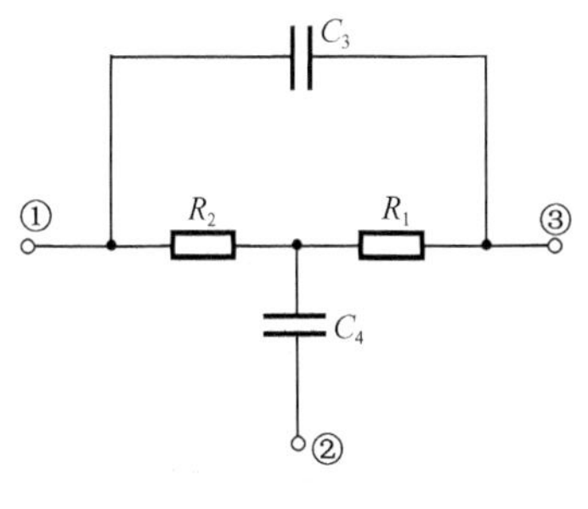

图 10-3

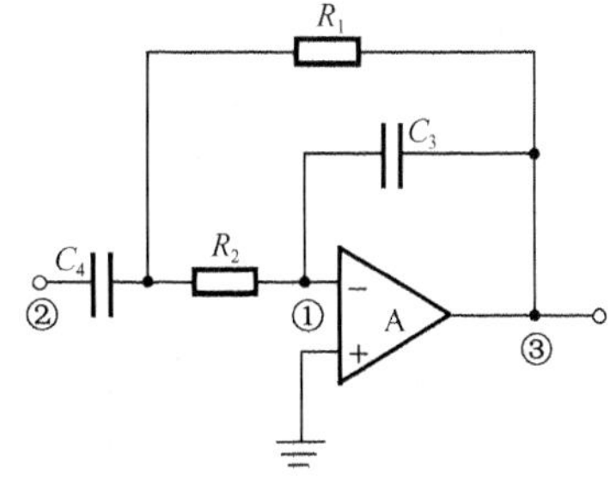

图 10-4

上式分子仅含 s 的一次项,故为二阶带通转移函数。对比式(10-2-1),可得其极点频率 ω_0 和极点 Q:

$$\omega_0=\frac{1}{\sqrt{R_1R_2C_3C_4}} \tag{10-2-11}$$

$$Q=\frac{\frac{1}{\sqrt{R_1R_2C_3C_4}}}{\frac{1}{R_1C_4}+\frac{1}{R_2C_4}}=\frac{\sqrt{\frac{C_4}{C_3}}}{\sqrt{\frac{R_2}{R_1}}+\sqrt{\frac{R_1}{R_2}}} \tag{10-2-12}$$

当 $Q>0.5$，即 $\sqrt{\frac{C_4}{C_3}}>\frac{1}{2}\left(\sqrt{\frac{R_2}{R_1}}+\sqrt{\frac{R_1}{R_2}}\right)$，转移函数 T 具有共轭复数极点。

2. 桥 T2 型(BT 2)

图 10-5 所示网络称为桥 T2 型 RC 网络，其相应的负反馈型 SAB 电路如图 10-6 所示。此 SAB 的转移函数为

$$\begin{aligned}T&=-\frac{sG_4C_2}{s^2C_1C_2+sG_3C_1+sG_3C_2+G_3G_4}\\&=-\frac{\frac{1}{R_4C_1}s}{s^2+\left(\frac{1}{R_3C_2}+\frac{1}{R_3C_1}\right)s+\frac{1}{C_1C_2R_3R_4}}\end{aligned} \tag{10-2-13}$$

上式表明，T 仍为二阶带通转移函数。其极点频率和极点 Q 分别为

$$\omega_0=\frac{1}{\sqrt{C_1C_2R_3R_4}} \tag{10-2-14}$$

$$Q=\frac{\frac{1}{\sqrt{C_1C_2R_3R_4}}}{\frac{1}{R_3C_2}+\frac{1}{R_3C_1}}=\frac{\sqrt{\frac{R_3}{R_4}}}{\sqrt{\frac{C_1}{C_2}}+\sqrt{\frac{C_2}{C_1}}} \tag{10-2-15}$$

当 $Q>0.5$，即 $\sqrt{\frac{R_3}{R_4}}>\frac{1}{2}\left(\sqrt{\frac{C_1}{C_2}}+\sqrt{\frac{C_2}{C_1}}\right)$，转移函数 T 具有共轭复数极点。

在设计带通滤波器时，一般希望能有较高的极点 Q 值。对于图 10-6 的二阶带通滤波器，常选取 $C_1=C_2$，这不仅使电容元件值分散范围最小，而且在此情况下，式(10-2-15)的分母为极小值，即在一定电阻比 R_3/R_4 的条件下，Q 为最大可能值

$$Q=\frac{1}{2}\sqrt{\frac{R_3}{R_4}} \tag{10-2-16}$$

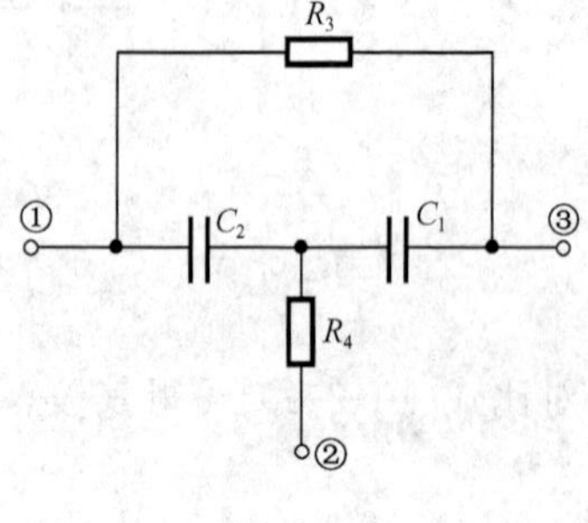

图 10-5

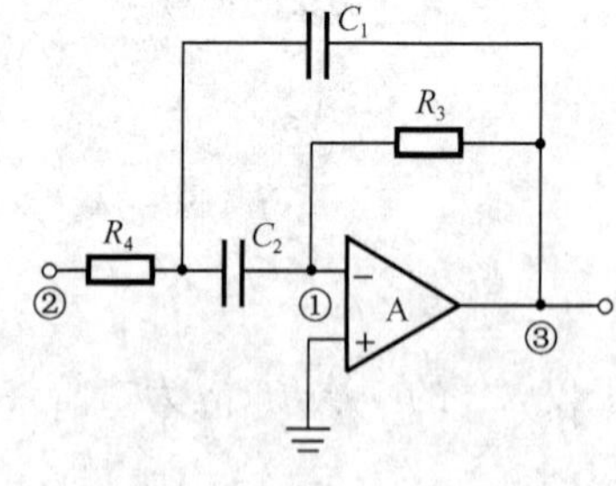

图 10-6

这样，极点 Q 值便取决于电阻比 R_3/R_4。例如，设 $R_3/R_4=100$，则 $Q=\frac{1}{2}\sqrt{100}=5$。由于电路制作所应考虑的实际因素，电阻元件值的分散范围不能过大，因而限制了这种结构的二阶带通滤波器的极点 Q 值不可能较高。

一种改进的电路是图 10-7 中的德利雅尼斯(Delyiannis)电路，它是在 BT 2 型负反馈 SAB 的基础上，在运放正端引入由分压器提供的一部分正反馈。图中 $k=\frac{r_1+r_2}{r_1}>1$。

一般具有正反馈的负反馈 SAB 网络结构如图 10-8 所示。不难证明，其转移函数

$$T=\frac{U_o(s)}{U_i(s)}=\frac{-AT_{FF}}{AT_{FB}+1-\frac{A}{k}}=-\frac{T_{FF}}{T_{FB}+\frac{1}{A}-\frac{1}{k}} \tag{10-2-17}$$

略去上式分母中的 $\frac{1}{A}$，则

$$T=-\frac{T_{FF}}{T_{FB}-\frac{1}{k}}=-\frac{N_{FF}}{N_{FB}-\frac{D}{k}} \tag{10-2-18}$$

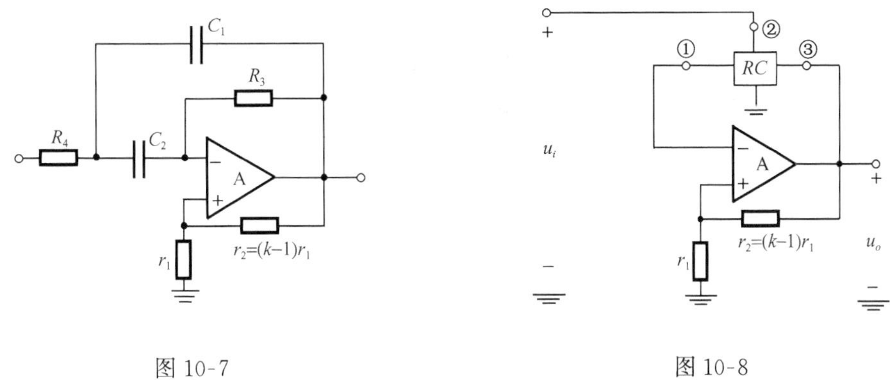

图 10-7　　　　图 10-8

对于图 10-7 的电路，上式中的 N_{FF}、N_{FB} 分别为图 10-5 RC 网络的前馈转移函数、反馈转移函数的分子多项式，D 为上述转移函数的分母多项式。由式(10-2-7)、(10-2-8)知

$$T=-\frac{sC_2G_4}{s^2C_1C_2+s(C_1G_3+C_2G_3)+G_3G_4-\frac{1}{k}D} \tag{10-2-19}$$

$$D=s^2C_1C_2+s(C_1G_3+C_2G_3+C_2G_4)+G_3G_4 \tag{10-2-20}$$

代式(10-2-20)入式(10-2-19)并化简，得

$$T=-\frac{\frac{1}{R_4C_1(1-1/k)}\cdot s}{s^2+\left(\frac{1}{R_3C_2}+\frac{1}{R_3C_1}-\frac{1}{(k-1)R_4C_1}\right)s+\frac{1}{C_1C_2R_3R_4}} \tag{10-2-21}$$

上式为图 10-7 所示 SAB 的转移函数，其极点频率 ω_o 和极点 Q 值分别为

$$\omega_o=\frac{1}{\sqrt{C_1C_2R_3R_4}}$$

$$Q=\frac{\frac{1}{\sqrt{C_1C_2R_3R_4}}}{\frac{1}{R_3C_2}+\frac{1}{R_3C_1}-\frac{1}{(k-1)R_4C_1}}=\frac{\sqrt{\frac{R_3}{R_4}}}{\sqrt{\frac{C_1}{C_2}}+\sqrt{\frac{C_2}{C_1}}\left(1-\frac{1}{k-1}\frac{R_3}{R_4}\right)} \quad (10\text{-}2\text{-}22)$$

将式(10-2-22)与式(10-2-15)相比较，可以看出，由于引入正反馈而在计算极点 Q 值的公式分母中出现相减项，该项在 k 值一定时取决于电阻比 R_3/R_4。这样即使在 R_3/R_4 之值被限定在不太大的条件下也能实现较高的极点 Q 值。

为了用负反馈结构的电路实现一般双二次转移函数，一种方法是在运放同相输入端引入输入信号，如图 10-9 所示。图中

$$U^{+}(s)=\frac{R_D}{R_C+R_D}U_i(s)=K_2U_i(s)$$

$$K_2=\frac{R_D}{R_C+R_D}$$

$$U^{-}(s)=U_1(s)=T_{FB}U_o(s)$$

$$U_o(s)=A(U^{+}(s)-U^{-}(s))=A(K_2U_i(s)-T_{FB}U_o(s))$$

整理后得转移函数

$$T=\frac{U_o(s)}{U_i(s)}=\frac{AK_2}{1+AT_{FB}}=\frac{K_2}{\frac{1}{A}+T_{FB}} \quad (10\text{-}2\text{-}23)$$

略去上式分母中的$\frac{1}{A}$，得

$$T=\frac{K_2}{T_{FB}} \quad (10\text{-}2\text{-}24)$$

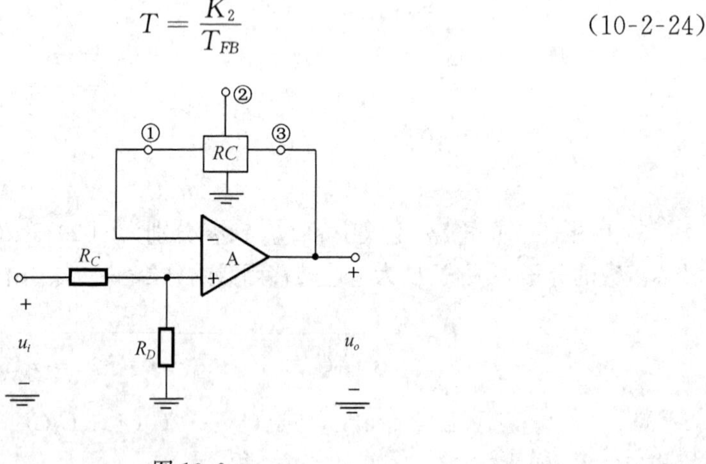

图 10-9

在图 10-9 中，如果采用图 10-5 的桥 T2 型 RC 网络，则由式(10-2-8)知，其反馈转移函数为

$$T_{FB}=\frac{s^2C_1C_2+sC_1G_3+sC_2G_3+sG_3G_4}{s^2C_1G_2+sC_1G_3+sC_2G_3+sC_2G_4+G_3G_4} \quad (10\text{-}2\text{-}25)$$

将上式代入式(10-2-24)，经整理得

$$T = K_2 \frac{s^2 + \left(\frac{1}{R_3C_2} + \frac{1}{R_3C_1} + \frac{1}{R_4C_1}\right)s + \frac{1}{C_1C_2R_3R_4}}{s^2 + \left(\frac{1}{R_3C_2} + \frac{1}{R_3C_1}\right)s + \frac{1}{C_1C_2R_3R_4}} \tag{10-2-26}$$

可以看出，上式具有一般双二次转移函数的形式，其分母多项式与图 10-6 带通滤波器的分母多项式相同，即两者有相同的极点频率和极点 Q 值。

为使转移函数分子多项式的系数便于调整，在图 10-9 的基础上，同时在带通输入端（即 RC 网络的②端）通过分压电阻引入输入信号 K_1U_i。根据叠加定理，由式(10-2-26)和式(10-2-13)可得

$$\begin{aligned} T &= \frac{K_2\left[s^2 + \left(\frac{1}{R_3C_2} + \frac{1}{R_3C_1} + \frac{1}{R_4C_1}\right)s + \frac{1}{C_1C_2R_3R_4}\right] - K_1\frac{1}{R_4C_1}s}{s^2 + \left(\frac{1}{R_3C_2} + \frac{1}{R_3C_1}\right)s + \frac{1}{C_1C_2R_3R_4}} \\ &= K_2 \frac{s^2 + \left[\frac{1}{R_3C_2} + \frac{1}{R_3C_1} + \left(1 - \frac{K_1}{K_2}\right)\frac{1}{R_4C_1}\right]s + \frac{1}{C_1C_2R_3R_4}}{s^2 + \left(\frac{1}{R_3C_2} + \frac{1}{R_3C_1}\right)s + \frac{1}{C_1C_2R_3R_4}} \end{aligned} \tag{10-2-27}$$

通过适当选取 K_1 和 K_2 可控制分子多项式一次项系数，即控制零点 Q 值。如果使分子一次项与分母一次项系数等值反号，则可实现二阶全通滤波器。由式(10-2-27)看出，此种电路的转移函数的极点频率等丁零点频率，即

$$\omega_0 = \omega_z = \frac{1}{\sqrt{C_1C_2R_3R_4}} \tag{10-2-28}$$

这就限制了其滤波函数类型。

下面介绍一种得到广泛应用的单运放双二次节，其电路如图 10-10 所示，称为弗伦德双二次节(Friend Biquad)。不难看出，该电路是以图 10-7 中的德利雅尼斯带通电路为基础、在运放二输入端引入部分输入信号而构成，这样便可形成有限传输零点。

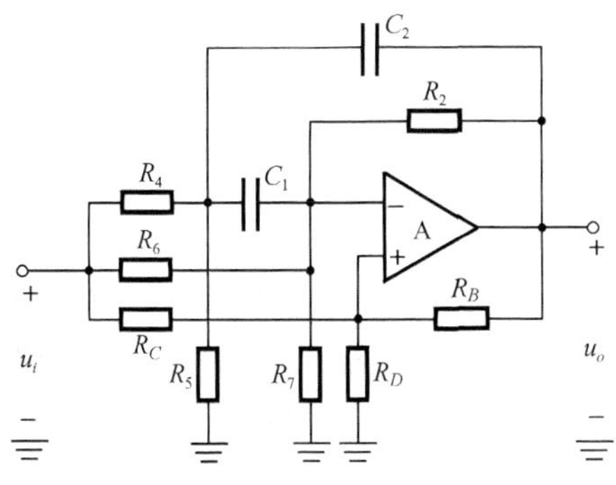

图 10-10

该电路的转移函数可用含运放网络的分析方法求出。设运放为理想的，则有

$$T = \frac{U_o(s)}{U_i(s)} = \frac{a_2s^2 + a_1s + a_0}{s^2 + b_1s + b_0} \tag{10-2-29}$$

式中各系数为

$$a_2 = \frac{G_C}{G_A} = K_2 \tag{10-2-30a}$$

$$\begin{aligned} a_1 &= \frac{1}{G_A C_1 C_2}[G_C(C_1G_1 + C_1G_2 + C_1G_3 + C_2G_2 + C_2G_3) - C_1G_4(G_A + G_B) \\ &\quad - G_6(C_1 + G_2)(G_B + G_A)] \\ &= \frac{K_2}{C_2}\left(\frac{1}{R_1} + \frac{1}{R_2} + \frac{1}{R_3}\right) + \frac{K_2}{C_1}\left(\frac{1}{R_2} + \frac{1}{R_3}\right) - \frac{K_1}{R_1C_2}\left(1 + \frac{R_A}{R_B}\right) \\ &\quad - \frac{K_3}{R_3} \cdot \frac{C_1 + C_2}{C_1C_2}\left(1 + \frac{R_A}{R_B}\right) \end{aligned} \tag{10-2-30b}$$

$$\begin{aligned} a_0 &= \frac{1}{C_1C_2}\left[\frac{G_CC_1}{G_A}(G_2 + G_3) - \frac{G_6G_1G_B}{G_A} - G_6G_1\right] \\ &= \frac{1}{C_1C_2}\left[\frac{K_2}{R_1}\left(\frac{1}{R_2} + \frac{1}{R_3}\right) - \frac{K_3}{R_1R_3}\left(1 + \frac{R_A}{R_B}\right)\right] \end{aligned} \tag{10-2-30c}$$

$$\begin{aligned} b_1 &= \frac{C_1 + C_2}{C_1C_2}\left(G_2 - \frac{G_BG_3}{G_A}\right) - \frac{G_BG_1}{C_2G_A} \\ &= \frac{C_1 + C_2}{C_1C_2}\left(\frac{1}{R_2} - \frac{R_A}{R_BR_3}\right) - \frac{R_A}{R_BR_1C_2} \end{aligned} \tag{10-2-30d}$$

$$\begin{aligned} b_0 &= \frac{G_1}{G_AC_1C_2}(G_2G_A - G_BG_3) \\ &= \frac{1}{R_1C_1C_2}\left(\frac{1}{R_2} - \frac{R_A}{R_BR_3}\right) \end{aligned} \tag{10-2-30e}$$

式中，$G_i = 1/R_i$，另并定义：

$$G_1 = G_4 + G_5, \quad G_3 = G_6 + G_7, \quad G_A = G_C + G_D$$

$$K_1 = \frac{R_5}{R_4 + R_5}, \quad K_2 = \frac{R_D}{R_C + R_D}, \quad K_3 = \frac{R_7}{R_6 + R_7} \tag{10-2-31}$$

由式(10-2-29)至(10-2-31)看出，在转移函数的 5 个系数中含 9 个在设计时可调整的参数(C_1、C_2、R_1、R_2、R_3、K_1、K_2、K_3、R_A/R_B)，而且一次及零次项系数中均含相减项，便于调整系数以满足不同的滤波器技术要求。

10-2-2 正反馈型单运放双二次节

将作为反馈路径的 RC 网络接至运算放大器的同相输入端，便构成了正反馈型 SAB，其基本电路结构如图 10-11 所示。图中，RC 网络的②端接信号源，①、③端分别接运放的同相输入端和输出端。

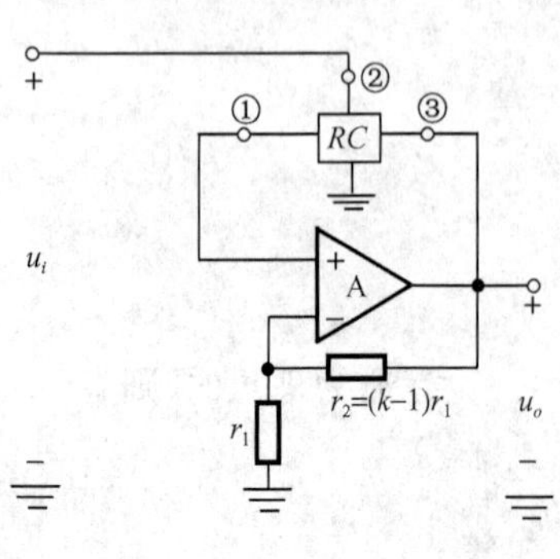

图 10-11

用与上一小节中类似的分析方法，可以求得图 10-11电路的转移函数与其中 RC 网络的前馈转移函数、反馈转移函数(定义同前)间的关系，即

$$\begin{aligned} U^+(s) &= U_1(s) = T_{FB}U_3(s) + T_{FF}U_2(s) \\ &= T_{FB}U_o(s) + T_{FF}U_i(s) \end{aligned}$$

$$U^{-}(s)=\frac{r_1}{r_1+r_2}U_o(s)=\frac{1}{k}U_o(s)$$

$$U_o(s)=A(U^{+}(s)-U^{-}(s))$$

$$=A\left[T_{FB}U_o(s)+T_{FF}U_i(s)-\frac{U_o(s)}{k}\right]$$

由上式解得

$$T=\frac{U_o(s)}{U_i(s)}=\frac{AT_{FF}}{\frac{A}{k}-AT_{FB}+1}=\frac{kT_{FF}}{1-kT_{FB}+\frac{k}{A}} \tag{10-2-32}$$

因 $k\ll A$，忽略上式分母中的 k/A，则

$$T=\frac{kT_{FF}}{1-kT_{FB}} \tag{10-2-33}$$

注意到上式中

$$T_{FF}=\frac{N_{FF}}{D},\quad T_{FB}=\frac{N_{FB}}{D}$$

则转移函数 T 又可表示为

$$T=\frac{kN_{FF}}{D-kN_{FB}} \tag{10-2-34}$$

式(10-2-34)表明，RC 网络前馈转移函数的零点即正反馈型 SAB 转移函数的零点；RC 网络的极点、反馈转移函数的零点及因子 k 共同决定正反馈型 SAB 转移函数的极点。由于分母中有相减项，便于调整系数，实现所需共轭复数极点。例如，使 RC 网络的反馈转移函数为二阶带通函数：

$$T_{FB}=\frac{N_{FB}}{D}=\frac{s}{s^2+as+b} \tag{10-2-35}$$

式(10-2-34)的分母多项式为

$$D-kN_{FB}=(s^2+as+b)-ks=s^2+(a-k)s+b$$

方程

$$s^2+(a-k)s+b=0 \tag{10-2-36}$$

的根为

$$s_1,s_2=\frac{-(a-k)\pm\sqrt{(a-k)^2-4b}}{2} \tag{10-2-37}$$

当 $k=0$ 时，以上二根实际上就是 RC 网络的极点，必定位于负实轴上。若取 k 之值满足以下关系：

$$a>k>a-2\sqrt{b}$$

则 s_1、s_2 为位于左半 s 平面的一对共轭复根。

在正反馈型 SAB 中常用的 RC 网络是梯形(ladder，缩写为 LD)网络，其一般电路结构如图 10-12所示。用式(3-4-40)的拓扑公式可写出该梯形网络的前馈转移函数和反馈转移函数，即

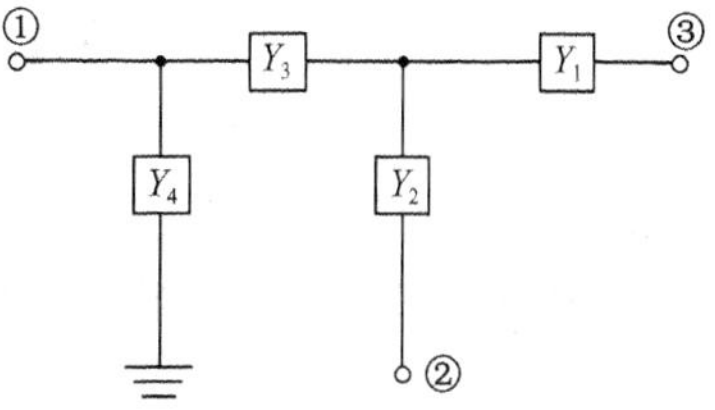

图 10-12

$$T_{FF}=\frac{U_1(s)}{U_2(s)}\bigg|_{U_3(s)=0}=\frac{Y_2Y_3}{Y_1Y_3+Y_1Y_4+Y_2Y_3+Y_2Y_4+Y_3Y_4} \tag{10-2-38}$$

$$T_{FB}=\frac{U_1(s)}{U_3(s)}\bigg|_{U_2(s)=0}=\frac{Y_1Y_3}{Y_1Y_3+Y_1Y_4+Y_2Y_3+Y_2Y_4+Y_3Y_4} \tag{10-2-39}$$

根据式(10-2-34)，采用图 10-12 中梯形 RC 网络的正反馈型 SAB 的转移函数为

$$T=\frac{kY_2Y_3}{(1-k)Y_1Y_3+Y_1Y_4+Y_2Y_3+Y_2Y_4+Y_3Y_4} \tag{10-2-40}$$

萨伦和凯(Sallen & Key)高通和低通滤波器就是这种电路，现分别介绍如下。

图 10-13 中的梯形网络称为 LD 2 型网络，由它所构成的正反馈型 SAB 电路如图 10-14所示。由式(10-2-40)知，此 SAB 的转移函数为

$$\begin{aligned}T&=\frac{kG_2G_3}{(1-k)sC_1G_3+s^2C_1C_4+G_2G_3+sG_2C_4+sG_3C_4}\\&=\frac{\dfrac{k}{R_2R_3C_1C_4}}{s^2+s\left(\dfrac{1-k}{R_3C_4}+\dfrac{1}{R_2C_1}+\dfrac{1}{R_3C_1}\right)+\dfrac{1}{R_2R_3C_1C_4}}\end{aligned} \tag{10-2-41}$$

上式为二阶低通函数，图 10-14 的 SAB 称为萨伦和凯低通滤波器。

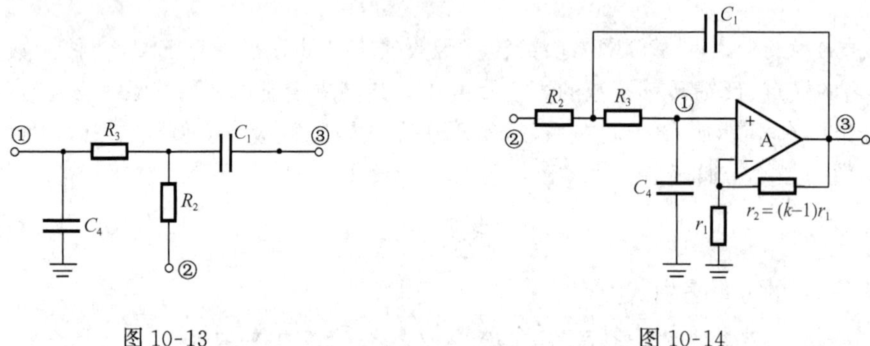

图 10-13　　　　图 10-14

图 10-15 中的梯形网络称为 LD 1 型网络，由它所构成的正反馈型 SAB 电路如图 10-16所示。同理，此电路的转移函数为

$$\begin{aligned}T&=\frac{ks^2C_2C_3}{(1-k)sG_1C_3+G_1G_4+s^2C_2C_3+sC_2G_4+sC_3G_4}\\&=\frac{ks^2}{s^2+s\left(\dfrac{1-k}{R_1C_2}+\dfrac{1}{R_4C_2}+\dfrac{1}{R_4C_3}\right)+\dfrac{1}{R_1R_4C_2C_3}}\end{aligned} \tag{10-2-42}$$

上式为二阶高通函数，图 10-16 的 SAB 称为萨伦和凯高通滤波器。

图 10-17 为萨伦和凯带通滤波器电路，其中 RC 网络如图 10-18 所示。将图 10-18 与图 10-12 相比较，可以看出，图 10-18 仍然是梯形结构网络，区别仅在于，在原②号支路(R_2)旁接一分流支路(C_5)并接地。

图 10-18 RC 网络的前馈转换函数和反馈转换函数分别为

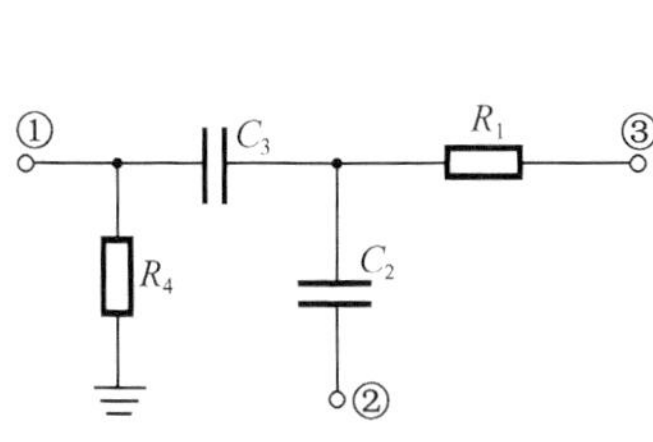

图 10-15

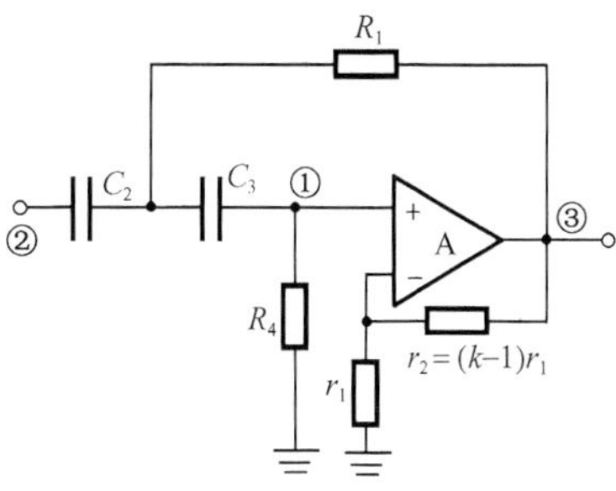

图 10-16

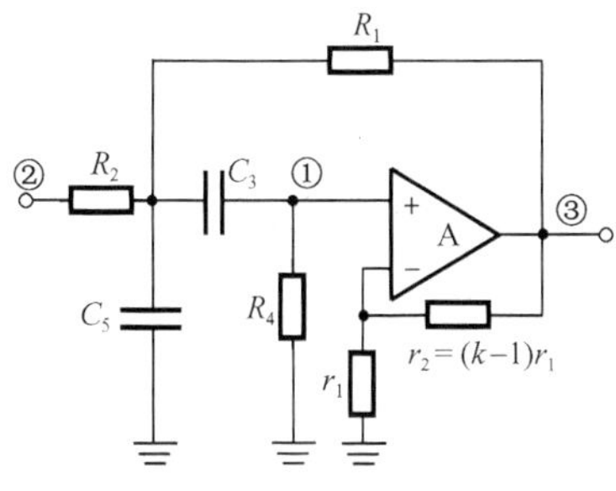

图 10-17

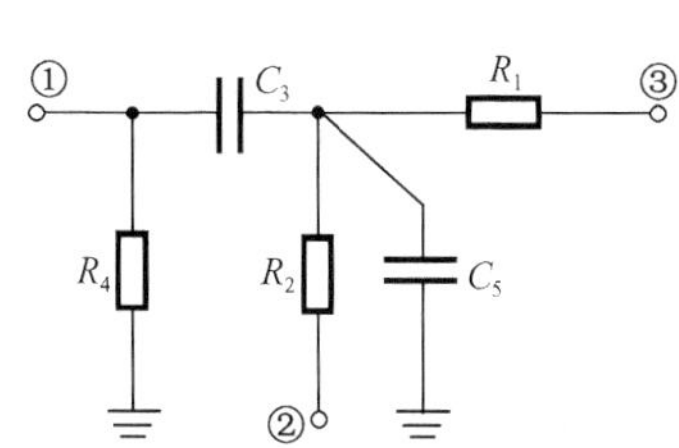

图 10-18

$$T_{FF}=\left.\frac{U_1(s)}{U_2(s)}\right|_{U_3(s)=0}=\frac{Y_2Y_3}{Y_1Y_3+Y_1Y_4+Y_2Y_3+Y_2Y_4+Y_3Y_4+Y_3Y_5+Y_4Y_5} \tag{10-2-43}$$

$$T_{FB}=\left.\frac{U_1(s)}{U_3(s)}\right|_{U_2(s)=0}=\frac{Y_1Y_3}{Y_1Y_3+Y_1Y_4+Y_2Y_3+Y_2Y_4+Y_3Y_4+Y_3Y_5+Y_4Y_5} \tag{10-2-44}$$

根据式(10-2-34)可得图 10-17 电路的转移函数:

$$\begin{aligned}T&=\frac{ksG_2C_3}{sG_1C_3+G_1G_4+sG_2C_3+G_2G_4+sC_3G_4+s^2C_3C_5+sG_4C_5-ksG_1C_3}\\&=\frac{ks/R_2C_5}{s^2+s\left(\frac{1-k}{R_1C_5}+\frac{1}{R_2C_5}+\frac{1}{R_4C_5}+\frac{1}{R_4C_3}\right)+\frac{R_1+R_2}{R_1R_2R_4C_3C_5}}\end{aligned} \tag{10-2-45}$$

式(10-2-45)表明,图 10-17 的电路为二阶带通滤波器。

为了实现二阶陷波滤波函数,使滤波器在非零值的有限频率处有一传输零点,一种方法是在正反馈型 SAB 中采用图 10-19 所示双 T 形 RC 网络。用式(3-4-40)的拓扑公式可求得该双 T 网络的前馈转移函数:

$$T_{FF}=\left.\frac{U_1(s)}{U_2(s)}\right|_{U_3(s)=0}=\frac{Y_1Y_2Y_B+Y'_1Y'_2Y_A}{Y_1(Y_2+Y_3)Y_B+Y'_1(Y'_2+Y'_3)Y_A} \tag{10-2-46}$$

式中

$$Y_A=Y_1+Y_2+Y_3 \tag{10-2-47a}$$

$$Y_B = Y'_1 + Y'_2 + Y'_3 \tag{10-2-47b}$$

双 T 形 RC 网络中含三个电阻、三个电容，为使转移函数为二阶的，在参数间加一约束关系：

$$Y_B = \beta Y_A \qquad (\beta \text{为正实常数}) \tag{10-2-48}$$

则式(10-2-46)可改写为

$$T_{FF} = \frac{\beta Y_1 Y_2 + Y'_1 Y'_2}{\beta Y_1 (Y_2 + Y_3) + Y'_1 (Y'_2 + Y'_3)} \tag{10-2-49}$$

例如，选用图 10-20 中的 RC 双 T 网络，按图 10-19 所标注符号，有

$$Y_A = Y_1 + Y_2 + Y_3 = \frac{sC}{\rho} + sC + \frac{\rho + 1}{\rho R} = \frac{1+\rho}{\rho} sC + \frac{\rho + 1}{\rho R}$$

$$Y_B = Y'_1 + Y'_2 + Y'_3 = \frac{1}{\rho R} + \frac{1}{R} + \frac{\rho + 1}{\rho} sC = \frac{1+\rho}{\rho R} + \frac{\rho + 1}{\rho} sC$$

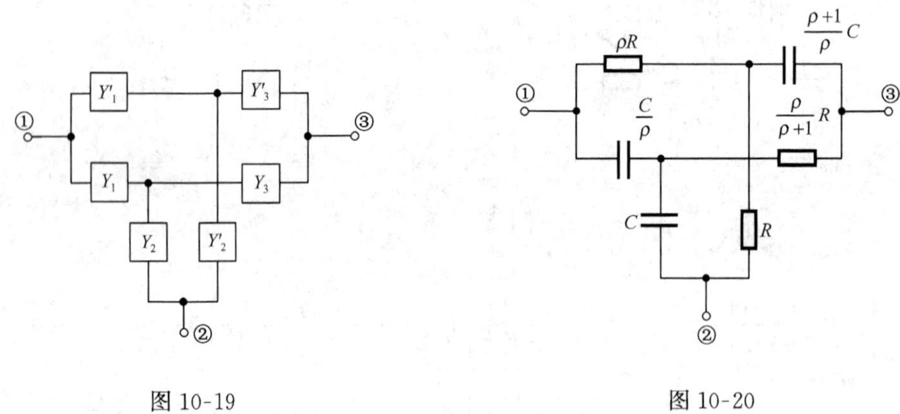

图 10-19　　　　图 10-20

可见，$Y_A = Y_B$，$\beta = 1$，则前馈转移函数为

$$T_{FF} = \frac{\frac{1}{\rho} s^2 C^2 + \frac{1}{\rho R^2}}{\frac{sC}{\rho}\left(sC + \frac{\rho + 1}{\rho R}\right) + \frac{1}{\rho R}\left(\frac{1}{R} + \frac{\rho + 1}{\rho} sC\right)} \tag{10-2-50}$$

根据式(10-2-34)，传输零点由前馈转移函数的分子多项式决定，即令

$$N_{FF} = \frac{1}{\rho} s^2 C^2 + \frac{1}{\rho R^2} = 0 \tag{10-2-51}$$

解得

$$s_1, s_2 = \pm j \frac{1}{RC}$$

传输零点为

$$\omega_z = \frac{1}{RC} \tag{10-2-52}$$

图 10-21 绘出了一个含有载双 T 形 RC 网络的正反馈型 SAB 电路。与图 10-11 相比较，增加了由 R_L 和 C_L 构成的负载网络，其作用之一是使转移函数的极点频率与零点

频率分开。

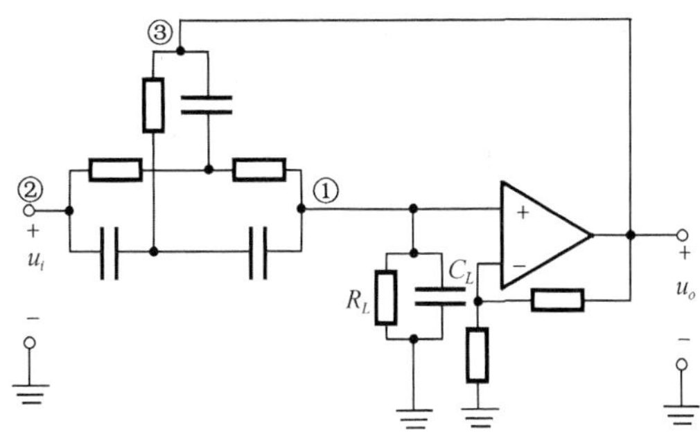

图 10-21

在结束本节之前尚需指出，单运放双二次节的电路结构类型非常多，本书仅择要介绍了几种常见的电路结构。有兴趣的读者可在此基础上进一步查阅有关文献、专著。

10-3 高阶有源滤波器的直接综合法

阶数 $N>2$ 的滤波器称为高阶滤波器。从本节开始将研究高阶有源滤波器的综合方法。

高阶有源滤波器的综合主要有两种途径。一种是对无源 LC 梯形滤波器原型进行模拟，包括对其中部分元件的模拟（元件模拟法），以及对 LC 梯形数学方程的模拟（运算模拟法）。另一种途径是直接实现由滤波器逼近所得到的转移函数，包括用一定数量的运放按特定电路结构直接实现整个转移函数（直接综合法），以及先将转移函数分解为几个二次（或还有一个一次）转移函数之积，用双二次节和一阶环节分别实现各部分转移函数后再进行级联（级联实现法）。为克服级联滤波器灵敏度较高的缺点，人们在探寻实现 $N\geqslant 4$ 的高阶有源滤波器时，提出了多环反馈拓扑结构，这种结构既保留了级联法积木化实现的方便，又能提供良好的灵敏度性能。本节介绍直接综合法。

按特定的电路结构，用一定数量的运放与 RC 网络相连接，直接实现给定的高阶转移函数，这种方法称为直接综合法。虽然有关资料文献提出了一些不同的电路结构用于直接综合法，但因这种方法很少应用，故本书只介绍其中一种电路结构。

图 10-22 中的电路称为洛夫林（Lovering）电路。其中含 2 个运放和 6 个 RC 一端口网络，策动点导纳分别为 $Y_1,\cdots,Y_6$。设运放为理想的，对二运放同相输入端③、⑤列写节点 KCL 方程：

$$\begin{aligned} Y_3U_4(s)+Y_4U_2(s)+Y_1U_1(s)&=0 \\ Y_5U_4(s)+Y_6U_2(s)+Y_2U_1(s)&=0 \end{aligned} \tag{10-3-1}$$

注意到 $U_1(s)=U_i(s)$ 为输入电压，$U_2(s)=U_o(s)$ 为输出电压，对方程组（10-3-1）解 $U_2(s)$，得

$$U_o(s)=U_2(s)=\frac{Y_1Y_5-Y_2Y_3}{Y_3Y_6-Y_4Y_5}U_i(s)$$

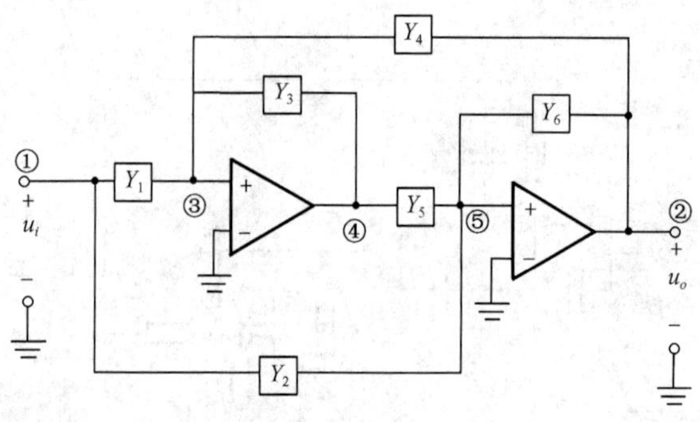

图 10-22

则转移函数

$$T=\frac{U_o(s)}{U_i(s)}=\frac{Y_1Y_5-Y_2Y_3}{Y_3Y_6-Y_4Y_5} \tag{10-3-2}$$

为便于设计,令上式中,$Y_3=Y_5=1$,即选定 Y_3 和 Y_5 是归一化为 1 的电导。于是,上式简化为

$$T=\frac{Y_1-Y_2}{Y_6-Y_4} \tag{10-3-3}$$

对于给定的高阶转移函数,应首先将其改写为式(10-3-3)的形式,并要求其中 Y_1、Y_2、Y_4 和 Y_6 都必须是 RC 导纳函数。设转移函数为

$$T(s)=\frac{N(s)}{D(s)}=\frac{a_ms^m+a_{m-1}s^{m-1}+\cdots+a_1s+a_o}{s^n+b_{n-1}s^{n-1}+\cdots+b_1s+b_o} \tag{10-3-4}$$

式中 $m\leqslant n$。引入一个多项式 $Q(s)$,其所有的根均为负实数,且无重根,即

$$Q(s)=\prod_{i=1}^{l}(s+\sigma_i) \tag{10-3-5}$$

$Q(s)$的幂次 $l\geqslant n-1$。将转移函数的分子、分母同除以 $Q(s)$:

$$T(s)=\frac{N(s)/Q(s)}{D(s)/Q(s)} \tag{10-3-6}$$

由式(10-3-6)和(10-3-3),得

$$N(s)/Q(s)=Y_1-Y_2 \tag{10-3-7}$$

$$D(s)/Q(s)=Y_6-Y_4 \tag{10-3-8}$$

下面简要说明以上二式左端可以表示为两个 RC 导纳函数之差的理由。由于多项式$Q(s)$最低可能的幂次较 $D(s)$低一次,故多项式 $sQ(s)$的最低可能幂次与 $D(s)$同次,同时注意到 $Q(s)$的全部根为互不相同的负实根,因此,$D(s)/sQ(s)$一般可展开为以下部分分式:

$$\frac{D(s)}{sQ(s)}=\left(K_\infty^++\frac{K_o^+}{s}+\sum_i\frac{K_i^+}{s+\sigma_i}\right)-\left(K_\infty^-+\frac{K_o^-}{s}+\sum_i\frac{K_i^-}{s+\sigma_i}\right) \tag{10-3-9}$$

式中,σ_i 及各系数 K 均为正实常数。于是

$$\frac{D(s)}{Q(s)}=\underbrace{\left(K_\infty^+s+K_o^++\sum_i\frac{K_is}{s+\sigma_i}\right)}_{Y_{RC}^A}-\underbrace{\left(K_\infty^-s+K_o^-+\sum_i\frac{K_i^-s}{s+\sigma_i}\right)}_{Y_{RC}^B} \tag{10-3-10}$$

将上式与式(7-5-17)相对比，可以看出，式(10-3-10)右端每一括号内为一个 RC 导纳函数，我们用 Y_{RC}^{A} 和 Y_{RC}^{B} 表示。同理可知，$N(s)/Q(s)$ 也可展开为两个 RC 导纳函数之差。应当指出，对于最少元件实现的网络，式(10-3-10)的 Y_{RC}^{A} 和 Y_{RC}^{B} 是没有公共极点的。

在得到式(10-3-3)中 Y_1、Y_2、Y_4 和 Y_6 4 个 RC 导纳函数后，可用 7-5-2 节中介绍的方法实现。

现举一简单例题说明高阶有源滤波器的直接综合法。

例 10-1 用图 10-22 的洛夫林电路综合一个有源滤波器，实现以下的转移函数：

$$T=\frac{U_o(s)}{U_i(s)}=\frac{s^2+1}{(s+2)(s^2+s+1)} \tag{10-3-11}$$

解：令图 10-22 中的 $Y_3=Y_5=1$。因转移函数的分母为三次，故可选 $Q(s)$ 为二次多项式，设

$$Q(s)=(s+1)(s+3) \tag{10-3-12}$$

用 $Q(s)$ 除转移函数的分子、分母并展开，得

$$\frac{N(s)}{Q(s)}=\frac{s^2+1}{(s+1)(s+3)}=\left(\frac{1}{3}+\frac{\frac{5}{3}s}{s+3}\right)-\frac{s}{s+1} \tag{10-3-13}$$

$$\frac{D(s)}{Q(s)}=\frac{(s+2)(s^2+s+1)}{(s+1)(s+3)}=\left(s+\frac{2}{3}\right)-\left(\frac{\frac{1}{2}s}{s+1}+\frac{\frac{7}{6}s}{s+3}\right) \tag{10-3-14}$$

将以上两式与式(10-3-7)、(10-3-8)相比较，有

$$\begin{aligned} &Y_1=\frac{1}{3}+\frac{\frac{5}{3}s}{s+3},\quad Y_2=\frac{s}{s+1} \\ &Y_6=s+\frac{2}{3},Y_4=\frac{\frac{1}{2}s}{s+1}+\frac{\frac{7}{6}s}{s+3} \end{aligned} \tag{10-3-15}$$

借助于表 7-3 可得实现以上 4 个 RC 导纳函数的福斯特Ⅱ型电路，如图 10-23 所示。

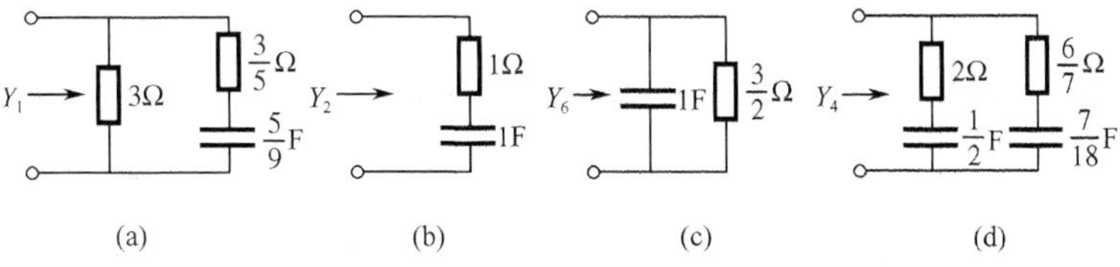

图 10-23

将以上 4 个 RC 一端口网络以及 $Y_3=Y_5=1\text{S}$ 接入图 10-22 中，便得到实现式(10-3-11)转移函数的有源滤波器。

直接综合法的特点是可用很少的(1 个或 2 个)运放去实现高阶滤波器。但是这种方法存在不少缺点。可以看出，从式(10-3-2)到式(10-3-3)的化简是经转移函数分子、分母间相同项的对消而得，由此导致滤波器无源元件灵敏度增大，较差的灵敏度性能使之在

许多场合不适用。其次，直接综合法转移函数的系数由电路中各元件值共同决定，其间关系非常复杂，不便于调整。此外，在一般情况下，当滤波器阶数增高时，元件值分散率随之加大，因而排除了用混合集成方法实现的可能性。由于上述种种严重缺点，直接综合法的实用价值很小。

10-4　高阶有源滤波器的级联实现

级联法用两个或两个以上二阶节和一阶节的级联来实现高阶有源滤波器，它把实现式(10-3-4)所示高阶转移函数的问题简化为实现几个双二次函数(或许还有一个双线性函数)的问题。由于级联滤波器采用积木块式结构，设计简单，调试方便，而且其灵敏度性能较直接综合法滤波器有所改善，因而得到较为广泛的应用。

设滤波器阶数为 N，则级联实现所需二阶节的数目为

$$M=\frac{N}{2}\quad (\text{当 } N \text{ 为偶数时})$$

$$M=\frac{N-1}{2}\quad (\text{当 } N \text{ 为奇数时})$$

N 为奇数时应另加一个一阶节。下面以 N 为偶数的情形为例，研究级联滤波器的转移函数与构成它的各二阶节转移函数间的关系。

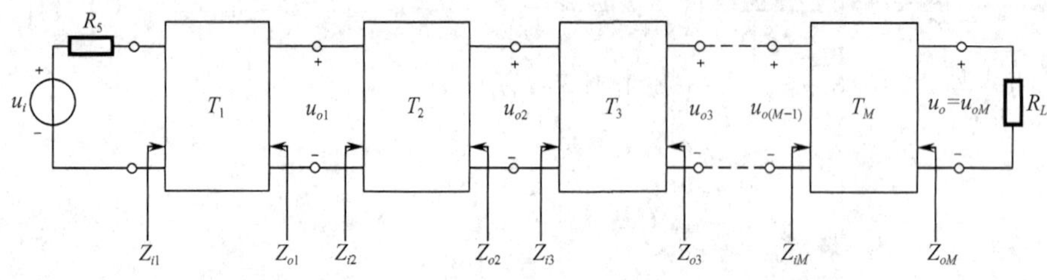

图 10-24

图 10-24 表示由 M 个二阶节级联而成的有源滤波器。图中 $T_j\,(j=1,2,\cdots,M)$ 为第 j 二阶节的转移函数，$Z_{ij}\,(j=1,2,\cdots,M)$ 为第 j 二阶节的输入阻抗，$Z_{oj}\,(j=1,2,\cdots,M)$ 为第 j 二阶节的输出阻抗。各二阶节输出电压分别用 $u_{o1},u_{o2},\cdots,u_{oM}$ 表示。

第一级的输出电压：

$$U_{o1}(s)=U_i(s)\left(\frac{Z_{i1}}{Z_{i1}+R_s}\right)T_1\left(\frac{Z_{i2}}{Z_{i2}+Z_{o1}}\right) \tag{10-4-1}$$

第二级的输出电压：

$$\begin{aligned}U_{o2}(s)&=U_{o1}(s)T_2\left(\frac{Z_{i3}}{Z_{i3}+Z_{o2}}\right)\\&=\left(\frac{Z_{i1}}{Z_{i1}+R_s}\right)\left(\frac{Z_{i2}}{Z_{i2}+Z_{o1}}\right)\left(\frac{Z_{i3}}{Z_{i3}+Z_{o2}}\right)T_1T_2U_i(s)\end{aligned} \tag{10-4-2}$$

依此类推，最后一级的输出即 M 节级联后的总输出电压为

$$U_o(s)=U_{oM}(s)=\left(\frac{Z_{i1}}{Z_{i1}+R_s}\right)\left(\frac{R_L}{R_L+Z_{oM}}\right)\prod_{k=1}^{M-1}\left(\frac{Z_{i(k+1)}}{Z_{i(k+1)}+Z_{ok}}\right)\cdot\left(\prod_{j=1}^{M}T_j\right)U_i(s) \tag{10-4-3}$$

故级联滤波器的转移函数为

$$T=\frac{U_o(s)}{U_i(s)}=\prod_{j=1}^{M}T_j\cdot\left[\frac{Z_{i1}}{Z_{i1}+R_s}\cdot\frac{R_L}{R_L+Z_{oM}}\cdot\prod_{k=1}^{M-1}\frac{Z_{i(k+1)}}{Z_{i(k+1)}+Z_{ok}}\right] \tag{10-4-4}$$

可以看出，上式方括号内的每一项代表一个分压比。如果每一个二阶节的输入阻抗均远大于其前一级的输出阻抗，即

$$|Z_{i(k+1)}|\gg|Z_{ok}|\quad(k=1,2,\cdots,M-1) \tag{10-4-5a}$$

且

$$|Z_{i1}|\gg R_s,\quad R_L\gg|Z_{oM}| \tag{10-4-5b}$$

则转移函数可近似表示为

$$T=\frac{U_o(s)}{U_i(s)}=\prod_{j=1}^{M}T_j \tag{10-4-6}$$

换言之，当满足式(10-4-5)的关系时，可认为各节之间互不影响，则 M 个二阶节级联后的转移函数等于各节转移函数之乘积。实际上，以运算放大器为有源器件的双二次节大多数均能满足式(10-4-5)的条件，因而一般可用式(10-4 6)来计算级联滤波器的转移函数。

综合级联滤波器的基本步骤有两步，现简要介绍于后。

第一步：分解高阶转移函数为若干个双二次函数(可能还有一个双线性函数)之乘积。这里，主要有下列工作。

(1) 因式分解。

设高阶转移函数为

$$T(s)=\frac{N(s)}{D(s)}=\frac{a_ms^m+a_{m-1}s^{m-1}+\cdots+a_1s+a_0}{s^n+b_{n-1}s^{n-1}+\cdots+b_1s+b_0} \tag{10-4-7}$$

对上式分子 $N(s)$、分母 $D(s)$分别进行因式分解，成为以下形式：

$$T(s)=\frac{\prod\limits_{i=1}^{m/2}(b_{i2}s^2+b_{i1}s+b_{i0})}{\prod\limits_{j=1}^{n/2}(a_{j2}s^2+a_{j1}s+a_{j0})}\quad(m,\ n\text{ 为偶数}) \tag{10-4-8}$$

或

$$T(s)=\frac{\prod\limits_{i=1}^{(m-1)/2}(b_{i2}s^2+b_{i1}s+b_{i0})(b_1s+b_0)}{\prod\limits_{j=1}^{(n-1)/2}(a_{j2}s^2+a_{j1}s+a_{j0})(a_1s+a_0)}\quad(m,n\text{ 为奇数}) \tag{10-4-9}$$

同理可写出当 m 为奇数、n 为偶数和 m 为偶数、n 为奇数时 $T(s)$展开后的表示式。

(2) 极-零点配对。

对因式分解后的 $T(s)$的极点和零点进行配对，以便形成$\frac{n}{2}$个双二次函数(设 n 为偶

数)。对于有$\frac{n}{2}$对极点和$\frac{n}{2}$对零点(含 $s=0$ 和 $s=\infty$处的零点)的转移函数,有$\left(\frac{n}{2}\right)!$ 种不同的极-零点配对方式可供选择。

(3) 确定级联顺序。

在得到各二阶节的转移函数后,应当确定各二阶节进行级联的先后顺序。级联顺序的不同,并不影响整个滤波器的转移函数,这是因为各二阶节都有很低的输出阻抗。如果有$\frac{n}{2}$个二阶节,则有$\left(\frac{n}{2}\right)!$ 种不同的级联顺序。

(4) 增益分配。

在给定滤波器总增益的条件下,应对各二阶节指定其增益水平,这就是增益分配问题。增益分配有无限多种可能的答案。

完成以上四项任务后,滤波器转移函数改写为以下形式(设 n 为偶数):

$$T(s)=\prod_{j=1}^{n/2}K_j\frac{s^2+(\omega_{zj}/Q_{zj})s+\omega_{zj}^2}{s^2+(\omega_{0j}/Q_j)s+\omega_{0j}^2}=\prod_{j=1}^{n/2}T_j(s) \tag{10-4-10}$$

$$T_j(s)=K_j\frac{s^2+(\omega_{zj}/Q_{zj})s+\omega_{zj}^2}{s^2+(\omega_{0j}/Q_j)s+\omega_{0j}^2} \tag{10-4-11}$$

式中,$T_j(s)$为第 j 二阶节的转移函数,其零点频率、零点 Q、极点频率和极点 Q 分别为 ω_{zj}、Q_{zj}、ω_{0j}和Q_j。K_j 为第 j 二阶节的增益常数。

第二步:选择适当的有源二阶节实现每一个双二次转移函数,然后按照所确定的级联顺序把它们级联起来,便得到整个滤波器。

应当指出,级联型滤波器的性能不仅与各二阶转移函数的实现电路有关,而且决定于对转移函数的分解结果。在滤波器的各种性能指标中,动态范围受转移函数分解方案的影响最为明显。因此,设计人员通常以获得最大动态范围为目标来寻求最优化的分解方案。为讨论此问题,下面将插入关于动态范围基本概念的介绍。

在有源滤波器设计中,动态范围是必须观察的一个重要特性。当有源滤波器的输入信号幅度增加或减小时,其中各运放的输出将随之增加或减小。如果某个运放的输出电平过大,导致运放饱和,输出电压因削波而产生波形畸变。反之,如果某个运放的输出电平过低,则信号容易受噪声干扰而产生较大的误差。滤波器的动态范围是指最大可用输出电压(信号失真不大于1%)与噪声输出电压之比的分贝值,其上限受限于运放的饱和以及电路的噪声。当有源滤波器具有最大动态范围时,应当使其在电路输入最大可能信号的情况下,没有一个运放饱和,而且每个运放均能在不饱和的前提下达到其最大可能的输出信号。

对于级联型滤波器,为分析方便起见,观察图 10-25 所示由三个二阶节级联而成的滤波器。如果在输入端 a 施加幅度一定、频率可调的正弦电压,测量 b、c、d 点的输出电压,便可得到从输入端 a 到中间输出端b、c 的转移函数(称为"中间转移函数")以及从 a 到输出端d 的转移函数(即滤波器转移函数)。在以获得最大动态范围为目标的转移函数分解方案中,极-零配对问题的解决应使每一个二阶节转移函数的幅频特性在整个滤波器通带内尽可能平坦;级联顺序的选择应使各中间转移函数的幅频特性在整个滤波器通带内尽可能平坦;而优化的增益分配则应当使各中间转移函数幅频特性的峰值彼此相等,并等于整个滤波器转移函数幅频特性的峰值。这样,如果增加滤波器输入信号的幅度,致使输

出信号 u_d 的幅度的峰值达到运放在不饱和情况下的最大输出电压 U_{amp}，则在中间输出点 b、c 处的电压 u_b、u_c 的幅度的峰值也等于 U_{amp}。换言之，在滤波器输入最大可能信号时，每一个运放均能在不饱和的前提下输出最大可能信号。

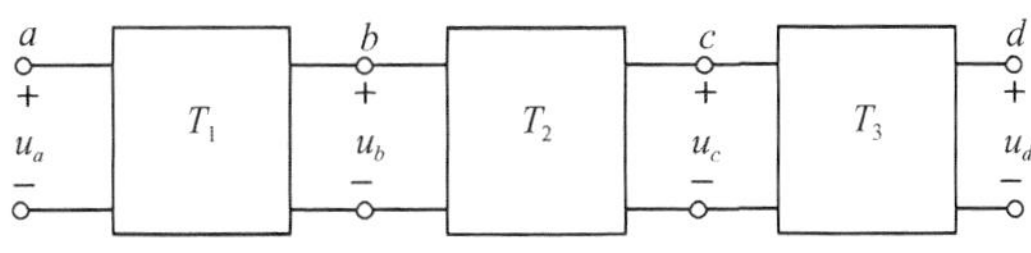

图 10-25

除了上述为优化动态范围的分析计算外，在确定转移函数分解方案时，人们还常常要考虑另一些因素。例如，在极-零配对时，要注意到某种类型的二阶节积木块是否容易得到，调试是否方便。在确定级联次序时，通常乐于把低通或带通环节放在滤波器的输入端，这将衰减进入滤波器的通带以外的高频信号。类似地，将高通或带通环节放在级联的最后一级，以防止内部产生的直流溢出或电源纹波出现在滤波器的输出信号中。

10-5　对 *LC* 梯形的元件模拟法

设计实例表明，就满足相同技术条件的级联型有源滤波器与无源 *LC* 梯形滤波器相比较，前者的灵敏度性能远不如后者。理论分析也证明了以上结论。无源 *LC* 梯形滤波器的低灵敏度特性以及多年来在无源 *LC* 滤波器设计方面所积累的知识财富促使人们寻求基于模拟 *LC* 梯形原型的有源滤波器设计方法。本节所研究的对 *LC* 梯形的元件模拟法是用有源 *RC* 结构来等效代替无源 *LC* 梯形中某些元件的方法。下面首先介绍在元件模拟法中需要应用的两种新的网络元件，然后分别讨论两种等效元件替代方法。

10-5-1　广义导抗变换器和频变负阻元件

在图 10-26 中，端子 1、2 之间的有源网络称为广义导抗变换器(generalized imittance converter)，缩写为 GIC。图中左、右两边的 Z_{L1} 和 Z_{L2} 是外接阻抗元件。以下在研究 GIC 的阻抗变换关系时，将端子 1 与地 1′点间视为第 1 端口，端子 2 与地 2′点间视为第 2 端口。

设图 10-26 中两个运放是理想的。将阻抗 Z_{L2} 连接到第 2 端口，不难证明，第 1 端口的输入阻抗为

$$Z_{i1} = \frac{Z_1 Z_3}{Z_2 Z_4} \cdot Z_{L2} = K(s) Z_{L2} \tag{10-5-1}$$

阻抗变换比

$$K(s) = \frac{Z_1 Z_3}{Z_2 Z_4} \tag{10-5-2}$$

在一般情况下，$K(s)$ 是复频域变量 s 的实有理函数。

如果将阻抗 Z_{L1} 连接到第 1 端口，则第 2 端口的输入阻抗为

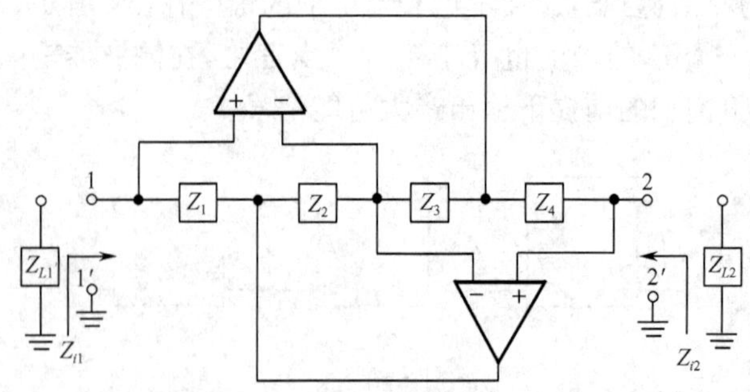

图 10-26

$$Z_{i2} = \frac{Z_2 Z_4}{Z_1 Z_3} \cdot Z_{L1} = \frac{1}{K(s)} Z_{L1} \tag{10-5-3}$$

由于 $K(s)$ 的函数形式取决于 $Z_1 \sim Z_4$ 这 4 个参数的种类，故 $Z_1 \sim Z_4$ 的不同元件组合将导致 $K(s)$ 呈现不同类型的阻抗变换关系。例如，设 $Z_1 \sim Z_4$ 均为电阻，则变换比

$$K(s) = \frac{R_1 R_3}{R_2 R_4}$$

为正实常数，这表明 GIC 起正阻抗变换的作用。又如果选取 $Z_2 = \frac{1}{sC_2}$，$Z_1 = Z_3 = Z_4 = R$，则

$$K(s) = RCs$$

在第 2 端口外接电阻 $Z_{L2} = R_L$，第 1 端口的输入阻抗为

$$Z_{i1} = K(s) Z_{L2} = RCR_L s$$

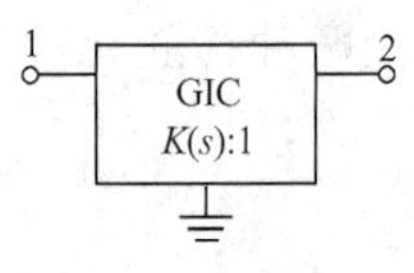

图 10-27

即从第 1 端口看去，等效于一个电感元件，在此情况下，GIC 实现了由电阻到电感元件的阻抗变换。从 Z_2 两端到第 1 端口的阻抗变换关系来看则是阻抗逆变，相当于一个回转器。

在网络分析与综合中将广义导抗变换器视为一个元件，其符号如图 10-27 所示。

由式(10-5-1)知，图 10-26 的 GIC 电路在第 2 端口接负载时，第 1 端口的输入阻抗为

$$Z_{i1} = \frac{Z_1 Z_3 Z_{L2}}{Z_2 Z_4} \tag{10-5-4}$$

上式分子中任选两个为电容参数，例如，选第 1、3 元件为电容，其余三个元件为电阻，即，$Z_1 = Z_3 = \frac{1}{sC_D}$，$Z_2 = Z_4 = Z_{L2} = R_D$，如图 10-28 所示。则第 1 端口的输入阻抗(复频域)为

$$Z_{i1}(s) = \frac{1}{R_D C_D^2 s^2} = \frac{1}{Ds^2} \tag{10-5-5}$$

式中

$$D = R_D C_D^2 \tag{10-5-6}$$

令 $s = j\omega$，得 Z_{i1} 的频域形式：

$$Z_{i1}(j\omega) = -\frac{1}{D\omega^2} \tag{10-5-7}$$

可以看出，$Z_{i1}(j\omega)$是随频率改变的负实数。换言之，图 10-28 第 1 端口的输入阻抗等效于一个负电阻，其阻值与 ω^2 成反比，故称为频变负阻(frequency dependent negative resistance)，缩写为 FDNR。FDNR 作为一个网络元件，符号如图 10-29 所示，参数用 D 表示。

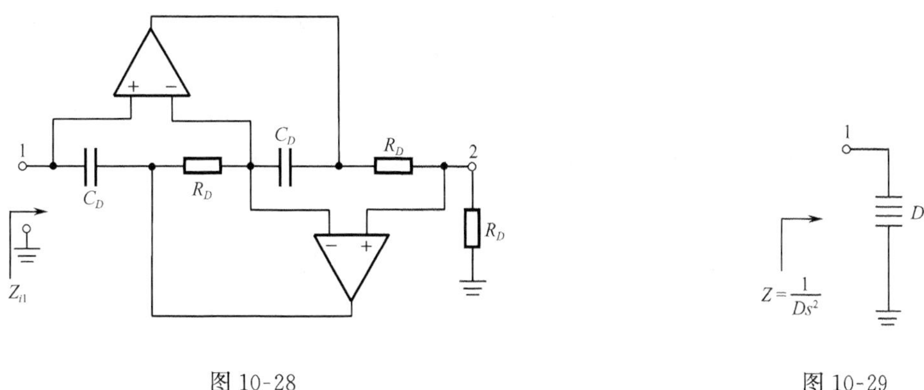

图 10-28

图 10-29

图 10-28 所实现的是接地频变负电阻。在滤波器综合中，常常需要浮地频变负阻，这时可采用图 10-30 所示的电路结构。该电路实际上是由两个图 10-26 的 GIC 电路经阻抗 Z_5 级联而成，整个电路结构和参数在连接 Z_5 处对称。

设图 10-30 中各运放是理想运放。可以证明，a、b 两端间的等效阻抗为

$$Z = \frac{Z_1 Z_3 Z_5}{Z_2 Z_4} \tag{10-5-8}$$

将上式与式(10-5-4)相比较，可见图 10-30 电路的等效阻抗与图 10-26 电路 2 端接负载时从 1 端看去的等效阻抗是相同的。仿照前面的参数选取，在式(10-5-8)分子中任选两个为电容参数，其余为电阻，例如，仍选 $Z_1 = Z_3 = \frac{1}{sC_D}$，$Z_2 = Z_4 = Z_5 = R_D$，同理有

$$Z = \frac{1}{R_D C_D^2 s^2} = \frac{1}{Ds^2} \tag{10-5-9}$$

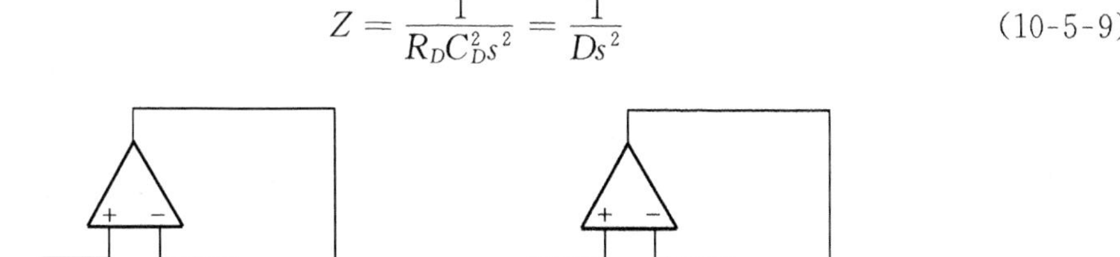
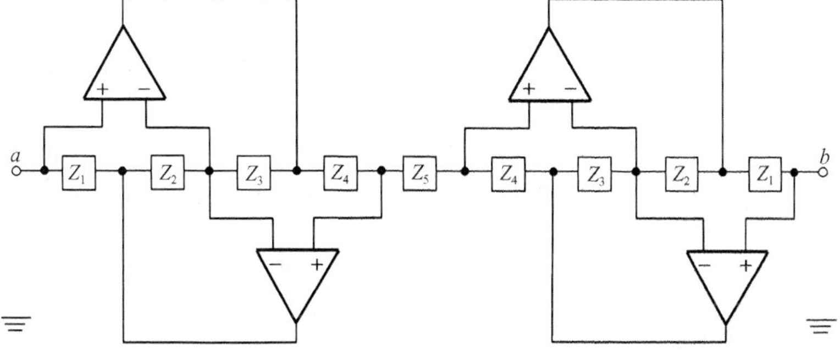

图 10-30

等效的频变负阻是 a、b 两端均不接地的，如图 10-31 所示。

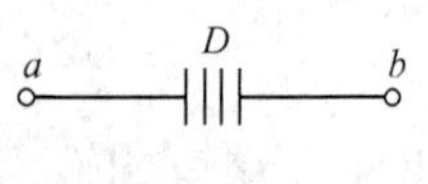

图 10-31

10-5-2 电感模拟法

在 10-1 节中讨论无源 LC 梯形滤波器的优缺点时曾指出，LC 滤波器的主要缺点都是因其中电感器而引起的。因此，人们提出了一种既保留 LC 梯形滤波器的优点、又去掉电感器的简单（从理论上讲）方法，即用有源仿真电感直接替换 LC 梯形结构中的电感元件，这就是本小节将介绍的电感模拟法。

为替代 LC 梯形中的电感 L_j，利用图 10-26 的 GIC 电路，各参数选取为：$Z_1=R_j$，$Z_2=Z_3=r$，$Z_4=\frac{1}{sC_j}$，第 2 端接电阻负载 $Z_{L2}=R$，如图 10-32 所示。

根据式(10-5-1)，第 1 端与地之间的等效阻抗为

$$Z_j=\frac{R_jr}{r\cdot\frac{1}{sC_j}}\cdot R=R_jC_j\cdot s\cdot R=K_j(s)R \tag{10-5-10}$$

式中，变换比

$$K_j(s)=R_jC_js=k_js \tag{10-5-11}$$

$$k_j=R_jC_j \tag{10-5-12}$$

等效电感如图 10-33 所示，图中

$$L_j=R_jC_jR=k_jR \tag{10-5-13}$$

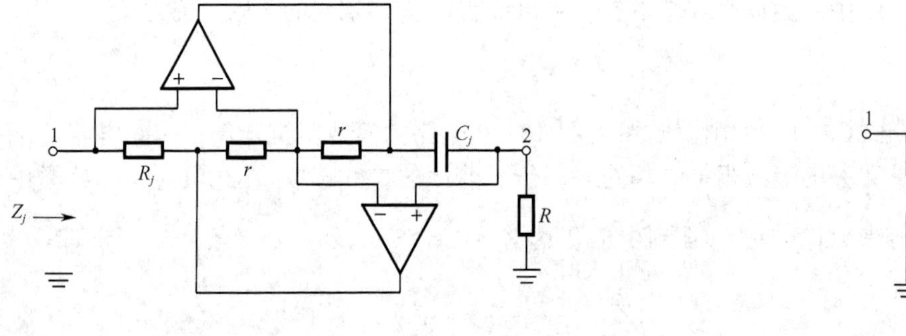

图 10-32

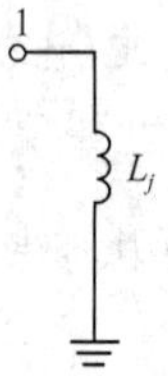

1

L_j

图 10-33

为了简化电路图，可将图 10-32 中端子 1、2 之间的有源电路用图 10-34 的符号表示。

图 10-32 实现的是接地电感。为实现浮地电感 L_j，用两个图 10-32 中 1、2 端间的 GIC 电路，两者的第 2 端经 R 相连接，电路符号见图 10-35。等效阻抗可由式(10-5-8)求得，即

$$Z_j=R_jC_jRs=L_js \tag{10-5-14}$$

可见，等效浮地电感仍为

$$L_j=R_jC_jR \tag{10-5-15}$$

如图 10-36 所示。

在用 GIC 实现仿真电感时,也可以采用另一种参数选取方案。即在图 10-26、10-30 的电路中,选 Z_2 为电容,其余为电阻,同样能得到所需仿真电感。

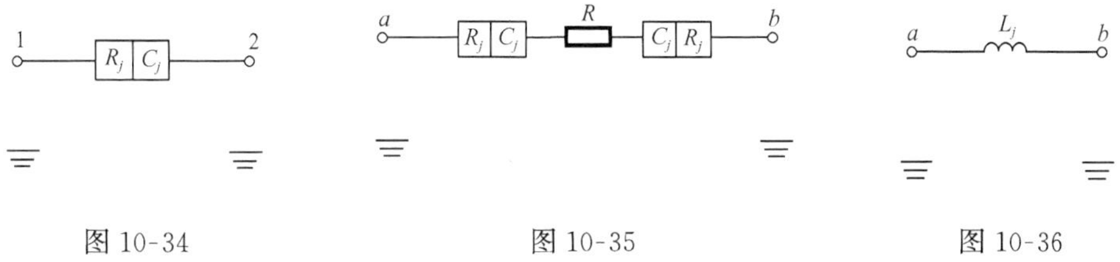

图 10-34　　　　图 10-35　　　　图 10-36

例 10-2　图 10-37 中的 LC 梯形是一个七阶高通椭圆滤波器电路,用电感模拟法得到相应的有源 RC 滤波器。

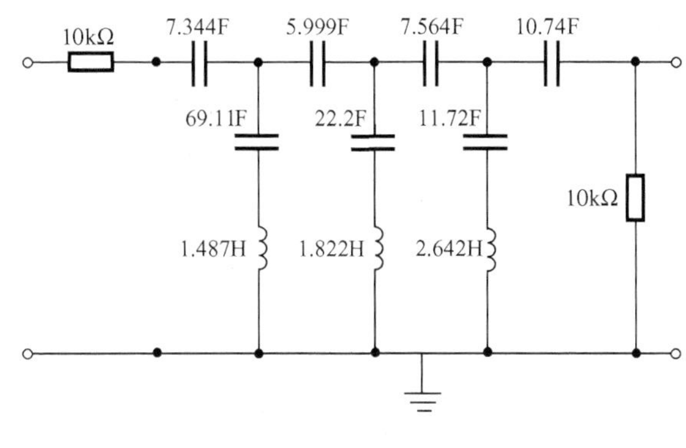

图 10-37

解:用一端接以电阻的 GIC 电路(图 10-32)替代各个电感。设各电感符号为 $L_1=1.487\text{H}$,$L_2=1.822\text{H}$,$L_3=2.642\text{H}$,根据式(10-5-13),选取 $R_1=R_2=R_3=R=10\text{k}\Omega$,可计算出各电容之值:

$$C_1=\frac{L_1}{R^2}=\frac{1.487}{10^8}=14.87\text{nF}$$

$$C_2=\frac{L_2}{R^2}=\frac{1.822}{10^8}=18.22\text{nF}$$

$$C_3=\frac{L_3}{R^2}=\frac{2.642}{10^8}=26.42\text{nF}$$

由此绘出等效的有源 RC 滤波器,如图 10-38 所示。

实现一个接地电感需用 2 个运放,实现一个浮地电感需用 4 个运放,故电感模拟法需运放数为

$$m=\text{接地电感数}\times 2+\text{浮地电感数}\times 4 \tag{10-5-16}$$

在 LC 梯形高通滤波器中,电感都是接地的,用这种方法所需运放不多,可用此方法综合高通有源滤波器。

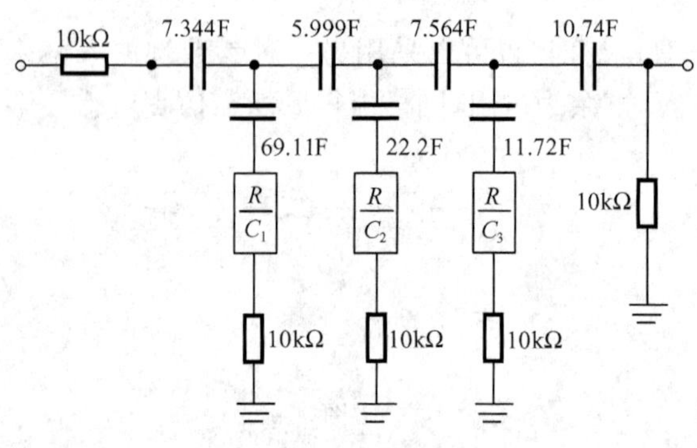

图 10-38

10-5-3　布鲁顿变换法

在第九章研究无源滤波器综合时曾指出，以实数 b 对无源 RLC 网络进行阻抗定标不会影响网络的无量纲转移函数——转移电压比、转移电流比。在本节中，我们将阻抗定标的概念推广，用复变量 K/s 进行阻抗定标，以实现网络元件的变换。

对于无源 LC 梯形原型电路，用因子 K/s（K 为实常数、s 为复频域变量）进行阻抗定标，则各类元件产生的变换见表 10-1。

表 10-1

原网络元件	阻抗定标	变换后的网络元件
R（电阻）	$R\Rightarrow\dfrac{RK}{s}=\dfrac{1}{sC'}$	$C'=\dfrac{1}{RK}$（电容）
L（电感）	$sL\Rightarrow LK=R'$	$R'=LK$（电阻）
C（电容）	$\dfrac{1}{sC}\Rightarrow\dfrac{K}{s^2C}=\dfrac{1}{s^2D'}$	$D'=\dfrac{C}{K}$（频变负阻）

按照 9-6 节中相同的推理可以证明，以因子 K/s 对 LC 梯形网络作阻抗定标后，网络的转移电压比等无量纲转移函数也不会改变。然而，这样的阻抗定标导致网络元件类型发生改变，原有的电阻、电感和电容分别变换为电容、电阻和频变负阻元件，变换后的网络中去掉了电感而增添了频变负阻。频变负阻的有源 RC 电路实现和上述由 R、L、C 电路到 C、R、D 电路的变换是由布鲁顿（L. T. Bruton）提出的，故称图 10-28 的电路为布鲁顿 FDNR，而将 RLC-CRD 元件变换称为布鲁顿变换。

例 10-3　图 10-39 中的 LC 梯形为六阶带通椭圆滤波器电路，用布鲁顿变换法确定相应的有源 RC 滤波器电路。

解： 对图 10-39 进行布鲁顿变换，得到图 10-40 的 FDNR-RC 电路。图中

$$C_1'=\frac{1}{R_1K},\quad C_2'=\frac{1}{R_2K}$$

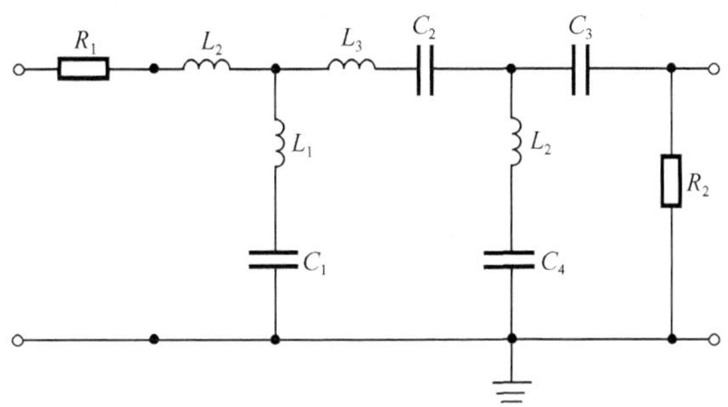

图 10-39

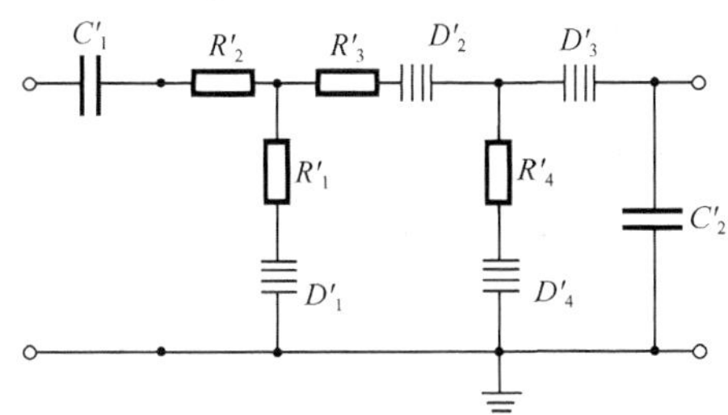

图 10-40

$$R'_i = L_i K \qquad (i = 1,2,3,4)$$

$$D'_j = \frac{C_j}{K} \qquad (j = 1,2,3,4)$$

D'_1 与 D'_4 是接地频变负阻,可用图 10-28 电路实现。D'_2 与 D'_3 是浮地频变负阻,可用图 10-30 的结构(令 $Z_1 = Z_3 = \frac{1}{sC_D}$、$Z_2 = Z_4 = Z_5 = R_D$)实现。由式(10-5-6)知,上述二图中电容之值均按下式计算:

$$C_{Dj} = \sqrt{\frac{D'_j}{R_D}} = \sqrt{\frac{C_j}{KR_D}} \tag{10-5-17}$$

电阻 R_D 和常数 K 可任取适当值。

不难看出,在以上举例中需用运放 12 个。一般而言,用 *RLC-CRD* 元件变换的方法需要的运放数为

$$m = 接地电容数 \times 2 + 浮地电容数 \times 4 \tag{10-5-18}$$

在 *LC* 梯形低通滤波器中,电容都是接地的,用这种方法所需运放不多,可用此方法综合低通有源滤波器。

布鲁顿变换法和电感模拟法都是直接根据无源 *LC* 梯形滤波器(原型)进行元件代换的方法,因而所得到的有源滤波器都具有 *LC* 梯形滤波器低灵敏度的特点。元件模拟法的一个主要缺点是,用元件模拟法进行设计时,难于实现为获得有源滤波器最大动态范围的定标。此外,由布鲁顿变换所得到的 FDNR-*RC* 滤波器中,原 *LC* 梯形的二端接电阻变换为两个电容。这种需要纯电容性的电源内阻抗和终端负载阻抗的条件,在很多应用场

合难以满足，不利于嵌入整机电路，因而其实用性受到很大限制。

10-6 对 LC 梯形的运算模拟法

基于模拟无源 LC 梯形的有源滤波器综合方法，除对元件的等效替代外，另一种完全不同的途径是，对表征 LC 梯形内部行为的数学方程进行模拟，这就是本节将研究的运算模拟法（operation simulation method）。

在以下的讨论中，假定我们已经得到满足滤波器技术条件的双端接载 LC 梯形原型滤波器，其参数已进行频率去归一化、尚未作阻抗定标。此外，为避免符号混淆，用小写字母 r、l、c 和 $u(s)$、$i(s)$ 表示 LC 梯形原型电路中的参数和复频域变量；用大写字母 R、L、C 和 $U(s)$、$I(s)$ 表示有源 RC 滤波器的参数和复频域变量（复频域变量一般略去符号(s)，如用 u 表示 $u(s)$、i 表示 $i(s)$等）。

10-6-1 全极点低通滤波器综合

用巴特沃思逼近和切比雪夫逼近得到的滤波器转移函数具有以下形式：

$$T(s)=\frac{\text{常数}}{s\ \text{的多项式}}$$

表征传输的转移函数 $T(s)$在有限频率处只有极点、没有零点，实现这种转移函数的滤波器即全极点滤波器。图 10-41 表示一个双端接载 LC 梯形全极点低通五阶滤波器（原型）。图中已将电压源 u_i 与串联电阻 r_s 变换为等效的电流源 u_i/r_s 与并联电阻 r_s。

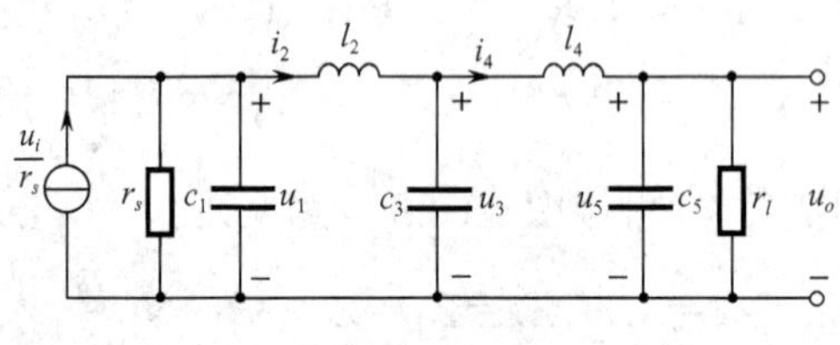

图 10-41

对于图 10-41 的 LC 梯形中的每个电抗元件选取一个网络变量，使该变量在元件 VCR 方程中是积分关系的输出量，故选电容电压 u_1、u_3、u_5 和电感电流 i_2、i_4 为网络变量。建立一组与时域积分方程相对应的复频域方程，使每个方程左端分别等于一个彼此不同的网络变量，且各方程右端仅含所指定网络变量组中的变量和输入变量。据此，写出以下方程：

$$u_1=\frac{(u_i/r_s)-i_2}{sc_1+(1/r_s)} \tag{10-6-1}$$

$$i_2=\frac{u_1-u_3}{sl_2} \tag{10-6-2}$$

$$u_3=\frac{i_2-i_4}{sc_3} \tag{10-6-3}$$

$$i_4=\frac{u_3-u_5}{sl_4} \tag{10-6-4}$$

$$u_5 = \frac{i_4}{sc_5 + (1/r_l)} \tag{10-6-5}$$

可以看出，在建立以上五个方程时，已经应用了各元件的 VCR 方程、顶端三个节点的 KCL 方程和两个独立回路的 KVL 方程。五个方程的共同特点是，复频变量 s 出现在方程右端分母中，对应于时域积分运算。其中，第 2、3、4 三个方程的输入-输出关系可用图 10-42的积分器模拟，第 1、5 方程的输入-输出关系可用图 10-43 的阻尼积分器模拟（正、负号的差别另作讨论）。

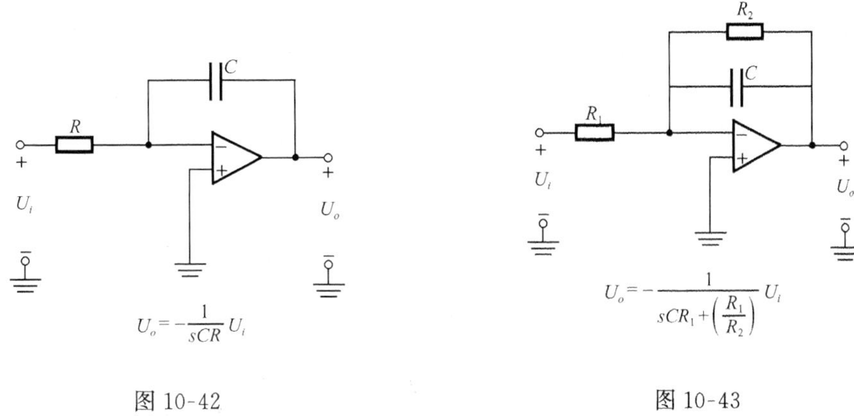

图 10-42　　　　图 10-43

令

$$T_1 = \frac{1}{sc_1 + (1/r_s)} \tag{10-6-6}$$

$$T_2 = \frac{1}{sl_2} \tag{10-6-7}$$

$$T_3 = \frac{1}{sc_3} \tag{10-6-8}$$

$$T_4 = \frac{1}{sl_4} \tag{10-6-9}$$

$$T_5 = \frac{1}{sc_5 + (1/r_l)} \tag{10-6-10}$$

根据式(10-6-1)至(10-6-5)绘出相应的信号流图，如图 10-44 所示。

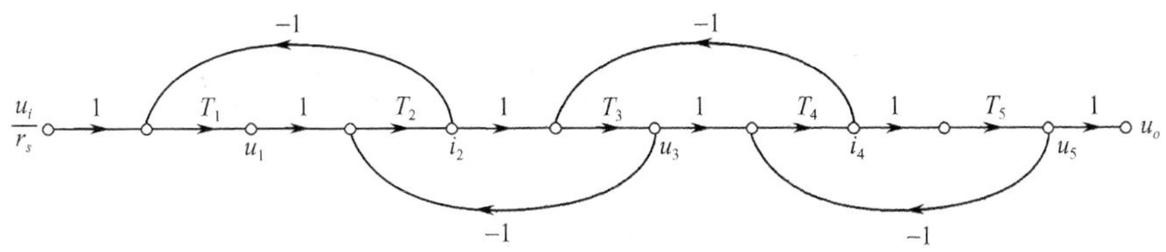

图 10-44

在图 10-44 的 SFG 中，$T_1, \cdots, T_5$ 各对应于有源电路实现中的一个积分器。可以看出，图中有 4 个双积分器回路，各回路均含一个传输值为－1 的支路。出于简化电路实现的考虑，把这些支路传输值改为＋1，同时将 T_1、T_3 和 T_5 传输值反号，这样，各回路传输值就保持不变。此外，为使由式(10-6-1)至(10-6-5)所表示的各积分器输入-输出关系保持不变，在节点变量 u_1、i_2 和 u_5 之前冠以负号。图 10-45 的模拟框图表示出经上述符号改变后的 SFG 的变量及信号传输关系。框图中含三个反相积分器、两个非反相积分器和四个求和器。反相积分器用图 10-42、10-43 的电路实现；非反相积分器用图 10-42 级联以反相器来实现。直接在积分器的运放虚地处接两个输入端便可实现信号求和，这样可省去单独实现求和器的运放。

根据以上分析，绘出实现图 10-45 模拟框图的 RC 有源电路，如图 10-46 所示。图中，5 个积分器的编号(1，2，…，5)分别与 LC 梯形中动态元件符号的下标相同。在积分器 m 的输入端与积分器 j 的输出端之间的连线上接有连接电导 G_{mj}，积分器 1 的输入端线上接有输入电导 G_{1i}。

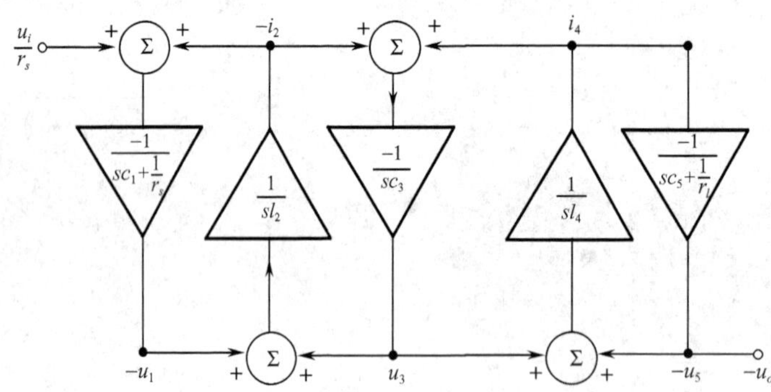

图 10-45

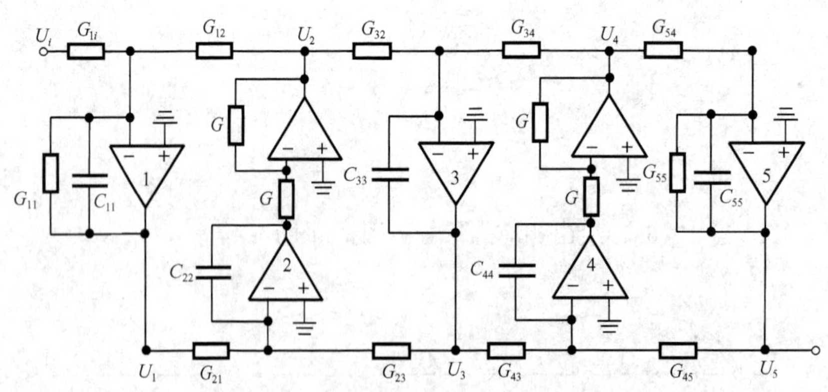

图 10-46

对于图 10-46 电路中每一个积分器的输入端节点建立一个 KCL 方程，由此得到一组能完全描述该电路工作的方程：

$$U_1 = -\frac{G_{1i}U_i + G_{12}U_2}{sC_{11} + G_{11}} \tag{10-6-11}$$

$$U_2 = \frac{G_{21}U_1 + G_{23}U_3}{sC_{22}} \tag{10-6-12}$$

$$U_3 = -\frac{G_{32}U_2 + G_{34}U_4}{sC_{33}} \tag{10-6-13}$$

$$U_4 = \frac{G_{43}U_3 + G_{45}U_5}{sC_{44}} \tag{10-6-14}$$

$$U_5 = -\frac{G_{54}U_4}{sC_{55} + G_{55}} \tag{10-6-15}$$

将以上 5 个方程与描述无源 LC 梯形的 5 个方程(式(10-6-1)～(10-6-5))相比较，可以看出，式(10-6-11)与式(10-6-1)相对应，式(10-6-12)与式(10-6-2)相对应，……，式(10-6-15)与式(10-6-5)相对应。对应方程有相同的形式，但有不同的变量，不同的参数、系数。对比每一对相对应的方程，得到两组方程的变量之间有如下对应关系：

$$U_i \Leftrightarrow u_i, U_1 \Leftrightarrow -u_1, U_2 \Leftrightarrow -i_2$$

$$U_3 \Leftrightarrow u_3, U_4 \Leftrightarrow i_4, U_5 \Leftrightarrow -u_5$$

根据上述方程之间的对应关系，同理可得 RC 有源电路的一组元件取值：

$$\begin{gathered} C_{11} = c_1, C_{22} = l_2, C_{33} = c_3, C_{44} = l_4, C_{55} = c_5 \\ G_{11} = 1/r_s, G_{55} = 1/r_l, G_{1i} = 1/r_s \\ G_{12} = 1, G_{21} = 1, G_{23} = 1, G_{32} = 1 \\ G_{34} = 1, G_{43} = 1, G_{45} = 1, G_{54} = 1 \end{gathered} \tag{10-6-16}$$

在以上元件取值的情况下，图 10-46 的有源电路与图 10-41 的无源 LC 梯形电路两者的转移函数有以下关系：

$$\frac{U_5}{U_i} = -\frac{u_5}{u_i} \tag{10-6-17}$$

如果希望使有源电路的增益等于 LC 梯形电路增益的 k 倍，只需将输入电导乘以 k，即

$$G_{1i} = k/r_s \tag{10-6-18}$$

这时，有源电路的直流增益为

$$|T|_0 = k\frac{r_l}{r_s + r_l} \tag{10-6-19}$$

应当指出，有源电路的元件取值并非惟一的，式(10-6-16)给出的只是一组初始元件值，其中不少参数是不合理、不实际的。下面我们将讨论如何改变元件值以获得有源滤波器的最大动态范围，以及如何得到实际可行的元件值。

首先研究为获得最大动态范围的元件值定标。在 10-4 节介绍有源滤波器动态范围时曾指出，如果一个有源滤波器具有最大动态范围，则在保证每一运放均不饱和的前提下滤波器输入最大可能信号时，每一运放的最大输出电压均能达到运放在不饱和情况下的最大输出电压 U_{amp}。图 10-46 所示有源滤波器转移函数幅频特性的峰值为 T_{max}(见图 10-47)，T_{max}可以通过施加幅值为 1 伏、频率可调的正弦电压到滤波器输入端，在不同

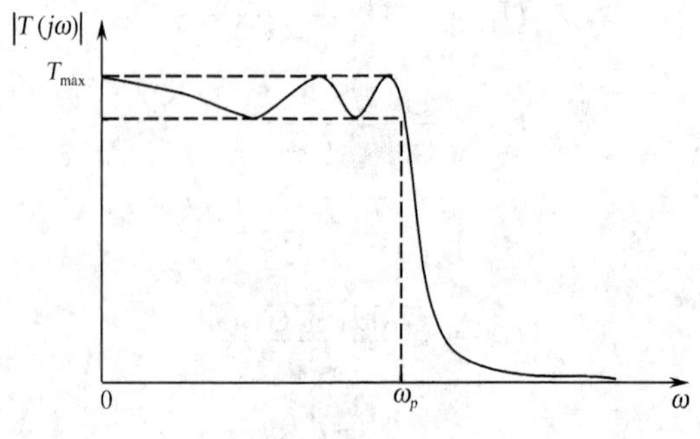

图 10-47

频率下测量滤波器的输出电压幅值而得。在以上测试中,同时也可测出该电路中各运放输出电压的频谱峰值,$\hat{U}_1,\hat{U}_2,\cdots,\hat{U}_N$,$\hat{U}_N$ 代表滤波器输出端运放输出电压频谱峰值,故 $\hat{U}_N=T_{max}$。滤波器的最大可能输入信号 U_{imax} 取决于运放在不饱和情况下的最大输出电压 U_{amp} 和滤波器转移函数的频谱峰值 T_{max},即

$$U_{imax}=\frac{U_{amp}}{T_{max}} \tag{10-6-20}$$

在滤波器输入达到 U_{imax} 时,输出端运放的最大输出为 U_{amp},但一般而言,其他各运放的最大输出并不等于 U_{amp}。以下将通过修改元件值使在滤波器输入 1 伏时各运放输出的频谱峰值 $\hat{U}_1,\hat{U}_2,\cdots,\hat{U}_N$ 彼此相等,如此则当输出端运放最大输出为 U_{amp} 时,各运放最大输出也等于 U_{amp}。由式(10-6-11)至式(10-6-15)看出,各运放输出电压计算式分子系数均为相应积分器入端连接电导,为使其运放输出电压增至 n 倍,仅需用 n 乘以该积分器入端各连接电导。例如,欲使 3 号运放输出频谱峰值由 $\hat{U}_3$ 变为 $\hat{U}_N(\hat{U}_N=T_{max})$,则 G_{32} 和 G_{34} 应修改为

$$G''_{32}=G_{32}\cdot\frac{T_{max}}{\hat{U}_3},G''_{34}=G_{34}\cdot\frac{T_{max}}{\hat{U}_3}$$

为不致引起转移函数的改变,应在保证回路传输值不变的前提下改变元件值,故必须同时对 3 号积分器输出端连接电导 G_{23} 和 G_{43}(见图 10-46)乘以 $T_{max}/\hat{U}_3$ 的倒数,即

$$G''_{23}=G_{23}\cdot\frac{\hat{U}_3}{T_{max}},G''_{43}=G_{43}\cdot\frac{\hat{U}_3}{T_{max}}$$

总之,对于连接电导 G_{mj} 而言,它作为 m 号积分器入端电导应乘以 $T_{max}/\hat{U}_m$,而作为 j 号积分器出端电导则应再乘以 $\hat{U}_j/T_{max}$,故该电导应修改为

$$G'_{mj}=G_{mj}\cdot\frac{T_{max}}{\hat{U}_m}\cdot\frac{\hat{U}_j}{T_{max}}=G_{mj}\cdot\frac{\hat{U}_j}{\hat{U}_m} \tag{10-6-21}$$

滤波器的入端电导 G_{1i} 则应乘以 $T_{max}/\hat{U}_1$。根据以上分析,各电导值按获得最大动态范围定标为

$$G_{1i}=(k/r_s)\cdot(T_{max}/\hat{U}_1),G_{12}=\hat{U}_2/\hat{U}_1,G_{21}=\hat{U}_1/\hat{U}_2$$
$$G_{23}=\hat{U}_3/\hat{U}_2,G_{32}=\hat{U}_2/\hat{U}_3,G_{34}=\hat{U}_4/\hat{U}_3$$
$$G_{43}=\hat{U}_3/\hat{U}_4,G_{45}=\hat{U}_5/\hat{U}_4,G_{54}=\hat{U}_4/\hat{U}_5$$

G_{11}和 G_{55}未改变。式中 $T_{\max}=\hat{U}_5$。$\hat{U}_1\sim\hat{U}_5$ 的获得除用前述测试方法外，还可以对图 10-41 的 LC 梯形网络用分析的方法求各网络变量在幅值为 1 伏的正弦电压激励下的频谱峰值 $\hat{u}_1$、$\hat{i}_2$、$\hat{u}_3$、$\hat{i}_4$ 和 $\hat{u}_5$，于是得到 $\hat{U}_1=k\hat{u}_1$，$\hat{U}_2=k\hat{i}_2$，$\hat{U}_3=k\hat{u}_3$，$\hat{U}_4=k\hat{i}_4$，$\hat{U}_5=k\hat{u}_5$，k 为有源滤波器与 LC 梯形滤波器的增益比。

下面研究为得到实际可用元件值的阻抗定标。在有源滤波器设计的初始参数组中，积分电容、输入端电导等元件值一般是不可行或不合理的。通过对各积分器逐一进行阻抗定标便可得到实际元件值。例如，考察图 10-46 的 1 号积分器，由描述其输入-输出关系的式(10-6-11)知，如果对连接于该运放输入端的各元件之值 G_{1i}、G_{12}、G_{11} 和 C_{11} 同乘以某一常数，将不会引起变量 U_i、U_2 与 U_1 之间关系的改变，这个常数即阻抗定标因子的倒数，称为导纳定标因子，用 k_1 表示。k_1 的确定一般以得到实际可用的电容值为前提。如果选取积分电容实际值为 C_{11p}，则

$$k_1=\frac{C_{11p}}{c_1}$$

同理有

$$k_2=\frac{C_{22p}}{l_2},k_3=\frac{C_{33p}}{c_3},k_4=\frac{C_{44p}}{l_4},k_5=\frac{C_{55p}}{c_5}$$

式中 C_{22p}，…，C_{55p} 为 2～5 号积分电容实际值。

这样，我们便能得到经阻抗定标后的元件值：

$$C_{11}=C_{11p},G_{11}=\left(\frac{1}{r_s}\right)\left(\frac{C_{11p}}{c_1}\right),G_{12}=\left(\frac{\hat{U}_2}{\hat{U}_1}\right)\left(\frac{C_{11p}}{c_1}\right),G_{1i}=\left(\frac{k}{r_s}\right)\left(\frac{T_{\max}}{\hat{U}_1}\right)\left[\frac{C_{11p}}{c_1}\right]$$

$$C_{22}=C_{22p},G_{21}=\left(\frac{\hat{U}_1}{\hat{U}_2}\right)\left(\frac{C_{22p}}{l_2}\right),G_{23}=\left(\frac{\hat{U}_3}{\hat{U}_2}\right)\left(\frac{C_{22p}}{l_2}\right)$$

$$C_{33}=C_{33p},G_{32}=\left(\frac{\hat{U}_2}{\hat{U}_3}\right)\left(\frac{C_{33p}}{c_3}\right),G_{34}=\left(\frac{\hat{U}_4}{\hat{U}_3}\right)\left(\frac{C_{33p}}{c_3}\right)$$

$$C_{44}=C_{44p},G_{43}=\left(\frac{\hat{U}_3}{\hat{U}_4}\right)\left(\frac{C_{44p}}{l_4}\right),G_{45}=\left(\frac{\hat{U}_5}{\hat{U}_4}\right)\left(\frac{C_{44p}}{l_4}\right)$$

$$C_{55}=C_{55p},G_{55}=\left(\frac{1}{r_l}\right)\left(\frac{C_{55p}}{c_5}\right),G_{54}=\left(\frac{\hat{U}_4}{\hat{U}_5}\right)\left(\frac{C_{55p}}{c_5}\right)$$

图 10-46 的滤波器称为跳蛙型(Leap-Frog，缩写为 LF)滤波器，这是有源滤波器拓扑结构中应用较为广泛的一类。从图 10-44 的 SFG 中可以看出，这种结构实际上是在级联结构的基础上加上反馈，属于多环反馈有源滤波器的一种。它保留了级联型滤波器积木化结构的部分优点，同时又具有无源 LC 梯形滤波器的低灵敏度特性。

10-6-2 具有有限传输零点的低通滤波器综合

本节研究将运算模拟法应用于综合存在有限传输零点的低通滤波器，椭圆滤波器就属于此种类型。图 10-48(a)中的 LC 梯形是具有两个有限传输零点的五阶低通滤波器。将图 10-41 中的全极点五阶低通滤波器与图 10-48(a)相比较，不难看出，两个电路结构的区别在于，后者较前者增添了两个电容 c_2、c_4，它们分别与电感 l_2、l_4 相并联。下面我们

将通过网络的等效变换去掉与电感相并联的电容，以便把 10-6-1 节的方法推广应用到本小节的情形。

图 10-48(b)为与图 10-48(a)等效的网络。分别对二网络写出独立的 KCL、KVL 方程和全部元件 VCR 方程，去掉图(b)网络方程组中的冗余方程后，(a)、(b)二图的网络方程完全相同，由此可以证明二网络的等效性(读者可自行证明)。

将图 10-48(b)中的各受控电压源与其串联电容一起变换为等效的受控电流源与并联电容，然后将相并联的电容合并，即 $c'_1=c_1+c_2$，$c'_3=c_3+c_2+c_4$，$c'_5=c_5+c_4$，从而得到图 10-48(c)的网络。

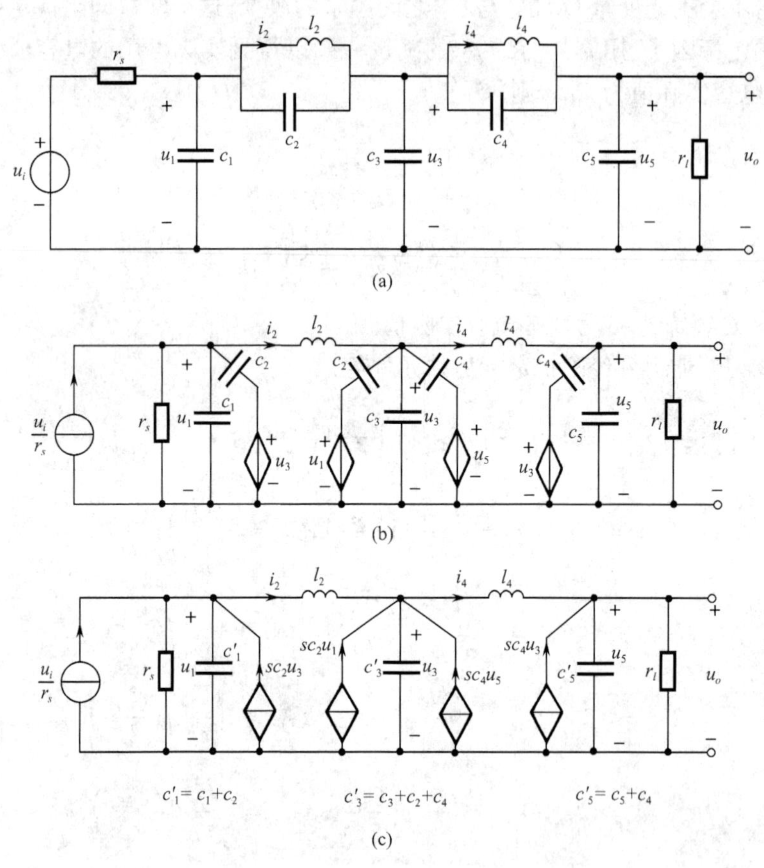

图 10-48

可以看出，图 10-48(c)与图 10-41 中的五阶全极点低通滤波器的电路结构基本相同，区别仅在于，在三个分流电容上并联了受控电流源 sc_2u_3、sc_2u_1、sc_4u_5 和 sc_4u_3。

仿照分析全极点滤波器的方法，建立一组描述图 10-48(c)电路的方程：

$$u_1=\frac{(u_i/r_s)-i_2+sc_2u_3}{sc'_1+(1/r_s)} \tag{10-6-22}$$

$$i_2=\frac{u_1-u_3}{sl_2} \tag{10-6-23}$$

$$u_3 = \frac{i_2 - i_4 + sc_2 u_1 + sc_4 u_5}{sc'_3} \tag{10-6-24}$$

$$i_4 = \frac{u_3 - u_5}{sl_4} \tag{10-6-25}$$

$$u_5 = \frac{i_4 + sc_4 u_3}{sc'_5 + (1/r_l)} \tag{10-6-26}$$

将以上 5 个方程与描述全极点梯形滤波器的 5 个方程(式(10-6-1)～(10-6-5))相比较,两组方程的区别是,现在的第 1、3、5 三个方程中增添了 sc_2u_3、sc_2u_1、sc_4u_5、sc_4u_3 项。在相应的 RC 有源电路中,这些项可以借在适当的节点间连接馈入电容而得以实现。换言之,在图 10-46 的基础上,由 3 号积分器输出端向 1 号积分器虚地输入端连接一电容,其值为 c_2,以实现式(10-6-22)分子中的 sc_2u_3。同理,由 1 号积分器输出端向 3 号积分器虚地输入端连接电容值为 c_2 的电容以实现式(10-6-24)分子中的 sc_2u_1,等等。据此,绘出用运算模拟法模拟图 10-48(a)的 LC 梯形的 RC 有源滤波器电路,如图 10-49 所示。

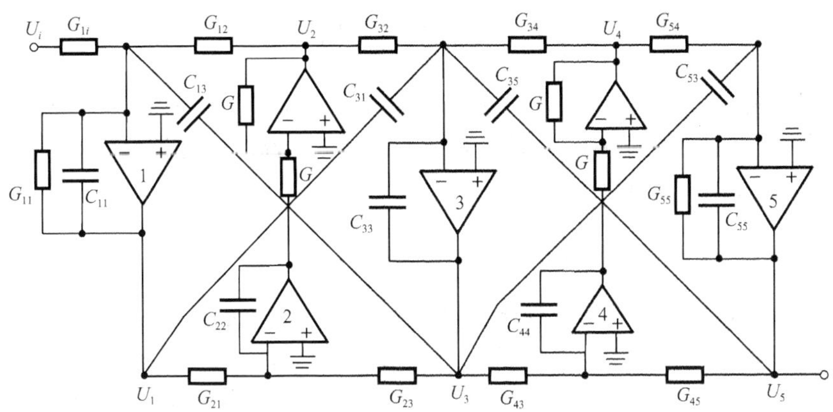

图 10-49

将图 10-49 与图 10-46 相比较,除增添了 4 个交叉耦合的电容 C_{13}、C_{31}、C_{35}、C_{53}外,其余电路结构完全相同,正是这些电容实现了滤波器的有限传输零点。

为确定图 10-49 有源滤波器中各元件之值,写出表征该电路工作的一组方程,其中每一方程描述一个积分器的输入-输出关系,即

$$U_1 = -\frac{G_{1i}U_i + G_{12}U_2 + sC_{13}U_3}{sC_{11} + G_{11}} \tag{10-6-27}$$

$$U_2 = \frac{G_{21}U_1 + G_{23}U_3}{sC_{22}} \tag{10-6-28}$$

$$U_3 = -\frac{G_{32}U_2 + G_{34}U_4 + sC_{31}U_1 + sC_{35}U_5}{sC_{33}} \tag{10-6-29}$$

$$U_4 = \frac{G_{43}U_3 + G_{45}U_5}{sC_{44}} \tag{10-6-30}$$

$$U_5 = -\frac{G_{54}U_4 + sC_{53}U_3}{sC_{55} + G_{55}} \tag{10-6-31}$$

将以上方程组中的每一个方程与式(10-6-22)～(10-6-26)的对应方程相比较，得到图 10-49 与图 10-48(a)的变量对应关系，同时也可得到图 10-49 中各元件参数的初始取值：

$$U_i \Leftrightarrow u_i, U_1 \Leftrightarrow -u_1, U_2 \Leftrightarrow -i_2$$

$$U_3 \Leftrightarrow u_3, U_4 \Leftrightarrow i_4, U_5 \Leftrightarrow -u_5$$

$$C_{11} = c'_1, C_{22} = l_2, C_{33} = c'_3, C_{44} = l_4, C_{55} = c'_5$$

$$G_{11} = 1/r_s, G_{55} = 1/r_l, G_{1i} = 1/r_s$$

$$G_{12} = 1, G_{21} = 1, G_{23} = 1, G_{32} = 1$$

$$G_{34} = 1, G_{43} = 1, G_{45} = 1, G_{54} = 1$$

$$C_{13} = c_2, C_{31} = c_2, C_{35} = c_4, C_{53} = c_4$$

式中 $c'_1 = c_1 + c_2, c'_3 = c_3 + c_2 + c_4, c'_5 = c_5 + c_4$。

图 10-49 的有源滤波器具有以上元件取值时的转移函数 U_5/U_i 与图 10-48(a)中无源 LC 梯形的转移函数 u_5/u_i 相等(仅符号相反)。

下面的步骤是对元件值定标，以获得最大动态范围和实际元件值，其方法与上节相同，这里不再赘述。对于积分器之间连接的交叉耦合电容 C_{mj}，在按最大动态范围定标时和对 C_{mj} 的处理相同，应当乘以 $\hat{U}_j/\hat{U}_m$。

10-6-3 双积分器环二阶节综合

由两个积分器构成的双积分器环有源滤波器是一种广泛应用的二阶节。将运算模拟法应用于二阶 RLC 谐振电路，便能综合出这种双积分器环二阶节。

图 10-50(a)表示一个并联谐振电路，电感、电容之值分别为 l、c，电源内阻为 r，图中已将电压为 u_i 的电压源与其串联内阻 r 变换为其诺顿等效电路。选择 u_1 和 i_2 为网络变量，建立描述该电路工作的方程组：

$$u_1 = \frac{(u_i/r) - i_2}{sc + (1/r)} \tag{10-6-32}$$

$$i_2 = \frac{u_1}{sl} \tag{10-6-33}$$

令

$$T_1 = \frac{1}{sc + (1/r)} \tag{10-6-34}$$

$$T_2 = \frac{1}{sl} \tag{10-6-35}$$

根据式(10-6-32)、(10-6-33)绘出相应的信号流图，如图 10-51 所示。

用求 SFG 图增益的 Mason 公式分别求以 u_1 和 i_2 为输出的转移函数，即

$$\frac{u_1}{u_i} = \frac{1}{r} \cdot \frac{T_1}{1 + T_1T_2} = \frac{\dfrac{1/r}{sc + (1/r)}}{1 + \dfrac{1}{sl(sc + (1/r))}} = \frac{s\left(\dfrac{1}{rc}\right)}{s^2 + s\left(\dfrac{1}{rc}\right) + \dfrac{1}{lc}} \tag{10-6-36}$$

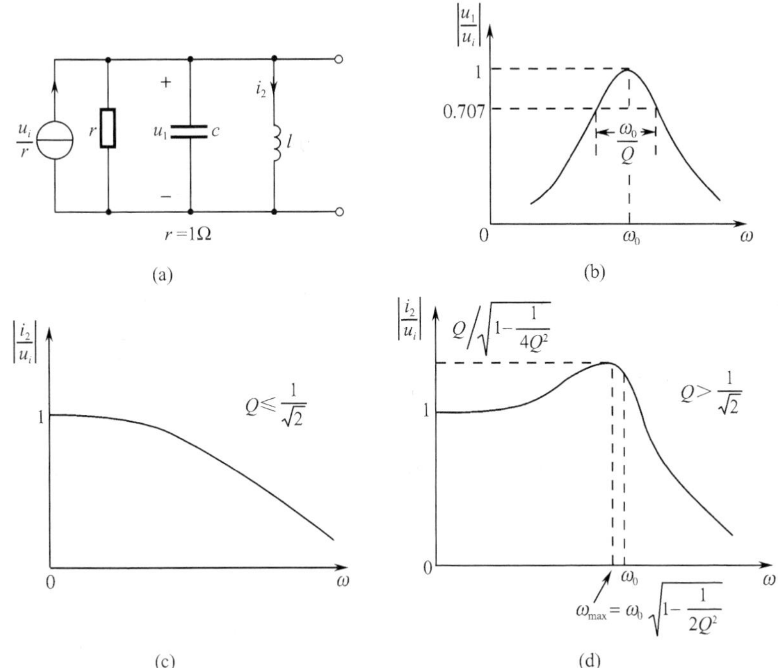

图 10-50

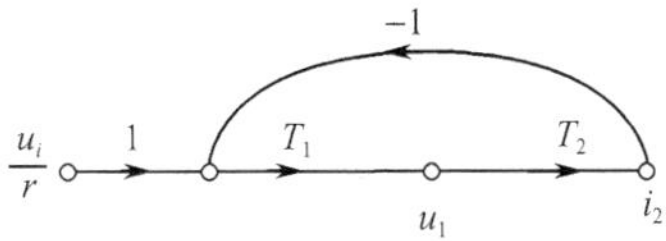

图 10-51

$$\frac{i_2}{u_i}=\frac{1}{r}\cdot\frac{T_1T_2}{1+T_1T_2}=\frac{\dfrac{1/r}{sl(sc+(1/r))}}{1+\dfrac{1}{sl(sc+(1/r))}}$$
$$=\frac{\dfrac{1}{rlc}}{s^2+s\left(\dfrac{1}{rc}\right)+\dfrac{1}{lc}} \tag{10-6-37}$$

将以上两式与式(7-6-23)、(7-6-15)相比较可知，以 u_1 为输出时为二阶带通滤波函数，以 i_2 为输出时为二阶低通滤波函数。其极点频率 ω_0 和极点 Q 分别为

$$\omega_0=\frac{1}{\sqrt{lc}} \tag{10-6-38}$$

$$Q=rc\omega_0 \tag{10-6-39}$$

在综合二阶滤波器时，如果 ω_0 与 Q 为已知，则可确定原型滤波器的参数。设归一化电阻值 $r=1\Omega$，由式(10-6-38)、(10-6-39)求 c 和 l 之值如下：

$$c = \frac{Q}{\omega_0} \tag{10-6-40}$$

$$l = \frac{1}{\omega_0^2 c} = \frac{1}{\omega_0 Q} \tag{10-6-41}$$

图 10-50(a)的二阶滤波器的频率响应如图 10-50(b)、(c)、(d)所示。其中,图(b)为带通滤波函数的幅频特性,图(c)、(d)分别为低通滤波函数在 $Q \leqslant \frac{1}{\sqrt{2}}$ 和 $Q > \frac{1}{\sqrt{2}}$ 时的幅频特性。

根据 SFG 绘出相应的模拟框图,如图 10-52 所示。出于简化有源电路实现的考虑,图中已将支路传输值 -1 改为 $+1$、T_1 改为 $-T_1$,同时在 u_1、i_2 之前冠以负号。这样,回路传输值和两个积分器的输入-输出关系都保持不变。

实现图 10-52 的 RC 有源电路如图 10-53 所示。由图可知,这是由一个反相积分器和一个非反相积分器构成的双积分器环,在 1 号积分器输出端输出为带通滤波器,在 2 号积分器输出端输出为低通滤波器。

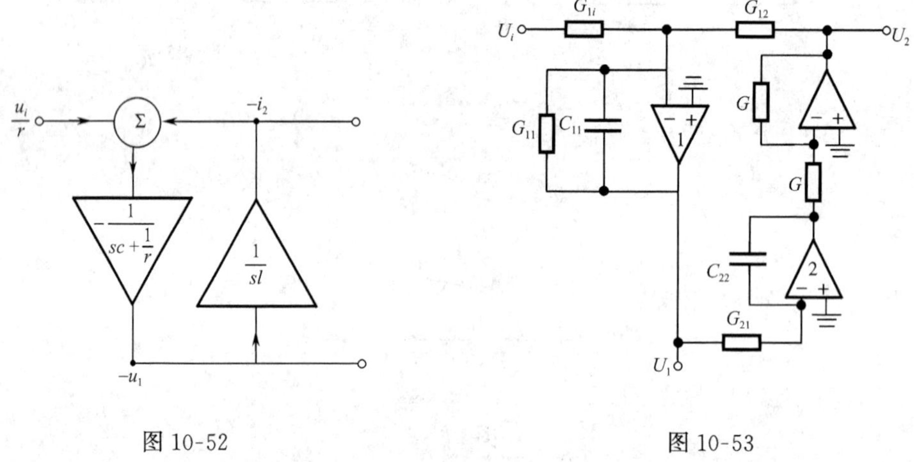

图 10-52　　　　图 10-53

建立描述图 10-53 中有源二阶滤波器的方程组,即

$$U_1 = -\frac{G_{1i}U_i + G_{12}U_2}{sC_{11} + G_{11}} \tag{10-6-42}$$

$$U_2 = \frac{G_{21}U_1}{sC_{22}} \tag{10-6-43}$$

将以上两式与描述 RLC 谐振电路的方程(即式(10-6-32)、(10-6-33))相比较,得到图 10-53与图 10-50(a)二电路变量的对应关系,同时也得到图 10-53 中各元件的初始取值:

$$U_i \Leftrightarrow u_i, U_1 \Leftrightarrow -u_1, U_2 \Leftrightarrow -i_2$$

$$C_{11} = c = Q/\omega_0, \quad C_{22} = l = \frac{1}{\omega_0 Q}$$

$$G_{1i} = G_{11} = G_{12} = G_{21} = 1$$

在以上元件取值的情况下,带通滤波函数 U_1/U_i 的中心频率增益为 1,低通滤波函数的直流增益也为 1。如果希望使有源滤波器增益提高到 k 倍,仅需将输入电导乘以 k,即

令 $G_{1i}=k$。

根据图 10-50(b)、(c)、(d)以及有源二阶节与其原型滤波器变量间的对应关系，不难得到进行最大动态范围定标时所需的频谱峰值 $\hat{U}_1$ 和 $\hat{U}_2$，即

$$\hat{U}_1 = \hat{u}_1 = 1 \tag{10-6-44}$$

$$\hat{U}_2 = \hat{i}_2 = 1 \qquad \left(Q \leqslant \frac{1}{\sqrt{2}}\right) \tag{10-6-45a}$$

$$\hat{U}_2 = \hat{i}_2 = Q\Big/\sqrt{1-\frac{1}{4Q^2}} \quad \left(Q > \frac{1}{\sqrt{2}}\right) \tag{10-6-45b}$$

由式(10-6-44)、(10-6-45)可知，当 $Q\leqslant\frac{1}{\sqrt{2}}$时，初始元件值已满足实现最大动态范围的条件。对于 $Q>\frac{1}{\sqrt{2}}$的情形，则 G_{12}和 G_{21}按下式定标以获得最大动态范围：

$$G_{12} = 1\times\left(\frac{\hat{U}_2}{\hat{U}_1}\right) = \frac{Q}{\sqrt{1-\frac{1}{4Q^2}}} \tag{10-6-46}$$

$$G_{21} = 1\times\left(\frac{\hat{U}_1}{\hat{U}_2}\right) = \frac{\sqrt{1-\frac{1}{4Q^2}}}{Q} \tag{10-6-47}$$

在按实际元件值定标时，一般使二积分电容参数相等。设选定积分电容之值为 C，则对于第 1、2 号积分器的导纳定标因子分别为

$$k_1 = \frac{C}{c} = \frac{\omega_0 C}{Q} \tag{10-6-48}$$

$$k_2 = \frac{C}{l} = Q\omega_0 C \tag{10-6-49}$$

考虑获得最大动态范围和实际元件参数两方面因素，并使有源二阶节增益为其原型 RLC 滤波器增益的 k 倍，最后得到定标后的元件值：

$Q\leqslant\frac{1}{\sqrt{2}}$时：

$$C_{11} = C_{22} = C, G_{12} = G_{11} = \frac{\omega_0 C}{Q}$$

$$G_{21} = Q\omega_0 C, G_{1i} = k\frac{\omega_0 C}{Q}$$

$Q>\frac{1}{\sqrt{2}}$时：

$$C_{11} = C_{22} = C, G_{11} = \frac{\omega_0 C}{Q}, G_{1i} = k\frac{\omega_0 C}{Q}$$

$$G_{12} = \omega_0 C\Big/\sqrt{1-\frac{1}{4Q^2}}, G_{21} = \omega_0 C\sqrt{1-\frac{1}{4Q^2}}$$

$$\left(\text{当 } Q > 4 \text{ 时，}\sqrt{1-\frac{1}{4Q^2}} \doteq 1\text{，则 } G_{12} = G_{21} = \omega_0 C\right)$$

图 10-53 的二阶节称为 Tow-Thomas 二阶节。由式(10-6-42)、(10-6-43)可求出此

二阶节的带通和低通转移函数，即

$$\frac{U_1}{U_i}=-\frac{s\dfrac{G_{1i}}{C_{11}}}{s^2+s\dfrac{G_{11}}{C_{11}}+\dfrac{G_{12}G_{21}}{C_{11}C_{22}}} \tag{10-6-50}$$

$$\frac{U_2}{U_i}=-\frac{\dfrac{G_{1i}G_{21}}{C_{11}C_{22}}}{s^2+s\dfrac{G_{11}}{C_{11}}+\dfrac{G_{12}G_{21}}{C_{11}C_{22}}} \tag{10-6-51}$$

为实现有限传输零点，可在 Tow-Thomas 二阶节电路的基础上增加前馈支路，构成图 10-54 中的通用二阶节电路。

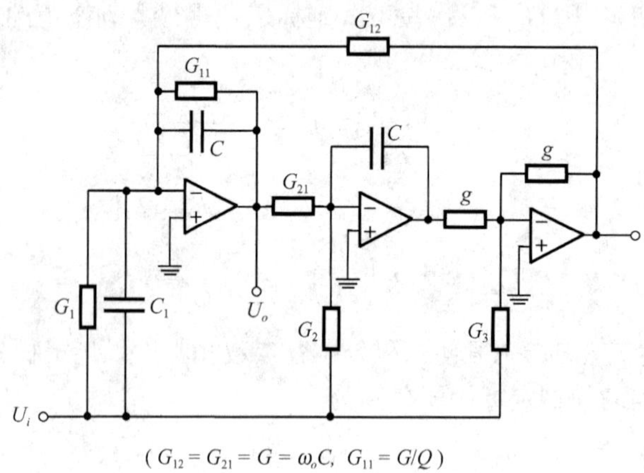

$(G_{12}=G_{21}=G=\omega_o C,\ G_{11}=G/Q)$

图 10-54

图 10-54 的电路以 U_0 为输出时的转移函数为

$$\frac{U_0}{U_i}=-\frac{\dfrac{C_1}{C}s^2+\dfrac{1}{C}\left(G_1-\dfrac{GG_3}{g}\right)s+\dfrac{GG_2}{C^2}}{s^2+\dfrac{G}{CQ}s+\left(\dfrac{G}{C}\right)^2} \tag{10-6-52}$$

上式为一般双二次函数，调节 G_1、G_2、G_3 及 C_1 之值，可实现低通、高通、带通、陷波和全通等各种不同的滤波功能。

将运算模拟法应用于 RLC 串联谐振电路，得到另一种具有多种滤波功能的二阶节。

研究图 10-55 所示 r、l、c 串联电路，其以 i_2、u_1 和 u_3 为输出时的转移函数分别为

$$\frac{i_2}{u_i}=\frac{s/l}{s^2+s\dfrac{r}{l}+\dfrac{1}{lc}} \tag{10-6-53}$$

$$\frac{u_1}{u_i}=\frac{s^2}{s^2+s\dfrac{r}{l}+\dfrac{1}{lc}} \tag{10-6-54}$$

$$\frac{u_3}{u_i} = \frac{1/lc}{s^2 + s\frac{r}{l} + \frac{1}{lc}} \tag{10-6-55}$$

它们分别是带通、高通和低通滤波函数。其极点频率和极点 Q 为

$$\omega_o = \frac{1}{\sqrt{lc}} \tag{10-6-56}$$

$$Q = \frac{\omega_o l}{r} = \frac{1}{\omega_o c r} \tag{10-6-57}$$

描述图 10-55 电路的两个积分方程(复频域形式)和回路 KVL 方程如下：

$$i_2 = \frac{u_1}{sl} \tag{10-6-58}$$

$$u_3 = \frac{i_2}{sc} \tag{10-6-59}$$

$$u_1 = u_i - ri_2 - u_3 \tag{10-6-60}$$

按照与导出图 10-53 相类似的步骤,便可得到模拟方程(10-6-58)～(10-6-60)运算的 RC 有源电路,如图 10-56 所示。描述该有源电路的三个方程为

$$U_2 = -\frac{G_{21}}{sC_{22}}U_1 \tag{10-6-61}$$

$$U_3 = -\frac{G_{32}}{sC_{33}}U_2 \tag{10-6-62}$$

$$U_1 = \frac{G_{1i}(1 + G_{13}/G_{11})}{G_{1i} + G_{10} + G_{12}}U_i + \frac{G_{12}(1 + G_{13}/G_{11})}{G_{1i} + G_{10} + G_{12}}U_2 - \frac{G_{13}}{G_{11}}U_3 \tag{10-6-63}$$

将以上三个方程与式(10-6-58)～(10-6-60)相比较,得到二组方程所描述的两个电路的变量对应关系：

$$U_i \Leftrightarrow u_i, U_1 \Leftrightarrow u_1, U_2 \Leftrightarrow -i_2, U_3 \Leftrightarrow u_3$$

因此,U_1 是高通输出,U_2 是带通输出,U_3 是低通输出。图 10-56 所示通用有源二阶滤波电路称为 KHN(Kerwin-Huelsman-Newcomb)二阶节。

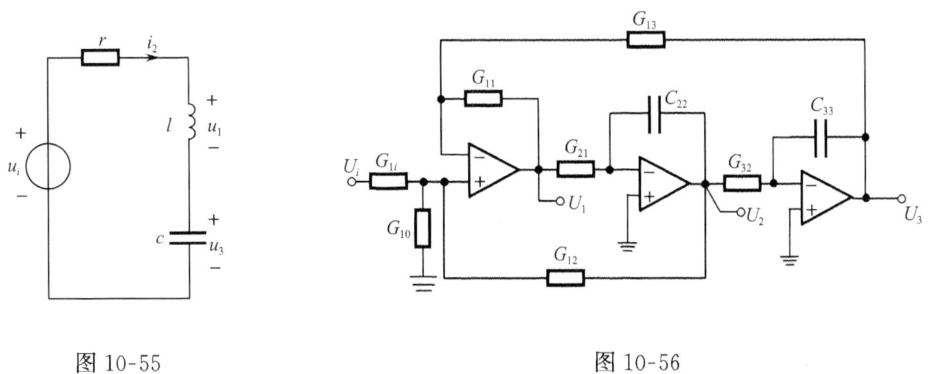

图 10-55　　　　图 10-56

10-6-4　带通滤波器综合

在 8-8-2 节中曾经指出,借助于频带变换,可以将直接用以得到低通转移函数的经典

逼近方法推广应用于带通滤波器逼近问题。基于同样的推理，我们可以将用于实现低通有源滤波器的运算模拟法推广应用于实现带通有源滤波器。下面以一个带通滤波器综合问题为例来介绍这种方法。

假定所研究的带通滤波器的衰减技术条件几何对称于中心频率 ω_0，则根据 8-8-2 节的方法可以求得其低通原型转移函数，进而综合出 LC 梯形低通滤波器。如果带通滤波器在有限频率处没有衰减极点，与之相应的低通原型就是全极点滤波器，如图 10-57(a) 所示。从图中看出，这是一个三阶低通滤波器，其转移函数的幅频特性如图 10-57(b) 所示。该电路已频率归一化和阻抗归一化。

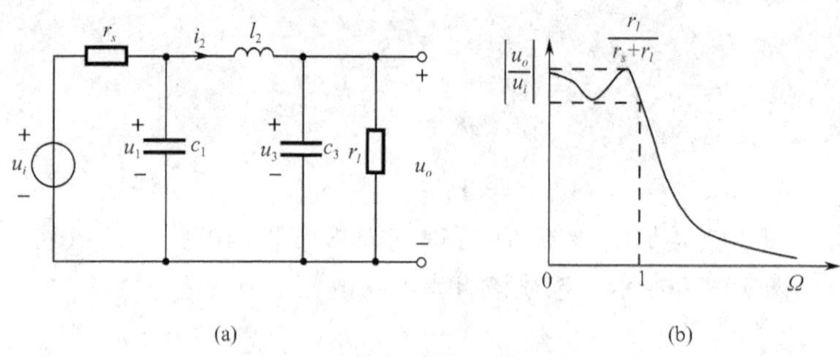

图 10-57

按照 10-6-1 节中采取的步骤，得到用于有源实现上述 LC 梯形数学运算的模拟框图，如图 10-58(a) 所示，图 10-58(b) 为其频率响应。框图已经按最大动态范围定标，并已考虑有源实现的增益 k 倍于 LC 梯形原型的增益，这些可从框图中的支路传输值 $(\hat{i}_2/\hat{u}_1)$，$(\hat{u}_3/\hat{i}_2)$，…，$\frac{k}{r_s}(\hat{u}_3/\hat{u}_1)$ 看出。

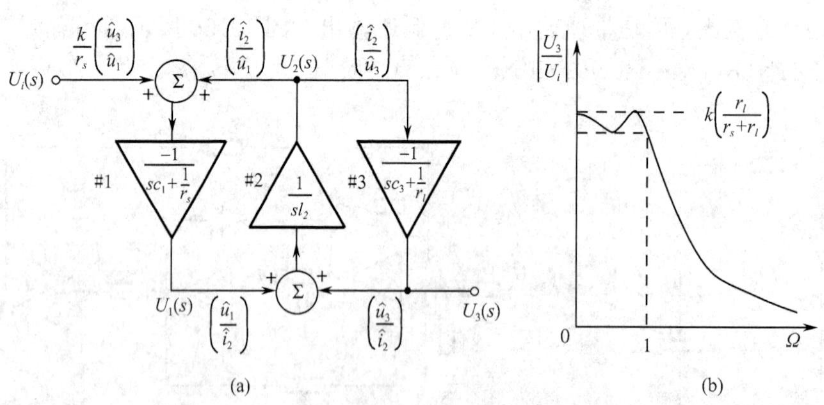

图 10-58

对图 10-58 的框图实施低通到带通的变换，即令

$$s=\frac{p^2+\omega_0^2}{pB} \qquad (10\text{-}6\text{-}64)$$

式中 s 表示低通原型域复频变量，p 表示带通域复频变量，ω_0 和 B 分别为带通滤波器的中心频率和带宽。框图中第1、2、3号积分器的转移函数分别变换为

$$T_1(p)=\left.\frac{-1}{sc_1+\frac{1}{r_s}}\right|_{s=\frac{p^2+\omega_0^2}{pB}}=-\frac{p(B/c_1)}{p^2+p\left(\frac{B}{c_1r_s}\right)+\omega_0^2} \tag{10-6-65}$$

$$T_2(p)=\left.\frac{1}{sl_2}\right|_{s=\frac{p^2+\omega_0^2}{pB}}=\frac{p(B/l_2)}{p^2+\omega_0^2} \tag{10-6-66}$$

$$T_3(p)=\left.\frac{-1}{sc_3+\frac{1}{r_l}}\right|_{s=\frac{p^2+\omega_0^2}{pB}}=-\frac{p(B/c_3)}{p^2+p\left(\frac{B}{c_3r_l}\right)+\omega_0^2} \tag{10-6-67}$$

变换后的框图如图10-59所示。

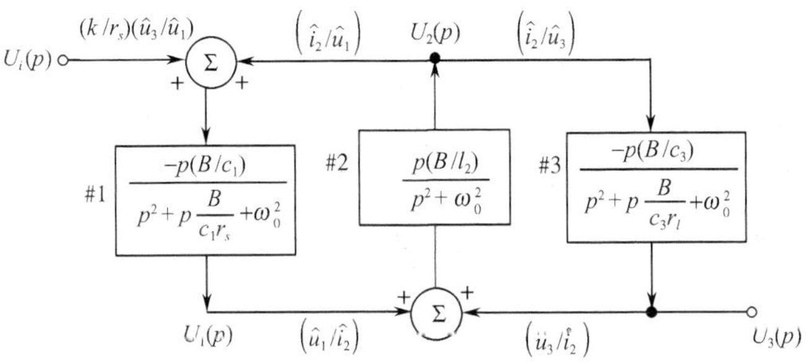

图10-59

可以看出，s 域中的积分器均变换为 p 域中的二阶带通滤波器，其中心频率为 ω_0。阻尼积分器(第1、3号积分器)变换为具有有限极点 Q 值的二阶节，非阻尼积分器(第2号积分器)变换为具有无限大极点 Q 值的二阶节。变换后的框图是一个六阶带通滤波器的框图，可用三个相耦合的二阶节实现。为便于分析，将图10-59改绘为图10-60的形式。图中

$$T_{1i}(p)=\frac{-pk(\hat{u}_3/\hat{u}_1)(B/c_1r_s)}{p^2+p(B/c_1r_s)+\omega_0^2} \tag{10-6-68}$$

$$T_{12}(p)=\frac{-p(\hat{i}_2/\hat{u}_1)(B/c_1)}{p^2+p(B/c_1r_s)+\omega_0^2} \tag{10-6-69}$$

$$T_{21}(p)=\frac{p(\hat{u}_1/\hat{i}_2)(B/l_2)}{p^2+\omega_0^2} \tag{10-6-70}$$

$$T_{23}(p)=\frac{p(\hat{u}_3/\hat{i}_2)(B/l_2)}{p^2+\omega_0^2} \tag{10-6-71}$$

$$T_{32}(p)=\frac{-p(\hat{i}_2/\hat{u}_3)(B/c_3)}{p^2+p(B/c_3r_l)+\omega_0^2} \tag{10-6-72}$$

在图10-60中，去掉了图10-59中的求和器。对于具有两个输入的二阶节，分别表示出每一输入与输出之间的转移函数。此外，还将框间连线上的传输值包含在各转移函数的分子中。

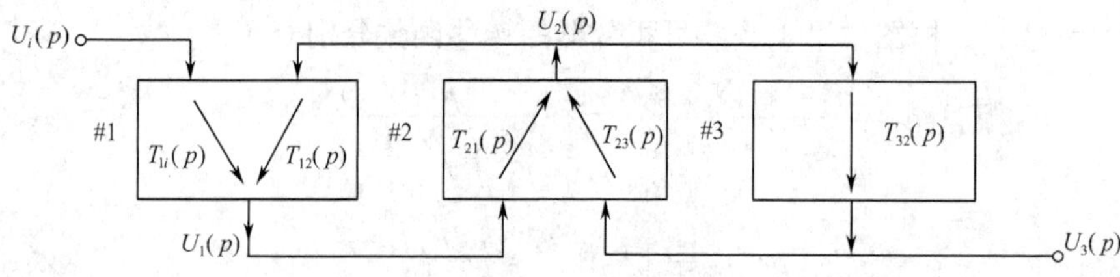

图 10-60

图 10-59、10-60 中的每一框均可用前面介绍的 Tow-Thomas 二阶节或 KHN 二阶节实现。以下采用 Tow-Thomas 二阶节。将第 1、3 框的转移函数与式(10-6-50)相比较，它们具有相同的形式，故第 1、3 框直接用图 10-53 实现，以该图双积分器环中反相积分器的输入、输出端为二阶节的输入、输出端。如果令式(10-6-50)中的 $G_{11}=0$，并将负号改为正号，则该式与第 2 框的转移函数形式相同。相应的电路实现是，去掉图 10-53 中的 G_{11}，即将 1 号阻尼积分器改为无阻尼积分器，并且以双积分器环中同相积分器的输入、输出端作为二阶节的输入、输出端。由此得到实现图 10-59、10-60 所示框图的 RC 有源电路，如图 10-61 所示。

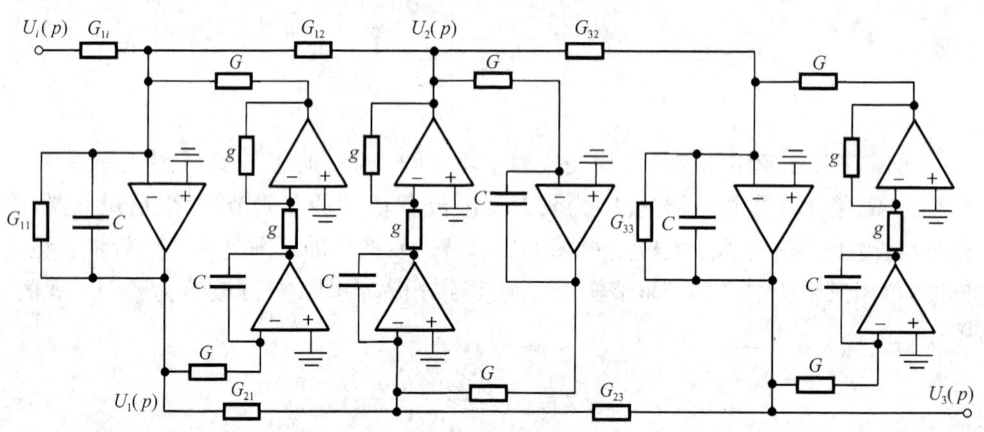

图 10-61

图 10-61 就是用运算模拟法和频带变换综合出的六阶有源带通滤波器电路，其频率响应如图 10-62 所示。下面讨论图 10-61 电路中各电阻、电容元件参数选取的问题。各积分电容选取同一实际电容值 C，各二阶节中的连接电导取相同值 $G=\omega_0 C$，这样，各双积分器环的时间常数相等。这是二阶节较常采用的参数选取方法。此外，各二阶节之间的连接电导 G_{12}、G_{21}、G_{23}、G_{32}，滤波器输入端电导 G_{1i}，以及阻尼电导 G_{11}、G_{33} 的确定按以下步骤进行。

对于图 10-61 的 RC 有源电路写出与式(10-6-68)～(10-6-72)相对应的各二阶节转移函数，即

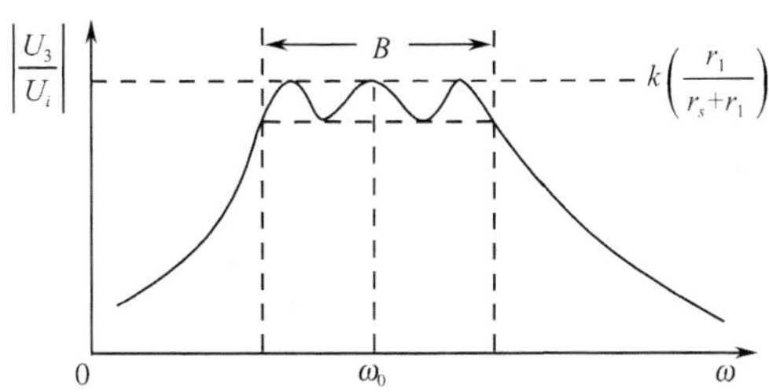

图 10-62

$$T_{1i}(p)=\frac{-p(G_{1i}/C)}{p^2+p(G_{11}/C)+(G^2/C^2)} \tag{10-6-73}$$

$$T_{12}(p)=\frac{-p(G_{12}/C)}{p^2+p(G_{11}/C)+(G^2/C^2)} \tag{10-6-74}$$

$$T_{21}(p)=\frac{p(G_{21}/C)}{p^2+(G^2/C^2)} \tag{10-6-75}$$

$$T_{23}(p)=\frac{p(G_{23}/C)}{p^2+(G^2/C^2)} \tag{10-6-76}$$

$$T_{32}(p)=\frac{-p(G_{32}/C)}{p^2+p(G_{33}/C)+(G^2/C^2)} \tag{10-6-77}$$

将以上 5 式与式(10-6-68)～(10-6-72)相比较,可确定以下元件值:

$$G=\omega_0 C, G_{11}=\frac{CB}{c_1 r_s}, G_{33}=\frac{CB}{c_3 r_l}$$

$$G_{1i}=k(\hat{u}_3/\hat{u}_1)(CB/c_1 r_s)$$

$$G_{12}=(\hat{i}_2/\hat{u}_1)(CB/c_1), G_{21}=(\hat{u}_1/\hat{i}_2)(CB/l_2)$$

$$G_{23}=(\hat{u}_3/\hat{i}_2)(CB/l_2), G_{32}=(\hat{i}_2/\hat{u}_3)(CB/c_3)$$

前面已经提及,上述元件值已按最大动态范围定标,电容值已选取为实际可用的参数。

在结束本节之前,将对 LC 梯形的元件模拟和运算模拟两种方法作一比较。由于两者都是模拟无源 LC 梯形滤波器,因而都具有在通带内灵敏度低的优点。然而,两者经由两种截然不同的途径:前者直接用 GIC 结构的有源电路替换 LC 梯形中的部分元件;后者则是模拟 LC 梯形的数学方程,用电压-电压关系模拟电压-电流关系,得到与 LC 梯形完全不同结构的有源电路。由于 GIC 结构的电路实现最大动态范围比较困难,故用元件模拟法综合的有源滤波器难于获得最大动态范围。而在用运算模拟法综合有源滤波器时,通过调节各运放输入、输出端连接电阻之值(见 10-6-1 节),容易获得最大动态范围。综合考虑有源滤波器的灵敏度和动态范围两方面重要的性能,在实际应用中,很少采用元件模拟法,而常采用本节介绍的对 LC 梯形进行运算模拟的方法综合有源滤波器。

10-7 有源滤波器的灵敏度

和任何电路设计一样，在有源滤波器设计时，人们总希望滤波器的实际响应尽可能接近理想的响应。在正常工作环境（温度、湿度等）下，有源滤波器的响应偏离理想值的原因包括 R、C 元件的容差以及有源器件的非理想特性。后者不仅指放大器增益的容差，还必须考虑运放的有限带宽等因素对滤波器性能的影响。灵敏度分析为研究有源和无源元件容差的影响提供了十分有效的工具。

灵敏度是衡量有源滤波器性能优劣的重要指标之一，有不少文献、资料涉及对此问题的研究，提出了许多灵敏度函数和关系式。本节在第六章的基础上，介绍几种在有源滤波器灵敏度分析中比较有用，且被广泛采纳的灵敏度函数。

10-7-1 增益-灵敏度积

首先讨论一个最简单的有源电路的灵敏度计算实例。在图 10-63 所示非反相放大器中，运算放大器的开环增益为 A。放大器的闭环增益为

$$K=\frac{U_o}{U_i}=\frac{1+R_2/R_1}{1+\dfrac{1}{A}\left(1+\dfrac{R_2}{R_1}\right)} \tag{10-7-1}$$

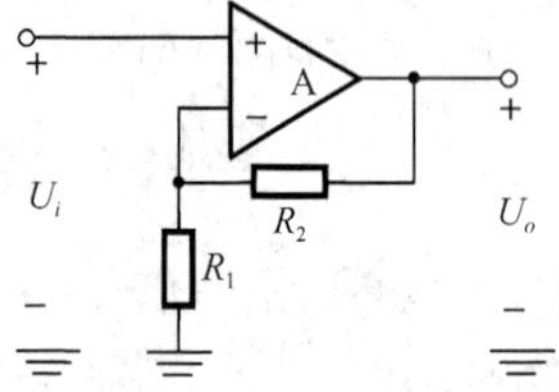

图 10-63

因 $\frac{1}{A}\left(1+\frac{R_2}{R_1}\right)\ll1$，故在一般分析时，$K$ 可按下式计算：

$$K=1+\frac{R_2}{R_1} \tag{10-7-2}$$

用 6-2 节中介绍的灵敏度恒等式求放大器的闭环增益 K 对 R_1、R_2 和 A 的灵敏度如下：

$$S_{R_1}^{K}=S_{R_1}^{\left(1+\frac{R_2}{R_1}\right)}=\frac{R_2/R_1}{1+\dfrac{R_2}{R_1}}\cdot S_{R_1}^{\frac{R_2}{R_1}}=-\frac{R_2/R_1}{1+\dfrac{R_2}{R_1}} \tag{10-7-3}$$

$$S_{R_2}^{K}=S_{R_2}^{\left(1+\frac{R_2}{R_1}\right)}=\frac{R_2/R_1}{1+\dfrac{R_2}{R_1}}\cdot S_{R_2}^{\frac{R_2}{R_1}}=\frac{R_2/R_1}{1+\dfrac{R_2}{R_1}} \tag{10-7-4}$$

$$S_A^K = S_A^{\left[\frac{1+R_2/R_1}{1+\frac{1}{A}\left(1+\frac{R_2}{R_1}\right)}\right]} = -S_A^{\left[1+\frac{1}{A}\left(1+\frac{R_2}{R_1}\right)\right]}$$

$$= -\frac{\frac{1}{A}\left(1+\frac{R_2}{R_1}\right)}{1+\frac{1}{A}\left(1+\frac{R_2}{R_1}\right)} S_A^{\frac{1}{A}\left(1+\frac{R_2}{R_1}\right)}$$

$$= \frac{1}{A} \cdot \frac{1+R_2/R_1}{1+\frac{1}{A}\left(1+\frac{R_2}{R_1}\right)} \tag{10-7-5}$$

由式(10-7-5)和式(10-7-1)可知:

$$S_A^K = \frac{K}{A} \tag{10-7-6}$$

式(10-7-6)表明,放大器闭环增益 K 对运放开环增益 A 的灵敏度与 K 成正比。换言之,由 A 的容差引起的 K 的相对偏差直接正比于 K。下面我们将会看到,在分析有源滤波器的性能参量的偏差受其中有源元件参数偏差的影响时,这是一个重要的关系。

观察有源滤波器的一个性能参量 y,例如极点频率 ω_0、极点 Q 等。滤波器中某一放大器的闭环增益为 K,放大器含开环增益为 A 的运算放大器。该运算放大器参数微小改变所引起的参量 y 的相对偏差为

$$\frac{\Delta y}{y} = S_K^y \frac{\Delta K}{K} = S_K^y S_A^K \frac{\Delta A}{A}$$

将式(10-7-6)代入,得

$$\frac{\Delta y}{y} = (KS_K^y)\left(\frac{\Delta A}{A^2}\right) \tag{10-7-7}$$

在式(10-7-7)的右端,$\Delta A/A^2$ 仅与所使用的运放有关,而 KS_K^y 则主要由和运放相联接的电路决定。当运放的开环增益 A 及其容差 $\Delta A/A$ 一定时,参量 y 的相对偏差 $\Delta y/y$ 正比于放大器的闭环增益 K 和 y 对 K 的灵敏度之积 KS_K^y。为此,定义 y 的增益-灵敏度积(gain-sensitivity product)为

$$GS_K^y = KS_K^y \tag{10-7-8}$$

以上定义可推广至开环增益,即

$$GS_A^y = AS_A^y \tag{10-7-9}$$

不难看出

$$GS_K^y = GS_A^y \tag{10-7-10}$$

在有源滤波器设计中,灵敏度分析的最终目的是研究我们所关心的参量 y 的相对偏差量。因此,在比较不同的设计方案时,增益-灵敏度积常常是一个很有用的指标。

10-7-2 有源滤波器转移函数幅值的灵敏度

在滤波器的频率响应中,人们通常更关心的是转移函数的幅频特性。本节将研究转移函数幅值的偏差和转移函数幅值对极点频率、极点 Q 的灵敏度。

考察一个含 l 个电阻,p 个电容和 q 个放大器的高阶有源滤波器。滤波器的转移函数为 $T(s)$,其幅频特性 $|T(j\omega)|$ 用 $|T|$ 表示。由各类元件的容差所引起的幅值函数的相

对偏差可根据式(6-1-8)计算如下：

$$\frac{\Delta \mid T(j\omega) \mid}{\mid T(j\omega) \mid} = \sum_{k=1}^{l} S_{R_k}^{|T|}\left(\frac{\Delta R_k}{R_k}\right) + \sum_{j=1}^{p} S_{C_j}^{|T|}\left(\frac{\Delta C_j}{C_j}\right) + \sum_{i=1}^{q} GS_{K_i}^{|T|}\left(\frac{\Delta A_i}{A_i^2}\right) \tag{10-7-11}$$

式中，K_i 为第 i 个放大器的闭环增益，A_i 为该放大器所含运放的开环增益。$GS_{k_i}^{|T|}$ 代表幅值函数的增益-灵敏度积，即

$$GS_{K_i}^{|T|} = K_i \cdot S_{K_i}^{|T|} \tag{10-7-12}$$

应当注意，所有的灵敏度函数 $S_{R_k}^{|T|}$、$S_{C_j}^{|T|}$、$S_{K_i}^{|T|}$ 都是频率的函数。可利用以下关系来计算这些灵敏度函数：

$$S_x^{|T|} = \mathrm{Re}[S_x^{T(j\omega)}] \tag{10-7-13}$$

转移函数幅值的灵敏度 $S_x^{|T|}$ 与转移函数的灵敏度取模 $|S_x^T|$ 一般是不相等的，其间的关系是

$$S_x^{|T|} \leqslant | S_x^T | \tag{10-7-14}$$

由于滤波器转移函数 $T(s)$ 的极点(自然模)在确定通带响应中的重要地位，有必要找出转移函数幅值偏差与极点参数偏差之间的关系。$T(s)$ 的每一对共轭复数极点由相应的极点频率 ω_0 和极点 Q 表征。奇数阶的滤波器则还有一个实数极点。因实数极点偏差的影响一般可以忽略，故转移函数幅值的相对偏差可表示为

$$\frac{\Delta \mid T \mid}{\mid T \mid} = \sum_{i=1}^{m} S_{\omega_{0i}}^{|T|}\left(\frac{\Delta\omega_{0i}}{\omega_{0i}}\right) + \sum_{i=1}^{m} S_{Q_i}^{|T|}\left(\frac{\Delta Q_i}{Q_i}\right) \tag{10-7-15}$$

式中 m 为共轭极点对数。$S_{\omega_{0i}}^{|T|}$、$S_{Q_i}^{|T|}$ 分别为转移函数幅值对极点频率、极点 Q 的灵敏度。以上灵敏度可确定如下。

将 $T(s)$ 表示为分解形式：

$$T(s) = K\frac{P(s)}{s+\sigma}\prod_{i=1}^{m}\frac{1}{s^2 + s\left(\frac{\omega_{0i}}{Q_i}\right) + \omega_{0i}^2} \tag{10-7-16}$$

式中 $P(s)$ 为损耗极点(传输零点)多项式，$(-\sigma)$ 是奇数阶滤波器的实数极点，K 为常数。

令式(10-7-16)中的 $s=j\omega$，然后取模，得

$$| T(j\omega) | = K\frac{| P(j\omega) |}{\sqrt{\omega^2+\sigma^2}}\prod_{i=1}^{m}\frac{1}{\left[(\omega_{0i}^2-\omega^2)^2 + \left(\frac{\omega_{0i}}{Q_i}\right)^2\right]^{\frac{1}{2}}} \tag{10-7-17}$$

用 6-2 节的灵敏度恒等式求得 $|T(j\omega)|$ 对 ω_{0i} 和 Q_i 的灵敏度(见例 6-2)如下：

$$S_{\omega_{0i}}^{|T|} = -\frac{2(1-\gamma_i^2) + \gamma_i^2/Q_i^2}{(1-\gamma_i^2)^2 + \gamma_i^2/Q_i^2} \tag{10-7-18}$$

$$S_{Q_i}^{|T|} = \frac{\gamma_i^2/Q_i^2}{(1-\gamma_i^2)^2 + \gamma_i^2/Q_i^2} \tag{10-7-19}$$

式中，归一化频率变量为

$$\gamma_i = \frac{\omega}{\omega_{0i}} \tag{10-7-20}$$

转移函数幅值对极点频率、极点 Q 的灵敏度都是频率的函数。由式(10-7-18)、(10-7-19)可绘出 $S_{\omega_{0i}}^{|T|}$ 及 $S_{Q_i}^{|T|}$ 随频率变化的函数图形，如图 10-64、图 10-65 所示。图中

给出了几种不同 Q 值时的曲线。

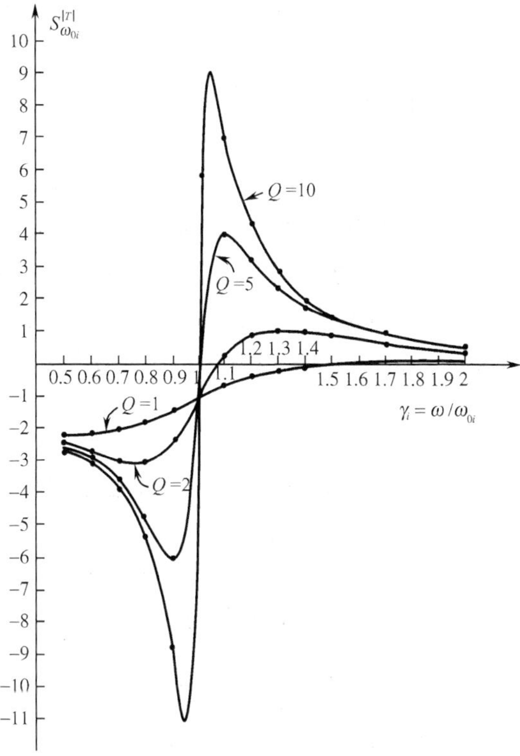

图 10-64

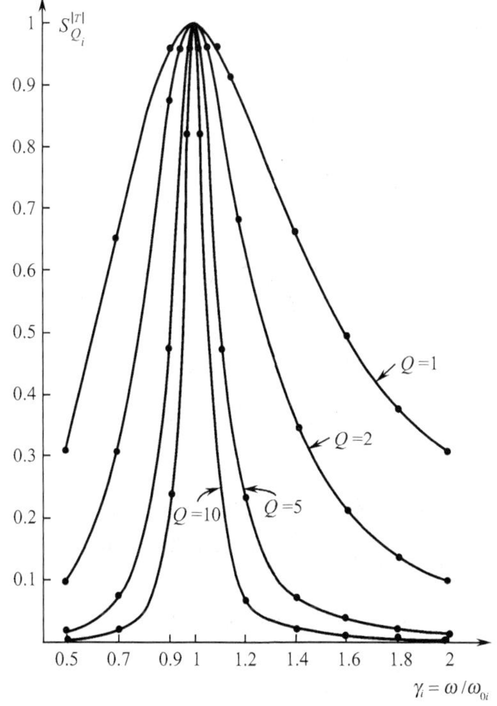

图 10-65

10-7-3 极点 ω_0 和 Q 的灵敏度

在求得转移函数幅值对极点 ω_0 和 Q 的灵敏度后，为确定 $|T(j\omega)|$ 的相对偏差，还必须计算极点 ω_0、Q 的偏差和引起这些偏差的网络元件容差之间的关系，即需要研究极点 ω_0 和 Q 的灵敏度。

在级联设计中，滤波器的每一对极点完全等同于级联结构中一个二阶节的极点，某一个二阶节内元件参数的微小改变只影响该二阶节的极点，即只引起滤波器的一对极点产生偏移。在多环反馈设计中，整个滤波器转移函数的极点与其中各二阶节的极点之间则不存在上述一一对应关系。滤波器中任何一个二阶节参数的变化都将导致整个滤波器全部极点发生变动。但是这些极点改变对转移函数幅值总的影响小于级联设计中极点改变的影响。

如以上所述，二阶节的极点完全决定了由它们组成的级联型滤波器的极点，而多环反馈滤波器的极点则不仅与其中二阶节的极点有关，还要受反馈拓扑结构的影响。下面将研究二阶节极点 ω_0、极点 Q 的偏差和灵敏度。

考察一个由 l 个电阻、p 个电容和 q 个放大器构成的有源二阶滤波器。由各元件容差引起的二阶节的极点 ω_0 和极点 Q 的相对偏差为

$$\frac{\Delta\omega_0}{\omega_0}=\sum_{k=1}^{l}S_{R_k}^{\omega_0}\left(\frac{\Delta R_k}{R_k}\right)+\sum_{j=1}^{p}S_{C_j}^{\omega_0}\left(\frac{\Delta C_j}{C_j}\right)+\sum_{i=1}^{q}S_{K_i}^{\omega_0}\left(\frac{\Delta K_i}{K_i}\right) \tag{10-7-21}$$

$$\frac{\Delta Q}{Q}=\sum_{k=1}^{l}S_{R_k}^{Q}\left(\frac{\Delta R_k}{R_k}\right)+\sum_{j=1}^{p}S_{C_j}^{Q}\left(\frac{\Delta C_j}{C_j}\right)+\sum_{i=1}^{q}S_{K_i}^{Q}\left(\frac{\Delta K_i}{K_i}\right) \tag{10-7-22}$$

式中，$S_{C_j}^{\omega_0}$、$S_{R_k}^{\omega_0}$、$S_{C_j}^{Q}$ 和 $S_{R_k}^{Q}$ 分别为极点 ω_0、极点 Q 对无源元件 C_j、R_k 的灵敏度，通常称为无源灵敏度。$S_{K_i}^{\omega_0}$、$S_{K_i}^{Q}$ 分别为极点 ω_0、极点 Q 对放大器闭环增益 K_i 的灵敏度，通常称为有源灵敏度。用增益灵敏度积表示有源灵敏度，则式(10-7-21)、(10-7-22)可改写为

$$\frac{\Delta\omega_0}{\omega_0}=\sum_{k=1}^{l}S_{R_k}^{\omega_0}\left(\frac{\Delta R_k}{R_k}\right)+\sum_{j=1}^{p}S_{C_j}^{\omega_0}\left(\frac{\Delta C_j}{C_j}\right)+\sum_{i=1}^{q}GS_{K_i}^{\omega_0}\left(\frac{\Delta A_i}{A_i^2}\right) \tag{10-7-23}$$

$$\frac{\Delta Q}{Q}=\sum_{k=1}^{l}S_{R_k}^{Q}\left(\frac{\Delta R_k}{R_k}\right)+\sum_{j=1}^{p}S_{C_j}^{Q}\left(\frac{\Delta C_j}{C_j}\right)+\sum_{i=1}^{q}GS_{K_i}^{Q}\left(\frac{\Delta A_i}{A_i^2}\right) \tag{10-7-24}$$

式中$\left(\frac{\Delta A_i}{A_i}\right)$为运放开环增益的相对偏差。

$$GS_{K_i}^{\omega_0}=K_i\cdot S_{K_i}^{\omega_0} \tag{10-7-25}$$

$$GS_{K_i}^{Q}=K_i\cdot S_{K_i}^{Q} \tag{10-7-26}$$

分别为极点 ω_0、极点 Q 的增益-灵敏度积。

例 10-4 对于图 10-4 的桥 T 1 型单运放双二次节，求极点频率 ω_0 和极点 Q 的无源灵敏度和有源灵敏度。如果选取 $R_1=R_2=R, C_4=C, C_3=\frac{C}{m}$（$m$ 为正实常数），求 Q 的增益-灵敏度积 GS_A^Q，并表示为与 Q 的关系式。

解：由式(10-2-10)可得图 10-4 中双二次节的转移函数（设运放 $A\to\infty$）：

$$T=\frac{-\frac{1}{R_2C_3}s}{s^2+\left(\frac{1}{R_1C_4}+\frac{1}{R_2C_4}\right)s+\frac{1}{R_1R_2C_3C_4}} \tag{10-7-27}$$

考虑运放开环增益 A 为有限值时，转移函数为

$$T=\frac{1}{\left(1+\frac{1}{A}\right)}\cdot\frac{-\frac{1}{R_2C_3}s}{s^2+\left(\frac{1}{R_1C_4}+\frac{1}{R_2C_4}+\frac{1}{R_2C_3}\cdot\frac{1}{A+1}\right)s+\frac{1}{R_1R_2C_3C_4}} \tag{10-7-28}$$

与二阶带通滤波函数一般式(7-6-23)对比，可得极点频率 ω_0 和极点 Q：

$$\omega_0=\frac{1}{\sqrt{R_1R_2C_3C_4}} \tag{10-7-29}$$

$$Q=\frac{1}{\sqrt{R_1R_2C_3C_4}}\Big/\left(\frac{1}{R_1C_4}+\frac{1}{R_2C_4}+\frac{1}{R_2C_3}\cdot\frac{1}{A+1}\right) \tag{10-7-30}$$

在研究 Q 的无源灵敏度时，可认为 $A\to\infty$，则

$$Q=\frac{1}{\sqrt{R_1R_2C_3C_4}}\Big/\left(\frac{1}{R_1C_4}+\frac{1}{R_2C_4}\right) \tag{10-7-31}$$

应用 6-2 节中的灵敏度恒等式求 ω_0 和 Q 的灵敏度如下：

$$S_{R_1}^{\omega_0}=S_{R_2}^{\omega_0}=S_{C_3}^{\omega_0}=S_{C_4}^{\omega_0}=-\frac{1}{2} \tag{10-7-32}$$

$$S_A^{\omega_0}=0 \tag{10-7-33}$$

$$S_{R_1}^{Q}=-\frac{1}{2}-\left[\frac{\frac{1}{R_1C_4}}{\frac{1}{R_1C_4}+\frac{1}{R_2C_4}}\right]\cdot S_{R_1}^{\frac{1}{R_1C_4}}=-\frac{1}{2}+\frac{R_2}{R_1+R_2} \tag{10-7-34}$$

同理

$$S_{R_2}^{Q}=-\frac{1}{2}+\frac{R_1}{R_1+R_2} \tag{10-7-35}$$

$$S_{C_3}^{Q}=-\frac{1}{2} \tag{10-7-36}$$

$$S_{C_4}^{Q}=-\frac{1}{2}-S_{C_4}^{\frac{1}{C_4}\left(\frac{1}{R_1}+\frac{1}{R_2}\right)}=-\frac{1}{2}+1=\frac{1}{2} \tag{10-7-37}$$

$$S_A^{Q}=-\left[\frac{\frac{1}{R_2C_3(A+1)}}{\frac{1}{R_1C_4}+\frac{1}{R_2C_4}+\frac{1}{R_2C_3(A+1)}}\right]\cdot S_A^{\frac{1}{R_2C_3(A+1)}}$$

式中

$$S_A^{\frac{1}{R_2C_3(A+1)}}=-S_A^{(A+1)}=-\frac{A}{A+1}$$

故

$$S_A^{Q}=\frac{A}{A+1}\cdot\frac{\frac{1}{R_2C_3}}{(A+1)\left(\frac{1}{R_1C_4}+\frac{1}{R_2C_4}\right)+\frac{1}{R_2C_3}} \tag{10-7-38}$$

当 $R_1=R_2=R, C_4=C, C_3=C/m$ 时，

$$\omega_0=\frac{\sqrt{m}}{RC} \tag{10-7-39}$$

$$Q=\frac{\sqrt{m}}{RC}\bigg/\frac{2}{RC}=\frac{\sqrt{m}}{2} \tag{10-7-40}$$

$$\frac{1}{RC}=\frac{\omega_0}{\sqrt{m}}=\frac{\omega_0}{2Q} \tag{10-7-41}$$

则

$$\begin{aligned}S_A^Q&=\frac{A}{A+1}\cdot\frac{\frac{m}{RC}}{(A+1)\frac{2}{RC}+\frac{m}{RC}}\\&=\frac{A}{A+1}\cdot\frac{2\omega_0 Q}{(A+1)\frac{\omega_0}{Q}+2\omega_0 Q}\\&=\frac{A}{A+1}\cdot\frac{2Q^2}{A+1+2Q^2}\end{aligned} \tag{10-7-42}$$

上式给出了 Q 的有源灵敏度 S_A^Q 与 Q 的关系。由于图 10-4 的 SAB 一般适用于 $Q\leqslant 10$ 的低 Q 应用中，故在式(10-7-42)的分母里，$A\gg(1+2Q^2)$，因此，

$$S_A^Q\doteq\frac{2Q^2}{A} \tag{10-7-43}$$

Q 的增益-灵敏度积

$$GS_A^Q=AS_A^Q=\frac{A^2}{A+1}\cdot\frac{2Q^2}{A+1+2Q^2}\doteq 2Q^2 \tag{10-7-44}$$

此外，由式(10-7-34)、(10-7-35)知，在此种参数选取的情况下，

$$S_{R_1}^Q=S_{R_2}^Q=0 \tag{10-7-45}$$

即电路具有最低的无源灵敏度。

由以上举例可以看出，如果二阶节的极点 Q 值较高，则 Q 的有源灵敏度很高。在用二阶节进行级联或多环反馈滤波器设计时，应当注意到这一性质。

极点 ω_0、极点 Q 的无源灵敏度和有源灵敏度都是与频率无关的实数，用起来较为方便，故人们常用它们来比较各种二阶节的灵敏度性能。

习 题

10-1 用萨伦和凯带通电路(见图 10-18)综合一个有源二阶带通滤波器，使其中心频率为 2000rad/s，极点 Q 等于 20，并使中心频率增益为 3dB。(提示：初始取值时可令 $R_1=R_2=R_4=R, C_3=C_5=1$。)

10-2 试证明图 10-10 的有源滤波器电路具有式(10-2-29)形式的双二次转移函数，且其中各系数如式(10-2-30)～(10-2-31)所示。

10-3 图 10-66 表示一个双端接载 LC 梯形滤波器，各元件参数为：$R_1=R_2=1\Omega$，$L_2=0.8\text{H}, C_1=C_3=1.3\text{F}, C_2=0.5\text{F}$。以该电路为原型，用布鲁顿变换法综合一个有源

滤波器。

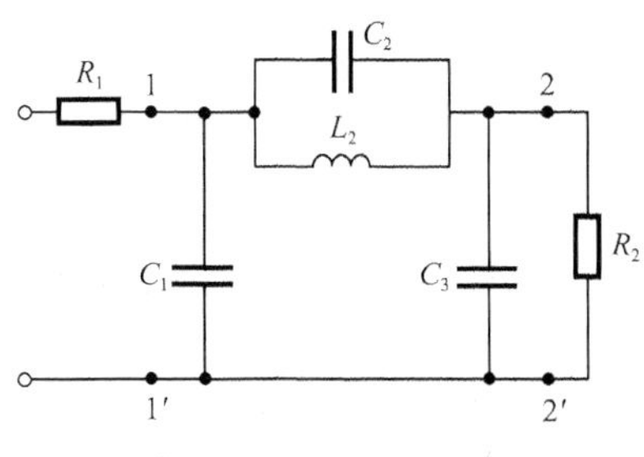

图 10-66

10-4　以图 10-66 为原型，用电感模拟法综合一个有源滤波器。

10-5　以习题 9-2 所得到的双端接载 LC 梯形滤波器为原型，用运算模拟法综合一个有源滤波器。

10-6　以习题 9-4 所得到的双端接载 LC 梯形滤波器为原型，用运算模拟法综合一个有源滤波器。

10-7　在图 10-67 所示的有源滤波器中，运放增益为有限值 A。求该滤波器的转移函数 $T=U_o(s)/U_i(s)$ 的极点频率 ω_0 和极点 Q，并计算 ω_0 和 Q 对 C_1、C_2、R_3、R_4、k 的无源灵敏度以及有源灵敏度 $S_A^{\omega_0}$、S_A^Q。

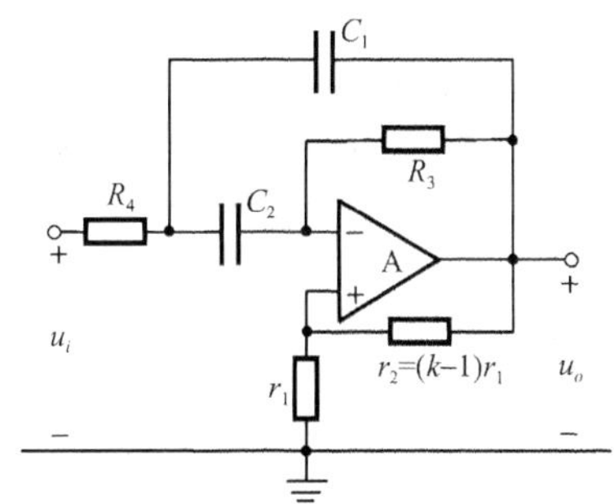

图 10-67

参 考 文 献

蔡少棠 著，肖达川 译. 1981. 非线性电路理论. 北京:人民教育出版社.

蔡少棠 著，虞厥邦 译. 1981. 非线性网络理论引论. 北京:人民教育出版社.

陈大棓. 1987. 网络分析引论. 北京:人民邮电出版社.

陈树柏主编，1982. 网络图论及其应用. 北京:科学出版社.

江泽佳，1979. 网络分析的状态变量法. 北京:人民教育出版社.

林争辉，1988. 电路理论(第一卷). 北京:高等教育出版社.

邱关源，1988. 电网络理论. 北京:科学出版社.

肖达川，1992. 线性与非线性电路. 北京:科学出版社.

赵永昌，1975. 信号流图及其应用. 北京:人民邮电出版社.

D. E. Johnson , J. R. Johnson 著. 孙惠泉等译. 1982. 图论与工程应用. 北京:人民邮电出版社.

G. C. Tems, J. W. Lapatra 著. 贾毓聪等译. 1985. 电路综合与设计导论. 北京:人民邮电出版社.

Gobind Darynani 著，北京邮电学院译. 1986. 有源网络综合与设计原理. 北京:人民邮电出版社.

Harry Y-F Lam 著，冯云 等译. 1985. 模拟与数字滤波器:设计与实现. 北京:人民邮电出版社.

M. S. Ghausi, K. R. Laker 著. 刘根泉等译. 1989. 现代滤波器设计:有源 RC 和开关电容. 北京:科学出版社.

Adel S. Sedra, Peter O. Brackett. 1978. Filter Theory and Design: Active and Passive. Matrix Publishers, Inc.

B. Peikari. 1974. Fundamentals of Network Analysis and Synthesis. NJ:Prentice-Hall, Inc.

C. A. Desoer, E. S. Kuh. 1969. Basic Circuit Theory. New York:McGraw-Hill, Inc.

C. Britton Rorabaugh. 1993. Digital Filter Designer's Handbook. New York:McGraw-Hill, Inc.

Leon O. Chua, Pen-Min Lin. 1980. Computer-Aided Analysis of Electronic circuits: Algorithms & Computational Techniques. NJ:Prentice-Hall, Inc.

N. Balabanian, T. A. Bickart. 1969. Electrical Network Theory. British:John Wiley & Sons, Inc.

S. W. Director. 1975. Circuit Theory : A Computational Approach. British: John Wilry & Sons, Inc.

V. K. Aatre. 1980. Network Theory and Filter design. Wiley Eastern Limited.

Wai-Kai Chen. 1980. Active Network and Feedback Amplifier Theory. New York: McGraw-Hill, Inc.